DROIT ADMINISTRATIF GÉNÉRAL

COURS DALLOZ

Série Droit public

Sous la direction de Dominique Chagnollaud

Professeur à l'Université Panthéon-Assas (Paris II)

DROIT ADMINISTRATIF GÉNÉRAL

6e édition

2011

Gilles Lebreton
Professeur de droit public à l'Université du Havre
Doyen honoraire de la Faculté des Affaires internationales

DALLOZ

DALLOZ

31-35, rue Froidevaux - 75685 Paris Cedex 14

ISBN 978-2-247-10979-1

Principales abréviations

AFDI	*Annuaire français de droit international*
AJDA	*Actualité juridique, droit administratif*
CAA	Cour administrative d'appel
Cass.	Cour de cassation
C. aviat.	Code de l'aviation
CC	Conseil constitutionnel
CCH	Code de la construction et de l'habitation
C. civ.	Code civil
C. com.	Code du commerce
C. consom.	Code de la consommation
C. douanes	Code des douanes
CE	Conseil d'État
CEDH	Cour européenne des droits de l'homme
C. éduc.	Code de l'éducation
C. élect.	Code électoral
C. envir.	Code de l'environement
CESEDA	Code de l'entrée et du séjour des étrangers et du droit d'asile
C. expr.	Code de l'exproriation pour cause d'utilité publique
CGCT	Code général des collectivités territoriales
CG3P	Code général de la propriété des personnes publiques

CJA	Code de justice administrative
CJCE	Cour de justice des communautés européennes
C. marchés	Code des marchés publics
C. patr.	Code du patrimoine
C. pr. civ.	Code de procédure civile
CRDF	*Cahiers de la recherche sur les droits fondamentaux*
C. route	Code de la route
C. rur.	Code rural et de la pêche maritime
CSP	Code de la santé publique
CSS	Code de la sécurité sociale
C. urb.	Code de l'urbanisme
D.	*Recueil Dalloz*
DA	Droit administratif (précis de..., traité de..., etc.)
EDCE	*Études et documents du Conseil d'État*
GAJA	*Grands arrêts de la jurisprudence administrative*
GDCC	*Grandes décisions du Conseil constitutionnel*
J. Cl. Adm.	*Jurisclasseur administratif*
JCP	*La Semaine juridique (édition générale)*
JO	*Journal officiel*
LGDJ	Librairie générale de droit et de jurisprudence
LPA	*Les Petites Affiches*
LPF	Livre des procédures fiscales
C. pén.	Nouveau Code pénal
PGD	Principe général du droit
PUF	Presses Universitaires de France
Lebon	*Recueil des décisions du Conseil d'État, du Tribunal des conflits et des jugements des tribunaux administratifs (Recueil Lebon)*
Rec. CJCE	*Recueil des arrêts de la Cour de justice et du Tribunal de première instance des communautés européennes*
Rev. adm.	*Revue administrative*
Rev. crit. DIP	*Revue critique de droit international privé*
RDP	*Revue du droit public et de la science politique en France et à l'étranger*
RFDA	*Revue française de droit administratif*
RDSS	*Revue de droit sanitaire et social*

RGDIP	*Revue générale de droit international public*
RPDA	*Revue pratique du droit administratif*
RSC	*Revue de sciences criminelles*
S.	*Recueil Sirey*
SPA	Service public administratif
SPIC	Service public industriel et commercial
TA	Tribunal administratif
TC	Tribunal des conflits
TGI	Tribunal de grande instance

INTRODUCTION

1 Le droit administratif est un droit qui fait peur. Éloigné du modèle sécurisant du droit commun, il est en effet perçu par l'opinion publique, qui le connaît mal, comme un droit de privilèges au service de l'administration, forgé par le pouvoir exécutif, sous le contrôle factice de juridictions complaisantes, pour réduire les citoyens à l'état d'administrés.

Or cette mauvaise réputation est largement injustifiée. Quel que soit l'angle d'approche du droit administratif que l'on adopte, sa définition (SECTION 1), son développement historique (SECTION 2), et ses fondements idéologiques (SECTION 3) plaident en effet en sa faveur.

SECTION 1
DÉFINITION DU DROIT ADMINISTRATIF

2 Le droit administratif est la branche du droit public qui régit l'activité de l'administration. Contrairement au droit privé, qui régit en principe les relations entre particuliers, il gouverne les relations de l'administration avec les particuliers, ou les relations entre administrations. Et par opposition avec le droit constitutionnel, qui est l'autre grande branche du droit public, il n'a pas vocation à examiner les rapports entre le peuple et les détenteurs du pouvoir

politique, qui se situent à un niveau où l'administré se transmue en citoyen.

Le droit administratif a donc par essence un champ d'action limité, de nature à réfréner les tentations d'expansionnisme qu'on lui prête à tort. S'il fait de l'individu un administré, il ne saurait lui contester pour autant les qualités de citoyen et de « bon père de famille » qui lui appartiennent concurremment, en vertu de la Constitution et du Code civil.

Cela étant, les frontières qu'on vient de tracer à grands traits entre droit administratif d'une part, droit constitutionnel et droit privé d'autre part, n'ont pas, il faut l'avouer, une clarté absolue.

– La notion d'« administration », qui est au cœur de la définition du droit administratif, demeure en effet relativement indéterminée. Elle désigne l'ensemble des autorités, agents et organismes compétents pour décider ou exécuter des actions d'intérêt général incombant à l'État ou aux collectivités locales. À son sommet, elle englobe donc le gouvernement qui, étant à la tête de l'organisation administrative, en fait lui-même partie intégrante. Ainsi le gouvernement relève-t-il de l'étude du droit constitutionnel lorsqu'on le considère en sa qualité de détenteur du pouvoir exécutif, mais de l'étude du droit administratif lorsqu'on l'examine en tant que chef de l'administration. De même, l'administration, au sens où nous l'avons définie, n'englobe pas seulement les personnes morales de droit public, mais aussi certaines personnes morales de droit privé, voire certains particuliers. C'est notamment le cas des fédérations sportives, associations de la loi de 1901, que la législation actuelle habilite à assurer le service public de l'organisation des compétitions sportives. L'activité de ces organismes du troisième type, ni totalement privés ni réellement publics, relève en conséquence du droit administratif lorsque sont directement en cause les fonctions administratives qui leur ont été confiées, mais du droit privé et du juge judiciaire dans les autres cas.

– Même si l'on fait abstraction de l'incertitude qui pèse sur la notion d'administration, force est d'avouer que la frontière tracée entre droit administratif et droit constitutionnel est de toute façon largement théorique. Car le droit administratif, plongeant ses racines dans la Constitution, n'est pas autonome par rapport au droit constitutionnel. Systématisant ce rapport de filiation qui existe entre les deux disciplines, le doyen Georges Vedel a développé une théorie célèbre, dite des « bases constitutionnelles » du droit administratif. Il est par exemple impossible de comprendre l'organisation administrative si on ignore qu'aux termes de l'article 20 de la Constitution, « le gouvernement ... dispose de l'administration », et que selon son article 72 les collectivités territoriales « s'administrent librement par des conseils élus ». En amont de la Constitution, la tradition constitutionnelle française, telle qu'elle résulte notamment de la Déclaration de 1789 et des trois lois constitutionnelles de 1875, et, en aval, la jurisprudence du Conseil constitutionnel, ont également joué un rôle important dans la formation et le développement du droit administratif.

– La frontière entre droit administratif et droit privé n'est guère plus hermétique. Certaines activités de l'administration relèvent en effet du juge judiciaire et du droit privé. C'est le cas de toutes celles – fort nombreuses – qu'elle exerce sous un régime de « gestion privée », à chaque fois qu'elle agit comme le ferait un simple particulier, sans recourir à la puissance publique. C'est également le cas, en vertu de divers textes et jurisprudences, de ses actes ou de ses agissements qui, dans le cadre de l'exercice de sa puissance publique, portent atteinte de façon légale (C. expr.) ou illégale (art. 66 Const.) au droit de propriété ou à la « liberté individuelle ». C'est enfin le cas, de façon plus générale, de toutes les violations graves et grossièrement illégales qu'elle commet à l'encontre du droit de propriété ou de n'importe quelle liberté publique (théorie jurisprudentielle de la « voie de fait »). Dans l'ensemble de ces hypothèses, droit administratif et compétence du juge administratif sont écartés au profit du droit privé et de la compétence du juge judiciaire. Le droit administratif n'a donc pas de monopole à l'égard de l'administration. Ce constat confirme, s'il en était besoin, que son expansionnisme supposé relève davantage du fantasme kafkaïen que de la stricte observation de la réalité.

SECTION 2
DÉVELOPPEMENT HISTORIQUE DU DROIT ADMINISTRATIF

3 Le droit administratif n'a pas l'arrogance qu'on lui prête parfois. L'étude de son développement historique montre au contraire qu'il s'agit d'un droit d'extraction modeste. Contrairement au droit civil moderne, sorti casqué de la cuisse de Jupiter par la solennité législative d'un acte fondateur (le Code civil de 1804), il est en effet né par surprise, puis a mis un siècle à atteindre sa maturité. Quatre étapes ont marqué cette étonnante aventure.

A. La loi des 16-24 août 1790

Pour que le droit administratif puisse naître un jour, il était sans doute nécessaire de soustraire préalablement l'administration à la compétence des tribunaux judiciaires. C'est ce qu'a fait la loi des 16-24 août 1790 en leur interdisant de « troubler de quelque manière que ce soit les opérations des corps administratifs ». Mal respectée, cette interdiction sera réitérée par le décret du 16 fructidor an III, leur faisant défense « de connaître des actes d'administration, de quelque espèce qu'ils soient ». Ces deux textes sont toujours en vigueur.

Deux raisons expliquent cette volonté des révolutionnaires de soustraire l'administration au juge judiciaire.

L'une, d'ordre théorique, découle de la conception française de la séparation des pouvoirs, construite à partir de la pensée de Montesquieu. Selon cette conception, aucun des trois pouvoirs distingués par l'éminent auteur (Législatif, Exécutif, et Judiciaire) ne doit empiéter sur la compétence des deux autres. On en a déduit qu'il fallait empêcher les tribunaux judiciaires de contrôler l'administration, un tel contrôle étant assimilé à une immixtion du pouvoir judiciaire dans le domaine de compétence du pouvoir exécutif. À l'évidence, cette déduction était fausse, car les tribunaux judiciaires auraient pu contrôler l'administration sans aucun danger pour le pouvoir exécutif, si on les avait cantonnés dans leur mission qui est de juger, et non d'administrer. Pour leur part, les États-Unis l'ont d'ailleurs bien compris.

La seconde raison est heureusement plus convaincante. D'ordre pratique, elle reposait sur la très grande méfiance qu'éprouvaient les révolutionnaires à l'égard des tribunaux judiciaires. Cette méfiance etait, il faut l'avouer, parfaitement justifiée. En 1790 comme en l'an III, le souvenir des abus des Parlements de l'Ancien Régime était en effet encore particulièrement vivace. Nul n'ignorait que les Parlements avaient voulu diriger l'administration à la place du roi, et avaient tenté de briser sa résistance en refusant d'enregistrer ses ordonnances, et en lui adressant de cinglantes « remontrances ». La tentative avait été d'autant plus inquiétante qu'ils l'avaient menée beaucoup plus pour accroître leurs privilèges que pour favoriser l'avènement d'une société plus égalitaire dont ils ne voulaient pas. Les révolutionnaires craignaient donc que les tribunaux judiciaires ne renouent avec les pratiques de leurs prédécesseurs. Paradoxalement, les textes de 1790 et de l'an III ne faisaient d'ailleurs que réitérer une interdiction que le roi avait déjà posée, sans succès durable, dans l'édit de Saint-Germain de février 1641, puis dans son arrêt du conseil du 8 juillet 1661.

En rapprochant ces deux raisons, on s'aperçoit par conséquent que le droit administratif moderne trouve en quelque sorte son origine lointaine dans une crainte et dans un malentendu.

B. L'apparition d'une juridiction administrative

4 Les textes de 1790 et de l'an III écartaient les tribunaux judiciaires des litiges administratifs, mais ils ne créaient pas de tribunaux administratifs pour autant. On y avait pourtant songé dès 1790. Mais l'Assemblée constituante avait finalement renoncé à les instaurer, estimant qu'ils auraient ressemblé un peu trop aux juridictions d'exception de l'Ancien Régime, de sinistre mémoire.

En l'absence de toute juridiction compétente, c'est donc à l'administration elle-même qu'il revenait de juger ses propres litiges. Concrètement, chacun des ministres se retrouvait compétent pour juger les affaires relevant de son département ministériel. Comme on peut s'en douter, ce curieux système de l'administrateur-juge ne s'avéra guère favorable aux intérêts des administrés. Sur le plan théorique, on estimait pourtant qu'il ne violait pas le principe de séparation des pouvoirs, car à l'époque on pensait que l'action de juger les litiges administratifs était le complément naturel de l'action d'administrer, autrement dit que « juger l'administration, c'est encore administrer ».

Un début d'évolution se dessine heureusement dès l'an VIII, avec l'apparition des premières juridictions administratives. Un Conseil d'État est en effet institué par la Constitution du 22 frimaire an VIII (15 déc. 1799), cependant que dans chaque département la loi du 28 pluviôse an VIII crée un « conseil de préfecture ». Leurs débuts sont modestes. Ces juridictions sont en effet conçues avant tout, comme leur nom l'indique, comme des conseils de l'administration active. Leur fonction juridictionnelle paraît donc secondaire par rapport à leur mission essentielle, qui est de conseiller les ministres et les préfets. Au fond, on vit toujours sous l'emprise du fameux principe selon lequel « juger l'administration, c'est encore administrer ». Le juge administratif, s'il n'est plus tout à fait l'administration, n'en demeure pas moins à son service.

Aussi n'est-il pas question de lui confier la « justice déléguée » qui le rendrait indépendant. Le Conseil d'État ne reçoit qu'une « justice retenue ». Cela signifie qu'il n'a pas le droit de juger seul, mais qu'il doit se borner à proposer ses jugements au chef de l'État. Tout se passe au fond comme si la fonction consultative englobait la fonction contentieuse : éclairé par l'avis de son Conseil, qu'il n'est pas obligé de suivre (mais qu'en pratique il suit presque toujours), l'Exécutif rend ses sentences de la même façon qu'il prend ses actes administratifs. Il faudra attendre le 24 mai 1872 (après une première expérience entre 1848 et 1852) pour qu'une loi mette fin à ce système archaïque, en confiant la « justice déléguée » au Conseil d'État.

Mais ce cantonnement à une « justice retenue » n'est pas le seul moyen imaginé par le Consulat pour empêcher le Conseil d'État d'acquérir trop d'autonomie par rapport à l'administration active. De façon arbitraire, on considère en effet que la réforme de l'an VIII n'a pas ôté aux ministres leur qualité de juges. Ils demeurent donc les juges « de droit commun » en premier ressort du contentieux administratif, ce qui signifie qu'ils ont une compétence de principe dans toute la mesure où la loi n'a pas attribué compétence à d'autres juges. Cette théorie du « ministre-juge » se concilie facilement avec l'institution des conseils de préfecture, auxquels la loi du 28 pluviôse an VIII donne compétence en premier ressort (sous le contrôle du Conseil d'État en appel), mais uniquement en qualité de juges « d'exception », cantonnés aux catégories de litiges (principalement travaux publics et contributions directes) qu'elle leur a expressément attribuées. En revanche, elle se concilie beaucoup plus difficilement avec la création du Conseil d'État, qu'elle transforme en juge d'appel des jugements ministériels, alors que le système de l'an VIII semblait l'ériger en juge de droit commun en premier ressort à la place des ministres. Prudent, le Conseil d'État choisit néanmoins de s'incliner devant le fait accompli jusqu'à ce que l'évolution des mentalités et de la situation politique lui permette de réagir. Et ce n'est finalement qu'en 1889, par le célèbre arrêt Cadot, qu'il met fin à la théorie du ministre-juge (CE 13. 12. 1889 Cadot *GAJA*).

Passé ce dernier écueil, la suite est plus calme et permet au Conseil d'État, grâce à une série de « grands arrêts », de renforcer progressivement son indépendance par rapport au pouvoir exécutif. Victime de son succès, il est bientôt menacé d'engorgement. C'est pourquoi on transfère sa qualité de juge de droit commun en premier ressort à des « tribunaux administratifs », qu'un décret du 30 septembre 1953 crée en remplacement des conseils de préfecture, qui n'étaient que des juges d'attribution. À cette date, le Conseil d'État devient donc pour l'essentiel un juge d'appel. Mais devant son encombrement renouvelé, il s'avère rapidement nécessaire de créer des « cours administratives d'appel ». Tel est l'objet de la loi du 31 décembre 1987, qui leur transfère sa qualité de juge d'appel de droit commun. Depuis lors, le Conseil d'État est donc devenu essentiellement un juge de cassation, même s'il conserve, comme on le verra, d'importantes compétences d'attribution en tant que juge de premier et dernier ressort et en tant que juge d'appel.

C. L'apparition d'un droit administratif lié aux critères de compétence des juridictions administratives

5 Dès leur apparition, les juridictions administratives se sont efforcées de délimiter leur sphère de compétence par rapport à celle des tribunaux judiciaires. Cette entreprise les a logiquement conduites à dégager des critères de compétence, opération qui les a forcées à réfléchir sur ce qui, au sein de l'activité administrative, devait relever du droit privé, et sur ce qui devait lui être soustrait. Au « régime administratif », mal défini et plus ou moins arbitraire d'avant l'an VIII, a pu ainsi être substitué un droit administratif en quête de cohérence. La recherche par le juge administratif des critères de sa compétence a donc été à l'origine directe de l'apparition du droit administratif.

Plusieurs critères ont été expérimentés de l'an VIII à 1873. Le Conseil d'État a en effet refusé de retenir le critère organique, clair mais simpliste, que l'administration avait tenté de promouvoir sous la Révolution. Selon ce critère, tout litige intéressant une personne publique ou mettant en cause l'un de ses agents devait échapper aux tribunaux judiciaires. L'adopter aurait donc signifié que l'on s'engageait dans la voie dangereuse d'une conception singulièrement extensive du droit administratif. Le refus du critère organique a par conséquent amené le Conseil d'État à rechercher des critères matériels, c'est-à-dire des critères tenant à la nature ou aux modalités de l'activité administrative.

6 Trois critères ont ainsi coexisté jusqu'en 1873 : le critère de l'État débiteur, le critère de l'acte d'autorité, et le critère de la gestion publique.

Le *critère de l'État débiteur* est le plus simple des trois. Il repose sur l'idée que les tribunaux judiciaires n'ont jamais le droit de condamner l'État à payer une somme d'argent, quelle que soit l'origine de la dette. Mal fondé en droit (il découle d'une interprétation erronée de deux vieux textes révolutionnaires), et de toute façon inapte à fonder l'ensemble du droit administratif (lequel ne saurait se résumer à la responsabilité pécuniaire de l'État), il est en voie d'abandon dès le milieu du XIXe siècle.

Plus ambitieux, et défendu par de grands auteurs (Laferrière, Berthélémy), le *critère de l'acte d'autorité* a longtemps fait figure de critère dominant. Selon lui, les actes de l'administration peuvent être répartis en deux catégories. Ceux qui comportent utilisation de la puissance publique, c'est-à-dire de privilèges exorbitants du droit commun, sont des « actes d'autorité », alors que ceux qui n'en comportent pas sont des « actes de gestion ». Les premiers (parmi lesquels les actes administratifs unilatéraux) relèvent du juge administratif et du droit administratif, les seconds (notamment l'ensemble des contrats de l'administration) du juge judiciaire et du droit privé. Avec ce critère, le droit administratif reçoit donc une définition cohérente, apte à rendre compte de son champ d'application : il est le droit des actes par lesquels l'administration met en œuvre ses prérogatives de puissance publique.

7 Mais malgré ses mérites, le critère de l'acte d'autorité se voit supplanté à partir de 1873 par un autre critère, qui vivait jusque-là dans son ombre : on fait allusion au *critère de la gestion publique*.

Cette petite révolution est l'œuvre du célèbre arrêt Blanco, du Tribunal des conflits (TC 8. 2. 1873 Blanco *GAJA*). Dans cette affaire, une enfant avait été renversée et blessée par un wagonnet d'une manufacture de tabacs, exploitée en régie par l'État. Son père avait alors saisi les tribunaux judiciaires d'une action en dommages-intérêts contre l'État, qu'il estimait civilement responsable par application des articles 1382 à 1384 du Code civil. Mais, contestant la compétence des tribunaux judiciaires, le préfet avait « élevé le conflit », ce qui signifie qu'il avait saisi le Tribunal des conflits afin que celui-ci décide qui, du juge judiciaire ou administratif, était réellement compétent en l'espèce. Or, le Tribunal des conflits allait trancher en faveur du juge administratif. Était donc indiscutablement écarté le critère de l'acte d'autorité qui, s'il avait été appliqué, aurait mené à la solution inverse, l'exploitation de la manufacture de tabacs étant manifestement une activité « de gestion » et non « d'autorité ». Était de même définitivement abandonné le critère de l'État-débiteur (qui aurait pourtant permis de justifier la compétence du juge administratif), aucune référence n'étant faite par la décision du Tribunal des conflits aux deux vieux textes révolutionnaires sur lesquels il se fondait.

La solution du Tribunal des conflits s'expliquait donc bien par la consécration d'un troisième critère : le critère de la gestion publique [1]. Selon celui-ci, l'administration peut exercer deux types d'activités : des activités de « gestion privée », qu'elle exerce en utilisant les mêmes procédés que ceux dont usent les particuliers, et des activités de « gestion publique », à l'occasion desquelles elle met en œuvre des prérogatives ou des obligations exorbitantes du droit commun, manifestant l'emploi de la puissance publique. Ces dernières seules relèvent du juge administratif, les premières appartenant pour leur part à la sphère de compétence du juge judiciaire.

Ainsi défini, le critère de la gestion publique ressemble un peu au critère de l'acte d'autorité. C'est normal dans la mesure où ils se réfèrent tous les deux à la notion centrale de « puissance publique ». Mais à y mieux regarder, le critère de la gestion publique est beaucoup plus subtil que le critère de l'acte d'autorité, car contrairement à lui il refuse de faire des multiples activités de gestion de l'administration un bloc monolithique, qui relèverait inévitablement du juge judiciaire. Préférant les répartir en deux catégories, dont l'une seulement relève du juge judiciaire, il réalise par là même une extension considérable du champ de compétence du juge administratif. Ainsi, dans l'affaire Blanco, le fait de conduire un wagonnet est considéré comme un acte qui entre dans la gestion publique du service des tabacs. Et depuis 1912 (CE 31. 7. 1912 Société des granits porphyroïdes des Vosges *GAJA*), on estime que les contrats de l'administration – « actes de gestion » par excellence selon les tenants de l'ancien critère de l'acte d'autorité – s'insèrent dans la gestion publique dès lors qu'ils contiennent des clauses exorbitantes du droit commun.

8 Cette interprétation de l'arrêt Blanco est combattue par certains auteurs [2]. Selon eux, l'arrêt Blanco n'aurait pas consacré le critère de la gestion publique, mais le critère du « service public ». Cette

1. *Cf.* en ce sens R. Chapus, *Responsabilité publique et responsabilité privée*, thèse Paris 1954 et LGDJ 1957, et manuels de R. Chapus, J. Rivero – J. Waline, et G. Vedel – P. Delvolvé.
2. *Cf.* manuels de A. de Laubadère – J.-C. Vénézia – Y. Gaudemet, J. Morand – Deviller, et J. Moreau; voir aussi l'hésitation des *GAJA* de M. Long – P. Weil – G. Braibant – P. Delvolvé – B. Genevois, perceptible si on rapproche les notes sous les arrêts Blanco et Terrier.

opinion était déjà défendue par Léon Duguit, doyen de la Faculté de droit de Bordeaux, au début du XXe siècle. Elle repose essentiellement sur la constatation que l'arrêt Blanco utilise l'expression « service public ». Or, à l'époque de Duguit, le service public était défini comme l'activité d'intérêt général exercée par une personne publique. Contrairement à la gestion publique, il s'agissait donc d'un critère qui ne faisait pas directement appel à la notion de puissance publique pour fonder la compétence du juge administratif. Soucieux de substituer à l'administration de commandement, héritée des conceptions napoléoniennes, une administration prestataire de services, adaptée à la transformation de l'État-gendarme en État-providence, Duguit s'est emparé de l'arrêt Blanco pour faire du service public la pierre angulaire du droit administratif. Selon lui, le juge administratif n'est compétent, et le droit administratif ne s'applique, que si un service public est en cause : ils ne sont donc respectivement rien d'autre que le juge et le droit des services publics. Cette vision claire et généreuse du droit administratif a immédiatement séduit une partie de la doctrine (Jèze, Bonnard, Rolland), qui a constitué ce qu'on a appelé « l'école du service public ». Elle a aussi influencé la jurisprudence jusqu'en 1912 (notamment TC 29. 2. 1908 Feutry *RDP* 1908. 206, note Jèze, et CE 4. 3. 1910 Thérond *GAJA*, qui appliquent le critère du service public).

Pourtant, répétons-le, c'est bien le critère de la gestion publique, et non celui du service public, qu'entendait consacrer l'arrêt Blanco. Certes, l'arrêt est rédigé de façon ambiguë. Mais, par chance, tout arrêt du Tribunal des conflits ou du Conseil d'État est éclairé par les « conclusions » d'un « commissaire du gouvernement » (dénomination en vigueur jusqu'au 1er février 2009) ou d'un « rapporteur public » (dénomination en vigueur depuis cette date), c'est-à-dire par l'avis personnel, donné en toute indépendance, d'un magistrat administratif. Or, dans l'affaire Blanco, le commissaire du gouvernement David avait indiqué qu'il fallait distinguer entre l'« État puissance publique » et l'« État personne civile », c'est-à-dire entre gestion publique et gestion privée. Dans son esprit, le service public des tabacs ne devait donc relever du juge administratif que parce qu'il s'agissait d'un service public à gestion publique, et non d'un service public à gestion privée (confirmant cette analyse, *cf.* CE Sect. 12. 11. 1937 Dame Garnero *Lebon* 928 : en 1937, comme en 1873, le SP des tabacs était un « SPA », autrement dit un SP à gestion publique). Le critère de la gestion publique fut d'ailleurs réaffirmé, avec une clarté encore plus remarquable, par le commissaire du gouvernement Romieu dans ses conclusions sur l'arrêt Terrier (CE 6. 2. 1903 Terrier *GAJA*), et défendu avec talent par Maurice Hauriou, doyen de la Faculté de droit de Toulouse [1].

9 Au-delà de cette controverse, d'ailleurs tardive puisque l'arrêt Blanco passa inaperçu pendant plus de trente ans, la majorité de la doctrine s'accorde aujourd'hui à voir dans la gestion publique le critère principal de la compétence du juge administratif. Sa victoire sur le critère du service public s'est en effet dessinée dès 1912 (*cf.* CE 31. 7. 1912 Société des granits porphyroïdes des Vosges, préc.) pour s'affirmer avec éclat en 1921 grâce au célèbre arrêt dit « du bac d'Éloka » (TC 22. 1. 1921 Société commerciale de l'Ouest africain *GAJA*). Depuis cet arrêt, la jurisprudence classe en effet les services publics en deux catégories : les « SPA » (services publics administratifs), services publics à gestion publique relevant du juge administratif et du droit administratif, et les « SPIC » (services publics industriels et commerciaux), services publics à gestion privée relevant du juge judiciaire et du droit privé. Elle a donc clairement rompu avec les thèses de Duguit et de « l'école de service public », selon lesquelles tout service public devait nécessairement entraîner l'application du droit administratif et la compétence du juge administratif.

10 Cela ne signifie pas, cependant, que le critère du service public ait perdu tout intérêt. Entré en crise à la suite de l'arrêt de 1921, ce critère possède en effet une force d'attraction telle qu'il n'a jamais totalement disparu. Depuis les années cinquante, il connaît même un regain de vitalité, puisque la jurisprudence le fait désormais intervenir, concurremment avec d'autres critères plus anciens, pour définir les travaux publics (TC 28. 3. 1955 Effimieff

1. *La gestion administrative*, Larose, 1899, p. 72 à 77 et p. 83-84, et préface de la 11e édition de son *Précis de droit administratif*, 1927.

GAJA) et le domaine public (CE Sect. 19. 10. 1956 Société « Le Béton » *GAJA*), et, concurremment avec le critère de la gestion publique, pour définir les contrats administratifs (CE Sect. 20. 4. 1956 Époux Bertin *GAJA*).

C'est dire qu'*il n'existe pas de critère unique du droit administratif.* À côté du critère principal (la gestion publique) prend place un critère secondaire (le service public), autour desquels gravite une multitude de critères textuels ou jurisprudentiels de moindre importance (*cf.* chap. 7). Il en résulte une situation si complexe qu'un auteur, le conseiller d'État Bernard Chenot, a pu estimer qu'il n'y avait pas réellement de critère du droit administratif. Selon lui, il faudrait s'en remettre à la sagesse du juge pour déterminer, cas par cas, dans une sorte d'« existentialisme juridique », ce qui relève du droit administratif. Un tel empirisme ne saurait être admis. Il est en effet contraire à l'une des fonctions essentielles du Droit, qui est d'assurer la sécurité des relations humaines en fixant à l'avance un ensemble de règles cohérent, obéissant à une certaine logique. Les critères existants, même complexes, ont le mérite de répondre à cette exigence de rationalité. Ils doivent donc être défendus avec fermeté tant que l'on ne parvient pas à les remplacer par des critères plus simples.

11 L'existence de critères est d'autant plus importante que la jurisprudence ne s'en sert pas seulement pour délimiter la compétence du juge administratif, mais aussi pour fixer le champ d'application d'un droit administratif autonome par rapport au droit privé. Une autre solution aurait été possible, dans la mesure où les textes de 1790 et de l'an III se bornaient à arracher l'administration à la compétence du juge judiciaire, non à l'application des règles de fond du droit privé. On aurait donc pu imaginer que le juge administratif se contente d'appliquer à l'administration le droit privé. Pourtant, dès ses débuts, la jurisprudence administrative a choisi de placer l'administration en dehors du droit commun. Une tradition française, qui remonte à l'Ancien Régime [1], accorde en effet à l'administration, en raison de sa participation à l'exercice de la

1. *Cf.* J.-L. Mestre, *Introduction historique au droit administratif français*, PUF, 1985.

puissance publique, le privilège de bénéficier d'un droit spécial. L'arrêt Blanco ne fait donc qu'officialiser une situation acquise depuis longtemps lorsqu'il affirme, dans des termes qui sont devenus célèbres, que la responsabilité de l'État « ne peut être régie par les principes qui sont établis dans le Code civil, pour les rapports de particulier à particulier », mais « qu'elle a ses règles spéciales ». Compte tenu de la tradition, le juge administratif ne pouvait effectivement qu'être voué à appliquer à l'administration des « règles spéciales », autrement dit un droit administratif autonome par rapport au droit privé.

L'adage « la compétence suit le fond » désigne cette situation, consacrée par l'arrêt Blanco, selon laquelle la nature du droit en cause (que l'on repère grâce aux critères susmentionnés) détermine l'ordre de juridictions compétent. Au juge administratif le droit administratif, au juge judiciaire le droit privé. On prendra toutefois garde au fait qu'il arrive parfois, par exception au principe, que le juge judiciaire soit compétent pour appliquer les règles du droit administratif (*cf.* notamment jurisprudence Civ. 23. 11. 1956 Trésor public c. Giry *GAJA*).

12 Né de critères élaborés par le juge, et délibérément coupé des règles du Code civil, le droit administratif français a donc pour caractéristique majeure d'être un droit jurisprudentiel (ou « prétorien »). C'est ce qui explique son pragmatisme, que la doctrine qualifie volontiers de subtilité. S'étant développé progressivement, au fil du contentieux, le droit administratif a pu en effet s'adapter à l'évolution des pratiques administratives en échafaudant des solutions nuancées, sans avoir à surmonter le handicap qu'aurait constitué la lourdeur d'une législation gravée dans le marbre. Historiquement, l'absence de codification du droit administratif a bel et bien été une chance.

Aujourd'hui, cependant, les temps héroïques de la conquête de l'administration par le droit sont révolus. Même si tout n'est pas encore parfait, le droit administratif est parvenu à maturité. Bien enraciné dans la sédimentation de règles jurisprudentielles stables, il s'est débarrassé de plusieurs de ses défauts de jeunesse – dont le goût du secret – grâce à l'apport de textes épars (notamment loi du 17. 7. 1978 sur l'accès aux documents administratifs, loi du 11. 7. 979 sur la motivation de certains actes administratifs, loi du 16. 7. 1980 relative à l'astreinte et à l'exécution des jugements par les personnes publiques, loi du 8. 2. 1995 relative à l'efficacité de la justice administrative, loi du 12. 4. 2000 relative aux droits des citoyens dans leurs relations avec les administrations, et loi du 30. 6. 2000 relative au référé devant les juridictions administratives). C'est pourquoi nous pensons qu'il est devenu temps de le codifier.

Car pour qu'un État soit un « État de droit », il ne suffit pas que l'administration soit soumise à un droit sagement conçu. Encore faut-il que ce dernier soit accessible aux administrés. Un droit ésotérique, dont la compréhension est réservée à une caste d'initiés (les juristes !), est en effet un droit inefficace. Or, tel est malheureusement le cas du droit administratif français. Quiconque veut prendre connaissance des grands principes du droit civil peut parcourir le Code civil en quelques heures. Plusieurs mois d'effort sont au contraire indispensables pour tenter de défricher le maquis d'arrêts et de textes foisonnants qui forment la substance du droit administratif. La codification s'impose donc pour parfaire l'État de droit. Le Conseil constitutionnel l'a bien compris : il la justifie en affirmant qu'elle répond « à l'objectif de valeur constitutionnelle d'accessibilité et d'intelligibilité de la loi » (CC 16. 12. 1999 Codification par ordonnances *D.* 2000. 361 chron. Frison-Roche et Baranès).

Cette codification a d'ailleurs déjà commencé, puisqu'elle a été décidée par un décret du 10 mai 1948, auquel s'est ensuite substitué un décret du 12 septembre 1989. Ainsi, ont notamment été édifiés un « Code des marchés publics » (1964, refondu en 2001, 2004 puis 2006), un « Code de l'urbanisme » (1972), un « Code de l'expropriation » (1977), un « Code de la voirie routière » (1989), un « Code général des collectivités territoriales » (remplaçant en 1996 le « Code des communes » de 1977), un « Code de justice administrative » (remplaçant en 2000 le « Code des tribunaux administratifs et des cours administratives d'appel » de 1989), un « Code de l'éducation » (2000), un « Code de l'environnement » (2000), un « Code du patrimoine » (2004), un « Code de la défense » (2004), un « Code de l'entrée et du séjour des étrangers et du droit d'asile» (2004), un «Code général de la propriété des personnes publiques» (remplaçant en 2006 le «Code du domaine de l'État» de 1957), un «Code du sport» (2007) , et un «Code des transports» (2010).

Mais cette codification, certes utile, n'a pas la portée générale de celle que nous appelons de nos vœux. Car elle ne concerne que des branches techniques et bien délimitées du droit administratif, dont les racines et le tronc restent constitués par des principes jurisprudentiels. Ce sont en effet des principes jurisprudentiels qui continuent à régir le régime de l'acte administratif unilatéral et du contrat administratif, à fixer les contours du service public et de la police administrative, ou encore à déterminer les cas d'ouverture du recours pour excès de pouvoir et les conditions de la responsabilité administrative. Or, ce sont bien ces matières qui forment le cœur du droit administratif, qu'il faudrait codifier en un «Code administratif» (à ne pas confondre avec le Code administratif Dalloz, sans valeur officielle, qui n'est qu'un recueil de textes épars). Ainsi serait utilement complétée l'œuvre de codification générale commencée, pour le droit privé, dès l'époque napoléonienne.

D. La constitutionnalisation de la juridiction administrative et du droit administratif

13 Certains États, comme les États-Unis ou le Royaume-Uni, n'ont ni juridiction administrative ni droit administratif autonome. Leur exemple prouve donc que l'existence de l'une et de l'autre n'est nullement une nécessité. D'où la question de savoir si l'on pourrait, en France, supprimer la juridiction administrative et le droit administratif.

Rien, dans le texte même de la Constitution du 4 octobre 1958, ne fait obstacle à cette suppression. Alors qu'elle consacre tout son titre 8 à «l'autorité judiciaire», notre Constitution omet en effet de mentionner l'existence de la juridiction administrative. Seul son article 13 fait référence aux «conseillers d'État», mais il ne le fait qu'en vue de régler leur mode de nomination, et non afin de protéger leur activité de juges. À plus forte raison ne dit-elle pas un mot du droit administratif. Rien dans la Constitution ne garantit donc la survie de la juridiction administrative et du droit administratif. À première vue, une simple loi pourrait donc supprimer l'une et l'autre.

Le Conseil constitutionnel a fort heureusement remédié à cette situation inconfortable à partir de 1980. Dans une décision du 22 juillet 1980, il s'est en effet référé à la loi (préc. n° 4) du 24 mai 1872 pour affirmer que l'indépendance – donc l'existence – de la juridiction administrative est au nombre des « principes fondamentaux reconnus par les lois de la République », et qu'elle a donc valeur constitutionnelle (CC 22. 7. 1980 Lois de validation *GDCC*). Il a ainsi procédé à une constitutionnalisation de la juridiction administrative qui interdit désormais au législateur de la supprimer. Si une simple loi peut continuer à modifier le nombre ou le nom des juridictions administratives, seule une révision constitutionnelle peut depuis 1980 les anéantir.

Restait alors à constitutionnaliser le droit administratif. C'est ce qu'a fait le Conseil constitutionnel par une décision du 23 janvier 1987. Il y affirme en effet, selon un mode de raisonnement désormais classique, que figure au nombre des « principes fondamentaux reconnus par les lois de la République », à valeur constitutionnelle, le principe (assorti d'exceptions) selon lequel « relève en dernier ressort de la compétence de la juridiction administrative l'annulation ou la réformation des décisions prises, dans l'exercice des prérogatives de puissance publique », par les autorités administratives (CC 23. 1. 1987 Conseil de la Concurrence *GAJA* et *GDCC*). Est ainsi constitué, autour de la notion de puissance publique, autrement dit de gestion publique, un noyau dur du droit administratif auquel même le législateur ne peut en principe porter atteinte.

De cette jurisprudence, il ressort donc que l'existence de la juridiction administrative et du droit administratif fait tellement partie de la tradition juridique française, qu'elle a tellement contribué à forger notre État de droit, que seule une révision constitutionnelle peut désormais la remettre en cause.

Section 3
Fondements idéologiques du droit administratif

14 Le droit n'est pas neutre. Étant un instrument de régulation sociale, il repose en effet nécessairement sur des « valeurs », dont l'adoption suppose elle-même le ralliement subjectif à un choix idéologique. C'est dire qu'en droit, comme en toute autre science sociale, l'objectivité n'existe pas. Le projet de Kelsen, consistant à bâtir une « théorie pure du droit », était donc voué à l'échec, car il reposait sur la croyance erronée qu'on pourrait ériger le droit en un ordre clos, animé d'une logique interne indifférente aux facteurs historique, sociologique, et idéologique [1].

15 • *En France, l'ensemble de notre droit repose sur des valeurs issues de « l'idéologie des droits de l'Homme ».* Il ne pouvait en être autrement, car un droit n'est légitime que s'il reflète les aspirations de la conscience collective. Or, depuis 1789, la conscience collective des Français s'est précisément ralliée à cette idéologie des droits de l'Homme.

D'inspiration chrétienne et rationaliste, l'idéologie des droits de l'Homme est humaniste, individualiste et libérale. Humaniste, elle prône comme valeur fondamentale l'absolu respect de la dignité de la personne humaine. Individualiste, elle veut constituer autour de l'individu une sphère d'autonomie, afin de lui permettre de s'arracher à l'emprise de l'État et des corps intermédiaires. Libérale, elle vénère l'activité humaine dans sa diversité et sa spontanéité, et recherche en conséquence le pluralisme des courants d'opinion dans l'ordre politique, la concurrence des initiatives publiques ou privées dans l'ordre économique.

Le droit administratif français n'a évidemment pas échappé à la prégnance de l'idéologie des droits de l'Homme. Humaniste par excellence, la théorie de la voie de fait a ainsi été forgée pour répondre avec une sévérité exemplaire aux agissements de l'admi-

1. H. Kelsen, *Théorie pure du droit*, trad. Eisenmann, Dalloz, 1962.

nistration les plus gravement liberticides. Le respect de l'individualisme s'exprime, quant à lui, par l'interdiction faite à l'administration de contraindre quiconque à signer un contrat administratif, et par la mission assignée à la police administrative générale d'assurer la tranquillité des administrés. La philosophie libérale inspire enfin, dans le domaine des marchés publics, le vieux procédé de l'appel d'offres, et plus récemment, sous l'influence du droit communautaire, la pénétration du droit administratif par le « droit de la concurrence ».

Cette perméabilité à l'idéologie des droits de l'Homme prouve à l'évidence que le droit administratif n'est pas qu'un droit de privilèges au service de l'administration. Il est aussi et surtout un instrument de soumission de l'administration au respect des administrés, ainsi que le rappelle d'ailleurs un ensemble de textes récents (*cf.* lois de 1978, 1979, 1980, 1995 et 2000, préc. n° 12). Le droit administratif français n'est donc pas le monstre que certains voudraient y voir.

16 • *«L'idéologie de l'intérêt général»*. Force est toutefois d'avouer que le malaise qu'il suscite parfois n'est pas dénué de fondements. Alors que l'idéologie des droits de l'Homme gouverne sans discussion le droit privé, elle est en effet fortement concurrencée, sur le terrain du droit administratif, par ce qu'on propose d'appeler « l'idéologie de l'intérêt général ». Selon celle-ci, l'administration a pour raison d'être de mettre en œuvre le bien commun défini par les organes compétents de l'État (roi en son Conseil sous l'Ancien Régime, gouvernement sous la Ve République), et doit donc assurer, au besoin par la puissance publique, sa prééminence sur les intérêts particuliers et sur les droits des administrés. Or cette idéologie de l'intérêt général, en soi parfaitement estimable, a pris, pour des raisons historiques, une coloration technocratique qui la rend inacceptable dans une démocratie.

L'origine de ce phénomène est antérieure à la Révolution. Elle remonte à la monarchie absolue, qui a mis en place une souveraineté administrative de l'État contre la féodalité. Une administration moderne se constitue en effet dès cette époque. Formée d'hommes recrutés pour leur compétence, et non pour leur fortune ou pour leur naissance, elle obtient la confiance du roi et exerce sur ses décisions, en tant que spécialiste ès intérêt général, une influence déterminante. Elle parvient alors à accréditer l'idée, dont on n'a toujours pas réussi à se débarrasser, que l'intérêt général est l'affaire des bureaux et non des citoyens.

Malgré le spasme révolutionnaire, Napoléon Bonaparte reste fidèle à cette conception. Commentant la création du Conseil d'État, il explique en effet qu'il veut « instituer un corps demi-administration, demi-judiciaire, qui réglera l'emploi de cette position d'arbitraire nécessaire dans l'administration de l'État »; car, poursuit-il, « on ne peut laisser cet arbitraire dans les mains du prince, parce qu'il l'exercera mal », auquel cas « il y aura tyrannie [1]». On le voit, Napoléon oppose l'« arbitraire » à la « tyrannie ». Dans son esprit, ce terme n'a donc pas la connotation péjorative qu'il revêt aujourd'hui. Ce qu'il qualifie d'« arbitraire nécessaire » n'est en réalité rien d'autre que la gestion de l'intérêt général. Et comme les rois de l'Ancien Régime, il confie celle-ci à l'administration. Conformément à la tradition française d'un absolutisme de principe, modéré de l'intérieur, il en réserve en outre le contrôle à cette partie intégrante de l'administration qu'est selon lui le Conseil d'État, lequel n'est rien d'autre qu'une restauration modernisée de l'ancien Conseil du roi. Soumis aux impératifs d'un intérêt général à la détermination duquel il n'est pas convié à participer, le citoyen n'est donc plus qu'un administré passif.

En dépit de quelques améliorations, cet état de choses n'a pas fondamentalement changé. La conquête de la démocratie politique s'est conjuguée avec la résistance de la technocratie administrative. En témoigne la « théorie du troisième personnage », selon laquelle l'intérêt général viendrait s'interposer, lors du procès administratif, entre le plaideur privé et l'administration, et que le juge administratif ferait systématiquement prévaloir [2]. Cette théorie montre en effet que les membres les plus influents du Conseil d'État se considèrent davantage comme des super-fonctionnaires, chargés de requalifier des situations au regard de

1. Cité dans le *Conseil d'État, son histoire à travers les documents d'époque*, CNRS, 1974, p. 134.
2. Théorie développée par P. Nicolay, alors vice-président du Conseil d'État, dans *Le Monde* du 2. 4. 1985.

l'intérêt général, que comme des juges véritables. Elle montre aussi et surtout que la détermination de l'intérêt général demeure réservée au bloc technocratique que constituent l'administration et son juge.

L'idéologie de l'intérêt général, répétons-le, n'est pas intrinsèquement en cause pour autant. Elle a au contraire le mérite de légitimer la plupart des privilèges que le droit administratif reconnaît à l'administration, notamment son pouvoir de commandement (qui s'exprime essentiellement par des « actes administratifs unilatéraux », qui s'imposent aux administrés dès leur édiction, sans recours préalable au juge, et indépendamment de leur consentement), et son pouvoir d'orientation (qui s'exerce par des « directives », auxquelles les autorités subordonnées peuvent déroger à certaines conditions). Elle explique aussi, dans une certaine mesure, le caractère « objectif » du droit administratif, lequel n'appartient pas à « l'univers du sujet » – centré sur les droits de l'individu – qui englobe le droit privé et le droit des libertés publiques, mais constitue un monde particulier de normes anonymes et abstraites visant à faire prévaloir le bien commun, et de recours dits « objectifs » parce qu'ils posent au contentieux de pures questions de légalité au lieu de tendre à la reconnaissance d'un droit subjectif (*cf.* « recours pour excès de pouvoir », par lequel on demande au juge l'annulation d'un acte administratif unilatéral qu'on estime illégal, et « recours objectifs de plein contentieux », grâce auxquels le juge dispose de pouvoirs plus étendus, lui permettant notamment de modifier la décision attaquée plutôt que de l'annuler).

17 • *Ce qui est critiquable, c'est la déformation* technocratique de cette idéologie, qui a fourvoyé le droit administratif dans un autoritarisme excessif. La conviction d'incarner l'intérêt général a en effet poussé l'administration à revendiquer une liberté d'action étendue, que la super-administration qu'est – on l'a vu – à certains égards le Conseil d'État lui a accordée sans états d'âmes. C'est ainsi qu'existent aujourd'hui des jurisprudences complaisantes qui admettent l'immunité juridictionnelle de plusieurs catégories d'actes de l'administration (« lois présidentielles », « actes de gouvernement », « mesures d'ordre intérieur »), et qui refusent de

faire obstacle à l'exécution des actes administratifs illégaux (par une utilisation certes en progrès mais encore insuffisante du « référé » et de la « suspension »), même lorsque ceux-ci continuent à produire leurs effets en violation de l'autorité de chose jugée (en vertu de la règle selon laquelle l'ouvrage public ne se détruit pas, même s'il a été illégalement édifié sur la propriété d'autrui; ou plus généralement par la répugnance à adresser des injonctions à l'administration, et à lui infliger des astreintes). D'autres jurisprudences, en apparence plus audacieuses, sont quant à elles discrètement escamotées lorsqu'un intérêt général particulièrement important – proche de la « raison d'État » – est en cause (c'est le cas de la jurisprudence « Ville Nouvelle Est », relative au contrôle du « bilan coût-avantages » des déclarations d'utilité publique, qui ne provoque jamais leur annulation lorsqu'elles portent sur des autoroutes, sur des camps militaires, sur des lignes de TGV ou sur des centrales nucléaires...).

Une telle situation, qui jette le discrédit sur l'ensemble du droit administratif, n'est pas admissible. La solution consiste à promouvoir une lecture démocratique, dont on trouve la grille dans l'œuvre de Jean-Jacques Rousseau, de l'idéologie de l'intérêt général. Ayant en vue la satisfaction de tous, l'intérêt général doit être l'œuvre de tous. L'administration et son juge ne doivent donc pas en effectuer la détermination dans le splendide isolement de leur tour d'ivoire, mais doivent s'efforcer de le découvrir dans les aspirations de la conscience collective. Or, il est douteux qu'une telle recherche permettrait de légitimer l'autoritarisme ci-dessus constaté. L'approche démocratique de l'idéologie de l'intérêt général aboutirait donc à renverser les jurisprudences complaisantes [1] et à rendre leur effectivité aux jurisprudences faussement audacieuses. Elle permettrait sans doute d'aller encore plus loin, en scindant le Conseil d'État en deux entités distinctes et séparées – l'une juridictionnelle, composée de magistrats spécialisés, l'autre consultative, composée de hauts fonctionnaires –, en ouvrant le

1. Sa prise en compte a inspiré deux progrès récents, attendus depuis longtemps : une loi du 30 juin 2000 a assoupli le référé et remplacé le « sursis à exécution » par la « suspension », un peu moins difficile à obtenir (*cf.* n°s 352 à 361); quant à la jurisprudence, elle accepte depuis 2002 de déroger dans certains cas à la règle de l'intangibilité de l'ouvrage public (*cf.* n°s 231 et 368).

recours pour excès de pouvoir à l'action populaire (en abolissant l'exigence d'un « intérêt à agir »), et en donnant enfin à la justice administrative la rapidité qui lui manque [1]. Ainsi serait mis en place un droit administratif réconciliant la poursuite de l'intérêt général avec les exigences de la démocratie.

Au terme de cette introduction, on s'aperçoit donc que le droit administratif français mérite plus de considération qu'on ne lui en accorde d'ordinaire. Car s'il est vrai qu'il présente encore de graves défauts, on a vu d'une part qu'il était possible de les corriger, d'autre part qu'ils ne devaient pas occulter l'importance de l'œuvre accomplie malgré des circonstances historiques difficiles. L'étude approfondie de l'action administrative (PREMIÈRE PARTIE), et de son contrôle (DEUXIÈME PARTIE), permettra de prendre l'exacte mesure de ce bilan globalement positif.

1. La CEDH condamne en effet régulièrement la France en raison de la lenteur de sa justice administrative (*cf.* n° 238). Divers lois et décrets tentent depuis 1995 d'améliorer la situation en faisant juger les affaires de faible importance par des juges uniques sans possibilité d'appel (*cf.* n° 238). Il en résulte un tel risque de dégradation de la qualité de la justice administrative que deux syndicats ont appelé les juges à faire grève une journée en juin 2009, pour dénoncer « le passage d'une justice réfléchie à une justice d'abattage » (*AJDA* 2009. 676). Une deuxième journée de grève, dictée par les mêmes motifs, a eu lieu en février 2011 (*AJDA* 2011. 409).Plutôt que d'instituer ainsi une sorte de « justice du pauvre », une solution véritablement démocratique consisterait à donner aux tribunaux les moyens humains et financiers dont ils ont besoin.

Première partie

L'action administrative

18 En France, l'action administrative a pour raison d'être de satisfaire les besoins des administrés. C'est ce qui explique qu'elle soit conditionnée par sa soumission au principe de légalité (Titre 1), qu'elle ait pour mission d'assurer le bon fonctionnement des services publics et d'exercer la police administrative (Titre 2), et qu'elle se caractérise par l'utilisation de procédés exorbitants du droit commun que sont l'acte administratif unilatéral et le contrat administratif (Titre 3).

TITRE 1

La condition de l'action administrative : la soumission au principe de légalité

19 Alors que dans « l'État de police » le droit ne s'impose qu'aux gouvernés, dans « l'État de droit » il s'impose aussi à l'administration et aux gouvernants.

Trois éléments caractérisent l'État de droit : la présence d'une hiérarchie des normes, c'est-à-dire d'un ensemble cohérent de règles juridiques, disposées en couches superposées selon un ordre pyramidal; l'existence de juges indépendants des gouvernants et de l'administration, aptes à sanctionner les violations de la hiérarchie des normes commises par le Législatif ou par l'Exécutif; et le respect des valeurs prônées par l'idéologie des droits de l'Homme, dont l'affirmation s'exprime en principe par le placement, au sommet de la hiérarchie des normes, d'une « déclaration des droits de l'Homme ».

On observera au passage qu'il faut se garder de confondre État démocratique et État de droit. Car d'un point de vue théorique l'État démocratique n'est rien d'autre que l'État dans lequel le peuple détient le pouvoir politique, et l'exerce lui-même (démocratie directe) ou par l'intermédiaire de représentants (démocratie représentative). Rien n'empêche donc le peuple, dans le cadre d'un État démocratique, de se détourner du modèle de l'État de droit, et d'abattre la hiérarchie des normes, l'indépendance des juges, et l'idéologie des droits de l'Homme. C'est d'ailleurs ce qu'il a fait sous la Convention. À l'heure actuelle, toutefois, les États démocratiques choisissent pratiquement tous de se constituer en États de droit.

En France, on l'a vu dans l'introduction générale, l'attachement à l'idéologie des droits de l'Homme ne fait aucun doute, et l'indépendance des juges est globalement acquise. Comme on peut le deviner, le troisième élément caractéristique de l'État de droit, l'existence d'une hiérarchie des normes, y est également présent. La soumission au « principe de légalité » désigne précisément l'obligation faite à l'administration de respecter le droit, tel qu'il est ordonné selon le principe de hiérarchie des normes. Complétant les deux autres, ce troisième élément permet donc à la France de constituer un État de droit.

L'importance du principe de légalité justifie ainsi qu'on en étudie les sources (CHAPITRE 1) et les limites (CHAPITRE 2).

CHAPITRE 1

Les sources de la légalité

20 Du point de vue formel, que nous retiendrons ici, les « sources » de la légalité sont les règles juridiques dont le respect s'impose à l'action administrative. Par ordre décroissant dans la hiérarchie des normes, il s'agit des sources à valeur constitutionnelle (SECTION 1), des traités (SECTION 2), des lois (SECTION 3), des principes généraux du droit (SECTION 4), des décisions juridictionnelles, des règles jurisprudentielles et des actes édictés unilatéralement par l'administration elle-même (SECTION 5). Tout acte administratif unilatéral ou tout contrat administratif violant l'une de ces sources est donc illégal, et susceptible d'être annulé par le juge administratif. On voit ainsi à quel point le mot « légalité » est trompeur, puisqu'il n'implique pas seulement le respect des lois, mais plus généralement le respect des règles juridiques. C'est donc uniquement par fidélité envers une tradition bien établie que l'on continue à employer l'expression « principe de légalité ». En toute logique, mieux vaudrait en effet parler de « principe de juridicité » ou de « principe de régularité ».

Mais ces querelles de sémantique sont de peu d'importance au regard du problème de la légitimité de l'action administrative. Dans l'optique du positivisme juridique, qui est celle de Kelsen (*cf.* Introduction générale) et de la plupart des auteurs de manuels, l'action administrative est en effet légitime dès lors qu'elle est conforme aux sources formelles de la légalité. Sa légitimité est en quelque sorte assimilée à sa légalité. Du point de vue du positivisme sociologique, que nous défendons, cette conception a le tort d'oublier que la légalité possède, en amont de ses sources formelles, des sources matérielles, qui sont les préoccupations dont procèdent les règles juridiques. L'action administrative ne saurait en effet être coupée de la réalité sociale; elle doit au contraire constituer une réponse aux aspirations de la conscience collective. Si, par conséquent, il suffit qu'elle respecte la réglementation juridique pour être légale, il faut en outre, pour être légitime, qu'elle réponde loyalement à celles-ci. Cette exigence ne pose aucun problème tant que la réglementation juridique reflète fidèlement l'attente de la société, car en respectant l'une, l'action administrative répond alors nécessairement à l'autre. Mais lorsqu'au contraire la première trahit la seconde, l'administration doit choisir son camp. Si la « démocratie » est autre chose qu'un mot qui masque le congédiement du peuple entre deux élections, ce camp ne peut être que celui de la légitimité contre celui de la légalité. C'est dire qu'il ne faut pas donner aux sources formelles de la légalité, que nous allons étudier, un caractère sacré qu'elles n'ont pas.

SECTION 1
LES SOURCES À VALEUR CONSTITUTIONNELLE

21 Il s'agit de la Constitution du 4 octobre 1958 (**A**), de la Déclaration des droits de l'Homme et du Citoyen du 26 août 1789 et du Préambule de la Constitution du 27 octobre 1946 (**B**), de la Charte de l'environnement de 2004 (**C**), de principes dégagés par le Conseil constitutionnel (**D**), et des décisions rendues par ce dernier (**E**). L'état du droit positif impose à l'administration de les respecter, sauf dans l'hypothèse de l'écran législatif (**F**).

A. La Constitution du 4 octobre 1958

22 C'est dans son ensemble, et telle qu'elle a été révisée à de multiples reprises, que la Constitution s'impose à l'administration. Seuls certains de ses articles ont toutefois vocation à encadrer son action, en soumettant celle-ci à des règles de compétence, de procédure, et de fond.

Les règles de compétence ont pour objet de répartir le pouvoir réglementaire général et le pouvoir de nomination des fonctionnaires de l'État entre le président de la République (art. 13) et le Premier ministre (art. 21), et de délimiter les matières législatives, qui appartiennent à la loi (art. 34), par rapport aux matières réglementaires, qui relèvent du gouvernement (art. 37). Elles précisent aussi les conditions auxquelles le gouvernement peut intervenir en matière législative, par dérogation à cette délimitation (art. 38). D'autres règles, de portée moins générale, peuvent également avoir des incidences sur l'action administrative : ce sont celles qui déterminent les pouvoirs respectifs du gouvernement et du Parlement dans la mise en œuvre de l'état de siège (art. 36), du président de la République et du Parlement en ce qui concerne la ratification des traités (art. 52 et 53), du président de la République et des pouvoirs publics en cas de crise (art. 16), du peuple et de ses représentants dans le vote des lois (art. 11). Enfin, on aura garde d'oublier qu'une dernière règle de compétence, aujourd'hui caduque, a permis au gouvernement de prendre, pendant la période de quatre mois de mise en place des institutions de la Ve République, des ordonnances « ayant force de loi » (art. 92).

Moins nombreuses, les règles de procédure précisent essentiellement le régime du contreseing ministériel des actes du président de la République (art. 19) et du Premier ministre (art. 22).

Plus intéressantes, les règles de fond s'emploient pour leur part à traduire l'attachement du peuple français à deux idéologies : à l'idéologie démocratique (qu'il ne faut pas confondre avec l'idéologie de l'intérêt général, analysée dans l'introduction générale), par l'affirmation des principes d'« égalité devant la loi de tous les citoyens » (art. 1), d'universalité, d'égalité et de secret du suffrage (art. 3), et de libre administration des collectivités locales par des conseils élus, sous le contrôle d'un « représentant de l'État » (art. 72); et à l'idéologie des droits de l'Homme, par la proclamation de la liberté de constitution et d'activité des partis politiques (art. 4), de la « liberté individuelle » (art. 66), et de la supériorité des traités ratifiés sur les lois, symptomatique de sa logique internationaliste (art. 55).

B. La Déclaration de 1789 et le Préambule de 1946

23 Le Préambule de la Constitution de 1958 proclame l'« attachement » du peuple français « aux droits de l'Homme et aux principes de la souveraineté nationale tels qu'ils ont été définis par la Déclaration de 1789, confirmée et complétée par le Préambule de la Constitution de 1946 ». La question s'est donc immédiatement posée de savoir si ce renvoi explicite aux textes de 1789 et de 1946 entendait leur conférer une valeur constitutionnelle, ou leur reconnaître une simple valeur philosophique.

Dès la première occasion qui s'offrait à lui, le Conseil d'État a opté pour leur valeur constitutionnelle (CE 12. 2. 1960 Société Eky *JCP* 1960, n° 11629 *bis*, note Vedel). Il avait déjà retenu cette solution sous la IVe République, à une époque où le problème se posait en termes voisins (*cf.* notamment CE 7. 6. 1957 Condamine *RDP* 1958. 98, note Waline). Par la suite, le Conseil constitutionnel a également saisi les premières opportunités qui se présentaient à lui pour confirmer la valeur constitutionnelle du Préambule de 1946 (CC 16. 7. 1971 Liberté d'association *GDCC*) et de la Déclaration de 1789 (CC 27. 12. 1973 Taxation d'office *GDCC*).

Si on l'examine sous l'angle du positivisme juridique, cette solution est difficilement justifiable. Lors de l'élaboration de la Constitution de 1958, un amendement visant à donner force juridique à son préambule avait en effet été rejeté. À cette occasion, les rédacteurs de la Constitution avaient nettement manifesté leur intention de n'accorder aux textes de 1789 et de 1946 qu'une valeur philosophique. Si on considère le droit comme un ordre clos, dont la validité dépend uniquement de l'intervention d'autorités compétentes selon des procédures prescrites, force est donc de s'étonner de la solution retenue par nos juridictions.

En réalité, ce n'est que si l'on adopte le point de vue du positivisme sociologique qu'on peut parvenir à comprendre et à justifier celle-ci. Le droit n'est pas un ordre clos, cloîtré dans une logique interne, mais une réponse apportée par les acteurs juridiques, dont font partie les juges, aux aspirations de la conscience collective. Si le Conseil d'État et le Conseil constitutionnel ont opté, contre la volonté des rédacteurs de la Constitution de 1958, pour la valeur constitutionnelle de la Déclaration de 1789 et du Préambule de 1946, c'est donc tout simplement parce qu'ils ont estimé que telle était la solution attendue par le peuple français.

Certains auteurs ont tenté d'en minimiser la portée en avançant l'idée que seules certaines dispositions des textes de 1789 et de 1946 auraient valeur constitutionnelle [1]. En réalité, c'est bien à la totalité de leurs dispositions que le Conseil constitutionnel et le Conseil d'État ont entendu accorder valeur constitutionnelle. Il suffit de lire leurs décisions précitées pour s'en convaincre. Profondément attaché au Préambule de 1946, et plus encore à la Déclaration de 1789 qu'il considère comme un « trésor intangible » (Georges Vedel), le peuple français n'aurait d'ailleurs pas compris qu'on sélectionne ainsi certains de ses joyaux.

À l'inverse, d'autres auteurs ont exagéré la portée de la solution jurisprudentielle en affirmant la valeur « supra-constitutionnelle » de certaines dispositions incluses dans la Déclaration de 1789 ou le Préambule de 1946 [2]. Or, force est de constater que cette affirmation apparaît davantage comme la formulation d'un souhait que comme l'expression de la réalité. En l'état actuel du droit positif, la Déclaration de 1789 et le Préambule de 1946 ont en effet la même valeur constitutionnelle que la Constitution de 1958. Le Conseil constitutionnel l'indique clairement lorsque, refusant toute hiérarchie entre ces trois textes, il

1. *Cf.* notamment L. Philip, « La valeur juridique de la Déclaration de 1789 », *Mélanges Kayser*, PUAM, 1979, tome 2, p. 317, et « La valeur juridique du préambule de la Constitution de 1946 », *Mélanges Pelloux*, L'Hermès, 1980, p. 265.

2. En ce sens, *cf.* S. Rials, « Supraconstitutionnalité et systématicité du droit », *Archives de philosophie du droit*, Sirey 1986, tome 31, p. 57; et S. Arné, « Existe-t-il des normes supra-constitutionnelles ? », *RDP* 1993. 459.

affirme la nécessité de concilier leurs dispositions [1]. À notre avis, il ne faut pas le regretter. Admettre la supraconstitutionnalité de certaines normes reviendrait en effet à tenter de dépouiller le peuple du pouvoir d'y porter atteinte, même par la voie d'une révision constitutionnelle. Or, du point de vue du positivisme sociologique, le droit ne doit pas être un rempart contre les aspirations de la conscience collective, mais leur fidèle reflet. Cette conception se situe donc aux antipodes du jusnaturalisme, qui inspire généralement les partisans de la supraconstitutionnalité, et selon lequel des « droits naturels », réputés inhérents à la nature humaine, doivent être respectés même contre le vœu de la conscience collective.

C. La Charte de l'environnement de 2004

La révision constitutionnelle du 1er mars 2005 a modifié le préambule de la Constitution de 1958 afin d'y proclamer l'attachement du peuple français aux « droits et devoirs définis dans la Charte de l'environnement de 2004 ».

En plaçant ainsi cette Charte sur le même plan que la Déclaration de 1789 et le Préambule de 1946, le constituant a nécessairement entendu lui conférer une valeur constitutionnelle. Sans surprise, c'est ce qu'a confirmé le Conseil constitutionnel (CC 19. 6. 2008 Loi relative aux OGM *AJDA* 2008. 1614, note Dord).

L'ensemble de la Charte de l'environnement s'impose donc à l'administration, même si le Conseil d'État a précisé que seul son article 5, relatif au principe de précaution, était d'applicabilité immédiate, les autres articles n'ayant en principe vocation, en raison de leur généralité, qu'à inspirer des lois de transposition (CE 6. 4. 2006 Ligue pour la protection des oiseaux, et CE 19. 6. 2006 Assoc. Eau et rivières de Bretagne *AJDA* 2006. 1584, chron. Landais et Lenica). Il en résulte notamment qu'un règlement ne peut intervenir dans le champ d'application de l'article 7 de la Charte, relatif à la participation du public à l'élaboration des déci-

1. *Cf.* par ex. CC 10-11. 10. 1984 Entreprises de presse *GDCC :* nécessité de concilier la liberté de la presse, garantie par l'article 11 de la Déclaration de 1789, avec la libre activité des partis politiques, garantie par l'article 4 de la Constitution de 1958.

sions environnementales, qu'en application d'une loi de transposition, sous peine d'être annulé (CE Ass. 3. 10. 2008 Commune d'Annecy *GAJA*).

D. Les principes à valeur constitutionnelle dégagés par le Conseil constitutionnel

24 La Constitution de 1958, la Déclaration de 1789, le Préambule de 1946 et la Charte de 2004 ne constituent pas les seules sources à valeur constitutionnelle de la légalité. Depuis 1971, le Conseil constitutionnel a en effet complété ces quatre textes par des « principes » qu'il a dégagés de la tradition juridique française, et auxquels il n'a pas hésité à conférer valeur constitutionnelle.

Son audace est parfaitement légitime dans la perspective du positivisme sociologique. Les quatre textes ont en effet omis de protéger certains principes, comme la liberté d'association ou la liberté de l'enseignement, auxquels les Français sont pourtant traditionnellement attachés. En réparant cette omission, le Conseil constitutionnel a donc répondu aux attentes de la conscience collective.

Son entreprise est beaucoup plus problématique du point de vue du positivisme juridique, toujours réticent à admettre qu'un juge puisse être autre chose qu'un garde-chiourme du droit écrit.

C'est ce qui explique que, pour désamorcer les critiques, le Conseil constitutionnel se soit emparé de la clause de style par laquelle le Préambule de 1946 affirme l'attachement du peuple français aux « principes fondamentaux reconnus par les lois de la République » (PFR). Il applique en effet ce label providentiel, qui à l'origine ne recouvrait rien de précis, aux principes à valeur constitutionnelle qu'il dégage, afin de les faire passer pour des principes écrits, doublement ancrés dans le Préambule de 1946 et dans la législation de la IIIe République, et de masquer ainsi leur nature véritable de principes généraux du droit (sur cette notion, *cf.* n° 38). Ce stratagème, pourtant grossier, a séduit la majorité de la doctrine, satisfaite de pouvoir se raccrocher au schéma rassurant du positivisme juridique [1].

1. *Cf.* par ex. R. Chapus, *DAG*, I, n° 80; L. Favoreu et L. Philip, *GDCC*, note sur CC, 16. 7. 1971; et surtout G. Vedel, *Mélanges Chapus*, Montchrestien, 1992, p. 662 à 671.

C'est avec le principe de la liberté d'association que le Conseil constitutionnel a inauguré la liste des PFR (CC 16. 7. 1971 Liberté d'association *GDCC*; arrêt précurseur : CE Ass. 11. 7. 1956 Amicale des annamites de Paris *Lebon* 317). En la circonstance, il s'est appuyé sur la loi du 1er juillet 1901, relative aux associations, pour prouver l'existence de la tradition législative républicaine exigée par la formule du Préambule.

Par la suite, outre la liberté d'association, ont également été qualifiés de PFR : le principe du respect des droits de la défense (CC 2. 12. 1976 Prévention des accidents du travail *RDP* 1978. 817, note Favoreu; CC 17. 1. 1989 CSA *GDCC*); le principe de la liberté individuelle (CC 12. 1. 1977 Fouille des véhicules *GDCC*); le principe de la liberté de l'enseignement (CC 23. 11. 1977 Liberté de l'enseignement *GDCC*); le principe de la liberté de conscience (même décision); le principe de l'indépendance de la juridiction administrative (CC 22. 7. 1980 Validation d'actes administratifs *GDCC*); le principe de l'indépendance des professeurs d'université (CC 20. 1. 1984 Libertés universitaires *GDCC*); le principe selon lequel, sauf exceptions, relève du juge administratif « l'annulation ou la réformation des décisions prises, dans l'exercice des prérogatives de puissance publique », par l'administration (CC 23. 1. 1987 Conseil de la concurrence *GDCC*), le principe – un peu flou – consacrant « l'importance des attributions conférées à l'autorité judiciaire en matière de protection de la propriété immobilière » (CC 25. 7. 1989 TGV Nord *RFDA* 1989. 1009, note Bon), et le principe consacrant l'existence d'une justice pénale des mineurs (CC 29. 8. 2002 Loi d'orientation pour la justice *RDP* 2002. 1619, note Luchaire). Dans un arrêt de 1996, le Conseil d'État s'est, de façon étonnante, reconnu le pouvoir de dégager un autre PFR : le principe « selon lequel l'État doit refuser l'extradition d'un étranger lorsqu'elle est demandée dans un but politique » (CE Ass. 3. 7. 1996 Koné *GAJA*).

On observera toutefois qu'il arrive parfois au Conseil constitutionnel de retirer à un principe le label de PFR qu'il lui avait précédemment attribué. C'est notamment le cas du principe de liberté individuelle, dont le Conseil constitutionnel préfère aujourd'hui déduire la valeur constitutionnelle de l'article 66 de la Constitution (*cf.* par ex. CC 13. 8. 1993 Maîtrise de l'immigration § 113, *GDCC*). Le détour par le label de PFR est en somme abandonné lorsque, ayant été emprunté à tort pour justifier la valeur constitutionnelle d'un principe expressément mentionné par la Constitution de 1958, par le Préambule de 1946, ou par la Déclaration de 1789, il apparaît finalement superflu. Cela revient à dire que les PFR sont, par rapport à ces trois textes, une source subsidiaire de constitutionnalité.

Mais tous les « principes » à valeur constitutionnelle n'en sont pas des PFR pour autant. L'exemple du principe de « continuité du service public » le prouve. Depuis 1979, le Conseil constitutionnel affirme en effet la valeur constitutionnelle de ce principe; mais, bien qu'il ne soit mentionné par aucun des trois textes précités, il se refuse à lui appliquer le label de PFR et se borne à le qualifier, sans plus d'explications, de « principe de valeur constitutionnelle » (Cons. Const. 25. 7. 1979 Droit de grève à la radio et à la télévision *GDCC)*. C'est bien la preuve qu'existent deux catégories de principes à valeur constitutionnelle dégagés par le Conseil constitutionnel : les « PFR » et les « principes ». Alors que les premiers sont, comme on l'a vu, des principes généraux du droit qu'on tente de travestir en principes écrits, les seconds sont, de l'aveu même de la doctrine positiviste (à l'exception notable du doyen Vedel, qui les considère eux aussi comme des principes écrits), des principes généraux du droit qui s'avancent à visage découvert.

E. Les décisions du Conseil constitutionnel

25 Aux termes de l'article 62 de la Constitution, « les décisions du Conseil constitutionnel... s'imposent aux pouvoirs publics et à toutes les autorités administratives et juridictionnelles ». Cette disposition équivaut donc à leur donner une valeur constitutionnelle.

Reste à savoir ce que recouvre exactement l'expression utilisée par l'article 62. La réponse a été fournie dès 1962 par le Conseil constitutionnel lui-même. Selon lui, l'autorité de chose jugée – autrement dit la valeur constitutionnelle – s'attache seulement à deux éléments de ses décisions : « à leur dispositif » (c'est-à-dire à leur partie finale, exprimée sous forme d'articles), et « aux motifs qui en sont le soutien nécessaire » (autrement dit au raisonnement, énoncé dans les considérants les plus importants, qui constitue le fondement même du dispositif) (CC 16. 1. 1962 Loi d'orientation agricole *GDCC*); conformément à ce schéma, le juge administratif veille donc à ce que l'administration respecte ces deux éléments (arrêt de principe : CE Ass. 20. 12. 1985 S.A. Établissements Outters *D.* 1986. 283, note Favoreu), y compris les « réserves d'interprétation » de la loi qu'on y trouve parfois (CE Ass. 11. 3. 1994 SA La Cinq *RFDA* 1994. 429, concl. Frydman). Les autres motifs n'ont au contraire aucune autorité de chose jugée; ils ne font pas partie intégrante des « décisions » au sens de l'article 62, mais constituent simplement la jurisprudence du Conseil constitutionnel; les pouvoirs publics et l'administration ne sont donc pas obligés de les respecter; quant aux autres juridictions, elles peuvent s'en inspirer, mais rien ne les y force (*cf.* par ex. CE Sect. 22. 6. 2007 Lesourd *AJDA* 2007. 2130, chron. Boucher et Bourgeois-Machureau).

F. Le problème de l'écran législatif

26 L'ensemble des sources à valeur constitutionnelle de la légalité, qu'on vient de passer en revue, s'impose normalement à l'administration. Tout acte administratif qui viole l'une d'elles a donc vocation à être annulé par le juge administratif. Ce principe supporte toutefois une exception, qui correspond à l'hypothèse de l'écran législatif (ou de « la loi-écran »).

Le juge administratif refuse en effet de confronter l'acte administratif qui lui est déféré à la Constitution (ou à une autre source à valeur constitutionnelle), lorsqu'une loi – même inconstitutionnelle – s'intercale, « fait écran » entre eux. Cela signifie qu'un acte contraire à la Constitution n'est pas annulé s'il est par ailleurs conforme à une loi (*cf.* par ex. CE Sect. 15. 10. 1965 Union fédérale des magistrats et Reliquet *AJDA* 1965. 590, chron. Puissochet et Lecat; CE 8. 7. 2002 Commune de Porta *AJDA* 2002. 1005, chron. Donnat et Casas; et CE 19. 11. 2008 Communauté urbaine de Strasbourg *AJDA* 2009. 425, note Verpeaux).

Cette solution paradoxale est parfaitement logique dans l'optique du positivisme juridique. Dans la hiérarchie des normes, les décisions des juridictions administratives (étudiées n° 44) se situent en effet au-dessous des lois. Les positivistes en tirent donc la conclusion que le juge administratif doit se borner à contrôler la légalité des actes administratifs, sans se mêler de vérifier la constitutionnalité des lois, tâche dévolue au Conseil constitutionnel. La logique de « l'ordre clos » s'exprime ici, on le voit, dans toute sa rigidité.

La perspective est évidemment différente dans le cadre du positivisme sociologique. L'attitude qui consiste à faire prévaloir la loi inconstitutionnelle sur la Constitution méconnaît en effet très probablement les aspirations de la conscience collective. Elle est dès lors injustifiable. C'est pourquoi nous souhaitons que, par un changement de jurisprudence (devenu toutefois moins urgent depuis la révision constitutionnelle de 2008, *cf. infra*, n° 37), le juge administratif accepte d'annuler l'acte administratif qui, quoique conforme à une loi, est contraire à la Constitution. Ainsi l'absurde théorie de l'écran législatif sera-t-elle abandonnée.

SECTION 2
LES TRAITÉS

27 Les traités prennent place, dans la hiérarchie des normes, au-dessous des normes à valeur constitutionnelle (CE Ass. 30. 10. 1998 Sarran *GAJA*, et CC 19. 11. 2004 Traité établissant une Constitution pour l'Europe *GDCC*) Le Conseil d'État estime toutefois qu'il ne lui appartient pas de se prononcer sur la conformité d'un traité à la Constitution (CE Ass. 9. 7. 2010 Féd. nat. de la libre pensée *AJDA* 2010. 1635, chron. Liéber et Botteghi), préférant laisser ce rôle au Conseil constitutionnel (art. 54 de la Constitution). Selon l'article 55 de la Constitution de 1958, reprenant l'article 28 de la Constitution de 1946, les traités ratifiés ou approuvés ont dès leur publication (et sous réserve de leur application réciproque par les autres parties) « une autorité supérieure à celle des lois ». Étant ainsi situés au-dessus des lois, leur respect

s'impose donc *a fortiori* aux actes administratifs. Depuis 1952, la jurisprudence en déduit fort logiquement qu'on peut invoquer la violation d'un traité comme moyen d'annulation d'un acte administratif (CE Ass. 30. 5. 1952 Dame Kirkwood *RDP* 1952. 781, concl. Letourneur, note Waline).

À cet égard, deux traités méritent d'être mentionnés en raison du succès qu'ils rencontrent auprès des requérants, et de l'influence considérable qu'ils exercent sur le droit administratif français. Le premier, ratifié par la France en 1974, est la « Convention européenne de sauvegarde des droits de l'homme et des libertés fondamentales », adoptée le 4 novembre 1950 par le Conseil de l'Europe (organisation créée en 1949, et regroupant une quarantaine d'États européens, qu'il ne faut pas confondre avec l'Union européenne), et complétée par plusieurs « protocoles ». La jurisprudence se fonde notamment sur son article 8 pour annuler les actes administratifs qui portent une atteinte excessive au droit de l'individu « au respect de sa vie familiale », qu'il garantit expressément (*cf.*, s'agissant des arrêtés d'expulsion ou de reconduite à la frontière des étrangers : CE Ass. 19. 4. 1991 Belgacem et Babas *AJDA* 1991. 551, note Julien-Laferrière); elle s'appuie d'autre part sur son article 14 pour qualifier de « discriminatoire » toute distinction qui « n'est pas assortie de justifications objectives et raisonnables » (CE Ass. 30. 11. 2001 Diop *GAJA*), et sur son article 6 pour imposer à certaines autorités administratives des garanties d'impartialité accrues (CE Ass. 3. 12. 1999 Didier *GAJA*). Le second est le traité de Rome du 25 mars 1957 instituant la CEE (Communauté économique européenne), modifié par le traité sur l'Union européenne signé à Maastricht le 7 février 1992, par le traité d'Amsterdam du 2 octobre 1997, par le traité de Nice du 26 février 2001, et par le traité de Lisbonne du 13 décembre 2007. Son importance et sa spécificité sont telles qu'il est nécessaire de s'y arrêter (**A**) avant d'évoquer les problèmes plus généraux de l'interprétation des traités (**B**), du contrôle de leur ratification et de la réciprocité de leur application (**C**), et de la transposition de la théorie de l'écran législatif vis-à-vis des traités (**D**).

A. Le cas particulier du droit de l'Union européenne

28 Le traité de Rome, tel qu'il a été modifié, constitue le « droit originaire » de l'Union européenne. Comme tout traité ratifié, il crée directement des droits et des obligations à l'égard des administrés dès lors que ses dispositions sont suffisamment précises. Tout administré peut donc s'en prévaloir à l'encontre des actes administratifs qui lui sont contraires (CE Ass. 22. 1. 1982 Conseil rég. de Paris de l'Ordre des experts-comptables *AJDA* 1982. 170, note Boulouis, et 402, concl. Franc).

Mais, et c'est là sa principale particularité, le traité de Rome permet en outre aux autorités européennes qu'il institue d'édicter un « droit dérivé », particulièrement contraignant lorsqu'il s'exprime sous forme de règlements ou de directives.

Les « règlements » européens sont, en vertu de l'article 189 du traité de Rome (devenu l'article 288 du traité sur le fonctionnement de l'Union européenne), directement applicables dans les États membres. Le juge administratif est donc tenu d'annuler les actes administratifs qui les violent (CE Sect. 22. 12. 1978 Synd. viticole des Hautes-Graves *D.* 1979. 125, note Delvolvé).

Les « directives » européennes ont, en vertu du même article, des effets plus complexes. Elles lient en effet les États membres quant aux résultats à atteindre, mais leur laissent la liberté de choisir les moyens d'y parvenir. Contrairement aux règlements européens, elles ne se suffisent donc pas à elles-mêmes, mais exigent que leurs objectifs soient réalisés (dans un délai qu'elles fixent) par l'élaboration de lois ou de règlements nationaux.

C'est pourquoi le Conseil d'État refusait jusqu'en 2009 qu'on puisse invoquer une directive contre un acte administratif individuel (arrêt de principe : CE Ass. 22. 12. 1978 Cohn-Bendit *GAJA*; *cf.* toutefois CE Ass. 6. 2. 1998 Tête *AJDA* 1998. 403 chron. Raynaud et Fombeur : un acte individuel est annulable pour défaut de base légale s'il repose sur une norme législative, réglementaire, ou jurisprudentielle française incompatible avec une directive dont le délai de transposition est expiré) : même précise, elle n'avait vocation qu'à inspirer les réglementations nationales, non à régir directement, sans leur intermédiaire, les situations individuelles des administrés. Cette solution contredisait donc à juste titre la jurisprudence de la CJCE (Cour de justice des Communautés européennes) qui, en affirmant l'invocabilité directe des directives suffisamment précises, tend dangereusement à les confondre avec les règlements communautaires (CJCE 17. 12. 1970 Soc. SACE *Rec. CJCE*, 1213, concl. Roemer). Mais le Conseil d'État a finalement capitulé en 2009 (CE Ass. 30. 10. 2009 Mme Perreux *AJDA* 2009. 2385, chron. Liéber et Botteghi), et renoncé à sa jurisprudence Cohn-Bendit. Le juge administratif interdit en revanche à l'État de se prévaloir à l'encontre des particuliers des directives qu'il n'a pas transposées en droit interne (CE Sect. 23. 6. 1995 SA Lilly France *AJDA* 1995. 496, chron. Stahl et Chauvaux).

Depuis beaucoup plus longtemps, le Conseil d'État accepte également qu'on puisse invoquer une directive contre un acte administratif réglementaire. Cette solution est une conséquence normale du lien étroit qui unit les directives européennes aux règlements nationaux, les premières ayant vocation, comme on l'a vu, à inspirer les seconds. Elle permet au juge administratif français d'écarter les règlements nationaux dont les dispositions sont incompatibles avec les objectifs définis par les directives. Concrètement, il peut s'agir : d'un règlement postérieur à la directive invoquée, qui la viole ouvertement (CE 7. 12. 1984 Féd. française des sociétés de protection de la nature *AJDA* 1985. 83, chron. Schoettl et Hubac : annulation des règlements de 1982 autorisant la chasse aux tourterelles pendant leur trajet de retour vers leur lieu de nidification, en violation d'une directive de 1979); d'un règlement postérieur à la directive invoquée, qui la trahit sous couvert de l'appliquer (CE 28. 9. 1984 Conf. nat. des sociétés de protection des animaux de France *AJDA* 1984. 695, concl. Jeanneney : annulation du règlement de 1980 prescrivant, conformément à une directive de 1977, l'abattage des animaux transportés lorsqu'il se révèle nécessaire pour leur épargner des souffrances inutiles, mais subordonnant celui-ci, en vue de l'éviter et de trahir ainsi la directive, à l'accord de leur propriétaire); ou d'un règlement antérieur à celle-ci, dont l'autorité administrative compétente laisse subsister les dispositions après l'expiration du délai de transposition imparti par la directive, bien qu'elles soient incompatibles avec les objectifs définis par cette dernière (CE Ass. 3. 2. 1989 Cie Alitalia *GAJA* : annulation du refus du Premier ministre d'abroger son règlement de 1967, lequel était devenu incompatible avec une directive de 1977, plus généreuse que lui en ce qui concerne les possibilités de déduire la TVA).

29 Ainsi assuré d'être appliqué, le « droit dérivé » en a malheureusement profité pour s'enfler dans des proportions inquiétantes. On assiste en effet aujourd'hui à une inflation galopante de règlements et de directives européens, dont le Conseil d'État s'est alarmé (*cf.* ses rapports pour 1991 et pour 1992, *EDCE* 1992, n° 43, p. 18, et 1993 n° 44, p. 17) avant de s'en réjouir (*cf.* son rapport 2007, *EDCE* 2007, n° 58, p. 231, où il chante les louanges de la construction européenne). Ce phénomène est d'autant plus inquiétant qu'il trouve son origine dans l'ardeur normative de la Commission de Bruxelles, c'est-à-dire d'un aréopage de fonctionnaires dont la légitimité démocratique est incertaine. Sorte de « tête sans corps » (Conseil d'État, rapport 1991, p. 24), coupée des réalités et des aspirations des peuples, la Commission semble aspirer, au nom d'une rationalité supérieure dont elle se croit l'oracle, à tout régir. Elle s'est déjà penchée sur la pasteurisation des fromages et sur la courbure des bananes. On ne serait pas autrement étonné de la voir réglementer le cheminement des mille-pattes. Ce n'est pas la formulation ambiguë du « principe de subsidiarité », concoctée dans l'article 3 B du traité de Maastricht (art. 5 TUE), qui pourra l'en empêcher longtemps. Face à cette menace, le Conseil d'État a réagi en acceptant d'annuler les règlements français de transposition d'une directive européenne qui violent des principes à valeur constitutionnelle n'ayant pas d'équivalent en droit de l'UE (CE Ass. 8. 2. 2007 Soc. Arcelor, Atlantique et Lorraine *GAJA*, transposant CC 10. 6. 2004 Confiance dans l'économie numérique). Depuis 2008, il accepte aussi d'écarter l'application des directives qui lui paraissent « incompatibles » avec « les droits fondamentaux garantis par la Convention européenne » de 1950 (CE Sect. 10. 4. 2008 Conseil national des barreaux *AJDA* 2008. 1085, chron. Boucher et Bourgeois-Machureau); mais comme ce contrôle de compatibilité doit respecter les interprétations de la CJUE, il apparaît largement fictif.

B. Le problème de l'interprétation des traités

30 Lorsqu'un traité est obscur, le juge administratif est-il compétent pour l'interpréter ? La réponse varie selon qu'on a affaire au traité de Rome ou à un autre traité.

Lorsqu'une disposition du traité de Rome ou d'un acte européen dérivé est obscure, le juge administratif doit en principe (du moins lorsqu'il statue en dernier ressort) surseoir à statuer, et renvoyer la résolution du problème d'interprétation à la CJUE (art. 267 TFUE). Mais le Conseil d'État refuse parfois d'effectuer ce renvoi, en prétextant la clarté des dispositions litigieuses (*cf.* par ex. CE 25. 4. 2006 Assoc. Avenir navigant *RFDA* 2006. 1065, comm. Cassia). Il procède alors lui-même à l'interprétation, manifestant ainsi son attachement à une sorte de « nationalisme contentieux ».

Lorsque la disposition obscure relève au contraire d'un traité régi par le droit international général, le juge administratif possède beaucoup plus de liberté. Depuis 1990, il se reconnaît en effet le pouvoir d'interpréter lui-même les traités obscurs (CE Ass. 29. 6. 1990 GISTI *GAJA* : estime que le terme de « mineurs », utilisé par un traité franco-algérien, désigne les moins de dix-huit ans, contrairement au requérant qui soutenait qu'il visait, selon la conception du droit algérien, les garçons de moins de dix-neuf ans et les filles de moins de vingt et un ans).

Cette solution renverse très opportunément la jurisprudence antérieure, par laquelle le juge administratif attribuait le pouvoir d'interpréter les traités obscurs au ministre des Affaires étrangères, et s'obligeait à surseoir à statuer dans l'attente de son interprétation (CE 23. 7. 1823 Veuve Murat *Lebon* 545, CE 27. 1. 1989 Beaumartin *Lebon* 35). La solution ancienne présentait en effet le grave inconvénient de permettre au ministre de choisir les interprétations propres à lui faire gagner ses procès, et d'être ainsi à la fois juge et partie.

La nouvelle jurisprudence n'exclut pas toutefois toute intervention de sa part. Le juge administratif continue en effet à lui demander son interprétation. Mais celle-ci ne le lie plus. Elle n'est désormais qu'un simple avis qu'il sollicite pour s'éclairer, et qu'il peut décider de ne pas suivre.

C. Le contrôle de la ratification et de la réciprocité d'application des traités

31 Ainsi dépouillé de son pouvoir d'interprétation, le ministre des Affaires étrangères est en revanche resté, jusqu'en 2003, seul compétent pour apprécier si la condition, posée par l'article 55 de la Constitution, de la réciprocité d'application des traités est remplie (CE Ass. 9. 4. 1999 Mme Chevrol-Benkeddach *AJDA* 1999. 401, chron. Raynaud et Fombeur). Mais cette compétence a été condamnée par la Cour européenne des droits de l'homme (CEDH 13. 2. 2003 Chevrol c. France *D.* 2003. 931, note Moutouh). C'est donc là aussi le juge administratif qui en a héritée (CE Ass. 9. 7. 2010 Mme Cheriet-Benseghir *AJDA* 2010. 1635, chron. Liéber et Botteghi).

Depuis 1998, le juge administratif accepte également de contrôler si les traités ont été, conformément à l'article 55 de la Constitution, « régulièrement ratifiés » (CE Ass. 18. 12. 1998 SARL du parc d'activités de Blotzheim *AJDA* 1999. 127, chron. Raynaud et Fombeur; complété par CE Ass. 5. 3. 2003 Aggoun *AJDA* 2003. 726, chron. Donnat et Casas). Cela lui permet d'annuler les actes administratifs qui publient ou appliquent un traité irrégulièrement ratifié.

D. L'hypothèse de la loi contraire au traité

32 Il arrive parfois qu'une loi soit contraire à un traité. Le Conseil constitutionnel n'a en effet pas les moyens d'empêcher cette hypothèse de se réaliser, car il estime que l'article 61 de la Constitution le charge uniquement de vérifier la conformité des lois par rapport aux sources à valeur constitutionnelle, et non par rapport aux traités (CC 15. 1. 1975 Interruption volontaire de grossesse

GDCC). Sa compétence se limite donc à contrôler la constitutionnalité des lois, non leur conventionnalité.

Il est toutefois nécessaire, pour que l'État de droit soit respecté, que d'autres juridictions exercent le contrôle de conventionnalité ainsi délaissé. En France, ce rôle appartient aux juridictions administratives et judiciaires. Le Conseil constitutionnel estime en effet que l'article 55 de la Constitution les habilite directement à se prononcer, même en première instance, sur la conventionnalité des lois (même décision). N'importe quelle juridiction administrative ou judiciaire peut donc refuser d'appliquer une loi qu'elle juge contraire à un traité, et (dans les limites tracées par la jurisprudence TC 16. 6. 1923 Septfonds *GAJA*) frapper d'illégalité l'acte administratif qui respecte la loi plutôt que le traité.

Concrètement, les juges administratifs et judiciaires n'ont pas attendu l'invitation du Conseil constitutionnel pour refuser d'appliquer une loi contraire à un traité, lorsque celle-ci est antérieure à celui-là (*cf.* par ex. CE Sect. 23. 12. 1949 Société Cominfi *Lebon* 570, CE Sect. 11. 12. 1970 Demoiselle Benz *Lebon* 763). Le législateur, auquel l'article 53 de la Constitution donne compétence pour ratifier les traités importants, semblait en effet les inciter lui-même à faire prévaloir sa volonté la plus récente, exprimée par sa décision de ratification. La solution ne portait donc pas atteinte à sa souveraineté.

Les tribunaux refusaient en revanche d'écarter une loi contraire à un traité, lorsque celle-ci lui était postérieure. Car dans cette hypothèse la volonté la plus récente du législateur était bel et bien exprimée par la loi, et non plus par la ratification. Écarter la loi serait donc revenu à porter atteinte à la souveraineté du législateur. Effrayés par cette perspective, les tribunaux préféraient en somme se réfugier derrière la théorie de l'écran législatif (*cf. supra*, n° 26), transposée pour la circonstance à l'égard des traités : la loi était réputée faire écran entre l'acte administratif qui l'appliquait et le traité qu'ils violaient tous les deux (arrêt de principe : CE Sect. 1er. 3. 1968 Synd. gén. des fabricants de semoules de France *AJDA* 1968. 235, concl. Questiaux).

Mais en déduisant de l'article 55 de la Constitution leur habilitation à vérifier la conventionnalité de toutes les lois, la décision du Conseil constitutionnel du 15 janvier 1975 les a implicitement invités à vaincre leurs scrupules, et à abandonner cette solution timorée. Les tribunaux judiciaires ont aussitôt déféré à cette invitation (Cass. ch. mixte 24. 5. 1975 Société des cafés Jacques Vabre *AJDA* 1975. 567, note Boulouis). Plus hésitant, le Conseil d'État n'a permis aux juridictions administratives d'en faire autant qu'à partir de 1989 (CE Ass. 20. 10. 1989 Nicolo *GAJA* et *LPA* du 11. 12. 1989 avec notre note; transposition en faveur des règlements communautaires par CE 24. 9. 1990 Boisdet *AJDA* 1990. 863, chron. Honorat et Schwartz; des directives communautaires par CE Ass. 28. 2. 1992 Soc. Rothmans International France *AJDA* 1992. 210 et 329, concl. Laroque et chron. Maugüe et Schwartz; et des principes généraux du droit communautaire par CE 3. 12. 2001 Synd. nat. de l'ind. pharmaceutique *AJDA* 2002. 1219, comm. Valembois. Pas de transposition, en revanche, en faveur des coutumes internationales, que le CE juge inférieures aux lois : CE Ass. 6. 6. 1997 Aquarone *AJDA* 1997. 630, chron. Chauvaux et Girardot). Au terme de cette évolution, il n'y a donc plus lieu aujourd'hui de distinguer selon que la loi est postérieure ou antérieure au traité (ou à l'acte communautaire dérivé) qu'elle viole. Par cela seul qu'elle le viole, elle sera écartée par le juge. Tout acte administratif qui respecte la loi plutôt que le traité sera donc annulé (si on se situe dans le cadre d'un recours pour excès de pouvoir) ou déclaré illégal : la théorie de l'écran législatif, encore vivante vis-à-vis de la Constitution (*cf. supra*, n° 26), est définitivement morte à l'égard des traités.

Cette jurisprudence Jacques Vabre-Nicolo, que nous avions imprudemment approuvée dans la première édition de ce manuel, s'est révélée problématique. Elle incite en effet les juges judiciaire et administratif à concurrencer le Conseil constitutionnel en matière de protection des droits fondamentaux, domaine dans lequel des traités, notamment la Convention européenne de sauvegarde des droits de l'homme de 1950, ont un contenu identique à celui de la Constitution : en la matière, leur contrôle de conventionnalité tend du coup à se confondre avec un véritable contrôle de constitutionnalité des lois (*cf.* par ex. CE Ass. 5. 12. 1997 Dame Lambert *AJDA* 1998. 149 concl. Bergeal, dans lequel le CE s'inspire de la jurisprudence du Conseil constitutionnel plutôt que de celle de la Cour européenne des droits de l'homme pour vérifier la conformité d'une loi à la Convention de 1950). La meilleure solution, pour dissiper cette confusion des rôles, serait sans doute que le Conseil constitutionnel renverse sa jurisprudence IVG et se reconnaisse le pouvoir de contrôler la conventionnalité des lois en lieu et place des juges administratif et judiciaire.

SECTION 3
LES LOIS

33 Parce qu'elles émanent d'un organe démocratiquement élu (le Parlement), les lois occupent le troisième rang dans la hiérarchie des normes. Il est nécessaire de préciser leur définition (**A**) et leur autorité (**B**) pour apprécier dans quelle mesure elles s'imposent à l'administration.

A. Définition

Jusqu'en 1958, la loi était uniquement définie par référence aux critères organique et formel. Cela signifie qu'elle se définissait simplement par son auteur (critère organique) et par sa procédure d'élaboration (critère formel). Elle était ainsi présentée comme l'acte voté par le Parlement selon la procédure prévue à cet effet par la Constitution. Aucune considération « matérielle », c'est-à-dire de contenu, n'intervenait. La loi avait donc un domaine d'application illimité. Comme l'avait très bien expliqué le célèbre juriste Carré de Malberg, le Parlement était « maître de légiférer sur tout objet » (*La loi, expression de la volonté générale*, Sirey, 1931). Cette toute-puissance incitait même à parler de « souveraineté du législateur » (l'expression est demeurée usuelle), alors qu'en toute logique dans un État démocratique la souveraineté – c'est-à-dire le pouvoir de déterminer soi-même sa propre compétence – ne saurait appartenir qu'au peuple.

Avec la Constitution de 1958, la définition de la loi a été profondément modifiée. En assignant au législateur une compétence d'attribution, son article 34 a en effet fait voler en éclats le mythe de sa souveraineté, en même temps qu'il a introduit le critère matériel aux côtés des critères organique et formel. Désormais, la loi ne se définit plus simplement par son auteur et par sa procédure d'élaboration, mais aussi par son contenu, par son domaine d'application : à s'en tenir à une lecture stricte de la Constitution, elle est l'acte voté par le Parlement selon la procédure prévue à cet effet et dont le contenu porte sur l'une des matières énumérées par l'article 34.

Pour l'administration, ce changement de définition produit des conséquences très importantes. Jusqu'en 1958, la loi avait vocation à encadrer la totalité de son action. Même lorsqu'il consentait à « délégaliser » certaines matières au profit du pouvoir réglementaire, comme il l'avait fait par sa célèbre loi du 17 août 1948, le législateur demeurait libre de reprendre ce qu'il avait donné. L'administration ne disposait donc, dans le meilleur des cas, que d'une autonomie librement révocable. Avec l'article 34, au contraire, la loi est cantonnée dans un domaine limité, dont il lui est impossible, ou au moins très difficile, de sortir. Tout un pan de l'action administrative – celui-là même qui ne recoupe pas les matières énumérées par l'article 34 – échappe ainsi à l'encadrement législatif : des « règlements autonomes », dont l'existence est constitutionnellement protégée par l'article 37, prennent place à côté des classiques règlements d'application des lois.

34 La définition de la loi qu'on vient d'esquisser doit toutefois être relativisée pour deux raisons. La première tient à l'imprécision du critère matériel. Initialement cantonné à l'article 34, le domaine de la loi s'est en effet progressivement accru, au point d'avoir aujourd'hui des contours incertains. Ce phénomène est dû en majeure partie au Conseil constitutionnel, qui a découvert d'autres sources de compétence législative que l'article 34 : notamment l'article 66 de la Constitution (CC 28. 11. 1973 Mesures privatives de la liberté *GDCC* 3e éd.), la Déclaration de 1789 (même décision), et des principes généraux du droit (CC 26. 6. 1969 Protection des sites *GDCC*). La haute juridiction a même poussé l'audace jusqu'à permettre à la loi d'envahir ce qui subsiste encore du domaine réservé aux règlements autonomes, dès lors que le gouvernement

ne s'y oppose pas (CC 30. 7. 1982 Blocage des prix et des revenus *GDCC*). Tant et si bien que certains auteurs en arrivent à conclure, non sans excès, que « les règlements autonomes n'existent pas » (titre d'un article de L. Favoreu, *RFDA* 1987. 871) et que le brouillage du critère matériel équivaut à un « retour au critère organique » (P. Pactet, *Mélanges Chapus,* 1992, p. 503). Sans aller jusque-là, force est aujourd'hui de définir la loi comme l'acte voté par le Parlement selon la procédure prévue à cet effet et dont le contenu porte, soit sur l'une des matières énumérées par l'article 34 ou par le Conseil constitutionnel, soit, avec l'accord du gouvernement, sur une autre matière.

La seconde raison pour laquelle il faut relativiser la définition de la loi tient à l'existence d'exceptions au critère organique. Il existe en effet des lois dont l'auteur n'est pas le Parlement mais le peuple (lois référendaires de l'article 11), le président de la République (lois présidentielles de l'article 16) ou le gouvernement (lois gouvernementales de l'article 92, aujourd'hui abrogé, mais non ordonnances de l'article 38, qui sont de simples règlements jusqu'à ce que l'intervention du Parlement les transforme en lois). La définition proposée n'est donc acceptable qu'à condition de préciser qu'elle ne s'applique qu'aux lois parlementaires, qui sont de loin les plus nombreuses.

B. Autorité

35 Si la définition de la loi a évolué à partir de 1958, en revanche son autorité n'a pas changé. Là où elle existe, la loi s'impose à l'administration comme aux administrés. Une fois promulguée, elle demeure un acte incontestable, inattaquable. Aucun recours contentieux n'est en effet possible contre elle, pas même le recours en déclaration d'inconstitutionnalité, prévu par l'article 61 de la Constitution, qui n'est recevable qu'avant sa promulgation. Sa validité ne peut pas non plus être critiquée par la voie de « l'exception d'inconstitutionnalité », c'est-à-dire à l'occasion d'un recours contentieux exercé non contre elle, mais contre une autre loi. La survivance de la vieille théorie de l'écran législatif (*cf. supra*, n° 26) montre à quel point le droit français reste attaché au dogme

de l'incontestabilité de la loi, lequel n'est probablement rien d'autre que le dernier avatar du mythe de la souveraineté du législateur.

Par comparaison, les règlements, même « autonomes » au sens de l'article 37 de la Constitution, jouissent d'une autorité bien plus faible. N'importe quel administré ayant un « intérêt à agir » peut en effet les attaquer, dans les deux mois de leur publication, par la voie du recours pour excès de pouvoir. Il peut aussi demander à tout moment à l'administration de les abroger, ce qu'elle sera tenue de faire s'ils sont illégaux, son refus éventuel pouvant faire l'objet d'un recours pour excès de pouvoir (CE Ass. 3. 2. 1989 Cie Alitalia *GAJA*). Il peut enfin invoquer leur illégalité « par voie d'exception », à l'appui d'un recours pour excès de pouvoir contre un autre acte administratif qui les applique ou les prolonge. Dans ces conditions, on comprend que le doyen Vedel, qui avait suggéré en 1958 que certains règlements (les « règlements autonomes ») pourraient avoir « la même force juridique que la loi » (*cf.* 1re éd. de son *Droit administratif*, PUF, 1958, p. 631), ait rapidement abandonné cette idée.

36 On comprend également tout l'intérêt présenté par le procédé de la « validation législative » de certains actes administratifs (réglementaires ou individuels) irréguliers. Ce procédé, dont la constitutionnalité est admise par le Conseil constitutionnel (CC 22. 7. 1980 Validation d'actes administratifs *GDCC*), consiste à valider par une loi un acte administratif qui n'a pas encore été annulé par une décision juridictionnelle passée en « force de chose jugée » (sur cette notion, *cf. infra*, n° 44). On y recourt notamment pour valider les nominations prononcées à l'issue d'un concours de recrutement de la fonction publique, lorsque les opérations de ce concours sont annulées, plusieurs années après qu'elles aient eu lieu, par le juge administratif; la loi donne ainsi aux nominations son caractère incontestable, et sauve fort judicieusement de l'anéantissement les carrières des fonctionnaires concernés. Malgré son indéniable utilité, le procédé de la validation législative présente toutefois un certain danger, car le Parlement peut être tenté de l'employer, non pour préserver le déroulement normal des carrières ou un quelconque intérêt général, mais pour soustraire un

acte administratif arbitraire au contrôle du juge administratif. Ce danger a été dénoncé par la CEDH, qui a condamné la France pour violation du droit à un procès équitable garanti par l'article 6 de la Convention de 1950, en raison de l'insuffisance du contrôle exercé par ses juridictions sur les lois de validation (CEDH 28. 10. 1999 Zielinski *RFDA* 2000. 1254, comm. Bolle). À la suite de cette condamnation, le Conseil constitutionnel a renforcé son contrôle en vérifiant dorénavant si le motif d'intérêt général invoqué est « suffisant » pour justifier la validation, mais sans pour autant aller jusqu'à rechercher, comme le recommandait la CEDH (à notre avis de façon excessive), si ce motif est vraiment « impérieux » (CC 21. 12. 1999 Loi de financement de la sécurité sociale pour 2000 *RFDA* 2000. 289, note Mathieu; CC 13. 1. 2005 Tramway de Strasbourg *JO* du 19). Le juge administratif, intervenant dans le cadre du contrôle de conventionnalité, a quant à lui d'abord imité le Conseil constitutionnel (CE Ass. 11. 7. 2001 Préaud *AJDA* 2001. 841, chron. Guyomar et Collin), avant d'accepter de suivre la CEDH (avis CE Ass. 27. 5. 2005 Provin *AJDA* 2005. 1455, chron. Landais et Lenica ; CE Sect. 10. 11. 2010 Commune de Palavas-les-Flots *AJDA* 2010. 2416, chron. Botteghi et Lallet).

37 Malgré ces divers éléments qui attestent sa survivance, le dogme de l'incontestabilité de la loi est aujourd'hui singulièrement affaibli. Il reçoit en effet quatre exceptions. La plus ancienne est apportée par l'article 37 alinéa 2 de la Constitution de 1958, qui permet au gouvernement, après accord du Conseil constitutionnel, de modifier par décrets les lois promulguées empiétant sur le domaine réglementaire de l'article 37 alinéa 1. La deuxième résulte des jurisprudences Cafés Jacques Vabre et Nicolo (préc. n° 32), qui permettent aux tribunaux de refuser d'appliquer les lois contraires à un traité, même lorsqu'elles sont postérieures à celui-ci. La troisième a été inaugurée par une décision de 1985, dans laquelle le Conseil constitutionnel affirme accepter de contrôler la constitutionnalité d'une loi promulguée « à l'occasion de l'examen de dispositions législatives qui la modifient, la complètent ou affectent son domaine » (CC 25. 1. 1985 État d'urgence en Nouvelle-Calédonie *GDCC*); la haute juridiction opère ainsi un demi-contrôle de constitutionnalité par voie d'exception, qui ne s'étend pas à l'hypothèse dans laquelle la loi attaquée se borne à appliquer, sans la modifier ni la compléter, la loi déjà promulguée.

L'apparition de ces trois premières exceptions manifeste une tendance profonde de notre droit à rendre la loi contestable. C'est donc tout naturellement que la révision constitutionnelle du 23 juillet 2008 a fini par permettre aux parties à un litige porté devant une juridiction administrative ou judiciaire, de soulever la « question prioritaire de constitutionnalité » (QPC) d'une loi promulguée mettant en cause leurs « droits et libertés que la Constitution garantit » (art. 61-1 de la Constitution). Selon un système de « double filtre », destiné à préserver le Conseil constitutionnel des contestations abusives (et déjà imaginé par un projet de révision en 1990), le caractère sérieux de la QPC est alors successivement vérifié par la juridiction concernée puis, selon le cas, par le Conseil d'État ou par la Cour de cassation. Et ce n'est finalement que sur le feu vert de l'une de ces deux hautes juridictions (qui se voient donc confier le pouvoir d'exercer une sorte de pré-contrôle de constitutionnalité), que la QPC est portée pour décision devant le Conseil constitutionnel. Si ce dernier déclare la loi non conforme à la Constitution, cette loi est alors abrogée à compter de la publication de la décision ou d'une date ultérieure fixée par cette décision, et le procès en tire les conséquences. La révision de 2008 porte ainsi un coup très dur, mais attendu et même espéré depuis longtemps, à l'incontestabilité de la loi. La procédure de QPC a, dès son entrée en vigueur en 2010, connu un grand succès. Elle a notamment permis au Conseil constitutionnel d'abroger, pour atteinte au principe constitutionnel d'égalité, les dispositions législatives qui retenaient le critère de la nationalité pour fixer des pensions militaires d'un montant différent pour les anciens combattants français et étrangers (CC n°1 QPC du 28. 5. 2010 Consorts Labane *AJDA* 2010. 1606, note Dord). Elle lui a également permis d'abroger, pour atteinte à l'article 17 de la Déclaration de 1789, la loi qui permettait aux communes d'imposer des « cessions gratuites de terrain » aux bénéficiaires d'autorisations de construire (CC n°33 QPC du 22. 9. 2010 Soc. Esso *AJDA* 2010. 2384, note Rolin). Il s'agit d'une procédure d'autant plus efficace que le Conseil constitutionnel estime qu'elle permet de contester non seulement la constitutionnalité des lois, mais aussi la constitutionnalité des interprétations jurisprudentielles des lois (CC n°39 QPC du 6. 10. 2010 X *D.* 2010. 2744, comm. Chénedé). Enfin, les hautes juridictions françaises et européennes s'accordent à penser (non sans optimisme) que la QPC est compatible avec le principe de primauté du droit de l'UE, dans la mesure où elle n'empêche pas la juridiction qui la pose au Conseil constitutionnel de saisir simultanément (ou postérieurement) la CJUE d'une question préjudicielle sur l'interprétation ou la validité d'une disposition européenne (CC 12. 5. 2010 Jeux d'argent et de hasard en ligne, CE 14. 5. 2010 Rujovic, et CJUE 22. 6. 2010 Melki et Abdeli : *cf.* dossier *AJDA* 2010. 2188). Le caractère « prioritaire » de la QPC se trouve ainsi fortement relativisé.

SECTION 4
LES PRINCIPES GÉNÉRAUX DU DROIT

38 Les principes généraux du droit sont des principes non écrits dégagés de la tradition juridique française par les juges. Il faut en connaître la liste (**A**), les caractères (**B**), et la valeur juridique (**C**) afin de mesurer leur importance.

A. Liste des principes généraux du droit

C'est en 1873, le jour même de l'arrêt Blanco, qu'un arrêt reconnaît pour la première fois l'existence de « principes généraux du droit » (TC 8. 2. 1873 Dugave et Bransiet *Lebon* 70). Par la suite, l'expression cesse, par une prudence bien compréhensible, d'être utilisée, mais les PGD n'en continuent pas moins à inspirer implicitement bon nombre de solutions juridictionnelles, comme en témoignent les arrêts Couitéas et Trompier-Gravier (CE 30. 11. 1923 Couitéas *GAJA* : PGD de l'égalité des citoyens devant les charges publiques; CE Sect. 5. 5. 1944 Veuve Trompier-Gravier *GAJA* : PGD des droits de la défense). Ce n'est finalement qu'à partir de 1945, à la faveur du besoin de droit exprimé par l'opinion publique au lendemain de la guerre, que le Conseil d'État se décide à y recourir expressément (CE Ass. 1946. 158, note G. Morange : il résulte de du droit applicables même en l'absence de t ne peut être légalement infligée sans que l'in blement mis en mesure de se défendre). Dep PGD n'a cessé de s'allonger. Sans chercher peut en donner une présentation correcte en le[...]partissant selon qu'ils tendent à assurer la liberté (**1**), l'égalité (**2**), ou la protection des administrés (**3**) ou de l'administration (**4**).

1. **Les PGD assurant la liberté des administrés sont peu nombreux.** On ne peut guère citer que la liberté d'aller et venir (CE Sect. 14. 2. 1958 Abisset *AJDA* 1958. 220, chron. Fournier et Combarnous) et la liberté du commerce et de l'industrie (CE Ass. 13. 5. 1983 Soc. René Moline *AJDA* 1983. 624, note Bazex). Cela s'explique par le fait que plusieurs textes à valeur constitutionnelle ou législative protègent les divers aspects de la liberté; les juges ne voient donc pas la nécessité de dégager des PGD en la matière. Les deux libertés précitées ne font d'ailleurs pas toujours exception à cette position de principe, car plutôt que d'invoquer leur nature de PGD la jurisprudence préfère parfois les fonder sur les textes qui les proclament : la Déclaration de 1789 pour la liberté d'aller et venir (TC 9. 6. 1986 Eucat *AJDA* 1986. 428, chron. Azibert et de Boisdeffre; CE Ass. 8. 4. 1987 Min. de l'Intérieur c. Peltier *AJDA* 1987. 327, chron. Azibert et de Boisdeffre), la loi des 2-17 mars 1791 pour la liberté du commerce et de l'industrie (CE Ass. 22. 6. 1951 Daudignac *GAJA*).

2. **Les PGD défendant l'égalité des administrés sont plus nombreux.** Leur liste comprend en effet l'égalité devant les services publics (CE Ass. 25. 6. 1948 Soc. du journal « l'Aurore » *GAJA* ; CE Sect. 9. 3. 1951 Soc. des concerts du Conservatoire *GAJA*), l'égalité d'accès aux emplois publics (CE Ass. 28. 5. 1954 Barel *GAJA*), l'égalité des usagers du domaine public (CE Sect. 2. 11. 1956 Biberon *Lebon* 403, concl. Mosset), l'égalité devant la loi (CE Ass. 7. 2. 1958 Synd. des propriétaires de forêts de chênes-lièges d'Algérie *AJDA* 1958. 130, concl. Grévisse et 220, chron. Fournier et Combarnous; CE Ass. 22. 1. 1982 Ah Won *AJDA* 1982. 440, chron. Tiberghien et Lasserre), l'égalité devant les charges

publiques (CE Ass. 19. 2. 1960 Féd. algérienne des synd. de défense des irrigants *Lebon* 129), l'égalité entre les candidats à un grade universitaire (CE Sect. 28. 9. 1962 Jourde et Maleville *D.* 1963. 62, concl. Braibant), l'égalité devant l'impôt (CE Ass. 22. 2. 1974 Assoc. des maires de France *D.* 1974. 520, note Durupty), l'égalité entre les candidats à un concours (CE Ass. 29. 12. 1978 Assoc. gén. des attachés d'adm. centrale *Lebon* 535), l'égalité devant la justice (CE Ass. 12. 10. 1979 Rassemblement des nouveaux avocats de France *AJDA* 1980. 248, note Debouy), l'égalité de traitement des membres d'un même corps de fonctionnaires (CE Sect. 26. 10. 1979 Millan *AJDA* 1980. 87, chron. Robineau et Feffer), et l'égalité entre Français et étrangers (CE Ass. 31. 5. 2006 GISTI *RFDA* 2006. 1194, concl. Casas).

Ce recours systématique au procédé des PGD s'explique par le fait que notre droit écrit aborde rarement de front le thème de l'égalité, qu'il considère davantage comme une source d'inspiration générale que comme un objet d'étude. Depuis 1973, cependant, le Conseil constitutionnel suggère avec insistance une autre voie, qui consiste à analyser les divers aspects de l'égalité non comme des PGD, mais comme des principes textuels découlant directement de l'article 6 de la Déclaration de 1789 et de l'article 1 de la Constitution de 1958 (CC 27. 12. 1973 Taxation d'office *GDCC*). On retrouve là la marque du positivisme juridique, toujours enclin à brandir les tables de la règle écrite pour faire obstacle au dialogue, jugé perturbateur de l'ordre établi, du juge et de la conscience collective. Malgré quelques concessions, notamment à l'égard de l'égalité d'accès aux emplois publics (que l'arrêt CE Ass. 16. 12. 1988 Bléton *RFDA* 1989. 522, concl. Vigouroux paraît considérer comme un principe textuel, issu de l'article 6 de la Déclaration de 1789, et non plus comme un PGD), le Conseil d'État semble heureusement décidé à camper sur ses positions. Si l'on admet que le droit doit s'efforcer d'être compréhensible, des PGD clairement identifiés comme tels valent mieux que la sollicitation hypocrite de quelques textes flous.

3. **Les PGD assurant la protection des administrés** sont encore plus nombreux. On comprend aisément pourquoi : face aux inquiétants privilèges de l'administration, le juge les a multi-

pliés pour endiguer ses manifestations d'arbitraire, et rétablir ainsi un certain équilibre au profit des administrés. Ces PGD peuvent être classés en trois catégories.

39 • *Les plus anciens ont vocation à s'appliquer à tout individu*, et non pas seulement aux agents de l'administration ou aux étrangers. Compte tenu de cette portée très étendue, ce sont les plus importants. Il s'agit du principe prescrivant le respect des droits de la défense (CE Ass. 26. 10. 1945 Aramu, préc.), du principe (consacré implicitement) selon lequel le recours en cassation est toujours possible contre les décisions des juridictions administratives statuant en dernier ressort (CE Ass. 7. 2. 1947 d'Aillières *GAJA*), du principe de non-rétroactivité des actes administratifs (CE Ass. 25. 6. 1948 Soc. du journal l'Aurore *GAJA*), du principe selon lequel tout acte administratif unilatéral est susceptible de faire l'objet d'un recours pour excès de pouvoir (CE Ass. 17. 2. 1950 Dame Lamotte *GAJA*), du principe consacrant le droit des administrés d'exercer un recours hiérarchique contre toute décision d'une autorité subordonnée (CE Sect. 30. 6. 1950 Quéralt *D.* 1951. 593, note F. M.), du principe *non bis in idem* interdisant de punir une faute de plus d'une seule sanction (CE 23. 4. 1958 Commune de Petit-Quevilly *AJDA* 1958. 383), du principe imposant le respect du caractère contradictoire de la procédure juridictionnelle (CE Sect. 12. 5. 1961 Soc. La Huta *Lebon* 313), du principe imposant le secret du délibéré (CE 15. 10. 1965 Mazel *DA* 1965, n° 377), du principe permettant aux juges judiciaires de prononcer des astreintes pour obtenir l'exécution de leurs décisions (CE Ass. 10. 5. 1974 Barre et Honnet *AJDA* 1974. 525, chron. Franc et Boyon), du principe selon lequel les audiences judiciaires doivent être publiques (CE Ass. 4. 10. 1974 Dame David *AJDA* 1974. 525, chron. Franc et Boyon), du principe selon lequel une sanction disciplinaire ne peut être aggravée sur le seul recours de sa victime (CE Sect. 16. 3. 1984 Moreteau *Lebon* 108, concl. Genevois), du principe (à vrai dire un peu flou) garantissant « à la famille les conditions nécessaires à son développement » (CE Sect. 6. 6. 1986 Féd. des fonctionnaires *AJDA* 1986. 421, chron. Azibert et de Boisdeffre), du principe selon lequel « l'autorité compétente, saisie d'une demande tendant à l'abrogation d'un règlement illégal, est

tenue d'y déférer » (CE Ass. 3. 2. 1989 Cie Alitalia *GAJA*), du principe selon lequel « l'autorité administrative est tenue de publier dans un délai raisonnable les règlements qu'elle édicte » (CE 12. 12. 2003 Synd. des commissaires de la police nationale *AJDA* 2004. 442, note H. M.), du principe de prescription trentenaire des créances publiques (CE Ass. 8. 7. 2005 Soc. Alusuisse – Lonza – France *AJDA* 2005. 1829, chron. Landais et Lenica; la loi du 17. 6. 2008, qui ramène la prescription à cinq ans en droit civil, aura sans doute une incidence sur ce principe : *cf.* B. Plessix, *RFDA* 2008. 1219), du principe de « sécurité juridique » en vertu duquel l'administration doit assortir de « mesures transitoires » tout nouveau règlement susceptible de porter « une atteinte excessive à des situations contractuelles en cours » (CE Ass. 24. 3. 2006 Soc. KPMG, *GAJA*), et du principe selon lequel « une convention peut être déclarée nulle lorsqu'elle est dépourvue de cause ou qu'elle est fondée sur une cause (...) illicite » (CE 15. 2. 2008 Commune de la Londe-les-Maures *AJDA* 2008. 581).

À cette liste il convient aussi de rattacher les « principes déontologiques fondamentaux relatifs au respect de la personne humaine », dégagés par l'arrêt Milhaud en 1993, qui sont des PGD dont la particularité est de protéger les individus non contre l'administration, mais contre les médecins, que le progrès scientifique soumet à de dangereuses tentations. Au nombre de ces nouveaux principes figure notamment celui qui interdit aux médecins de se livrer, sans autorisation donnée par la personne elle-même de son vivant ou par sa famille, à des expérimentations sur une dépouille mortelle (CE Ass. 2. 7. 1993 Milhaud *AJDA* 1993. 530, chron. Maugüe et Touvet; *cf.* aussi notre chronique « Le droit, la médecine, et la mort », *D.* 1994. 352). On peut enfin se demander si le « principe de précaution », que l'article 5 de la Charte de l'environnement de 2004 définit comme l'obligation « de parer à la réalisation » d'un dommage qui « pourrait affecter de manière grave et irréversible l'environnement », n'est pas implicitement considéré comme un PGD (CE 25. 9. 1998 Assoc. Greenpeace France *JCP* 1998, n° 10216 note de Malafosse : sursis à exécution de la décision de mettre sur le marché du maïs génétiquement modifié).

40 • *D'extraction moins ancienne, d'autres PGD sont spécialement destinés à protéger les agents de l'administration.* Ils ont en cela une portée beaucoup plus modeste que ceux qu'on vient de voir. Il s'agit essentiellement du principe reconnaissant aux agents publics condamnés pour une faute de service le droit d'être couverts par leur administration (CE Sect. 26. 4. 1963 Centre hospitalier de Besançon *Lebon* 242, concl. Chardeau), du principe interdisant à l'administration de licencier une salariée en état de grossesse (CE Ass. 8. 6. 1973 Dame Peynet *AJDA* 1973. 587, chron. Léger et Boyon), du principe reconnaissant à tout agent non titulaire de l'administration le droit à une rémunération au moins égale au SMIC (CE Sect. 23. 4. 1982 Ville de Toulouse *AJDA* 1982. 440, chron. Tiberghien et Lasserre), du principe interdisant à l'administration ainsi qu'aux entreprises publiques d'infliger des sanctions pécuniaires à leurs agents (CE Ass. 1er. 7. 1988 Billard et Volle *AJDA* 1988. 592, chron. Azibert et de Boisdeffre), du principe subordonnant la modification des éléments essentiels du contrat de travail à l'accord des parties (CE Ass. 29. 6. 2001 Berton *AJDA* 2001. 648, chron. Guyomar et Collin), et du principe obligeant l'administration à chercher à reclasser un agent devenu physiquement inapte à ses fonctions (CE 2. 10. 2002 CCI de Meurthe-et-Moselle *AJDA* 2002. 1294, concl. Piveteau), ainsi que de divers « principes généraux du droit des concours » (CE 2. 3. 1988 Féd. nat. des sync. autonomes de l'enseignement supérieur *RFDA* 1988. 615, concl. Laroque).

41 • *Apparue encore plus récemment, la troisième et dernière catégorie de PGD regroupe les principes qui ont vocation à protéger les étrangers.* Leur émergence constitue une réponse aux réflexes xénophobes engendrés par le problème de l'immigration. On y trouve le principe selon lequel « les étrangers résidant régulièrement en France ont, comme les nationaux, le droit de mener une vie familiale normale » (CE Ass. 8. 12. 1978 GISTI *GAJA*), les « principes généraux du droit de l'extradition », en vertu desquels un étranger ne peut être extradé que vers un État dont le système judiciaire respecte les « droits et libertés fondamentaux de la personne humaine » (CE Ass. 26. 9. 1984 Lujambio Galdeano *AJDA* 1984. 669, chron. Schoettl et Hubac), et les « principes généraux

du droit applicables aux réfugiés », qui interdisent de remettre un réfugié aux autorités de son pays d'origine (CE Ass. 1er. 4. 1988 Bereciartua-Echarri *AJDA* 1988. 322, chron. Azibert et de Boisdeffre), et qui imposent, au nom de l'unité de la famille, d'attribuer la qualité de réfugié au conjoint et aux enfants mineurs de l'étranger déjà réfugié (CE Ass. 2. 12. 1994 Dame Agyepong *AJDA* 1994. 878, chron. Touvet et Stahl). Il semble qu'on puisse aussi ranger parmi ces derniers le principe (formulé de façon ambiguë) selon lequel l'étranger qui sollicite la reconnaissance de la qualité de réfugié a le droit de demeurer en France jusqu'à ce qu'il ait été statué sur sa demande (CE Ass. 13. 12. 1991 Dakoury et Nkodia *AJDA* 1992. 114, chron. Maugüe et Schwartz).

Au total, on voit donc que les PGD assurant la protection des administrés sont particulièrement nombreux, et qu'ils manifestent une propension certaine à croître et à multiplier. Les justiciables l'ont bien compris. C'est pourquoi ils tentent de profiter de ces bonnes dispositions du juge administratif pour lui suggérer, au gré de leurs intérêts, de créer de nouveaux PGD. Mais comme les PGD ne sauraient être multipliés à l'infini sans perdre toute crédibilité, le Conseil d'État a su, dans l'ensemble, repousser leurs sollicitations. C'est ainsi qu'il a clairement refusé d'ériger en PGD de nombreux principes nés de l'imagination d'administrés en mal de protection, parmi lesquels on trouve celui qui imposerait à l'administration de motiver l'ensemble de ses actes administratifs unilatéraux (CE Sect. 26. 1. 1973 Lang *D.* 1973. 606, note Pacteau) ou celui, plus frondeur, qui consacrerait le droit des étudiants à une troisième correction de leurs copies d'examen en cas de contrariété entre les deux premières (CE 20. 3. 1987 Gambus *AJDA* 1987. 550, note Prétot). Contrairement au Conseil constitutionnel (CC 26. 6. 1969 Protection des sites *GDCC*), le Conseil d'État a également refusé d'ériger en PGD la règle selon laquelle le silence observé par l'administration à la suite d'une demande vaut décision de rejet (CE Ass. 27. 2. 1970 Commune de Bozas *AJDA* 1970. 225, chron. Denoix de Saint-Marc et Labetoulle); mais, à la différence des autres, ce refus là est de nature à satisfaire les administrés, car il permet à de simples règlements de continuer à déroger à la règle susdite en assimilant parfois le silence de l'administration à une décision d'acceptation.

4. **Les PGD assurant la protection de l'administration** sont moins connus. Ils sont pourtant eux aussi très importants, car au-delà de l'administration c'est évidemment l'intérêt général dont elle a la charge qu'ils visent à protéger. Leur liste comprend le principe selon lequel toute autorité administrative a le droit d'exercer le pouvoir hiérarchique sur ses subordonnés (CE Sect. 30. 6. 1950 Quéralt *D.* 1951. 593, note F. M.), le principe ordonnant la restitution de l'enrichissement sans cause (CE Sect. 14. 4. 1961 Soc. Sud-Aviation *RDP* 1961. 655, concl. Heumann), la règle ***nemo auditur*** selon laquelle nul n'est fondé à se prévaloir de sa propre turpitude (CE 28. 6. 1968 Soc. des établissements Février *RDP* 1969. 312, note Waline), le principe interdisant de condamner une personne publique à payer une somme d'argent qu'elle ne doit pas (CE Sect. 19. 3. 1971 Mergui *AJDA* 1971. 303), le principe de continuité des services publics (CE 13. 6. 1980 Dame Bonjean *Lebon* 274), le principe selon lequel nul ne peut accéder à un emploi public ni y être maintenu s'il ne jouit de l'intégralité de ses droits civiques (CE 28. 5. 1982 Roger *Lebon* 192), le principe (assorti d'exceptions) de non-gratuité des occupations privatives du domaine public (CAA Marseille 6. 12. 2004 Commune de Nice *AJDA* 2005. 832, note Deliancourt), et le principe, formulé par la Cour de cassation, « suivant lequel les biens des personnes publiques sont insaisissables » (Civ. 1re 21. 12. 1987 BGRM *GAJA*).

B. Caractères des principes généraux du droit

42 Tout PGD revêt en principe quatre caractères, dont la réunion permet de le reconnaître à coup sûr :

1. **Les PGD sont des principes non écrits.** Cela signifie qu'ils existent même lorsqu'aucun texte ne les consacre. Mais bien entendu un ou plusieurs textes peuvent les transcrire sans qu'ils disparaissent en tant que tels pour autant. L'interdiction de licencier une salariée en état de grossesse est, par exemple, inscrite dans l'article L. 122-25-2 du Code du travail; elle n'en demeure pas moins un PGD. Cette irréductibilité lui permet d'une part de

s'appliquer à toutes les salariées, même à celles qui ne sont pas régies par le Code du travail, d'autre part de survivre à une éventuelle abrogation de cet article.

2. Les PGD sont issus de la tradition juridique française. Leur surgissement dans le droit positif ne doit rien à l'arbitraire. Ils ne sont pas créés *ex nihilo*, selon le caprice de tel ou tel acteur juridique, mais puisent leur source dans une tradition nationale, dont l'existence est généralement attestée par la Déclaration de 1789 (PGD d'égalité devant la loi, d'égalité d'accès aux emplois publics), par le Préambule de 1946 (PGD du droit à une vie familiale normale), ou par des lois de la Troisième (loi du 27 févr. 1880 sur la discipline de enseignants, en ce qui concerne le PGD du respect des droits de la défense) ou de la IVe République (loi du 11 févr. 1950 créant le SMIG, en ce qui concerne le PGD du droit à une rémunération au moins égale au SMIC). Peu importe d'ailleurs que ces textes soient en vigueur ou caducs, car ils ne sont sollicités que pour témoigner de l'existence d'une tradition qui les dépasse. Le positivisme juridique est donc ici nettement battu en brèche. En réalité, au-delà de cette tradition juridique elle-même c'est la conscience collective des Français, dont elle est l'expression sur le long terme, qu'on cherche à cerner. Car c'est elle, et elle seule, qui est le véritable créateur des PGD. C'est ce qu'a tenté d'exprimer M. Bouffandeau, alors vice-président du Conseil d'État, lorsqu'il a qualifié les PGD, au lendemain de la Libération, de « lois fondamentales du régime républicain de France ».

Depuis 1988, toutefois, le Conseil d'État se fonde sur la Convention de Genève du 28 juillet 1951, et non sur la tradition juridique française, pour dégager des « principes généraux du droit applicables aux réfugiés » (CE Ass. 1er. 4. 1988 Bereciartua-Echarri, préc.). Il est possible que cette démarche corresponde à la prise en compte de l'émergence d'une conscience collective internationale.

3. Les PGD sont dégagés par les juges. Ce sont en effet ces derniers – qu'ils soient constitutionnels, administratifs, ou judiciaires – qui ont le pouvoir de faire accéder les PGD à l'existence juridique. Ce pouvoir ne leur a été donné par aucun texte : ils se le sont arrogé eux-mêmes. Mais, du point de vue du positivisme sociologique, cela n'a rien de choquant, car c'était la seule manière de dégager de la sphère des simples aspirations les « principes généraux », créés par la conscience collective, pour les faire accéder au monde du droit positif, et les transformer ainsi en « principes généraux du droit ». On voit donc que les PGD ne doivent pas être analysés comme des principes coutumiers. Car la coutume (dont on rappelle qu'elle suppose la réunion de deux éléments : l'usage et l'*opinio juris*) est une règle de droit directement forgée par la conscience collective, et qui n'a pas besoin de l'intervention des juges pour exister, alors que les PGD sont l'œuvre d'un chœur à deux voix.

4. Les PGD ont une portée universelle. On entend par là qu'ils n'ont pas vocation à régler des problèmes précis, à l'intention de publics restreints. Ils n'existent bien au contraire que pour insuffler dans l'ensemble du droit positif certaines aspirations fondamentales de la conscience collective : aspirations à la liberté, à l'égalité, à la protection. C'est en ce sens qu'on a pu écrire que les PGD sont « la charpente de notre Droit » (Yves Gaudemet). Aucun domaine du droit administratif ne leur est étranger. C'est pourquoi ils s'adressent à de vastes publics : individus, agents de l'administration, ou étrangers. Depuis le milieu des années quatre-vingt, cependant, le juge oublie parfois leur caractère « généraliste », et se croit fondé à fabriquer des PGD pour combler des vides juridiques ponctuels. L'exemple le plus typique est fourni par le PGD interdisant aux fonctionnaires de participer à l'élection des représentants d'un corps autre que le leur (CE 19. 4. 1985 Féd. des synd. gén. de l'éducation nationale CFDT *Lebon* 109). En sombrant dans un tel degré de technicité, les PGD perdent toute crédibilité. Si cette tendance à couvrir de leur pavillon n'importe quelle règle jurisprudentielle spéciale devait se confirmer, c'est l'ensemble de la catégorie qui serait gravement déstabilisée.

C. Valeur juridique des principes généraux du droit

43 Jusqu'en 1958, la doctrine et la jurisprudence accordaient aux PGD une valeur législative. Cette analyse semblait en effet la seule

à même de rendre compte de l'autorité des PGD, qui s'imposaient aux actes administratifs mais non aux lois.

Depuis l'entrée en vigueur de la Constitution de 1958, cette vision simple a dû être abandonnée. Son article 37 consacre en effet l'existence de règlements « autonomes », qui ne sont pas soumis aux lois. Si on avait continué à accorder une valeur législative aux PGD, on aurait donc dû en déduire que, pas plus que les lois sur lesquels on les avait alignés, ils ne s'imposaient aux règlements autonomes. Cette solution aurait eu pour dangereuse conséquence de donner à l'administration les coudées franches.

Dès 1959, le Conseil d'État a fort heureusement désamorcé ce danger en affirmant que les PGD s'imposent aux règlements autonomes, comme aux autres actes administratifs (CE Sect. 26. 6. 1959 Synd. gén. des ingénieurs-conseils *GAJA*). Par cette prise de position, il a condamné sans ambiguïté la thèse de la valeur législative des PGD. En revanche, il n'a pas indiqué quelle autre valeur il fallait leur reconnaître. C'est donc à la doctrine qu'est revenue cette tâche. M. Braibant a suggéré que l'arrêt de 1959 aurait implicitement admis la valeur constitutionnelle des PGD [1]; mais cette interprétation a été repoussée, car elle tendait à renverser la hiérarchie des normes en plaçant les principes dégagés par le juge administratif au-dessus des lois. Et c'est finalement une autre explication, avancée par le professeur Chapus, qui a prévalu : selon celle-ci, l'arrêt de 1959 a implicitement consacré la valeur infra-législative et supra-décrétale des PGD [2]. « Infra-législative », car le juge administratif n'a pas le pouvoir (selon les vues du positivisme juridique) de placer ses propres principes au-dessus des lois; mais « supra-décrétale », car il a utilisé celui qui lui appartient de les imposer à l'ensemble des actes administratifs, même à ceux qui revêtent la forme solennelle du décret.

Cette explication, qui rendait parfaitement compte de la réalité à l'époque où le professeur Chapus l'a proposée, est malheureusement devenue par la suite partiellement dépassée. Car le Conseil

1. G. Braibant, « L'arrêt syndical général des ingénieurs-conseils et la théorie des PGD », *EDCE* 1962, 67.
2. R. Chapus, « De la valeur juridique des PGD et des autres règles jurisprudentielles du droit administratif », *D.* 1966, C. 99.

constitutionnel, qui dégage lui aussi des PGD depuis 1969 (CC 26. 6. 1969 Protection des sites *GDCC*), a ensuite entrepris, au cours des années soixante-dix, d'accorder à certains d'entre eux une valeur constitutionnelle.

Aujourd'hui il existe donc deux catégories de PGD. Les uns ont une valeur constitutionnelle; c'est notamment le cas du principe de continuité des services publics (CC 25. 7. 1979 Droit de grève à la radio et à la télévision *GDCC*), et des « principes fondamentaux reconnus par les lois de la République » (dont on rappelle qu'ils sont à notre avis bel et bien des PGD, *cf. supra*, n° 24). Les autres continuent au contraire à n'avoir qu'une valeur infra-législative et supra-décrétale. Cela n'exclut pas, bien entendu, que certains principes puissent simultanément être considérés par le Conseil d'État comme des PGD à valeur infra-législative et supra-décrétale, et par le Conseil constitutionnel comme des règles écrites à valeur constitutionnelle, directement issues de la Déclaration de 1789, du Préambule de 1946, ou de certains articles de la Constitution de 1958; c'est notamment ce qui se produit avec les principes qui défendent l'égalité des administrés (*cf. supra*, n° 38).

Cette situation complexe traduit l'existence dans notre pays d'un phénomène de dédoublement de l'ordre juridique. Le Conseil constitutionnel et le Conseil d'État ont chacun leur système de PGD. Et même s'ils parviennent dans l'ensemble à harmoniser leurs solutions, rien n'oblige le second à reproduire exactement le système du premier. Certains auteurs, comme Georges Vedel, analysent cette liberté de réception normative du Conseil d'État comme « une lacune dans les mécanismes de l'État de droit » (*cf.* son manuel, tome 1, 11e éd., p. 480). On peut être d'un avis différent, et souhaiter le maintien du *statu quo* afin de ne pas étendre exagérément les pouvoirs, déjà considérables, du Conseil constitutionnel. Il ne faut d'ailleurs pas oublier qu'en une occasion au moins, le Conseil d'État s'est érigé devant lui en défenseur des administrés (CE Ass. 27. 2. 1970 Commune de Bozas, préc. n° 41).

Une partie de la doctrine distingue enfin une troisième catégorie de PGD, qui n'auraient qu'une simple valeur réglementaire. Il s'agirait de PGD supplétifs, que n'importe quel règlement pourrait écarter librement (en ce sens, *cf.* G. Morange, *RDP* 1977. 761, et manuels de G. Braibant et G. Vedel). En ferait notamment partie la règle permettant de former, avant de saisir le juge, un recours administratif qui interrompt le délai du recours juridictionnel (CE Sect. 10. 7. 1964 Centre médico-pédagogique de Beaulieu *D.* 1965. 84, concl. Rigaud).

En réalité, cette troisième catégorie de PGD n'existe pas. Les arrêts mentionnés dégagent certes des normes jurisprudentielles supplétives, mais ils prennent soin de les qualifier de « règles » et non de « principes ». Dans l'esprit du Conseil d'État, il ne s'agit donc pas de PGD. Il ne pouvait à notre avis en être autrement, car s'il est vrai que les PGD sont le reflet d'aspirations profondes de la conscience collective, on voit mal comment on pourrait admettre qu'un simple règlement puisse les écarter. Le propre d'un PGD est de s'imposer à l'administration.

SECTION 5
LES AUTRES SOURCES DE LA LÉGALITÉ

Il s'agit des décisions juridictionnelles (**A**), des règles jurisprudentielles (**B**), et des actes édictés unilatéralement par l'administration elle-même (**C**).

A. Les décisions juridictionnelles

44 On ne parlera pas ici des décisions du Conseil constitutionnel, dont l'autorité a déjà été examinée (*cf. supra*, n° 25), mais des décisions des juridictions administratives et judiciaires.

Ces décisions ont « autorité de chose jugée » lorsqu'elles ont acquis un caractère définitif, du fait de l'épuisement ou du non-usage des voies de recours, ou lorsqu'elles sont frappées d'un pourvoi en cassation (en ce sens, *cf.* CE Ass. 27. 10. 1995 Mattio *AJDA* 1996. 57, concl. Arrighi de Casanova). La chose jugée s'impose à l'administration dans deux hypothèses : lorsque le jugement a force *erga ommes* (c'est-à-dire à l'égard de tous), ou lorsque l'administration était demandeur ou défendeur dans l'affaire. Mais, comme on l'avait déjà constaté à propos des décisions du Conseil constitutionnel, l'autorité de chose jugée ne s'attache qu'au dispositif du jugement, ainsi qu'aux motifs qui en constituent le soutien nécessaire (en ce sens, *cf.* CE Sect. 28. 12. 1949 Soc. des automobiles Berliet *D.* 1950. 383, note Weil, et Cass. ch. mixte 6. 7. 1984 *JCP* 1985, n° 20338, concl. Sadon).

Lorsque ces décisions n'ont pas autorité de chose jugée, parce qu'elles sont frappées d'appel, il faut distinguer selon qu'elles émanent de juridictions administratives ou judiciaires. En ce qui concerne les décisions des juridictions judiciaires, l'appel a normalement un effet suspensif. À l'inverse, les décisions des juridictions administratives sont exécutoires malgré l'appel, sauf si le sursis à exécution a été accordé (art. R. 811-14 et 15 CJA). S'agissant du cas particulier des décisions du juge des référés, on considère de la même façon qu'elles doivent être respectées par l'administration bien qu'elles n'aient pas, en raison de leur caractère provisoire, l'autorité de chose jugée. (CE Sect. 5. 11. 2003 Assoc. Convention vie et nature pour une écologie radicale *AJDA* 2003. 2253, chron. Donnat et Casas)

En pratique, on rencontre deux hypothèses dans lesquelles l'administration refuse de respecter certaines décisions juridictionnelles. Tantôt elle refuse de prêter le concours de la force publique à l'exécution des jugements; son refus est alors légal lorsqu'il est motivé par le souci de préserver l'ordre public (CE 30. 11. 1923 Couitéas *GAJA* : refus d'exécuter un jugement judiciaire expulsant des tribus tunisiennes; CE Ass. 3. 6. 1938 Soc. « La cartonnerie et imprimerie Saint-Charles » *RDP* 1938. 375, note Jèze : refus d'exécuter un jugement judiciaire expulsant des grévistes). Tantôt elle refuse purement et simplement d'exécuter certains jugements sous prétexte qu'ils lui sont défavorables (sur ce phénomène, *cf.* n° 366); on a alors affaire à un arbitraire inacceptable.

B. Les règles jurisprudentielles

45 Selon une conception classique, le juge n'est que « la loi qui parle ». Cette idée trouve son expression la plus claire dans

l'article 208 de la Constitution de l'an III, aux termes duquel « les jugements sont prononcés à haute voix; ils sont motivés, et on y énonce les termes de la loi appliquée ». Elle signifie que le juge doit résoudre les cas d'espèce qui lui sont soumis, en se bornant à appliquer les textes préexistants, sans chercher à édicter des règles générales qui auraient vocation à déterminer les solutions de toutes les affaires similaires futures. Cette prohibition des « arrêts de règlement », si fréquents sous l'Ancien Régime, est clairement exprimée par l'article 5 du Code civil, en vertu duquel « il est défendu aux juges de prononcer par voie de disposition générale et réglementaire sur les causes qui leur sont soumises ».

Cette conception restrictive du rôle du juge n'est toutefois défendable que lorsque existent des textes suffisamment clairs pour lui épargner tout travail de création. En cas d'inexistence ou d'obscurité des textes, on ne saurait en effet l'invoquer pour dispenser les juridictions de juger. Un autre principe prend alors le relais : celui, consacré par l'article 4 du Code civil en réponse à une exigence de la conscience collective, qui impose au juge de statuer sous peine de se rendre « coupable de déni de justice ». Le juge est ainsi implicitement invité à faire œuvre constructive lorsque les textes sont impuissants à lui dicter la solution de son procès. La légitimité des règles jurisprudentielles, comme sources du droit, découle de cette invitation. Il est donc faux de prétendre que la jurisprudence serait une « source abusive du droit [1] ».

À l'évidence, la légitimation opérée par l'article 4 ne se limite pas au droit privé. L'insertion de celui-ci dans le titre préliminaire du Code civil, qui traite « des lois en général », montre en effet sa vocation à s'étendre au droit administratif. En pratique, le Conseil d'État ne s'est d'ailleurs guère soucié de ces considérations exégétiques. Confronté à la nécessité de créer « son » droit presque *ex nihilo*, à partir de quelques textes lapidaires, il a rapidement multiplié les règles jurisprudentielles. Si bien qu'aujourd'hui des pans entiers du droit administratif, comme par exemple la responsabilité de l'administration ou le régime juridique de l'acte administratif unilatéral, reposent encore sur elles.

1. Contre O. Dupeyroux, « La jurisprudence, source abusive du droit », *Mélanges Maury*, 1960, p. 349.

Par rapport aux principes généraux du droit, les règles jurisprudentielles présentent plusieurs différences essentielles. Elles ont d'abord un objet beaucoup plus technique, car leur ambition n'est pas d'irriguer la totalité du droit administratif, mais se borne à combler des vides juridiques temporairement négligés par les textes. En second lieu, elles sont beaucoup moins que les PGD en prise directe sur les aspirations de la conscience collective, en raison de leur technicité qui ouvre au juge un espace d'improvisation considérable. Enfin, la modestie de leur objet et de leur origine les prive de la vocation à durer qui caractérise les PGD; dépendant des juges qui les ont forgées, elles sont en effet toujours susceptibles d'être victimes d'un « changement de jurisprudence ». Depuis 2007, toutefois, le Conseil d'État estime, à l'instar de la Cour de cassation, qu'« eu égard à l'impératif de sécurité juridique » tenant à ce qu'il ne soit pas porté une atteinte excessive aux situations fondées sur des règles jurisprudentielles, un changement de jurisprudence n'est plus obligatoirement rétroactif, le juge pouvant dorénavant en différer l'application (CE Ass. 16. 7. 2007 Soc. Tropic. Travaux Signalisation, *CRDF* 2007. 161, note Bottini). D'autre part, l'irruption d'un nouveau texte peut aussi suffire à les condamner, en comblant le vide juridique auquel elles devaient leur existence.

Cette dernière remarque soulève un problème important, qui est celui de savoir quel type de « texte » peut mettre fin à une jurisprudence. La solution découle de la place assignée aux règles jurisprudentielles dans la hiérarchie des normes. Étant situées au-dessous des lois (et des PGD) mais au-dessus des règlements, elles ne peuvent en principe être anéanties que par les premières.

La possibilité pour le législateur de mettre fin à une jurisprudence ne souffre aucune contestation. La loi du 11 juillet 1979, relative à l'obligation de motiver certains actes administratifs individuels, met par exemple un coup d'arrêt à la jurisprudence qui dispensait l'administration de cette motivation (comparer CE Ass. 21. 7. 1970 Boussel dit Lambert *AJDA* 1970. 607, chron. Labetoulle et Cabanes, et CE 31. 10. 1984 FANE *D.* 1985. 201, note C. S., à propos de décrets prononçant la dissolution d'associations).

L'impossibilité pour un simple règlement de faire de même a suscité davantage de controverses. Il arrive parfois, en effet, que l'administration entreprenne de « renverser » une jurisprudence par un règlement. Il semble qu'il faille alors distinguer deux hypothèses. Lorsque le règlement aggrave la situation des administrés, en mettant fin à une jurisprudence qui leur était favorable, le juge l'annule (solution clairement impliquée par CE 27. 11. 1985 consorts Fraysse *DA* 1986, n° 62, à propos des règles jurisprudentielles consacrant la responsabilité de l'administration, que cet arrêt déclare applicables « en l'absence de disposition législative y dérogeant »), sauf s'il estime que cette jurisprudence n'avait qu'une portée supplétive (pour des exemples de règles jurisprudentielles à portée supplétive, *cf. supra*, fin du n° 43). Mais, lorsque au contraire il améliore leur situation, en mettant fin à une jurisprudence qui leur était défavorable, le juge accepte de s'incliner, et s'efforce alors de le « légaliser ». Dans la célèbre affaire Alitalia, par exemple, se posait la question de savoir si le décret du 28 novembre 1983 avait pu valablement, en obligeant l'administration à abroger ses règlements illégaux lorsqu'un administré le demande, mettre fin à la jurisprudence de 1981 qui écartait une telle obligation (CE Sect. 30. 1. 1981 Min. du Travail c. Soc. Afrique France Europe transaction *AJDA* 1981. 245, chron. Feffer et Pinault); soucieux de ne pas entraver une évolution du droit favorable aux administrés, le Conseil d'État répond par l'affirmative; il ne lui reste plus alors, pour justifier sa position, qu'à prétendre que le décret ne fait en réalité que « s'inspirer » d'un PGD, dégagé pour la circonstance, en vertu duquel « l'autorité compétente, saisie d'une demande tendant à l'abrogation d'un règlement illégal, est tenue d'y déférer » (CE Ass. 3. 2. 1989 Cie Alitalia *GAJA*). De telles subtilités peuvent susciter l'admiration. Mais force est d'avouer que le juge n'a besoin d'y recourir que parce qu'il a laissé au pouvoir réglementaire le soin de réaliser ce qu'il aurait pu faire lui-même. L'ingéniosité est sans doute admirable, mais elle n'excuse pas le manque d'audace.

C. Les actes administratifs unilatéraux

46 L'acte administratif unilatéral (AAU) est l'acte juridique, adopté unilatéralement par une autorité administrative, qui modifie, ou refuse de modifier, les droits ou les obligations des administrés indépendamment de leur consentement. Il ne faut donc pas le confondre avec le contrat administratif, qui est un acte juridique conclu bilatéralement (ou plurilatéralement), dont les effets ne s'imposent normalement qu'aux parties, à l'exclusion des tiers. Contrairement aux AAU, les contrats de l'administration (qu'ils soient administratifs ou de droit privé) ne font d'ailleurs pas partie des sources de la légalité, car il est impossible de se prévaloir de leur violation à l'appui d'un recours pour excès de pouvoir (CE Ass. 8. 1. 1988 Min. chargé du Plan c. Communauté urbaine de Strasbourg *AJDA* 1988. 137, chron. Azibert et de Boisdeffre).

L'identification et le régime juridique des AAU feront l'objet de développements ultérieurs (*cf.* chap. 5). On se bornera ici à préciser leur place dans la hiérarchie des normes. Les AAU se situent tout en bas de celle-ci, au-dessous des règles jurisprudentielles. Mais tous ne sont pas placés pour autant sur un pied d'égalité. Une hiérarchie subtile s'instaure en effet entre eux en fonction de trois critères : organique (**1**), formel (**2**) et matériel (**3**).

1. Le critère organique, prenant en compte l'auteur de l'acte, joue un rôle essentiel en la matière. La hiérarchie des AAU est en effet commandée par la place de leurs auteurs dans la pyramide des autorités administratives. Ainsi, la structure décroissante président de la République/Premier ministre/ministres/préfets/maires a incité le droit français à adopter le classement décrets présidentiels/décrets du Premier ministre/arrêtés interministériels/arrêtés ministériels/arrêtés préfectoraux/arrêtés municipaux (pour des ex., *cf.* CE 24. 10. 1952 D^{lle} Thèse *Lebon* 469 : supériorité de l'arrêté ministériel sur l'arrêté préfectoral; CE Sect. 13. 3. 1987 FNOGEC *Lebon* 93 : supériorité du décret sur l'arrêté interministériel).

2. Le critère formel, tenant à la forme ou à la procédure de l'acte, n'intervient qu'à titre complémentaire, pour départager les AAU qui émanent d'une même autorité administrative. Il présente notamment un grand intérêt pour classer les divers actes du Premier ministre. C'est en effet grâce à lui que les « décrets en Conseil d'État » sont placés, en raison de la solennité de leur procédure (ils sont pris après avis du Conseil d'État), au-dessus des décrets pris après avis d'un autre organisme consultatif, lesquels dominent pour leur part les décrets simples (consacrant cette hiérarchie interne des décrets, *cf.* CE Ass. 3. 7. 1998 Synd. nat. de l'environnement CFDT *AJDA* 1998. 780, chron. Raynaud et Fombeur).

3. **Le critère matériel,** prenant en considération le contenu de l'acte, n'intervient lui aussi qu'à titre complémentaire. Comme le critère formel, il ne sert en effet qu'à départager les AAU qui émanent d'une même autorité administrative. Son utilité est de distinguer, parmi ceux-ci, les actes administratifs réglementaires (ou « règlements ») des actes administratifs individuels (sur cette distinction, *cf.* chap. 5), et d'affirmer la prééminence des premiers sur les seconds. Concrètement, cette prééminence s'exprime par l'adage *Tu patere legem quam fecisti,* en vertu duquel une autorité administrative ne peut déroger à ses propres règlements par des actes individuels (CE 17. 5. 1907 Soc. philharmonique libre de Fumay *Lebon* 478, CE 28. 11. 1930 Aubanel *Lebon* 995), sauf si de telles dérogations ont été prévues par les textes et ne portent pas d'« atteintes excessives » à l'intérêt général (CE Ass. 18. 7. 1973 Ville de Limoges *AJDA* 1973. 480, chron. Cabanes et Léger). Le critère matériel apporte ainsi une utile contribution à la lutte contre le favoritisme et la discrimination. Mais son intérêt s'arrête là, car il ne semble pas, malgré un arrêt ambigu (CE 3. 7. 1931 Ville de Clamart *S.* 1932, 1, note Bonnard), qu'il puisse supplanter le critère organique, et forcer les actes individuels des ministres à respecter les règlements des maires.

Chapitre 2

Les limites du principe de légalité

47 En soumettant l'administration au respect du droit et de la hiérarchie des normes, le principe de légalité enserre son action dans un fin réseau d'obligations et de contraintes. Le rêve technocratique d'un « administrateur rationnel », qui agirait en fonction des seules règles de la raison et d'une appréciation souveraine des exigences de l'intérêt général, est ainsi fort opportunément contrarié.

Cela ne signifie pas pour autant que l'administration soit condamnée à jouer mécaniquement une partition tatillonne, ni qu'elle doive se contenter d'obéir passivement aux ordres de cette muse exigeante qu'est, selon Duguit, la conscience collective.

À mi-chemin de l'objectivisme de Duguit et du volontarisme débridé de l'« administrateur rationnel », le principe de légalité laisse en effet à l'administration une importante marge de liberté. Il s'agit du « pouvoir discrétionnaire », grâce auquel elle peut exercer des choix en opportunité afin d'adapter l'intérêt général, défini en cascade par la hiérarchie des normes, à l'insaisissable diversité des situations concrètes (SECTION 1).

Mais il arrive parfois, dans certaines « circonstances exceptionnelles », que ce pouvoir discrétionnaire lui-même soit insuffisant pour assurer la préservation de l'intérêt général. Le principe de légalité accepte alors de s'assouplir pour permettre à l'administration de faire face à la situation (SECTION°2).

Enfin, le principe de légalité tolère, de façon beaucoup plus surprenante, que certains actes de l'administration échappent à son emprise. Il s'agit des « actes de gouvernement » (SECTION°3) et des « mesures d'ordre intérieur » (SECTION°4), qui se situent respectivement « au-dessus » et « au-dessous » des actes administratifs, et dont le point commun est de bénéficier d'une immunité juridictionnelle.

SECTION 1
LE POUVOIR DISCRÉTIONNAIRE

48 Le pouvoir discrétionnaire ne doit pas être confondu avec le pouvoir arbitraire (**A**), et s'oppose à la compétence liée (**B**).

A. Pouvoir discrétionnaire et pouvoir arbitraire

Le pouvoir discrétionnaire est la liberté d'action de l'administration ménagée par les règles de droit. Son existence n'est pas le fruit du hasard ni la conséquence temporaire d'un vide juridique fortuit. Elle est au contraire voulue par l'ensemble des acteurs juridiques. Le Conseil d'État l'a reconnu lui-même en affirmant, à propos d'une loi qui permet au préfet d'accorder ou de refuser l'autorisation de démolir certains locaux, qu'elle « l'investit ainsi d'un pouvoir discrétionnaire » (CE Sect. 15. 3. 1963 Cie Électromécanique *Lebon* 167). Le pouvoir discrétionnaire est en effet indispensable à une bonne gestion de l'intérêt général. Car nul n'est mieux placé que l'administration pour apprécier les exigences du bien commun au regard de chaque situation concrète. Rien ne serait pire qu'une administration-robot privée de liberté, appliquant sans réfléchir textes et principes.

À cette justification pragmatique du pouvoir discrétionnaire s'ajoute d'ailleurs, grâce à la « théorie de l'institution » de Maurice Hauriou, une justification théorique. Selon cette théorie, toute activité collective s'exerce dans le cadre d'une « institution », c'est-à-dire d'un groupement humain ordonné en vue d'une fin commune. Peu importe que ce groupement humain ait ou non la personnalité morale. On trouve donc des « institutions » aussi bien dans le secteur privé (entreprises, associations) que dans le secteur public (collectivités locales, établissements publics, ministères, bureaux de poste...). Dans le premier cas, la « fin commune » de l'institution est généralement le simple intérêt collectif de ses membres. Dans le second cas, c'est en principe l'intérêt général. Mais dans toutes les hypothèses, l'institution ne peut poursuivre sa fin commune que sous la responsabilité d'un chef (directeur d'entreprise ou d'établissement public, président d'association, ministre, président de conseil régional ou général, maire, receveur de bureau de poste...). Le pouvoir discrétionnaire n'est rien d'autre que la contrepartie de cette responsabilité assumée par le chef. Loin d'être sans limites, il n'existe donc que dans l'exacte mesure impliquée par les exigences de la fin commune (c'est-à-dire de l'intérêt général dans le cas de l'administration).

Le pouvoir discrétionnaire ne doit donc pas être confondu avec le pouvoir arbitraire, c'est-à-dire avec cette forme cynique de liberté qui consiste à exploiter une position sociale pour agir selon son caprice, en vue d'un intérêt purement personnel. Contrairement à lui, il est en effet au service de l'intérêt général. Alors que le pouvoir arbitraire est fondamentalement « hors-la-loi » et cherche à s'affranchir du respect de la réglementation juridique, le pouvoir discrétionnaire puise en elle son origine et sa respectabilité. Dire qu'il constitue une « limite » du principe de légalité ne signifie donc pas qu'il lui soit opposé, mais qu'il le relaye pour faire vivre l'intérêt général sur le terrain de l'opportunité.

49 Concrètement, le pouvoir discrétionnaire s'exprime essentiellement par l'édiction d'actes administratifs unilatéraux. Lorsqu'ils sont attaqués par la voie du recours pour excès de pouvoir, le juge administratif exerce sur eux un contrôle spécifique, appelé « contrôle minimum ». Il s'agit d'un contrôle suffisamment restreint pour respecter l'appréciation d'opportunité qui constitue le cœur du pouvoir discrétionnaire, mais suffisamment poussé pour repérer l'arbitraire susceptible de se dissimuler derrière lui, ou

toute autre violation de la légalité. Six éléments sont vérifiés : *1)* la compétence de l'auteur de l'acte, *2)* la forme de l'acte et sa procédure d'édiction, *3)* son but d'intérêt général, *4)* l'exactitude de ses motifs de fait, *5)* l'absence d'erreur de droit (notamment dans l'interprétation des textes), *6)* l'absence d'« erreur manifeste » dans l'appréciation de l'opportunité de l'acte (sur ces éléments constitutifs du contrôle minimum, *cf.* n° 331).

Ces six éléments du contrôle minimum sont à mettre en relation avec les cinq éléments de l'acte administratif unilatéral : *1)* la compétence de son auteur, *2)* sa forme et sa procédure, *3)* son but, *4)* son objet (c'est-à-dire son contenu, son effet immédiat), *5)* ses motifs de fait (l'événement ou la situation à l'origine de l'acte) et de droit (le texte, le PGD, ou la règle jurisprudentielle sur lequel il se fonde). Les trois premiers éléments du contrôle correspondent respectivement aux trois premiers éléments de l'acte. Ce constat permet d'affirmer que l'administration ne dispose en principe d'aucun pouvoir discrétionnaire à l'égard de la compétence, de la forme et de la procédure, et du but de l'acte. Ces trois éléments s'imposent à elle tels qu'ils sont strictement déterminés par la réglementation juridique. Une exception concernant le deuxième élément lui concède toutefois une petite marge de liberté à l'égard de certaines formalités, dites « accessoires » ou « non substantielles » (*cf. infra*, n° 153), qu'elle peut se dispenser de respecter. Les quatrième et cinquième éléments du contrôle portent pour leur part sur le cinquième élément de l'acte, dont ils entendent soustraire deux composantes précises au pouvoir discrétionnaire. L'administration se voit ainsi privée de la liberté de fonder ses actes sur des motifs de fait inexacts (elle ne peut, par exemple, fonder sur une demande imaginaire le « détachement » d'un fonctionnaire) ou sur des motifs de droit incorrects (elle ne peut, par exemple, fonder sur le statut général des fonctionnaires l'avancement d'un agent contractuel).

Conformément à l'analyse classique de M. Vénézia [1], c'est à travers la confrontation des quatrième et cinquième éléments de

1. J.-C. Vénézia, *Le pouvoir discrétionnaire*, LGDJ, 1958.

l'acte que se manifeste la discrétionnalité. Le pouvoir discrétionnaire réside en effet essentiellement dans l'adéquation de l'objet de l'acte à ses motifs de fait et de droit. Il est la liberté, donnée à l'administration par un texte, un PGD ou une règle jurisprudentielle (« motif de droit »), de choisir l'acte dont l'effet (« l'objet ») lui semble à même de répondre de façon opportune (c'est-à-dire judicieuse) à la situation ou à l'événement (« motif de fait ») auquel il s'agit de faire face. Concrètement, cette liberté de choix s'analyse tantôt comme la liberté de choisir entre l'action et l'abstention, tantôt (lorsque l'action est décidée ou obligatoire) comme la liberté de choisir entre deux ou plusieurs mesures possibles. Lorsqu'un fonctionnaire commet une faute disciplinaire, l'administration a par exemple le pouvoir discrétionnaire de lui infliger une sanction ou de s'abstenir de le faire; et si elle opte pour la première solution, elle a ensuite le pouvoir discrétionnaire de choisir, dans la liste des sanctions inscrite dans le statut général des fonctionnaires, celle qu'elle veut.

50 Tout en respectant le pouvoir discrétionnaire ainsi défini, le sixième élément du contrôle minimum permet au juge administratif de superviser l'usage qu'en fait l'administration. Le contrôle de « l'erreur manifeste d'appréciation » porte en effet directement sur l'adéquation de l'objet de l'acte à ses motifs de fait et de droit. Mais il respecte le pouvoir discrétionnaire en laissant systématiquement à l'administration le bénéfice du doute. Ainsi, un acte administratif ne sera annulé que s'il repose sur une erreur d'appréciation « manifeste », c'est-à-dire sur une erreur si grossière que son caractère déraisonnable saute aux yeux de n'importe quel « honnête homme » (ou si l'on préfère s'exprimer en termes civilistes, de n'importe quel « bon père de famille »). S'il ne repose au contraire que sur une appréciation simplement contestable, en laquelle le juge est tenté de déceler une erreur, sa validité sera, à l'inverse, confirmée. En vertu de ces principes, un blâme ou une radiation du tableau d'avancement sera par exemple considéré comme une sanction qui, quoique sévère, demeure raisonnable lorsque la faute du fonctionnaire qu'elle sanctionne s'analyse comme un léger retard à arriver au bureau le lundi matin; alors qu'une mise à la retraite d'office ou une révocation sera jugée

« manifestement » disproportionnée par rapport à la faible gravité d'une telle faute, donc déraisonnable, et se verra en conséquence annulée. Tout le contrôle juridictionnel repose donc ici sur la distinction entre le « raisonnable » et le « déraisonnable », c'est-à-dire sur des critères de « normalité » que les juges empruntent à la conscience collective dont ils sont l'émanation. Son sixième élément permet ainsi de dépasser le simple respect des textes, des PGD et des règles jurisprudentielles, auquel s'arrête le positivisme juridique, et de le prolonger par un contrôle du « déraisonnable » apte à débusquer l'arbitraire qui se dissimule souvent derrière les appréciations manifestement erronées.

51 Il résulte de tout cela qu'il ne faut surtout pas confondre le pouvoir discrétionnaire avec « l'acte discrétionnaire », dont l'existence était reconnue par la jurisprudence au XIXe siècle, mais qui a disparu au début du XXe (*cf.* CE 31. 1. 1902 Grazietti *S.* 1903, 113, note Hauriou). Les actes qualifiés de « discrétionnaires » étaient en effet des actes de l'administration (révocations de fonctionnaires, par exemple) que le juge administratif refusait de contrôler. Il s'agissait donc d'actes entièrement soustraits au contrôle juridictionnel, comme le sont aujourd'hui les « actes de gouvernement » (*cf.* n° 62) et les « mesures d'ordre intérieur » (*cf.* n° 68); mais, contrairement à ces deux types d'actes, dont la situation particulière peut s'expliquer, comme on le verra, par le fait qu'ils manifestent l'existence, à la charge de l'administration, d'une « fonction gouvernementale » et d'une « fonction institutionnelle », leur particularisme ne reposait sur aucune base théorique solide, car ils s'inscrivaient dans le cadre de la « fonction administrative » (qui consiste à satisfaire les besoins des administrés), exactement comme les actes administratifs. En réalité, il s'agissait d'actes arbitraires, laissant libre cours à la brutalité et au caprice de l'administration. Par comparaison, le pouvoir discrétionnaire ne porte comme on l'a vu que sur certains, et non sur la totalité, des cinq éléments de l'acte administratif, et il doit en outre s'abstenir de franchir les frontières du « déraisonnable ».

B. Pouvoir discrétionnaire et compétence liée

52 Au pouvoir discrétionnaire s'oppose traditionnellement la « compétence liée », qu'on serait mieux inspiré d'appeler le « pouvoir lié ». L'administration est dans une situation de compétence liée lorsqu'elle n'a pas de liberté d'action, parce que la réglementation juridique lui impose d'agir dans un sens déterminé. Elle n'a alors ni le choix entre l'action et l'abstention (car elle est selon les cas dans l'obligation d'agir ou dans l'obligation de s'abstenir d'agir), ni la liberté de choisir entre plusieurs mesures (car l'obligation d'agir s'accompagne alors de l'obligation de prendre une mesure déterminée). Le préfet est par exemple tenu, en vertu de la loi du 1er juillet 1901, de délivrer le récépissé d'une déclaration d'association (CE 25. 1. 1985 Assoc. « les amis de Saint-Augustin » *AJDA* 1985. 228, note Moreau). Et en vertu d'un PGD, « l'autorité compétente, saisie d'une demande tendant à l'abrogation d'un règlement illégal, est tenue d'y déférer » (CE Ass. 3. 2. 1989 Cie Alitalia *GAJA*).

Ainsi que ces exemples le montrent, la compétence liée de l'administration peut indifféremment trouver sa source dans un texte (Constitution, traité, loi ou même règlement) ou dans une règle d'origine juridictionnelle (PGD ou même simple règle jurisprudentielle). En revanche, l'administration n'a pas le droit de renoncer à exercer un pouvoir discrétionnaire dont elle est investie. Elle ne peut, en d'autres termes, transformer son pouvoir discrétionnaire en compétence liée par une pratique autolimitative. Concrètement, cela signifie qu'elle ne peut se lier à l'avance par des positions de principe. La jurisprudence y veille en l'obligeant à procéder à l'examen particulier des circonstances de chaque affaire avant de prendre ses décisions (CE 15. 6. 1951 Galetzky *Lebon* 337).

53 Alors que le juge administratif n'exerce sur le pouvoir discrétionnaire qu'un « contrôle minimum », il fait peser un contrôle plus poussé, qualifié de « contrôle normal », sur les actes administratifs unilatéraux qui mettent en œuvre une compétence liée (sur les éléments constitutifs du contrôle normal, *cf.* n° 332). Ce contrôle normal vérifie en effet beaucoup plus soigneusement que ne le

fait le contrôle minimum l'adéquation de l'objet de l'acte à ses motifs de fait et de droit. Il refuse à l'administration le bénéfice du doute. Aucune erreur d'appréciation, même légère, n'est tolérée. Dans certains domaines, notamment à l'égard des mesures de police administrative générale qui portent atteinte à une liberté publique, le juge pousse son examen encore plus loin, et entreprend de vérifier la proportionnalité de l'objet de l'acte (la mesure de police) par rapport à ses motifs de fait (le trouble à l'ordre public). On dit alors qu'il y a « contrôle maximum » (pour son analyse, *cf.* n° 333). La compétence liée se transforme alors, selon la judicieuse expression de M. Di Qual, en « compétence ligotée [1]».

Un malentendu fréquent doit être cependant dissipé. On dit parfois que dans le cadre de son contrôle normal ou de son contrôle maximum le juge est amené à vérifier l'opportunité des actes administratifs unilatéraux. Une telle vision des choses doit être considérée comme inexacte. Ce qui relève du pouvoir discrétionnaire de l'administration (la libre adéquation de l'objet de l'acte à ses motifs de fait et de droit) est en effet toujours une question d'« opportunité » ou, si l'on préfère, de « judiciosité »; en revanche ce qui relève du juge (le contrôle de l'adéquation de l'objet de l'acte à ses motifs de fait et de droit) est toujours une question de « légalité », c'est-à-dire de conformité au droit. Dans le couple que forment l'administration et son juge, chacun en somme a son rôle propre : l'administration fait des choix et le juge veille au respect du droit. Lorsque le juge donne l'impression de contrôler l'opportunité d'un acte, il se contente donc en réalité de vérifier l'adéquation de son objet à ses motifs dans un domaine où, l'administration étant placée dans une situation de compétence liée ou ligotée, cette adéquation est une question de légalité. On comprend par là même que lorsque le contrôle juridictionnel s'accroît, en passant du contrôle minimum au contrôle normal, c'est parce que ce qui était considéré jusque-là comme une question d'opportunité relevant de la libre appréciation de l'administration, est désormais considéré, par suite de l'évolution des textes

1. L. Di Qual, *La compétence liée*, LGDJ, 1964.

ou de la jurisprudence, comme une question de légalité. Légalité et opportunité sont en somme un peu comme deux danseurs de tango : quand l'une avance l'autre recule.

Une particularité contentieuse doit être d'autre part soulignée. La jurisprudence considère en effet qu'il est inutile d'annuler un acte administratif illégal lorsque l'administration était, en vertu d'une compétence liée ou ligotée, obligée de l'édicter. Les moyens d'annulation soulevés contre lui sont donc réputés « inopérants », même quand ils sont fondés (*cf.* par ex. CE Sect. 6. 11. 1959 Coop. laitière de Belfort *Lebon* 581, à propos d'une erreur de droit; CE 2. 10. 1970 Gaillard *AJDA* 1971. 172, à propos d'une incompétence; CE Sect. 3. 2. 1999 Montaignac *AJDA* 1999. 567, chron. Raynaud et Fombeur, à propos d'un vice de procédure). Le réalisme (version optimiste) ou le culte technocratique de l'efficacité (version pessimiste) l'emporte ainsi sur le strict respect du droit.

54 On insistera enfin sur la relativité de la compétence liée. Aucun acte administratif n'est en effet totalement lié. L'administration conserve toujours au minimum une certaine liberté dans le choix du moment pour agir. La jurisprudence exige seulement qu'elle agisse dans un « délai raisonnable », variable selon la difficulté de l'action à accomplir (CE 13. 7. 1962 Kevers-Pascalis *D.* 1963. 606, note Auby, et CE Ass. 28. 6. 2002 Villemain *AJDA* 2002. 586, chron. Donnat et Casas, à propos de l'obligation de prendre les règlements nécessaires à l'application d'une loi). Même lorsqu'une loi fixe à l'administration un délai précis pour agir, le juge estime (sauf lorsqu'elle l'institue expressément « à peine de nullité », ce qui est rare) que celui-ci n'est qu'indicatif; il admet donc que l'administration puisse le dépasser, à condition que le dépassement reste dans les limites du délai raisonnable (CE Ass. 23. 10. 1992 Diemert *AJDA* 1992. 785, chron. Maugüe et Schwartz : légalité du décret du 25. 6. 1992 portant application de la loi du 10. 7. 1989 relative au permis à points, bien que cette loi ait exigé que la publication de son décret d'application ne soit pas « postérieure au 1er. 1. 1992 »).

Section 2
Les circonstances exceptionnelles

55 La survenance de circonstances exceptionnelles peut rendre momentanément inadaptée à la situation l'application normale du principe de légalité. La « théorie jurisprudentielle des circonstances exceptionnelles » permet heureusement à l'administration d'y faire face (**A**). Mais elle ne doit pas être confondue avec les régimes d'exception, beaucoup plus dangereux, que des textes ont institués (**B**).

A. La théorie jurisprudentielle des circonstances exceptionnelles

1. Notion

La théorie jurisprudentielle des circonstances exceptionnelles a été créée par le célèbre arrêt Heyriès de 1918 (CE 28. 6. 1918 Heyriès *GAJA*). Les « circonstances exceptionnelles » visées par cette jurisprudence sont les circonstances dans lesquelles la légalité normale devient tellement inadaptée qu'il faut lui substituer provisoirement une légalité d'exception. Concrètement, leur réalisation exige la réunion de deux conditions.

Il faut tout d'abord une situation profondément anormale, par exemple une guerre (CE 28. 6. 1918 Heyriès *GAJA* et CE 28. 2. 1919 Dames Dol et Laurent *GAJA*, à propos de la guerre 1914-1918), un cataclysme naturel (CE 18. 5. 1983 Rodes *AJDA* 1984. 44, note Moreau, à propos d'une éruption volcanique), ou une agitation sociale proche de la guerre civile (CE 18. 4. 1947 Jarrigion *Lebon* 148 : grève générale de 1938; TC 27. 3. 1952 Dame de la Murette *GAJA* : Libération; CE Ass. 19. 10. 1962 Canal *GAJA* : « événements d'Algérie ». En revanche, *cf.* CE Ass. 12. 7. 1969 Ch. de commerce et d'industrie de Saint-Étienne *AJDA* 1969. 553, chron. Dewost et Denoix de Saint-Marc, et ord. TA Rouen 6. 4. 2006 Lebreton *D.* 2006. 2224, note Lebreton : les événements de mai 1968 et les blocages d'universités de mars 2006 sont simplement qualifiés de « circonstances particulières », dont les effets semblent comparables à ceux de l'urgence, *cf. infra*, n° 58). Il ne fait aucun doute qu'un cataclysme technologique, tel qu'une explosion de centrale nucléaire, serait également considéré comme une situation profondément anormale.

Mais, pour que la situation soit qualifiée de circonstance exceptionnelle, il ne suffit pas qu'elle soit profondément anormale. Il faut en outre qu'elle place l'administration dans l'impossibilité de respecter la légalité normale. Dans l'affaire Rodes, par exemple, l'éruption volcanique est bien une circonstance exceptionnelle, car elle force le préfet de la Guadeloupe à prendre des décisions (ordre d'évacuation totale de la zone dangereuse, interdictions de naviguer et de circuler sans « laissez-passer » dans d'autres zones) qu'il n'a normalement pas le droit de prendre, mais qui s'avèrent nécessaires à la protection de la population.

2. Effets

a) Le principal effet de la mise en œuvre de la théorie jurisprudentielle des circonstances exceptionnelles est d'accroître les pouvoirs de l'administration. La théorie repose en effet sur l'idée qu'au-dessus de la légalité normale existe à la charge de l'administration un devoir d'assurer le salut public. En cas de grave danger, l'administration est habilitée par le juge à transgresser le droit positif dans la mesure nécessitée par le bien commun. D'où le juge tire-t-il un pouvoir d'habilitation aussi exorbitant ? Pour les adeptes du positivisme juridique, la question est embarrassante, car nul passage de la Constitution ne le lui donne vraiment. En réalité, c'est, au-delà de la Constitution, de la conscience collective des Français que le juge tire directement son pouvoir d'habilitation. Le contrat social exprime en effet fondamentalement un désir de sécurité et de bien-être, dont la manifestation la plus claire s'exprime à travers la ratification de la Constitution par le peuple, mais dont le juge traduit une autre manifestation en mettant en œuvre la théorie des circonstances exceptionnelles.

56 Concrètement, l'accroissement des pouvoirs de l'administration se révèle de deux façons :

1) Les mesures qui, en temps normal, seraient illégales, deviennent légales si elles sont réellement nécessitées par les circonstances exceptionnelles. Peuvent ainsi être transgressées :

– les règles de compétence : des délégations de pouvoir peuvent être effectuées sans texte (CE 1er. 8. 1919 Soc. des établissements Saupiquet *Lebon* 713, CE 26. 6. 1946 Viguier *Lebon* 179); de simples actes administratifs peuvent empiéter sur le domaine de la loi (CE Ass. 16. 4. 1948 Laugier *Lebon* 161 : règlement modifiant le statut législatif des officiers), voire même suspendre des lois (CE 1918 Heyriès, préc. : un règlement suspend pour la durée de la guerre la garantie de la communication du dossier avant sanction, posée par la loi du 22 avril 1905); ou encore de simples particuliers peuvent s'ériger en « fonctionnaires de fait » en se substituant spontanément à l'administration défaillante (CE 5. 3. 1948 Marion *Lebon* 113 : pendant la débâcle de 1940, la municipalité d'une commune a fui; quelques habitants restés sur place constituent un « comité » qui administre la ville à la place du conseil municipal; les actes de ce comité sont déclarés légaux par le CE) ;

– les règles de forme et de procédure : des réquisitions peuvent par exemple être effectuées sans tentative d'accord préalable (CE 28. 3. 1947 Crespin *Lebon* 142);

– et les règles de fond : dans le but de conjurer les risques d'espionnage pendant la Première Guerre mondiale, le juge admet par exemple que le préfet maritime de Toulon porte atteinte à la liberté du commerce et de l'industrie des débitants de boissons, en leur interdisant de servir à boire aux prostituées, et à la liberté d'aller et venir des prostituées, en leur interdisant de racoler en dehors du quartier réservé (CE 1919 Dames Dol et Laurent, préc.).

2) Les mesures qui, en temps normal, seraient des « voies de fait » relevant du juge judiciaire (sur cette notion, *cf.* n° 230), deviennent de simples actes administratifs illégaux relevant du juge administratif. C'est ainsi qu'une arrestation arbitraire, décidée en 1944 sans mandat judiciaire ni arrêté d'internement administratif, constitue, eu égard aux circonstances exceptionnelles de la Libération, un acte administratif illégal dont l'indemnisation relève du juge administratif, alors qu'en temps normal il se serait agi d'un cas typique de voie de fait (TC 27. 3. 1952 Dame de la Murette *GAJA*). Les circonstances exceptionnelles déqualifient en quelque sorte la voie de fait. À défaut d'ôter à l'acte excessif son caractère illégal, elles lui retirent en somme son caractère infamant.

b) En contrepartie à l'accroissement des pouvoirs de l'administration, **le second effet** de la mise en œuvre de la théorie jurisprudentielle des circonstances exceptionnelles **consiste à renforcer le contrôle du juge.** Il ne saurait en effet être question d'accorder une confiance excessive à l'administration. Trois éléments de fait sont donc soigneusement contrôlés par le juge :

– Il contrôle tout d'abord l'existence des circonstances exceptionnelles invoquées par l'administration. Cela signifie qu'il vérifie à la fois le caractère profondément anormal de la situation (présence d'une guerre, d'un cataclysme, ou d'une agitation sociale proche de la guerre civile), et l'impossibilité pour l'administration d'y faire face par des moyens légaux : dans l'affaire Laugier, par exemple, il constate qu'aucune loi ne pouvait être prise pour modifier le statut des officiers, car « le gouvernement n'avait pu se réunir et il était, dès lors, impossible de légiférer par voie d'ordonnance »; le recours au règlement s'imposait donc (CE 1948 Laugier, préc.).

– Il vérifie ensuite la persistance des circonstances exceptionnelles à la date de l'acte litigieux. Car, pour qu'un acte administratif méconnaissant des règles de compétence, de forme ou de fond soit légal, il ne suffit pas qu'il soit motivé par l'existence de circonstances exceptionnelles; encore faut-il que ces circonstances exceptionnelles aient continué à exister à la date à laquelle il a été pris, ainsi qu'à celle jusqu'à laquelle il a continué à produire des effets. Dans l'affaire Laugier, par exemple, la modification réglementaire du statut législatif des officiers est jugée légale parce qu'elle a cessé « de recevoir application dès le jour où une autorité ayant pouvoir législatif s'est trouvée en mesure d'exercer ces pouvoirs » (CE 1948 Laugier, préc.).

– Il contrôle enfin la proportionnalité des mesures litigieuses par rapport aux circonstances. Car, afin d'exclure tout arbitraire de l'administration, les actes administratifs ne sont théoriquement jugés légaux que si les atteintes qu'ils portent à la légalité normale sont rigoureusement nécessaires pour faire face aux circonstances exceptionnelles. Dans l'affaire Jarrigion, par exemple, le président de la République avait prononcé la révocation, avec effet rétroactif, d'un représentant du personnel au conseil d'administration de la SNCF; très subtilement, le Conseil d'État a estimé que les circonstances de l'époque (la grève générale de 1938) justifiaient bien la révocation proprement dite, mais non le caractère rétroactif dont elle avait été assortie (CE 1947 Jarrigion, préc.). Par la suite, ce contrôle de proportionnalité s'est exprimé de façon encore plus claire dans le célèbre arrêt Canal. Une ordonnance présidentielle avait créé une Cour militaire de justice afin de livrer les insurgés d'Algérie à une justice expéditive, au mépris des droits et garanties essentielles de la défense. Courageusement, le Conseil d'État l'a annulée après avoir relevé que les circonstances exceptionnelles de l'époque ne nécessitaient pas des atteintes aussi graves aux principes généraux du droit pénal français (CE 1962 Canal, préc.).

57 Grâce à ce contrôle accru, tout arbitraire de l'administration est donc théoriquement exclu. En aucun cas l'autorité administrative n'est libre de faire n'importe quoi. Si la frontière de la légalité est déplacée pour tenir compte des circonstances, elle n'est pas effacée pour autant : à la légalité normale se substitue une légalité d'exception.

Certains auteurs estiment même que le contrôle de proportionnalité consacré par la théorie des circonstances exceptionnelles revient à supprimer le pouvoir discrétionnaire de l'administration [1]. Mais pour notre part, nous pensons au contraire que le pouvoir discrétionnaire est plus grand en période de circonstances exceptionnelles qu'en période normale. Malgré ses mérites, le contrôle du juge ne vérifie en effet qu'imparfaitement la propor-

1. En ce sens, *cf.* G. Peiser, *Droit administratif*, mémento Dalloz.

tionnalité de l'acte administratif par rapport aux circonstances. Car dans la réalité, le juge est presque toujours incapable d'apprécier le degré d'« exceptionnalité » des circonstances, tout simplement parce que celles-ci relèvent du pur fait, et que seul un acteur placé « sur le terrain » peut les apprécier à leur juste degré de gravité; en conséquence, ne pouvant apprécier le degré d'exceptionnalité des circonstances, il n'est pas capable d'apprécier l'adaptation réelle des actes administratifs à celles-ci. C'est ce qui explique que dans la majorité des cas, le juge valide les mesures prises par l'administration. Il le fait non parce qu'elles sont proportionnées aux circonstances, mais plus prosaïquement parce qu'il n'a pas été en mesure d'établir leur caractère disproportionné. Le doute profite donc à l'administration. La théorie jurisprudentielle des circonstances exceptionnelles ouvre ainsi à l'administration une marge de pouvoir discrétionnaire non négligeable. Dans l'arrêt Heyriès, par exemple, la suppression de toute communication du dossier est jugée légale, parce que le juge n'était pas en mesure d'établir qu'une mesure moins sévère, telle la suppression du caractère préalable de la communication, aurait été mieux adaptée; il entérine donc le choix discrétionnaire de l'administration.

La théorie jurisprudentielle des circonstances exceptionnelles ne doit pas être condamnée pour autant, car on a vu qu'elle répondait à une attente réelle de la conscience collective. Mais du constat qu'elle accroît le pouvoir discrétionnaire de l'administration il faut tirer la conclusion qu'on ne doit l'accepter qu'avec infiniment de vigilance.

3. Comparaison avec la théorie jurisprudentielle de l'urgence

58 Comme la théorie des circonstances exceptionnelles, la théorie jurisprudentielle de l'urgence justifie l'extension des pouvoirs de l'administration. Deux différences les séparent toutefois.

Tout d'abord, la théorie jurisprudentielle de l'urgence s'applique essentiellement dans les périodes de circonstances normales. Contrairement à sa rivale, en effet, elle ne vise pas à assurer le salut public, mais limite son ambition à sauvegarder l'ordre public ou la continuité d'un service public, en habilitant l'administration à écarter au plus vite la menace grave qui pèse sur l'un ou sur l'autre.

D'autre part et surtout, elle a des effets beaucoup plus limités que la théorie des circonstances exceptionnelles. Car elle ne permet à l'administration de déroger à la légalité normale que de trois façons.

– Alors que l'exécution forcée d'un acte administratif unilatéral par l'administration n'est en principe possible que lorsqu'un texte la prévoit, l'urgence la justifie même sans texte. Dans ses conclusions sur l'arrêt de 1902 qui devait implicitement consacrer cette solution, le commissaire du gouvernement Romieu avait en effet évoqué une image saisissante : « quand la maison brûle, on ne va pas demander au juge l'autorisation d'y envoyer les pompiers » (TC 2. 12. 1902 Soc. immobilière de Saint-Just *GAJA*, et *Lebon* 713, concl. Romieu).

– L'urgence justifie en second lieu l'inobservation des règles de forme et de procédure. La loi du 3 juillet 1877 prévoit par exemple que les réquisitions militaires « sont toujours formulées par écrit et signées ». La jurisprudence a cependant admis qu'en cas d'urgence elles peuvent être réalisées sans acte écrit (CE 12. 12. 1955 Époux de Vives *Lebon* 794).

– L'urgence justifie enfin parfois l'inobservation des règles de compétence. En matière d'établissements classés comme dangereux, incommodes ou insalubres, la législation confie par exemple au préfet un pouvoir de police administrative spéciale qui exclut normalement l'intervention du maire. La jurisprudence a pourtant admis que le maire peut, en tant qu'autorité de police administrative générale, « s'immiscer, ... dans le cas de péril imminent et par des mesures de caractère provisoire, dans l'exercice des pouvoirs de police qui ne relèvent que du préfet » (CE 22. 1. 1965 consorts Alix *Lebon* 44).

Moins impressionnante que la théorie des circonstances exceptionnelles, la théorie jurisprudentielle de l'urgence est donc finalement conçue pour être d'une application plus courante. Son succès a incité divers textes à s'en inspirer. C'est ainsi que le maire a reçu compétence pour ordonner l'évacuation des bâtiments menaçant ruine, et prendre toute autre mesure provisoire exigée par leur état, en cas de « péril imminent » (art. L. 511-3 Code de la construction); ou pour priver provisoirement de liberté les malades mentaux qui causent un « danger imminent pour la sûreté des personnes » (art. L. 3213-2 CSP). Dans le même ordre d'idées, le ministre de l'Intérieur peut expulser les étrangers selon une procédure allégée en cas d'« urgence absolue » (art. L. 522-1 CESEDA). Enfin, de façon plus globale l'urgence permet à l'administration de ne pas motiver ses actes administratifs individuels (loi du 11. 7. 1979), d'utiliser le procédé du marché négocié sans publicité préalable (art. 35 C. marchés) et de recourir à une procédure d'expropriation accélérée, voire simplifiée (expropriations « d'urgence » et « d'extrême urgence », art. L. 15-4 à L. 15-9 C. expr.).

B. Les régimes d'exception institués par des textes

1. L'état de siège

59 Mentionné par l'article 36 de la Constitution, l'« état de siège » est réglementé par les vieilles lois républicaines du 9 août 1849 et du 3 avril 1878, intégrées dans le Code de la défense en 2004. Il est mis en œuvre par décret en Conseil des ministres, « en cas de péril imminent, résultant d'une guerre étrangère ou d'une insurrection armée ». Mais sa durée ne peut excéder douze jours que sur autorisation du Parlement.

L'état de siège produit essentiellement trois effets : *1)* il permet de transférer les pouvoirs de police aux autorités militaires; *2)* il investit ces mêmes autorités de quatre pouvoirs supplémentaires, nettement exorbitants de la légalité normale : pouvoirs de faire des perquisitions de jour et de nuit dans les domiciles, d'éloigner les repris de justice et les non-domiciliés de certaines zones, d'ordonner la remise des armes et des munitions, d'interdire les publications et les réunions susceptibles de provoquer « le désordre »; *3)* il confie à des tribunaux militaires le soin de juger les crimes et délits commis contre la sûreté de l'État.

L'état de siège, on le voit, diffère donc profondément de la théorie jurisprudentielle des circonstances exceptionnelles, tant par ses conditions de mise en œuvre que par ses effets. Par l'importance des pouvoirs qu'il confère aux autorités et aux tribunaux militaires, il se révèle aussi plus dangereux qu'elle. À cet égard, il ne faut pas oublier qu'historiquement la loi du 9 août 1849 a été votée dans le cadre d'une réaction antidémocratique menée par une Assemblée nationale à majorité monarchiste, en riposte à la manifestation populaire du 13 juin 1849 fomentée par Ledru-Rollin. On ne peut finalement que regretter le maintien en vigueur d'une telle législation, dont la conformité à la Constitution de 1958 est douteuse.

2. L'état d'urgence

60 Organisé par la loi du 3 avril 1955 et par l'ordonnance du 15 avril 1960, l'« état d'urgence » a été spécialement conçu pour permettre au gouvernement et à l'administration de faire face aux « événements » d'Algérie. C'est dire qu'il est encore plus dangereux que l'état de siège.

• *Sa procédure de mise en œuvre* est pourtant calquée sur celle de l'état de siège, puisqu'il est déclaré par décret en Conseil des ministres et ne peut être prorogé, au-delà de douze jours, que sur autorisation du Parlement. Mais la ressemblance s'arrête là.

• *Ses conditions de mise en œuvre* sont en effet beaucoup plus floues, car il peut être déclaré « soit en cas de péril imminent résultant d'atteintes graves à l'ordre public, soit en cas d'événements présentant, par leur nature et leur gravité, le caractère de calamité publique ». Une guerre ou une insurrection armée n'est donc nullement nécessaire.

• *Ses effets* sont également plus rigoureux que ceux de l'état de siège. Certes, il ne transfère pas les pouvoirs de police aux autorités militaires, ni ne débouche en principe sur l'institution de tribunaux militaires. Mais il accroît les pouvoirs du ministre de l'Intérieur et des préfets dans des proportions hallucinantes. Ces deux catégories d'autorités reçoivent en effet compétence pour ordonner la fermeture provisoire des salles de spectacles, débits de boissons et de tout autre lieu de réunion, ainsi que pour interdire les réunions de nature à provoquer le désordre. Elles peuvent également ordonner la remise des armes et des munitions, et opérer des réquisitions. Les préfets peuvent en outre interdire la circulation des personnes et des véhicules, instituer des « zones de sécurité » dans lesquelles le séjour sera réglementé, et interdire leurs départements à « toute personne cherchant à entraver... l'action des pouvoirs publics ». Le ministre de l'Intérieur, quant à lui, peut enfin prononcer « l'assignation à résidence » de toute personne dangereuse pour l'ordre public. Cette dernière possibilité est tellement effrayante que le législateur a cru bon de préciser qu'« en aucun cas, l'assignation à résidence ne pourra avoir pour effet la création de camps où seraient détenues les personnes ». En dépit des quelques garanties instituées en faveur des victimes de ces mesures (possibilité de saisir une « commission consultative » spéciale, obligation faite aux tribunaux administratifs de juger les recours pour excès de pouvoir dans le délai d'un mois), cet arsenal sécuritaire est indigne d'un État de droit. Comme s'il ne suffisait pas, la même législation permet pourtant au gouvernement de confier éventuellement deux armes supplémentaires au ministre de l'Intérieur et aux préfets : le pouvoir d'ordonner des perquisitions de jour et de nuit dans les domiciles, et le pouvoir de censurer la presse, la communication audiovisuelle, et le théâtre. On arrive alors à une sorte d'état d'urgence aggravé particulièrement inacceptable.

Ainsi conçu, l'état d'urgence excède très certainement le tribut que la conscience collective est prête à payer pour sa sécurité. Les textes qui l'instituent sont d'ailleurs manifestement contraires à la Constitution. Ce constat est d'autant plus préoccupant que l'état d'urgence, contrairement à l'état de siège qui sommeille depuis 1939, est encore un instrument apprécié des gouvernants. Après avoir été utilisé en Algérie en 1955, puis en métropole en 1958 et de 1961 à 1963, il a en effet été mis en œuvre en Nouvelle-Calédonie en 1985, puis à nouveau en métropole en 2005 pour rétablir l'ordre dans les banlieues. À l'occasion de l'avant-dernière application, le Conseil constitutionnel et le Conseil d'État ont offert le triste spectacle de leur impuissance : le premier en refusant de soumettre la loi de 1955 à un contrôle de constitutionnalité par voie d'exception (CC 25. 1. 1985 État d'urgence en Nouvelle-Calédonie *GDCC*); le second en se réfugiant derrière la théorie de l'écran législatif pour éviter d'annuler les actes administratifs qui l'appliquent (CE 25. 7. 1985 Dame Dagostini *AJDA* 1985. 558, concl. Lasserre, arrêt qui ne les soumet en outre qu'à un simple contrôle minimum). Lors des événements de 2005, le Conseil d'État a été saisi de recours contre deux décrets qui ont respectivement déclaré et appliqué l'état d'urgence. Il a fait preuve d'une certaine audace en acceptant d'exercer un contrôle normal sur le second, mais il a déçu d'une part en refusant de statuer sur le premier au motif que la loi de prorogation qui est intervenue vaudrait ratification de celui-ci, d'autre part en écartant l'hypothèse d'une abrogation implicite de la loi de 1955 par la Constitution de 1958 (CE Ass. 24. 3. 2006 Rolin et Boisvert *AJDA* 2006. 1033, chron. Landais et Lenica). Quant au Conseil constitutionnel, il n'a même pas été saisi.

3. La dictature présidentielle de l'article 16

61 L'article 16 de la Constitution de 1958 permet au président de la République de prendre « les mesures exigées par les circonstances » lorsque deux conditions de fond sont réunies : une menace grave pour la nation, et l'interruption du fonctionnement régulier des pouvoirs publics. Le président exerce alors une « dictature » au sens romain du terme, en vue d'assurer le salut public [1].

Ce souci d'assurer le salut public établit un lien de parenté entre l'article 16 et la théorie jurisprudentielle des circonstances exceptionnelles. Mais au-delà de ce point commun, deux différences séparent le texte de la théorie jurisprudentielle. Alors que celle-ci est susceptible d'accroître les pouvoirs de n'importe quelle autorité administrative, l'article 16 ne bénéficie qu'au seul président de la République. D'autre part et surtout, contrairement aux actes légitimés par la théorie jurisprudentielle, que le juge administratif peut contrôler, certains des actes pris par le président sur le fondement de l'article 16 jouissent d'une immunité juridictionnelle.

Cette immunité juridictionnelle n'était pourtant nullement impliquée par l'article 16. Elle est le résultat du célèbre et contes-

1. Pour une critique de la procédure de mise en œuvre de cette dictature et des remèdes homéopathiques apportés par la révision constitutionnelle du 23 juillet 2008, *cf.* notre ouvrage *Libertés publiques et droits de l'Homme*, Sirey, 8e éd., 2008, p. 184 à 188.

table arrêt Rubin de Servens, de 1962 (CE 2. 3. 1962 Rubin de Servens *GAJA*). Cet arrêt estime en effet que les « mesures » prises par le président dans le cadre de la dictature de l'article 16, sont des règlements lorsqu'elles portent sur le domaine de l'article 37, mais s'analysent comme de véritables lois lorsqu'elles portent sur le domaine de l'article 34. Elles sont donc susceptibles d'être contrôlées par le juge administratif dans la première hypothèse, mais non dans la seconde, car des lois, fussent-elles présidentielles, ne sauraient être attaquées devant lui par la voie du recours pour excès de pouvoir. En outre, elles ne peuvent pas non plus être déférées au Conseil constitutionnel sur le fondement de l'article 61 de la Constitution, qui ne s'applique qu'aux lois votées par le Parlement. L'interprétation de l'article 16 adoptée par l'arrêt Rubin de Servens aboutit donc à reconnaître l'existence de lois présidentielles qui échappent à tout contrôle juridictionnel.

Cela est d'autant plus grave que ces lois présidentielles portent nécessairement sur le domaine de l'article 34, qui regroupe comme on le sait les matières les plus essentielles à la sauvegarde des libertés publiques. Elles sont donc intrinsèquement liberticides. L'affaire Rubin de Servens le montre bien. Afin de faire face au putsch d'Alger, le général de Gaulle avait décidé, le 23 avril 1961, de recourir à l'article 16, puis le 3 mai de la même année, de créer un tribunal militaire spécial chargé d'en juger les auteurs. Saisi d'un recours pour excès de pouvoir contre cette dernière mesure, le Conseil d'État a constaté qu'elle créait un « nouvel ordre de juridiction » et fixait des « règles de procédure pénale » au sens de l'article 34. En conséquence, il a estimé qu'il s'agissait d'une loi, dont il ne lui appartenait pas de connaître. Le tribunal militaire spécial a donc pu rendre sa justice expéditive en toute impunité (pour d'autres exemples de lois présidentielles prises en 1961, *cf.* CE 13. 11. 1964 Livet *AJDA* 1965. 365, note A. H., et CE Sect. 22. 4. 1966 Soc. Union africaine de presse *JCP* 1966, n° 14805, concl. Galmot, note Drago).

Une autre interprétation de l'article 16 aurait pu être retenue par le Conseil d'État. La haute juridiction administrative aurait en effet pu estimer que par « mesures » il fallait entendre « actes administratifs ». Par ce coup d'audace, tous les actes présidentiels auraient relevé de son contrôle, qu'ils portent sur le domaine de l'article 34 ou sur celui de l'article 37, et les lois présidentielles n'auraient pas existé.

Faute d'avoir osé adopter cette solution, le Conseil d'État s'est efforcé d'atténuer les effets de sa jurisprudence Rubin de Servens. Il a notamment sollicité le secours de la théorie jurisprudentielle des circonstances exceptionnelles. Celle-ci lui permet en effet d'annuler les actes administratifs individuels qui, sous prétexte d'appliquer des lois présidentielles, violent des lois ou des principes généraux du droit qu'elles n'avaient pas entendu écarter, lorsque ces violations sont disproportionnées par rapport aux circonstances exceptionnelles (CE Ass. 23. 10. 1964 d'Oriano *AJDA* 1964. 684, chron. Puybasset et Puissochet).

Mais pour résoudre le problème engendré par la jurisprudence Rubin de Servens, la solution ne peut être que radicale : elle passe par une révision de la Constitution, qui confierait au Conseil constitutionnel le soin de contrôler la constitutionnalité des lois présidentielles.

Section 3
Les actes de gouvernement

62 Les « actes de gouvernement » sont des actes qui échappent à l'emprise du principe de légalité, dans la mesure où ils jouissent d'une immunité juridictionnelle totale. Ils ne sont pas contrôlés par le Conseil constitutionnel, car celui-ci ne dispose en principe que d'une compétence d'attribution, or la Constitution, qui ne les mentionne même pas, ne lui confie nullement leur examen (*cf.* par ex. CC 4. 6. 1988, *JO* du 5, à propos d'un décret de dissolution de l'AN). Mais ils ne sont pas contrôlés non plus par le juge administratif, qui s'estime incompétent pour apprécier la légalité d'actes qu'il ne considère pas comme des actes administratifs, bien qu'ils émanent d'autorités administratives françaises.

On étudiera le domaine (**A**) et le régime juridique (**B**) de l'acte de gouvernement, avant de rechercher les justifications théoriques de son existence (**C**).

A. Le domaine des actes de gouvernement

1. Jusqu'en 1875 : la théorie du mobile politique

63 C'est dès le début du XIXe siècle que le Conseil d'État reconnaît l'existence d'« actes de gouvernement », qui échappent à son contrôle. Leur domaine est alors très étendu, puisqu'il considère qu'est un acte de gouvernement tout acte inspiré par un mobile politique. Sont ainsi analysés comme des actes de gouvernement, en raison du mobile politique qui les inspire, le refus du roi de payer une rente accordée par Napoléon Ier (CE 1er. 5. 1822 Laffitte *Lebon* 202), et la décision de saisir les exemplaires d'un livre hostile au régime en place (CE 9. 5. 1867 duc d'Aumale *Lebon* 472, concl. Aucoc).

Cette théorie du mobile politique était particulièrement dangereuse pour les justiciables, car elle soustrayait au contrôle juridictionnel les actes dictés, au mépris de l'intérêt général, par une animosité ou une rivalité d'ordre politique. Le Conseil d'État en avait parfaitement conscience, et n'attendait qu'une occasion propice pour l'abandonner sans risquer sa propre existence. Cette occasion survint en 1875, à l'époque où la IIIe République commençait à s'affermir.

L'affaire remontait à 1873. Cette année-là, le ministre de la Guerre refusa de rétablir le nom du prince Napoléon sur la liste des généraux. Son refus ayant été attaqué par la voie du recours pour excès de pouvoir, le ministre invoqua la théorie du mobile politique pour demander au Conseil d'État de se déclarer incompétent : sa décision, expliquait-il, avait été dictée par le souci d'écarter de l'armée le dignitaire d'un régime politique disparu. Réagissant avec vigueur à cette argumentation, le commissaire du gouvernement David proposa alors d'abandonner purement et simplement la théorie du mobile politique. Le Conseil d'État y consentit implicitement en acceptant d'examiner l'affaire au fond. Peu importe qu'il ait finalement rejeté la requête, le refus ministériel s'étant avéré conforme à la législation en vigueur. Ce qui compte, c'est qu'il ait considéré à partir de cet arrêt que le critère de l'acte de gouvernement n'est pas le mobile politique de son auteur (CE 19. 2. 1875 Prince Napoléon *GAJA*).

2. Depuis 1875 : la liste des actes de gouvernement

64 L'arrêt Prince Napoléon a mis fin à la théorie du mobile politique, mais non à l'existence des actes de gouvernement. Le Conseil d'État n'a toutefois dégagé aucun critère qui puisse permettre de les repérer, à la place du critère défunt du mobile politique. Il se contente d'affirmer péremptoirement leur existence. Pour rendre compte de sa jurisprudence, force est donc – au moins dans un premier temps – de renoncer comme lui à toute explication logique, et de se borner à établir la liste des actes de gouvernement. Cette liste comprend deux types d'actes : ceux qui concernent les relations de l'Exécutif et du Législatif, et ceux qui se rapportent aux relations de la France avec l'Étranger.

a) **Les actes de gouvernement qui concernent les relations de l'Exécutif et du Législatif** sont peu nombreux. Il s'agit principalement des décisions du gouvernement de recourir ou de refuser de recourir à son droit d'initiative des lois (CE Sect. 18. 7. 1930 Rouché ***Lebon*** 771; CE 29. 11. 1968 Tallagrand ***D.*** 1969. 386, note Silvera), des décrets de promulgation des lois (CE Sect. 3. 11. 1933 Desreumeaux ***RDP*** 1934. 649, note Jèze), de la décision présidentielle de mettre en œuvre la dictature de l'article 16 (CE Ass. 2. 3. 1962 Rubin de Servens *GAJA*; sur l'autre apport de cet arrêt, *cf.* n° 61), des décrets soumettant un projet de loi au référendum (CE Ass. 19. 10. 1962 Brocas *AJDA* 1962. 612, chron. de Laubadère), et des décrets de dissolution de l'Assemblée nationale (CE 20. 2. 1989 Allain ***RFDA*** 1989. 868, concl. Frydman). Mais il peut s'agir aussi de mesures moins spectaculaires, par exemple d'un refus du Premier ministre d'amorcer une révision constitutionnelle (CE 26. 2. 1992 Allain ***Lebon*** 659), d'un décret présidentiel instituant un comité consultatif chargé de formuler des propositions de révision constitutionnelle (CE 3. 12. 1993 Meyet et Bidalou *DA* 1994. n° 48), d'un refus de l'Exécutif de déférer une loi au Conseil constitutionnel (CE 7. 11. 2001 Tabaka ***RDP*** 2001. 1645, note Jan) ou de lui demander de se prononcer en urgence (CE 9. 10. 2002 Meyet et Bouget *JCP* 2002, n° 1143, note Moreau), d'une décision du président de la République de nommer un membre du Conseil constitutionnel (CE Ass. 9. 4. 1999 Mme Ba *AJDA* 1999. 409 chron. Raynaud et Fombeur), ou d'un refus du gouvernement de saisir le Conseil constitutionnel aux fins de lui faire constater un « empêchement » du président de la République (CE 8. 9. 2005 Hoffer *AJDA* 2005. 1711, obs. Brondel). Ces deux derniers exemples montrent d'ailleurs que ce premier type d'actes de gouvernement se rattache parfois davantage aux relations Exécutif/ Pouvoir juridictionnel (l'arrêt Hoffer parle de « rapports entre les pouvoirs publics constitutionnels ») qu'aux relations Exécutif/ Législatif.

En revanche, le décret par lequel le Premier ministre charge un parlementaire d'une mission auprès d'une administration n'est pas un acte de gouvernement mais un acte administratif « détachable des rapports entre le pouvoir exécutif et le pouvoir législatif », car il « constitue le premier acte de l'exécution d'une mission administrative dont un parlementaire se trouve temporairement investi » (CE Sect. 25. 9. 1998 Mégret *AJDA* 1999. 240 note Lemaire). En transposant ainsi aux relations Exécutif/Législatif la théorie de l'acte détachable, qui ne s'appliquait jusque-là qu'aux relations de la France avec l'étranger (*cf.* ci-après), le Conseil d'État manifeste sa volonté de réduire le champ d'application de ce premier type d'actes de gouvernement. Cette nouvelle politique jurisprudentielle est notamment illustrée par sa décision d'analyser comme un acte administratif le refus du Premier ministre d'utiliser la procédure de l'article 37 alinéa 2 de la Constitution permettant de modifier une loi par décret (CE Sect. 3. 12. 1999 Assoc. ornithologique de Saône-et-Loire *GAJA*).

b) Les actes de gouvernement qui se rapportent aux relations de la France avec l'étranger sont plus nombreux. On peut les répartir en deux catégories.

• *Les premiers se rattachent à la négociation* (CE Sect. 13. 7. 1979 Coparex *AJDA* 1980. 371, concl. Bacquet), *ou à l'exécution d'un traité;* dans cette dernière hypothèse, l'acte de gouvernement peut consister par exemple en un vote du ministre français au Conseil des communautés européennes (CE Ass. 23. 11. 1984 Assoc. « Les Verts » *Lebon* 382), ou en une décision du gouvernement français de suspendre l'application d'un traité (CE Ass. 18. 12. 1992 Mhamedi *RFDA* 1993. 333, concl. Lamy, note Ruzié). En revanche, les traités en eux-mêmes ne sont pas des actes de gouvernement, pour la raison très simple qu'ils n'émanent pas des seules autorités administratives françaises.

• *Les seconds interviennent dans le cadre de la conduite des relations diplomatiques*, indépendamment de tout traité. En sont des illustrations : la décision de brouiller les émissions d'une radio étrangère (TC 2. 2. 1950 Radiodiffusion française *GAJA*), le refus de soumettre un litige à la Cour internationale de justice (CE 9. 1. 1952 Gény *Lebon* 19) ou d'engager des négociations avec un État (CE 25. 3. 1988 Soc. Sapvin *DA* n° 286), la décision de créer une zone de sécurité autour de l'atoll de Mururoa, au-delà des limites de la mer territoriale (CE Ass. 11. 7. 1975 Paris de Bollardière *AJDA* 1975. 455, chron. Franc et Boyon), l'envoi à une ambassade étrangère d'une « note verbale » (CE 26. 7. 1985 Dame Solis Estarita *AJDA* 1985. 628, note Richer), le refus d'autoriser l'ouverture d'un consulat (CAA Nantes 2. 12. 2005 Colibert *AJDA* 2006. 509), la circulaire par laquelle le ministre de l'Éducation nationale demande aux universités de ne pas inscrire d'étudiants irakiens pendant la guerre du Golfe (CE 23. 9. 1992 GISTI *AJDA* 1992. 752, concl. Kessler, note R. S.), ou les décisions présidentielles de procéder à la reprise d'une série d'essais nucléaires (CE Ass. 29. 9. 1995 Assoc. Greenpeace France *AJDA* 1995. 684, chron. Stahl et Chauvaux), d'engager des forces militaires en Yougoslavie (CE 5. 7. 2000 Mégret et Mekhantar *AJDA* 2001. 95, note Gounin), et d'autoriser des avions militaires américains et britanniques attaquant l'Irak à traverser l'espace aérien français (CE 10. 4. 2003 Comité contre la guerre en Irak *RGDIP* 2004, 543, note Poirat).

65 Ainsi conçus, les actes de gouvernement présentent l'inconvénient d'être très nombreux. Le phénomène de multiplication des traités et d'intensification des relations internationales, perceptible après la première guerre mondiale, les aurait même voués à une croissance extraordinaire si le Conseil d'État n'avait pas réagi, à partir des années 1920, en forgeant la théorie des actes détachables. D'après celle-ci, sont considérés comme des actes administratifs unilatéraux, « détachables » des relations diplomatiques et de l'exécution des traités, les actes qui n'ont pas un rapport suffisamment étroit avec les relations internationales pour être assimilés à des actes de gouvernement. C'est ce qu'exprime le juge lorsqu'il

explique qu'un acte détachable suppose l'existence, au profit des autorités françaises, d'« une marge de liberté et d'autonomie dans l'initiative de l'exécution et le choix des moyens » par rapport à leurs obligations internationales (concl. Massot sur CE 19. 2. 1988 Soc. Robatel *AJDA* 1988. 354).

Cette idée un peu floue conduit par exemple la jurisprudence à estimer que les décrets d'extradition (CE Ass. 28. 5. 1937 Decerf *S.* 1937, 73, note Laroque) et les refus d'extrader (CE Ass. 15. 10. 1993 Royaume-Uni *GAJA*) sont des actes détachables, alors que la décision de contacter une ambassade étrangère en vue d'une extradition est un acte de gouvernement (CE 26. 7. 1985 Dame Solis Estarita, préc.). De la même façon, le Conseil d'État assimile à un acte de gouvernement la décision d'autoriser un État à ouvrir une ambassade en France, mais considère comme un acte détachable le permis de construire le bâtiment qui l'abritera (CE Sect. 22. 12. 1978 Vo Thanh Nghia *AJDA* 1979. n° 4, 36, concl. Genevois).

La jurisprudence la plus récente tend à adopter une conception de plus en plus extensive de l'acte détachable : elle en a en effet attribué le label à la décision du gouvernement français de choisir le site d'implantation du synchrotron européen (CE Ass. 8. 1. 1988 Communauté urbaine de Strasbourg *AJDA* 1988. 137, chron. Azibert et de Boisdeffre), à la destruction par la marine nationale d'un navire abandonné en haute mer (CE Sect. 23. 10. 1987 Soc. Nachfolger Navigation *AJDA* 1987. 725, chron. Azibert et de Boisdeffre), à l'inscription, décidée en application d'une résolution du conseil de sécurité des Nations unies, d'une association sur une liste d'entités suspectées de financer le terrorisme international (CE 3. 11. 2004 Assoc. Secours mondial de France *AJDA* 2005. 723, note Burgorgue-Larsen), au refus du Premier ministre de notifier une « aide d'État » à la Commission de Bruxelles (CE Ass. 7. 11. 2008 Comité national des interprofessions des vins à appellation d'origine *AJDA* 2008. 2384, chron. Geffray et Liéber), et même à une décision d'embargo (CE 19. 2. 1988 Soc. Robatel, préc.; *cf.* toutefois CE 29. 12. 1997 Soc. Héli-Union *RFDA* 1998. 209 : une décision d'embargo est un acte de gouvernement si elle est prise en application d'une résolution de l'ONU). Cette évolution permet de soumettre au contrôle juridictionnel des actes qui, s'ils étaient considérés comme des actes de gouvernement, y seraient totalement soustraits.

B. Le régime juridique des actes de gouvernement

1. Contentieux de la légalité

66 Envisagé sous l'angle du contentieux de la légalité, l'acte de gouvernement jouit d'une immunité juridictionnelle totale. Le juge administratif (comme le juge judiciaire) s'estime en effet incompétent pour en connaître. On ne peut donc ni l'attaquer par la voie du recours pour excès de pouvoir, ni le critiquer par le biais de l'exception d'illégalité. De ce fait, l'acte de gouvernement échappe à l'emprise du principe de légalité. C'est un « acte hors-la-loi ».

Cette situation est inadmissible dans un État de droit, car elle tend à faire bénéficier les gouvernants d'un privilège d'invulnérabilité. En outre, elle est contraire à l'article 13 de la Convention européenne de sauvegarde des droits de l'Homme, selon lequel toute personne doit disposer d'un « recours effectif » contre les actes liberticides. Il ne faut pas supprimer les actes de gouvernement pour autant, car on verra (*cf.* n° 67) qu'ils correspondent à une fonction spécifique du pouvoir exécutif; rien ne serait donc plus maladroit que de les transformer en actes administratifs unilatéraux. En revanche, il est nécessaire de les soumettre à un contrôle juridictionnel approprié, afin de les réintégrer dans le giron du principe de légalité.

La meilleure solution consisterait à notre avis à réviser la Constitution, afin de donner compétence au Conseil constitutionnel pour exercer sur eux un triple contrôle de constitutionnalité, de conventionnalité, et de légalité. Cette solution s'impose en effet dans la mesure où le Conseil constitutionnel accepte déjà de contrôler la régularité formelle de certains actes de gouvernement (CC 11. 6. 1981 Delmas *RDP* 1981. 1347, note Favoreu, et CC 25. 7. 2000 Hauchemaille *RDP* 2001. 3, obs. Camby : décret portant convocation des électeurs pour l'élection de députés ou pour un référendum; CC 23. 8. 1985 Évolution de la Nouvelle-Calédonie *GDCC* : demande présidentielle de nouvelle délibération d'une loi).

Elle offrirait en outre l'avantage de lui aménager un bloc de compétence d'une grande cohérence, puisqu'en dehors du contentieux des actes de gouvernement lui serait également confié (*cf. supra*, n° 61) le contentieux des lois présidentielles de l'article 16.

2. Contentieux de la responsabilité

Pas plus que le contentieux de la légalité, le contentieux de la responsabilité ne s'applique aux actes de gouvernement. La jurisprudence refuse en effet d'admettre la responsabilité pécuniaire de l'État du fait des dommages causés par les actes de gouvernement. Ainsi le Conseil d'État a-t-il par exemple refusé d'indemniser une famille princière, dont l'un des membres avait été assassiné malgré l'engagement, pris par la France, d'en assurer la protection (CE 16. 3. 1962 Prince Sliman Bey *D.* 1962. 745, note Silvera; *cf.* aussi CE Sect. 29. 4. 1987 consorts Yener *AJDA* 1987. 487).

Là encore, il s'agit d'une situation inadmissible. Dans la mesure où les actes de gouvernement sont susceptibles de causer des préjudices, leurs victimes devraient avoir le droit d'être indemnisées. Pour consacrer ce droit, une révision de la Constitution ne serait d'ailleurs même pas nécessaire, l'adoption d'une loi non plus. Il suffirait que le Conseil d'État accepte de transposer aux actes de gouvernement la responsabilité sans faute qu'il fait peser, depuis 1966, sur l'État pour les dommages causés par ses traités (CE Ass. 30. 3. 1966 Comp. gén. d'énergie radioélectrique *GAJA*).

C. Les justifications théoriques de l'existence des actes de gouvernement

67 Au premier abord, l'existence des actes de gouvernement constitue un mystère, dans la mesure où depuis 1875 le Conseil d'État renonce à l'expliquer. Les Champollion, heureusement, ne manquent pas. La doctrine propose trois types d'explications.

- *Un premier groupe d'auteurs* nie l'existence des actes de gouvernement en tant que catégorie autonome [1]. Selon eux, le refus

1. Célier, *S.*1947, J. 89; Donnedieu de Vabres, *EDCE* 1949; Virally, *RDP* 1952. 317; Vedel, manuel.

du juge administratif de les contrôler s'expliquerait par le jeu normal des compétences. Il s'agirait d'actes hétéroclites, relevant tantôt du droit parlementaire, tantôt du droit international public. Le recours à la notion d'acte de gouvernement serait donc superflu.

Deux raisons permettent de douter de l'exactitude de cette analyse. Tout d'abord, elle est manifestement inapte à expliquer l'immunité juridictionnelle de certains actes, qu'on ne peut rattacher sans artifice au droit parlementaire ou au droit international public : on songe notamment à la décision de recourir à l'article 16. Ensuite et surtout, elle a été clairement désavouée par la jurisprudence, qui a pris un malin plaisir à réemployer l'expression « acte de gouvernement », auparavant tombée en désuétude, afin de signifier la réalité de la notion (TC 24. 6. 1954 Barbaran *Lebon* 712, CE 2. 3. 1962 Rubin de Servens *GAJA*).

• *Un second courant doctrinal* explique l'existence des actes de gouvernement par une raison extra-juridique : la « survivance de la raison d'État [1]». Leur immunité juridictionnelle s'expliquerait en effet par des raisons politiques. Il s'agirait d'actes particulièrement « sensibles », que le juge administratif s'abstiendrait de contrôler par peur de voir son autorité bafouée. Rien n'aurait donc fondamentalement changé par rapport à avant 1875. Le critère de la raison d'État se serait simplement déplacé. Du mobile (critère psychologique) on serait passé à la nature intrinsèquement sensible (critère matériel) de l'acte.

Cette explication par la raison d'État est inacceptable dans un État de droit. Elle entérine en effet la prétention des gouvernants à arracher la politique à l'emprise du droit, au nom des « intérêts supérieurs de l'État [2]». Par là même, elle tend à pérenniser l'immunité juridictionnelle des actes de gouvernement.

• En définitive, c'est vers un *troisième courant doctrinal* qu'il faut se tourner pour trouver la justification de l'existence des actes de gouvernement. Dans la lignée de Maurice Hauriou [3], plu-

1. Titre d'un ouvrage de Gros, Dalloz 1932; thèse reprise par de Laubadère, Vénézia et Gaudemet dans leur manuel.
2. Expression utilisée par le gouvernement français à propos du refus d'extrader deux terroristes iraniens vers la Suisse, *Le Monde* du 16. 12. 1994.
3. *Précis de droit administratif*, 1933, p. 15.

sieurs auteurs pensent en effet que les titulaires du pouvoir exécutif – président de la République et gouvernement – exercent chacun deux fonctions distinctes : la « fonction administrative » et la « fonction gouvernementale [1]». C'est précisément ce dédoublement fonctionnel qui explique la coexistence des actes administratifs et des actes de gouvernement.

La fonction administrative consiste en effet à satisfaire les besoins du public, et s'exprime par des actes administratifs. La fonction gouvernementale a au contraire pour objet de participer à l'exercice de la souveraineté, et se traduit par l'édiction d'actes de gouvernement. Si on observe l'existence de deux catégories d'actes de gouvernement, c'est parce que cette participation concerne tantôt l'exercice de la souveraineté dans l'État – par le recours au peuple (référendum, dissolution) ou à la dictature (art. 16), ou par la collaboration avec le Parlement (initiative et promulgation des lois) – tantôt l'exercice de la souveraineté de l'État (par les relations avec l'étranger).

Cette analyse simple est particulièrement convaincante depuis l'entrée en vigueur de la Constitution de 1958, dont on sait qu'elle a renforcé la participation de l'Exécutif à l'exercice de la souveraineté. Elle a l'immense mérite de montrer que les actes de gouvernement ne sont ni des monstres (contre le second courant doctrinal) ni des fantômes (contre le premier), mais la manifestation normale de la fonction gouvernementale. Elle permet aussi d'expliquer leur régime juridique : si le juge administratif est incompétent pour les contrôler, c'est en effet parce qu'il est le juge de la fonction administrative, et d'elle seule.

Toutefois, cela ne signifie pas que les actes de gouvernement doivent continuer à jouir d'une immunité juridictionnelle. Car dans un État de droit, tout acte doit pouvoir faire l'objet d'un contrôle juridictionnel. C'est pourquoi nous pensons qu'une révision constitutionnelle devrait confier cette mission au Conseil constitutionnel, déjà « juge de la souveraineté » à travers son rôle

1. Chapus, *D.* 1958. C. 5 et manuel; Montané de la Roque, *Ann. Fac. de droit de Toulouse* 1960, 71; Capitant, *Mélanges Julliot de la Morandière*, 1964; Auby et Drago, *Traité de contentieux administratif*, 1984, n° 95.

de garant de la constitutionnalité des lois (en ce sens, *cf.* L. Favoreu, *RFDA* 1987. 544; E. Carpentier, *RFDA* 2006. 661, distingue quant à elle deux types d'actes de gouvernement – ceux qui s'apparentent à des « conflits entre organes constitutionnels » et ceux qui concernent des « questions politiques » – et propose de cantonner le contrôle du CC aux premiers).

Ainsi cette définition respectueuse du principe de légalité deviendrait-elle une réalité : les actes de gouvernement sont les actes pris, sous le contrôle du Conseil constitutionnel, par les autorités exécutives françaises dans l'exercice de la fonction gouvernementale.

Section 4
Les mesures d'ordre intérieur

68 Comme les actes de gouvernement, les « mesures d'ordre intérieur » sont des actes qui échappent à l'emprise du principe de légalité, dans la mesure où elles jouissent d'une immunité juridictionnelle totale. Mais, contrairement à eux, elles ne portent pas sur les relations de l'Exécutif et du Législatif, ni sur les relations de la France avec l'étranger, mais régissent plus modestement les détails de la « vie intérieure des services publics » (Maurice Hauriou). Alors que les actes de gouvernement se placent « au-dessus » des actes administratifs, les mesures d'ordre intérieur se situent donc en quelque sorte « au-dessous » de ces derniers. On exposera les justifications théoriques de leur existence (**D**) après avoir passé en revue les trois catégories qui les composent : les circulaires non réglementaires (**A**), les directives (**B**) et « les autres » mesures d'ordre intérieur (**C**).

A. Les circulaires non réglementaires

1. Identification

69 Qualifiées par l'administration de « circulaires », d'« instructions » ou encore de « notes de service », les circulaires non réglementaires sont des recommandations écrites que les chefs de service donnent à leurs subordonnés, en vue de leur imposer une interprétation uniforme des lois et règlements qu'ils sont chargés d'appliquer. Les fonctionnaires et autres agents de l'administration, qui sont leurs seuls destinataires, sont tenus de s'y conformer en vertu du devoir d'obéissance hiérarchique. Concrètement, les circulaires sont des rouages essentiels du bon fonctionnement de l'administration; on en compte d'ailleurs plusieurs milliers chaque année.

Elles n'ont par contre normalement aucune incidence sur la situation des administrés, auxquels elles ne sont pas destinées. À leur égard, ce sont en quelque sorte des « actes neutres » : ni favorables ni défavorables, elles ne les concernent pas.

En pratique, toutefois, les chefs de service manifestent une fâcheuse tendance à insérer dans leurs circulaires des dispositions réglementaires, c'est-à-dire des dispositions à portée générale qui modifient unilatéralement les droits ou les obligations des administrés. Cette attitude s'explique par le fait (qu'on examinera au n° 152) que la plupart des chefs de service – notamment les ministres – ne possèdent pas de pouvoir réglementaire général : ils sont donc tentés de contourner cet obstacle en glissant discrètement de l'interprétation des textes existants à la création de règles nouvelles, transformant ainsi leurs circulaires prétendument « interprétatives », inoffensives pour les administrés, en circulaires réglementaires, novatrices donc menaçantes. La tentation est d'autant plus forte que le subterfuge, s'il passe inaperçu ou si le juge renonce à le sanctionner, permet aux dispositions réglementaires de bénéficier de l'immunité juridictionnelle qui s'attache à leur pavillon de complaisance.

C'est pour lutter contre ce stratagème que la jurisprudence distingue les « circulaires non réglementaires », qu'elle considère comme d'authentiques mesures d'ordre intérieur, des « circulaires réglementaires », qu'elle assimile à de véritables règlements. Alors que le recours pour excès de pouvoir est irrecevable contre les premières, il est recevable contre les secondes. Le critère de distinction entre les deux types de circulaires a évolué. Il porte en effet depuis 2002 sur leur « caractère impératif » ou non (CE Sect. 18. 12. 2002 Duvignères *GAJA*), alors qu'il portait auparavant sur la « fixation de règles nouvelles » (CE Ass. 29. 1. 1954 Notre-Dame du Kreisker *Lebon* 64).

Grâce à cet effort jurisprudentiel, les circulaires peuvent aujourd'hui revêtir quatre natures juridiques différentes.

a) Les mesures d'ordre intérieur. Depuis 2002, les circulaires qui sont considérées comme des mesures d'ordre intérieur sont celles qui sont dénuées de « caractère impératif ». En simplifiant l'arrêt de référence, qui est confus, il s'agit de celles qui se bornent à rappeler les lois et règlements en vigueur, sans rien « prescrire », en s'abstenant notamment d'une part de « fixer une règle nouvelle », d'autre part de « réitérer une règle contraire à une norme juridique supérieure » (CE Sect. 18. 12. 2002 Duvignères, préc.).

La première condition s'inscrit dans la continuité de l'ancien critère posé par l'arrêt Notre-Dame du Kreisker. Est par exemple une mesure d'ordre intérieur, parce qu'elle ne fixe pas de règle nouvelle, la circulaire du ministre de l'Éducation nationale qui se borne à rappeler l'existence, en matière de ramassage scolaire, du principe d'égalité entre élèves de l'enseignement public et de l'enseignement privé sous contrat (CE 19. 6. 1992 Département du Puy-de-Dôme *RFDA* 1993. 689, concl. Pochard). En pratique, toutefois, le juge n'hésite pas à qualifier parfois de mesures d'ordre intérieur certaines circulaires qui contiennent pourtant d'importantes règles nouvelles. Dans ce genre d'hypothèses, il minimise leur caractère innovateur ou feint de ne pas l'apercevoir afin de préserver de l'annulation des réglementations qu'il juge opportunes. C'est ainsi qu'ont été considérées comme non réglementaires : l'instruction du Premier ministre, en vigueur de 1970 à 1982, fixant les modalités de l'exercice des droits syndicaux dans la fonction publique (CE Sect. 18. 3. 1977 Synd. nat. des lycées et collèges *RDP* 1977. 689, concl. Massot); et la circulaire du ministre de l'Éducation nationale qui apportait une dérogation au principe de laïcité en assimilant le foulard islamique à un signe religieux ostentatoire par nature (CE 10. 7. 1995 Assoc. « Un Sysiphe » *AJDA* 1995. 644, concl. Schwartz).

La deuxième condition est en revanche totalement nouvelle. Elle vise à diminuer le nombre des mesures d'ordre intérieur en assimilant dorénavant à des circulaires réglementaires les circulaires qui, bien qu'elles ne créent aucune règle nouvelle, imposent aux agents de l'administration d'appliquer des règles illégales préexistantes, par exemple une loi contraire à un traité ou un règlement contraire à une loi.

b) Les circulaires réglementaires (dites « impératives »). Sous réserve des observations qui viennent d'être faites, les circulaires qui fixent des règles nouvelles ou qui réitèrent des règles illégales sont en principe analysées comme des circulaires réglementaires. Celles qui « prescrivent » de respecter l'interprétation d'une règle légale le sont aussi, de façon étrange (car on pourrait penser que toute circulaire interprétative est prescriptive, du fait du principe d'obéissance hiérarchique gouvernant ses destinataires), même si elles ne fixent pas de règles nouvelles (*cf.* par ex. CE 8. 10. 2004 Union française pour la cohésion nationale, *RFDA* 2004. 977, concl. Keller). Le recours pour excès de pouvoir est donc recevable contre elles, comme contre tout règlement.

70 En règle générale, le contrôle juridictionnel débouche sur leur annulation pour incompétence, dans la mesure où leurs auteurs ne possèdent pas de pouvoir réglementaire général. Ont ainsi été annulées : pour création de règles nouvelles, la circulaire du ministre de l'Éducation nationale qui ordonnait la suppression des aumôneries dans les établissements d'enseignement publics (CE Ass. 1er. 4. 1949 Chaveneau *D.* 1949. 531, concl. Gazier, note Rolland), et la circulaire du ministre délégué chargé de l'enseignement scolaire qui autorisait les infirmières scolaires à délivrer la « pilule du lendemain » aux collégiennes et aux lycéennes (CE Ass. 30. 6. 2000 Assoc. Choisir la vie *AJDA* 2000. 729, concl. Boissard); et pour réitération de règles illégales, la circulaire prescrivant d'appliquer une loi fiscale contraire au droit communautaire (CE 2. 6. 2006 Chauderlot *AJDA* 2006. 1139, obs. Brondel), et la circulaire du ministre de la Justice ordonnant de prendre en compte, conformément à un décret violant le principe d'égalité, l'« aide personnalisée au logement » mais pas l'« allocation de logement familiale » pour calculer le plafond de ressources auquel l'octroi de l'aide juridictionnelle est subordonné (CE Sect. 18. 12. 2002 Duvignères, préc.).

Parfois, cependant, les circulaires réglementaires sont jugées légales. C'est le cas lorsqu'elles portent sur des domaines dans lesquels leurs auteurs ont été habilités, par des textes précis, à prendre des règlements (*cf.* par ex. CE 15. 12. 2006 Assoc. United Sikhs *AJDA* 2007. 313, concl. Olson, à propos d'une circulaire du ministre des Transports, prise sur le fondement de l'art. R. 221-19 du Code de la route, interdisant le port du turban sur la photo du permis de conduire). C'est également le cas lorsqu'elles ont pour objet de mettre en œuvre le pouvoir, reconnu par la jurisprudence Jamart aux ministres comme à tout « chef de service », de prendre les règlements « nécessaires au bon fonctionnement de l'administration placée sous leur autorité » (CE Sect. 7. 2. 1936 Jamart *GAJA*, *cf.* n° 152). Conformément à cette jurisprudence, a par exemple été jugée légale la circulaire par laquelle le ministre de l'Éducation nationale, agissant « au titre de son pouvoir réglementaire d'organisation du service public de l'enseignement », a permis aux enseignants d'infliger des punitions collectives à leurs élèves (CE 8. 3. 2006 Féd. des conseils de parents d'élèves des écoles publiques *AJDA* 2006. 1107, concl. Keller).

c) **Les circulaires mixtes.** Il n'est pas rare que des circulaires contiennent à la fois des dispositions non impératives et des dispositions réglementaires. Le juge les assimile à des « circulaires mixtes ». Cela signifie qu'il n'admet la recevabilité du recours pour excès de pouvoir qu'à l'encontre de leurs dispositions réglementaires. Dès lors, le contrôle juridictionnel ne peut déboucher, au pire, que sur une annulation partielle. Un exemple en est fourni par l'arrêt Notre-Dame du Kreisker. Dans cette affaire, une circulaire du ministre de l'Éducation nationale prétendait interpréter la loi Falloux de 1850, relative aux subventions versées par les collectivités locales aux établissements d'enseignement privés. Une partie de cette circulaire se bornait effectivement à opérer une interprétation loyale. L'autre partie créait au contraire trois « règles nouvelles », non prévues par la loi : l'intervention de l'avis du CSEN, la possibilité pour les recteurs de bloquer certaines demandes de subvention, et l'obligation faite aux établissements de supporter un contrôle administratif et pédagogique de l'État en contrepartie des subventions. Logiquement, le Conseil d'État n'a admis la recevabilité du recours pour excès de pouvoir que contre cette seconde partie, dont il a d'ailleurs, après examen au fond, prononcé l'annulation (CE Ass. 29. 1. 1954, préc.; pour d'autres exemples, *cf.* CE 8. 12. 2000 Frerot *RFDA* 2001. 261, et CE 30. 7. 2003 Assoc. Avenir de la langue française *AJDA* 2003. 2156, note Pontier).

d) Les actes de gouvernement. Une quatrième catégorie de circulaires est apparue en marge des jurisprudences Notre-Dame du Kreisker et Duvignères : il s'agit des circulaires qui ne s'analysent ni comme des mesures d'ordre intérieur, ni comme des règlements, ni comme des circulaires mixtes, mais comme des actes de gouvernement. C'est un arrêt de 1992 qui a mis leur existence en lumière, en assimilant à un acte de gouvernement la circulaire par laquelle le ministre de l'Éducation nationale demandait aux Universités, compte tenu de la guerre du Golfe, de ne pas inscrire d'étudiants irakiens pour l'année 1990-1991 (CE 23. 9. 1992 GISTI *AJDA* 1992. 752, concl. Kessler). Les recours pour excès de pouvoir formés contre ce type de circulaires se heurtent à l'incompétence du juge administratif, alors que ceux formés contre les trois autres catégories de circulaires sont respectivement irrecevables (circulaires non impératives), totalement recevables (circulaires réglementaires), ou partiellement recevables (circulaires mixtes) (sur l'acte de gouvernement, *cf. supra*, n°s 62 à 67).

2. Régime juridique

71 En vertu de la loi du 17 juillet 1978, les circulaires non impératives doivent normalement être publiées ; et depuis un décret du 8 décembre 2008, les circulaires ministérielles (qu'elles soient impératives ou non) doivent être « tenues à la disposition du public sur un site internet ». Cette obligation a le mérite de permettre au public de les connaître.

Mais cet accès aux circulaires non impératives est le seul rapport juridique qu'entretiennent les administrés avec elles. Pour le reste, la jurisprudence administrative s'attache en effet à tirer toutes les conséquences du constat qu'elles ne leur sont pas destinées.

C'est ainsi que le recours pour excès de pouvoir est irrecevable contre elles (CE Sect. 18. 12. 2002 Duvignères, préc.). Elles ne sont pas non plus invocables par les administrés : les moyens d'annulation d'un acte administratif tirés de la violation d'une circulaire non impérative sont en effet irrecevables (CE 19. 6. 1985 Commune de Bouguenais *Lebon* 194; CAA Bordeaux 25. 3. 2008 Préfet de la Haute-Garonne *AJDA* 2008. 1222). Enfin, inversement, elles ne sont pas davantage opposables par l'administration aux administrés : tout acte administratif fondé sur les dispositions d'une circulaire non impérative est donc susceptible d'être annulé pour erreur de droit (CE Sect. 6. 5. 1996 Assoc. Aquitaine alternatives *RFDA* 1997. 711, concl. Piveteau).

En vigueur jusqu'en 2006, le décret du 28 novembre 1983 s'était efforcé d'améliorer la situation des administrés en disposant, dans son article 1, que « tout intéressé est fondé à se prévaloir, à l'encontre de l'administration, des... circulaires publiées... lorsqu'elles ne sont pas contraires aux lois et règlements ». Son ambition clairement affichée était donc de mettre fin à la deuxième des trois jurisprudences sus-analysées, en affirmant l'invocabilité des circulaires non impératives. Mais on sait qu'un décret n'a normalement pas le pouvoir de renverser une jurisprudence (*cf. supra*, chap. 1, n° 45). Le Conseil d'État a donc refusé d'appliquer cette nouvelle disposition (*cf.* par ex. CE 27. 5. 1987 Arnaudies *Lebon* 187, et CE 19. 6. 1992 Département du Puy-de-Dôme *RFDA* 1993. 689, concl. Pochard), si bien qu'un décret du 8 juin 2006 a fini par l'abroger.

B. Les directives

1. Identification

72 Une directive est un document par lequel l'administration se fixe à l'avance une ligne de conduite, dans des domaines où elle dispose d'un pouvoir discrétionnaire. Le procédé a le mérite de rationaliser l'action administrative en assurant une certaine cohérence dans le traitement des décisions individuelles. Le plus souvent la directive est adressée par une autorité hiérarchique à ses subordonnés, afin de les inviter à adopter les mêmes critères de décision; elle se présente alors sous la forme d'un document que son auteur qualifie tantôt de « directive », tantôt (et de façon trom-

peuse) de « circulaire » ou de tout autre nom. Mais, parfois, elle émane d'une autorité qui cherche à s'autodiscipliner, à éclairer l'exercice futur de son propre pouvoir (pour un exemple de directive qu'un conseil municipal s'adresse à lui-même par une délibération, *cf.* TA Nice 26. 10. 1989 Dame Maestri *Lebon* 434).

Dans tous les cas, la directive a pour originalité de manifester l'existence d'un « pouvoir d'orientation », différent du pouvoir réglementaire car non contraignant : alors que le règlement ordonne ou impose, la directive se contente en effet de suggérer, de guider, en laissant à ses destinataires la liberté de déroger à ses recommandations. En cela, elle est profondément respectueuse du pouvoir discrétionnaire, et contribue même à le légitimer en définissant clairement les principes qui guideront son exercice.

C'est en 1970, par l'arrêt Crédit foncier de France, que le Conseil d'État a admis la légalité des directives (CE Sect. 11. 12. 1970 Crédit foncier de France *GAJA*; arrêt précurseur : CE Sect. 13. 7. 1962 Arnaud *AJDA* 1962. 545, chron. Galabert et Gentot). Dans cette affaire, une « commission nationale » était chargée d'attribuer des subventions ou des prêts aux particuliers pour l'amélioration de leur habitat. Pour s'éclairer dans l'exercice de son pouvoir discrétionnaire, elle avait pris une directive dans laquelle elle subordonnait son aide à plusieurs conditions, tenant notamment aux revenus des propriétaires et à la nature des travaux. Par la suite, elle avait refusé la subvention sollicitée par deux particulières, en application de cette directive. Le tribunal administratif de Paris avait alors annulé ce refus pour erreur de droit, l'estimant fondé sur une circulaire réglementaire illégale. En appel, le Conseil d'État estima au contraire que la directive ne pouvait être assimilée à une circulaire réglementaire, dans la mesure où son contenu révélait qu'en la prenant la commission s'était bornée à « définir des orientations générales [...] sans renoncer à exercer son pouvoir d'appréciation ». En conséquence il annula le jugement, la référence à cette directive n'ayant pas entaché le refus d'illégalité.

La reconnaissance de ce pouvoir d'orientation constitue, pour les ministres, un utile palliatif à leur absence de pouvoir réglementaire général. Ce n'est d'ailleurs pas un hasard si l'arrêt Crédit foncier de France est intervenu un an seulement après que le Conseil d'État ait refusé de suivre les conclusions de Mme Questiaux, qui proposait de leur donner, au prix d'une interprétation audacieuse de la Constitution, le pouvoir réglementaire général (CE 23. 5. 1969 Soc. distillerie Brabant *AJDA* 1969. 640, concl. Questiaux, note Tournié). La jurisprudence postérieure a effectivement montré que les ministres figurent au premier rang des utilisateurs de directives (*cf.* CE Sect. 18. 11. 1977 Soc. Entreprise Marchand *AJDA* 1978. 654, note Mesnard; CE 26. 6. 1985 Assoc. trinitaine de défense de la pêche à pied *Lebon* 207; CE 14. 12. 1988 SA Gibert Marine *AJDA* 1989. 266, note Auby; CE 16. 2. 2007 Soc. Hydraulique PB *AJDA* 2007. 990). D'autres autorités dépourvues du pouvoir réglementaire général comptent aussi parmi les habitués du procédé (*cf.* CE 23. 5. 1980 Agence nationale pour l'amélioration de l'habitat *Lebon* 238, et CE 18. 10. 1991 Union nationale de la propriété immobilière *Lebon* 338, à propos de directives prises par le conseil d'administration de l'ANAH).

Il serait toutefois injuste de ravaler les directives au rang de simples palliatifs. Car elles sont un moyen d'action d'une telle originalité que les titulaires du pouvoir réglementaire général eux-mêmes ne dédaignent pas d'y recourir (CE Sect. 29. 6. 1973 Soc. Géa *AJDA* 1973. 587, chron. Franc et Boyon, note Vier : président de la République; CE 21. 1. 1981 Henry *Lebon* 557 : Premier ministre). On aura garde, cependant, de les confondre avec les « directives communautaires » (*cf. supra*, chap. 1, n° 28), ou avec certains règlements qui sont abusivement qualifiés de « directives » par des autorités administratives indélicates ou par des lois maladroites (*cf.* par ex. CE Ass. 18. 4. 1980 Soc. Maxi-Librati création *AJDA* 1981. 227, note Goyard).

2. Régime juridique

73 Depuis la loi du 17 juillet 1978, *les directives doivent être publiées.* Cette solution doit être approuvée, car elle assure une certaine transparence de l'action administrative en permettant aux administrés de connaître à l'avance les critères qui guideront l'exercice du pouvoir discrétionnaire. Elle met fin à la malencontreuse jurisprudence Géa qui soustrayait les directives à la publication (CE Sect. 29. 6. 1973 Soc. Géa, préc.).

Comme les circulaires non impératives, *les directives sont des mesures d'ordre intérieur.* Cela signifie que le recours pour excès de pouvoir est irrecevable contre elles (CE Sect. 29. 6. 1973 Soc. Géa. préc.; CE 3. 5. 2004 Comité anti-amiante Jussieu *Lebon* 193). Certains auteurs critiquent cette solution, et proposent d'analyser les directives non comme des mesures d'ordre intérieur, mais comme des actes administratifs pararéglementaires directement attaquables [1]. Cette proposition nous semble devoir être retenue, car son adoption mettrait fin à la bizarrerie du régime actuel de la directive, en permettant d'attaquer directement celle-ci au lieu d'être obligé d'attendre, comme c'est le cas aujourd'hui, qu'elle ait communiqué son illégalité éventuelle à ses actes administratifs d'application pour attaquer ces derniers.

Contrairement aux circulaires non impératives, les directives sont en effet *contestables par la voie de l'exception d'illégalité.* Cette solution, admise par l'arrêt Crédit foncier de France lui-même, permet aux requérants d'obtenir l'annulation des actes administratifs qui appliquent des directives illégales.

Les directives sont *également invocables par les administrés.* Ces derniers peuvent donc obtenir l'annulation des actes administratifs qui violent ou refusent d'appliquer des directives légales. Cette solution se concilie toutefois avec la liberté, reconnue à l'administration par l'arrêt Crédit foncier de France, de « déroger » aux directives pour tenir compte d'une « considération d'intérêt général », ou de la « particularité » de la situation de certains administrés. Pour être légal, l'acte administratif dérogatoire à la directive doit obligatoirement reposer sur l'un de ces deux motifs. Le juge administratif exerce un contrôle minimum pour vérifier la réalité du motif allégué (CE 23. 5. 1980 ANAH, préc.).

Les directives sont enfin *opposables par l'administration aux administrés.* L'arrêt Crédit foncier de France montre en effet que les actes administratifs peuvent être valablement fondés sur des directives légales. Cette possibilité doit toutefois respecter l'obligation faite à l'administration de procéder à l'examen particulier

1. En ce sens, *cf.* P. Pavlopoulos, *La directive en droit administratif*, LGDJ, 1978, p. 247.

de chaque dossier (CE 25. 7. 1985 Dame Blat *Lebon* 483). Car l'administration ne peut, sans méconnaître son pouvoir discrétionnaire, appliquer une directive d'une façon aveugle. Avant de prendre chacun de ses actes administratifs, elle doit donc obligatoirement rechercher, sous peine d'erreur de droit, si une « considération d'intérêt général » ou si la « particularité » de la situation de l'intéressé permet à ce dernier de bénéficier d'une dérogation.

On voit ainsi que sur les cinq éléments qui composent le régime juridique des directives, seuls les deux premiers sont alignés sur le régime juridique des circulaires non impératives (la publication et l'absence de contestabilité directe). Les trois autres en prennent au contraire le contrepied (contestabilité indirecte, invocabilité, opposabilité). Le régime juridique des directives est en définitive plus proche de celui des règlements. Un seul de ses cinq éléments, d'ailleurs critiqué par une partie de la doctrine, s'en éloigne en effet radicalement (l'absence de contestabilité directe). Si l'on veut bien mettre entre parenthèses l'admission des dérogations, qui confère au procédé des directives son originalité essentielle, les quatre autres l'en rapprochent. Force est ainsi de conclure que les directives sont des mesures d'ordre intérieur supra-interprétatives et infra-réglementaires, qui ont vocation à se transformer en actes administratifs paraféglementaires.

C. Les autres mesures d'ordre intérieur

1. Identification

74 Les mesures d'ordre intérieur autres que les circulaires non réglementaires ou les directives sont des mesures de portée individuelle ou générale qui concernent les détails de la vie intérieure des services. Les casernes, les prisons, et les établissements d'enseignement sont leurs domaines d'élection, mais on en trouve aussi dans les autres services.

• *Dans les casernes*, sont notamment considérés comme des mesures d'ordre intérieur les refus de permission (CE 18. 10. 1918 Voltine *Lebon* 908, CE 18. 3. 1992 Suc *Lebon* 750), le refus d'ouvrir une enquête sur le comportement d'un officier ou sur les circonstances d'un décès (CE 24. 11. 1976 Agostini *RDP* 1977. 705, CE

30. 6. 1989 Jacotez *Lebon* 832), et les sanctions disciplinaires les plus légères que le statut général des militaires qualifie de « punitions » (CE Sect. 11. 7. 1947 Dewavrin *Lebon* 307, et, à propos d'un avertissement, CE 8. 2. 1999 Étienne). On y observe toutefois un certain recul des mesures d'ordre intérieur, puisque la jurisprudence cesse depuis 1977 et 1995 de considérer comme telles les notes attribuées aux militaires (CE Sect. 22. 4. 1977 Pierron *AJDA* 1977. 368), ainsi que les « arrêts » simples, qui sont les punitions les plus sévères qu'on puisse leur infliger (CE Ass. 17. 2. 1995 Hardouin *GAJA*), et les blâmes (CE 12. 7. 1995 Maufroy *Lebon* 304); en outre, des textes de 1966 et de 1982 ont supprimé les arrêts de forteresse et les arrêts de rigueur, qui étaient des « punitions » encore plus sévères. Malgré tout, les casernes semblent destinées à constituer longtemps encore le principal terrain d'élection des mesures d'ordre intérieur. En témoigne la jurisprudence qui maintient ce caractère aux refus de permission, alors pourtant que le statut général des militaires de 2005 (comme son prédécesseur de 1972) fait des permissions un véritable « droit » (CE 18. 3. 1992 Suc, préc.). En témoigne aussi la réserve faite par la France, lors de la ratification de la Convention européenne de sauvegarde des droits de l'Homme, tendant à préserver les « punitions » des foudres de son article 6 (sur le droit à un procès équitable).

• *Dans les prisons*, pour savoir si un acte constitue un acte administratif ou une mesure d'ordre intérieur, il faut « apprécier sa nature et l'importance de ses effets sur la situation des détenus » (CE Ass. 14. 12. 2007 Boussouar *AJDA* 2008. 128, chron. Boucher et Bourgeois-Machureau). Ainsi, sont considérées comme des mesures d'ordre intérieur les « punitions sans gravité » infligées aux détenus (concl. Frydman *RFDA* 1995. p. 353, particulièrement p. 366-367), comme par exemple une réprimande ou la confiscation d'une bouteille de cidre. La décision de transférer un détenu d'une prison à une autre est également assimilée à une mesure d'ordre intérieur (CE 8. 12. 1967 Kayanakis *Lebon* 475, CE 9. 4. 2008 Rogier *AJDA* 2008. 1827, note Costa) sauf si elle implique un durcissement des conditions d'incarcération (CE Ass. 14. 12. 2007 Boussouar, préc.). Comme à propos des casernes, et de façon nettement amplifiée, on observe toutefois un certain recul de la notion. Ainsi, ne constituent plus des mesures d'ordre intérieur, mais des actes administratifs attaquables, le refus de permettre l'utilisation de sommes bloquées sur le compte d'un détenu (CE 3. 11. 1989 Pitalugue *Lebon* 772), la décision d'interdire la distribution aux détenus de certaines publications relatives aux matériels d'alarme (CE 10. 10. 1990 Dame Hyver *Lebon* 911), les décisions concernant la composition et l'espacement de leurs repas ainsi que la possibilité d'acheter certaines boissons (CE 15. 1. 1992 Cherbonnel *RFDA* 1993. 1131, concl. Scanvic), les « punitions de cellule » (CE Ass. 17. 2. 1995 Marie *GAJA*, *RFDA* 1995. 353, concl. préc. Frydman), les « mises à l'isolement » non disciplinaires (CE 30. 7. 2003 Remli *AJDA* 2003. 2090, note Costa, renversant CE 28. 2. 1996 Fauqueux *RFDA* 1997. 628. Cf. aussi, condamnant l'arrêt de 1996 : CEDH 27. 1. 2005 Ramirez Sanchez c. France *AJDA* 2005, 1388, note Costa), les « rotations de sécurité » (CE Ass. 14. 12. 2007 Payet *AJDA* 2008. 128, chron. préc.), les « déclassements d'emploi » (CE Ass. 14. 12. 2007 Planchenault *AJDA* 2008. 128, chron. préc.), les décisions d'inscription au « répertoire des détenus particulièrement signalés » (CE 30. 11. 2009 Kehli *AJDA* 2010. 994, comm. Moliner-Dubost), les décisions organisant les visites aux détenus (CE 26. 11. 2010 Bompard *AJDA* 2011. 678, note Poujol), les rétentions de courrier (TA Toulouse 2. 6. 2008 R. *AJDA* 2008. 1955, concl. Truilhé, tirant les conséquences de CEDH 12. 6. 2007 condamnant l'arrêt contraire CE 8. 12. 2000 Frérot *RFDA* 2001. 261), et le placement provisoire « à titre préventif » d'un détenu en cellule disciplinaire (CE Ass. 17. 12. 2008 Section française de l'Observatoire international des prisons *AJDA* 2008. 2364, obs. de Montecler, renversant CE 12. 3. 2003 Frérot *AJDA* 2003. 1271, concl. cont. Olson). Tout cela condamne évidemment la célèbre jurisprudence Caillol, qui assimilait à une mesure d'ordre intérieur la décision (non disciplinaire) de placer un détenu dans un « quartier de plus haute sécurité » (CE Ass. 27. 1. 1984 Caillol *RDP* 1984. 483, concl. cont. Genevois). Malgré cette évolution, qui accompagne la reconnaissance par la loi pénitentiaire du 24 novembre 2009 de nouveaux droits pour les détenus, il ne semble pas que les mesures d'ordre intérieur soient près de disparaître totalement des prisons, dans la mesure où la Cour européenne des droits de l'Homme admet elle-même leur existence « dans le contexte carcéral » (CEDH g. ch. 9. 10. 2003 Ezeh et Connors).

• *Dans les établissements d'enseignement*, sont considérées comme des mesures d'ordre intérieur les décisions individuelles qui n'ont pas d'incidences réelles sur la scolarité des élèves, comme par exemple l'affectation dans un groupe de travaux dirigés (CE 11. 1. 1967 Bricq *Lebon* 88) ou dans une classe (CE Sect. 5. 10. 1982 Attard *AJDA* 1982. 698, chron. Lasserre et Delarue), ou encore une punition légère comme une retenue ou une mise au piquet. En revanche, sont des actes administratifs les décisions qui engagent l'avenir des élèves, comme les exclusions (CE 19. 3. 1952 Veillard *Lebon* 169), les refus de passage en classe supérieure (CE 6. 7. 1949 Andrade *Lebon* 331), les séparations de jumeaux en bas âge (CAA Versailles 17. 2. 2005 D. *AJDA* 2005. 895, note Pellissier), ou même (cas limite) les refus d'admettre un élève à participer à une classe de neige (CE Sect. 1er. 4. 1977 Époux Deleersnyder *AJDA* 1977. 506, concl. Galabert). Jusqu'en 1992, les règlements intérieurs des établissements d'enseignement étaient également assimilés à des mesures d'ordre intérieur. La jurisprudence avait, par exemple, analysé comme telles les règlements de deux lycées interdisant, l'un d'arborer des insignes (CE Sect. 21. 10. 1938 Lote *Lebon* 786), l'autre de porter des pantalons de ski (CE 20. 11. 1954 Chapou *Lebon* 541). Cette solution est aujourd'hui abandonnée. Depuis 1989, les règlements intérieurs doivent en effet comporter des dispositions relatives au port de signes religieux dans les établissements (selon les indications fournies par l'avis du CE du 27. 11. 1989, *RFDA* 1990. 1, note Rivero). Prenant ainsi parti sur les modalités d'exercice d'une liberté publique – la liberté religieuse –, ils ne peuvent plus être considérés comme des mesures d'ordre intérieur. C'est pourquoi le Conseil d'État les a logiquement assimilés, dès que l'occasion s'en est présentée à lui, en 1992, à des actes administratifs réglementaires (CE 2. 11. 1992 Kherouaa *RFDA* 1993. 112, concl. Kessler, et *LPA* 24. 5. 1993 avec notre note; confirmé par CE 20. 10. 1999 Ait Ahmad *AJDA* 2000. 165, note De La Morena). Avec encore plus d'éclat que dans les casernes et dans les prisons, le recul des mesures d'ordre intérieur se manifeste ainsi dans les établissements d'enseignement.

• *En dehors de ces trois domaines d'élection*, on trouve des mesures d'ordre intérieur presque partout. Dans la fonction publique, par exemple, sont des mesures d'ordre intérieur : les « sévères observations » (CE 6. 5. 1953 Thomasset *Lebon* 206, CE 10. 12. 1967 Dupré *Lebon* 880) ou les « mises en garde » (CE 27. 7. 1984 Centre hosp. de la Sarthe *Lebon* 697) adressées par un supérieur hiérarchique à ses subordonnés, dès lors qu'elles ne sont pas inscrites au dossier des agents concernés; les changements d'affectation qui n'entraînent ni « modification de la situation de l'agent » ni « changement de résidence » (CE 4. 7. 1958 Commune d'Anglet *Lebon* 411, CE 17. 12. 2008 Département des Ardennes *AJDA* 2009. 501); l'ordre d'exécuter des tâches statutaires (CE 13. 11. 2006 La Poste *AJDA* 2006. 2469); les refus d'autorisations d'absence demandées pour raisons personnelles (CE 11. 5. 2011 Caisse des dépôts et consignations *AJDA* 2011. 994, obs. de Montecler) ; ou, de façon plus pittoresque, le refus d'accorder un cadeau à l'enfant d'un agent lors de « l'arbre de Noël » organisé par le service (CE 4. 11. 1992 Ghirardi *DA* 1993, n° 516). Dans le domaine des compétitions sportives, les décisions des arbitres constituent également des mesures d'ordre intérieur (CE Sect. 13. 6. 1984 Assoc. Club athlétique de Mantes-la-ville *AJDA* 1984. 534, chron. Schoettl et Hubac; *cf.* toutefois l'arrêt confus CE Sect. 25. 1. 1991 Vigier *AJDA* 1991. 389, concl. Leroy). En revanche, les règlements intérieurs des assemblées locales, que la jurisprudence considérait aussi comme des mesures d'ordre intérieur (CE Ass. 2. 12. 1983 Charbonnel *AJDA* 1984. 76, chron. Lasserre et Delarue), sont désormais assimilés, par la loi du 6 février 1992 relative à l'administration territoriale, à des actes administratifs réglementaires (confirmant cette transformation, *cf.* CE Sect. 10. 2. 1995 Riehl *AJDA* 1995. 370, chron. Touvet et Stahl). Est ainsi confirmé, s'il en était encore besoin, le recul général des mesures d'ordre intérieur.

2. Régime juridique

75 Contrairement aux circulaires non réglementaires et aux directives, ces « autres » mesures d'ordre intérieur n'ont pas besoin d'être publiées. Aucun texte ne prescrit en effet leur publication.

Pour le reste, elles bénéficient de la même immunité juridictionnelle que les circulaires non réglementaires. C'est ainsi que le recours pour excès de pouvoir est irrecevable contre elles (CE Ass. 27. 1. 1984 Caillol, préc). Elles ne sont pas davantage contestables par la voie de l'exception d'illégalité; les requérants ne peuvent donc pas invoquer leur illégalité à l'appui d'un recours contre un acte administratif les appliquant (CE Ass. 6. 5. 1966 Guillain *Lebon* 305). Enfin, elles ne sont pas non plus invocables par les administrés : les moyens d'annulation d'un acte administratif tirés de la violation d'une mesure d'ordre intérieur sont en effet irrecevables (CE 26. 3. 1926 Boulonnois *Lebon* 541).

Il a semblé un moment qu'elles étaient en revanche susceptibles d'engager la responsabilité pour faute de l'administration, lorsqu'elles occasionnaient un dommage (CE Sect. 9. 6. 1978 Spire *AJDA* 1979, n° 5, p. 92, note Truchet). Mais l'arrêt qui avait apparemment consacré cette solution est demeuré isolé, et a même été totalement infirmé par la jurisprudence postérieure (CE 10. 3. 1982 Taddei *D.* 1983. IR 315, obs. Moderne et Bon; CE 20. 2. 1989 Mollaret *RDP* 1989. 1480). Les dommages imputables à des mesures d'ordre intérieur sont donc insusceptibles d'engager la responsabilité de leurs auteurs.

D. Les justifications théoriques de l'existence des mesures d'ordre intérieur

76 La justification théorique la plus classique de l'existence des mesures d'ordre intérieur consiste à invoquer l'adage *de minimis non curat praetor* (« le juge ne s'occupe pas de ce qui est d'importance minime »). D'après celle-ci, leur immunité juridictionnelle s'expliquerait simplement par le souci du juge de ne pas encombrer son prétoire d'affaires sans réelle importance. Cette explication a le tort de manifester à l'endroit du justiciable une désinvolture qui n'est pas de saison. Elle présente d'autre part

l'inconvénient d'être contredite par certains arrêts qui qualifient de mesures d'ordre intérieur des décisions dont on ne peut sans hypocrisie minimiser l'importance, comme par exemple (jusqu'en 2008) la décision de placer un détenu en cellule disciplinaire « à titre préventif » (CE 12. 3. 2003 Frerot, préc.). Ce dernier argument a d'ailleurs conduit plusieurs commissaires du gouvernement (*cf.* concl. Albanel et Scanvic, préc.) ainsi qu'une partie de la doctrine (Lasserre et Delarue *AJDA* 1982. 698 ; Auby, *RDP* 1987. 569) à la condamner.

Une seconde justification tend depuis lors à la supplanter. Dégagée par l'ancien vice-président du Conseil d'État Raymond Odent (*Contentieux administratif*, Les Cours du droit 1977-1981, p. 982), elle est reprise aujourd'hui par la plupart des commissaires du gouvernement (*cf.* concl. Albanel et Scanvic, préc.). Elle consiste pour l'essentiel à présenter les mesures d'ordre intérieur comme des mesures « purement discrétionnaires » n'ayant « aucun effet » sur la situation juridique de ceux qui les subissent. Cette explication nous paraît encore moins convaincante que la première. Elle reprend en effet en l'accentuant son caractère irréaliste en niant toute incidence des mesures d'ordre intérieur sur la situation de leurs destinataires. D'autre part et surtout, elle prétend ressusciter les « actes discrétionnaires » du XIXe siècle, qui n'étaient rien d'autre que des actes arbitraires incompatibles avec l'édification d'un État de droit (*cf. supra*, n° 51). En réalité, cette surprenante justification théorique semble n'être que l'alibi maladroit d'une politique jurisprudentielle de pure opportunité, condamnée par les arrêts Marie et Hardouin (préc.), jugeant souhaitable d'éviter le développement du contentieux dans certains services comme les casernes ou les prisons, où le maintien d'une discipline rigoureuse paraît nécessaire (en ce sens, *cf.* J.-M. Auby, *RDP* 1987. 569).

C'est donc vers une troisième justification théorique qu'il faut se tourner. La meilleure solution consiste à notre avis à faire appel à l'idée de « fonction institutionnelle » (en ce sens, *cf.* Y. Gaudemet, *Mélanges Stassinopoulos*, 1974, p. 568, et notre note, *LPA* 24. 5. 1993). Nous pensons en effet que l'administration exerce une fonction institutionnelle distincte de ses fonctions administrative et gouvernementale. On a déjà vu (*cf. supra*, n° 67) que la fonction gouvernementale a pour objet de participer à l'exercice de la souveraineté, et qu'elle se traduit par l'édiction d'actes de gouvernement dont on propose de confier le contrôle au Conseil constitutionnel. On a également indiqué que par comparaison la fonction administrative consiste à satisfaire les besoins du public, et qu'elle s'exprime par des actes administratifs contrôlables par le juge administratif. Troisième face du « détriplement » fonctionnel, la fonction institutionnelle a quant à elle pour objet « la survie et le développement harmonieux de l'administration en tant qu'institution, c'est-à-dire en tant qu'organisation sociale ordonnée et mise au service d'un but défini » (Y. Gaudemet, préc.). Cela signifie qu'elle s'analyse en une activité d'autorégulation de l'administration. Les « mesures d'ordre intérieur » sont précisément, comme leur nom l'indique, l'expression juridique de cette activité d'autorégulation.

Contrairement à la fonction administrative, qui est tournée vers le « public », c'est-a-dire vers les administrés ou vers les intérêts particuliers des agents, la fonction institutionnelle est donc orientée vers l'intérieur de l'administration, c'est-à-dire vers ses agents considérés dans leur qualité de rouages de l'organisation hiérarchique qu'est l'institution administrative. Du point de vue des mesures d'ordre intérieur, cette analyse emporte deux conséquences.

La première est la condamnation des prétendues mesures d'ordre intérieur qui, comme dans les écoles, les prisons, ou les compétitions sportives, s'adressent non aux agents de l'administration mais aux usagers du service, c'est-à-dire à des administrés. Intervenant en réalité dans le cadre de la fonction administrative, ces décisions devraient en effet être requalifiées par le juge d'« actes administratifs ». Le même sort devrait être d'ailleurs réservé aux directives, dans la mesure où elles se rapportent toujours, comme on l'a vu, aux modalités d'exercice du pouvoir discrétionnaire sur le public, c'est-à-dire à la substance même de la fonction administrative, ainsi qu'à celles des circulaires non impératives qui, dans le cadre du travail loyal d'interprétation, créent (car toute interprétation est créatrice) des règles nouvelles régissant non l'activité interne de l'administration mais la situation du public. Les inconvénients pratiques résultant de ces évolutions jurisprudentielles pourraient être facilement résolus par la reconnaissance en faveur des ministres et des chefs de service d'un « pouvoir réglementaire d'interprétation » (*cf. infra*, n° 152), qui éviterait l'annulation systématique de leurs circulaires réglementaires, et par l'utilisation de la technique des « moyens inopérants », qui permettrait au juge de refuser d'examiner les moyens tirés par exemple de l'appréciation des performances sportives (*cf.* en ce sens concl. Leroy sur CE Sect. 25. 1. 1991 Vigier, préc.), et d'empêcher ainsi le contentieux de croître dans des proportions trop considérables.

La seconde conséquence est, à l'inverse, la légitimation des mesures d'ordre intérieur qui, comme dans les casernes ou dans la fonction publique, s'adressent bel et bien aux agents en leur qualité de rouages de l'administration, et non au public. Chacun comprendrait en effet que si ces décisions échappent au contrôle du juge administratif, c'est parce qu'elles ne sont pas l'expression de la fonction administrative, qui relève seule de lui. Leur immunité juridictionnelle cesserait même d'être effrayante, car ainsi circonscrites à l'autorégulation de l'institution administrative les mesures d'ordre intérieur deviendraient pratiquement inoffensives. Cessant d'être le fruit de l'arbitraire du juge, la mesure d'ordre intérieur apparaîtrait finalement sous son vrai jour, comme l'expression de la fonction institutionnelle de l'administration.

TITRE 2

LES MISSIONS DE L'ACTION ADMINISTRATIVE

77 L'action de l'administration a pour raison d'être, lorsqu'elle s'exerce dans le cadre de la fonction administrative, de satisfaire les besoins du public. C'est cette raison d'être qui explique que le droit français lui ait confié les deux missions fondamentales d'assurer la bonne marche des services publics (CHAPITRE 3) et de veiller au maintien de la paix sociale (CHAPITRE 4).

CHAPITRE 3

Les services publics

78 Après avoir procédé à l'identification des services publics (SECTION 1), on recherchera quelles sont les autorités compétentes pour procéder à leur création et à leur suppression (SECTION 2), puis on exposera leurs modes de gestion (SECTION 3), avant d'aborder l'étude de leur régime juridique (SECTION 4).

SECTION 1

IDENTIFICATION DES SERVICES PUBLICS

Cette identification consiste à définir (**A**) et à classer (**B**) les services publics.

A. Définitions

Dans le langage courant, l'expression « service public » est généralement utilisée pour désigner l'organe, c'est-à-dire la personne publique ou privée, qui gère une activité d'intérêt général. Cette définition organique ne sera pas retenue ici. Le droit français considère en effet avant tout l'expression dans un sens matériel, pour désigner un type d'activité et non un organe. Cette approche a débouché sur une conception très subtile du service public, dont il n'existe pas une mais trois définitions matérielles (que René Chapus a habilement synthétisées en le présentant comme l'activité d'intérêt général « assurée ou assumée par une personne publique, » *DAG* n° 748). Ces trois définitions, apparues respectivement au XIXe siècle (**1**), en 1938 (**2**) et en 1990 (**3**), se complètent plus qu'elles ne se concurrencent. Leur coexistence pacifique devrait donc leur permettre de survivre longtemps, à condition toutefois que « l'intégration communautaire » (appellation technocratique de la construction européenne) ne détruise pas la substance même du service public (**4**).

1. La définition classique

79 Selon sa définition classique, telle qu'elle s'est forgée au cours du XIXe siècle, le service public est une activité d'intérêt général gérée par une personne publique. Dans l'arrêt Feutry, par exemple, l'activité d'un asile départemental d'aliénés est qualifiée de service public parce qu'elle est « à la charge du département et d'intérêt public » (TC 29. 2. 1908 Feutry *RDP* 1908. 206, note Jèze). Duguit n'est guère éloigné de cette conception – qu'il a contribué à forger – lorsqu'il décrit le service public comme « l'activité que les gouvernants doivent obligatoirement exercer dans l'intérêt des gouvernés » (*RDP* 1907. 417).

Cette définition simple se caractérise par la prééminence du critère organique. La qualification de service public dépend en effet essentiellement de la nature juridique de l'organe qui gère l'activité : cet organe doit être une personne publique, c'est-à-dire l'État, une collectivité territoriale, ou un établissement public. Sauf dans l'hypothèse classique de la concession de service public (*cf.* par ex. CE 10. 1. 1902 Gaz de Deville-lès-Rouen *GAJA*, pour une concession d'éclairage au gaz passée en 1874), une activité de service public ne peut pas être gérée par une simple personne privée, qu'il s'agisse d'un particulier, d'une association, d'une société ou de tout autre organisme de droit privé.

Dès lors que ce critère organique est respecté, une activité est considérée comme un service public quel que soit le domaine sur lequel elle porte. Sa soumission à la réalisation d'un « intérêt général » est en effet largement entendue. Dans une note publiée en 1916, Maurice Hauriou avait pourtant tenté de lutter contre cet élargissement jurisprudentiel de la notion, en développant la théorie du « service public par nature » (note sur CE 7. 4. 1916 Astruc *S.* 1916. 3, 41). Profondément attaché à l'État-gendarme, et inquiet de le voir se transformer en État-providence – « on nous change notre État ! » s'était-il écrié quelques années plus tôt (*S.* 1900. 3, 49) –, le maître de Toulouse avait proposé de circonscrire le service public à son domaine « naturel », c'est-à-dire aux seules activités régaliennes de l'État (essentiellement police, justice, défense nationale). Mais il ne fut pas écouté. Dès 1921, la jurisprudence a en effet admis que les services publics pouvaient avoir un objet industriel et commercial. La solution, adoptée avec ambiguïté par le célèbre arrêt du bac d'Éloka (qui parle, comme le commissaire du gouvernement Matter, du « service de transport » et non du « service public » de transport : TC 22. 1. 1921 Soc. commerciale de l'Ouest africain *GAJA*), devait être définitivement consacrée quelques mois plus tard (par l'arrêt CE 23. 12. 1921 Soc. gén. d'armement *Lebon* 1109, qui utilise pour la première fois l'expression « service public industriel et commercial »). Et deux ans plus tard, l'activité culturelle des théâtres publics, contre laquelle Hauriou s'était particulièrement déchaîné dans sa note de 1916, était à son tour érigée en service public (CE 27. 7. 1923 Gheusi *RDP* 1923. 560, concl. Mazerat, note Jèze). Le coup de grâce était ainsi porté à la théorie du « service public par nature ».

Aujourd'hui plus que jamais, la jurisprudence demeure fidèle à la définition classique du service public (pour un rappel explicite, *cf.* concl. Long sur CE Sect. 20. 4. 1956 Min. de l'Agriculture c. consorts Grimouard *RDP* 1956. 1072). Le concept d'intérêt général étant de plus en plus largement apprécié, toutes les activités des personnes publiques tendent grâce à elle à devenir des services publics. Ont ainsi été qualifiées de services publics l'exploitation d'un casino municipal (CE 25. 2. 1966 Ville de Royan *Lebon* 237), et l'organisation par une ville d'un festival de la bande dessinée (CE 25. 3. 1988 Commune d'Hyères *Lebon* 668). La seule exception notable à ce phénomène d'envahissement concerne la gestion des biens appartenant au « domaine privé » des personnes publiques, que la jurisprudence refuse inexplicablement d'assimiler à une activité de service public (*cf.* par ex. CE 26. 9. 1986 Époux Herbelin *AJDA* 1986. 714, note Moreau).

2. La définition de 1938

80 Jusqu'en 1938, les personnes privées ne pouvaient pas gérer de service public, sauf dans le cas précis de la concession de service public. Cette interdiction de principe est vite apparue inadaptée à l'évolution de la société, dont le « besoin de service public » a cru dans des proportions telles que les personnes publiques se sont senties incapables d'y répondre seules. En pratique, l'État a donc confié la gestion de certaines activités d'intérêt général à des personnes privées. Confronté au problème, le Conseil d'État a dû déterminer si, oui ou non, ces personnes privées s'étaient ainsi retrouvées investies de véritables missions de service public. Sa réponse est intervenue en deux temps, dont la confrontation forme une alternative.

Dans un arrêt de 1935, il refuse d'analyser l'activité d'aide agricole des « sociétés indigènes de prévoyance », créées par décret dans les colonies, comme un service public. Il reconnaît pourtant qu'il s'agit d'une activité d'intérêt général, et admet en conséquence la légalité du règlement par lequel le gouvernement a conféré à ces sociétés le droit de bénéficier de la procédure d'expropriation (CE Ass. 20. 12. 1935 Établissements Vézia *RDP* 1936. 119, concl. Latournerie). Historiquement, cet arrêt ouvre ainsi la voie à la jurisprudence qui acceptera, trois ans plus tard, de reconnaître l'existence de services publics gérés par des personnes privées. Mais son intérêt majeur, et toujours actuel, est de consacrer la possibilité pour les personnes privées d'exercer un troisième type d'activité, à mi-chemin d'une activité de service public et d'une activité purement privée : une « activité privée d'intérêt général », suffisamment importante pour bénéficier d'un traitement juridique particulier.

Le Conseil d'État va plus loin dans son célèbre arrêt de 1938, « Caisse primaire aide et protection » (CE Ass. 13. 5. 1938 Caisse primaire « aide et protection » *GAJA*). Il y affirme en effet pour la première fois qu'une personne privée – en l'occurrence une caisse primaire d'assurances sociales – peut gérer un service public indépendamment de toute « concession ». Le service public cesse ainsi d'être l'apanage des personnes publiques : la voie est ouverte à sa « privatisation », c'est-à-dire au transfert de sa gestion à des personnes privées. Réaffirmée en matière de sécurité sociale (CE Sect. 5. 2. 1954 Assoc. El Hamidia *JCP* 1954, n° 8136, concl. Mosset), la jurisprudence Caisse primaire a notamment bénéficié aux centres de lutte contre le cancer (TC 20. 11. 1961 Centre rég. de lutte contre le cancer « Eugène Marquis » *AJDA* 1962. 17, chron. Galabert et Gentot), aux SAFER (CE Sect. 13. 7. 1968 Capus *D.* 1968. 674, concl. Bertrand), aux fédérations sportives (CE Sect. 22. 11. 1974 Féd. des industries françaises d'articles de sport *AJDA* 1975. 19, chron. Franc et Boyon), et aux associations communales de chasse agréées (CE 30. 11. 1977 Assoc. des chasseurs de Noyant-de-Touraine *Lebon* 467), qui gèrent respectivement les services publics de la lutte contre le cancer, de l'aménagement foncier, de l'organisation des compétitions sportives et de l'organisation de la chasse.

81 Malgré ses mérites, l'arrêt de 1938 péchait toutefois par son laconisme. Il omettait notamment de préciser à quelles conditions l'activité d'une personne privée est un service public. C'est pourquoi il a fallu attendre les années soixante, et les arrêts Magnier et Narcy, pour les connaître enfin avec certitude. Ces deux arrêts font en effet apparaître que trois conditions doivent être réunies pour que l'activité d'une personne privée soit un service public : il faut que cette activité ait un objet d'intérêt général, qu'elle s'effectue sous le contrôle d'une personne publique, et qu'elle nécessite la mise en œuvre de prérogatives de puissance publique (CE Sect. 13. 1. 1961 Magnier *RDP* 1961. 155, concl. Fournier, CE Sect. 28. 6. 1963 Narcy *AJDA* 1964. 91, note de Laubadère. Pour une réaffirmation de ces trois conditions, *cf.* CE Sect. 22. 2. 2007 Assoc. du personnel relevant des établissements pour inadaptés *AJDA* 2007. 793, chron. Lenica et Boucher). Ils éclairent ainsi rétrospectivement la nouvelle définition du service public qu'avait implicitement consacrée l'arrêt Caisse primaire : le service public est une activité d'intérêt général gérée par une personne privée avec des prérogatives de puissance publique sous le contrôle de l'administration.

• *La première condition – l'intérêt général* – est la plus floue des trois. Il est en effet difficile d'apprécier si l'activité d'une personne privée répond ou non à un « intérêt général ». Il semble que le meilleur moyen d'y parvenir soit d'adopter la distinction, proposée par René Chapus, entre « activités de plus grand service » et « activités de plus grand profit » (*DAG* tome 1, nos 753 à 759). Les premières visent davantage à satisfaire les administrés qu'à réaliser un profit, alors que les secondes placent la recherche du profit au premier rang de leurs priorités. On devine la conclusion : les activités d'intérêt général sont les « activités de plus grand service ». Cette distinction permet de comprendre par exemple pourquoi la société « La Française des jeux » ne gère pas de service public : c'est parce que son activité, qui consiste à organiser des jeux de hasard, est dictee par le souci, exclusif de l'intérêt général, de faire du profit (CE Sect 27. 10. 1999 Rolin *AJDA* 1999. 1008 chron. Fombeur et Guyomar).

• *La deuxième condition – le contrôle de l'activité par une personne publique* – est heureusement plus claire. Elle repose sur l'idee qu'un service public ne peut être géré par une personne privée qu'en vertu d'une « délégation » consentie par une personne publique. L'élément organique, critère fondamental de la définition classique, réapparaît ainsi dans la définition de 1938 au rang de simple condition. Cette « délégation » peut se matérialiser par un contrat (hypothèse de l'arrêt CE Sect. 20. 4. 1956 Époux Bertin *GAJA*); elle est alors facile à repérer. Mais elle peut aussi résulter d'un acte unilatéral (législatif ou administratif), explicite ou implicite; elle s'avère alors délicate à cerner : le fait que la personne privée ait été créée, ou que ses dirigeants soient désignés ou agréés, ou que ses actes soient contrôlés par une personne publique est un indice qui suffit généralement à conclure à l'existence de la délégation. Dans l'arrêt Magnier, par exemple, le juge estime que les fédérations départementales de lutte contre les hannetons ont reçu une délégation de l'État. Il déduit l'existence de celle-ci du constat qu'elles ont étés créées par une ordonnance de

1945, et qu'elles ont ensuite été agréées par le préfet (CE Sect. 13. 1. 1961 Magnier, préc.).

• *La troisième et dernière condition – la présence d'au moins une prérogative de puissance publique* – est elle aussi assez claire. Une prérogative de puissance publique est un privilège, attribué pour les besoins de l'intérêt général, qui manifeste l'existence, entre son titulaire et les tiers, d'un rapport d'autorité et non d'égalité. Elle consiste généralement en un monopole, ou en la possibilité de percevoir des cotisations de caractère fiscal ou d'édicter des actes unilatéraux. Dans l'arrêt Magnier, par exemple, le juge constate que les fédérations départementales de lutte contre les hannetons disposent de trois prérogatives de puissance publique : elles disposent du monopole de la lutte contre les hannetons, elles bénéficient de recettes fiscales, et elles ont le pouvoir d'exécuter d'office les traitements antiparasitaires sur les terrains privés (CE Sect. 13. 1. 1961 Magnier, préc.). Cette troisième condition est nécessaire dans le cadre de la définition de 1938. Plusieurs arrêts ont en effet expressément confirmé que l'activité d'une personne privée ne saurait constituer un service public dès lors qu'elle ne met pas en œuvre de prérogatives de puissance publique, même si elle s'exerce dans l'intérêt général et sous le contrôle de l'administration (CE 21. 5. 1976 GIE Brousse-Cardell *AJDA* 1977. 42, concl. Grévisse; TC 25. 1. 1982 Dame Cailloux *AJDA* 1982. 724, note Pécheul; *cf.* aussi, implicitement, à propos de l'exploitation d'un restaurant dans un musée : CAA Lyon 24. 7. 2003 Département du Rhône *AJDA* 2003. 2159, note Dreyfus). Cette exigence est logique, car seule cette troisième condition permet de distinguer les activités de service public des personnes privées des simples « activités privées d'intérêt général » de la jurisprudence Vézia (dans le prolongement de laquelle se situent les arrêts Brousse-Cardell et Dame Cailloux, préc.). La définition de 1990 y renonce pourtant.

3. La définition de 1990

82 Dès 1978 la jurisprudence avait reconnu, par exception à la définition de 1938, que certaines activités des personnes privées sont constitutives de services publics, bien qu'elles ne mettent en

œuvre aucune prérogative de puissance publique (TC 6. 11. 1978 Bernardi *AJDA* 1979, n° 1, p. 22, chron. Dutheillet de Lamothe et Robineau; TC 28. 4. 1980 Dame Girinon *AJDA* 1981. 158, note Brard). Mais cette exception pouvait se comprendre, car elle ne bénéficiait qu'aux établissements hospitaliers privés, auxquels le CSP confie expressément une mission de service public. On se trouvait en somme en présence de services publics par détermination de la loi.

S'inspirant des propositions formulées dès 1978 par M. Galabert (concl. sur CE Sect. 13. 10. 1978 ADASEA du Rhône *RDP* 1979. 899), la jurisprudence a été beaucoup plus loin quelques années plus tard. Dans un arrêt de 1990, le Conseil d'État affirme en effet que l'association « Melun culture loisirs » doit « être regardée, alors même que l'exercice de ses missions ne comporterait pas la mise en œuvre de prérogatives de puissance publique, comme gérant, sous le contrôle de la commune, un service public communal » (CE 20. 7. 1990 Ville de Melun *AJDA* 1990. 820, concl. Pochard). L'association en question assurait l'animation culturelle de la ville : son activité poursuivait donc bien l'intérêt général. Elle était en outre soumise à un contrôle particulièrement fort de la commune : créée par celle-ci, elle en recevait en effet des aides massives, représentant plus de la moitié de ses recettes, bénéficiait de la mise à disposition gratuite de locaux et d'agents communaux, était présidée par le maire, et avait un conseil d'administration majoritairement composé de conseillers municipaux. L'idée de « délégation » était donc fortement présente, à tel point que le conseil d'État a considéré qu'elle permettait de considérer l'activité de l'association comme un service public, bien qu'elle ne comporte la mise en œuvre d'aucune prérogative de puissance publique. Désormais, la présence renforcée de la deuxième condition – le contrôle de l'activité par une personne publique – permet en quelque sorte d'effacer l'exigence de la troisième – la mise en œuvre d'une prérogative de puissance publique. L'arrêt de 1990 consacre donc bien l'existence d'une troisième définition du service public : le service public est une activité d'intérêt général gérée par une personne privée sans prérogatives de puissance publique mais sous le contrôle renforcé de l'administration.

Cette troisième définition a été confirmée par la suite (notamment par CE 17. 2. 1992 Soc. Textron *AJDA* 1992. 450, note Devès, et par CE Sect. 22. 2. 2007 Assoc. du personnel des établissements pour inadaptés *AJDA* 2007. 793, chron. Lenica et Boucher). Elle présente l'inconvénient d'obscurcir la frontière qui sépare les services publics des simples « activités privées d'intérêt général » de la jurisprudence Vézia. Il est en effet plus difficile de repérer un « contrôle renforcé » qu'une prérogative de puissance publique. Malgré tout, nous ne pensons pas qu'il faille verser dans le pessimisme de l'« existentialisme juridique ». Même après 1990, il n'est pas vrai que le service public ne soit qu'une « étiquette » (Marcel Waline, *RDP* 1956. 1061) ou qu'un « label » (Didier Truchet *AJDA* 1982. 427) attribué par le juge au gré de sa subjectivité. Pour être qualifiée de service public, une activité doit en effet correspondre à l'une des trois définitions précises qu'on vient de passer en revue. Or, nous pensons que cette diversité n'est pas le signe d'une dégénérescence, mais d'un approfondissement. Ce qu'il faut bien comprendre, c'est que la notion de service public est profondément marquée par l'idéologie démocratique. Elle est conçue comme un moyen de préserver l'impératif d'égalité face aux débordements du libéralisme. Dès lors, il est normal qu'elle s'adapte à l'évolution qui consiste à soustraire la gestion des activités les plus importantes de la vie sociale aux personnes publiques et aux procédés de puissance publique. La définition de 1990 doit donc être approuvée parce qu'elle réalise cette adaptation.

4. Le service public et l'intégration communautaire

83 L'idéologie libérale d'un grand marché ouvert, qui domine depuis ses origines la construction de la Communauté européenne, n'a jamais été favorable au service public. Le traité de Rome, déjà, ne le mentionnait qu'incidemment, à l'article 77. Certes, son article 90 (art. 86 TCE) reconnaissait aux États le droit, à condition de respecter « l'intérêt de la communauté », de faire bénéficier les « entreprises chargées de la gestion de services d'intérêt économique général » de dérogations aux règles de concurrence. Mais la Commission n'a eu de cesse d'en imposer, avec l'aide de la CJCE, une lecture défavorable aux services publics (*cf.* notamment CJCE 19. 3. 1991 Rép. française c. Commission *AJDA* 1991. 540, note Le Mire).

Cette situation risquait à la longue de devenir menaçante pour la survie même des services publics. Une réaction en leur faveur a heureusement eu lieu au début de l'année 1993, d'abord par la présentation par la France d'un projet de « charte européenne des services publics », puis par l'adoption par le Parlement européen d'une résolution invitant la Commission à « définir des normes minimales pour assurer la satisfaction des besoins fondamentaux et les services publics dans l'ensemble de la société ». Suite à ces sollicitations, le traité d'Amsterdam a reconnu « la place qu'occupent les services d'intérêt économique général parmi les valeurs communes de l'Union », et rendu hommage « au rôle qu'ils jouent dans la promotion de la cohésion sociale et territoriale de l'Union » (art. 16 TCE). Et la CJCE s'est enfin résolue à infléchir sa jurisprudence en reconnaissant aux États, plus nettement qu'elle ne l'avait jamais fait auparavant, le pouvoir de déroger à certaines règles de concurrence en faveur des entreprises chargées de services d'intérêt économique général (CJCE 19. 5. 1993 Corbeau *AJDA* 1993. 865, note Hamon, CJCE 27. 4. 1994 Commune d'Almelo *AJDA* 1994. 637, note Hamon, et CJCE 23. 10. 1997 Commission c. France *AJDA* 1997. 991 note Hamon). En 2007, enfin, le traité de Lisbonne a consacré un protocole aux « services d'intérêt général », tant économiques que non économiques (notamment sociaux), afin de dissiper les craintes manifestées par le peuple français à l'occasion du référendum rejetant la Constitution européenne. [1]

Grâce à la contre-attaque menée par la France et par le Parlement européen au nom de l'idéologie démocratique contre la toute-puissance de l'idéologie libérale, le service public semble ainsi être assuré, pour l'instant, de survivre.

1. De façon très controversée (*cf.* les critiques de G. Marcou, *AJDA* 2008, 833. G. Guglielmi et G. Koubi, *AJDA* 2008. 1169), le professeur Didier Truchet en a déduit la proposition de remplacer en droit français l'expression « service public » par l'expression « service d'intérêt général » (*AJDA* 2008. 553).

Tout danger n'est cependant pas écarté. En contradiction avec sa jurisprudence de 1993, la CJCE considère en effet que la gratuité ou la quasi-gratuité de certains services d'intérêt économique général constitue une « aide d'État » (au sens de l'article 87 TCE) devant être soumise à l'autorisation préalable de la Commission, parce qu'elle est susceptible de fausser la concurrence communautaire (CJCE 20. 11. 2003 Gemo *AJDA* 2004. 323, note Belorgey, à propos du service public gratuit de l'équarrissage en France). La Cour confère ainsi à la Commission le pouvoir de bouleverser le mode de financement de ces services publics, et donc d'en compromettre l'existence même.

Reste à savoir d'autre part si la nouvelle notion de « service universel », que la Commission cherche à promouvoir depuis 1987, n'est pas un cheval de Troie destiné à détruire le service public. Défini comme un service minimal accessible à tous à un prix abordable, le service universel a en effet été consacré en droit français par deux lois du 26 juillet 1996 sur les télécommunications et par la loi du 20 mai 2005 sur les activités postales. Tout en ouvrant le téléphone et le courrier à la concurrence, ces textes confient à la société France Télécom et à l'établissement public La Poste (transformé en société en 2010), au titre de ce « service universel », quelques activités d'intérêt général (notamment acheminement gratuit des appels d'urgence pour la première, levée et distribution du courrier chaque jour ouvrable pour le second, et desserte du territoire par des cabines téléphoniques et des bureaux de poste). Le service universel fait ainsi figure de service public du pauvre, et semble beaucoup moins apte que le « service public à la française » à entraver le triomphe du marché.

B. Classification

1. La distinction des SPA et des SPIC

84 Jusqu'en 1921 les seuls services publics dont l'existence était clairement reconnue étaient les « services publics administratifs » (SPA). Leur particularité était d'avoir un objet administratif, qui les distinguait nettement des activités privées, réputées industrielles ou commerciales. Le monde de l'activité humaine était idé-

alement coupé en deux : aux personnes publiques incombaient les activités administratives, aux personnes privées revenaient les activités industrielles ou commerciales. En réalité, cette présentation des choses était exagérément simplificatrice. Dès le XIXᵉ siècle, l'État et les collectivités locales avaient en effet pris en charge quelques services publics à caractère industriel ou commercial (SPIC) : transport ferroviaire, exploitation de lignes de tramways, distribution d'eau, de gaz, puis d'électricité. Mais dans le cadre du libéralisme alors tout-puissant, cette immixtion du service public dans le secteur industriel et commercial était mal vécue. C'est pourquoi on recourait au procédé de la concession de service public : en permettant de confier la gestion des SPIC à des personnes privées, il rendait leur existence supportable.

Cette situation ambiguë faisait donc des SPIC des sortes de services publics de seconde zone, voués à être gérés par des personnes privées. Devant la transformation de l'État-gendarme en État-providence, et le développement de l'interventionnisme des collectivités locales, il était nécessaire de dépasser ces états d'âme, en permettant aux personnes publiques de gérer directement des SPIC. C'est ce que fit, non sans hésitation comme on l'a vu (*cf. supra*, n° 79), l'arrêt du bac d'Éloka (TC 22. 1. 1921 Soc. commerciale de l'Ouest africain *GAJA*).

Dans cette affaire, la colonie de Côte d'Ivoire, qui était une personne publique, exploitait un bac. Par une belle nuit de septembre 1920, le bac coula, provoquant l'immersion des automobiles qu'il transportait. La société commerciale de l'Ouest africain, propriétaire de l'un des véhicules endommagés, assigna alors la colonie devant les tribunaux judiciaires, en vue d'obtenir une indemnisation. Le conflit ayant été élevé, le Tribunal des conflits constata que la colonie exploitait son « service de transport dans les mêmes conditions qu'un industriel ordinaire », et estima en conséquence que le juge judiciaire était bel et bien compétent pour connaître du litige.

Malgré sa rédaction hésitante, l'arrêt du bac d'Éloka a le mérite d'inaugurer une jurisprudence abondante qui reconnaît aux personnes publiques le droit d'exploiter des SPIC, et qui tire par la même occasion la notion de SPIC de l'état de semi-clandestinité dans lequel elle vivait jusque-là. C'est pourquoi il mérite d'être considéré comme le point de départ officiel de la distinction SPIC-SPA.

85 Cette classification des services publics en deux catégories est fondamentale. Les SPA relèvent en effet du droit administratif et du juge administratif, alors que les SPIC relèvent pour l'essentiel du droit privé et du juge judiciaire. Se pose dès lors la question de savoir quel est leur critère de distinction.

La jurisprudence ne lui apporte une réponse claire que depuis 1956 (CE Ass. 16. 11. 1956 Union syndicale des industries aéronautiques *D.* 1956. 759, concl. Laurent). Plutôt que de retenir un critère unique, qui risquerait de s'avérer trop rigide, elle préfère recourir à un faisceau d'indices. Trois indices sont en effet explorés pour déterminer si un service public est un SPIC ou un SPA : il s'agit, selon les propres termes de la jurisprudence, de son « objet », de son « mode de financement », et des « modalités de son fonctionnement » (pour un exemple d'arrêt utilisant ces expressions, *cf.* TC 20. 1. 1986 S.A. Roblot *AJDA* 1986. 267, note Richer). Mais il suffit que deux d'entre eux coïncident pour que le juge qualifie le service public de SPIC ou de SPA (en ce sens, *cf.* TC 21. 3. 2005 Mme Alberti-Scott *RFDA* 2006. 119, note Lachaume, à propos d'un SPIC de distribution d'eau). Certains arrêts donnent même l'impression qu'un seul indice est parfois suffisant.

• L'*« objet »* du service désigne la substance même de l'activité. Si cette activité est comparable à celle d'une entreprise privée, ce premier indice penche en faveur du SPIC. C'est par exemple le cas pour la plupart des activités de transport. Si à l'inverse l'activité n'est pas comparable à celle d'une entreprise privée, l'indice plaide au contraire pour une nature de SPA. S'inscrivent dans cette hypothèse les activités qui consistent par exemple à accorder des subventions non remboursables (CE Ass. 16. 11. 1956, préc., et aussi TC 19. 2. 1990 CNASEA *Lebon* 387), à assurer « la plus grande sécurité possible et la satisfaction des besoins en matière de transfusion sanguine » (avis CE 20. 10. 2000 Mme T. *AJDA* 2001. 394, concl. Chauvaux), ou à assurer l'exploitation de bacs (car, contrairement à ce qu'on observait en 1921, il n'existe plus de bacs dans le secteur privé : CE Sect. 10. 5. 1974 Chorques et Denoyez *AJDA* 1974. 298, chron. Franc et Boyon).

• *Le « mode de financement »* du service renvoie à l'origine de ses ressources. Si celles-ci proviennent principalement de redevances versées par les usagers, ce deuxième indice penche en faveur du SPIC. Si elles sont au contraire essentiellement alimentées par des subventions ou par des recettes fiscales, il plaide pour une nature de SPA. Le transport de voyageurs et la distribution de gaz ou d'électricité, qui se financent respectivement par la vente de tickets et par la souscription d'abonnements, illustrent la première hypothèse. L'activité du Centre national pour l'aménagement des structures des exploitations agricoles, dont le budget est alimenté par des subventions de l'État et des régions (TC 19. 2. 1990, préc.), et celle de la Caisse de compensation pour la décentralisation de l'industrie aéronautique, qui tire « la plus grande partie de ses ressources d'une retenue de nature parafiscale » (CE Ass. 16. 11. 1956, préc.), illustrent la seconde. Plus clair que ses deux compagnons, l'indice du mode de financement semble parfois pris en compte de façon prééminente, voire exclusive : c'est ainsi que, d'après le Conseil d'État, les services publics d'enlèvement des ordures ménagères sont des SPIC ou des SPA selon qu'ils sont financés par une « redevance » pour service rendu perçue sur leurs usagers, ou par une « taxe » de nature fiscale (avis CE Sect. 10. 4. 1992 SARL Hofmiller *AJDA* 1992. 688, note Prétot).

•*Les « modalités de fonctionnement »* désignent les conditions dans lesquelles la gestion du service public est assurée. Lorsqu'elles sont profondément dérogatoires aux règles prévues en droit privé, elles font pencher ce troisième indice en faveur d'une qualification de SPA. C'est par exemple le cas pour les activités soumises aux règles de la comptabilité publique (CE Ass. 16. 11. 1956, préc.), ou exécutées « en régie directe avec un nombreux personnel relevant presque en totalité du statut du personnel communal » (TC 19. 12. 1938 Ponce *AJDA* 1989. 274, note Prétot). Lorsque au contraire l'originalité par rapport aux règles du droit privé est faible, l'indice plaide pour une nature de SPIC (*cf.* TC 19. 2. 1990 Thomas *Lebon* 618, à propos d'un service de distribution d'eau). Force est cependant d'admettre qu'en pratique il s'avère le moins clair des trois (en ce sens, *cf.* note J.-P. Théron *AJDA* 1990. 558).

Bien entendu, la méthode jurisprudentielle du faisceau d'indices, qu'on vient d'étudier, peut être librement écartée par la loi. Cela s'explique par le fait (qu'on a vu au chap. 1) que la loi se situe, dans la hiérarchie des normes, au-dessus des règles jurisprudentielles. Le juge s'est ainsi incliné devant la loi de 1961 qui qualifiait d'ÉPIC (c'est-à-dire d'établissement public gérant un SPIC) le Centre national d'études spatiales, alors même que l'examen des trois indices l'aurait amené à analyser son activité comme un SPA (TC 24. 4. 1978 Soc. boulangerie de Kourou *D.* 1978. 584, note Delvolvé). On doit considérer de la même façon que la loi du 2 juillet 1990, donnant à « La Poste » le statut d'ÉPIC, a mis fin à la jurisprudence qui assimilait le service des PTT à un SPA (TC 24. 6. 1968 Ursot *D.* 1969. 416, note du Bois de Gaudusson). En revanche, un simple règlement ne peut pas en faire autant, car il se situe, dans la hiérarchie des normes, au-dessous des règles jurisprudentielles. C'est ainsi que le juge a refusé de s'incliner devant le décret de 1961 qui qualifiait le FORMA (Fonds d'orientation et de régulation des marchés agricoles) d'ÉPIC : en application de sa méthode du faisceau d'indices, il a analysé son activité comme un SPA (TC 24. 7. 1968 Soc. distilleries bretonnes *AJDA* 1969. 311, note de Laubadère).

2. L'inexistence d'autres catégories de services publics

86 Tous les services publics sont des SPA ou des SPIC. Les lois qui semblent confier à certains établissements publics une troisième catégorie de services publics n'ont en réalité pour seul objet que de préciser leur mission. La loi du 26 janvier 1984 qualifie par exemple les universités d'établissements publics « à caractère scientifique, culturel et professionnel »; elle n'entend pas nier pour autant qu'elles gèrent un SPA.

Dans son Traité, André de Laubadère estime quant à lui que les « services publics corporatifs », nés de la jurisprudence Monpeurt-Bouguen et gérés par des organismes d'interventionnisme économique ou par les ordres professionnels, constituent bel et bien une troisième catégorie de services publics (CE Ass. 31. 7.

1942 Monpeurt *GAJA*, CE Ass. 2. 4. 1943 Bouguen *GAJA*). Selon lui, « leur caractéristique réside... dans le fait que leur personnel dirigeant est recruté dans le milieu professionnel correspondant à l'activité gérée » (13e éd. 1994, n° 1196). On peut objecter qu'il s'agit là d'une particularité de nature plus sociologique que juridique. De Laubadère avance toutefois un second argument plus sérieux : le régime juridique des services publics corporatifs serait un régime « mixte », caractérisé par une prédominance des règles de droit public (contrairement à ce que connaissent les SPIC) qui laisserait aux règles de droit privé une place non négligeable (ce qui marquerait sa différence par rapport au régime des SPA). En réalité, quelle que soit la pertinence de cette analyse, la jurisprudence préfère appliquer aux services publics corporatifs sa méthode du faisceau d'indices, et les considère donc tantôt comme des SPIC tantôt comme des SPA (CE Sect. 13. 1. 1961 Magnier *RDP* 1961. 155, concl. Fournier : SPA).

Le juge a été beaucoup plus hésitant vis-à-vis des « services publics sociaux ». Ce terme est utilisé pour désigner les services publics qui ont un objet social : crèches, centres aérés, colonies de vacances, etc. Par l'arrêt Naliato, de 1955, le Tribunal des conflits les a analysés comme des services publics à gestion privée, relevant essentiellement (comme les SPIC) du droit privé et du juge judiciaire (TC 29. 1. 1955 Naliato *RDP* 1955. 716, note Waline, et vieilles éditions des *GAJA*). À la différence des SPIC, pourtant, leur objet n'avait absolument aucun caractère industriel ou commercial : l'arrêt les érigeait donc bien en une troisième catégorie de services publics. Le Tribunal des conflits a confirmé sa position par la suite (TC 13. 1. 1958 Dlle Berry *AJDA* 1958. 223, chron. Fournier et Combarnous). Le Conseil d'État a au contraire manifesté une certaine résistance à la jurisprudence Naliato, et a préféré assimiler les services publics sociaux à des SPA (CE 27. 1. 1971 Caisse des écoles de la Courneuve *D.* 1973. 521, note Lachaume). À l'issue de ce bras de fer, c'est finalement le Tribunal des conflits qui a cédé. Depuis 1983, les services publics sociaux ne sont plus considérés comme une troisième catégorie de services publics (TC 4. 7. 1983 Gambini *RDP* 1983. 1381, note Auby).

SECTION 2
CRÉATION ET SUPPRESSION DES SERVICES PUBLICS

A. Création

1. Par l'État

87 Jusqu'en 1958, le Parlement était seul compétent pour créer un service public national. Cette solution reposait essentiellement sur l'idée qu'un service public constitue une menace potentielle pour les libertés, et qu'il faut par conséquent réserver sa création au gardien de celles-ci. Tout règlement créant un SPIC ou un SPA était donc jugé illégal (CE Sect. 13. 11. 1953 Ch. synd. des industries et du commerce des armes *D.* 1954. 553, note Reuter, à propos de la création d'un SPIC de fabrication de cartouches de chasse). Cette conception légicentriste présentait l'inconvénient, par son extrême rigidité, d'entraver l'action de l'administration. C'est pourquoi le commissaire du gouvernement Chenot développa la théorie du « service public virtuel », à laquelle le Conseil d'État accepta de se rallier (CE Sect. 5. 5. 1944 Comp. maritime de l'Afrique orientale *GAJA*, *RDP* 1944. 236, concl. Chenot, note Jèze). Selon cette théorie, l'administration peut imposer aux personnes privées qui gèrent des activités d'intérêt général des « obligations de service public ». À défaut d'avoir été érigées par le législateur en véritables services publics, ces activités constituent ainsi des « services publics virtuels ».

Depuis la Constitution de 1958, le pouvoir réglementaire détient au contraire une compétence de principe pour créer les services publics nationaux, car l'article 34 ne place pas la création des services publics dans le domaine de la loi. La théorie du « service public virtuel » ne présente donc plus guère d'intérêt. La compétence du Parlement réapparaît toutefois dans quelques cas précis mentionnés par l'article 34 : lorsque la création du service public se traduit par une nationalisation ou par la création de nouvelles « catégories » d'établissements publics; lorsqu'elle concerne la défense nationale, l'enseignement, ou la sécurité sociale; ou lorsqu'elle porte atteinte aux « garanties fondamentales accordées aux citoyens pour l'exercice des libertés publiques ».

Cela étant, l'État ne peut pas créer des services publics dans n'importe quelles conditions. S'agissant notamment des SPIC, leur création par le législateur ne doit pas apporter des « restrictions arbitraires ou abusives... à la liberté d'entreprendre » (CC 16. 1. 1982 Loi de nationalisation *GDCC*). *A fortiori*, le pouvoir réglementaire ne peut en principe créer des SPIC que lorsque ceux-ci ne portent pas véritablement atteinte à la « liberté du commerce et de l'industrie » (*cf.* 2, ci-après).

2. Par les collectivités locales

88 • *La loi oblige les collectivités locales à créer certains services publics.* Le Code général des collectivités territoriales impose par exemple aux communes de créer les services de l'état civil, des archives communales, de l'entretien des voies communales, de l'épuration des eaux usées, et de l'élimination des déchets. Pour leur part, les départements doivent créer les services des transports scolaires, de l'aide sociale, de l'entretien des voies départementales, de la lutte contre l'incendie, et de soins aux aliénés. Quant aux régions, elles doivent créer les services de la planification régionale, de la formation professionnelle et de l'apprentissage.

• *En dehors de ces obligations légales, les collectivités locales sont libres* de créer les services publics de leur choix, à condition de rester dans leurs domaines de compétence tels qu'ils sont répartis par la loi du 13 août 2004 relative aux responsabilités locales.

En ce qui concerne les SPIC, cette liberté de création se heurte toutefois à l'obligation de respecter le principe de la liberté du commerce et de l'industrie. Posé par la loi d'Allarde des 2 et 17 mars 1791, ce principe est en effet réaffirmé par la loi du 2 mars 1982, et protégé tant par le juge administratif (qui l'assimile à une liberté publique : CE Sect. 28. 10. 1960 Martial de Laboulaye *AJDA* 1961. 20, concl. Heumann) que par le Conseil constitutionnel (qui l'inclut dans la « liberté d'entreprendre » : CC 16. 1. 1982 Loi de nationalisation *GDCC*). Concrètement, cette obligation de respecter la liberté du commerce et de l'industrie limite considérablement la possibilité de créer des SPIC. Cette limitation s'impose tant à l'État qu'aux collectivités locales, mais la jurisprudence est, en la matière, beaucoup plus fournie à l'égard des secondes, car elle s'est développée en réaction contre le phénomène du « socialisme municipal », qui marquait l'immixtion des communes, au lendemain de la Première Guerre mondiale, dans le secteur industriel et commercial.

La pièce maîtresse de cette jurisprudence est constituée par un arrêt de 1930, qui affirme que les conseils municipaux ne peuvent créer un SPIC « que si, en raison de circonstances particulières de temps et de lieux, un intérêt public justifie leur intervention en cette matière » (CE Sect. 30. 5. 1930 Ch. synd. du commerce en détail de Nevers *GAJA*). Cette affirmation signifie traditionnellement (*cf.* toutefois n° 89) que la création d'un SPIC n'est légale que si, dans la localité concernée, l'initiative privée est quantitativement ou qualitativement défaillante. Sur le fondement de cette jurisprudence, ont ainsi été jugées légales les créations de « cafés-hôtels-restaurants » municipaux dans les communes où il n'existait plus de commerces de cette nature (TA Clermont-Ferrand 21. 10. 1983 Tay *AJDA* 1984. 166, note Madec et Marillia; *cf.* aussi CE 25. 7. 1986 Commune de Mercœur *DA* 1986, n° 489), ou même celle d'un cabinet dentaire municipal dans une localité où les dentistes libéraux pratiquaient des honoraires trop élevés (CE Sect. 20. 11. 1964 Ville de Nanterre *AJDA* 1964. 686, chron. Puybasset et Puissochet). Ont également été admises : la création d'un service de commercialisation de séjours touristiques, dès lors que les agences de voyages établies dans les communes concernées ne parvenaient pas à couvrir les besoins du tourisme local (CAA Marseille 10. 1. 2006 Ch. synd. des agents de voyage de la région Côte-d'Azur *AJDA* 2006. 1723, note Claeys); et l'ouverture d'une formation gratuite à l'informatique, dès lors que la seule entreprise spécialisée installée dans la commune concernée proposait ses prestations de formation informatique « à une clientèle principalement composée de professionnels » (CAA Bordeaux 24. 6. 2008 Département des Landes *AJDA* 2009. 762, note Vié). En revanche, ont été jugées illégales la création d'une épicerie municipale décidée en l'absence de toute carence ou insuffisance de l'initiative privée (CE Sect. 30. 5. 1930, préc.), et la mise en place d'une caisse départementale d'assurances dès lors que « de nombreuses sociétés d'assurance exerç(aient) leur activité dans le département » (CE 4. 7. 1984 Département de la Meuse *RDP* 1985. 199, note de Soto).

• *Cette jurisprudence supporte toutefois des exceptions.* Dans quatre hypothèses, le juge administratif admet en effet que l'État ou une collectivité locale puisse créer un SPIC indépendamment de toute carence ou insuffisance de l'initiative privée : lorsque le SPIC fonctionne sur le domaine public (CE Sect. 29. 1. 1932 Soc. des autobus antibois *GAJA*, à propos d'un SPIC de transports en commun), à condition de ne pas lui donner de privilèges tels qu'ils constituent un « abus de position dominante » au sens de l'ordonnance du 1er décembre 1986 (CE Sect. 26. 3. 1999 Soc. EDA *AJDA* 1999. 427 concl. Stahl note Bazex); lorsqu'il est rattachable aux attributions légales des personnes publiques (CE Ass. 19. 5. 1933 Blanc *S.* 1933. 81, note Alibert, à propos d'un SPIC de bains-douches, rattachable à la mission des communes de protéger « l'hygiène »); lorsqu'il est complémentaire d'un autre service public (CE Ass. 27. 2. 1942 Mollet *S.* 1942. 41, note P. L., et CE Sect. 18. 12. 1959 Delansorme *AJDA* 1962. 213, concl. Mayras : admettent respectivement la création de la cité universitaire de Paris, « complément du service public de l'enseignement », et la création d'une station-service, complément d'un parc municipal de stationnement); ou lorsqu'il est destiné à ne satisfaire que les besoins de l'administration (CE 29. 4. 1970 Soc. Unipain *AJDA* 1970. 430, concl. Braibant, à propos d'une boulangerie militaire admise à fournir du pain à des établissements pénitentiaires).

Grâce à cette jurisprudence subtile, le Conseil d'État est ainsi parvenu à concilier les exigences contradictoires du libéralisme et de l'interventionnisme économiques, conformément à l'attente de la conscience collective des Français dont l'originalité, par rapport à presque tout le reste du monde, est de manifester autant d'attachement au service public qu'à la liberté d'entreprendre.

89 • *Depuis l'an 2000, cet équilibre tend toutefois à être remis en cause.* Sous l'influence du droit communautaire, le Conseil d'État estime en effet qu'« aucun principe n'interdit... à une personne

publique de se porter candidate à l'attribution d'un marché public ou d'un contrat de délégation de service public » (avis CE Sect. 8. 11. 2000 Soc. Jean-Louis Bernard Consultants *AJDA* 2000. 987, chron. Guyomar et Collin; pour une application, *cf.* CE 16. 10. 2000 Comp. méditerranéenne d'exploitation des services d'eau *AJDA* 2001. 662, note Treppoz). Cette solution permet désormais aux personnes publiques de concurrencer librement les entreprises privées, à condition de ne pas profiter de leur situation pour fausser la concurrence (condition précisée par CE Ass. 31. 5. 2006 Ordre des avocats au barreau de Paris *AJDA* 2006. 1592, chron. Landais et Lenica). Au principe de non-concurrence des entreprises privées par les personnes publiques posé en 1930, elle tend ainsi à substituer le principe nouveau (et selon nous irréaliste) de l'égale concurrence entre personnes publiques et entreprises privées.

Toujours est-il que depuis 2006 le Conseil d'État estime que n'importe quel « intérêt public » justifie la création d'un SPIC, même lorsqu'il n'y a pas de carence de l'initiative privée (CE Ass. 31. 5. 2006, préc.). Il a fait une première application positive de cette nouvelle interprétation de sa jurisprudence de 1930 dans un arrêt de 2010, dans lequel il admet la légalité de la création par un département d'un SPIC de téléassistance aux personnes âgées ou handicapées, malgré la présence de sociétés privées de téléassistance (CE 3. 3. 2010 Département de la Corrèze *AJDA* 2010. 957 et 1251, concl. Boulouis et chron. Glaser).

B. Suppression

90 L'État et les collectivités locales ont le droit de supprimer les services publics qu'ils ont créés, à condition de respecter le « principe de l'acte contraire », selon lequel la suppression doit être décidée par l'autorité qui avait décidé la création. C'est ainsi qu'un conseil municipal, compétent pour créer un service public communal, est libre de le supprimer par une délibération. De même, un service public national peut être supprimé par un règlement s'il a été créé par un règlement, par une loi s'il a été créé par une loi.

Cette liberté de suppression rencontre toutefois des limites. Ainsi, les collectivités locales n'ont pas le droit de supprimer les services publics dont l'existence est exigée par la loi (*cf. supra*, n° 88). À l'inverse, elles sont obligées de supprimer les SPIC dès lors que la défaillance de l'initiative privée, qui avait justifié leur création (*cf.* jurisprudence de 1930, *supra*, n° 88), cesse d'être une réalité. Ainsi une boucherie municipale doit-elle par exemple être supprimée lorsque des boucheries privées se sont ouvertes dans la commune, en nombre suffisant pour satisfaire les besoins de la population. Dans une telle hypothèse, le SPIC peut toutefois, avant de fermer, continuer à fonctionner pendant tout le temps nécessaire à son amortissement (CE Sect. 12. 11. 1938 Goldberg et Lichtenberg *Lebon* 322, à propos d'un cinéma municipal confronté à la création d'un cinéma privé); exceptionnellement, il peut même continuer à fonctionner indépendamment de toute considération d'amortissement, lorsque son existence permet « la régularisation des prix d'une denrée de première nécessité » (CE Ass. 24. 11. 1933 Zénard *S.* 1934. 105, concl. Detton note Mestre, à propos de boucheries municipales coexistant avec de nombreuses boucheries privees, installées en majorité après elles).

Quant à l'État, il lui est défendu par le Conseil constitutionnel de supprimer « certains services publics nationaux » dont « la nécessité... découle de principes ou de règles de valeur constitutionnelle » (CC 25-26. 6. 1986 Privatisations § 53 *GDCC*). Bien que le Conseil ait été avare de renseignements supplémentaires, il semble que ces services publics constitutionnels soient constitués des SPA qui correspondent aux fonctions de souveraineté (défense nationale, affaires étrangères, justice, police), ainsi que des SPA garantis par le préambule de 1946 (santé, aide sociale, enseignement). Le Conseil d'État a en tout cas estimé que rien ne s'opposait à la privatisation des autoroutes, leur exploitation n'étant pas constitutive d'un « service public national » (CE Sect. 27. 9. 2006 Bayrou *AJDA* 2006. 2056, chron. Landais et Lenica).

Section 3

Les modes de gestion des services publics

91 Il existe plusieurs modes de gestion des services publics. Un service public peut en effet être géré par une personne publique ou (*cf. supra*, n° 80) par une personne privée. Dans le premier cas, la gestion peut être effectuée en régie (**A**) ou être confiée à un établissement public (**B**) ou à un groupement d'intérêt public (**C**). Et dans le second, elle peut être exercée grâce à une habilitation unilatérale (**D**), ou en vertu d'un contrat. Dans cette dernière hypothèse, on recourt le plus souvent à un « contrat de délégation », que la loi Murcef du 11 décembre 2001 définit comme « un contrat par lequel une personne morale de droit public confie la gestion d'un service public dont elle a la responsabilité à un délégataire public ou privé, dont la rémunération est substantiellement liée aux résultats de l'exploitation du service » (sur ce critère financier, *cf. infra*, n° 188). Concrètement, il peut s'agir d'une concession de service public (**E**), d'une régie intéressée (**F**), ou d'un contrat d'affermage (**G**). Mais on peut aussi recourir à d'autres types de contrats qui ne sont pas des « contrats de délégation » au sens de la loi parce qu'ils prévoient une rémunération fixe, indépendante des « résultats de l'exploitation ». Il peut alors s'agir d'un marché d'entreprise de service public (**H**), d'un contrat de partenariat (**I**), ou d'un contrat innommé (exemple du contrat verbal confiant à des particuliers la gestion d'un service public de rapatriement des réfugiés : CE Sect. 20. 4. 1956 Époux Bertin *GAJA*).

Sauf disposition législative contraire, les autorités administratives agissant pour le compte de l'État ou d'une collectivité locale sont libres de choisir, parmi ces divers modes de gestion, ceux qu'elles préfèrent pour leurs services publics (liberté réaffirmée par CE 28. 6. 1989 Synd. du personnel des industries électriques et gazières du centre de Grenoble *RFDA* 1989. 929, concl. Guillaume, note Lachaume, à propos de la délibération par laquelle le conseil municipal de Grenoble a décidé de transformer la régie municipale de distribution du gaz et de l'électricité en société d'économie mixte).

Lorsqu'elles décident de confier la gestion d'un service public à une personne privée, elles sont également libres de choisir cette dernière *intuitu personae*. La loi du 29 janvier 1993 les oblige toutefois à assurer, préalablement à la signature d'un « contrat de délégation », la publicité du projet, afin de permettre une concurrence entre les candidats intéressés. En cas d'irrespect de cette obligation, elle permet aux personnes lésées de saisir en référé le président du tribunal administratif, qui peut prendre toute mesure propre à en assurer le respect (art. L. 551-1, L. 551-2, et R. 551-1 et suiv. CJA). Grâce à ces dispositions, inspirées de la réglementation communautaire, les « contrats de délégation » sont désormais conclus dans des conditions de transparence satisfaisantes, qui rendent plus difficile que par le passé l'émergence du favoritisme.

En dehors de cette obligation de publicité, les personnes publiques sont tenues de respecter les règles du droit de la concurrence, telles qu'elles sont définies par l'ordonnance du 1er décembre 1986 (codifiée aux art. L. 410-1 et suiv. du C.com.). Selon la jurisprudence administrative, elles doivent en effet respecter cette ordonnance non seulement lorsqu'elles se livrent « à des activités de production, de distribution et de services », c'est-à-dire à de pures activités d'opérateur économique (TC 6. 6. 1989 Soc. d'exploitation et de distribution d'eau *AJDA* 1989. 467 chron. Honorat et Baptiste note Bazex, affaire dite « Ville de Pamiers »), mais aussi lorsqu'elles prennent, dans l'exercice de leurs prérogatives de puissance publique, un « acte juridique de dévolution d'un service public » (CE Sect. 3. 11. 1997 Soc. Million et Marais *GAJA*, renversant sur ce point l'arrêt de 1989 préc. En l'espèce : vérifie si le contrat administratif par lequel une ville attribue à une société l'exclusivité du service des pompes funèbres confère un abus de position dominante au sens de l'article 8 de l'ordonnance, et constate que ce n'est pas le cas). Cette solution est contestable car elle fait prédominer le droit de la concurrence sur l'exercice d'une prérogative de puissance publique : la décision de procéder à la dévolution d'un service public. Elle réalise ainsi une instrumentalisation économique du droit administratif qui est contraire à la tradition juridique française.

Les mêmes principes ont été transposés au profit du droit de la consommation (CE 13. 3. 2002 Union féd. des consommateurs *RFDA* 2003. 772, note Deffigier : vérifie que le règlement organisant un service public de transport respecte l'interdiction de la « vente liée » posée par le C. consom.). la puissance publique est ainsi de plus en plus souvent soumise aux règles du droit privé, contrairement à ce qu'avait prévu l'arrêt blanco.

A. La régie

92 Un service public est géré en régie lorsqu'il est exploité directement par la personne publique dont il relève. Il n'a pas alors de personnalité morale distincte de celle de cette dernière. Le procédé de la régie est surtout utilisé pour gérer des SPA : les SPA de la défense nationale, de la justice, et de la police nationale sont par exemple gérés en régie par l'État. Mais il est parfois utilisé aussi pour gérer des SPIC : ainsi beaucoup de communes gèrent-elles leurs piscines municipales en régie.

Il existe deux types de régie : la régie « simple » ou « directe », sans autonomie financière, et la régie « indirecte », dotée d'une autonomie financière. La distinction est surtout importante pour les communes et pour les départements, auxquels la loi du 2 mars 1982 semble interdire de gérer des SPIC en régie simple (*cf.* art. L. 2224-1 du CGCT, et art. L. 3241-4 du même code).

Il faut enfin se méfier de certains textes, qui emploient à tort le mot « régie ». L'article L. 2221-10 du CGCT distingue par exemple un troisième type de régie, qui serait constitué des « régies dotées de la personnalité morale »; il s'agit en réalité d'établissements publics, et non de véritables régies. Quant à la fameuse Régie autonome des transports parisiens (RATP), elle est un établissement public et non une « Régie » comme le laisse croire son appellation officielle (en ce sens, *cf.* par ex. CE 8. 3. 2006 Onesto *RFDA* 2006. 650).

B. L'établissement public

1. Une troisième catégorie de personnes publiques

93 Un service public est organisé en établissement public (ÉP) lorsqu'il reçoit une personnalité morale de droit public distincte de celle de l'État ou de la collectivité locale dont il relève. Un ÉP est en effet une personne publique spécialement créée pour gérer un service public. Il dispose d'un patrimoine et d'un budget propres, peut passer des contrats et agir en justice, et jouit de la capacité de recevoir des dons et legs. Comme une collectivité locale, il comporte un organe délibérant (le conseil d'administration), dont la composition est généralement tripartite (représentants de l'État ou de la collectivité locale, représentants du personnel, représentants des usagers ou personnalités), et une autorité exécutive (qui est selon les cas le président du conseil d'administration ou le directeur général). Mais le principe électif n'est pas aussi omniprésent que dans une collectivité locale : il est fréquent, en effet, que la personne publique de rattachement (État ou collectivité locale) choisisse elle-même, outre ses propres représentants, les représentants des usagers, les personnalités, et l'autorité exécutive. Cela montre à quel point l'autonomie des ÉP doit être relativisée.

S'agissant des ÉP nationaux, leur dépendance est d'ailleurs confirmée par leur régime de tutelle. Aucun texte ne les a en effet fait bénéficier d'une « suppression des tutelles » analogue à celle proclamée par la loi du 2 mars 1982 à l'intention des collectivités locales et de leurs ÉP. Les actes les plus importants de leurs conseils d'administration et de leurs autorités exécutives demeurent donc soumis au procédé de l'approbation préalable (relevant conjointement du ministère des Finances et du ministère de rattachement). On voit, à travers ces divers éléments, combien il est optimiste de décrire le recours à l'ÉP comme une « décentralisation par service »...

En réalité, le recours à l'ÉP répond aux motivations les plus variées : responsabilisation des décideurs, meilleure efficacité de l'activité, participation du personnel et des usagers, et, en ce qui concerne les ÉPIC (ÉP gérant un SPIC), souci d'échapper aux contraintes de la comptabilité publique et du droit administratif. On est loin, surtout avec le dernier motif, de la recherche d'une démocratie plus participative, qui caractérise l'autre décentralisation, la décentralisation territoriale.

2. Création

94 La création des ÉP obéit à des règles relativement simples. Les ÉP locaux sont créés par délibération de l'organe délibérant de la collectivité concernée (conseil municipal, général, ou régional). Les ÉP nationaux sont quant à eux créés par le pouvoir réglementaire lorsqu'ils se rattachent à une catégorie existante d'ÉP, ce qui est le cas le plus fréquent. Lorsqu'ils constituent au contraire une nouvelle « catégorie », c'est le législateur qui, en vertu de l'article 34 de la Constitution, est compétent pour les créer. Selon le Conseil constitutionnel, on reconnaît qu'un ÉP national appartient à une catégorie existante d'ÉP à sa soumission à « la même tutelle administrative » qu'eux, et à sa « spécialité analogue » (CC 25. 7. 1979 ANPE *RDP* 1979. 1665, note Favoreu). En application de ces principes, la création de l'Agence nationale pour l'emploi a par exemple relevé du pouvoir réglementaire, parce que cet ÉP appartenait à la même catégorie que l'Office national d'immigration, l'un comme l'autre fonctionnant sous la tutelle de l'État et ayant pour « spécialité » d'intervenir directement sur le marché de l'emploi (CC 25. 7. 1979, préc.). N'étant analogue à aucun ÉP existant, le Centre Georges Pompidou a au contraire été considéré comme une catégorie nouvelle d'ÉP, ne pouvant être créée que par la loi (CC 10. 11. 1982 Centre Georges Pompidou *Lebon* 103).

3. Distinction par rapport aux personnes privées

95 Lorsque le texte instituant un organisme n'est pas clair sur sa nature juridique, la jurisprudence recourt à la méthode du faisceau d'indices pour déterminer si elle est en présence d'un ÉP, ou d'un organisme de droit privé (TC 9. 12. 1899 Assoc. synd. du canal de Gignac *GAJA*). Quatre indices sont utilisés : l'origine de l'organisme (a-t-il été créé par une personne publique ou par une personne privée ?), son objet (d'intérêt général ou non), l'existence ou l'inexistence d'un contrôle exercé sur lui par une personne publique, et sa possession ou non de prérogatives de puissance

publique. Leur application a par exemple permis de qualifier d'ÉP les « associations syndicales » de propriétaires instituées par la loi du 21 juin 1865, compte tenu de leur création législative, de leur mission d'intérêt général, de leur contrôle par les préfets, et de leurs prérogatives consistant à imposer aux propriétaires d'y adhérer, à lever des taxes, et à exproprier des immeubles (TC 9. 12. 1899, préc.).

Il est possible de s'interroger sur la rationalité de la méthode retenue par le juge pour détecter la présence d'un ÉP. Sur les quatre indices adoptés par la jurisprudence Canal de Gignac, trois (les trois derniers) se confondent en effet avec les indices dégagés par la jurisprudence Caisse primaire aide et protection (*cf. supra*, n° 80) pour repérer les services publics gérés par les personnes privées. Cela signifie qu'en présence de ces trois indices, le juge peut, selon sa convenance, qualifier l'organisme qu'il examine d'ÉP ou bien de personne privée gérant un service public. C'est en fonction de considérations subjectives, de pure opportunité, qu'il choisit l'une ou l'autre qualification. Il n'y a donc pas de critère rationnel de l'ÉP. La doctrine tire de ce constat la conclusion qu'existe une « crise de la notion d'ÉP » (Roland Drago). Pour ne prendre qu'un exemple, c'est en toute subjectivité que le juge a choisi de qualifier les ordres professionnels, et d'autres organismes corporatifs, de personnes privées gérant un service public (CE Ass. 31. 7. 1942 Monpeurt *GAJA* et CE Ass. 2. 4. 1943 Bouguen *GAJA*, éclairés par CE 7. 12. 1984 Centre d'études marines avancées *AJDA* 1985. 274, note Godfrin); la polyvalence de ses indices lui aurait en effet permis de les qualifier tout autant d'ÉP.

4. Classification

96 Dire qu'un organisme est un ÉP n'épuise pas le champ de la recherche de sa nature juridique. Il existe en effet deux grandes catégories d'ÉP : les ÉPA et les ÉPIC. Les ÉPA sont les ÉP qui gèrent un SPA : il s'agit par exemple des Centres communaux d'action sociale (loi du 6 janv. 1986), des hôpitaux (art. L. 6141-2 du CSP), et des universités (loi du 26 janv. 1984). S'y rattachent aussi les « ÉP territoriaux » (notamment syndicats intercommunaux, communautés urbaines, communautés d'agglomération ou

de communes, institutions interdépartementales, ententes interrégionales), qui constituent un cadre de regroupement des collectivités locales pour exploiter en commun certains services publics. Pour leur part, les ÉPIC sont les ÉP qui gèrent un SPIC : les plus connus sont la RATP (loi du 21 mars 1948) et la SNCF (érigée en ÉP par la loi du 30 déc. 1982). (Sur la distinction SPIC-SPA, *cf. supra*, n°s 84 et 85). En revanche, France Télécom, qui avait le statut d'ÉPIC depuis sa création en 1990, a été transformée en société par une loi de 1996. EDF, qui était aussi un ÉPIC depuis sa création en 1946, a connu le même sort en 2004 (loi du 9 août 2004). *Idem* pour Aéroports de Paris en 2005 (loi du 20 avril 2005) et pour La Poste en 2010 (loi du 9 février 2010), sous la pression de la Commission de Bruxelles.

Cette classification n'a toutefois rien d'absolu. Rien n'interdit en effet à un ÉPA de gérer un SPIC à titre accessoire, ou à un ÉPIC d'en faire autant à l'égard d'un SPA, à condition de rester dans les limites de leur « principe de spécialité » (*cf.* 5 ci-après). D'autre part et surtout, certains ÉP ne peuvent être assimilés ni à des ÉPA ni à des ÉPIC parce qu'ils gèrent à la fois un SPIC et un SPA, sans que l'un des deux puisse être considéré comme le simple accessoire de l'autre. On est alors en présence d'ÉP dits « mixtes » ou (de façon plus poétique) « à double visage » : c'est notamment le cas des chambres de commerce et d'industrie (TC 23. 1. 1978 Marchand *D.* 1978. 584, note Delvolvé) qui gèrent un SPA lorsqu'elles défendent les intérêts des commerçants et des industriels, et un SPIC lorsqu'elles exploitent un pont à péage, un port ou un aéroport. Depuis 2004, la jurisprudence et le législateur tendent toutefois à restreindre le nombre des ÉP à double visage (*cf.* TC 29. 12. 2004 Blanckeman *RFDA* 2005. 431, à propos de l'ÉPIC Voies navigables de France ; et la loi du 4. 7. 2008, substituant les EPA « grands ports maritimes » aux EP à double visage « ports autonomes », d'après l'analyse de S. Mouton, *RDP* 2010. 91).

Ces précisions permettent de comprendre que, pour déterminer le droit applicable à un ÉP, c'est la nature du service public en cause qui compte avant tout. S'il s'agit d'un SPA, le droit applicable et le juge compétent seront administratifs; s'il s'agit d'un

SPIC, ils seront en général privés. Le statut d'ÉP comporte toutefois certains avantages, dont tous les ÉP, même les ÉPIC, bénéficient : c'est ainsi qu'ils ne peuvent être soumis ni aux voies d'exécution du droit commun (Civ. 1re 21. 12. 1987 Bureau de recherches géologiques et minières *GAJA*, dégageant le « PGD suivant lequel les biens des personnes publiques sont insaisissables »), ni aux procédures du redressement et de la liquidation judiciaires (CA Paris 15. 2. 1991 Soc. PDG et B. *AJDA* 1991. 528, note Broussolle).

À s'en tenir là, on pourrait croire que la distinction ÉPIC-ÉPA ne pose aucun problème sérieux. Il n'en est rien. Les pouvoirs publics manifestent en effet une tendance fâcheuse, dénoncée par le Conseil d'État (*EDCE* 1986, n° 37, p. 39), à qualifier d'ÉPIC des ÉP qui, gérant essentiellement voire exclusivement des SPA, devraient normalement être qualifiés d'ÉPA. Par ce stratagème, ils cherchent à donner à ces ÉP une gestion plus souple, dégagée de l'emprise du droit administratif. Le législateur a ainsi qualifié d'ÉPIC les Offices nationaux d'intervention agricole créés par la loi du 6 octobre 1982, dont l'activité est essentiellement administrative. Quant au pouvoir réglementaire, il n'est pas en reste : profitant de jurisprudences administrative et constitutionnelle hasardeuses (CE 28. 7. 1993 Synd. gén. de la Caisse des dépôts et consignations *Lebon* 815, CC 25. 7. 1979 ANPE *RDP* 1979. 1665, note Favoreu), il a usé du même procédé à l'égard de l'Opéra de Paris (décret du 2 avr. 1990) et de la Comédie-Française (décret du 1er avr. 1995).

5. Principe de spécialité

97 Contrairement à l'État et aux collectivités locales, qui disposent d'une compétence générale dans leur ressort territorial, les ÉP sont liés par le principe de spécialité. Cela signifie qu'ils n'ont pas le droit d'exercer des activités qui seraient sans rapport direct avec la ou les missions définies par leurs textes institutifs. Comme l'explique le Conseil d'État, « le principe de spécialité qui s'applique à un ÉP... signifie que la personne morale dont la création a été justifiée par la mission qui lui a été confiée, n'a pas de compétence générale au-delà de cette mission. Il n'appartient pas

à l'établissement d'entreprendre des activités extérieures à cette mission ou de s'immiscer dans de telles activités » (avis CE 7. 7. 1994 sur les diversifications d'EDF-GDF *RFDA* 1994. 1156, commentaire Rodrigues).

Ont ainsi été jugées contraires au principe de spécialité : la construction, par une chambre d'agriculture, d'un foyer de jeunes (CE 28. 9. 1984 Conseil rég. de l'ordre des architectes de Bourgogne *Lebon* 309); et la prise de contrôle par EDF d'une société d'ingénierie générale dont l'objet est « sans rapport de connexité » avec ses missions (TA Paris 25. 5. 1994 Ch. synd. des sociétés d'études techniques et d'ingénierie *RFDA* 1994. 1168, commentaire Rodrigues).

Strictement entendu pour les ÉPA, sauf pour les ÉP territoriaux, le principe de spécialité a toujours été largement défini vis-à-vis des ÉP à double visage (*cf.* loi du 9 avril 1898 autorisant les chambres de commerce et d'industrie à exercer diverses activités en rapport avec le commerce et l'industrie). Il tend à le devenir tout autant, sinon plus, à l'égard des ÉPIC. Les textes récents qui les instituent leur donnent en effet de plus en plus souvent le droit d'exercer « toutes activités qui se rattachent directement ou indirectement » à leur mission (selon les propres termes de la loi du 30 décembre 1982, relative à la SNCF). Quant au Conseil d'État, il admet désormais, au prix d'un assouplissement de sa position antérieure, que le principe de spécialité « ne s'oppose pas par lui-même à ce qu'un ÉP, surtout s'il a un caractère industriel et commercial, se livre à d'autres activités économiques à la double condition : d'une part que ces activités annexes soient techniquement et commercialement le complément normal de sa mission statutaire principale [...]; d'autre part que ces activités soient à la fois d'intérêt général et directement utiles à l'ÉP [...] » (avis CE 7. 7. 1994, préc.). Appliquée à EDF, cette nouvelle interprétation du principe de spécialité a abouti à des résultats étonnants : le Conseil d'État a en effet refusé la « diversification » de cet établissement (chargé par la loi du 8 avril 1946 d'assurer « la production, le transport, la distribution, l'importation et l'exportation d'électricité ») dans les domaines de la télésurveillance, des réseaux câblés de vidéocommunication, et de l'ingénierie générale, mais l'a admise dans les secteurs de l'éclairage public, du traitement des ordures ménagères, et de l'ingénierie appliquée à l'un de ces deux objets ou à la production, au transport ou à la distribution d'énergie (avis CE 7. 7. 1994, préc.). Insensiblement, on est ainsi passé du principe de spécialité à un principe de complémentarité...

C. Le groupement d'intérêt public

98 Créés depuis 1982 par diverses lois, les « groupements d'intérêt public » (GIP) semblaient n'être à l'origine qu'une variété d'établissements publics. Trois des quatre indices dégagés par la jurisprudence Canal de Gignac (préc. n° 95) incitaient en effet à le penser : leur origine publique, leur mission de service public, et leur contrôle par l'État. Mais le Tribunal des conflits a préféré les qualifier de « personnes publiques soumises à un régime spécifique » (TC 14. 2. 2000 GIP « Habitat et interventions sociales pour les mal-logés et les sans-abris » *GAJA*). Les GIP sont donc une quatrième catégorie de personnes publiques, distincte des trois premières que constituent respectivement l'État, les collectivités territoriales et les établissements publics.

Cette solution a le mérite de mettre en relief leur originalité majeure, qui est d'associer des personnes publiques et privées, ou des personnes publiques entre elles, à la réalisation d'une mission de service public. Dans le premier cas, les GIP sont en principe soumis à la comptabilité privée (sauf décision contraire), alors que dans le second ils relèvent de la comptabilité publique.

Leur création exige normalement trois actes : d'abord une loi, qui la rend possible dans le champ d'activités qu'elle détermine; puis une « convention » constitutive, passée par les futurs membres; enfin un arrêté ministériel ou préfectoral, approuvant la convention.

Inaugurés en matière de recherche scientifique par la loi du 15 juillet 1982, les GIP ont ensuite essaimé dans presque tous les secteurs de l'action publique (culturel, sanitaire, social, sportif, etc. : exemple des « maisons des services publics » instaurées par la loi du 12 avril 2000). Leur succès s'explique par leur vocation à institutionnaliser la coopération entre personnes morales (spécificité qui en fait une sorte d'« associations de droit public »), et peut-être aussi dans certains cas par le souci de s'affranchir des règles contraignantes de la comptabilité publique.

D. La délégation unilatérale à une personne privée

99 Contrairement à ce qu'on pourrait penser, le contrat n'est pas la seule façon de déléguer la gestion d'un service public à une personne privée. On peut aussi y procéder de façon unilatérale, notamment par une loi, ou même sans texte en créant un « opérateur *in house* » (ou en « quasi-régie »), c'est-à-dire une personne privée spécialement conçue pour gérer le service public et placée sous un « contrôle comparable » à celui que la personne publique exerce sur ses propres services (CE Sect. 6. 4. 2007 Commune d'Aix-en-Provence *AJDA* 2007. 1020, chron. Lenica et Boucher). En pratique, le procédé est même utilisé assez couramment. La loi du 28 mai 2010 en a encouragé l'utilisation en permettant aux collectivités territoriales de créer des « sociétés publiques locales », dont le capital doit être à 100% public, auxquelles elles peuvent confier des services publics.

En dehors de ce procédé du *in house*, la délégation unilatérale bénéficie habituellement à des associations régies par la loi du 1er juillet 1901, à l'instar des « associations communales de chasse agréées » (loi du 10 juill. 1964), des « fédérations sportives » (loi du 16 juill. 1984), et de l'« académie » d'art lyrique d'Aix-en-Provence (CE Sect. 6. 4. 2007, préc.). Mais elle est aussi consentie parfois en faveur d'autres types de personnes privées, qui peuvent être des sociétés mutualistes (caisses primaires et régionales de sécurité sociale, art. L. 216-1 CSS), des ordres professionnels (*cf.* par ex. ordres des médecins, dentistes, et sages-femmes : art. L. 4121-1 s. CSP), ou des syndicats (« groupements de défense contre les ennemis des cultures »).

De plus en plus souvent, elle bénéficie aussi à des sociétés anonymes telles que Air France (loi du 9 avril 2003), les « sociétés d'aménagement foncier et d'établissement rural », dites SAFER (loi du 5 août 1960), l'Imprimerie nationale (loi du 31 déc. 1993), France Télécom (loi du 26 juillet 1996), EDF (loi du 9 août 2004), et La Poste (loi du 9 février 2010). Mais il s'agit alors de sociétés un peu spéciales, dans la mesure où l'État y conserve généralement une minorité de blocage, ou en détient même parfois (comme pour l'Imprimerie nationale) la quasi-totalité du capital. Les « privatisations » des services publics, qui s'analysent le plus souvent soit en transformations de régies ou d'ÉP en sociétés anonymes, soit en cessions d'actions de sociétés à capitaux totalement ou partiellement publics, s'accompagnent ainsi de garanties propres à faire prévaloir l'intérêt général sur la logique commerciale.

Un cas particulier doit enfin être mentionné : celui de la Banque de France. D'abord considérée comme une société anonyme par l'arrêté des consuls du 28 nivôse an VIII puis par la loi du 2 décembre 1945, la Banque de France est aujourd'hui régie par la loi modifiée du 4 août 1993, qui lui confie (conformément au traité de Maastricht) le service public de la mise en œuvre de la politique monétaire, mais sans préciser sa nature juridique. La jurisprudence en a profité pour la requalifier de personne publique *sui generis* (CE 22. 3. 2000 Synd. nat. aut. du personnel de la Banque de France *AJDA* 2000. 410, chron. Guyomar et Collin). C'est une solution étonnante, dans la mesure où contrairement aux autres personnes publiques, et notamment aux ÉP et aux GIP, la Banque de France est dotée d'un capital, et ressemble donc beaucoup à une société.

E. La concession de service public

1. Notion

100 Une « concession de service public » est un acte administratif par lequel une personne publique (dite « concédant ») confie à une personne privée ou, plus rarement, publique (dite « concessionnaire ») le soin de gérer un service public à ses risques et périls, en lui reconnaissant le droit de se rémunérer par une redevance perçue sur les usagers de celui-ci. Lorsque la gestion du service public s'accompagne de l'obligation de construire un ouvrage, on parle alors de « concession de travaux publics ».

Cette définition met l'accent sur ce qui constitue, selon le Conseil d'État, l'« élément caractéristique essentiel de la concession » : « le versement des redevances par les usagers en contrepartie des prestations qui leur sont fournies » (avis CE 14. 10. 1980 *AJDA* 1983. 196, note Auby). Une partie de la doctrine conteste toutefois cette analyse, et estime que le véritable critère de la concession de service public n'est pas la perception de redevances sur les usagers, mais plus largement la possibilité donnée au concessionnaire de tirer sa rémunération, d'une façon ou d'une autre (par exemple en recourant à la publicité), de l'exploitation du service (en ce sens, *cf.* P. Delvolvé, *RFDA* 1987. 5).

La loi du 29 juillet 1982 s'est ralliée à cette conception novatrice, en qualifiant de concessions de service public les actes par lesquels elle confiait la gestion des cinquième et sixième chaînes de télévision à des personnes privées, alors que celles-ci devaient tirer leur rémunération de la publicité et non de redevances. Mais elle a été abrogée par la loi du 30 septembre 1986, qui a remplacé ce système de concessions sans redevances par un système d'autorisations délivrées par la CNCL puis par le CSA. On est donc revenu à la conception classique de la concession de service public, dont le respect paraît aujourd'hui bien établi. C'est préférable, car elle a sur la conception novatrice l'avantage d'être particulièrement claire. La crise de la notion de concession de service public n'aura finalement duré que quatre ans.

Plus récemment, c'est la notion de concession de travaux publics qui est entrée en crise. Transposant une directive européenne, l'ordonnance du 15 juillet 2009 en donne en effet une nouvelle définition qui ne fait plus aucune référence explicite au service public : « contrat administratif dont l'objet est de faire réaliser tous travaux de bâtiment ou de génie civil par un concessionnaire dont la rémunération consiste soit dans le droit d'exploiter l'ouvrage, soit dans ce droit assorti d'un prix ».

Historiquement, le procédé de la concession de travaux publics a été utilisé au XIXe siècle pour construire les réseaux de chemins de fer, de tramways, d'eau, de gaz et d'électricité. Il l'est aujourd'hui pour construire les autoroutes ainsi que les ponts et les tunnels les plus coûteux (ponts de Tancarville, de l'île de Ré, de Normandie, tunnel sous la Manche...). La concession de service public est également utilisée pour exploiter Canal Plus et pour assurer l'exécution du service public hospitalier (art. L. 6161-9 CSP). Même s'il n'a guère rencontré de succès en pratique, ce dernier exemple a le mérite de montrer que le procédé de la concession de service public, dont la vocation essentielle est de gérer des SPIC, peut aussi s'appliquer à certains SPA.

2. Nature juridique

101 Au XIXe siècle, on analysait la concession de service public comme un contrat administratif. Sous l'influence de Duguit (*RDP* 1907. 411), on l'analyse aujourd'hui comme un « acte mixte », mi-contractuel mi-réglementaire. Cette mixité se constate à trois niveaux.

• *Elle s'observe tout d'abord dans la présentation extérieure* de la concession. Formellement, la concession de service public comporte en effet en principe trois documents distincts : le « contrat de concession », relatif à la durée et à l'équilibre financier de la concession; le « cahier des charges particulier », qui lui est annexé, et qui fixe les clauses relatives à l'organisation et au fonctionnement du service public (conditions d'exploitation, tarifs, situation du personnel...); et le « cahier des charges type », qui constitue un modèle préexistant auquel le concédant peut se référer. Or, parmi ces trois documents, l'un (le « contrat de concession ») est analysé par la jurisprudence comme un pur « acte contractuel » (selon les termes utilisés par O. Dutheillet de Lamothe, *RDP* 1986. 856, dans ses conclusions sur CE Ass. 16. 4. 1986 Comp. luxembourgeoise de télédiffusion), tandis qu'un autre (le « cahier des charges type ») constitue un pur acte réglementaire (CE Ass. 5. 5. 1961 Ville de Lyon *CJEG* 1961. 175, concl. Braibant). La concession de service public peut donc légitimement être considérée comme un acte mixte en raison de cette juxtaposition, qu'elle réalise, d'un contrat et d'un règlement.

• *Mais sa mixité se manifeste aussi*, d'une seconde façon, *au sein* même de sa troisième composante, c'est-à-dire *du « cahier des charges particulier »*. Celui-ci n'est en effet ni un pur contrat ni un pur règlement. La jurisprudence préfère l'analyser comme un acte mixte, dont certaines clauses sont réglementaires et d'autres contractuelles (CE 21. 3. 1910 Comp. gén. française des tramways *GAJA* : seules les premières peuvent être modifiées unilatéralement). La concession de service public peut donc légitimement être considérée comme un acte mixte en raison de cette dissociation, opérée au sein de son cahier des charges particulier, entre deux types de clauses.

• Jusqu'en 1996, *sa mixité se traduisait enfin par l'étrange régime juridique* que connaissait son cahier des charges particulier. On sait en effet qu'en principe le recours pour excès de pouvoir, s'il est irrecevable contre un contrat, est recevable contre un règlement (*cf.* n° 303). Or il était curieusement jugé irrecevable non seulement lorsqu'il était dirigé contre les clauses contractuelles du cahier des charges particulier, mais aussi lorsqu'il était dirigé contre ses clauses réglementaires (CE Ass. 16. 4. 1986 Comp. luxembourgeoise de télédiffusion *RFDA* 1987. 21, commentaire Moderne). Ainsi, par une sorte de contamination de sa partie réglementaire par sa partie contractuelle, le cahier des charges particulier était-il totalement soustrait au recours pour excès de pouvoir. On voit par là même que cette partie réglementaire connaissait un régime juridique mixte, emprunté tantôt aux contrats (irrecevabilité du recours pour excès de pouvoir), tantôt aux « purs » règlements (notamment par la possibilité d'en modifier unilatéralement le contenu : CE 29. 4. 1981 Étab. Fine Frères *Lebon* 200). Ce troisième type de mixité, qui était irrationnel, a heureusement disparu : depuis 1996, en effet, le recours pour excès de pouvoir est recevable contre les clauses réglementaires du cahier des charges particulier (CE Ass. 10. 7. 1996 Cayzeele *AJDA* 1996. 732 chron. Chauvaux et Girardot).

3. Régime juridique

102 En dehors des particularités liées à son mode de rémunération (*cf. supra*, 1) et à sa mixité (*cf. supra*, 2), la concession de service public a un régime juridique qui présente quelques originalités.

• C'est ainsi que le *concédant est entièrement libre de choisir, intuitu personae, le concessionnaire.* Le juge administratif n'exerce sur ce choix qu'un contrôle minimum, qui n'englobe que depuis 2008 le contrôle de l'erreur manifeste d'appréciation (CE 7. 11. 2008 Département de la Vendée *AJDA* 2008. 2454, note Richer).

• *Le concédant est également libre de déterminer*, avec l'accord du concessionnaire, *la durée de la concession* de service public. L'article 40 de la loi anticorruption du 29 janvier 1993, qui prétendait interdire aux collectivités locales de conclure des conventions de délégation de service public dépassant « la durée normale d'amortissement des installations mises en œuvre », a en effet été interprété très souplement par le Conseil constitutionnel (CC 20. 1. 1993 Prévention de la corruption *RFDA* 1993. 902, note Pouyaud : l'article 40 a entendu laisser « une marge d'appréciation suffisante aux collectivités concernées »). La loi du 2 février 1995 est toutefois revenue à la charge en disposant que, sauf exceptions, « dans le domaine de l'eau potable, de l'assainissement, des ordures ménagères et autres déchets, les délégations de service public ne peuvent avoir une durée supérieure à vingt ans » (art. L. 1411-2 CGCT).

Pour le reste, les prérogatives du concédant et les droits du concessionnaire présentent peu d'originalité par rapport à celles et à ceux qu'on rencontre dans la théorie générale des contrats administratifs (*cf. infra*, n°s 193 à 201). Les litiges entre le concessionnaire et le concédant relèvent du juge administratif. Ceux entre le concessionnaire et les tiers relèvent en principe du juge judiciaire.

• *Lorsque la concession prend fin*, le concessionnaire n'a aucun droit à son renouvellement. Ses biens sont alors répartis en trois catégories. Les « biens de retour », en principe désignés à l'avance par le cahier des charges, deviennent la propriété, gratuitement, du concédant; il s'agit des immeubles nécessaires à l'exploitation du service public (*cf.* avis CE 19. 4. 2005 *AJDA* 2006. 1371, comm. Symchowicz et Proot). Les « biens de reprise » sont ceux que le concédant a le droit, s'il le veut, d'acheter, sans que le concessionnaire puisse s'y opposer; il s'agit des meubles servant à l'exploitation du service public. Les « biens propres », enfin, demeurent la propriété du concessionnaire; le concédant ne peut les acheter que s'il consent à les vendre.

F. La régie intéressée

103 En dépit de sa dénomination trompeuse, la « régie intéressée » n'est pas une régie mais un contrat. C'est un contrat administratif par lequel une personne publique délègue à une personne privée (dite « régisseur ») la gestion d'un service public, et fait dépendre la rémunération qu'elle lui verse des résultats de sa gestion : économies réalisées, gains de productivité, ou encore amélioration de la qualité du service. (En ce sens, *cf.* CE 21. 10. 1985 Soc. des transports Delattre *AJDA* 1986. 105, concl. Fouquet, à propos de l'exploitation d'une gare routière; et CE 30. 6. 1999 Synd. mixte du traitement des ordures ménagères *AJDA* 1999. 721, note Peyrical, à propos d'une activité de traitement de déchets ménagers).

Contrairement au concessionnaire et au fermier, le régisseur est donc payé par l'administration contractante, et non par les usagers du service public. Mais contrairement au titulaire d'un marché d'entreprise de service public, il reçoit d'elle une rémunération dont le montant varie en fonction des résultats de la gestion, et non une rémunération fixe. Bien que la doctrine en ait parfois douté (*cf.* A. Sevino et A. Gauthier *AJDA* 2003. 828), il s'agit donc bien d'un type original de contrat de délégation de service public.

G. Le contrat d'affermage

104 Le contrat d'affermage est un contrat administratif par lequel une personne publique délègue à une personne privée (dite « fermier ») la gestion d'un service public, lui donne le droit de se rémunérer sur les usagers, et l'oblige à lui rétrocéder une partie de cette rémunération.

Le mode de rémunération du fermier est identique à celui du concessionnaire. L'affermage ressemble donc beaucoup à la concession de service public. Trois différences les séparent toutefois.

La première tient dans l'obligation faite au fermier de rétrocéder une partie de sa rémunération à la personne publique délégante (CE 29. 4. 1987 Commune d'Élancourt *AJDA* 1987. 543, note Prétot). Par comparaison, le concessionnaire échappe à cette obligation.

La deuxième concerne les équipements nécessaires à l'exécution du service. Contrairement au concessionnaire, qui doit les construire, le fermier est en effet à leur égard dans une situation relativement passive : il les reçoit de la personne publique, qui les construit elle-même et les met à sa disposition en en restant propriétaire (CE Sect. 19. 4. 1989 Soc. des transports urbains d'Angers *RDP* 1989. 1794).

La troisième est relative aux pouvoirs du juge du contrat, qui se reconnaît compétent pour annuler la résiliation irrégulière d'une concession de service public (CE Sect. 9. 12. 1983 SEPAD *RFDA* 1984. 39, concl. Genevois), mais non pour annuler celle d'un contrat d'affermage (CE 19. 4. 1989, préc.).

En pratique, il est fréquent qu'un contrat d'affermage succède à une concession de service public, celui-ci ayant généralement une durée inférieure (dépassant rarement vingt ans) à celle-là. (Sur le contrôle minimum de cette durée, *cf.* CE 23. 7. 1993 Comp. gén. des eaux *RFDA* 1994. 257, commentaire Terneyre.) Les deux procédés semblent en effet se compléter idéalement : la concession est adaptée à la mise en place des services publics onéreux, alors que l'affermage l'est à leur gestion ultérieure (pour un exemple, *cf.* CE 29. 4. 1987, préc., à propos d'un service public de distribution d'eau potable).

H. Le marché d'entreprise de service public

105 Le marché d'entreprise de service public est un contrat administratif par lequel une personne publique confie à une personne privée, qu'elle rémunère directement par des sommes forfaitaires, l'exploitation d'un ouvrage public. Il n'impose pas toujours à l'exploitant de construire préalablement l'ouvrage (*cf.* par ex. CE 11. 12. 1963 Ville de Colombes *Lebon* 612 et CE 11. 7. 1986 Préfet de la Creuse *Lebon* 611 : MESP respectivement relatifs à « l'enlèvement des ordures ménagères » et à « la fourniture de l'eau potable »); mais comme c'est généralement le cas, la jurisprudence

et la doctrine ont pris l'habitude de qualifier ce type de marché de « marché d'entreprise de travaux publics » (METP).

Dans tous les cas, le METP fait participer l'exploitant à l'exécution même d'un service public (en ce sens, *cf.* TA Clermont-Ferrand 30. 3. 1993 préfet de l'Allier *AJDA* 1994. 231, note Dufau). On l'utilise notamment pour assurer la construction et l'exploitation d'usines de traitement des ordures ménagères (CE Sect. 26. 11. 1971 SIMA *AJDA* 1971. 649, chron. Labetoulle et Cabanes). De façon plus inattendue, les régions y recourent aussi pour réaliser la rénovation, la construction et le gros entretien des lycées (*cf.* Ph. Terneyre, *Mélanges Auby* 1992, p. 315); mais il semble s'agir d'une utilisation contestable du METP, car une entreprise qui entretient les bâtiments d'un lycée ne peut pas être considérée comme chargée de l'exécution du service public de l'éducation nationale (en ce sens, *cf.* avis CE 18. 6. 1991 *EDCE* 1991. 385). Malgré cette objection, le législateur encourage depuis 2002 le recours à ces « faux » METP, notamment pour la construction et l'entretien des bâtiments de police et de gendarmerie (loi du 29. 8. 2002).

Contrairement au concessionnaire et au fermier, le titulaire du METP est directement rémunéré par l'administration contractante. Et contrairement au régisseur, il perçoit une rémunération forfaitaire. Ce mode de rémunération permet de considérer que le METP est, contrairement aux contrats de délégation de service public, un « marché public » (en ce sens, *cf.* CE 8. 2. 1999 Commune de Sanary-sur-Mer *AJDA* 1999. 364 concl. Bergeal note Chabanol). À ce titre, il relève du Code des marchés publics mais conserve toutefois quelques spécificités : il s'agit notamment de sa longue durée (généralement entre cinq et quinze ans, atteignant même parfois trente ans), et du pouvoir que se reconnaît le juge du contrat d'annuler sa résiliation irrégulière (CE Sect. 26. 11. 1971, préc.), qui constituent deux particularités empruntées au régime juridique de la concession de service public. En le qualifiant de « marché public », l'arrêt de 1999 semble toutefois avoir condamné le METP à disparaître, car le Code des marchés publics ne permet pas à l'administration d'échelonner sur une longue période le paiement des travaux effectués par son cocontractant; or c'était là le principal avantage du METP.

I. Le contrat de partenariat

106 Contrairement au METP, qui était une création jurisprudentielle, le contrat de partenariat public-privé (PPP), dont l'une des raisons d'être est de le remplacer, a été créé par une ordonnance du 17 juin 2004. Ce texte définit le PPP comme un contrat administratif par lequel une personne publique confie à un tiers, qu'elle rémunère « pendant toute la durée du contrat » selon des « objectifs de performance », une « mission globale » relative au financement et à la construction ou transformation d'ouvrages ou d'équipements nécessaires à un service public, ainsi qu'à leur entretien ou exploitation.

Comme le METP, le PPP permet donc à l'administration d'échelonner sur une longue période le paiement des travaux effectués par son cocontractant. Comme lui, c'est un contrat hybride, qui emprunte certains éléments au marché public (le paiement par l'administration), d'autres à la concession de service public (la participation du cocontractant au service public). Choisissant de privilégier les premiers, le Conseil d'État a néanmoins décidé de le qualifier de « marché public » (CE 29. 10. 2004 Sueur *AJDA* 2004. 2383, chron. Landais et Lenica : arrêt d'une rare complexité, que nous simplifions volontairement).

Cette qualification n'emporte toutefois pas les mêmes conséquences que pour le METP, car l'ordonnance de 2004 a pris la précaution de conférer au PPP un régime juridique dérogatoire à celui prévu par le Code des marchés publics. Si certaines de ses règles s'inspirent de ce Code, comme par exemple l'obligation de publicité et celle de mise en concurrence dans le cadre d'une procédure de « dialogue compétitif » (*cf. infra*, chap. 6, n° 189), d'autres s'en écartent complètement, comme celle qui autorise le paiement échelonné sur une longue période. Saisi d'un recours contre la loi d'habilitation sur le fondement de laquelle l'ordonnance a été prise, le Conseil constitutionnel a admis la validité du PPP malgré l'ampleur de son régime dérogatoire, compte tenu notamment du fait que ce contrat n'est qu'un contrat subsidiaire, auquel les personnes publiques ne peuvent recourir que pour les projets complexes (CC 26. 6. 2003 Simplification du droit *JO* du 3. 7). Malgré cette restriction, le PPP s'est développé rapidement, car contrairement à la concession de service public, qui fait peser la quasi-totalité des risques financiers sur le concessionnaire, il permet d'organiser leur partage entre l'administration et son cocontractant. Il a notamment été utilisé pour réaliser la construction et la maintenance de prisons et de bâtiments scolaires (*cf.* par ex. CE 23. 7. 2010 Lenoir *AJDA* 2010. 1769, note Dreyfus, à propos d'un collège) ; mais on observera que dans ces cas-là, il ne fait pas réellement participer les partenaires privés à l'exécution même du service public.

SECTION 4

LE RÉGIME JURIDIQUE DES SERVICES PUBLICS

Tous les services publics doivent respecter certaines règles, qu'on appelle les « lois de Rolland », du nom de l'auteur qui les a mises en évidence (**A**). Pour le reste, les régimes juridiques des SPA (**B**) et des SPIC (**C**) s'avèrent sensiblement différents.

A. Les « lois de Rolland »

Les « lois de Rolland » sont au nombre de trois. Elles obligent l'administration (et ses délégataires) à assurer la continuité (**1**) et l'adaptation (**2**) des services publics, ainsi que l'égalité de leurs usagers (**3**). La gratuité, en revanche, n'est pas une « loi » des services publics (**4**). L'émergence de nouvelles « lois » est enfin à envisager (**5**).

1. La continuité des services publics

107 La « loi » de continuité impose l'obligation d'assurer le fonctionnement régulier des services publics, sans autres interruptions que celles prévues par les textes. Sauf dans quelques cas précis (dont

les services d'urgence des hôpitaux sont l'illustration la plus évidente), la continuité n'implique donc pas la permanence. Ainsi définie, la continuité des services publics est analysée par la jurisprudence comme un principe général du droit (CE 13. 6. 1980 Dame Bonjean *Lebon* 274) à valeur constitutionnelle (CC 25. 7. 1979 Droit de grève à la radio et à la télévision *GDCC*). Le Conseil d'État s'en est en outre inspiré pour dégager un principe de « continuité du service universel des télécommunications » (CE 18. 6. 2003 Soc. Tiscali Télécom *AJDA* 2003. 1888, note Foulquier).

Cette première « loi » de Rolland amène à considérer comme illégales et fautives les interruptions intempestives du service public. Ont par exemple été jugées illégales les décisions de fermer un collège trois semaines avant la fin normale de l'année scolaire (CE 13. 2. 1987 Touchebeuf *Lebon* 45), et de ne pas assurer certains enseignements obligatoires (CE 27. 1. 1988 Giraud *AJDA* 1988. 352, note Moreau). Les interruptions sont toutefois jugées légales lorsqu'elles sont dues à un cas de « force majeure », c'est-à-dire à un événement extérieur, imprévisible et irrésistible (principe posé par CE 29. 1. 1909 Comp. des messageries maritimes *Lebon* 111, concl. Tardieu, à propos d'une grève générale des états-majors de la marine marchande ayant paralysé le service public postal maritime).

Le principe de continuité est particulièrement rigoureux à l'égard des concessionnaires de service public. Ayant accepté de gérer un service public à leurs risques et périls, ceux-ci sont en effet tenus de continuer à l'exploiter même si leur activité s'avère déficitaire. Ce n'est que si leur déficit résulte d'un aléa anormal et imprévisible qu'il sera partiellement pris en charge par le concédant, sur le fondement de la « théorie de l'imprévision » (analysée *infra*, n° 200), dont la raison d'être est d'éviter l'interruption du service public que provoquerait leur faillite.

Une autre conséquence du principe de continuité est d'entraîner la limitation du droit de grève dans les services publics. Sous la IIIe République, le Conseil d'État jugeait la grève incompatible avec la continuité des services publics, et estimait en conséquence qu'en se mettant en grève, les agents préposés au service public s'excluaient eux-mêmes de l'administration (CE 7. 8. 1909 Winkell *Lebon* 826). Cette solution sévère a dû être abandonnée à la suite de l'entrée en vigueur du préambule de 1946, aux termes duquel « le droit de grève s'exerce dans le cadre des lois qui le réglementent ». Étant ainsi constitutionnellement accordé à tous les travailleurs, même à ceux des services publics, le droit de grève ne peut plus être considéré comme radicalement incompatible avec le principe de continuité. Mais il n'est pas absolu pour autant, dans la mesure où le préambule reconnaît qu'il doit être réglementé par « des lois ». Le problème vient de ce que le Conseil constitutionnel et le Conseil d'État ont interprété différemment cette exigence.

Selon le Conseil constitutionnel, ce passage du préambule doit être compris comme ayant entendu réserver au législateur le pouvoir d'apporter au droit de grève « les limitations nécessaires en vue d'assurer la continuité du service public », lesquelles « peuvent aller jusqu'à l'interdiction du droit de grève aux agents dont la présence est indispensable » pour assurer « les besoins essentiels du pays » (CC 25. 7. 1979 Droit de grève à la radio et à la télévision *GDCC*, confirmé par CC 18. 9. 1986 Liberté de communication *AJDA* 1987. 102). Conformément à cette analyse, plusieurs lois sont intervenues pour limiter le droit de grève dans certains services publics, en instituant par exemple un service minimum à la radio et à la télévision ou (loi du 21 août 2007, *AJDA* 2007. 1752, étude Melleray) en imposant des négociations préalables et des « plans de priorité » dans les transports terrestres de voyageurs, voire même pour l'interdire à certains agents (notamment magistrats, policiers, militaires). De portée plus générale, la loi du 31 juillet 1963 édicte quelques règles qui s'imposent à l'ensemble des agents des SPA et des SPIC : interdiction des grèves-surprise et des grèves tournantes, et dépôt obligatoire d'un préavis de cinq jours francs par un syndicat représentatif avant le déclenchement de la grève. Dans le même esprit, la loi du 30 juillet 1987 tente de décourager les grèves de courte durée en prescrivant la retenue d'un trentième indivisible du traitement pour toute grève inférieure ou égale à un jour (CC 28. 7. 1987 Amendement Lamassoure *RFDA* 1987. 807, note Genevois). Mais ces deux lois de détail ne constituent pas la réglementation législative générale du droit de grève souhaitée par le Conseil constitutionnel.

En l'absence de celle-ci, le Conseil d'État estime, contrairement au Conseil constitutionnel, qu'« il appartient au gouvernement, responsable du bon fonctionnement des services publics, de fixer lui-même, sous le contrôle du juge, ... la nature et l'étendue des... limitations » qui doivent être apportées au droit de grève (CE Ass. 7. 7. 1950 Dehaene *GAJA*). Au-delà du gouvernement, il habilite même n'importe quel chef de service, responsable d'un service public, à réglementer lui-même le droit de grève de ses agents (*cf.* par ex. CE 13. 11. 1992 Synd. nat. des ingénieurs de l'aviation civile *AJDA* 1993. 221, note Mathieu). Grâce à cette jurisprudence pragmatique, il pallie la carence législative en permettant à l'administration de sauvegarder la continuité des services publics. Mais cette opération de sauvetage a aussi des effets pervers, car elle entretient la paresse du législateur en le dissuadant d'intervenir dans une matière qui relève pourtant, si on en croit le Conseil constitutionnel, de sa compétence exclusive.

2. L'adaptation des services publics

108 Selon la présentation traditionnelle, la « loi » d'adaptation impose l'obligation de modifier les règles d'organisation et de fonctionnement des services publics, pour tenir compte de l'évolution des besoins des usagers. En réalité, il s'agit là d'une vision singulièrement optimiste de la « loi ».

En droit positif, le principe d'adaptation est davantage un pouvoir de mutabilité reconnu à l'administration qu'une obligation pesant sur elle. En vertu de ce pouvoir, elle peut en effet imposer des modifications dans l'organisation ou le fonctionnement des services publics tant à ses concessionnaires (CE 10. 1. 1902 Comp. nouvelle du gaz de Deville-lès-Rouen *GAJA* : obligation, pour assurer le service d'éclairage, de passer du gaz à l'électricité) qu'aux usagers des services (CE Sect. 18. 3. 1977 Chambre de commerce de La Rochelle *Lebon* 153, concl. Massot : suppression de la desserte de certaines lignes non rentables par Air Inter).

Conformément à la déformation technocratique (déjà exposée dans l'Introduction générale) de l'idéologie de l'intérêt général, l'administration est bien entendu seul juge de l'évolution des besoins des usagers. Parfois elle utilise son pouvoir de mutabilité dans le sens souhaité par ces derniers, à l'image de la commune de Deville-lès-Rouen qui, à l'aube du vingtième siècle, entendit « faire profiter ses habitants de la découverte d'un nouveau mode d'éclairage » (CE 10. 1. 1902, préc.). Dans d'autres cas, elle s'en sert au contraire pour leur imposer une vision de l'intérêt général, souvent mercantile, dont ils ne veulent pas, et dont témoigne la suppression de certaines lignes jugées non rentables par Air Inter (CE Sect. 18. 3. 1977, préc.).

Dans sa formulation traditionnelle, la « loi » d'adaptation n'est ainsi qu'un trompe-l'œil. Ce n'est que dans des cas exceptionnels, dans lesquels le refus d'adaptation se confond avec le refus d'assurer la continuité du service public ou l'égalité devant lui, que les administrés parviennent à imposer leurs exigences (CE Ass. 22. 1. 1982 Ah Won *RDP* 1982. 816, note Drago : obligation de modifier le vieux règlement organisant le service public judiciaire en Océanie, et excluant les domestiques des fonctions de juré, pour tenir compte des « principes généraux d'égalité devant la loi et d'égal accès aux fonctions publiques »). Le reste du temps, ils ne disposent d'aucun moyen juridique pour contraindre l'administration à respecter leurs souhaits en matière d'adaptation.

3. L'égalité devant les services publics

109 La « loi » d'égalité impose l'obligation de traiter de façon identique les usagers du service public, lorsque ceux-ci sont dans des situations identiques. Elle est analysée comme un principe général du droit par le Conseil d'État (CE Sect. 9. 3. 1951 Soc. des concerts du conservatoire *GAJA*), comme un principe écrit à valeur constitutionnelle par le Conseil constitutionnel (CC 12. 7. 1979 Ponts à péage *AJDA* 1979, n° 12, p. 46).

• Concrètement, elle permet aux usagers d'obtenir l'*annulation des actes discriminatoires*, ainsi qu'une indemnité en réparation du préjudice subi. Ont par exemple été jugés discriminatoires : la décision d'exclure des antennes de la Radiodiffusion française une société philharmonique, et d'en réserver ainsi l'accès à ses concurrentes (CE Sect. 9. 3. 1951, préc.); la décision d'une commune de n'accorder l'accès gratuit aux transports urbains qu'à certains des chômeurs domiciliés sur son territoire (CAA Lyon 27. 6. 2002 Brindel *AJDA* 2002. 1409, note Brondel); le règlement sportif limitant l'accès aux compétitions des joueurs naturalisés français (CE Ass. 23. 6. 1989 Bunoz *AJDA* 1989. 627, concl. Faugère); et la décision de la ville de Paris de réserver une allocation d'aide sociale aux Français, à l'exclusion des étrangers même en situation régulière (CE 30. 6. 1989 Ville de Paris *RFDA* 1990. 575, concl. Lévis; égalité Français-étrangers constitutionnalisée par CC 22. 1. 1990 Égalité entre Français et étrangers *RFDA* 1990. 406, note Genevois).

• Le principe d'égalité implique aussi le *respect de la neutralité politique et religieuse* des services publics, que le Conseil constitutionnel analyse comme son « corollaire » (CC 18. 9. 1986 Liberté de communication *AJDA* 1987. 102, note Wachsmann). Ce respect de la neutralité s'impose à tout service public (*cf.* TA Nice 30. 3. 1984 Caressa *RFDA* 1985. 552 : légalité de l'interdiction de distribuer des écrits politiques dans un « centre administratif départemental »; et CE 27. 7. 2005 Commune de Sainte-Anne *AJDA* 2006. 196, note Darracq : illégalité de la délibération d'un conseil municipal décidant de pavoiser le fronton de la mairie du drapeau indépendantiste martiniquais). Mais c'est dans le service public de l'enseignement qu'il soulève les problèmes les plus délicats. Le Conseil d'État estime en effet que la neutralité de ce service est violée par la décision autorisant une réunion politique dans un lycée (CE 8. 11. 1985 Rudent *AJDA* 1985. 712, chron. Hubac et Azibert), mais non par celle autorisant, également dans un lycée, un « débat d'ordre civique et social » sur l'intégration des enfants d'origine étrangère, animé par le président de l'association SOS-Racisme, bien que l'engagement politique personnel de ce dernier soit notoire (CE 1er. 3. 1993 Assoc. des parents d'élèves de l'enseignement public de Montpellier *AJDA* 1993. 881, note Toulemonde). Conformément à son avis du 27 novembre 1989 (*RFDA* 1990. 1, note Rivero), le Conseil d'État annulait en outre les interdictions de porter le foulard islamique dans les établissements scolaires, lorsqu'elles étaient générales et absolues (CE 2. 11. 1992 Kherouaa *RFDA* 1993. 112, concl. Kessler, et *LPA* du 24. 5. 1993 avec notre note). Il marquait ainsi sa fidélité à la conception française tolérante et humaniste de la « laïcité », que notre tradition nationale, confiante en la puissance d'intégration de notre culture, définit depuis longtemps comme une neutralité bienveillante à l'égard des religions. La loi du 15 mars 2004 a toutefois mis fin à cette dernière jurisprudence en interdisant dorénavant, dans les établissements d'enseignement publics, « le port de signes ou tenues par lesquels les élèves manifestent ostensiblement une appartenance religieuse ».

• Le principe d'égalité n'interdit pas, en revanche, de *traiter de façon différente les usagers* du service public, lorsque ceux-ci sont dans des situations différentes. C'est ainsi qu'il est parfaitement possible d'appliquer des tarifs différents aux usagers d'un pont à péage selon qu'ils ont ou non « leur domicile ou leur lieu de travail dans le ou les départements concernés » (CC 12. 7. 1979, préc.; pour les bacs, *cf.* aussi CE Sect. 10. 5. 1974 Chorques et Dénoyez *AJDA* 1974. 298, chron. Franc et Boyon). Une commune peut également réserver l'accès de son école de musique aux personnes qui, en raison de leur domiciliation, de leur scolarisation ou de leur travail, ont « un lien particulier avec la commune » (CE Sect. 13. 5. 1994 Commune de Dreux *AJDA* 1994. 652, note Hecquard-Théron); elle ne peut par contre en réserver l'accès aux seuls domiciliés, qui ne sont pas dans une situation suffisamment différente des personnes scolarisées ou travaillant dans la commune pour bénéficier d'une telle différence de traitement (même arrêt). Cette solution réaliste, qui privilégie l'intercommunalité plutôt que l'esprit de clocher, ne joue toutefois que pour l'accès au service public, et non pour sa tarification. Une commune est en effet libre d'imposer des tarifs différents aux usagers d'une cantine scolaire, selon qu'ils sont ou non domiciliés sur son territoire (CE Sect. 5. 10. 1984 Commissaire de la République de l'Ariège *AJDA* 1984. 675, chron. Schoettl et Hubac). La question de savoir si la différence de ressources des usagers peut justifier des tarifs différents, enfin, reçoit une réponse affirmative tant pour les services publics sociaux (CE 20. 1. 1989 Centre communal d'action sociale de La Rochelle *AJDA* 1989. 398, note Prétot, à propos d'une crèche), que pour les services publics culturels (CE

Sect. 29. 12. 1997 Communes de Genevilliers et de Nanterre *AJDA* 1998. 102 chron. Girardot et Raynaud, à propos d'une école de musique).

4. La gratuité des services publics

110 Selon le Conseil constitutionnel, la gratuité des services publics n'est pas un principe à valeur constitutionnelle (CC 12. 7. 1979 Ponts à péage *AJDA* 1979, n° 12, p. 46). Elle n'est pas non plus considérée par la jurisprudence administrative comme un principe général du droit (CE Ass. 10. 7. 1996 Soc. Direct Mail Promotion *AJDA* 1997. 189 note Maisl), ni érigée au rang d'une obligation générale par le législateur. On ne peut donc pas l'analyser comme une « loi » du service public.

En réalité, les SPIC ne sont pratiquement jamais gratuits. Quant aux SPA, ils ne le sont que lorsqu'un texte le prévoit ou le sous-entend. L'enseignement primaire public doit par exemple être gratuit en vertu d'une loi du 16 juin 1881; le Conseil d'État annule en conséquence les décisions par lesquelles les communes font payer aux usagers l'accès aux écoles publiques (CE 10. 1. 1986 Commune de Quingey *Lebon* 3, assimilant les écoles maternelles aux écoles primaires). Au contraire, la loi du 26 janvier 1984 permet aux universités d'exiger des étudiants des « droits d'inscription », dont le montant est plafonné par l'État, ainsi que des « rémunérations » supplémentaires en contrepartie de prestations facultatives et clairement identifiées (sur l'illégalité des rémunérations exigées en contrepartie de prestations obligatoires du type « frais de dossier », *cf.* CE 7. 7. 1993 Université Mendès France *D.* 1993. 533, concl. Schwartz).

On notera enfin que, même lorsqu'une loi prévoit la gratuité d'un SPA, la jurisprudence admet que l'administration fasse payer les usagers de celui-ci, dès lors qu'ils bénéficient de prestations particulières excédant ses prestations normales. C'est ainsi qu'une commune peut parfaitement faire payer aux exploitants de salles de spectacles la « surveillance toute spéciale » de leurs établissements par la police municipale, cette surveillance « excédant les besoins normaux de sécurité » des autres administrés (CE 29. 12. 1949 Soc. Ciné Lorrain *Lebon* 584); ou qu'un service départemental d'incendie et de secours peut demander aux victimes d'un blocage d'ascenseur une « participation aux frais » de leur désincarcération, laquelle « ne se rattache pas directement » à sa mission de « secours d'urgence aux accidentés » (CAA Douai 14. 12. 2004 SDIS de l'Eure *AJDA* 2005. 959, concl. Michel). En revanche, l'administration ne peut pas mettre à la charge de la victime d'un accident de la circulation les frais de son transport à l'hôpital par les pompiers, car ce transport constitue « le prolongement normal des missions de secours d'urgence » dévolues aux pompiers (CE 5. 12. 1984 Ville de Versailles *AJDA* 1985. 104, note J. C.).

5. De nouvelles « lois » des services publics ?

Depuis la fin du XXe siècle, plusieurs textes envisagent de compléter les trois « lois » de Rolland par d'autres règles, supposées moderniser les services publics sous l'influence du droit communautaire (*cf.* l'étude de V. Donier, *RFDA* 2006. 1219). Il s'agit par exemple de la « Charte des services publics » du 18 mars 1992 et du « Livre blanc sur l'avenir de la fonction publique » du 17 avril 2008.

Parmi ces nouvelles règles figurent notamment l'accessibilité (grâce à un « prix abordable » à défaut de gratuité), l'efficacité (« qui renvoie, au plan économique, à l'idée de productivité et de rentabilité », *cf.* V. Donier, *op. cit.* p. 1228), la participation (impliquant la consultation des usagers), la qualité (éventuellement attestée par des certificats, du type ISO, délivrés par des organismes indépendants), la responsabilité (se traduisant par une obligation d'assurer la sécurité des usagers), et la transparence (qui a déjà inspiré les lois du 17 juillet 1978 et du 11 juillet 1979, relatives à l'accès aux documents administratifs et à la motivation de certains actes administratifs).

Que peut-on en penser ? Certaines de ces règles paraissent s'inspirer d'un libéralisme difficilement compatible avec l'idée même de service public, comme l'efficacité et la qualité qui recherchent respectivement la rentabilité et la performance. D'autres sont de simples aspects des « lois » de Rolland, comme l'accessibilité et la responsabilité qui se rattachent respectivement à l'égalité et à l'adaptation. D'autres enfin, comme la participation et la transparence, cherchent à rapprocher les services publics de leurs usagers, dans une perspective très contemporaine de démocratisation : selon nous, elles mériteraient à ce titre d'être érigées en nouvelles « lois » à part entière.

B. Le régime juridique des SPA

111 Contrairement à ce que l'on pourrait penser, le régime juridique des SPA ne relève pas entièrement du droit administratif. Pour en prendre pleinement conscience, il est nécessaire de distinguer selon que le SPA est géré par une personne publique ou par une personne privée.

• *Lorsque c'est une personne publique qui le gère*, elle a vocation à utiliser les procédés du droit public. Ainsi, ses agents seront normalement (sauf loi contraire) des agents publics, et ses actes unilatéraux et ses contrats seront respectivement des actes administratifs unilatéraux et des contrats administratifs. Elle est néanmoins libre d'utiliser des procédés de « gestion privée », qui lui permettront par exemple de passer avec des tiers des contrats de droit privé. Ce recours à la « gestion privée » n'est toutefois possible que s'il concerne des contrats dont l'objet ne consiste pas à exécuter directement le SPA. En outre, depuis 1996, il ne peut plus être utilisé pour recruter des contractuels de droit privé : la jurisprudence estime en effet depuis cette date que tous les agents des SPA recrutés par contrat « sont des agents contractuels de droit public quel que soit leur emploi », et quel que soit leur degré de participation à l'exécution du service public (TC 25. 3. 1996 Berkani *AJDA* 1996. 355 chron. Stahl et Chauvaux). Une exception à cette jurisprudence avait été ouverte en 2004, à propos des agents des SPA repris en régie par une personne publique, qui pouvaient rester soumis au droit privé (CE Sect. 22. 10. 2004 Lamblin *AJDA* 2004. 2153, chron. Landais et Lenica); mais elle a été supprimée par une loi du 26 juillet 2005.

• *Lorsque c'est au contraire une personne privée qui gère le SPA*, le recours au droit privé est plus fréquent. Ses contrats sont en effet considérés comme des contrats de droit privé même s'ils ont pour objet l'exécution même du SPA, en vertu du principe jurisprudentiel selon lequel un contrat ne peut être administratif que si l'un au moins des cocontractants est une personne publique (sur ce principe et sur ses exceptions, *cf. infra*, n°s 178 à 181). Quant à ses agents, ce sont normalement des salariés de droit commun, sauf loi contraire. Malgré cette ambiance de droit privé, la personne privée gérant un SPA a le pouvoir de prendre des actes administratifs unilatéraux. Pour avoir ce caractère, ses actes unilatéraux doivent toutefois remplir deux conditions posées par la jurisprudence : ils doivent être pris dans l'exercice du SPA, et comporter utilisation de prérogatives de puissance publique (CE Sect. 13. 1. 1961 Magnier *RDP* 1961. 155, concl. Fournier).

• *Que le SPA soit géré par une personne publique ou par une personne privée*, son usager est en principe placé dans une situation légale et réglementaire de droit public, et non dans une situation contractuelle (pour une exception, aujourd'hui dépassée, *cf.* TC 24. 6. 1968 Ursot *D.* 1969. 416, note de Gaudusson). Il peut donc attaquer par la voie du recours pour excès de pouvoir tout acte unilatéral qui, émanant du SPA, lui fait grief, comme par exemple un refus de le laisser accéder au service ou de modifier les horaires d'ouverture de celui-ci (illustrant cette dernière hypothèse, *cf.* CE 25. 6. 1969 Vincent *AJDA* 1969. 555, chron. Dewost et Denoix de Saint Marc). Il peut également utiliser le recours de pleine juridiction pour obtenir du juge administratif, sur le fondement de la responsabilité extra-contractuelle de la personne gérant le SPA, une indemnité en réparation du préjudice éventuellement causé par elle; cette possibilité n'existe toutefois sans restriction que si le gestionnaire du SPA est une personne publique; s'il s'agit d'une personne privée, elle n'est en effet ouverte que si le dommage invoqué se rattache à « l'exercice des prérogatives de puissance publique qui lui ont été conférées pour l'exécution de la mission de service public dont elle est investie » (CE 23. 3. 1983 Soc. anonyme Bureau Véritas *CJEG* 1983. 313, note Dupielet, à propos d'une société participant à l'exécution du SPA de la sécurité aérienne; arrêt transposant dans le domaine de la responsabilité la jurisprudence Magnier, mentionnée ci-dessus); lorsque le dommage invoqué ne remplit pas ces conditions, l'usager du SPA doit utiliser les voies du droit privé, et former son recours en responsabilité devant le juge judiciaire.

C. Le régime juridique des SPIC

112 Le régime juridique des SPIC est beaucoup plus perméable au droit privé que celui des SPA. Il n'y a guère que quatre hypothèses précises dans lesquelles le droit administratif parvient à résister à l'envahissement du droit privé. Elles concernent les règlements relatifs à l'organisation du SPIC, la qualité d'agents publics reconnue au directeur et au chef de la comptabilité du SPIC, certains contrats passés entre le SPIC et des tiers, et la responsabilité du SPIC du fait des dommages causés dans l'exercice de prérogatives de puissance publique, ou de certains dommages de travaux publics.

• *En vertu d'une jurisprudence célèbre*, les règlements pris par une personne publique ou privée pour organiser le SPIC dont elle a la charge sont toujours des actes administratifs unilatéraux (TC 15. 1. 1968 Air France c. Époux Barbier *GAJA*). Toute personne y ayant intérêt, et notamment tout usager du SPIC, peut donc les attaquer par la voie du recours pour excès de pouvoir (CE 3. 10. 2003 Peyron *RFDA* 2003. 1256). Cette solution s'explique par le fait que l'organisation d'un service public est considérée comme une prérogative de puissance publique, dont il n'appartient qu'au juge administratif de connaître (en ce sens, *cf.* CE 13. 3. 2002 Union féd. des consommateurs *RFDA* 2003. 772, note Deffigier). Encore faut-il s'accorder sur ce qu'il faut entendre par « organisation » du service public. La jurisprudence estime par exemple que les règlements émanant du SPIC « organisent » celui-ci quand ils fixent « les tarifs ou les règles de priorité dans l'usage » du service (CE 3. 10. 2003, préc.), mais non lorsqu'ils déterminent la situation du personnel retraité (TC 12. 6. 1961 Rolland c. SNCF *AJDA* 1961. 606, chron. Galabert et Gentot) ou les conditions de travail du personnel en activité (TC 15. 12. 2008 Voisin c. RATP *AJDA* 2009. 365, chron. Liéber et Botteghi, renversant sur ce point TC 15. 1. 1968, préc.). Concrètement, la distinction revêt une grande importance pratique, car le contentieux des règlements qui « n'organisent pas » le SPIC relève du juge judiciaire.

• *Le personnel des SPIC* est en principe dans une situation de droit privé, sauf si une loi en dispose autrement (ce qu'a fait par exemple la loi du 2 juillet 1990, qui accorde un statut de droit public au personnel de l'ÉPIC qu'est La Poste). Toutefois, par dérogation à ce principe, la jurisprudence reconnaît la qualité d'agents publics au directeur et au chef de la comptabilité de tout SPIC (CE 26. 1. 1923 de Robert Lafrégeyre *GAJA*, précisé par CE Sect. 8. 3. 1957 Jalenques de Labeau *Lebon* 158, et par CE Sect. 15. 12. 1967 Level *AJDA* 1968. 228, chron. Massot et Dewost concl. Braibant). Les litiges concernant la situation individuelle de ces deux agents relèvent donc du juge administratif, alors que ceux qui se rapportent à la situation individuelle du reste du personnel appartiennent au juge judiciaire. On peut légitimement s'étonner d'une telle discrimination, qui fait bénéficier l'aristocratie des SPIC d'un privilège de juridiction.

• *Les contrats passés par les SPIC* avec les tiers (par exemple avec des fournisseurs) sont généralement des contrats de droit privé. Ils ne sont en effet des contrats administratifs que s'ils satisfont aux critères généraux du contrat administratif posés par la jurisprudence (et analysés *infra*, chap. 6) : ils doivent d'une part être passés par une personne publique, d'autre part avoir pour objet l'exécution même du service public ou bien pour contenu une ou plusieurs clauses exorbitantes du droit commun. Si le deuxième critère ne pose pas de problème particulier, on observera que le premier interdit aux SPIC gérés par des personnes privées, dont on sait qu'ils sont nombreux, de recourir au procédé du contrat administratif. Ce subtil jeu de critères ne concerne toutefois que les contrats passés par les SPIC avec des tiers, et non ceux qu'ils passent avec leurs usagers. Car en vertu d'une jurisprudence simplificatrice, tous les contrats des SPIC avec leurs usagers sont considérés comme des contrats de droit privé, même s'ils contiennent des clauses exorbitantes du droit commun (CE Sect. 13. 10. 1961 Établ. Campanon-Rey *AJDA* 1962. 98, concl. Heumann, note de Laubadère, et TC 17. 12. 1962 Dame Bertrand *AJDA* 1963. 88, chron. Gentot et Fourré) : il s'agit d'un « bloc de compétence » au profit du juge judiciaire qui, à défaut de reposer sur des fondements rationnels, a le mérite de simplifier la vie contentieuse des usagers des SPIC.

• *La responsabilité des SPIC* envers leurs usagers ou envers les tiers relève presque toujours du droit privé et du juge judiciaire. Elle ne relève du droit et du juge administratifs que lorsqu'elle découle de l'illégalité d'un règlement organisant le SPIC (*cf. supra*, jurisprudence Époux Barbier), ou lorsqu'elle est mise en jeu à raison de dommages causés dans l'exercice par le SPIC de prérogatives de puissance publique comme l'expropriation (CE 23. 12. 1970 EDF c. Farsat *AJDA* 1970. 96, concl. Kahn) ou comme l'émission de timbres-poste (TC 22. 11. 1993 Matisse *Lebon* 410). La responsabilité des SPIC à raison des « dommages de travaux publics » qu'ils provoquent obéit enfin à un régime original, puisqu'elle relève du juge administratif lorsque la victime est un tiers (CE Sect. 25. 4. 1958 Veuve Barbaza *AJDA* 1958. 222, chron. Fournier et Cambarnous, et TC 16. 5. 1983 Préfet de la Loire *CJEG* 1983. 285, note Delpirou), mais du juge judiciaire lorsqu'il s'agit d'un usager, en application du fameux « bloc de compétence » SPIC-usagers susmentionné (TC 24. 6. 1954 Dame Galland *D.* 1955. 544, note Auby; *cf.* aussi Civ. 1re 9. 12. 1986 *JCP* 1987, n° 20, 790, note Gridel, à propos de l'électrocution d'un usager d'EDF; et CE 19. 2. 2009 Beaufils *AJDA* 2009. 340, obs. Brondel, à propos d'un accident de ski).

CHAPITRE 4

La police administrative

113 Après avoir procédé à l'identification de la police administrative (SECTION 1), on rendra compte de la répartition des compétences en la matière (SECTION 2), avant d'aborder l'étude du régime juridique des mesures de police administratives (SECTION 3).

SECTION 1

IDENTIFICATION DE LA POLICE ADMINISTRATIVE

Cette identification consiste à distinguer la police administrative de la police judiciaire (**A**), puis à opérer la classification police administrative générale/polices administratives spéciales (**B**), avant d'exposer pourquoi la police administrative est un service public (**C**).

A. La distinction entre police administrative et police judiciaire

1. Le critère du but

114 La distinction entre police administrative et police judiciaire est liée à la dualité des ordres de juridiction. Alors qu'en cas de

contentieux la première relève du juge administratif, la seconde relève en effet du juge judiciaire. Il est donc important d'adopter un critère de distinction précis. Ce critère ne peut être organique, car ce sont les mêmes autorités et le même personnel qui agissent selon les cas au titre de la police administrative ou de la police judiciaire. La jurisprudence s'est donc rabattue sur un critère finaliste, tenant compte du but poursuivi par l'auteur de l'action policière, de l'intention psychologique qui l'anime au moment où il agit.

Ce sont les arrêts Baud et Dame Noualek, de 1951, qui sont à l'origine de ce critère finaliste (CE Sect. 11. 5. 1951 consorts Baud *S.* 1952. 3, 13 concl. Delvolvé note Drago; TC 7. 6. 1951 Dame Noualek *S.* 1952. 3, 13 note Drago). D'après ce critère, la police judiciaire a un but répressif : elle est l'activité qui vise à rechercher les auteurs d'une infraction afin de les livrer aux tribunaux. Alors que la police administrative a un but préventif : cherchant à empêcher les désordres de se produire, elle est l'activité de surveillance qui vise à maintenir la paix sociale. Ainsi, un coup de feu se rattache à une opération de police judiciaire lorsqu'il est tiré en direction d'un malfaiteur, en vue de l'appréhender (affaire Baud), mais à une opération de police administrative lorsqu'il est tiré en l'air ou vers le sol, afin de rétablir le calme (affaire Dame Noualek). Sa victime accidentelle doit donc, si elle souhaite obtenir une indemnité, s'adresser au juge judiciaire dans le premier cas, au juge administratif dans le second cas.

Simple en théorie, le critère finaliste entraîne parfois quelques difficultés d'appréciation. Ainsi, les contrôles d'identité s'avèrent délicats à qualifier, car il n'est pas toujours facile de savoir si, en y procédant, les agents de police ont eu pour but de maintenir l'ordre public ou de réprimer une infraction. Plus généralement, on peut hésiter à qualifier de judiciaires les opérations de police qui sont menées en vue de réprimer des infractions qui n'existent pas : par souci de simplification, la jurisprudence choisit dans cette hypothèse de faire prévaloir l'intention répressive des agents sur la réalité de l'infraction; faisant jouer à fond le critère finaliste, elle assimile en effet à des opérations de police judiciaire les opérations relatives à des infractions supposées (TC 15. 7. 1968

Tayeb *Lebon* 791 : interpellation d'un individu louche qui s'avère finalement innocent), à des faits qualifiés à tort d'infraction (CE 18. 5. 1981 Ferran *Lebon* 148 : mise en fourrière d'un véhicule qu'on croyait à tort en stationnement irrégulier), ou à des infractions dont on attend, même en vain, la commission (TC 27. 6. 1955 Dame Barbier *Lebon* 624 : « souricière »).

Mais la plus grande difficulté engendrée par le critère finaliste vient de ce qu'une même opération peut se transformer en cours d'exécution. Deux hypothèses sont à distinguer. Il peut tout d'abord arriver qu'une opération de police administrative se transforme en opération de police judiciaire. Un tel phénomène est même assez courant. Il se produit par exemple lorsqu'un agent de police, qui réglait la circulation à un carrefour (police administrative), relève le numéro d'une voiture qui contrevient à ses injonctions ou se lance à sa poursuite (police judiciaire). Inversement, il peut arriver aussi, bien que ce soit moins fréquent, qu'une opération de police judiciaire se transforme en opération de police administrative. L'exemple le plus typique en est fourni par la mise en fourrière des véhicules, qui se décompose en réalité en deux opérations successives : l'enlèvement et la garde. L'enlèvement du véhicule est une opération de police judiciaire, car il a pour but de réprimer une infraction : le stationnement irrégulier. Au contraire, la garde du véhicule en fourrière, consécutive à l'enlèvement, est une opération de police administrative, car elle n'a d'autre but que de l'entreposer dans un lieu où il ne gêne pas en attendant que son propriétaire vienne le rechercher (Pour une analyse plus fouillée de la mise en fourrière, *cf.* note J.-M. Auby sur CE 13. 1. 1992 Grasset *RDP* 1992. 1470.)

Malgré ces quelques difficultés, le critère finaliste doit être approuvé, car il est conforme au vieux principe de séparation des « fonctions judiciaires » et des « fonctions administratives », posé par la loi des 16-24 août 1790, ainsi qu'à l'article 14 du Code de procédure pénale, selon lequel la police judiciaire est chargée « de constater les infractions à la loi [...] et d'en rechercher les auteurs [...] ». D'autre part et surtout, il a le mérite de faire prévaloir la réalité des intentions psychologiques sur les artifices de procédure. En l'utilisant, le juge administratif parvient en effet à requalifier de mesures de police administrative les mesures que l'administration présente, dans le vain espoir d'échapper à son contrôle, comme des mesures de police judiciaire alors qu'elles visent à préserver l'ordre public et non à réprimer une infraction (CE Ass. 24. 6. 1960 Soc. Frampar *GAJA*, à propos de la saisie d'un journal).

2. Les aménagements apportés au critère du but

115 Il arrive parfois que le critère du but soit écarté. Deux jurisprudences illustrent cette attitude du juge : la jurisprudence Le Profil et la jurisprudence Lecomte. Mais alors que la première doit être approuvée, la seconde paraît critiquable.

Dans l'affaire Le Profil, une société avait été dévalisée par des malfaiteurs. Elle avait alors attaqué l'État en responsabilité pour faute. En l'occurrence, deux fautes étaient avérées : une faute de police administrative, les personnels de police n'ayant pas pris de précautions suffisantes pour empêcher l'agression, et une faute de police judiciaire, ces mêmes personnels n'ayant pas poursuivi les voleurs. Le critère du but, si on l'avait appliqué, aurait donc contraint la société victime à intenter simultanément deux actions en justice, l'une devant le juge administratif pour obtenir réparation de la faute de police administrative, l'autre devant le juge judiciaire pour obtenir réparation de la faute de police judiciaire. Dans un louable souci de simplification, le Tribunal des conflits a préféré prendre quelque liberté avec lui. Considérant que le préjudice résultait essentiellement de la première faute commise dans l'ordre chronologique, c'est-à-dire de la faute de police administrative, il a donné compétence au juge administratif pour réparer les conséquences des deux fautes (TC 12. 6. 1978 Soc. Le Profil *AJDA* 1978. 444 chron. Dutheillet de Lamothe et Robineau). Désormais, lorsqu'une faute de police administrative et une faute de police judiciaire concourent à la réalisation d'un dommage, on doit donc en confier l'indemnisation au juge compétent pour connaître de la plus déterminante des deux.

La jurisprudence Lecomte n'a pas ces vertus simplificatrices. Elle sème au contraire la confusion dans les forcements de barrage. Dans cette affaire, des agents avaient tiré sur un véhicule au moment même où celui-ci forçait un barrage de police. Par malheur, une balle perdue avait tué un tiers. Saisi par la famille de la victime, le Conseil d'État a accepté de mettre en œuvre la responsabilité sans faute de l'État, sur le fondement du risque créé par l'usage d'armes à feu. Mais pour arriver à ce résultat, qui fait la célébrité de l'arrêt, la haute juridiction a dû nécessairement rattacher le dommage à une opération de police administrative, sans quoi elle eût été incompétente. Elle a donc écarté le critère du but, car ce critère, s'il avait été utilisé, l'aurait amenée au contraire à analyser le mitraillage de la voiture comme une opération de police judiciaire, destinée à appréhender l'auteur d'une infraction (CE Ass. 24. 6. 1949 consorts Lecomte *GAJA*). Certes, l'arrêt Lecomte est antérieur de deux ans à l'arrêt Baud, qui fonde le critère du but; mais l'objection ne tient pas, car la jurisprudence Lecomte a été confirmée après l'intronisation de ce dernier (CE Sect. 27. 7. 1951 Dame Aubergé *D.* 1952. 108 concl. Gazier, note Morange).

Pourquoi la jurisprudence Lecomte écarte-t-elle le critère du but ? Il est difficile de le savoir. Comme on se trouve en présence d'une opération de police administrative (le barrage) qui se transforme en opération de police judiciaire (le mitraillage), il est possible que le juge ait considéré, par une sorte de préfiguration de la jurisprudence Le Profil, que le dommage trouvait essentiellement sa cause dans la première opération. Ou peut-être a-t-il simplement adapté le critère du but à certaines caractéristiques de la psychologie policière, et estimé (non sans une certaine cruauté) que face à un forcement de barrage les agents sont plus prompts à tirer qu'à prendre conscience de leur intention répressive...

Toujours est-il qu'en l'état actuel de la jurisprudence Lecomte, deux cas de figure doivent être distingués. Lorsque le coup de feu à l'origine du dommage est tiré au moment même du forcement, c'est au juge administratif que la victime doit demander réparation (arrêts Lecomte et Aubergé). Lorsqu'au contraire il est tiré après le forcement, lors d'une poursuite consécutive à celui-ci, le critère du but reprend tous ses droits et rend le juge judiciaire compétent (TC 5. 12. 1977 D[lle] Motsch *AJDA* 1978. 444, chron. Dutheillet de Lamothe et Robineau). On aboutit ainsi à une situation complexe. Quelle distance le véhicule doit-il parcourir après le forcement du barrage et avant d'être mitraillé, pour qu'on s'estime en présence d'une poursuite ? Faudra-t-il se munir d'un double-décimètre pour la calculer ? Plutôt que de s'engouffrer dans de telles impasses, le juge aurait été bien inspiré de se borner à appliquer le critère du but, et d'assimiler tous les mitraillages à des opérations de police judiciaire.

B. La classification police administrative générale/polices administratives spéciales

1. La police administrative générale

116 La police administrative est, on l'a vu, une activité de surveillance qui vise à maintenir la paix sociale. La police administrative dite « générale » remplit cette mission en protégeant l'« ordre public », qui regroupe officiellement trois composantes (**a**). Mais la jurisprudence y insère aussi la « moralité publique », qui fait ainsi figure de quatrième mousquetaire de l'ordre public (**b**). Et depuis 1995, elle y intègre un cinquième élément : le « respect de la dignité de la personne humaine » (**c**). La loi du 11 octobre 2010 semble enfin y avoir intégré un sixième élément : le respect des exigences du « vivre-ensemble » (**d**).

a. Les trois composantes officielles de l'ordre public

Selon la loi du 5 avril 1884, puis l'article L. 131-2 du Code des communes, aujourd'hui relayé par l'article L. 2212-2 du Code général des collectivités territoriales, l'ordre public comprend trois composantes : il s'agit de la tranquillité (qualifiée aussi de « bon ordre » par les trois textes), de la sécurité (ou « sûreté »), et de la salubrité. Certes, ces textes ne se rapportent qu'à la « police municipale », c'est-à-dire à la police administrative générale des maires. Mais il semble que la jurisprudence Labonne, qui fonde le pouvoir de police administrative générale du chef du gouvernement, ait entendu reprendre à son compte cette composition tripartite (CE 8. 8. 1919 Labonne *GAJA*).

Les autorités de police administrative générale peuvent donc prendre toute mesure se rapportant à l'un de ces trois objets. Pour assurer le respect de la tranquillité publique, elles sont notamment compétentes pour lutter contre le bruit et pour veiller au bon ordre des manifestations publiques. Afin de préserver la sécurité publique, elles peuvent agir pour empêcher la divagation des animaux et pour prévenir plus généralement tout risque d'accident, lié notamment à la circulation routière. Enfin, en vue de maintenir la salubrité publique, elles réglementent le ramassage des ordures et préviennent les épidémies et pollutions de toute nature.

b. La moralité publique : le quatrième mousquetaire de l'ordre public

117 La formulation de l'article L. 2212-2 du Code général des collectivités territoriales semble, comme sa devancière de 1884, vouloir faire de la tranquillité, de la sécurité, et de la salubrité, les trois seuls objets possibles de la police administrative générale. C'est en tout cas l'interprétation qu'en retient la jurisprudence administrative. Après avoir semblé considérer un moment l'esthétique comme une quatrième composante de l'ordre public (*cf.* CE 3. 6. 1938 Soc. des usines Renault *Lebon* 531 et CE 14. 3. 1941 Comp. nouvelle des chalets *Lebon* 44, à propos d'enseignes et d'affiches), le Conseil d'État a en effet aujourd'hui nettement changé d'avis. C'est ainsi qu'il juge illégal l'arrêté de police municipale qui prétend réglementer l'esthétique des monuments funéraires (CE Sect. 18. 2. 1972 Ch. synd. des entreprises artisanales du bâtiment de la Haute-Garonne *AJDA* 1972. 215, chron. Labetoulle et Cabanes). De façon encore plus révélatrice, il annule le règlement municipal qui prescrit l'enlèvement de voitures délabrées entreposées dans une propriété privée, au motif que celles-ci ne présentent aucun risque « pour la sécurité, la tranquillité ou la salubrité publiques » (CE 9. 7. 1975 Commune de Janvry *AJDA* 1976. 148). Cette formulation indique nettement que l'ordre public ne comprend que trois composantes, à l'exclusion de l'esthétique.

Au-delà de cette apparente rigueur, la jurisprudence lui adjoint pourtant, depuis le début du XXe siècle, une quatrième composante : il s'agit de la « moralité publique », qui fait en quelque sorte figure de quatrième mousquetaire de l'ordre public. Pour bien prendre conscience de ce phénomène, il est nécessaire de distinguer le respect de la moralité publique, tant du simple respect de l'ordre matériel, que de l'instauration d'un ordre moral.

Les trois composantes officielles de l'ordre public ont pour point commun d'inviter les autorités de police administrative générale à veiller au respect de ce que Maurice Hauriou appelait l'« ordre matériel et extérieur ». Elles leur permettent donc de combattre les désordres moraux dès lors que ceux-ci, en ayant des répercussions sur la tranquillité, la sécurité ou la salubrité publiques, s'extériorisent jusqu'à devenir une cause de désordre matériel. À ce stade, il n'est nul besoin de recourir à la notion de moralité publique pour expliquer leur compétence. C'est ainsi, par exemple, qu'en vertu du premier des deux motifs distingués par la célèbre jurisprudence Lutétia, un maire peut interdire la représentation d'un film dès lors que sa projection « est susceptible d'entraîner des troubles sérieux » dans sa commune (CE Sect. 18. 12. 1959 Soc. « Les films Lutétia » *GAJA*); ce qui lui permet d'agir, ce n'est pas l'immoralité intrinsèque du film, mais le simple constat des troubles matériels qu'il va provoquer s'il est projeté : manifestations bruyantes sur la voie publique, échauffourées devant les cinémas, saccage des salles.

Tout autre est le respect de la « moralité publique ». Cette quatrième composante de l'ordre public se situe en effet hors de l'ordre purement matériel instauré par ses trois compagnes : elle permet aux autorités de police administrative générale de faire obstacle aux purs troubles moraux que la jurisprudence juge inacceptables, bien qu'ils n'aient pas de répercussions sur l'ordre matériel, parce qu'ils choquent profondément la conscience collective. Le respect de la moralité publique impose donc un certain conformisme. Il ne faut cependant pas trop s'en effrayer, car il s'agit d'un conformisme qui ne pèse que sur la conduite publique des individus, non sur leur conduite privée, encore moins sur leur pensée. La moralité publique n'a en effet pour fonction que de contribuer à maintenir la paix sociale, et non de moraliser l'individu, qu'elle laisse maître absolu de ses convictions.

Pour souligner cette relative innocuité, le juge prend d'ailleurs soin de définir la moralité publique comme le minimum d'« idées morales communément admises à un moment donné par la moyenne des citoyens » (concl. Guldner sur CE 20. 12. 1957 Soc. nat. d'éd. cinématographiques *S.* 1958. 3, 73). C'est donc la conscience collective, et non lui, qui la forge et la fait évoluer au gré de ses aspirations. Ainsi, c'est pour tenir compte des mœurs de l'époque que le Conseil d'État estime par exemple, en 1930, qu'un maire peut « interdire aux baigneurs de se déshabiller et de se rhabiller sur les... plages et falaises », et qu'il peut également prohiber leur circulation « dans des tenues contraires à la décence », notamment en « costume de bain sans peignoir, sur les voies et dans les lieux publics » (CE Sect. 30. 5. 1930 Beaugé *Lebon* 582). De même, c'est pour respecter les idées morales admises par la conscience collective qu'il reconnaît aux préfets, trente ans plus tard, le pouvoir « d'ordonner la fermeture des lieux de débauche portant atteinte à la moralité publique » (CE 30. 9. 1960 Jauffret *RDP* 1961. 828, note Waline). Et c'est encore pour défendre la moralité publique qu'en vertu du second des deux motifs distingués par la jurisprudence Lutétia, il admet qu'un maire puisse interdire la représentation d'un film dans sa commune, indépendamment de tout risque de troubles matériels, lorsque sa projection « est susceptible... d'être, à raison du caractère immoral dudit film et de circonstances locales, préjudiciable à l'ordre public » (CE Sect. 18. 12. 1959 Soc. « Les films Lutétia » *GAJA*). Dans cette dernière hypothèse, la référence aux « circonstances locales » est essentielle, car elle signifie que ce n'est pas le caractère moral ou immoral du film qui justifie son interdiction par le maire, mais simplement le constat qu'il choque profondément la population de la commune, qu'il porte « une atteinte particulièrement grave à la conscience collective locale » (selon l'expression utilisée par TA Marseille 18. 3. 1982 Soc. Gaumont *GP* 1982. 2, 468). C'est ce qui explique qu'un même film puisse être interdit dans une ville mais non dans une autre. Les « circonstances locales » ainsi exigées résultent le plus souvent de « protestations émanant des milieux les plus différents de la ville » (CE Sect. 4. 5. 1962 Ville de Montpellier *Lebon* 299), ou bien parfois de la composition particulière de la population communale (CE 19. 4. 1963 Ville de Senlis *AJDA* 1963. 374, note de Laubadère : près de la moitié de la population communale est constituée d'enfants scolarisés). En subordonnant la légalité des interdictions à leur existence, la jurisprudence Lutétia a finalement le mérite d'empêcher les maires de verser dans l'arbitraire. C'est d'ailleurs pourquoi elle a été ensuite étendue aux interdictions municipales d'affichage publicitaire, qui ne sont légales qu'en raison du « caractère immoral » des affiches et de « circonstances locales » (CE 8. 12. 1997 Commune d'Arcueil *Lebon* 482). Le juge du référé-liberté (*cf. infra*, chap. 12, n° 358) s'en est aussi inspiré pour valider la décision d'un maire d'interdire l'ouverture d'un sex-shop à proximité de deux écoles, « en raison de circonstances locales » tirées de l'ampleur des protestations de la population concernée (ord. CE 8. 6. 2005 Commune de Houilles *AJDA* 2005. 1260, obs. de Montecler).

118 Mais si le juge administratif accepte, comme on vient de le voir, que les autorités de police administrative veillent au respect de la moralité publique, il refuse en revanche de les laisser instaurer un ordre moral.

On parle d'« ordre moral » lorsque les autorités de police utilisent leurs prérogatives non plus pour faire respecter la moralité publique, mais pour imposer à la société leurs propres conceptions morales. Le plus souvent, la volonté d'instaurer un ordre moral traduit le désarroi de certains gouvernants qui n'acceptent pas l'évolution des mœurs et s'efforcent en conséquence, à l'image de Mac-Mahon ou de Pétain, de restaurer à tout prix des données morales dépassées. On voit donc aisément qu'on ne peut accepter l'ordre moral sans renier la démocratie et mettre les libertés publiques en péril. Alors que la moralité publique vient d'en bas et constitue un facteur de paix sociale, l'ordre moral vient d'en haut et se veut un moyen de conquérir les âmes et d'opprimer les consciences.

Le juge administratif ne s'y est pas trompé. Certes, il a parfois cédé, dans quelques rares arrêts, à la tentation de l'ordre moral. En 1924, il a par exemple admis la légalité d'un arrêté municipal qui interdisait les combats de boxe, en estimant, comme le maire, que de tels combats étaient « contraires à l'hygiène morale » (CE 7. 11. 1924 Club indépendant sportif châlonnais *D.* 1924. 58, concl. cont. Cahen-Salvador). De même, à ses débuts la jurisprudence Lutétia a erré au point d'assimiler à des « circonstances locales », justifiant l'interdiction de certains films, le souci de lutter contre une « vague d'immoralité » (CE Sect. 18. 12. 1959 Soc. « Les films Lutétia » *GAJA*), ou des protestations émanant d'une poignée de personnalités réactionnaires (CE Sect. 9. 3. 1962 Soc. nouvelle des établissements Gaumont *AJDA* 1962. 370, concl. cont. Gand). Et en 1995, il a admis qu'un maire puisse, « même en l'absence de circonstances locales particulières », interdire les spectacles de « lancer de nains », imposant ainsi ses propres conceptions morales à la société (CE Ass. 27. 10. 1995 Ville d'Aix-en-Provence et Commune de Morsang-sur-Orge *GAJA*, *cf. infra*, *c*). Mais dans l'ensemble, le juge administratif refuse avec constance l'instauration d'un ordre moral. Il annule ainsi les arrêtés municipaux qui fixent des horaires de bain différents pour les hommes et pour les femmes (CE 7. 12. 1938 Soc. Castillon-plage *Lebon* 915), ou qui interdisent aux mineurs de participer aux bals publics (CE 6. 8. 1941 Brugabum *Lebon* 157). Dans le même ordre d'idées, il annule également les arrêtés municipaux qui trahissent la jurisprudence Lutétia en interdisant la projection d'un film pour des motifs tirés de son immoralité intrinsèque, en l'absence de toute circonstance locale particulière (CE 6. 11. 1963 Ville du Mans *D.* 1964. 534, note Demichel; CE 26. 7. 1985 Ville d'Aix-en-Provence *RFDA* 1986. 439, concl. Genevois).

Au bout du compte, en faisant respecter la moralité publique, le juge se démarque de l'amoralisme du positivisme juridique; et en la protégeant de la dérive de l'ordre moral, il refuse la tentation autoritaire du jusnaturalisme. À mi-chemin de ces deux écueils, il mène en définitive la police administrative générale dans le chenal ouvert par le positivisme sociologique.

c. Le cinquième élément : « le respect de la dignité de la personne humaine »

119 C'est en 1995, dans deux arrêts rendus à propos d'arrêtés municipaux interdisant des spectacles de « lancer de nains », que le Conseil d'État affirme pour la première fois que « le respect de la dignité de la personne humaine est une des composantes de l'ordre public » (CE Ass. 27. 10. 1995 Ville d'Aix-en-Provence et Commune de Morsang-sur-Orge *GAJA*, *RFDA* 1995. 1204, concl. Frydman, et *D.* 1996. 177, avec notre note).

Cette belle affirmation aurait été pertinente si elle avait simplement voulu signifier que les autorités de police générale doivent respecter la dignité humaine telle que la conscience collective la conçoit. Dans cette hypothèse, la référence à la dignité humaine n'aurait été qu'une façon d'assurer le respect de la moralité publique, et le juge se serait borné à rechercher, conformément à la jurisprudence Lutétia, si des circonstances locales particulières justifiaient réellement l'interdiction (démarche suivie par TA Versailles 25. 2. 1992 Soc. Fun Productions *RFDA* 1992. 1026, note Flauss, qui concluait à l'illégalité de celle-ci).

Mais le Conseil d'État a préféré ériger le respect de la dignité de la personne humaine en cinquième élément de l'ordre public, distinct de la moralité publique. Conformément aux conclusions de M. Frydman, qui présente la dignité comme un « concept absolu », placé au-dessus de tout débat démocratique, il affirme en effet la légalité de l'interdiction « même en l'absence de circonstances locales particulières ». Il considère ainsi le respect de la dignité humaine comme un principe de droit naturel, dont il détermine seul le contenu, indépendamment de la conscience collective et au besoin contre elle, et cède à la tentation de l'ordre moral.

Une grande partie de la doctrine a dénoncé les dangers que font peser ces arrêts sur les libertés publiques (*cf.* notre article « Ordre public et dignité de la personne humaine », dans l'ouvrage *L'ordre public*, dirigé par Mme Redor, Bruylant 2001). Probablement impressionné par ces critiques (malgré les dénégations des auteurs des *GAJA*), le juge administratif a refusé par la suite d'admettre que d'autres interdictions puissent être justifiées par le respect de la dignité humaine. Ce refus s'est notamment manifesté à propos d'une interdiction d'affichage publicitaire (CE 8. 12. 1997 Commune d'Arcueil, préc.), d'un « couvre-feu » pour les mineurs (CAA Paris 17. 12. 2002 Commune de Yerres *AJDA* 2003. 296, concl. Haïm), et de l'interdiction d'un défilé de mode musulmane réservé aux femmes auquel le maire concerné reprochait de porter atteinte à l'égalité des sexes et à la dignité de la femme (TA Cergy-Pontoise 21. 7. 2005 Soc. Jasmeen *AJDA* 2006. 439, concl. Fournales). Le comité Veil a pour sa part dénoncé « les risques d'un contrôle social excessif que fait peser sur la vie moderne un usage trop moralisateur de ce terme » (rapport *Redécouvrir le Préambule de la Constitution*, La Documentation française, 2009, p. 96). Dans un avis du 30 mars 2010, le Conseil d'État a enfin reconnu à son tour le danger présenté par sa propre conception de la dignité, et conseillé de ne pas l'utiliser pour fonder l'interdiction de dissimulation du visage dans l'espace public. Jusqu'à preuve du contraire, le champ d'application du concept de dignité est donc restreint, dans sa version liberticide, aux interdictions de « lancer de nains », bien que la CJCE ait imprudemment autorisé son extension (CJCE 14. 10. 2004 Omega *AJDA* 2005. 152, note von Walter : admet qu'un maire allemand puisse interdire un jeu de simulation d'actes homicides au nom de la « dignité humaine »).

d. Un sixième élément : le respect des exigences du « vivre-ensemble »

La loi du 11 octobre 2010 interdit, dans un souci d'ordre public, la dissimulation du visage dans l'espace public. Or le rapport du sénateur Garraud, qui a précédé son adoption, montre que le Parlement n'a pas entendu fonder cette nouvelle interdiction sur l'une des cinq composantes de l'ordre public qu'on vient d'étudier, mais sur une nouvelle composante qu'il appelle le respect des exigences du « vivre-ensemble ». Comme la moralité publique et la dignité humaine, le vivre-ensemble contribue à façonner un « ordre public immatériel » qui vise à préserver la paix des consciences, alors que l'ordre public matériel du triptyque tranquillité-sécurité-salubrité se borne en quelque sorte à chercher à maintenir le calme dans la rue. Le vivre-ensemble se démarque toutefois de la moralité publique en ce qu'il protège les conditions essentielles de la sociabilité (communiquer à visage découvert) et les valeurs fondamentales de la République, telles qu'elles sont façonnées par la conscience collective des Français ; il ne dépend donc pas des « circonstances locales » et se situe en quelque sorte au-dessus de la moralité publique, au niveau national et non à l'échelon local. Et il se démarque aussi de la dignité humaine en ce qu'il est conçu, de façon beaucoup plus démocratique qu'elle, comme un reflet des aspirations de la conscience collective des Français, et non comme un « concept absolu » forgé par la subjectivité des juges ; il semble de ce fait beaucoup moins dangereux qu'elle (sur le vivre-ensemble, *cf.* notre commentaire de la loi dans les *Mélanges Sainte-Rose,* 2011).

2. Les polices administratives spéciales

120 Comme la police administrative générale, les polices administratives spéciales sont des activités de surveillance qui visent à maintenir la paix sociale. Mais alors que la première remplit cette mission en protégeant l'« ordre public », dont on a vu qu'il comprend cinq composantes, les secondes la remplissent pour leur part en poursuivant les buts précis que leur assignent les textes, et qui sont très divers. Parfois ces buts sont très différents de ceux qui caractérisent l'ordre public; leur simple considération suffit alors à distinguer les polices spéciales de la police générale (**a**). Lorsque au contraire ils en sont proches, on reconnaît les polices administratives spéciales en recherchant par quelles autorités (**b**) et selon quelles procédures (**c**) elles sont exercées. Mais dans tous les cas, ces polices administratives sont dites « spéciales » parce que, contrairement à la police administrative générale, elles se voient assigner par les textes qui les fondent des domaines d'intervention rigoureusement délimités.

a. Les polices spéciales par leur but

Cette première catégorie de polices spéciales est constituée de celles dont le but est différent du quinconce tranquillité-sécurité-salubrité-moralité-dignité, qui compose l'ordre public. En font notamment partie : la police des monuments historiques (art. L. 621-1 et suiv. du C. patr. : ministre de la Culture), la police des sites (art. L. 341-1 du C. envir. : ministre chargé des sites), la police de la chasse (art. L. 424-1 du C. envir. : ministre de l'Agriculture), et la police de l'affichage, de la publicité et des enseignes (art. L. 581-4 et suiv. du C. envir. : maires et préfets), qui ont respectivement pour but la protection du patrimoine culturel, l'esthétique, la protection du gibier, et la protection de l'environnement. S'y rattache aussi la police du cinéma (art. 19 du Code de l'industrie cinématographique : ministre de la Culture), qui peut être exercée en vue de défendre n'importe quel aspect de l'intérêt général, y compris la moralité publique.

b. Les polices spéciales par leurs détenteurs

Cette deuxième catégorie de polices spéciales comprend celles que les textes chargent de poursuivre un ou plusieurs des cinq buts constitutifs de l'ordre public, mais qu'il est facile de distinguer de la police générale compte tenu de leurs détenteurs. C'est ainsi que la police de l'expulsion en urgence absolue des étrangers (art. L. 522-1 du CESEDA), la police des chemins de fer (décret du 22. 3. 1942), et la police de l'aviation (art. L. 131-3 du C. aviat.), dont le but essentiel est de préserver la sécurité publique, sont malgré tout des polices spéciales, parce qu'elles sont respectivement exercées par le ministre de l'Intérieur et (pour les deux dernières) par le ministre des Transports, alors que les ministres ne sont pas considérés par le droit français comme des autorités de police administrative générale. De même, la police des gares et des aérodromes (décret du 22. 3. 1942 et art. L. 213-2 du C. aviat.), et la police des établissements dangereux, incommodes ou insalubres (art. L. 512-1 et suiv. du C. envir.), sont des polices spéciales bien qu'elles visent à préserver le triptyque tranquillité-sécurité-salubrité, parce qu'elles sont confiées aux préfets dans des hypothèses où, si on avait laissé s'appliquer la police générale, ce sont les maires qui auraient été compétents.

c. Les polices spéciales par leurs procédures

Plusieurs des polices spéciales par leur but ou par leurs détenteurs sont également spéciales par leurs procédures. Mais pour elles cette particularité n'est pas déterminante, dans la mesure où la constatation de leur but ou de leurs détenteurs, facile à opérer, suffit pour repérer leur caractère spécial. La troisième catégorie de polices spéciales, qu'on envisage à présent, comprend au contraire celles qui poursuivent un ou plusieurs des cinq buts constitutifs de l'ordre public, et dont les détenteurs ne se distinguent en rien des autorités de police administrative générale normalement compétentes. En ce qui les concerne, le particularisme de leurs procédures est véritablement le seul élément qui permet de les distinguer de la police administrative générale. L'exemple le plus typique en est fourni par la police des édifices menaçant ruine (art. L. 511-1 et suiv. du CCH). Visant à préserver la sécurité publique, et appartenant aux maires dans une hypothèse où, si on avait laissé s'appliquer la police générale, ce sont de toute façon eux qui auraient été compétents, elle est en effet néanmoins une police spéciale parce qu'elle leur permet de prescrire aux propriétaires d'édifices délabrés, par un « arrêté de péril », d'exécuter les travaux nécessaires pour conjurer le danger d'effondrement, mesure qu'ils n'auraient pas pu décider dans le cadre de leur pouvoir de police générale.

C. La police administrative est un service public

121 Certains auteurs estiment que la police administrative n'est pas une activité de service public. Selon eux, en effet, la police administrative serait une activité de « prescription », consistant à réglementer les activités privées, alors que le service public serait une activité de « prestation », consistant à prendre en charge la satisfaction des besoins des administrés. Leur idée tient en somme dans une formule à l'emporte-pièce : la police administrative ordonne, le service public propose.

En réalité, cette vision des choses est inexacte. Certes, la police administrative est toujours une activité de prescription. En revanche, le service public n'est pas nécessairement une activité de prestation. Il s'analyse parfois, en effet, comme une activité de prescription. C'est ainsi, par exemple, que le service public de l'organisation de la production industrielle, géré, sous le régime de Vichy, par des « comités d'organisation », consistait à imposer des programmes de production aux entreprises (CE Ass. 31. 7. 1942 Monpeurt *GAJA*).

Dès lors, rien ne s'oppose à ce que la police administrative soit considérée comme un service public. Elle correspond en effet parfaitement à la définition classique du service public : activité d'intérêt général gérée par une personne publique. Qu'elle cherche à préserver l'ordre public (police générale) ou qu'elle poursuive un but différent ou plus précis (polices spéciales), c'est effectivement toujours un aspect de l'intérêt général que la police administrative a en vue. Quant à la deuxième condition (la gestion par une personne publique), elle est nécessairement réalisée puisque la jurisprudence interdit à l'administration, ainsi qu'on le verra dans la section 2, de déléguer la gestion de la police administrative à une personne privée.

En appliquant la méthode du faisceau d'indices exposée au chapitre précédent (n° 85), on peut même affirmer que la police administrative est un service public administratif. Tant son objet (non comparable à celui d'une activité privée) et son mode de financement (par voie d'impôts) que ses modalités de fonctionnement (en régie avec des fonctionnaires) plaident en effet en ce sens.

SECTION 2
LA RÉPARTITION DES COMPÉTENCES EN MATIÈRE DE POLICE ADMINISTRATIVE

122 Les compétences en matière de police administrative sont réparties entre plusieurs titulaires (**A**), qui peuvent néanmoins entrer en concurrence (**B**).

A. Les titulaires du pouvoir de police administrative

Les titulaires du pouvoir de police administrative sont toujours des représentants d'une personne publique. Compte tenu de la forte imprégnation de puissance publique qui le caractérise, et dont la manifestation constitue une réelle menace pour les libertés publiques, la jurisprudence refuse en effet qu'on puisse le confier à une personne privée. Elle estime par exemple que si une commune peut concéder à une société le service public de l'exploitation d'une plage, elle ne peut en revanche la charger d'y assurer à la place du maire le maintien de l'ordre public (CE Sect. 23. 5. 1958 consorts Amoudruz *AJDA* 1958. 309, chron. Fournier et Combarnous). De même, est illégale la convention par laquelle une commune confie à une société « des prérogatives de police du stationnement sur la voie publique » (CE 19. 12. 2007 Soc. Sogeparc *AJDA* 2008. 419, note Dreifuss). Comme par ailleurs aucun texte ne donne compétence aux établissements publics et aux régions en la matière, on doit en déduire que la police administrative ne peut être assurée qu'en régie, et seulement par l'État (**1**), les départements (**2**), et les communes (**3**). Dans la mesure où on a déjà mentionné les principales autorités compétentes en matière de polices administratives spéciales, on se bornera ici à étudier les titulaires du pouvoir de police administrative générale.

1. Pour l'État

123 Sous la IIIe République, aucun texte ne désignait l'autorité compétente pour exercer le pouvoir de police administrative générale au nom de l'État. Pour pallier cette lacune, le célèbre arrêt Labonne de 1919 a dévolu ce rôle au président de la République, en lui assignant la mission, « en dehors de toute délégation législative et en vertu de ses pouvoirs propres », de prendre les règlements de police applicables à l'ensemble du territoire national (CE 8. 8. 1919 Labonne *GAJA*). Cette solution, particulièrement audacieuse, revenait à lui reconnaître un pouvoir réglementaire autonome, découlant directement de la Constitution, en matière de police. En l'espèce, elle permit d'affirmer la légalité du règlement de 1899 par lequel le chef de l'État avait édicté, en dehors de toute loi l'y habilitant, le premier Code de la route.

La jurisprudence Labonne a été maintenue sous les IVe et Ve Républiques (CE Ass. 13. 5. 1960 SARL « Restaurant Nicolas » *Lebon* 324; CE 2. 5. 1973 Assoc. cultuelle des Israélites nord-africains de Paris *Lebon* 313). Une légère modification lui a été toutefois apportée, car c'est désormais le Premier ministre, et non le président de la République, qui détient le pouvoir réglementaire autonome en matière de police. Cette évolution jurisprudentielle est parfaitement justifiée, et paraît même conforme à l'esprit de l'arrêt Labonne. Le but de la jurisprudence de 1919 est en effet d'attribuer le pouvoir de police générale au chef du gouvernement. Or, à la différence de la Constitution de 1875, les Constitutions de 1946 et de 1958 ne placent pas le président de la

République à la tête du gouvernement : c'est le Premier ministre qu'elles y mettent.

Sous la Ve République, un problème épineux a toutefois surgi. Plus imaginative que ses devancières, la Constitution de 1958 confie en effet au Premier ministre, outre le pouvoir traditionnel de prendre des règlements d'application des lois (art. 21), un pouvoir réglementaire autonome d'un nouveau genre (art. 37). Dès lors, on s'est demandé si ce dernier n'avait pas mis fin au pouvoir réglementaire autonome dégagé par la jurisprudence Labonne. Si tel avait été le cas, les règlements de police du Premier ministre auraient eu un champ d'application moins large qu'auparavant, car ils auraient dû respecter, au même titre que les autres règlements de l'article 37, l'article 34 qui réserve à la loi la fixation des règles concernant les garanties fondamentales des libertés publiques. Les jurisprudences administrative et constitutionnelle ont su heureusement repousser le spectre de cette régression. Reprenant presque mot pour mot une formulation utilisée par le Conseil d'État (CE Sect. 22. 12. 1978 Union des ch. synd. d'affichage *Lebon* 530), le Conseil constitutionnel a en effet estimé que « l'article 34 de la Constitution n'a pas retiré au chef du gouvernement les attributions de police générale qu'il exerçait antérieurement en vertu de ses pouvoirs propres » (CC 20. 2. 1987 du C. rur. *Lebon* 22). Il en résulte une sorte de constitutionnalisation de la jurisprudence Labonne, grâce à laquelle le Premier ministre dispose constitutionnellement d'un troisième pouvoir réglementaire, spécialisé en matière de police, qui n'est ni soumis à la tutelle de la loi (contrairement au pouvoir réglementaire de l'article 21), ni tenu de respecter les frontières de l'article 34 (contrairement au pouvoir réglementaire de l'article 37). Le chef du gouvernement jouit ainsi des moyens nécessaires pour assurer le maintien de la paix sociale, tout en étant empêché de sombrer dans l'arbitraire grâce au contrôle vigilant exercé par le Conseil d'État (*cf. infra*, n°s 129 à 133).

En dehors du Premier ministre, le président de la République, les préfets et les maires sont les autres autorités qui disposent, au nom de l'État, du pouvoir de police administrative générale.

Le président de la République a vocation à s'emparer des pouvoirs de police du Premier ministre en période d'application de l'article 16 de la Constitution. Le reste du temps, il a un rôle beaucoup plus effacé, car il ne participe à l'exercice de la police administrative générale que dans la mesure où celle-ci s'exprime par des décrets délibérés en Conseil des ministres, actes dont il est juridiquement l'auteur.

Les préfets exercent des pouvoirs de police plus importants. Dans l'espace géographique de leurs départements respectifs, ils assurent en effet, au nom de l'État, la police de la circulation sur les sections de routes nationales situées hors des agglomérations (art. L. 2213-1 du CGCT), ainsi que la police des manifestations occasionnelles dans les communes à police d'État (art. L. 2214-4). D'autre part et surtout, ils sont compétents pour prendre toute mesure visant à maintenir l'ordre public sur le territoire d'au moins deux communes (art. L. 2215-1) : ainsi un préfet a-t-il pu par exemple interdire temporairement certains usages de l'eau, sur toute l'étendue de son département, afin de préserver la salubrité publique en période de sécheresse (CE 23. 9. 1991 Commune de Narbonne *AJDA* 1992. 154, note Moreau).

Les maires, enfin, agissent au nom de l'État lorsqu'ils assurent l'exécution des « mesures de sûreté générale » prescrites par le gouvernement (art. L. 2122-27 du CGCT).

Les ministres, par contre, ne sont pas des autorités de police administrative générale. Certes, des décrets habilitent certains d'entre eux à prendre des règlements de police dans certains domaines; c'est ainsi qu'un décret du 28 juin 1973, instituant l'obligation du port d'une ceinture de sécurité, confie aux ministres de l'Intérieur et des Transports le pouvoir conjoint de préciser les modalités de cette obligation (art. R. 412-4 du C. route). Mais le pouvoir qui leur est ainsi reconnu n'a rien de général, car il est toujours confiné dans des domaines étroits. En tant que supérieur hiérarchique des préfets, le ministre de l'Intérieur peut toutefois compenser cette infirmité en leur ordonnant de prendre simultanément certaines mesures de police administrative générale. En fait, cette solution lui permet d'obtenir des résultats très comparables à ceux qu'il atteindrait s'il exerçait directement des pouvoirs de police générale. Mais en droit, ce sont les préfets, et non lui, qui sont les auteurs des règlements de police édictés sur son ordre. À notre avis, il ne faut pas déplorer cet effacement ministériel, car il serait imprudent de placer le Premier ministre en concurrence avec les membres de son gouvernement : le pouvoir de maintenir l'ordre public à l'échelon national est trop important pour qu'on prenne le risque de l'éparpiller.

2. Pour les départements

124 Avant la décentralisation de 1982, le préfet était la seule autorité disposant du pouvoir de police administrative générale au nom du département. Depuis la loi du 2 mars 1982, c'est au contraire le président du conseil général qui en est investi. En sa nouvelle qualité d'organe exécutif du département, il lui appartient en effet d'exercer les pouvoirs de police afférents à la gestion du domaine départemental, mission qui lui permet notamment d'assurer la police de la circulation sur les sections de routes départementales situées hors des agglomérations (art. 25 de la loi, devenu art. L. 3221-4 CGCT; pour un exemple, *cf.* CE 15. 1. 1988 Assoc. foncière de Semoutiers *AJDA* 1988. 406, note Prétot). En cas de carence de sa part, le préfet peut toutefois se substituer à lui après une mise en demeure restée sans résultat, et prendre au nom du département les mesures de police nécessaires pour préserver l'ordre public (art. 34 de la loi, devenu art. L. 3221-5 CGCT).

3. Pour les communes

a. Le principe

125 Traditionnellement, c'est le maire, et lui seul, qui exerce la police administrative générale au nom de la commune (art. L. 2212-2 du CGCT, et antérieurement art. 97 de la loi du 5. 4. 1884). Le conseil municipal n'a aucune compétence en la matière (*cf.* par ex. CE 11. 12. 2008 Féd. française de la montagne et de l'escalade *AJDA* 2009. 371, note Lagarde).

Ce pouvoir de « police municipale » fait du maire le gardien de l'ordre public local. Au nom de la commune, il peut prendre toutes les mesures qui sont de nature à préserver la tranquillité, la sécurité, la salubrité ou la moralité publiques, ainsi que la dignité de la personne humaine. C'est ainsi qu'il peut interdire les réunions susceptibles de troubler l'ordre public (CE 19. 5. 1933 Benjamin *GAJA*), et qu'il exerce la police de la circulation sur les routes communales (art. L. 2212-2), ainsi que sur les sections de routes départementales ou nationales situées à l'intérieur des agglomérations (art. L. 2213-1); dans cette dernière hypothèse, des décrets peuvent toutefois transférer au préfet la police de la circulation sur les sections concernées des « routes à grande circulation » (art. L. 2213-1). Dans chaque commune du littoral, le maire exerce aussi la police des baignades et des activités nautiques jusqu'à une limite fixée à trois cents mètres du rivage (art. L. 2213-23).

En cas de carence de sa part, le préfet peut toutefois se substituer à lui après une mise en demeure restée sans résultat, et prendre au nom de la commune les mesures de police nécessaires pour préserver l'ordre public (art. L. 2215-1).

b. L'exception des communes à police d'État

Certaines communes bénéficient d'un personnel de police d'État. Il s'agit principalement des communes de plus de vingt mille habitants. Cette étatisation présente la particularité d'entraîner une légère diminution des pouvoirs de police des maires concernés.

Une partie du pouvoir d'assurer la tranquillité publique est en effet transférée au préfet : la police des manifestations et rassemblements occasionnels, des tumultes dans les lieux publics, et du tapage nocturne (art. L. 2214-4 du CGCT). Bien entendu, le préfet agit alors au nom de l'État (*cf.* CE 28. 4. 1989 Commune de Montgeron *AJDA* 1989. 644, note Prétot, à propos de l'interdiction d'une manifestation sur la voie publique).

Le reste, en revanche, est laissé au maire : la police de la sécurité, de la salubrité, de la moralité et de la dignité, ainsi que l'autre partie du pouvoir d'assurer la tranquillité publique, comprenant notamment la police des manifestations et rassemblements traditionnels (foires, marchés, commémorations...) et la police des bruits de voisinage (*cf.* par ex. TA Orléans 7. 4. 1987 Maire de Dreux *AJDA* 1987. 693, note Duvillard, à propos d'une foire annuelle). Bien que ces pouvoirs l'amènent à donner des ordres à des fonctionnaires de l'État, il les exerce au nom de la commune.

Cette subtile répartition des compétences n'est pas arbitraire. Elle repose sur l'idée que les troubles ordinaires de la tranquillité publique relèvent du maire, alors que ses troubles « extraordinaires » par leur caractère inhabituel ou en raison de leur degré de gravité relèvent du préfet. Il n'en reste pas moins qu'elle suscite en pratique de délicats problèmes de frontière (*cf.* par ex. CE 28. 4. 1989, préc.).

c. L'exception parisienne

126 Paris étant le siège des institutions de l'État, il a semblé imprudent de donner à son maire la totalité des pouvoirs de police administrative générale. La République ne saurait remettre son destin entre les mains du représentant d'une commune, si prestigieuse soit-elle. C'est pourquoi la capitale est soumise à un régime spécial, fixé par la loi modifiée du 31 décembre 1975 (*cf.* art. L. 2512-13 et suiv. du CGCT).

Cette loi répartit les pouvoirs de police administrative générale entre deux autorités : le maire de Paris et le « préfet de police ». Le maire de Paris a des attributions encore plus limitées que les maires des autres communes à police d'État. Il exerce la police des foires et marchés, et veille à la salubrité des voies publiques. Depuis la loi du 27 février 2002, il exerce aussi la police de la circulation routière, sauf sur certains axes sensibles. Le reste échoit au préfet de police, autorité spécialisée qui n'existe qu'à Paris et qu'il ne faut pas confondre avec le préfet du département de Paris (ni avec les « préfets adjoints pour la sécurité », qui existent depuis 1972 dans quelques départements, et qui, dépourvus de pouvoirs propres, ne font qu'aider les préfets dans l'exercice du pouvoir de police).

L'origine de cette institution remonte au Consulat. C'est d'ailleurs un arrêté du 12 messidor an VIII qui définit aujourd'hui encore les attributions du préfet de police. Dans l'exercice de ses pouvoirs de police, celui-ci agit le plus souvent au nom de la ville de Paris; c'est par exemple le cas lorsqu'il assure la sécurité des voies publiques (*cf.* CE 10. 12. 1986 Robert *Lebon* 770, à propos d'une altercation). Mais il agit parfois aussi au nom de l'État; cela se produit lorsqu'il exerce l'une des attributions qui relèvent normalement du préfet dans toute autre commune à police d'État, et qui se rapportent notamment à la police des manifestations occasionnelles (*cf. supra*, b; *cf.* par ex. ord. CE 5. 1. 2007 Min. Int. c. Assoc. « Solidarité des Français » *AJDA* 2007. 63, obs. Brondel, à propos de l'interdiction de rassemblements destinés à distribuer aux sans-abris de la « soupe au cochon »). Cette différence de traitement est parfaitement logique, car le préfet de police est substitué au maire de Paris dans la première hypothèse, au préfet du département de Paris dans le second cas.

Ainsi conçu, le régime de la police parisienne n'est pas fondamentalement critiquable. Il est en tout cas bien meilleur que celui qui a existé de l'an VIII à 1977 (date de l'élection du premier maire de Paris depuis la Révolution, Jacques Chirac). À cette époque, en effet, Paris n'avait pas de maire, et le préfet de police régnait sans partage sur les pouvoirs de police. Il semble difficile de libéraliser davantage le système, car on ne saurait faire l'économie du préfet de police sans mettre la République en péril.

d. Le cas particulier des EPCI à fiscalité propre

Lorsque des communes sont membres d'un établissement public de coopération intercommunale (EPCI) à fiscalité propre, c'est-à-dire d'une communauté urbaine ou d'une communauté d'agglomération ou de communes, leurs maires peuvent, s'ils le veulent, transférer au président de celui-ci leurs pouvoirs de police dans cinq domaines : circulation et stationnement, assainissement, déchets, gens du voyage, manifestations culturelles et sportives (art. L. 5211-9-2 du CGCT).

Cette possibilité, instaurée par la loi du 13 août 2004, a certes le mérite de renforcer l'intercommunalité. Mais elle présente l'inconvénient de déboucher sur de délicats partages de compétences (*cf.* par ex. CAA Douai 28. 12. 2007 Commune de Pont-de-Metz *AJDA* 2008. 410, concl. Lepers, à propos de la police des gens du voyage, en l'espèce revendiquée à tort par une communauté d'agglomération). Elle est en outre étonnante, quand on sait que plusieurs lois depuis 1995 s'efforcent de faire du maire « l'acteur privilégié de la sécurité »...

B. La concurrence des pouvoirs de police administrative

1. Concurrence entre pouvoirs de police administrative générale

127 En matière de police administrative générale, une autorité inférieure n'a pas le droit de prendre une mesure moins rigoureuse que celle édictée par une autorité supérieure. Un tel pouvoir, si on l'admettait, reviendrait en effet à lui permettre de bafouer le rapport de supériorité établi par les textes. En revanche, elle peut prendre une mesure plus rigoureuse si des circonstances locales la justifient. Car ce pouvoir d'aggravation ne viole pas la mesure prise par l'autorité supérieure, mais se borne à l'adapter aux nécessités de l'ordre public local.

Ces principes ont été posés par un célèbre arrêt de 1902 (CE 18. 4. 1902 Commune de Néris-les-bains *GAJA*). Ils ont ensuite été confirmés, en matière de circulation automobile, par l'arrêt Labonne puis par l'article R. 411-8 du Code de la route (CE 8. 8. 1919 Labonne *GAJA*). L'exemple le plus clair qu'on peut en donner concerne la fixation de la vitesse maxima autorisée pour la traversée des agglomérations : le Premier ministre l'ayant fixée à 50 km/h par un décret du 29 novembre 1990, un maire peut l'abaisser pour tenir compte de circonstances locales (bruit, risques d'accidents...), en la ramenant par exemple à 40 km/h; par contre, il ne peut la relever en la portant par exemple à 60 km/h. On ne peut qu'approuver cette solution, qui concilie avec beaucoup de pragmatisme le respect de la hiérarchie des normes avec les nécessités de l'ordre public local.

2. Concurrence entre pouvoirs de polices administratives générale et spéciale

Deux hypothèses doivent être distinguées, selon que les deux polices en concurrence poursuivent des buts différents (**a**) ou identiques (**b**).

a) Lorsque les deux polices poursuivent des buts différents, l'existence de la police spéciale n'empêche pas l'exercice de la police générale. Car, ayant des objectifs distincts, elles sont plus complémentaires que véritablement concurrentes. En leur qualité d'autorités de police administrative générale, les maires peuvent ainsi interdire la projection de certains films (CE Sect. 18. 12.

1959 Soc. « Les films Lutétia » *GAJA*), et réglementer la pratique de l'aéromodélisme (CE 8. 3. 1993 Commune des Molières *JCP* 1993, n° 22157, note Lascombe et Vandendriessche). Dans la mesure où ils agissent en vue de maintenir l'ordre public, ils n'empiètent pas, en effet, sur les polices spéciales du cinéma et de l'aviation, dans l'exercice desquelles le ministre de la Culture et le ministre des Transports cherchent respectivement à préserver la moralité nationale et la sécurité aérienne. De la même façon, la police spéciale de l'affichage, que la législation confie aux maires et aux préfets en vue de protéger l'environnement, n'interdit pas au Premier ministre d'utiliser ses pouvoirs de police générale pour limiter l'affichage en bordure des voies rapides, afin d'assurer la sécurité des usagers (CE 17. 2. 1978 Union des synd. nat. des cadres et techniciens d'affichage *Lebon* 80). Et la police spéciale des installations classées, qui appartient aux préfets, n'empêche pas les maires d'utiliser leur pouvoir de police générale pour « remédier à toute atteinte à la santé de l'homme... causée par des déchets », ce but étant « distinct » de la « protection de l'environnement » en vue de laquelle elle a été créée (CE 11. 1. 2007 Min. Écologie c. Soc. Barbazanges Tri Ouest *AJDA* 2007. 166, obs. Y. J.).

b) **Au contraire, lorsque les deux polices poursuivent des buts identiques**, l'existence de la police spéciale empêche l'exercice de la police générale. Sauf urgence, les maires n'ont par exemple pas le droit d'utiliser leurs pouvoirs de police générale dans les gares (CE 20. 7. 1935 Établissement Satan *Lebon* 847) ou (sauf déchets, *cf.* a) à l'encontre des installations classées (CE 15. 1. 1986 Soc. Pec-Engineering *AJDA* 1986. 191, note Richer, et CE 29. 9. 2003 Houillères du bassin de Lorraine *AJDA* 2003. 2164, concl. Olson), car ces deux secteurs relèvent de polices spéciales qui y réservent le maintien de l'ordre aux préfets. Sauf urgence, ils ne peuvent pas non plus interdire la culture de plantes génétiquement modifiées, car la dissémination des OGM relève de la police spéciale du ministre de l'Agriculture (CAA Lyon 26. 8. 2005 Commune de Ménat *AJDA* 2006. 38, note Kolbert). Cette solution doit être approuvée, car elle permet d'éviter une mise en concurrence entre deux autorités de police qui déboucherait rapidement, si on l'admettait, sur une véritable cacophonie.

Un cas particulier doit enfin être évoqué : celui de la police spéciale des édifices menaçant ruine, qui appartient aux maires (art. L. 511-3 du CCH). Jusqu'en 2005, les conditions dans lesquelles un maire pouvait utiliser ses pouvoirs de police générale, sur le fondement de l'article L. 2212-2 du CGCT, plutôt que cette police spéciale étaient mal définies. Depuis 2005, les choses sont plus claires : le maire doit utiliser ses pouvoirs de police générale quand « le danger menaçant un immeuble résulte d'une cause qui lui est extérieure »; il doit au contraire utiliser ses pouvoirs de police spéciale lorsque « le danger provoqué par l'immeuble provient à titre prépondérant de causes qui lui sont propres »; dans cette dernière hypothèse, le maire peut toutefois utiliser ses pouvoirs de police générale plutôt que ses pouvoirs de police spéciale en cas de « situation d'extrême urgence » (CE 10. 10. 2005 Commune de Badinières *AJDA* 2006. 362, chron. Landais et Lenica).

3. Concurrence entre pouvoirs de polices administratives spéciales

Lorsque deux polices spéciales ont des objets voisins, la règle est qu'elles ne doivent pas empiéter l'une sur l'autre. En matière d'urbanisme, par exemple, le maire est compétent pour délivrer les permis de construire, mais c'est au préfet qu'il revient d'autoriser l'ouverture des établissements destinés à recevoir du public.

Des empiètements sont toutefois possibles lorsque des textes les prévoient. C'est ainsi que le maire et le préfet sont tous les deux compétents pour prescrire la mise en fourrière des animaux errants, le premier dans le cadre de la police de la divagation des chiens et des chats, le second dans le cadre de la police de la rage (CE 7. 10. 1977 Nungesser *AJDA* 1977. 624, chron. Nauwelaers et Dutheillet de Lamothe). Mais les exemples d'empiètement demeurent malgré tout assez rares.

SECTION 3

LE RÉGIME JURIDIQUE DES MESURES DE POLICE ADMINISTRATIVE

128 Les mesures de police administrative ont pour originalité d'être particulièrement contraignantes (**A**). Mais par un juste retour des choses, elles sont elles-mêmes soumises à certaines contraintes (**B**).

A. Des mesures contraignantes

La police administrative est, comme on l'a vu, une activité de surveillance qui vise à maintenir la paix sociale. C'est ce qui explique qu'elle soit une pure activité de prescription. La surveillance n'est en effet guère propice au dialogue et à la participation : elle impose et ne propose pas.

Concrètement, ce caractère inévitablement autoritaire de la police administrative s'exprime par toute une gamme de mesures contraignantes. Les mesures de police administrative peuvent en effet indifféremment reglementer (l'affichage, les baignades, la circulation automobile, le ramassage des ordures ménagères...), interdire (certains films, certaines réunions, certains spectacles...), autoriser (à conduire, à construire, à ouvrir certains établissements...), ordonner (d'exécuter certains travaux...), fermer (des débits de boissons...), enfermer (les animaux errants...), hospitaliser (les malades mentaux dangereux), expulser (certains étrangers), et même tuer (certains chiens dangereux).

Malgré leur caractère contraignant, les mesures de police peuvent néanmoins « créer des droits » au profit des administrés. C'est par exemple le cas des règlements qui accordent aux riverains d'une voie publique, par dérogation à l'interdiction d'y circuler qu'ils édictent, le droit d'accéder à leurs propriétés. Dans ce genre d'hypothèses, les bénéficiaires des mesures de police jouissent d'une situation juridiquement protégée contre leur « retrait » (rétroactif), c'est-à-dire d'une situation stabilisée pour le passé.

En revanche, les mesures de police ne créent jamais de « droits acquis » pour l'avenir. Cela signifie que l'administration est toujours libre de décider leur modification ou leur « abrogation » (non rétroactive), pour n'importe quel motif d'intérêt général. La solution n'est pas surprenante pour les règlements de police, car les règlements, qu'ils interviennent en matière de police ou dans n'importe quel autre domaine, peuvent toujours être abrogés ou modifiés par l'administration en vertu du principe de « mutabilité des règlements » (CE 6. 12. 1907 Comp. des chemins de fer de l'Est *GAJA*). Elle est au contraire profondément originale pour les actes individuels de police (*cf.* par ex. CE Sect. 1er. 2. 1980 Rigal *AJDA* 1981. 43, concl. Bacquet, à propos d'une autorisation de police). Car dans les autres domaines de l'action administrative, les actes individuels sont généralement créateurs de « droits acquis » pour l'avenir (*cf.* par ex. CE Sect. 12. 6. 1959 Synd. chrétien du ministère de l'Industrie et du Commerce CFTC *AJDA* 1960. 62, concl. Mayras, à propos de la nomination d'un fonctionnaire).

Ainsi, contraignantes par leur contenu, les mesures de police le sont aussi par leurs effets, puisqu'elles ne créent, dans le meilleur des cas, que des droits précaires.

B. Des mesures soumises à certaines contraintes

Comme on l'a vu dans la section 2, la police administrative jouit des redoutables privilèges d'échapper à la tutelle de la loi et de pouvoir transgresser les frontières de l'article 34 de la Constitution. Son arbitraire n'est heureusement pas à craindre pour autant, car la jurisprudence la soumet au respect des libertés publiques (**1**), la contraint à « prendre en compte » le droit de la concurrence (**2**), et institue dans certains cas une véritable obligation d'agir à la charge de ses autorités (**3**).

1. Le respect des libertés publiques

a. L'interdiction de les soumettre à un régime d'autorisation ou de déclaration préalable

129 Selon le Conseil d'État, le législateur est seul compétent pour décider de soumettre à un régime d'autorisation ou de déclaration préalable l'exercice d'une liberté publique. En conséquence, sont

annulés les règlements de police subordonnant à une autorisation : l'activité de photofilmeurs professionnels (CE Ass. 22. 6. 1951 Daudignac *GAJA*); l'utilisation de pistes de ski (CE 22. 1. 1982 Assoc. Foyer de ski de fond de Crévaux *AJDA* 1982. 392); l'usage de rivières du domaine privé (CE 13. 11. 1992 Ligue du Centre de canoé-kayak *Lebon* 404); ou l'accès à un port (CE 2. 7. 2003 Commune de Collioure *AJDA* 2003. 2218, note Markus). Il n'y a de dérogation à ce principe que lorsque l'exercice de la liberté en cause suppose une occupation privative du domaine public (CE 17. 1. 1986 Mansuy *AJDA* 1986. 185, note Rézenthel). De même, est annulé le règlement de police obligeant les touristes à souscrire une déclaration en mairie avant de faire une promenade en montagne (CE 13. 5. 1927 Carrier *D.* 1927. 355).

b. L'obligation de n'y porter atteinte que dans la mesure du strict nécessaire

130 Les nécessités de l'ordre public obligent parfois les autorités de police administrative générale à porter atteinte à l'exercice d'une liberté publique, voire à l'interdire. Le Conseil d'État l'admet parfaitement. Mais, par sa célèbre jurisprudence Benjamin, il n'autorise ces atteintes que dans la stricte mesure où elles sont nécessaires au maintien de l'ordre. Afin d'empêcher tout arbitraire de l'administration en la matière, il les soumet en effet à un contrôle dit « maximum ». Ce contrôle consiste à vérifier la proportionnalité de la mesure de police attaquée par rapport au motif invoqué par l'autorité administrative pour la justifier. Toute disproportion, même légère, entraîne l'illégalité de la mesure, donc son annulation (CE 19. 5. 1933 Benjamin *GAJA*). Grâce à cette jurisprudence, le droit administratif respecte ainsi la vieille maxime selon laquelle « la liberté est la règle et la restriction de police l'exception ». Dans l'optique du positivisme sociologique il faut s'en réjouir, car cette maxime n'est rien d'autre que le reflet des aspirations de la conscience collective des Français.

C'est ainsi qu'ont été annulées, parce qu'elles dépassaient les exigences de l'ordre public : l'interdiction d'une conférence littéraire (CE 19. 5. 1933 Benjamin, préc.), l'interdiction de cérémonies religieuses dans un hôtel particulier (CE 14. 5. 1982 Assoc. internat. pour la conscience de Krisna *D.* 1982. 516, note Boinot et Debouy), et la fermeture d'un bal public (CE 26. 6. 1987 Guyot *AJDA* 1987. 690, note Prétot). Car dans chacun des trois cas, la sécurité ou la tranquillité recherchée aurait pu être assurée par des mesures plus douces, moins restrictives à l'égard des libertés de réunion, de religion, et d'entreprendre : protection de la conférence par des forces de police disponibles, interdiction aux propriétaires de l'hôtel particulier vétuste d'y recevoir un public trop nombreux, injonction à l'exploitant du bal d'améliorer l'insonorisation de son établissement.

À l'inverse, les interdictions faites aux poids lourds de circuler sur certaines voies (CE 14. 10. 1977 Verron *RDP* 1978. 1170) et aux mineurs de déambuler la nuit dans certains quartiers (CAA Paris 17. 12. 2002 Commune de Yerres *AJDA* 20033. 296, concl. Haïm) ont été jugées légales, parce qu'aucune mesure moins contraignante n'aurait suffi à assurer la tranquillité des riverains dans la première affaire et la sécurité des enfants dans la deuxième.

c. La prohibition des interdictions « générales et absolues »

131 La jurisprudence répugne à reconnaître la légalité des interdictions de grande ampleur, qu'elle qualifie de « générales et absolues ». Deux raisons expliquent cette réticence. La première est qu'une interdiction générale et absolue s'avère très souvent, par application de la jurisprudence Benjamin, disproportionnée par rapport aux nécessités de l'ordre public, car une mesure plus douce est presque toujours possible. La seconde, plus radicale, tient dans la constatation qu'une interdiction générale et absolue équivaut à supprimer l'exercice d'une liberté publique; or, une telle suppression ne doit être acceptée qu'avec la plus extrême prudence.

Ont ainsi été annulées, en raison de leur caractère trop général et absolu, les interdictions de laisser les chiens aboyer à toute heure du jour et de la nuit (CE 5. 2. 1960 Commune de Mougins *Lebon* 83), de vendre des journaux « aux abords » du stade Roland-Garros pendant le tournoi (CE 22. 6. 1984 Soc. Le monde du tennis *Lebon* 245), de circuler en véhicule sur une voie publique même si on en est riverain (CE 10. 11. 1993 Commune de la Gaude *RDP* 1994. 586) et de mendier sur les lieux publics (TA Poitiers 19. 10. 1995 Abderrezak c. Commune de La Rochelle *RFDA* 1996. 377). Mais l'exemple le plus net du caractère trop général et absolu d'une interdiction est fourni par l'arrêt Guez, de 1984. Dans cette affaire, le Conseil d'État annule en effet l'arrêté par lequel le préfet de police interdisait les activités musicales et les attractions de toute nature dans les 147 voies et places de Paris réservées aux piétons. Car, comme l'avait expliqué le commissaire du gouvernement, il s'agissait d'une interdiction « beaucoup trop générale et absolue tant par son objet que par son champ d'application dans l'espace et dans le temps » : par son objet, car si le préfet de police pouvait interdire les instruments bruyants, comme les tam-tams, et les attractions dangereuses, comme les cracheurs de feu, il ne pouvait interdire de façon générale toute activité musicale et toute attraction; par son champ d'application dans l'espace, car si l'interdiction pouvait être admise dans certaines rues étroites du quartier Latin, propices aux bousculades et à l'amplification du bruit, elle était injustifiable dans les endroits spacieux comme les contre-allées des Champs-Élysées, concernés par l'arrêté; par son champ d'application dans le temps, enfin, car l'interdiction ne se limitait pas à la nuit mais s'étendait indistinctement aux différentes heures de la journée (CE Sect. 4. 5. 1984 Préfet de police c. Guez *AJDA* 1984. 393, concl. Dutheillet de Lamothe).

Il arrive toutefois qu'une interdiction soit jugée légale en dépit de son caractère général et absolu. Cela se produit dans les rares cas où il s'avère impossible de maintenir l'ordre public par des mesures moins contraignantes. Ont ainsi été jugées adaptées à la sauvegarde de la sécurité publique, les interdictions totales de stationner (CE 14. 3. 1973 Almela *Lebon* 213) ou de circuler en automobile dans une rue très dangereuse (CE 24. 10. 1986 Féd. française des soc. de protection de la nature *DA* 1986, n° 637), ainsi que l'interdiction faite aux photofilmeurs d'exercer leur profession sur la route nationale menant au Mont Saint-Michel pendant la saison touristique (CE 13. 3. 1968 Époux Leroy *AJDA* 1968. 221, chron. Massot et Dewost). Dans cette dernière affaire, le Tribunal administratif de Caen avait pourtant estimé, contrairement au Conseil d'État, que des mesures plus respectueuses de la liberté du commerce et de l'industrie auraient été possibles. Cette divergence d'appréciation prouve que la légalité des interdictions générales et absolues dépend en grande partie de la subjectivité du juge. Mais il ne faut pas le regretter, car elle prouve aussi l'extrême finesse du contrôle juridictionnel; or, en matière de libertés, mieux vaut en définitive s'en remettre à la subjectivité du juge qu'à celle de l'administration.

2. L'obligation de « prendre en compte » le droit de la concurrence

132 Depuis l'an 2000, un avis du Conseil d'État met à la charge des autorités de police administrative l'obligation nouvelle de « prendre en compte... les règles de concurrence ». C'est ainsi qu'un maire doit désormais veiller, lorsqu'il réglemente l'affichage par exemple, à ne pas créer au profit de telle ou telle société de publicité une « position dominante » injustifiée (avis CE Sect. 22. 11. 2000 Soc. L. et P. Publicité *AJDA* 2001. 198, note Rouault). C'est également ainsi que l'arrêté de police fixant l'effectif minimal de l'équipage des bateaux-mouches n'est légal que parce qu'il porte aux règles de concurrence une atteinte « proportionnée » à l'objectif d'amélioration de la sécurité des passagers (CE 15. 5. 2009 Soc. Compagnie des bateaux-mouches *AJDA* 2009. 1015, obs. Brondel). La soumission de la puissance publique au droit de la concurrence, déjà réalisée depuis 1997 en matière de contrats de délégation de service public (CE Sect. 3. 11. 1997 Soc. Million et Marais *GAJA*, analysé *supra*, n° 91), est ainsi transposée en matière de police administrative sans qu'il soit certain qu'il faille s'en réjouir (*cf.* à ce sujet concl. Michel sur CAA Douai 16. 11. 2004 Soc. Autoforum du particulier *AJDA* 2005. 77).

3. L'obligation d'agir des autorités de police administrative

133 Si les autorités de police administrative ne sont pas libres de faire n'importe quoi, elles ne sont pas libres non plus de rester inertes. Leurs pouvoirs leur ont en effet été conférés pour maintenir la paix sociale. Lorsque celle-ci est menacée d'un trouble, elles doivent par conséquent les utiliser pour le faire cesser. Concrètement, quatre obligations d'agir peuvent être distinguées :

a. L'obligation d'édicter un règlement de police

En vertu de la jurisprudence Doublet, de 1959, l'autorité de police administrative est obligée d'édicter un règlement de police lorsque celui-ci est nécessaire pour faire cesser un trouble grave à l'ordre public (CE 23. 10. 1959 Doublet *RDP* 1959. 1235, concl. Bernard et 1960. 802, note Waline, à propos du refus d'un maire de réglementer le camping, refus d'ailleurs jugé légal compte tenu de l'existence en l'espèce d'un règlement préfectoral suffisamment complet; et CE 28. 11. 2003 Commune de Moissy-Cramayel *AJDA* 2004. 988, note Deffigier, condamnant une commune en raison du refus de son maire d'édicter un règlement propre à réduire d'importants bruits de voisinage).

b. L'obligation d'appliquer un règlement de police

En vertu de la seconde jurisprudence Doublet, datant celle-là de 1962, l'autorité de police est obligée d'appliquer les règlements légaux en vigueur. Peu importe qu'il s'agisse de règlements émanant d'elle-même ou de l'autorité supérieure (CE Sect. 14. 12. 1962 Doublet *AJDA* 1963. 85, chron. Gentot et Fourré, à propos du refus d'un maire d'assurer le respect de l'arrêté préfectoral réglementant le camping).

c. L'obligation de prendre un acte individuel de police

La jurisprudence Doublet, de 1959, a été transposée à l'édiction d'actes individuels de police. En conséquence, l'autorité de police administrative est obligée de prendre un acte individuel de police lorsque celui-ci est nécessaire pour faire cesser un trouble grave à l'ordre public (CE 1er. 6. 1973 Dlle Ambrigot *Lebon* 915, à propos du refus, jugé légal en l'espèce, de prendre un arrêté de péril; confirmé par CE 31. 3. 2006 Consorts Pérone *AJDA* 2006. 1682).

d. L'obligation d'exécuter un acte matériel de police

La jurisprudence impose dans certains cas aux autorités de police administrative de prendre les dispositions matérielles nécessaires pour permettre une intervention rapide des secours en cas d'accident. C'est ainsi qu'elle oblige les maires des communes sur le territoire desquelles sont situées des baignades non aménagées, à installer des dispositifs d'alerte, par exemple des cabines téléphoniques, à proximité de ces dernières (CE Sect. 13. 5. 1983 Veuve

Lefebvre *AJDA* 1983. 476, concl. Boyon, à propos d'un lac régulièrement fréquenté par de nombreux baigneurs).

Grâce à ces quatre obligations d'agir, les autorités de police administrative paraissent clairement ce qu'elles sont : les interprètes d'une paix sociale dictée par la conscience collective.

TITRE 3

Les procédés de l'action administrative

134 Pour mener à bien ses missions, qui consistent comme on l'a vu à assurer la bonne marche des services publics et à veiller au maintien de la paix sociale, l'administration dispose de deux procédés : l'acte administratif unilatéral (CHAPITRE 5), et le contrat administratif (CHAPITRE 6).

CHAPITRE 5

L'acte administratif unilatéral

135 Après avoir procédé à l'identification de l'acte administratif unilatéral (SECTION 1), on étudiera son régime juridique (SECTION 2).

SECTION 1

IDENTIFICATION DE L'ACTE ADMINISTRATIF UNILATÉRAL

Cette identification consiste à définir (**A**), à délimiter (**B**), et à classer (**C**) les actes administratifs unilatéraux.

A. Définition

L'AAU (acte administratif unilatéral) est l'acte juridique, adopté unilatéralement par une autorité administrative, qui modifie ou refuse de modifier les droits ou les obligations des administrés indépendamment de leur consentement.

• *C'est un « acte juridique »*, c'est-à-dire une manifestation de volonté destinée à produire des effets de droit. En cela, il ne saurait s'analyser comme un fait matériel involontairement provoqué par l'administration (hypothèse de l'accident), ni comme un agissement matériel volontaire de celle-ci (exemple typique de l'exécution d'un travail). Cet antagonisme n'exclut pas toutefois une certaine complicité, dans la mesure où on trouve toujours un acte juridique à l'origine d'un agissement matériel volontaire de l'administration (par exemple une décision de réaliser un travail à l'origine de l'exécution d'un travail public).

• *L'AAU est en outre « adopté unilatéralement »*, contrairement au contrat administratif qui est un acte juridique bi ou plurilatéral. Encore faut-il bien comprendre la signification de cette « unilatéralité ». Elle ne signifie pas que l'AAU doit être obligatoirement adopté par un seul agent. Il n'est pas rare, en effet, qu'un AAU soit pris conjointement par plusieurs agents. Ceux-ci agissent tantôt pour la même personne morale (l'État dans le cas d'un arrêté « interministériel », c'est-à-dire d'un acte juridique pris par plusieurs ministres), tantôt pour des personnes morales différentes (par exemple deux communes dans l'hypothèse classique d'un arrêté de police pris conjointement par deux maires pour réglementer la circulation sur une route limitrophe). En réalité, l'unilatéralité ne dépend pas du nombre d'auteurs de l'acte, mais désigne un type de relation autoritaire entre l'acte et ses destinataires. Elle signifie que l'AAU n'a pas besoin du consentement de ceux-ci pour exister et s'imposer à eux. Même lorsque plusieurs volontés concourent à son édiction, ces volontés n'ont pas pour but, comme dans le contrat administratif, de déterminer librement leurs rapports réciproques, mais d'affecter autoritairement la situation d'un ou de plusieurs tiers (les administrés).

• *L'AAU est, en troisième lieu, adopté par une « autorité administrative »*. Cette précision signifie que le pouvoir d'édicter un AAU n'est pas reconnu à n'importe qui : il est réservé par les textes et par la jurisprudence, sauf dans l'hypothèse des « fonctionnaires de fait » (*cf. infra*, n° 151), à des organes spécialement habilités à cet effet. Qui sont ces derniers ? Le plus souvent, il s'agit d'agents intervenant pour le compte d'une personne publique : président de la République, Premier ministre, ministres, préfets, maires, directeurs d'établissements publics, présidents de conseil régional ou général, ou tout agent investi d'une délégation de pouvoir. Mais parfois il s'agit d'entités collégiales, comme les conseils régionaux, généraux et municipaux, dont les délibérations constituent en principe des AAU, ou comme certaines « autorités administratives indépendantes », dont les plus célèbres sont la CNIL (Commission nationale de l'informatique et des libertés, créée en 1978) et le CSA (Conseil supérieur de l'audiovisuel, créé en 1989), qui sont des entités sans personnalité morale, soustraites au pouvoir hiérarchique des ministres, habilitées par le législateur à prendre des AAU au nom de l'État. Parfois, enfin, il s'agit de personnes privées gérant un SPA (CE Sect. 13. 1. 1961 Magnier *RDP* 1961. 155, concl. Fournier) ou un SPIC (TC 15. 1. 1968 Air France c. Époux Barbier *GAJA*), car en assimilant certains de leurs actes à des AAU, les jurisprudences Magnier et Barbier (analysées *supra*, n°s 111 et 112) les ont érigées en véritables autorités administratives.

• *L'AAU est enfin un acte qui « modifie ou refuse de modifier les droits ou les obligations des administrés indépendamment de leur consentement ».* Cette ultime précision a pour objet d'éclairer les conséquences de son unilatéralité. L'AAU, on l'a vu, affecte autoritairement la situation d'une ou de plusieurs personnes étrangères à son édiction. Cet effet s'exprime concrètement soit par la modification de leurs droits ou de leurs obligations (exemple de l'arrêté municipal transformant une voie publique en rue piétonne), soit par le refus de les modifier (exemple du refus d'accorder un avancement à un fonctionnaire). Mais dans les deux cas, le consentement du ou des destinataires de l'acte n'a juridiquement aucune importance. Même lorsque l'autorité administrative « négocie » l'édiction de son AAU, en s'efforçant de recueillir préalablement le consentement des administrés concernés, l'acte n'en demeure en effet pas moins unilatéral : le juge accepte en conséquence qu'elle rompe cet accord moral en modifiant, abrogeant, ou renonçant à prendre l'AAU « négocié » (*cf.* CE Ass. 23. 3. 1973 Féd. des personnels de la défense nat. CFDT *AJDA* 1973. 503, note V. S.).

136 Cette définition en quatre points est admise, à quelques nuances près, par la majorité de la doctrine. Deux auteurs s'en démarquent toutefois de façon assez nette : René Chapus et Charles Eisenmann.

René Chapus préfère en effet définir l'AAU comme l'acte juridique « destiné à régir le comportement de personnes qui sont étrangères à son édiction [1]». Cette définition plus compréhensive, qui passe sous silence les deux derniers points de notre définition, lui permet de ranger parmi les AAU les mesures d'ordre intérieur, qu'il qualifie d'« AAU non décisoires » par opposition aux autres AAU, dont il reconnaît le caractère « décisoire [2]». Nous pensons quant à nous, conformément au quatrième point de notre définition, qu'un AAU est nécessairement une « décision » au sens de René Chapus, c'est-à-dire « une norme destinée à modifier l'ordonnancement juridique ou... à le maintenir en l'état [3]». Contrairement à l'illustre auteur, nous estimons donc que la notion d'« AAU non décisoire » n'a pas de sens. Il est plus simple, et plus conforme à l'état de la jurisprudence, de considérer, comme nous l'avons fait (*cf. supra*, n° 68), que les mesures d'ordre intérieur ne sont pas des AAU.

Pour sa part, Charles Eisenmann adopte une définition encore plus large, puisqu'il conçoit l'AAU comme l'acte non contractuel prescriptif ou permissif imputable à l'administration et, à travers elle, à une personne publique [4]. Mais, comme il le reconnaît lui-même, il s'agit d'une définition qui, incluant dans les AAU les actes unilatéraux de droit privé (comme les actes de gestion privée ou les voies de fait), se démarque totalement de la conception admise par notre droit. Pour cette raison, mieux vaut donc l'écarter.

B. Délimitation

137 Trois critères permettent de distinguer l'AAU des autres actes juridiques unilatéraux (ou d'apparence unilatérale) : il s'agit des critères organique, matériel, et fonctionnel. Le premier caractérise l'AAU par son auteur, le deuxième par son contenu, et le troisième par son régime juridique. On reconnaît ainsi l'AAU tantôt par le

1. *DAG*, tome 1, n° 653.
2. *Op. cit.* n°s 669, 670 et 679.
3. *Op. cit.* n° 670.
4. *Cours de droit administratif*, rééd. LGDJ, 1983, tome 2, p. 678 et suiv.

fait qu'il émane d'un organe administratif, tantôt par les matières sur lesquelles il porte, et tantôt par le régime juridique spécifique dont il relève.

1. Délimitation par rapport à l'acte législatif ou parlementaire

138 C'est le critère organique qu'utilise la jurisprudence pour distinguer l'AAU de l'acte législatif (« loi ») ou parlementaire (« résolution »...), qui jouit de l'immunité juridictionnelle. Selon le Conseil d'État, tout acte pris par un organe législatif, c'est-à-dire par une assemblée parlementaire, est en effet un acte législatif ou parlementaire quels que soient son objet et sa dénomination (CE 26. 5. 1950 Vouters *Lebon* 316; CAA Paris 18. 5. 2006 Becq et Szabo *AJDA* 2006. 1482, note Trouilly ; CE 28. 1. 2011 Patureau *RFDA* 2011. 430).

L'ordonnance du 17 novembre 1958 apporte toutefois une importante dérogation au critère organique, en assimilant à des AAU les actes individuels relatifs aux agents publics employés par les assemblées parlementaires. Elle a ainsi l'immense mérite d'empêcher les dénis de justice en permettant aux intéressés de porter leurs litiges individuels devant la juridiction administrative (pour un exemple, *cf.* CE 4. 11. 1987 Ass. nat. c. Dame Cazes *AJDA* 1988. 298, à propos d'un refus d'admettre à concourir opposé par le président de l'Assemblée nationale).

Un arrêt de 1999 a apporté une seconde dérogation au critère organique, en assimilant à des AAU les décisions du président de l'Assemblée nationale de passer des contrats administratifs (CE Ass. 5. 3. 1999 Président de l'Assemblée nationale *GAJA*). On peut se demander s'il ne préfigure pas la substitution du critère matériel au critère organique. C'est en tout cas ce que semble confirmer un arrêt de 2003, par lequel le Conseil d'État s'estime incompétent pour connaître de la décision de suspendre la pension d'un ancien député, non pas parce qu'elle a été prise par un organe législatif (le collège des questeurs de l'Assemblée nationale), mais « eu égard à la nature » de l'activité concernée, le statut de parlementaire se rattachant « à l'exercice de la souveraineté nationale par les membres du Parlement » (CE Ass. 4. 7. 2003 Papon *AJDA* 2003. 1603, chron. Donnat et Casas). Dans la même optique, le Tribunal administratif de Paris s'est reconnu compétent pour annuler le permis de construire une « tente à usage de café » dans le jardin du Luxembourg, bien que celui-ci ait émané du collège des questeurs du Sénat (TA Paris 6. 10. 2005 Apfelbaum *AJDA* 2006. 447, concl. Meslay).

2. Délimitation par rapport à l'acte juridictionnel

139 Depuis le célèbre arrêt Préfet de la Guyane, c'est le critère matériel qui est utilisé pour distinguer l'AAU de l'acte juridictionnel (TC 27. 11. 1952 Préfet de la Guyane *GAJA*). Cet arrêt différencie en effet ces deux types d'actes non par leur auteur (qui peut être dans les deux cas un magistrat judiciaire), mais en fonction de leur contenu : l'acte portant sur l'organisation du service public de la justice judiciaire est un AAU, alors que l'acte portant sur son exécution est un acte juridictionnel.

• *Les actes portant sur l'organisation du service public de la justice judiciaire* sont analysés comme des AAU parce qu'ils ne constituent pas la substance même du « pouvoir judiciaire ». Ils concernent en effet davantage l'intendance de ce service public que son objet même, qui consiste à juger. C'est pourquoi on a pu en confier le contentieux au juge administratif sans méconnaître pour autant le principe de séparation des autorités administrative et judiciaire.

Concrètement, sont ainsi des AAU : les mesures relatives à la création des tribunaux judiciaires, à leur répartition sur le territoire, à leur suppression, ainsi que les décisions d'y affecter un certain nombre de magistrats (TC 27. 11. 1952 Préfet de la Guyane, préc.); les actes relatifs à la désignation des membres du Conseil supérieur de la magistrature (CE Ass. 17. 4. 1953 Falco et Vidaillac *Lebon* 175); les décisions relatives à la carrière des magistrats du siège et du parquet (CE Ass. 31. 1. 1975 Volff et Exertier *AJDA* 1975. 124, chron. Franc et Boyon, à propos d'une notation; et CE Ass. 5. 11. 1976 Lyon-Caen *AJDA* 1977. 29, chron. Nauwelaers et Fabius, à propos d'un refus d'avancement); les décisions relatives à la discipline des magistrats du parquet (CE Sect. 1er. 12. 1972 D^{lle} Obrégo *AJDA* 1973. 31, chron. Cabanes et Léger et concl. Grévisse), mais non celles concernant la discipline des magistrats du siège, qui constituent des jugements administratifs (émanant du CSM) et non des AAU (CE Ass. 12. 7. 1969 L'Étang *RDP* 1970. 387, note Waline); les décrets individuels d'amnistie (CE Ass. 24. 11. 1961 Électricité de Strasbourg *AJDA* 1962. 18, chron. Galabert et Gentot), solution qui s'explique par le fait que l'amnistie efface rétroactivement la condamnation prononcée et qu'elle ne peut ainsi être reliée à l'exécution d'un jugement réputé n'avoir jamais existé; ou encore les décisions prises à l'égard des détenus, lorsqu'elles n'affectent pas la nature ni la durée de la peine (TC 22. 2. 1960 Dame Fargeaud d'Épied *AJDA* 1960. 147; *cf.* par ex. CE 14. 11. 2008 E.S. *AJDA* 2008. 2392, chron. Geffray et Liéber, à propos de la décision de fouiller un détenu lors d'une extraction judiciaire).

• *Les actes portant sur l'exécution du service public de la justice judiciaire* sont au contraire analysés comme des actes juridictionnels, dont le contentieux échappe à la compétence du juge administratif. Car ils constituent la substance même du « pouvoir judiciaire », que le principe de séparation des autorités administrative et judiciaire soustrait à son contrôle.

Outre les jugements et arrêts rendus par les juridictions judiciaires, sont ainsi considérés comme des actes juridictionnels : les décisions des juges d'instruction (délivrance d'un mandat de dépôt ou d'arrêt, ordonnance de non-lieu...); les décisions des magistrats du parquet (ouverture d'une information, décision de poursuivre ou non l'auteur d'une infraction...); les décrets de grâce présidentiels (CE Ass. 28. 3. 1947 Gombert *RDP* 1947. 95, note Waline), car, contrairement à l'amnistie, la grâce n'efface pas la condamnation mais emporte seulement dispense d'exécuter la peine; et les décisions des juges d'application des peines qui affectent la nature ou la durée de la peine (CE 9. 11. 1990 Théron *AJDA* 1991. 546, note Belloubet-Frier, à propos d'une réduction de peine; CE Sect. 4. 11. 1994 Korber *RFDA* 1995, 817, note Pradel, à propos d'une libération conditionnelle; et CE 9. 2. 2001 Malbeau *RFDA* 2001. 534, à propos d'une permission de sortir).

Ainsi conçue, la délimitation de l'AAU par rapport à l'acte juridictionnel est donc beaucoup plus claire qu'on ne le dit parfois. Les mérites de la jurisprudence Préfet de la Guyane lui ont d'ailleurs valu d'être transposée aux décisions du Conseil constitutionnel (par CE Ass. 25. 10. 2002 Brouant *RFDA* 2003. 1, concl. cont. Goulard et notes Favoreu, Gonod et Jouanjan; aussi CE 9. 11. 2005 Moitry *AJDA* 2006. 147, concl. Donnat : incompétence pour juger les « commentaires » mis par le CC sur son site internet « concernant le sens et la portée de sa jurisprudence »). Il ne faut par conséquent pas attacher une importance démesurée aux quelques solutions contestables qu'on rencontre inévitablement ici ou là (*cf.* par ex. CE Ass. 25. 10. 2002 Brouant, préc. : juge en l'espèce, de façon surprenante, que le règlement par lequel le CC fixe le régime d'accès à ses archives n'est pas un AAU, eu égard à son objet « qui n'est pas dissociable des conditions dans lesquelles le Conseil constitutionnel exerce les missions qui lui sont confiées par la Constitution »).

3. Délimitation par rapport à l'acte de gouvernement et à la mesure d'ordre intérieur

140 Les actes de gouvernement et les mesures d'ordre intérieur ont deux caractéristiques communes qui justifient qu'on les traite ensemble : ils émanent, comme l'AAU, d'autorités administratives, mais jouissent, contrairement à lui, d'une immunité juridictionnelle (*cf. supra*, n°s 62 à 76).

La première caractéristique montre à l'évidence que le critère organique n'est ici d'aucune utilité. Quant à la seconde, elle semble plaider en faveur du critère fonctionnel.

En réalité, le critère fonctionnel ne s'impose que si l'on renonce à donner aux actes de gouvernement et aux mesures d'ordre intérieur un fondement théorique solide. On se borne alors à constater leur existence, et à faire du particularisme de leur régime juridique le critère permettant de les repérer.

Mais si au contraire on accepte, comme nous l'avons fait, de les considérer comme l'expression de fonctions gouvernementale et institutionnelle distinctes de la fonction administrative, la perspective change radicalement. Car le particularisme de leur régime juridique cesse alors d'être leur critère de distinction pour devenir une simple conséquence de leur originalité profonde. Et le véritable critère qui permet de les distinguer de l'AAU se dévoile du même coup : il s'agit du critère matériel, qui permet de qualifier d'actes de gouvernement ou de mesures d'ordre intérieur les actes qui portent respectivement sur le domaine de la fonction gouvernementale ou sur le domaine de la fonction institutionnelle.

4. Délimitation par rapport à l'acte préparatoire et à l'acte confirmatif

141 L'AAU est souvent inséré dans un processus décisionnel complexe qui fait intervenir avant lui des actes préparatoires, et après lui des actes confirmatifs. Ni le critère organique ni le critère matériel ne sont opérants pour les distinguer de l'AAU, car comme lui ils émanent d'autorités administratives agissant dans le cadre de la fonction administrative. Force est ainsi de s'en remettre au critère fonctionnel : on reconnaît l'acte préparatoire ou confirmatif au fait que la jurisprudence juge le recours pour excès de pouvoir irrecevable contre lui.

Cette irrecevabilité s'explique par le fait que ces deux types d'actes n'affectent pas directement la situation juridique des administrés, auxquels, en d'autres termes, ils « ne font pas grief ». Sont ainsi des actes préparatoires, et non des AAU, les propositions de décision (CE 9. 7. 1958 Dhamelincourt *Lebon* 424, à propos d'une proposition de mise à la retraite d'office d'un magistrat), les avis préalables à des décisions (CE Ass. 5. 5. 1961 Ruais *AJDA* 1961. 355), ou les arrêtés d'ouverture d'enquête préalable à une déclaration d'utilité publique (CE 23. 7. 1974 Gaulier *AJDA* 1975. 306, concl. Morisot). De même, sont des actes confirmatifs, et non des AAU, la décision de maintenir une amende administrative (CE Sect. 5. 12. 1952 Desgouillon *Lebon* 561), ou la décision de réitérer le rejet d'une demande de permis de construire (CE Sect. 16. 11. 1983 Tribier *AJDA* 1984. 432, chron. Lasserre et Hubac, *a contrario*).

Il convient toutefois d'être prudent, car la frontière entre l'AAU et l'acte préparatoire ou confirmatif est plus subtile qu'on pourrait le penser. C'est ainsi que la jurisprudence assimile à des AAU les avis et propositions qui lient totalement le pouvoir de décision de l'autorité destinataire (CE Sect. 29. 4. 1987 Ville de Grenoble *AJDA* 1987. 682, note Schrameck, à propos d'un avis du conseil supérieur de la fonction publique territoriale « qui oblige le maire à réduire... la sanction initialement prononcée »). Elle assimile également à des « décisions non confirmatives », autrement dit à des AAU, les décisions qui confirment des mesures antérieures alors que dans l'intervalle les circonstances de fait ou de droit ont changé (*cf.* CE Sect. 16. 11. 1983 Tribier, préc. : le second rejet d'une demande de permis de construire n'est pas confirmatif du premier, car dans l'intervalle la maison concernée a fait l'objet d'une inscription à l'inventaire supplémentaire des monuments historiques). Dans de telles hypothèses, le recours pour excès de pouvoir redevient donc recevable.

L'acte véritablement préparatoire ou confirmatif est quant à lui insusceptible d'être attaqué par la voie de ce recours, et il s'agit d'une solution raisonnable. Admettre la recevabilité du recours pour excès de pouvoir contre les actes confirmatifs reviendrait en effet à réduire à néant les règles de délai en matière contentieuse, puisqu'il suffirait alors de susciter puis d'attaquer un acte confirmatif pour remédier à l'écoulement du délai de recours (en principe de deux mois) contre l'AAU initial. Quant aux actes préparatoires, il n'y a pratiquement pas d'inconvénient à les soustraire au recours pour excès de pouvoir, car les griefs qu'ils portent éventuellement en germe ne peuvent se réaliser qu'avec l'édiction de l'AAU qu'ils préparent, or il est possible d'invoquer leur irrégularité à l'appui d'un recours pour excès de pouvoir dirigé contre celui-ci.

5. Délimitation par rapport à l'acte unilatéral de droit privé

142 Certains actes, quoique indiscutablement unilatéraux, ne sont pas analysés comme des AAU, relevant du juge administratif, mais comme des actes de droit privé, soumis au contrôle du juge judiciaire.

Il s'agit notamment des actes unilatéraux de gestion du domaine privé des personnes publiques (CE 3. 6. 1932 Dulaurens-Prétecille *Lebon* 546, à propos du refus d'un maire d'accorder une autorisation de stationnement sur un terrain appartenant au domaine privé de la commune), et des actes unilatéraux constitutifs de voies de fait (sur cette notion, *cf.* n° 230). Il s'agit aussi des actes unilatéraux pris par l'autorité gestionnaire d'un SPIC (TC 12.

6. 1961 Rolland *AJDA* 1961. 606, chron. Galabert et Gentot, à propos du règlement de droit privé régissant les retraités de la SNCF; CE 21. 10. 1988 SARL Cetra *Lebon* 364, à propos de l'acte individuel de droit privé émanant d'autorités portuaires, et consistant à refuser de vendre du sable à une entreprise), à l'exception des règlements organisant le SPIC, qui sont toujours des AAU (TC 15. 1. 1968 Époux Barbier *GAJA*). Dans toutes ces hypothèses, c'est le critère matériel qui permet de distinguer l'AAU de l'acte unilatéral de droit privé, car c'est le domaine sur lequel porte ce dernier qui permet de le reconnaître (domaine privé; atteinte grave à une liberté publique ou au droit de propriété; SPIC sauf règlement portant sur son organisation).

S'agissant enfin du problème particulier des actes unilatéraux pris par les personnes privées gérant un SPA, on rappelle que ces actes ne sont des AAU qu'à la double condition de mettre en œuvre des prérogatives de puissance publique et de viser l'exécution du SPA (jurisprudence CE Sect. 13. 1. 1961 Magnier, analysée *supra*, n°s 81 et 111). Dans le cas contraire, ils s'analysent comme des actes unilatéraux de droit privé (CE 19. 12. 1988 Dame Pascau *AJDA* 1989. 271, note Moreau, à propos des sanctions disciplinaires émanant de fédérations sportives simplement « agréées », sanctions qui ne satisfont pas à la première des deux conditions posées par la jurisprudence Magnier; par opposition, celles qui émanent de fédérations sportives « agréées et délégataires » de compétences ministérielles sont des AAU, car elles satisfont à ces deux conditions). Cette fois, c'est le critère fonctionnel et non le critère matériel qui est employé, car on reconnaît l'AAU à son régime juridique (notamment à travers l'utilisation de prérogatives de puissance publique), et non à son domaine d'application.

On ajoutera pour terminer qu'il ne faut pas confondre les actes unilatéraux de droit privé, dont on vient de parler, avec ce que certains auteurs nomment les « décisions administratives de droit privé » (Jean Lamarque, *Mélanges Stassinopoulos*, 1974, 291). Ces dernières s'analysent en effet comme de véritables AAU dont la particularité (que nous simplifions) est de donner naissance à des relations de droit privé, et sur lesquels le juge administratif exerce généralement un contrôle allégé, parfois limité à leur légalité externe (exemple typique des arrêtés préfectoraux d'hospitalisation d'office des personnes souffrant de troubles mentaux, qui engendrent une privation de liberté individuelle dont la légalité interne relève exclusivement du juge judiciaire).

C. Classification

1. Selon leur portée

143 Les AAU peuvent avoir une portée individuelle, réglementaire ou « particulière ».

a. Les actes individuels

Les actes administratifs individuels sont des AAU qui ont pour destinataires une ou plusieurs personnes, physiques ou morales, nominativement désignées. Sont par exemple des actes individuels : un permis de construire, la nomination d'un fonctionnaire, un décret autorisant EDF à créer une centrale nucléaire, ou la décision d'un jury d'examen fixant le sort des candidats.

Une place à part doit être réservée aux « actes collectifs », qui constituent une variété originale d'actes individuels. Les actes collectifs sont en effet des AAU qui ont pour destinaires plusieurs personnes nominativement désignées, et dont les situations sont solidaires. Le tableau d'avancement d'un corps de fonctionnaires, la liste des candidats reçus à un concours de la fonction publique de l'État, en offrent d'excellents exemples, car en classant ces fonctionnaires ou ces candidats par ordre de mérite, ils rendent leurs situations solidaires, ou si l'on préfère interdépendantes.

On peut ainsi subdiviser les actes individuels en trois catégories : « actes individuels » au sens strict (n'ayant qu'un seul destinataire nominativement désigné), « actes pluri-individuels » (en ayant plusieurs dont les situations ne sont pas solidaires), et « actes collectifs » (en ayant plusieurs dont les situations sont solidaires).

b. Les actes réglementaires

Les actes administratifs réglementaires, ou règlements, sont des AAU qui édictent une norme générale et impersonnelle à destination d'une ou de plusieurs personnes désignées de façon abstraite, non nominative. Le plus souvent, ils ont une pluralité de destinataires : c'est ainsi que le règlement de police limitant la vitesse à 50 km/h dans les agglomérations s'adresse à tous les automobilistes, ou que le règlement de la scolarité et des examens d'une université s'adresse à tous les étudiants de celle-ci. Mais parfois, ils n'ont qu'un seul destinataire, à l'instar du règlement fixant le statut du préfet de police : dans cette hypothèse, ce sont quand même des règlements, et non des actes individuels, dans la mesure où ils désignent ce personnage unique de façon abstraite.

Contrairement à ce que l'on vient de dire, la jurisprudence estime toutefois que les délégations de signature (*cf. infra*, n° 149) sont des actes administratifs réglementaires, bien qu'elles aient pour objet d'investir d'une compétence une personne nominativement désignée (CE 29. 6. 1990 de Marin *AJDA* 1990. 830, note Moreau, à propos d'une délégation consentie par le maire à ses adjoints). Cette solution apparemment étonnante ne remet pas véritablement en cause la définition classique, susmentionnée, du règlement. Mais elle la complète, à notre avis, par une seconde définition : désormais, les règlements sont aussi les AAU qui portent sur l'organisation d'un service public (ce qui est le cas des délégations de signature), même s'ils ont pour destinataires une ou plusieurs personnes nominativement désignées.

c. Les actes particuliers

Les « actes particuliers » (Pierre Delvolvé), que certains auteurs préfèrent appeler les « décisions d'espèce » (René Chapus), sont des AAU qui appliquent une norme générale et impersonnelle préexistante à une situation particulière, concernant des personnes dont le nombre et l'identité sont indéterminés. Par leur caractère non nominatif, ils se distinguent donc des actes individuels. Mais ce ne sont pas non plus des actes réglementaires, car ils mettent en œuvre une norme dont ils sont une application, contrairement au règlement qui établit une norme devant être suivie d'une application.

Selon la jurisprudence, sont par exemple des actes particuliers : les actes de tutelle (CE Ass. 8. 1. 1971 Urssaf des Alpes-Maritimes *AJDA* 1971. 160, note Ferrari), les déclarations d'utilité publique (CE Ass. 14. 2. 1975 Époux Merlin *AJDA* 1975. 2296, chron. Franc et Boyon), les décisions prononçant le classement d'un site ou d'un immeuble (CE 7. 11. 1986 de Geouffre de La Pradelle *AJDA* 1987. 124, note Prétot), la décision d'ouvrir un concours (CE 17. 6. 1988 Commune de Garches-les-Gonesses *Lebon* 658), ou les décisions déterminant les limites des circonscriptions électorales (CE Sect. 30. 11. 1990 Assoc. « Les Verts » *AJDA* 1991. 114, chron. Honorat et Schwartz).

d. Intérêt de cette classification des AAU selon leur portée

Outre son intérêt conceptuel, cette classification présente un intérêt pratique, car elle permet de souligner certaines particularités du régime juridique de chacune des catégories d'AAU.

C'est ainsi que le mode de publicité des AAU est la « notification » pour les actes individuels au sens strict et pour les actes pluri-individuels, et la « publication » pour les actes collectifs, les actes réglementaires, et les actes particuliers (sur ces notions, *cf. infra*, n° 164).

Pour le reste, ce sont surtout les actes réglementaires qui brillent par l'originalité de leur régime juridique : *1)* En vertu de la jurisprudence Septfonds, relative aux questions préjudicielles, les tribunaux judiciaires non répressifs peuvent en effet les interpréter, alors qu'ils doivent en principe renvoyer au juge administratif l'interprétation des autres AAU (TC 16. 6. 1923 Septfonds *GAJA*). *2)* Les règlements ne sont jamais créateurs de droits acquis pour l'avenir, contrairement aux autres AAU qui le sont souvent (principe de mutabilité des règlements : CE 6. 12. 1907 Comp. des chemins de fer de l'Est *GAJA*). *3)* L'exception d'illégalité des règlements peut être soulevée à toute époque devant le juge administratif – elle est « perpétuelle » – alors que l'exception d'illégalité des autres AAU est temporaire, et ne peut en principe être soulevée que dans le délai de deux mois à compter de leur publicité (ce qui présente peu d'intérêt), ou, dans l'hypothèse d'une « opération complexe » (c'est-à-dire nécessitant plusieurs actes successifs et complémentaires), à l'appui d'un recours pour excès de pouvoir dirigé contre un acte ayant pris leur relais (ainsi peut-on toujours invoquer l'illégalité d'une déclaration d'utilité publique à l'appui d'un recours contre un arrêté de cessibilité : CE Sect. 26. 1. 1977

Dame Manrot Le Goarnic *AJDA* 1977. 513). *4)* Enfin, l'obligation imposée à l'administration par la jurisprudence Alitalia de satisfaire toute demande d'abrogation d'un règlement illégal (CE Ass. 3. 2. 1989 Comp. Alitalia *GAJA*), n'est pas transposable aux autres AAU, à l'égard desquels cette obligation n'existe que si un changement de circonstances de droit ou de fait est à l'origine de leur illégalité (CE Sect. 30. 11. 1990 Assoc. « Les Verts », préc.; *cf. infra*, n° 176).

2. Selon leur auteur

144 La classification des AAU selon leur auteur est intéressante dans la mesure où elle éclaire, comme on l'a vu (*cf. supra*, chap. 1, n° 46), la hiérarchie des AAU. Cette hiérarchie des AAU est en effet commandée par la place de leurs auteurs dans la pyramide des autorités administratives.

Traditionnellement, les AAU les plus prestigieux étaient les « règlements d'administration publique » (RAP). Abusivement assimilés à des lois jusqu'en 1907 (CE 6. 12. 1907 Comp. des chemins de fer de l'Est *GAJA*), les RAP étaient des règlements pris par le chef de l'exécutif (président de la République sous la IIIe République, Premier ministre sous les IVe et Ve Républiques), pour l'application des lois les plus importantes, après avis de l'Assemblée générale du Conseil d'État. Cette dernière particularité leur conférait une grande solennité, mais les grevait aussi d'une lourdeur procédurale un peu vaine. C'est pourquoi deux lois du 7 et du 21 juillet 1980 les ont finalement supprimés.

Aujourd'hui, les AAU les plus solennels et les plus élevés dans leur hiérarchie interne, sont les « ordonnances » et les « décrets ».

Les ordonnances sont en principe des règlements, qui émanent tantôt du président de la République (exemple des ordonnances référendaires : CE Ass. 19. 10. 1962 Canal *GAJA*), tantôt du gouvernement (exemple des ordonnances de l'article 38 de la Constitution tant qu'elles ne sont pas ratifiées par le Parlement : CE Ass. 24. 11. 1961 Féd. nat. des syndicats de police *AJDA* 1962. 114, note J. T.). Mais elles s'analysent parfois au contraire comme de véritables lois : c'est notamment le cas des ordonnances de l'article 38 après leur ratification explicite ou implicite (CE Ass.

11. 12. 2006 Cons. nat. de l'ordre des médecins *AJDA* 2007. 133, chron. Landais et Lenica), et des ordonnances prises par le pouvoir exécutif, en vertu de l'article 92 de la Constitution, pendant la période de mise en place des institutions (CE Sect. 12. 2. 1960 Soc. Éky *JCP* 1960, n° 11629 *bis*, note Vedel). Le terme d'« ordonnance » est donc trompeur, car il désigne tantôt des AAU tantôt des lois.

Le terme de « décret » n'est pas moins trompeur. Certains décrets ne sont en effet nullement des AAU : c'est notamment le cas des décrets de grâce présidentiels, qui sont comme on l'a vu (*cf. supra*, n° 139) des actes judiciaires, et des décrets de promulgation des lois ou de dissolution de l'Assemblée nationale, dont on sait qu'ils sont des actes de gouvernement (*cf. supra*, n° 64). En règle générale, les décrets sont toutefois bel et bien des AAU, dont la particularité est d'émaner du président de la République ou du Premier ministre. On en distingue trois catégories : les « décrets en Conseil des ministres » sont les plus prestigieux, car comme leur nom l'indique ils sont délibérés en Conseil des ministres; le président de la République, que l'article 13 de la Constitution habilite à les signer, est réputé en être l'auteur; accentuant la présidentialisation du régime, le Conseil d'État a précisé, dans un arrêt très contesté, que cette paternité s'étend même aux décrets qui ont été délibérés en Conseil des ministres par simple convenance présidentielle, c'est-à-dire dans des hypothèses où aucun texte législatif ou constitutionnel n'impose cette délibération (CE 10. 9. 1992 Meyet *RDP* 1992. 1620 et 1822, note Le Bos-Le Pourhiet). Les deux autres catégories sont constituées des décrets présidentiels non délibérés en Conseil des ministres, et des décrets du Premier ministre, dont on observera qu'ils sont qualifiés de « décrets en Conseil d'État » lorsqu'ils sont pris après avis de cette haute instance. Mais quelle que soit la catégorie à laquelle appartient un décret, il ne faut surtout pas croire qu'il s'analyse forcément comme un règlement. Les décrets recouvrent en effet tantôt des actes réglementaires (exemple des décrets en Conseil d'État pris pour l'application des lois, qui jouent le rôle des anciens RAP), tantôt des actes individuels (exemple des décrets de nomination des fonctionnaires), tantôt des actes particuliers (exemple des décrets portant déclaration d'utilité publique).

Au-dessous des décrets, on trouve enfin des « arrêtés », des « délibérations » et des AAU diversement nommés (« circulaires », « notes de services »...) voire innommés (AAU verbaux, ou encore AAU résultant du silence de l'administration face à une demande). Les délibérations sont les AAU pris par les autorités administratives collégiales (notamment par les conseils régionaux, généraux ou municipaux). Quant aux arrêtés, ce sont les AAU qui émanent des maires, des préfets, et des ministres, voire du Premier ministre lorsqu'il organise ses services. Mais là encore, la méfiance est de rigueur, car il peut arriver que ces actes, malgré leur dénomination, ne soient pas des AAU mais des mesures d'ordre intérieur.

Section 2
Le régime juridique de l'acte administratif unilatéral

145 On étudiera la naissance, la vie, et la mort de l'AAU, autrement dit sa formation (**A**), son application (**B**), et sa disparition (**C**).

A. La formation de l'AAU

Au stade de sa formation, l'AAU n'est légal que s'il respecte des règles de compétence (**1**), de forme (**2**), et de procédure (**3**).

1. Règles de compétence

La compétence est l'aptitude légale d'un agent à prendre un AAU.

a. La tridimensionnalité de la compétence

146 L'auteur d'un AAU doit en principe agir dans le cadre d'une compétence que les textes et la jurisprudence déterminent matériellement, territorialement, et temporellement. C'est en ce sens qu'on peut dire que la compétence a trois dimensions.

La compétence matérielle, ou *« ratione materiae »*, détermine la matière de l'AAU, le domaine sur lequel il peut porter. Une autorité administrative n'a en effet compétence que pour prendre des AAU dans certains domaines. Le préfet de police n'est par exemple compétent que pour prendre des actes de police.

La compétence territoriale, ou *« ratione loci »*, délimite quant à elle le territoire sur lequel l'autorité administrative peut faire porter son action. Les AAU du préfet de police ne peuvent par exemple s'appliquer qu'à Paris, ceux d'un maire qu'à sa commune.

La compétence temporelle, ou *« ratione temporis »*, détermine enfin la durée pendant laquelle une autorité administrative peut prendre des AAU. Chaque autorité administrative ne peut en effet édicter des AAU que dans l'intervalle situé entre son « investiture », ou entrée en fonctions, et sa « désinvestiture », ou sortie de fonctions (sauf prorogation de compétence, *cf. infra*, c). Mais il ne faut pas croire pour autant que les AAU disparaissent avec l'autorité qui les a édictés; en principe, leurs effets se prolongent au contraire après sa désinvestiture : les hommes passent mais leurs actes restent.

b. Le caractère impératif des règles de compétence

147 Les règles de compétence sont d'ordre public. Cela signifie que le juge administratif doit soulever d'office l'illégalité des AAU qui les violent lorsque les requérants qui l'ont saisi oublient de le lui demander. Les règles de compétence sont en effet considérées comme primordiales parce qu'elles sont à la base de tout l'édifice administratif et, au-delà, de la démocratie. Car la souveraineté est le pouvoir de déterminer sa propre compétence : laisser sans réagir telle ou telle autorité administrative s'arroger de nouveaux champs d'action reviendrait donc à lui permettre de l'arracher au peuple.

C'est ce qui explique que le juge sanctionne impitoyablement la moindre incartade en la matière. Les textes qui déterminent les compétences des autorités administratives doivent être scrupuleusement respectés. Une autorité ne peut se substituer à une autre, même avec son accord, s'ils ne l'ont pas prévu : cette incompétence ne pourrait même pas être effacée par la ratification a posteriori de l'autorité competente (CE 13. 3. 1936 Chevreau *S.* 1936. 62, concl. Andrieux, à propos d'un acte pris par un maire puis ratifié par un préfet, alors que c'était le préfet qui était compétent pour l'édicter). Inversement, une autorité ne peut renoncer à exercer sa compétence : un tel renoncement est en effet constitutif d'une « incompétence négative » (CE Sect. 5. 12. 1975 Delcros *Lebon* 630).

Cette interprétation stricte des règles de compétence a également conduit la jurisprudence à dégager la règle du « parallélisme des compétences ». En vertu de celle-ci, lorsque les textes qui désignent l'autorité compétente pour prendre un AAU sont silencieux sur l'autorité compétente pour le modifier ou l'abroger, c'est l'auteur de l'AAU qui est compétent pour procéder à cette modification ou à cette abrogation (CE Sect. 10. 4. 1959 Fourré-Cormeray *D.* 1959. 210, concl. Heumann; CE Sect. 30. 9. 2005 Ilouane *Lebon* 402).

c. Les dérogations aux règles de compétence

1) La prorogation de compétence

148 La prorogation de compétence s'analyse comme une dérogation aux règles normales de compétence temporelle. Elle permet en effet à certaines autorités désinvesties de continuer à prendre des AAU jusqu'à l'installation de leurs successeurs, afin d'éviter des périodes de « chaise vide » qui seraient préjudiciables à l'intérêt général.

C'est ainsi qu'en vertu de l'article L. 2122-15 du CGCT, les maires et les adjoints démissionnaires conservent leurs attributions jusqu'à l'installation de leurs successeurs. Quant au gouvernement démissionnaire, la jurisprudence lui reconnaît le droit, qu'elle tire d'un « principe traditionnel du droit public », de garder compétence « pour procéder à l'expédition des affaires courantes », jusqu'à ce que le président de la République ait pourvu par une décision officielle à son remplacement (CE Ass. 19. 10. 1962 Brocas *RDP* 1962. 1181, concl. Bernard).

2) La délégation de compétence

149 On appelle délégation de compétence l'acte par lequel une autorité administrative confie à une autre autorité administrative l'exercice d'une partie de sa compétence. Deux raisons expliquent son existence : elle permet aux autorités qui s'estiment surchargées de travail d'alléger leur tâche; et elle présente l'avantage de rapprocher les centres de décision des administrés.

Une délégation de compétence n'est légale que si elle respecte trois conditions. Elle doit tout d'abord être prévue par un texte constitutionnel (art. 13 et 21 Const. autorisant, l'un le président de la République à déléguer au Premier ministre le pouvoir de nommer les fonctionnaires, l'autre le Premier ministre à déléguer « certains de ses pouvoirs » aux ministres), législatif (art. L. 2122-18 du CGCT autorisant le maire à déléguer « une partie de ses fonctions » à ses adjoints), ou réglementaire (décrets du 27 juill. 2005 et du 29 avr. 2004 autorisant respectivement les ministres à déléguer leur signature aux membres de leur cabinet ou à leurs fonctionnaires, et les préfets à déléguer leur signature aux sous-préfets ou à diverses autorités). Toute délégation excédant les limites instituées par les textes est illégale (CE 3. 6. 1994 Ville de Lyon *RFDA* 1994. 833, à propos d'une délégation consentie par un maire en faveur d'un simple conseiller municipal). En second lieu, la délégation de compétence doit être publiée; cela s'explique par le fait qu'elle s'analyse comme un acte administratif réglementaire (CE 29. 6. 1990 de Marin, préc., sect. 1, C). Enfin, elle doit fixer avec une « précision suffisante » l'étendue des compétences déléguées, car la jurisprudence refuse de reconnaître la légalité des délégations trop générales ou trop floues, susceptibles de dépouiller totalement le délégant de sa compétence (CE 27. 4. 1987 Min. de l'Économie c. Soc. Mercure Paris-Étoile *AJDA* 1987. 526, concl. Van Ruymbeke); une délégation doit en effet demeurer partielle si on ne veut pas qu'elle se transforme en une sorte de démission larvée, propice au renforcement du pouvoir technocratique.

La « subdélégation », c'est-à-dire la délégation par le bénéficiaire d'une délégation d'une partie de celle-ci, est possible aux mêmes conditions (CE 19. 7. 1991 Heintz *JCP* 1991. IV, 409).

Si les délégations de compétence sont toutes soumises, comme on vient de le voir, aux mêmes conditions, en revanche leurs effets varient selon qu'elles s'analysent en « délégations de pouvoir » (ou de compétence au sens strict) ou en « délégations de signature ».

La délégation de pouvoir est celle de ces deux types de délégation de compétence qui a les effets les plus importants. Elle dessaisit en effet d'une partie de sa compétence le délégant au profit du délégataire; cela signifie que tant que dure la délégation, le délégant ne peut plus « évoquer », c'est-à-dire régler lui-même, une affaire relevant de la compétence déléguée. En second lieu, il s'agit d'une délégation abstraite, consentie à une autorité désignée par son appellation officielle, et non à une personne concrète nommément désignée; cette particularité lui permet de survivre au changement d'individu dans les fonctions d'autorité délégataire. Enfin, les AAU que le délégataire est amené à prendre dans le cadre de sa compétence déléguée sont considérés juridiquement comme ses propres décisions, et non comme des décisions du délégant.

La délégation de signature a des effets beaucoup plus légers. Elle ne dessaisit pas le délégant, qui reste libre d'« évoquer » une affaire relevant de la compétence déléguée. Il s'agit d'une délégation concrète, consentie à un délégataire nommément désigné, et qui pour cette raison devient caduque lorsque celui-ci est remplacé dans son poste; par exception à cette règle, le décret du 27 juill. 2005 prévoit toutefois que les directeurs d'administrations centrales sont automatiquement bénéficiaires d'une délégation ministérielle de signature du seul fait de leur nomination. Enfin, les AAU que le délégataire signe dans le cadre de sa compétence déléguée ne sont pas considérés juridiquement comme ses propres décisions, mais comme celles du délégant. Alors que la délégation de pouvoir réalise un véritable transfert juridique de compétence, la délégation de signature se borne en somme à décharger matériellement le délégant de la tâche de signer certains AAU.

3) La suppléance et l'intérim

150 On appelle « suppléance » ou « intérim » le remplacement provisoire d'une autorité en cas d'absence (due par exemple à un voyage à l'étranger) ou d'empêchement (maladie, décès, ou démission) de celle-ci.

En théorie, la suppléance est prévue par un texte alors que l'intérim ne l'est pas. En ce sens, est une suppléance le remplacement provisoire du maire par un adjoint, tel qu'il est organisé par l'article L. 2122-17 du CGCT Au contraire, est un intérim, en l'absence de texte le prévoyant, le remplacement provisoire du

Premier ministre par un ministre, sur décision du président de la République (sur la conformité à la Constitution de cet intérim, *cf.* CC 22. 1. 1990 Sécurité sociale et santé *AJDA* 1990. 471, note Benoît-Rohmer).

En pratique, il arrive toutefois que les deux termes soient confondus. C'est ainsi qu'on a pris l'habitude de qualifier d'intérim le remplacement provisoire du président de la République par le président du Sénat, alors qu'étant organisé par l'article 7 de la Constitution il s'analyse indiscutablement comme une suppléance.

Quoi qu'il en soit, ce qu'il est important de noter du point de vue du droit administratif, c'est que l'intérimaire est investi de « l'intégralité des pouvoirs attachés à la fonction » qui lui est confiée (CC 22. 1. 1990, préc.). Le suppléant aussi (*cf.* par ex. art. L. 2122-17, préc.), sauf dispositions contraires des textes organisant la suppléance (*cf.* par ex. art. 7 préc., excluant le recours au référendum et à la dissolution).

4) La théorie des fonctionnaires de fait

151 La jurisprudence accepte parfois, en vertu de la théorie dite des « fonctionnaires de fait », de valider les AAU pris par des autorités incompétentes. Cela se produit dans deux hypothèses : lorsque des circonstances exceptionnelles le justifient (*cf. supra*, n° 55); ou bien, plus simplement, lorsque l'autorité irrégulièrement investie dont émane l'AAU avait l'apparence d'une autorité compétente (CE Ass. 2. 12. 1983 Charbonnel *AJDA* 1984. 76, chron. Lasserre et Delarue, à propos de décisions prises par le bureau d'un conseil général, dont l'élection a été ultérieurement annulée). La première hypothèse permet aux personnes de bonne volonté de faire face à la carence des autorités légalement instituées, alors que la seconde a pour objet de préserver les administrés des inconvénients liés à la découverte tardive d'une incompétence.

d. Le problème de la compétence des ministres pour prendre des règlements

152 L'article 21 de la Constitution réserve le pouvoir réglementaire général au Premier ministre et au président de la République. Le Conseil constitutionnel en déduit logiquement qu'il interdit au législateur de le confier aux ministres ou à toute autre autorité

(CC 17. 1. 1989 CSA *GDCC*). Quant au juge administratif, il en déduit non moins logiquement l'illégalité des règlements de portée générale émanant des ministres (CE Sect. 23. 5. 1969 Soc. distillerie Brabant *AJDA* 1969. 640, concl. cont. Questiaux, note Tournié).

Les ministres se plaignent parfois de cette situation, qu'ils accusent d'entraver leur action et de nuire à l'intérêt général. Mais, malgré la pertinence de ces reproches, il ne paraît pas souhaitable de leur attribuer le pouvoir réglementaire général qu'ils réclament. Car une telle solution provoquerait inévitablement de graves désordres, compte tenu des chevauchements qui existent entre les compétences des différents ministres.

Des palliatifs sont d'ailleurs prévus pour permettre aux ministres de faire face à leurs responsabilités. Ils participent en effet, certes modestement, à l'exercice du pouvoir réglementaire général du président de la République et du Premier ministre en contresignant, conformément aux articles 19 et 22 de la Constitution, la plupart de leurs actes. D'autre part et surtout, ils possèdent, en vertu des textes et de la jurisprudence, un pouvoir réglementaire limité. Si l'article 21 leur refuse le pouvoir réglementaire général, il ne leur interdit pas en effet, conformément à l'analyse du Conseil constitutionnel, d'être habilités à prendre des règlements « de portée limitée tant par leur champ d'application que par leur contenu » (CC 17. 1. 1989, préc.).

Les textes qui leur confèrent un pouvoir réglementaire limité sont assez divers. Il peut s'agir de lois : l'article L. 424-1 du Code de l'environnement dispose par exemple que « le ministre chargé de la chasse prend des arrêtés pour prévenir la destruction ou favoriser le repeuplement des oiseaux ou de toutes espèces de gibier ». Mais il peut s'agir aussi de décrets (CE 15. 3. 1961 Soc. des établissements Omer Decugis *AJDA* 1961. 700) : l'article R. 411-18 du Code de la route, issu du décret du 28 juin 1973, permet ainsi aux ministres de l'Intérieur et des Transports d'interdire, par arrêtés conjoints, « la circulation d'une ou plusieurs catégories de véhicules durant certaines périodes, certains jours ou certaines heures sur tout ou partie du réseau routier ». Peu importe, d'ailleurs, que l'habilitation soit explicite ou implicite (CE

Sect. 6. 11. 1964 Réunion des assureurs maladie des exploitants agricoles *AJDA* 1964. 692, chron. Puybasset et Puissochet).

La célèbre jurisprudence Jamart leur confie d'autre part, en dehors de tout texte, le pouvoir « de prendre les mesures nécessaires au bon fonctionnement de l'administration placée sous leur autorité » (CE Sect. 7. 2. 1936 Jamart *GAJA*). Par ces termes sibyllins, elle leur permet d'édicter d'authentiques règlements, à condition que ceux-ci se bornent à répondre aux nécessités du service. Grâce à elle, les ministres peuvent notamment interdire l'accès de certains locaux au public (*cf.* motifs de l'arrêt Jamart), limiter le droit de grève de leurs agents (CE Ass. 7. 7. 1950 Dehaene *GAJA*), créer des organismes consultatifs destinés à les aider (CE 11. 5. 1979 Synd. CFDT du ministère des affaires étrangères *Lebon* 203, concl. Galabert), ou même (cas limite réservé au ministre de la Défense) imposer certaines vaccinations au personnel compte tenu des « risques et exigences spécifiques à l'exercice de la fonction militaire » (CE Ass. 3. 3. 2004 Assoc. Liberté, information, santé *AJDA* 2004. 971, chron. contestable Donnat et Casas). Ce pouvoir réglementaire est d'autant plus intéressant que la jurisprudence Jamart, bien loin de le réserver aux ministres, le reconnaît aussi à tous les autres « chefs de service » (*cf.* par ex. CE 13. 11. 1992 Synd. nat. des ingénieurs de l'aviation civile *AJDA* 1993. 221, note Mathieu, à propos d'un règlement par lequel le directeur général de l'aviation civile a limité le droit de grève de certains de ses agents).

En dehors de ce pouvoir réglementaire limité, les ministres (et les autres chefs de service) disposent enfin, comme on l'a vu, du pouvoir de prendre des circulaires non impératives et des directives (*cf. supra*, n°s 69 à 73). Il s'agit bien, là encore, de palliatifs à leur absence de pouvoir réglementaire général. C'est particulièrement net pour les directives, dont la consécration survient un an seulement après la confirmation solennelle de cette absence (*cf.* respectivement CE Sect. 11. 12. 1970 Crédit foncier de France *GAJA*, et CE Sect. 23. 5. 1969 Soc. distillerie Brabant, préc.).

Malgré ces divers palliatifs, les ministres se jugent souvent insuffisamment armés pour mener à bien leur mission. Ils n'ont alors d'autre ressource que de dissimuler des règlements excédant les limites posées par la jurisprudence Jamart dans des circulaires prétendument non impératives (sur ce phénomène, *cf. supra*, n° 69). Pour résoudre ce problème, nous pensons qu'il faudrait leur reconnaître un « pouvoir réglementaire d'interprétation », complémentaire du pouvoir réglementaire ouvert par l'arrêt Jamart, qui leur permettrait de fixer les règles nouvelles nécessaires à l'interprétation des textes. Cette solution serait nettement préférable aux tergiversations actuelles de la jurisprudence issue des arrêts Notre-Dame du Kreisker et Duvignères, qui tantôt assimile ces règles nouvelles à des règlements illégaux, tantôt feint de ne pas voir les innovations qu'elles recèlent (*cf. supra*, n°s 69 et 70).

2. Règles de forme

153 Les formes d'un AAU sont la présentation extérieure de cet acte, son contenant et non son contenu. Certaines sont qualifiées de « substantielles »; ce sont celles dont la violation entraîne l'illégalité de l'acte. D'autres sont dites « accessoires », parce qu'au contraire leur violation n'affecte pas la légalité de l'acte. D'autres enfin sont, au gré des textes ou des jurisprudences qui n'exigent leur respect que dans certains cas, tantôt substantielles tantôt accessoires.

a. Les formalités substantielles : la signature et les contreseings

154 Lorsqu'un texte exige qu'un AAU soit écrit, le juge veille à ce que ce dernier soit signé par l'autorité compétente. Le défaut de signature de celle-ci est toujours une cause d'annulation de l'acte (*cf.* CE 12. 12. 1990 Torras *Lebon* 669). Cette sévérité s'explique par le fait que, sans signature, un acte n'est pas authentifié.

De la même façon, l'absence d'un contreseing exigé par un texte entraîne toujours l'illégalité de l'acte (CE Sect. 31. 12. 1976 Comité de défense des riverains de l'aéroport Paris-Nord *Lebon* 580).

En revanche, la surabondance de contreseings, c'est-à-dire l'apposition de contreseings supplémentaires, non exigés par les textes, est sans conséquence sur la légalité de l'acte (CE 30. 10. 1958 Union mutuelle immobilière *Lebon* 811).

La loi du 12 avril 2000 exige que chaque AAU écrit comporte, outre la signature de son auteur, le prénom, le nom et la qualité de celui-ci. Mais le Conseil d'État estime que l'oubli de ces mentions n'entraîne l'illégalité de l'acte que si aucun autre élément (comme une signature lisible, par exemple) ne permet d'en identifier l'auteur (CE 23. 7. 2010 Mme Djidjelli *AJDA* 2010. 1514, obs. Grand).

b. Les formalités accessoires : les visas

155 Les visas sont les références, figurant sur l'AAU, aux textes en vertu desquels il est pris. Dans l'exemple « vu le décret n° 84-31 du 6 juin 1984 modifié relatif au statut du corps des professeurs des universités [...], arrête : article 1 – M. Dupont Jean est nommé à compter du 1. 10. 1990 en qualité de professeur des universités [...] », le visa est la référence au décret de 1984 (alors que la partie finale déclinée en articles est le « dispositif » de l'acte).

La jurisprudence les assimile à des simples indications facultatives. En conséquence, ni leur inexactitude ni leur omission pure et simple n'ont la moindre incidence sur la légalité de l'AAU (CE 6. 3. 1957 Saint-André *Lebon* 141 sur l'inexactitude, CE 5. 11. 1984 Tollari *DA* n° 497, sur l'omission).

c. Les formalités tantôt substantielles tantôt accessoires : la forme écrite, le caractère explicite, la motivation

156 *1) la forme écrite n'est obligatoire pour un aau* que si un texte l'exige. Tel est par exemple le cas pour les délégations de compétence (*cf. supra*, n° 149). Autrement, rien n'interdit à un AAU d'être verbal (CE 11. 5. 1987 Divier, deux espèces, *RFDA* 1988. 780, concl. Schrameck).

2) Le caractère explicite d'un AAU, qu'il soit écrit ou verbal, n'est lui aussi obligatoire que si un texte l'exige. Dans les autres cas, l'AAU peut être implicite. En particulier, le silence de l'administration face à une demande peut parfaitement être assimilé à un AAU, aux conditions prévues par les textes.

Depuis une loi du 17 juillet 1900, aujourd'hui remplacée par le décret modifié du 11 janvier 1965 et par la loi du 12 avril 2000, le silence prolongé de l'administration vaut en principe décision implicite de rejet de la demande : c'est le cas au bout de deux mois en vertu de cette dernière loi (au lieu de quatre mois antérieurement). Contrairement au Conseil d'État, le Conseil constitutionnel considère cette règle comme un principe général du droit, et estime en conséquence que seule une loi peut l'écarter (CC 26. 6. 1969 Protection des sites *GDCC* et CC 18. 1. 1995 Vidéosurveillance, s'opposant à CE Ass. 27. 2. 1970 Commune de Bozas *AJDA* 1970. 225 chron. Denoix de Saint-Marc et Labetoulle). Aussi, pour régulariser les dérogations qui sont déjà intervenues par voie réglementaire, la loi de 2000 précise que des décrets en Conseil d'État peuvent y procéder, et estimer que le silence de l'administration vaut décision implicite d'acceptation. C'est par exemple ce qu'a fait l'article R. 421-12 du Code de l'urbanisme, aux termes duquel le silence de l'administration, pendant un certain délai qu'elle s'est fixé à elle-même dans une lettre adressée au demandeur, vaut « permis tacite » de construire. Plus simplement, l'article R. 311-6 du Code forestier dispose quant à lui que le silence de six mois du ministre de l'Agriculture vaut autorisation implicite de défrichement.

157 *3) La motivation est la formulation dans l'AAU de ses motifs.* Elle n'est nullement obligatoire. Le Conseil d'État refuse en effet de dégager un principe général du droit qui l'imposerait à tous les AAU (CE Sect. 26. 1. 1973 Garde des sceaux c. Lang *D.* 1973. 606, note Pacteau). En la matière, le principe est donc la non motivation des AAU : « en l'absence de dispositions législatives ou réglementaires contraires, les décisions... n'ont pas à comporter l'indication des motifs sur lesquels elles sont fondées » (CE 24. 4. 1964 Delahaye *Lebon* 243). En vertu de ce principe, les actes individuels favorables à leurs destinataires et les règlements, pour ne prendre que ces deux exemples, n'ont pas à être motivés.

Que penser de cette situation ? À notre avis, elle est profondément choquante. Aucune des raisons avancées pour écarter l'obligation de motiver n'est en effet convaincante. On prétend qu'elle multiplierait les annulations pour vice de forme; cela serait peut-être vrai dans un premier temps, mais à terme elle éviterait au contraire bien des déboires aux autorités administratives, en les contraignant à réfléchir davantage sur le bien-fondé de leurs décisions. Plus sérieusement, on avance aussi qu'elle ralentirait l'administration, et donc qu'elle ne l'« arrangerait » pas. L'argument n'est pas niable, mais on peut lui objecter que cet inconvénient serait largement contrebalancé par l'accélération du travail du juge qu'elle entraînerait; car, en présence d'AAU systématiquement motivés, le juge ne serait plus obligé de pratiquer la « chasse aux motifs » dont quelques affaires célèbres ont illustré le caractère aventureux (*cf.* notamment CE Ass. 28. 5. 1954 Barel *GAJA* et CE Sect. 26. 1. 1968 Soc. « Maison Genestal » *Lebon* 62, pour des actes individuels; CE Ass. 1er. 2. 1985 Union départementale des consommateurs de Paris *AJDA* 1985. 212, concl. Stirn pour un acte réglementaire). Plus profondément, on peut se demander si la finalité du droit administratif n'est pas, conformément à l'article 15 de la Déclaration de 1789 (selon lequel « la société a le droit de demander compte à tout agent public de son administration »), d'organiser la transparence de l'action administrative plutôt que d'« arranger » l'administration... Dans l'optique démocratique du positivisme sociologique, qui somme le droit de se plier aux aspirations de la conscience collective, la réponse ne fait aucun doute. Force est de constater qu'ici encore les textes et la jurisprudence préfèrent se rallier à une vision technocratique du droit, privilégiant le culte d'une rationalité supérieure et d'une efficacité superficielle.

À défaut d'un principe général de motivation des AAU, le droit français condescend à poser quelques exceptions au principe de non-motivation.

• *Certaines exceptions sont d'origine jurisprudentielle.* La plus célèbre concerne les organismes professionnels collégiaux de droit privé, qu'une jurisprudence de 1970 oblige à motiver leurs AAU (CE Ass. 27. 11. 1970 Agence maritime Marseille-fret *RDP* 1971. 987, concl. Gentot; CE 13. 11. 1974 Guizelin *AJDA* 1975. 28, chron. Franc et Boyon). Cette obligation de motivation a pour particularité de porter sur tous leurs AAU, qu'ils soient réglementaires ou non, favorables ou défavorables. Elle s'explique par des raisons pragmatiques, le juge craignant que ces organismes, dont les décisions sont votées par des majorités éphémères, ne perdent le souvenir de leurs motifs. Mais le Conseil d'État n'y attache qu'une importance toute relative, car il précise expressément qu'un simple règlement peut y déroger.

• *D'autres exceptions, plus nombreuses, sont instituées par des textes.* Le CGCT soumet par exemple à l'obligation de motivation certains règlements de police municipaux limitant la circulation ou le stationnement des véhicules sur les voies publiques (art. L. 2213-2), ainsi que les décrets de dissolution des conseils municipaux (art. L. 2121-6). Pour ces derniers, une motivation succincte suffit toutefois, dans le louable souci de ne pas aggraver les dissensions qui sont à l'origine de la dissolution (CE 19. 1. 1990 Dame Bodin *AJDA* 1990. 93, chron. Honorat et Baptiste).

158 • Mais *le texte instituant l'exception la plus importante* au principe de non motivation est sans conteste *la loi du 11 juillet 1979*, complétée par les lois du 17 janvier 1986 et du 17 mai 2011. Cette loi dispose en effet que deux types d'AAU doivent être motivés : les actes individuels qui dérogent aux règles générales fixées par une loi ou un règlement (*cf.* par ex. CE 3. 11. 1982 D^{lle} Mugler *Lebon* 505 : décision autorisant l'ouverture d'une pharmacie en dérogation à la règle du numerus clausus); et certains actes individuels défavorables à leurs destinataires, dont elle dresse la liste limitative : actes restreignant l'exercice des libertés publiques ou constituant une mesure de police; actes infligeant une sanction; actes imposant des sujétions ou subordonnant l'octroi d'une autorisation à des conditions restrictives; actes retirant ou abrogeant une décision créatrice de droits; actes opposant une prescription, une forclusion ou une déchéance; actes refusant un avantage dont l'attribution constitue un droit pour les personnes qui remplissent les conditions légales pour l'obtenir; aussi, complément apporté par la loi de 1986, actes refusant une autorisation ; et enfin, ultime complément apporté par la loi de 2011, actes rejetant un recours administratif dont la présentation est obligatoire préalablement à tout recours contentieux. Le détail des actes ainsi soumis à l'obligation de motivation est donné, ministère par ministère, par la très longue circulaire du 28 septembre 1987 (*JO* du 20. 10. 1987, p. 12173 à 12238).

La loi de 1979 précise en outre que la motivation « doit être écrite et comporter l'énoncé des considérations de droit et de fait qui constituent le fondement de la décision ». La jurisprudence en déduit qu'une motivation stéréotypée est constitutive d'une illégalité (CE Sect. 24. 7. 1981 Belasri *AJDA* 1981. 464, chron. Tiberghien et Lasserre). Mais elle accepte que la motivation figure dans un document annexe ou antérieur à la décision, et non dans la décision elle-même (*cf.* respectivement CE 18. 12. 1987 Loyer *Lebon* 419 et CE 6. 3. 1992 Soc. du spectacle de la Place Blanche *Lebon* 105), solution qui paraît réaliste et raisonnable. En revanche, dans le louable souci de ne pas encourager l'administration à la désinvolture, elle refuse les motivations tardives, c'est-à-dire les actes qui prétendent régulariser rétroactivement l'absence initiale de motivation (CE 5. 5. 1986 Min. des Affaires sociales c. Leblanc et Tissier *AJDA* 1986. 390, note Richer).

La loi de 1979 prévoit enfin trois exceptions à l'obligation de motivation qu'elle pose. La première concerne le respect de divers secrets, tels le secret médical ou le secret de la défense nationale; les décisions qui s'y rapportent n'ont pas à être motivées. La deuxième vise les AAU pris en cas d'« urgence absolue » (d'ailleurs rarement admise par le juge : CE 13. 1. 1988 Abina *AJDA* 1988. 225, concl. Schrameck), et la troisième les décisions implicites de rejet : ces deux types de mesures sont dispensés de motivation; toutefois, si l'intéressé en fait la demande dans les délais du recours contentieux, l'autorité qui a pris la mesure doit lui en communiquer les motifs dans le délai d'un mois à compter de cette demande; cette communication des motifs ouvre alors à l'intéressé un délai de recours contentieux de deux mois, qu'il peut mettre à profit pour attaquer l'acte initial; si l'autorité ne procède pas à cette communication dans le délai d'un mois, il peut attaquer l'acte initial à tout moment, et obtenir à coup sûr son annulation pour vice de forme (*cf.* CE 29. 3. 1985 Testa *AJDA* 1985. 260, chron. Hubac et Schoettl). On le voit, le système est assez bien pensé : grâce à la mise en place, pour les deuxième et troisième exceptions, de ce mécanisme de motivation différée, il trouve un équilibre satisfaisant entre la souplesse d'action, parfois nécessaire, de l'administration, et le respect de l'obligation de motivation.

Mais malgré ses mérites, la loi de 1979 n'en apparaît pas moins fondamentalement critiquable. Le caractère limitatif de ses deux catégories d'actes motivables, et des sept rubriques qui composent la seconde, rejette en effet en dehors du champ de la motivation obligatoire un grand nombre d'actes individuels dérogatoires ou défavorables. Par exemple, n'ont pas à être motivés : le refus de titulariser un stagiaire (CE 29. 7. 1983 D^{lle} Lorraine *Lebon* 762), les délibérations des jurys d'examen ou de concours (CE 29. 7. 1983 Seban *DA*, n° 350), le refus de prendre une mesure de police (CE 12. 3. 1986 Metzler *D.* 1986. 422, note Terneyre), la suspension d'un fonctionnaire (CE 7. 11. 1986 Edwige *Lebon* 350), la décision mettant fin, dans l'intérêt du service, aux fonctions d'une personne occupant un emploi « à la discrétion du gouvernement » (CE Ass. 22. 12. 1989 Morin *AJDA* 1990. 90, chron. Honorat et Baptiste), et la décision de ne pas renouveler le contrat d'un agent non titulaire (CE 23. 2. 2009 Moutterlos *AJDA* 2009. 399, obs. de Montecler). Et on ne parle même pas des actes réglementaires, des actes individuels favorables à leurs destinataires, ou des actes particuliers (CE 11. 2. 1983 Commune de Guidel *AJDA* 1983. 296, chron. Lasserre et Delarue, à propos d'une DUP), que la loi de 1979 exclut de son champ d'application.

En définitive, le législateur aurait été mieux inspiré de renverser les perspectives en faisant de la motivation le principe et de la non-motivation l'exception. Au lieu de replâtrer maladroitement les fissures du schéma technocratique, il aurait ainsi réalisé la révolution démocratique que beaucoup d'administrés appelaient de leurs vœux.

3. Règles de procédure

159 La procédure d'un AAU est l'ensemble des règles concernant le processus d'élaboration de cet acte. On l'appelle parfois la « procédure administrative non contentieuse », par opposition à la « procédure administrative contentieuse », qui désigne la procédure suivie devant les juridictions administratives (étudiée au chap. 12). Contrairement à celle-ci, elle n'est malheureusement pas codifiée, et dépend d'un agrégat hétérogène de textes et de jurisprudences, qui s'efforce de résoudre les quatre problèmes qu'elle pose.

a. Les délais

160 Les textes prévoient parfois un délai dans lequel l'AAU doit être pris. Dans cette hypothèse, le principe jurisprudentiel est clair : ce délai est une « disposition boy-scout » (Marcel Waline, *RDP* 1964. 440), il ne s'impose pas à l'administration; peu importe donc qu'elle le dépasse. Ce principe est notamment mis en pratique à propos des règlements d'application des lois : les délais posés par ces dernières sont en effet considérés comme purement indicatifs. La loi du 10 juillet 1989, instituant le permis à points, avait par exemple précisé que la publication de son décret d'application ne pourrait être « postérieure au 1er janvier 1992 »; or ce décret n'a été pris que le 25 juin 1992, soit près de six mois après cette date limite; le Conseil d'État l'a néanmoins estimé légal (CE Ass. 23. 10. 1992 Diemert *AJDA* 1992. 785, chron. Maugüe et Schwartz). Conformément à sa jurisprudence traditionnelle, la haute juridiction a en effet estimé que « cette disposition... marquait seulement la volonté du législateur d'assurer l'application rapide de la loi, (et non)... d'empêcher le gouvernement d'user de son pouvoir réglementaire après l'expiration dudit délai » (selon les termes utilisés par CE Ass. 31. 3. 1950 Soc. mutualiste des professions libérales *Lebon* 217). Le moins qu'on puisse dire est qu'il s'agit d'une opinion contestable. Une fois de plus, le juge « arrange » l'administration au nom d'un réalisme à courte vue, et capitule devant son désir technocratique de dépasser à sa guise les délais fixés par le législateur. Il est douteux que cette situation corresponde à la volonté de la conscience collective...

Il ne s'agit heureusement pas d'une capitulation sans conditions. Afin d'éviter l'arbitraire le plus choquant, le Conseil d'État exige en effet que l'AAU soit pris dans un « délai raisonnable », dont la durée varie en fonction des difficultés d'élaboration propres à chaque acte. C'est ainsi qu'un retard d'un an est généralement considéré comme raisonnable. À l'opposé, il a été jugé qu'un retard de douze ans (!) à prendre un règlement d'application d'une loi était déraisonnable, et entachait d'illégalité le refus d'y procéder (CE 13. 7. 1962 Kevers-Pascalis *D.* 1963. 606, note Auby, et CE 28. 7. 2000 Assoc. France Nature Environnement *RFDA* 2003. 116, note Deffigier; même solution pour un retard de quatre ans : CE 24. 6. 1992 Soulat *AJDA* 1992. 691, note Letourneur).

Par exception au principe sus-analysé, il arrive toutefois que les délais posés par les textes s'imposent à l'administration. Il en va ainsi lorsque la loi dispose que le délai est institué « à peine de nullité », ce qui est rare, ou bien lorsque l'existence du délai constitue une garantie pour les administrés, hypothèse qui se vérifie par exemple à propos des ordonnances de l'article 38 de la Constitution, et d'autres actes exorbitants pris sur autorisation du Parlement, que le gouvernement ne peut pas prendre au-delà du délai d'habilitation fixé par le législateur (CE 22. 11. 1963 Dalmas de Polignac *Lebon* 565).

b. Les avis

161 Il est fréquent que l'administration prenne des avis avant d'édicter des AAU, afin de s'éclairer et d'éviter des choix inopportuns. Du point de vue du positivisme sociologique, cette procédure consultative est très importante, car elle constitue l'un des modes d'expression de la conscience collective, dont les membres des organismes consultatifs sont en principe une émanation.

Ces avis peuvent être de trois sortes : ils sont « facultatifs » quand l'autorité qui les provoque n'est obligée ni de les demander ni de les suivre; « obligatoires » quand elle est obligée de les demander, mais non de les suivre; « conformes » lorsqu'elle est tenue à la fois de les demander et de s'y conformer.

L'administration conserve son pouvoir discrétionnaire dans les deux premiers cas. On notera toutefois deux particularités concernant les avis obligatoires : l'administration n'a pas le droit de donner à son AAU un contenu autre que celui soumis à l'organisme consultatif ou que celui suggéré par ce dernier, car ce serait une façon de contourner le caractère obligatoire de la consultation (CE Sect. 29. 1. 1971 Cons. nat. de l'Ordre des médecins *AJDA* 1971. 308); si elle veut choisir une troisième solution, elle doit donc préalablement organiser une seconde consultation afin de la soumettre à l'organisme. D'autre part, le défaut de consultation du Conseil d'État, dans une hypothèse où celle-ci est obligatoire, entache l'AAU non d'un vice de procédure mais d'une incompétence (*cf.* par ex. CE 2. 5. 1990 Joannides *AJDA* 1990. 729, note Prétot); cette solution est illogique, d'autant plus qu'elle ne s'applique qu'aux seuls avis du Conseil d'État, et non à ceux des autres organismes consultatifs; mais elle a le mérite de faciliter le contrôle juridictionnel, dans la mesure où l'incompétence est, contrairement au vice de procédure, un moyen d'ordre public que le juge peut soulever d'office (CE 2. 5. 1990, préc.).

Dans le cas d'un avis conforme, l'administration perd au contraire son pouvoir discrétionnaire et se trouve placée dans une situation de compétence liée. Elle ne peut en effet prendre la décision projetée qu'avec l'accord de l'organisme consultatif, sauf lorsque son avis négatif est entaché d'illégalité (CE Ass. 26. 10. 2001 Eisenchteter *AJDA* 2002. 118, chron. Guyomar et Collin).

Cela étant, la jurisprudence a dégagé plusieurs règles relatives à la composition et au fonctionnement des organismes consultatifs. Le décret du 8 juin 2006 s'est efforcé de les codifier et de leur apporter des précisions. Mais contrairement à elles, il ne s'applique qu'aux organismes consultatifs de l'État (et non à ceux des collectivités locales) qui rendent des avis concernant les administrés (et non les fonctionnaires). Selon ces règles, la présence, au sein d'un organisme consultatif, d'une personne qui lui est normalement étrangère ne vicie la procédure que si elle a joué une influence déterminante sur le contenu de l'avis (CE Ass. 18. 4. 1969 Meunié *AJDA* 1969. 431, chron. Dewost et Denoix de Saint Marc). En revanche, et de façon plus sévère, une procédure est viciée dès lors que l'un des membres de l'organisme consultatif a siégé alors qu'il était personnellement intéressé par l'affaire ou qu'il avait adopté une position de nature à faire douter de son impartialité (CE Sect. 29. 4. 1949 Bourdeaux *Lebon* 188; comparer avec l'article 13 du décret de 2006, un peu plus laxiste). Enfin, pour que l'avis soit valable, le quorum, c'est-à-dire le nombre minimum de membres de l'organisme présents ou représentés, doit être de la moitié plus un selon la jurisprudence (CE Ass. 18. 4. 1969 Meunié, préc.), de la moitié tout juste selon le décret de 2006 (art. 11).

c. Le caractère contradictoire de la procédure

162 Le caractère « contradictoire » de la procédure désigne le droit de l'administré de présenter sa défense avant que l'administration prenne un AAU à son encontre.

Malgré son intérêt, le principe du contradictoire n'a qu'un champ d'application limité. Si l'on s'en tient à l'essentiel, il n'intervient en effet que dans cinq grandes hypothèses : face aux DUP, aux sanctions, aux mesures prises en considération de la personne, aux mesures visées par l'article 24 de la loi du 12 avril 2000, et aux actes dont l'édiction est susceptible d'être éclairée par la procédure contradictoire.

• *Les DUP (déclarations d'utilité publique)* doivent être précédées d'une procédure contradictoire dont l'originalité est d'être collective. C'est en effet l'ensemble du public, et non tel ou tel administré déterminé, qui a le droit de s'exprimer sur leur opportunité. On a donc affaire ici à une véritable consultation directe de l'opinion publique, dont la vocation, soulignée par la loi Bouchardeau du 12 juillet 1983 relative à la démocratisation des enquêtes publiques, est de permettre un dialogue constructif (qui s'apparente, hélas, souvent à un dialogue de sourds) avec l'administration.

• *Les sanctions*, qu'on peut définir comme des AAU ayant pour objet de réprimer une faute, ne peuvent quant à elles être infligées qu'après que les personnes poursuivies aient été mises à même de présenter leur défense. Le principe est établi par des lois au profit des fonctionnaires, notamment par l'article 65 de la loi de finances du 22 avril 1905 et par le statut général de la fonction publique. Mais il est également établi par un principe général du droit – le PGD des « droits de la défense » – au profit des administrés (CE Sect. 5. 5. 1944 Veuve Trompier-Gravier *GAJA*, à propos du retrait d'une autorisation d'exploiter un kiosque à journaux, motivé par le souci de sanctionner une faute de l'exploitant). Bien entendu, ce PGD bénéficie aussi aux agents publics lorsque les textes précités ne leur sont pas applicables (CE Ass. 26. 10. 1945 Aramu *D.* 1946. 158, note Morange, à propos d'une sanction d'« épuration » prononcée en 1944). On ajoutera enfin que le législateur n'a plus le droit de l'écarter depuis que le Conseil constitutionnel l'assimile à un « principe fondamental reconnu par les lois de la République », à valeur constitutionnelle (*cf.* par ex. CC 29. 12. 1989 loi de finances pour 1990 *Lebon* 95, à propos d'une sanction fiscale).

• *Les « mesures prises en considération de la personne »* ont été dégagées par la jurisprudence à partir de 1949 (CE Sect. 24. 6.

1949 Nègre *D.* 1949. 570, note J. G.). Ce sont des actes individuels qui sont défavorables à un agent public, mais qui ne s'analysent pas comme des sanctions, dans la mesure où ils ne cherchent pas à réprimer une faute, mais à tirer les conséquences d'un comportement ou de certaines particularités de l'intéressé préjudiciables à l'intérêt du service. Comme les sanctions, elles doivent en principe être précédées d'une procédure contradictoire. Il s'agit notamment des relèvements de fonctions (arrêt Nègre), des licenciements pour insuffisance professionnelle (CE Sect. 9. 12. 1955 Garysas *RDP* 1956. 330, note Waline) et des mutations dans l'intérêt du service (CE Sect. 19. 4. 1991 Monnet *AJDA* 1991. 557, concl. Lamy). Par exception à ce principe, la décision de ne pas renouveler le contrat d'un agent non titulaire peut toutefois être prise sans procédure contradictoire, au motif (discutable) « qu'un agent dont le contrat est arrivé à échéance n'a aucun droit au renouvellement de celui-ci » (CE 23. 2. 2009 Moutterlos *AJDA* 2009. 399, obs. de Montecler).

• *Les mesures visées par l'article 24 de la loi du 12 avril 2000* sont très diverses. Il s'agit des actes individuels dérogatoires ou défavorables qui doivent être motivés en vertu de la loi du 11 juillet 1979 (*cf. supra*, n° 158). La loi de 2000 – qui ne fait sur ce point que reprendre les dispositions d'un décret du 28 novembre 1983 aujourd'hui abrogé – complète cette loi en exigeant, en sus de la motivation, qu'ils soient précédés d'une procédure contradictoire. Cette exigence s'applique aussi bien aux actes émanant des collectivités locales qu'à ceux émanant des services de l'État. Dans les deux cas, elle ne pèse toutefois sur ces actes qu'à la double condition qu'ils concernent des administrés (et non des agents) et qu'ils ne soient pas pris à la suite d'une demande de ceux-ci. Dans l'ensemble, elle est loyalement appliquée par la jurisprudence (*cf.* par ex. CE 26. 6. 1987 FANE *AJDA* 1987. 679, note Prétot : annulation pour vice de procédure d'un décret portant dissolution d'une association). La procédure contradictoire prévue par la loi de 2000 est toutefois écartée par le juge lorsqu'un autre texte prévoit une procédure équivalente (*cf.* par ex. CE Ass. 8. 3. 1985 Garcia Henriquez *AJDA* 1985. 407, chron. Hubac et Schoettl, à propos des décrets d'extradition) :

cette solution, dont le principe est excellent, a hélas donné lieu, dans une hypothèse précise, à une application très contestable (CE Sect. 19. 4. 1991 Demir *AJDA* 1991. 641, concl. cont. Leroy : arrêt qui dispense les reconduites à la frontière du respect de la procédure contradictoire prévue par le décret de 1983, alors que, comme le montre Mme Leroy, les étrangers ne disposent pas de garanties véritablement équivalentes à leur encontre).

• Enfin, depuis 2001, tous *les actes dont l'édiction est susceptible d'être éclairée par la procédure contradictoire* doivent respecter cette procédure (CE Sect. 7. 12. 2001 Soc. Ferme de Rumont *RFDA* 2002. 46, concl. Séners, à propos d'un état exécutoire émis par l'ONILAIT contre une société pour dépassement d'un quota de production de lait).

Dans ces cinq grandes hypothèses, le caractère contradictoire de la procédure implique toujours deux exigences complémentaires : le droit de la personne concernée d'être informée de l'AAU projeté (avis public d'ouverture d'enquête et présentation d'un dossier dans le cas d'une DUP; communication du dossier personnel dans le cas d'une sanction ou d'une mesure prise en considération de la personne; obligation de l'avertir sans autre précision dans le cas d'une mesure visée par la loi de 2000 ou par la jurisprudence Ferme de Rumont); et son droit de présenter ses observations avant qu'il soit pris (droit d'inscrire ses remarques sur un registre ou de parler à un commissaire-enquêteur dans le cas d'une DUP; droit, selon les hypothèses, de s'expliquer devant un conseil de discipline ou de présenter ses observations à l'administration dans le cas d'une sanction; droit de présenter ses observations à l'administration dans le cas d'une mesure prise en considération de la personne ou d'un acte relevant de la jurisprudence Ferme de Rumont; droit de s'exprimer oralement et par écrit, et de se faire assister par un conseil ou représenter par un mandataire dans le cas d'une mesure visée par la loi de 2000).

d. La règle du parallélisme des procédures

163 Parfois appelé improprement le « parallélisme des formes », le parallélisme des procédures est une règle jurisprudentielle qui complète utilement la règle du parallélisme des compétences (étu-

diée *supra*, n° 163). En vertu de celle-ci, en effet, lorsque les textes qui précisent la procédure à suivre pour édicter un AAU sont silencieux sur sa procédure de modification ou d'abrogation, cette modification ou cette abrogation doit respecter la même procédure que celle qui avait présidé à l'édiction de l'acte (CE Sect. 28. 4. 1967 Féd. nat. des synd. pharmaceutiques *AJDA* 1967. 401, concl. Galabert : annulation de la décision modifiant la liste des substances vénéneuses, pour défaut de consultation de l'Académie de pharmacie, organisme dont l'avis était obligatoire pour l'établissement initial de cette liste).

Deux exceptions sont toutefois à noter. La règle ne s'applique pas lorsque la procédure suivie pour l'édiction de l'acte était facultative (CE Sect. 28. 4. 1967, précité : peu importe que la décision de modification ait été prise sans consultation de l'Académie de médecine, dans la mesure où l'avis de cet organisme n'avait été sollicité qu'à titre facultatif lors de l'élaboration initiale de la liste). Et elle ne s'applique pas non plus lorsque la procédure utilisée pour l'édiction de l'acte ne présente aucun intérêt pour sa modification ou son abrogation (CE Ass. 29. 3. 1968 Soc. du lotissement de la plage de Pampelonne *RDP* 1969. 320, concl. Vught : le retrait d'un permis de construire peut être prononcé sans que soit à nouveau suivie la procédure d'enquête instituée pour sa délivrance).

B. L'application de l'AAU

164 Dès lors qu'il est appliqué, l'AAU produit des effets sur l'ordonnancement juridique (**1**). Les administrés doivent alors les subir; s'ils y résistent, l'administration peut assurer son exécution par la contrainte (**2**).

1. Les effets de l'AAU

a. Le point de départ des effets de l'AAU

On dit d'un AAU qu'il « entre en vigueur » quand il commence à produire des effets sur l'ordonnancement juridique. En principe, l'entrée en vigueur d'un acte est constituée par son insertion officielle dans l'ordonnancement juridique, réalisée par cette formalité solennelle qu'est sa publicité.

Concrètement, la publicité d'un acte peut revêtir deux formes : la notification et la publication. La notification est le mode de publicité qui s'impose aux actes individuels au sens strict et aux actes pluri-individuels. Elle consiste à informer personnellement le destinataire de la décision de l'existence et du contenu de celle-ci. Cette information peut s'opérer par tous moyens, par exemple par une simple lettre, ou encore verbalement. La publication est au contraire le mode de publicité qui s'impose aux actes collectifs, aux actes réglementaires, et aux actes particuliers (sur toutes ces notions, *cf. supra*, n° 143). Elle consiste à informer de façon impersonnelle l'ensemble des administrés de l'existence et du contenu de la décision. Cette information impersonnelle s'opère, selon les cas, par insertion de l'acte dans un recueil officiel, comme le *Journal officiel* ou le bulletin officiel d'un ministère, ou dans la presse nationale ou locale, ou encore par voie d'affichage : lorsqu'aucun texte n'impose l'un de ces procédés, l'administration peut choisir celui qu'elle veut, à condition qu'il soit adapté au public concerné; un règlement concernant le personnel de l'Éducation nationale peut par exemple être valablement publié au bulletin officiel du ministère de l'Éducation nationale, mais non au bulletin officiel d'un autre ministère.

Trois particularités sont à noter pour compléter cette présentation. Tous les décrets doivent obligatoirement être publiés au *Journal officiel*, en vertu de l'ordonnance du 20 février 2004; dans le même but de transparence, tous les règlements pris par les collectivités locales doivent être publiés dans des « Recueils des actes administratifs », en vertu de la loi du 6 février 1992 et de son décret d'application du 20 septembre 1993. En second lieu, certaines décisions implicites d'autorisation doivent faire l'objet d'une publicité, bien qu'elles soient implicites, et plus précisément d'une publication, bien qu'elles soient individuelles : c'est notamment le cas des permis de construire tacites, dont l'article R. 421-39 du Code de l'urbanisme exige l'affichage sur le terrain et en mairie. Enfin, on constate qu'en général les actes individuels et pluri-individuels sont à la fois notifiés et publiés, même lorsqu'aucun texte n'exige un tel cumul de publicités; cela s'explique par le fait que la notification ne fait courir le délai du recours contentieux qu'à l'égard du destinataire de l'acte, et non à l'égard des tiers; il est donc prudent de procéder aussi à une publication, afin de le faire courir à leur égard et d'empêcher ainsi qu'il ne soit, en ce qui les concerne, illimité.

En principe, répétons-le, publicité et entrée en vigueur de l'acte coïncident (*cf.* par ex. CE 28. 11. 1952 Dame Lefranc *Lebon* 534 : la révocation d'un fonctionnaire entre en vigueur par sa notification, et non pas avant ni après). Mais il arrive parfois que l'entrée en vigueur d'un acte soit retardée, ou à l'inverse anticipée, par rapport à sa publicité.

Les cas d'entrée en vigueur retardée ne sont pas rares. La loi de décentralisation du 2 mars 1982 dispose par exemple que les actes les plus importants des collectivités locales n'entrent en vigueur qu'après leur publicité et leur transmission au représentant de l'État. De même, l'ordonnance précitée du 20 février 2004 décide que les lois et règlements publiés au *Journal officiel* « entrent en vigueur à la date qu'ils fixent ou, à défaut, le lendemain de leur publication », et précise que « toutefois, l'entrée en vigueur de celles de leurs dispositions dont l'exécution nécessite des mesures d'application est reportée à la date d'entrée en vigueur de ces mesures ».

Les cas d'entrée en vigueur anticipée sont beaucoup plus rares. Ils se résument pour l'essentiel à la jurisprudence Mattéi, d'après laquelle un acte individuel favorable à son destinataire crée des droits à son profit dès sa signature (CE Sect. 19. 12. 1952 D^lle^ Mattéi *Lebon* 594, à propos de la nomination d'un fonctionnaire). Il s'agit d'une excellente jurisprudence, protectrice des administrés. Mais pour en bénéficier, encore faut-il que l'intéressé joue les Sherlock Holmes pour découvrir et prouver l'existence de l'acte signé et non notifié qui lui est favorable...

b. La consistance des effets de l'AAU

165 Comme on l'a vu au début de ce chapitre, l'AAU affecte autoritairement la situation d'une ou de plusieurs personnes étrangères à son édiction. Cet effet s'exprime concrètement soit par la modification de leurs droits ou de leurs obligations, soit par le refus de les modifier. Mais dans tous les cas, sa force obligatoire s'impose

aux administrés, qui sont tenus de s'y soumettre. Dès son entrée en vigueur, l'AAU est « invocable » par tout administré qui veut s'en prévaloir, et « opposable » à tout administré qui en conteste la légalité ou l'opportunité. Même lorsqu'un recours pour excès de pouvoir est formé contre lui, l'AAU continue à produire ses effets tant que le juge ne l'a pas annulé, sauf si celui-ci l'a auparavant frappé d'une « suspension ». On a pris l'habitude, pour désigner l'automatisme de cette force obligatoire, préalable à toute intervention d'un juge, de parler de « privilège du préalable » de l'administration, ou, ce qui revient au même, d'« autorité provisoire de chose décidée » de l'AAU.

Cette prérogative reconnue à l'administration d'imposer ses AAU à autrui sans la médiation d'un juge peut paraître effrayante. Il faut pourtant l'accepter, car elle permet à l'intérêt général de triompher sans délai des multiples résistances des intérêts particuliers. Certes, le risque d'arbitraire existe; mais pour le combattre, il n'est nul besoin d'anéantir le privilège du préalable : il suffit d'exploiter les possibilités de la suspension.

On doit par contre se méfier de la notion classique, devenue polysémique, de « décision exécutoire ». À l'heure actuelle, le droit positif utilise en effet cette expression selon trois acceptions différentes, qui ne sont pas conciliables entre elles.

Dans un premier sens, retenu par la jurisprudence Amoros, la décision exécutoire est l'AAU qui entraîne « une modification dans une situation de fait ou de droit » (CE Ass. 23. 1. 1970 Min. d'État chargé des Affaires sociales c. Amoros *AJDA* 1970. 115, note Delcros); les AAU de refus qui, sauf exceptions, ne modifient pas l'ordonnancement juridique ni une quelconque situation de fait, ne sont donc pas considérés ici comme des décisions exécutoires.

Dans un deuxième sens, retenu par la jurisprudence Huglo, aucune distinction n'est au contraire opérée entre la décision exécutoire et l'AAU, qui sont perçus comme deux expressions synonymes; l'arrêt Huglo affirme en effet que « le caractère exécutoire d'une décision administrative est la règle fondamentale du droit public » (CE Ass. 2. 7. 1982 Huglo *AJDA* 1982. 657, concl.

Biancarelli, note Lukaszewicz); cette fois, tout AAU est donc une décision exécutoire, qu il modifie ou non une situation de fait ou de droit; en réalité, le juge entend désigner ici le caractère obligatoire de tout AAU, alors que dans la jurisprudence Amoros il privilégie le caractère modificateur de certains actes; c'est ce qui explique qu'ici, la décision exécutoire est l'AAU.

Enfin, dans un troisième sens encore plus large, inauguré par la loi modifiée du 2 mars 1982, tout AAU ou tout contrat administratif émanant d'une collectivité locale est qualifié d'« exécutoire » dès lors que les formalités nécessaires à son entrée en vigueur ont été accomplies (art. 2 et 45 de la loi). Cette fois, exécutoire ne signifie plus « modificateur » ni « obligatoire », mais « entré en vigueur ». L'expression perd donc toute ambition de mettre en lumière une caractéristique de l'AAU, pour se borner à désigner l'applicabilité de n'importe quel acte administratif, qu'il soit unilatéral ou contractuel.

On le voit, la décision exécutoire est devenue une sorte d'auberge espagnole ouverte à tous les vents. Cédant à la mode du « droit flou », dernier avatar de la pensée technocratique, certains s'en réjouiront (*cf.* par ex., avec des nuances, G. Darcy *AJDA* 1994. 663). Pour notre part, nous pensons au contraire qu'un droit clair est la condition indispensable d'une saine démocratie. C'est pourquoi nous souhaitons la suppression pure et simple de l'expression « décision exécutoire », dont l'existence constitue un obstacle à la bonne compréhension de l'état du droit positif.

c. La non-rétroactivité des effets de l'AAU

166 Un AAU ne produit des effets que pour l'avenir, et non pour le passé. Ce principe de non-rétroactivité des AAU est un principe général du droit (CE Ass. 25. 6. 1948 Soc. du journal « L'Aurore » *GAJA*). Il s'applique tant aux règlements (CE Ass. 11. 7. 1984 Union des groupements des cadres supérieurs de la fonction publique *AJDA* 1984. 627, concl. Labetoulle) qu'aux actes non réglementaires (CE 28. 10. 1988 D^lle^ Gallien *Lebon* 606, à propos d'un acte individuel de mise à la retraite d'un fonctionnaire). Deux raisons expliquent et justifient son existence : la nécessité de respecter la compétence temporelle des autorités administratives

(*cf. supra*, n° 146), et le souci d'assurer la sécurité des relations juridiques.

Le principe de non-rétroactivité des AAU supporte toutefois quelques exceptions. S'agissant d'un principe général du droit sans valeur constitutionnelle, une loi peut en effet valablement y déroger et prévoir la rétroactivité d'un AAU (CC 24. 10. 1969 Frais de scolarité à l'École polytechnique *Lebon* 32). En outre, même en l'absence d'autorisation législative, certains AAU peuvent être rétroactifs : c'est le cas des décisions de retrait (CE Ass. 26. 10. 2001 Ternon *GAJA*, *cf. infra*, n° 172), des actes tirant les conséquences nécessaires d'une annulation pour excès de pouvoir (CE 26. 12. 1925 Rodière *GAJA*, posant l'obligation pour l'administration de reconstituer rétroactivement quatre années de carrière de certains fonctionnaires, à la suite de l'annulation en mars 1925 d'un tableau d'avancement de 1921), et des actes d'approbation, par nature rétroactifs (CE Sect. 17. 6. 1960 Contessoto *Lebon* 406; par contre, *cf.* CE Sect. 30. 9. 1988 Commune de Nemours *AJDA* 1988. 739, concl. Moreau : la transmission des actes des collectivités locales au préfet n'est pas assimilable à une approbation rétroactive). C'est enfin le cas, de façon beaucoup plus générale, des actes nécessaires pour combler un vide juridique préjudiciable à l'intérêt général (CE 7. 2. 1979 Assoc. des professeurs agrégés des disciplines artistiques *RDP* 1980. 523, note Waline : légalité du règlement fixant le nombre d'heures de services de cette catégorie d'agrégés, et rétroagissant à la date de la rentrée scolaire).

On notera pour terminer qu'il est de principe que les règlements s'appliquent aux situations non contractuelles en cours (CE Sect. 19. 12. 1980 Revillod *D.* 1981. 398, concl. Genevois : application immédiate d'un nouveau règlement des études à des élèves en cours de scolarité); par comparaison, ils doivent au contraire respecter, au moyen de mesures transitoires, les situations contractuelles en cours (CE Ass. 24. 3. 2006 Soc. KPMG *AJDA* 2006. 1028, chron. Landais et Lenica). Mais ce principe d'application immédiate vise plus à façonner l'avenir qu'à remettre en cause le passé, et ne doit donc pas être analysé comme un cas supplémentaire de rétroactivité.

d. L'accès aux documents administratifs

167 Les AAU ne peuvent souvent être compris par les administrés qu'à la lumière des « documents administratifs » qui les précèdent ou les accompagnent. Pour remplacer l'administration napoléonienne, autoritaire et secrète, par une administration démocratique, participative et transparente, il fallait donc reconnaître aux administrés le droit d'accéder à ceux-ci. C'est ce qu'a fait la loi du 17 juillet 1978 (modifiée par la loi du 12 avril 2000 et par l'ordonnance du 6 juin 2005).

• Grâce à cette loi, *les documents administratifs doivent désormais être communiqués aux administrés qui en font la demande.* Il faut toutefois distinguer les documents sensibles des autres documents. Les documents sensibles ne peuvent en effet être communiqués qu'aux personnes qu'ils concernent directement, alors que les autres documents sont communicables à « toute personne ». La notion de document sensible est toutefois entendue de façon restrictive, afin de respecter l'objectif de transparence de l'action administrative assigné par la loi. Ainsi, selon la loi du 12 avril 2000, modifiant la loi de 1978 et s'inspirant de la jurisprudence, seuls les documents portant une appréciation de valeur sur une personne physique, ou incluant un renseignement susceptible de lui porter préjudice, ou révélant un secret médical ou de la vie privée, sont considérés comme sensibles. En vertu de ces critères, les copies d'examens ou de concours sont des documents sensibles (CE Ass. 8. 4. 1987 Ullmo et Tête *AJDA* 1987. 478, concl. Daël); en revanche, la liste des agents d'une commune n'en est pas un (CE 10. 4. 1991 Commune de Louviers *Lebon* 948) : c'est un document ordinaire communicable à toute personne. L'ordonnance du 6 juin 2005 précise enfin que lorsqu'un document comporte à la fois des informations sensibles et non sensibles, l'administration doit s'efforcer de communiquer les secondes à toute personne qui les demande, « après occultation ou disjonction » des premières.

• *Les documents*, qu'ils soient sensibles ou non, *ne sont toutefois communicables que s'ils sont « administratifs »*. Or, d'après la jurisprudence et la loi de 2000, seuls deux types de documents doivent être considérés comme tels : les documents établis par l'administration (ou par une personne privée gérant un service public) en dehors du champ d'application du droit privé, comme par exemple les rapports, études, comptes rendus, procès-verbaux, statistiques, directives et circulaires; et les documents d'origine privée élaborés pour être traités par l'administration et qui sont détenus par elle, comme par exemple les pièces versées par un particulier à l'appui de sa demande d'agrément en architecture (CE 3. 6. 1987 Min. de l'Urbanisme c. Durand *Lebon* 190), ou une consultation juridique portant sur l'exercice de l'activité administrative (CE Ass. 27. 5. 2005 Département de l'Essonne *AJDA* 2005. 1450, chron. Landais et Lenica). Les premiers sont en quelque sorte administratifs par nature, les seconds par destination. Les documents qui n'appartiennent à aucune de ces deux catégories échappent donc à l'emprise de la loi de 1978, et ne sont pas communicables : c'est notamment le cas des contrats de droit privé de l'administration (CE Sect. 26. 7. 1985 Amadou *AJDA* 1985. 742, note Moreau), et des pièces établies par une personne privée pour son usage propre (CE Sect. 8. 10. 1993 Hudin *AJDA* 1993. 873, concl. Fratacci : même solution pour les photocopies de ces pièces fortuitement détenues par une administration). C'est également le cas des documents « détenus par les juridictions et qui se rattachent à (leur) fonction de juger » (CE Sect. 7. 5. 2010 Bertin *AJDA* 2010. 1133, chron. Liéber et Botteghi).

• D'autre part, *certains documents*, quoiqu'indiscutablement administratifs, *ne sont pas communicables* en vertu de la jurisprudence ou de la loi de 1978 elle-même. La jurisprudence exclut ainsi de la communication les documents inachevés (CE Sect. 11. 2. 1983 Assoc. Alurely *Lebon* 56), les « documents internes » (par exemple les registres consignant les départs et arrivées du courrier : CE 27. 4. 1987 Caballero *RDP* 1988. 565), et les documents « préparatoires » même achevés (par exemple des rapports d'audit préparant la réorganisation de deux directions de la Banque de France : CE 16. 6. 1989 Banque de France *AJDA* 1989. 634). Nous ne pensons pas qu'il faille se réjouir de ces exclusions (ni, du reste, de celle des contrats de droit privé de l'administration, sus-mentionnée); elles révèlent en effet chez le Conseil d'État une fâcheuse tendance à préserver l'opacité de l'action administrative, contre le vœu de la conscience collective. La loi du 12 avril 2000, modifiant la loi de 1978, les a pourtant expressément consacrées. En revanche, on peut comprendre la jurisprudence qui estime que les documents publiés n'ont pas à être communiqués (CE 9. 3. 1983 Assoc. « SOS défense », 2e espèce *AJDA* 1983. 433); car si la publication dispense de la communication, c'est parce qu'elle suffit à satisfaire l'exigence de transparence. De même, on peut admettre que la loi de 1978 ait écarté de son champ d'application les documents dont la communication porterait atteinte à un secret public (notamment au secret de la défense nationale); par contre, elle tombe malencontreusement à son tour dans les ornières de l'opacité lorsqu'elle dispense de communication, de façon difficilement justifiable, l'ensemble des avis du Conseil d'État.

• Enfin, *le régime général de communication issu de la loi du 17 juillet 1978 doit se concilier avec les régimes particuliers institués par d'autres lois*. En principe, l'existence d'un régime particulier fait obstacle à l'application du régime général : c'est ainsi que l'accès des personnes adoptées aux informations relatives à leurs parents biologiques, étant régi par la loi du 22 janvier 2002, échappe à l'emprise de la loi du 17 juillet 1978. Mais la loi du 12 avril 2000 a apporté d'importantes dérogations à ce principe, en rendant la CADA (*cf.* ci-après) compétente pour examiner les refus de communication de documents municipaux (art. L. 2121-26 CGCT), d'archives publiques (art. L. 213-1 du C. patr.), et même de documents administratifs contenus dans des fichiers informatiques (instaurant ainsi un délicat rapport de concurrence avec la CNIL créée par la loi du 6. 1. 1978). Dans le même esprit, la loi du 2 mars 2002 l'a également rendue compétente pour connaître des litiges concernant l'accès des malades à leurs dossiers médicaux, lorsque ces derniers sont détenus par un hôpital public ou par un établissement privé participant au service public de la santé (art. L. 1112-1 CSP). Quant à l'ordonnance du 6 juin 2005 et à la loi du 13 juin 2006, elles l'ont respectivement rendue compétente pour veiller au respect de l'accès à l'information en matière d'environnement (art. L. 124-1 du C. envir.) et de sûreté nucléaire.

• Ainsi délimité, *le droit d'accès aux documents administratifs est garanti par une autorité administrative indépendante* créée par la loi du 17 juillet 1978 : la CADA (Commission d'accès aux documents administratifs). Composée de onze membres depuis 2005 (au lieu de dix auparavant), dont trois magistrats, deux parlementaires, un élu local, un professeur d'université et quatre hauts fonctionnaires, la CADA n'a qu'un seul pouvoir de décision : elle peut en effet infliger, en vertu de l'ordonnance de 2005, une amende aux personnes qui « réutilisent » illégalement des informations publiques. Pour le reste, et c'est là le plus important, elle jouit d'un important « pouvoir d'influence » sur l'administration. Les victimes d'un refus exprès ou implicite de communication n'ont en effet pas le droit d'attaquer directement celui-ci devant le juge administratif. La loi de 1978 les oblige à saisir préalablement la CADA, dans les deux mois du refus. Cette dernière dispose alors d'un délai d'un mois pour enquêter et donner son avis. Ce n'est que si l'administration, qui doit se prononcer dans les deux mois de l'avis, réédite son refus qu'elles peuvent porter l'affaire devant la juridiction administrative, en attaquant ce nouveau refus dans le délai de deux mois à compter de sa notification s'il est explicite, ou à tout moment s'il est implicite.

Cette procédure peut paraître byzantine, mais la jurisprudence impose fermement son respect : tout recours tendant à l'annulation d'un refus, effectué sans saisine préalable de la CADA, est jugé irrecevable (CE Sect. 19. 2. 1982 Dame Commaret *AJDA* 1982. 375, chron. Tiberghien et Lasserre). En pratique, la CADA a su acquérir, comme la loi l'espérait, une si grande autorité morale, que l'administration se conforme à ses avis dans plus de 90 % des cas. Il est ainsi permis de conclure que l'objectif de transparence poursuivi par la loi de 1978 a été en grande partie atteint, malgré les poches d'opacité dont on a constaté la persistance.

2. L'exécution de l'AAU

168 En cas de résistance d'un administré à un AAU, trois solutions s'offrent à l'administration pour obtenir l'exécution de son acte : l'action pénale (**a**), la sanction administrative (**b**) et l'exécution forcée (**c**). En revanche l'action civile, c'est-à-dire la possibilité pour l'administration de demander au juge civil, comme le ferait un simple particulier, un jugement d'exécution, est en principe impossible sauf loi contraire (CE Ass. 21. 10. 1994 Soc. Tapis Saint-Maclou *RFDA* 1995. 689, concl. Bonichot); car l'administration dispose théoriquement toujours de l'un des trois autres procédés d'exécution sus-mentionnés; et à défaut, c'est au juge administratif qu'elle doit demander l'exécution de son acte (CE Sect. 13. 7. 1961 Comp. fermière du casino de Constantine *RDP* 1961. 1087, concl. Bernard; et CE Ass. 1er. 3. 1991 Soc. des bourses françaises *RFDA* 1991. 628, concl. de Saint-Pulgent).

a. L'action pénale

169 L'article R. 610-5 du nouveau Code pénal permet à l'administration d'exercer des poursuites devant le juge pénal contre toute personne qui aura contrevenu aux « obligations édictées par les décrets et arrêtés de police ». D'autres textes, de portée moins générale, lui ouvrent la même possibilité dans certaines hypothèses précises, comme par exemple l'article L. 624-1 du CESEDA, qui lui permet de poursuivre devant les tribunaux correctionnels les étrangers qui se sont soustraits à l'exécution d'une « obligation de quitter le territoire français » ou d'un arrêté d'expulsion ou de reconduite à la frontière. La règle en la matière est que l'action pénale n'est possible que si un texte la prévoit.

b. La sanction administrative

170 Comme la sanction pénale, la sanction administrative vise à réprimer un comportement fautif. Mais alors que la première s'analyse comme une décision juridictionnelle, la seconde est un AAU émanant d'une autorité administrative. C'est dire qu'elle est beaucoup plus dangereuse pour les libertés publiques. À travers les sanctions administratives, l'administration dispose en effet du pouvoir exorbitant de se faire justice elle-même.

Très prisées par le regime de Vichy, ce qui n'est pas de nature à rassurer, les sanctions administratives reviennent à la mode. Après les avoir condamnées (CC 10-11. 10. 1984 Entreprises de presse *GDCC*), le Conseil constitutionnel s'est finalement résolu à admettre leur existence (CC 28. 7. 1989 COB *RFDA* 1989. 671, note Genevois). Mais, afin de limiter les risques d'arbitraire, il exige qu'un certain nombre de garanties soient respectées.

Tout d'abord, seule une loi peut instituer un régime de sanctions administratives. Cela s'explique par le fait qu'aux termes de l'article 34 de la Constitution, le législateur est le garant des libertés publiques.

En second lieu, une sanction administrative ne peut jamais consister en une privation de liberté. Car, en vertu de l'article 66 de la Constitution, nul ne peut être arbitrairement détenu (CC 28. 7. 1989, préc.).

En troisième lieu, les sanctions administratives doivent se conformer à l'article 8 de la Déclaration de 1789, aux termes duquel « la loi ne doit établir que des peines strictement et évidemment nécessaires [...] ». Cette exigence implique leur respect de quatre principes : légalité des incriminations et des sanctions, proportionnalité des sanctions par rapport aux infractions, non rétroactivité de la loi d'incrimination plus sévère, droit de la personne poursuivie de se défendre avant d'être sanctionnée (CC 13. 8. 1993 Maîtrise de l'immigration § 46 à 48 *RFDA* 1993. 871, note Genevois).

Enfin, conformément à la jurisprudence de la Cour européenne, la jurisprudence administrative estime que l'article 6 de la Convention européenne de sauvegarde des droits de l'Homme, garantissant le droit à un procès équitable, s'applique aux sanctions administratives (CEDH 21. 2. 1984 Öztürk c. RFA; CE Sect. 28. 7. 1999 GIE Mumm-Perrier-Jouët *AJDA* 1999. 783 chron. Fombeur et Guyomar; et CE Sect. 27. 10. 2006 P. *AJDA* 2007. 80, note Collet). Cette analyse implique que toute sanction administrative doit pouvoir faire l'objet d'un contrôle juridictionnel approfondi. Le Conseil constitutionnel a d'ailleurs défini la même exigence sur la base d'un raisonnement différent (CC 17. 1. 1989 CSA § 31 *GDCC*). Concrètement, ce contrôle juridictionnel approfondi est exercé, selon les cas, soit par le juge judiciaire soit par le juge administratif. Les sanctions infligées par l'Autorité de la concurrence (que la loi du 4. 8. 2008 a substituée au Conseil de la concurrence) ne peuvent par exemple être attaquées que devant la cour d'appel de Paris (ord. du 1er. 12. 1986, modifiée par la loi du 6. 7. 1987); le Conseil constitutionnel a accepté cette dérogation aux règles normales de répartition des compétences juridictionnelles, afin d'unifier le contentieux de la concurrence (CC 23. 1. 1987 Conseil de la concurrence *GDCC*); mais il a obligé le législateur à compléter son système par une procédure de sursis à exécution contre ces sanctions, toujours devant la cour d'appel de Paris (réforme réalisée par la loi du 6. 7. 1987). À l'inverse, les autres sanctions administratives ne peuvent être attaquées que devant le juge administratif : selon les cas, elles sont attaquables par la voie du recours de plein contentieux (cas des sanctions du CSA et de l'Autorité des marchés financiers (AMF), ainsi que des amendes infligées par le ministre de l'Intérieur aux entreprises de transport ayant débarqué en France des étrangers sans visa : lois des 17. 1. 1989, 1er.8.2003 et 26. 2. 1992), ou par la voie du recours pour excès de pouvoir; dans cette dernière hypothèse, le juge exerce tantôt un contrôle normal (*cf.* CE Sect. 22. 6. 2007 Arfi *RFDA* 2007. 1199, concl. Guyomar, s'agissant des sanctions professionnelles) tantôt un simple contrôle minimum (*cf.* CAA Lyon 12. 4. 2007 Soc. Dinecitta *AJDA* 2007. 1885, concl. Besle, à propos de la fermeture d'un débit de boissons). On peut s'interroger sur la conformité de ce dernier contrôle, qui n'est manifestement pas « approfondi », aux exigences des jurisprudences constitutionnelle et européenne. Depuis 2009, la jurisprudence résout partiellement ce problème en estimant que seul un recours de plein contentieux peut être formé contre une sanction administrative, à l'exclusion des sanctions professionnelles (visées par l'arrêt Arfi, préc.) et des sanctions disciplinaires, qui peuvent continuer à faire l'objet de REP (CE 16. 2. 2009 Soc. Atom *AJDA* 2009. 583, chron. Lieber et Botteghi ; applcation au retrait de points sur le permis de conduire par l'avis CE 9. 7. 2010 Berthaud *AJDA* 2010. 2162, note Ginocchi).

Ainsi entourées de garanties, les sanctions administratives peuvent être très diverses. Ce sont généralement des sanctions pécuniaires, mais parfois aussi des blâmes, des suspensions ou interdictions d'activités, ou encore des retraits d'autorisations ou d'agréments. Trois catégories d'autorités administratives sont habilitées par le législateur à les infliger : quelques « autorités administratives indépendantes » soustraites au pouvoir hiérarchique des ministres, notamment l'Autorité de la concurrence, le

CSA et l'AMF; certaines personnes privées chargées de missions de services publics, comme la plupart des fédérations sportives (CE Sect. 21. 11. 1976 Féd. française de cyclisme *AJDA* 1977. 139, concl. Galabert, note Moderne : sanction d'un cycliste professionnel; avis CE 29. 10. 2007 Soc. sportive Losc Lille Métropole *AJDA* 2008. 919, note Duval : sanction d'un club de football en raison des agissements de ses supporters); et des autorités exécutives comme les ministres et les préfets (*cf.* par ex., outre la loi précitée du 26. 2. 1992 : les art. L. 3332-15 et 16 du CSP, permettant au ministre de l'Intérieur ou aux préfets de fermer les débits de boissons coupables de certaines infractions). Malgré les garanties susmentionnées, cette prolifération d'autorités sanctionnatrices est extrêmement inquiétante. Il serait beaucoup plus prudent de réserver le pouvoir d'infliger des sanctions administratives aux autorités administratives indépendantes.

c. L'exécution forcée

171 L'exécution forcée, ou exécution d'office, désigne le droit de l'administration de recourir à la force, sans autorisation préalable d'un juge, afin de surmonter la résistance d'un ou de plusieurs administré(s) à l'exécution d'un AAU. Dangereuse en raison de sa brutalité, elle ne peut être décidée qu'en face d'une résistance, et doit se limiter aux mesures strictement nécessaires pour assurer le respect de l'AAU. En outre, une vénérable jurisprudence, inspirée par le commissaire du gouvernement Romieu, ne permet à l'administration d'y recourir que dans trois hypothèses (TC 2. 12. 1902 Soc. immobilière de Saint-Just *Lebon* 713, concl. Romieu, et *GAJA*) :

– *Lorsqu'une loi l'autorise.* Les articles L. 325-1 et suivants du Code de la route permettent par exemple aux officiers de police judiciaire de décider la mise en fourrière des véhicules en stationnement gênant, dangereux, ou abusif; l'article L. 322-4 du Code forestier, aux maires d'effectuer après mise en demeure les travaux de débroussaillage des propriétés privées destinés à prévenir les incendies; et l'article L. 571-17 du Code de l'environnement, aux autorités administratives compétentes de prendre, après mise en demeure et procédure contradictoire, « toutes mesures destinées à faire cesser les troubles résultant de l'émission ou de la propagation de bruits ».

– *En cas d'urgence.* Car, comme le disait Romieu, « quand la maison brûle, on ne va pas demander au juge l'autorisation d'y envoyer les pompiers ».

– *Ou lorsque aucune autre voie de droit n'existe pour obtenir l'exécution de l'AAU.* Cette dernière hypothèse vise notamment les cas dans lesquels les auteurs d'un texte instituant une obligation ont oublié de prévoir une sanction pénale réprimant d'éventuels manquements à celle-ci. L'exécution forcée est alors le seul moyen de faire en sorte que « force reste à la loi ». Dans l'affaire Saint-Just, par exemple, un décret avait ordonné la fermeture d'un établissement congréganiste, en application de la loi du 1er juillet 1901 supprimant les congrégations; mais les Sœurs qui l'occupaient refusèrent d'obtempérer; or, la loi n'avait prévu aucune sanction pénale en cas de résistance; le préfet n'eut donc d'autre ressource que de prescrire leur évacuation forcée (TC 2. 12. 1902, préc.).

Toute exécution forcée décidée en dehors de ces trois hypothèses constitue un agissement illégal (Ord. CE 29. 7. 1997 Préfet du Vaucluse *RFDA* 1998. 383 note Frier, à propos d'un « couvre-feu » imposé aux enfants par un maire). Elle constitue aussi une faute susceptible d'engager la responsabilité de la personne publique devant le juge administratif (CE 8. 4. 1961 Dame Klein *Lebon* 216); si elle porte atteinte au droit de propriété ou à une liberté fondamentale, ce qui est le cas le plus fréquent, elle est même considérée comme une voie de fait dont la réparation incombe au juge judiciaire (TC 8. 4. 1935 Action française *GAJA*; sur la notion de voie de fait, *cf. infra*, chap. 7, n° 230).

C. La disparition de l'AAU

Cette disparition peut être rétroactive (**1**) ou non rétroactive (**2**).

1. La disparition rétroactive de l'AAU

172 Une disparition rétroactive emporte des effets non seulement pour l'avenir mais aussi pour le passé. On parle de « condition résolutoire » (Pierre Delvolvé) lorsqu'elle est prévue par l'AAU lui-même, et de « retrait » dans le cas contraire, lorsqu'elle résulte d'une nouvelle décision distincte de l'AAU initial. L'exemple type de la condition résolutoire est donné par le droit de la fonction publique : la nomination d'un fonctionnaire est en effet toujours prononcée sous condition de l'acceptation de l'intéressé; un refus éventuel de celui-ci emporte donc disparition rétroactive de l'acte de nomination. Plus menaçant pour la sécurité des relations juridiques, le retrait est régi quant à lui par une jurisprudence subtile, qui assortit les principes directeurs qu'elle pose (**a**) de certaines dérogations (**b**), et qui fait même peser dans certains cas sur l'administration une véritable obligation de retrait (**c**).

a. Les principes directeurs

La jurisprudence, dont la pièce maîtresse est le célèbre arrêt Dame Cachet, distingue trois types d'actes concernés par le retrait : les actes non créateurs de droits, les actes réguliers créateurs de droits, et les actes irréguliers créateurs de droits (CE 3. 11. 1922 Dame Cachet *RDP* 1922. 552, concl. Rivet). Elle repose donc sur une distinction, entre actes créateurs de droits et non créateurs de droits, qu'il est nécessaire d'étudier pour comprendre les solutions apportées aux trois situations envisagées.

Cette distinction fondamentale n'est gouvernée par aucun critère précis. La jurisprudence se borne en effet à affirmer, sans plus d'explications, que certains actes ne sont pas créateurs de droits. Il s'agit essentiellement des règlements (CE Sect. 26. 1. 1973 Soc. Leroi *Lebon* 74), des actes particuliers (CE 22. 2. 1974 Adam *RDP* 1974. 1780, note Waline, à propos d'une DUP), des actes « inexistants » (CE Sect. 30. 6. 1950 Massonnaud *Lebon* 400, concl. J. Delvolvé), des actes obtenus par fraude (CE Sect. 17. 6. 1955 Silberstein *Lebon* 334), des autorisations de police (CE Ass. 4. 7. 1958 Graff *RDP* 1959. 315, concl. Long), et des actes recognitifs, se bornant à constater une situation (CE 2. 3. 1960 Picard *Lebon* 161, à propos des certificats d'attestation de détention d'un diplôme). Les autres actes, dont font partie l'immense majorité des actes individuels, sont au contraire créateurs de droits : c'est par exemple le cas des décisions accordant un avantage financier (CE 6. 11. 2002 Mme Soulier *AJDA* 2002. 1434, chron. Donnat et

Casas) sauf si elles s'analysent comme de « simples erreurs de liquidation » (CE Sect. 12. 10. 2009 Fontenille *AJDA* 2009. 2167, chron. Liéber et Botteghi). Certains actes sont toutefois dans une situation intermédiaire, dans la mesure où la jurisprudence estime qu'ils ne créent des droits que si certaines conditions sont remplies (CE Sect. 30. 3. 1979 Sec. d'État aux Universités *Lebon* 141 : l'acte allouant à une université sa dotation de fonctionnement ne crée des droits que si cette université effectue son programme d'enseignement).

De cette classification dépendent les solutions apportées aux trois situations sus-énumérées, car il est plus facile de retirer un acte non créateur de droits qu'un acte créateur de droits.

1) Le retrait d'un acte non créateur de droits est possible à tout moment et pour tout motif, même de simple opportunité. Peu importe que cet acte soit irrégulier (CE Sect. 29. 11. 2002 Assistance publique – hôpitaux de Marseille *AJDA* 2003. 276, chron. Donnat et Casas, à propos d'un acte obtenu par fraude) ou régulier (CE Sect. 20. 5. 1955 Synd. nat. autonome du cadre de l'adm. gén. des colonies *Lebon* 273 : la décision d'ouvrir un concours est un acte non créateur de droits et peut donc être retirée pour simple opportunité). Si son retrait est aussi facile, c'est parce qu'il n'y a pas de grave inconvénient pour la sécurité des relations juridiques à effacer rétroactivement un acte qui n'a pas créé de droits.

Bien qu'étant par eux-mêmes non créateurs de droits, les règlements constituent toutefois le support d'actes individuels créateurs de droits. C'est pourquoi la jurisprudence soumet leur retrait à des règles plus strictes : contrairement aux autres actes non créateurs de droits, ils ne peuvent en effet être retirés que dans le délai du recours contentieux (CE Sect. 14. 11. 1958 Ponard *Lebon* 554) ou avant que le juge statue lorsqu' un recours contentieux a été formé dans ce délai (CE 19. 3. 2010 Synd. des comp. aériennes *AJDA* 2010. 580, obs. de Montecler) ; passé ce délai, ils ne peuvent plus faire l'objet que d'une abrogation (*cf. infra*, n° 175).

2) Le retrait d'un acte régulier créateur de droits est au contraire impossible, sauf dans deux cas : lorsqu'il est autorisé par une loi; ou lorsqu'il est demandé par le bénéficiaire de l'acte, à condition de ne pas porter atteinte aux droits des tiers (CE Sect. 23. 7. 1974 Min. de l'Intérieur c. Gay *AJDA* 1974. 534, chron. Franc et Boyon). On le voit, l'impératif de sécurité des relations juridiques se fait sentir ici dans toute sa force.

3) Le retrait d'un acte irrégulier créateur de droits est, quant à lui, régi par des principes subtils qui le situent à mi-chemin des deux situations précédentes. Parce qu'il porte sur un acte irrégulier, il est possible, car il faut bien permettre à l'administration de rétablir la légalité bafouée; mais parce qu'il porte sur un acte créateur de droits, il n'est possible qu'à des conditions très strictes, au nom du nécessaire respect de la sécurité des relations juridiques. Ces conditions, qui sont au nombre de deux, ont été fixées par l'arrêt Dame Cachet (CE 3. 11. 1922, préc.); mais l'arrêt Ternon a profondément modifié la deuxième (CE Ass. 26. 10. 2001 Ternon *GAJA*).

Le retrait doit tout d'abord être inspiré par des motifs d'illégalité, et non par de simples motifs d'opportunité. La nomination d'un fonctionnaire qui a dépassé l'âge requis pour être nommé peut par exemple être retirée en raison de cette illégalité; mais elle ne peut l'être pour un motif d'opportunité qui tiendrait par exemple au fait que l'administration a surévalué ses besoins en personnel.

En second lieu, le retrait doit intervenir dans un certain délai. Jusqu'en 2001, la jurisprudence Dame Cachet exigeait qu'il intervienne dans le délai du recours contentieux, c'est-à-dire dans les deux mois de la publicité de la décision (première hypothèse), ou bien, lorsqu'un recours contentieux avait été formé contre celle-ci, tant que le juge n'avait pas statué (deuxième hypothèse).

Dans la deuxième hypothèse, le délai de retrait était égal à la durée de l'instance. Compte tenu de la lenteur de la justice administrative, cela signifiait qu'il pouvait s'étendre sur plusieurs années. Mais contrairement aux apparences, la première hypothèse s'avérait parfois encore plus dangereuse pour la sécurité des relations juridiques, car le délai de retrait y était identique au délai de recours contentieux. Il courait donc, comme lui, à compter de la publicité de l'acte. Ainsi, lorsque l'administration omettait d'effectuer convenablement cette publicité, la jurisprudence en déduisait logiquement qu'à l'instar du délai du recours contentieux, le délai de retrait de l'acte était illimité (CE Ass. 6. 5. 1966 Ville de Bagneux *RDP* 1967. 339, concl. Braibant, à propos d'un permis de construire notifié mais non publié).

C'est pour mettre fin à ces solutions déraisonnables que l'arrêt Ternon a été rendu en 2001. Désormais, « l'administration ne peut retirer une décision individuelle explicite créatrice de droits, si elle est illégale, que dans le délai de quatre mois suivant la prise de cette décision » (CE Ass. 26. 10. 2001 Ternon *GAJA*; confirmé par CE Sect. 21. 12. 2007 Soc. Bretin *AJDA* 2008. 338, chron. Boucher et Bourgeois-Machureau). Le délai de retrait (quatre mois à compter de la signature de l'acte) est donc aujourd'hui dissocié tant du délai de recours contentieux (deux mois à compter de la publicité de l'acte) que de celui de l'instance juridictionnelle (généralement plusieurs années). La sécurité des relations juridiques en sort incontestablement renforcée.

On peut toutefois, à l'instar d'Yves Gaudemet (*AJDA* 2002. 738), reprocher à l'arrêt Ternon sa trop grande timidité vis-à-vis du pouvoir exécutif (puisqu'il déclare ne régir le retrait que « sous réserve de dispositions... réglementaires contraires »), et son excès d'audace à l'égard du législateur (dans la mesure où il refuse de s'aligner sur le délai de deux mois fixé par la loi du 12 avril 2000, analysée ci-après, en ce qui concerne le retrait des autorisations implicites).

b. Les dérogations aux principes directeurs

1) Le retrait des autorisations implicites

173 Jusqu'en 2000, par dérogation à la jurisprudence Dame Cachet, le retrait des autorisations implicites était impossible, même lorsqu'elles étaient irrégulières (CE Sect. 14. 11. 1969 Ève *AJDA* 1969. 684 chron. Denoix de Saint-Marc et Labetoulle, à propos d'une autorisation implicite de cumul d'exploitations agricoles). Cette solution découlait du constat qu'étant implicites, ces décisions créatrices de droits ne font en effet normalement l'objet d'aucune publicité. Si l'on avait appliqué la jurisprudence Dame Cachet, le délai de retrait aurait donc été illimité à leur égard, ce qui aurait placé leurs bénéficiaires dans une situation d'insécurité juridique excessive.

La loi du 12 avril 2000 a remplacé cette jurisprudence Ève par une solution plus équilibrée : désormais, une décision implicite d'acceptation peut être retirée, pour illégalité : soit pendant le délai de recours contentieux, lorsque des mesures d'information des tiers ont été mises en œuvre, ou pendant la durée de l'instance au cas où un recours contentieux a été formé (retour à la jurisprudence Dame Cachet); soit pendant le délai de deux mois à compter de la date à laquelle est intervenue la décision, lorsqu'aucune mesure d'information des tiers n'a été mise en œuvre (nouvelle dérogation à la jurisprudence Dame Cachet, annonçant l'arrêt Ternon, puisque le délai de retrait est ici déconnecté du délai de recours contentieux, en l'occurrence illimité; mais alors que la loi retient un délai de deux mois, l'arrêt Ternon préférera curieusement opter pour un délai de quatre mois, *cf.* a-3).

2) Le retrait des autorisations d'urbanisme

La loi du 13 juillet 2006, dite ENL (Engagement national pour le logement), a encore compliqué les choses en disposant que « le permis de construire, d'aménager ou de démolir, tacite ou explicite, ne peut être retiré que s'il est illégal et dans le délai de trois mois suivant la date de cette décision » (art. L. 424-5 du C. urb.). En fixant un délai de retrait de trois mois, elle déroge en effet aussi bien aux règles fixées par la loi de 2000 qu'à celles dégagées par l'arrêt Ternon.

3) Le retrait des rejets implicites créateurs de droits

Une nouvelle complication est née de ce que la jurisprudence Ternon ne concerne que les décisions « explicites », tandis que la loi de 2000 ne régit que les « autorisations » implicites. Le Conseil d'État en a logiquement déduit que le retrait des rejets implicites créateurs de droits ne relève ni de l'une ni de l'autre, mais qu'il continue à s'opérer aux deux conditions de la jurisprudence Dame Cachet : motifs d'illégalité et intervention dans le délai (de deux mois) du recours contentieux (CE 26. 1. 2007 Soc. Kaefer Wanner *AJDA* 2007. 537, concl. Struillou).

4) Le retrait hiérarchique

En général, le retrait est décidé par la même autorité que celle qui avait pris l'acte initial. Il n'en va autrement que dans deux hypothèses.

La première, assez rare, se rencontre lorsqu'un nouveau texte entre en vigueur après l'édiction d'un AAU et avant son retrait, et change l'autorité compétente pour prendre et retirer ce type d'actes. Assez logiquement, la jurisprudence estime alors que le retrait n'est légal que s'il émane de la nouvelle autorité et non de l'ancienne, autrement dit de l'autorité compétente à la date du retrait et non de celle compétente à la date de l'édiction de l'AAU (CE Sect. 7. 10. 1994 Joly *AJDA* 1994. 863, chron. Touvet et Stahl). Mais sur le fond, cette jurisprudence ne déroge absolument pas aux principes dégagés par les arrêts Dame Cachet et Ternon.

La deuxième hypothèse, plus fréquemment mise en œuvre, vise les cas dans lesquels le retrait est décidé par le supérieur hiérarchique de l'auteur de l'acte initial. En principe, le retrait hiérarchique est possible aux mêmes conditions que le retrait « ordinaire »; il doit par conséquent respecter les principes dégagés par les arrêts Dame Cachet et Ternon (CE Ass. 29. 3. 1968 Soc. du lotissement de la plage de Pampelonne *AJDA* 1968. 335, chron. Massot et Dewost). Mais il arrive parfois que des textes donnent à certaines autorités hiérarchiques le pouvoir de retirer les actes de leurs subordonnés pour simple opportunité, et dans des délais qu'ils fixent. Dans ce cas, le juge s'incline et accepte que le retrait hiérarchique puisse déroger aux deux conditions de la jurisprudence Dame Cachet – Ternon (CE Ass. 29. 3. 1968 Manufacture française des pneus Michelin *AJDA* 1968. 335, chron. Massot et Dewost, à propos des retraits ministériels des autorisations de licenciement délivrées par les inspecteurs du travail; *cf.* aussi CE Sect. 13. 2. 1980 Clinique Ambroise Paré *Lebon* 62, en matière d'autorisations de création ou d'extension d'établissements de santé).

c. L'obligation de retrait

174 Le retrait des actes irreguliers n'est pas pour l'administration un droit, mais un devoir. Toute autorité administrative, comme tout supérieur hiérarchique de celle-ci, a en effet l'obligation, lorsqu'un administré le demande, de procéder au retrait de ses actes illégaux, qu'ils soient créateurs de droits ou non. S'ils ne sont pas créateurs de droits, leur retrait peut intervenir à tout

moment, sauf s'il s'agit de règlements, auquel cas il ne peut intervenir que dans le délai du recours contentieux (sur ce dernier point, *cf.* CE 25. 10. 1985 Tabel *RFDA* 1986. 601, concl. Stirn). Et s'ils sont créateurs de droits, le retrait doit intervenir dans les conditions définies par la jurisprudence Ternon, c'est-à-dire dans un délai de quatre mois (solution déduite de l'arrêt CE 10. 2. 1992 Roques *RFDA* 1992. 841, concl. Laroque, qui se référait à la jurisprudence Dame Cachet).

L'administration est également obligée de procéder aux retraits qui s'avèrent nécessaires pour assurer l'exécution d'une décision juridictionnelle d'annulation (CE 26. 12. 1925 Rodière *GAJA*).

2. La disparition non rétroactive de l'AAU

175 Contrairement à la disparition rétroactive, la disparition non rétroactive n'emporte des effets que pour l'avenir, et ne remet nullement en cause le passé de l'acte. Elle est donc infiniment moins dangereuse qu'elle pour la sécurité des relations juridiques, et c'est la raison pour laquelle elle est beaucoup plus facilement admise par la jurisprudence.

On parle de « modalités extinctives » (Pierre Delvolvé) lorsque la disparition non rétroactive est prévue par l'AAU lui-même. Il peut s'agir d'un « terme extinctif », quand l'acte prévoit sa propre fin à l'arrivée d'une date ou à l'expiration d'un délai; ou d'une « condition extinctive » quand il prévoit un événement aléatoire dont la survenance éventuelle entraînera sa disparition pour l'avenir. L'acte par lequel le médiateur est nommé pour six ans est par exemple assorti d'un terme extinctif, alors que le permis de construire, qui sera périmé si les travaux de construction ne sont pas commencés dans les deux ans de sa délivrance, est affecté d'une condition extinctive.

On parle au contraire d'« abrogation » lorsque la disparition non rétroactive n'est pas prévue à l'avance, mais résulte d'une décision nouvelle. Selon les cas, l'administration est libre (**a**) ou obligée (**b**) d'abroger les AAU.

a. La liberté d'abroger les AAU

L'administration est libre d'abroger à tout moment les AAU non créateurs de droits, à condition évidemment de respecter les règles de compétence, de forme et de procédure qui s'imposent à elle (*cf.* par ex. CE Sect. 29. 11. 2002 Assistance publique – hôpitaux de Marseille, préc., à propos de l'abrogation d'une nomination obtenue par fraude). Cette liberté d'abrogation (ou de modification) est particulièrement nette à l'égard des règlements, vis-à-vis desquels on n'hésite pas à invoquer l'existence d'un principe de « mutabilité » (CE 6. 12. 1907 Comp. des chemins de fer de l'Est *GAJA*); l'administration peut même abroger un règlement avant le terme qu'il a lui-même éventuellement fixé (CE Sect. 27. 1. 1961 Vannier *AJDA* 1961. 74, chron. Galabert et Gentot, à propos de l'abrogation d'un règlement qui prévoyait de continuer jusqu'à une date précise la diffusion d'émissions de télévision pouvant être captées par les possesseurs de vieux postes). Le principe de sécurité juridique oblige toutefois l'administration à assortir ses nouveaux règlements de mesures transitoires pour éviter qu'ils ne portent « une atteinte excessive à des situations contractuelles en cours » (CE Ass. 24. 3. 2006 Soc. KPMG *AJDA* 2006. 1028, chron. Landais et Lenica). Une loi peut d'autre part interdire l'abrogation d'un règlement (CE 15. 4. 1988 Soc. civ. Le Tahiti *Lebon* 140, à propos des plans d'occupation du sol, que l'art. L. 123-4-1 du C. urb. interdisait d'abroger).

Par comparaison, l'abrogation des AAU créateurs de droits est plus difficile. Elle n'est en effet possible que dans deux hypothèses (identifiées par CE 30. 6. 2006 Soc. Neuf Télécom *AJDA* 2006. 1720, note Sée) : soit lorsque le titulaire des droits concerné la demande; soit dans les cas et aux conditions prévus par les textes (CE Sect. 6. 11. 2002 Mme Soulier, préc., à propos de l'abrogation d'une prime d'activité, possible si le bénéficiaire n'exerce plus ses fonctions). En vertu du statut général de la fonction publique, la nomination d'un fonctionnaire ne peut par exemple être abrogée que dans des hypothèses et selon des procédures précises (révocation, mise à la retraite, licenciement...). De façon plus générale, on rappellera que selon la loi du 11 juillet 1979, toute décision individuelle qui abroge un acte créateur de droits doit être motivée.

S'inspirant de la jurisprudence Ternon (préc., n° 172), le Conseil d'État estime enfin depuis 2009, dans un souci de sécurité juridique, que « l'administration ne peut... abroger une décision expresse individuelle créatrice de droits que dans le délai de quatre mois suivant l'intervention de cette décision et si elle est illégale » (CE Sect. 6. 3. 2009 Coulibaly *AJDA* 2009. 455, obs. de Montecler).

b. L'obligation d'abroger les AAU

1) L'obligation d'abroger les règlements illégaux

176 Selon un principe général du droit, dégagé en 1989, « l'autorité compétente, saisie d'une demande tendant à l'abrogation d'un règlement illégal, est tenue d'y déférer » (CE Ass. 3. 2. 1989 Comp. Alitalia *GAJA*). Cette obligation d'abrogation a une portée très générale. Peu importe en effet que le règlement ait été illégal dès son origine, ou qu'il le soit devenu par la suite en raison d'un changement dans des circonstances de droit (tenant par exemple à l'entrée en vigueur d'une loi nouvelle, ou d'un nouveau règlement communautaire) ou de fait (résultant par exemple de la disparition de la situation qui avait été invoquée pour justifier son édiction); conformément à une jurisprudence traditionnelle, qui subsiste, le changement dans les circonstances de fait doit toutefois s'analyser comme un bouleversement pour entraîner l'illégalité du règlement, et donc l'obligation de l'abroger, lorsque celui-ci a été pris en matière économique (CE Ass. 10. 1. 1964 Simonnet *Lebon* 19) ou dans des « matières où l'administration dispose de pouvoirs étendus pour adapter son action à l'évolution des circonstances de fait » (CE 26. 4. 1985 Entreprises maritimes Vincent *Lebon* 126), notamment en matière de réglementation professionnelle ou en matière fiscale. Peu importe également la date à laquelle intervient la demande d'abrogation; le demandeur, qui peut être n'importe quel administré concerné, peut en effet se manifester à tout moment, même après l'expiration du délai de recours contentieux contre le règlement; et il est recevable à attaquer pour excès de pouvoir tout refus explicite ou implicite d'abrogation opposé par l'administration à sa demande.

Antérieurement à cette solution de 1989, la jurisprudence était moins libérale. L'obligation d'abroger les règlements illégaux n'existait en effet que dans deux hypothèses précises : lorsqu'un administré demandait l'abrogation d'un règlement illégal dès l'origine, à condition que sa demande ait été présentée dans le délai du recours contentieux contre celui-ci (CE Sect. 30. 1. 1981 Min. du Travail c. Soc. Afrique France Europe transaction *AJDA* 1981. 245, chron. Feffer et Pinault); ou lorsqu'il demandait l'abrogation d'un règlement devenu illégal par suite d'un changement dans les circonstances de fait ou de droit, à condition, dans l'hypothèse d'un changement dans les circonstances de droit tenant à la publication d'une loi ou d'une règle supra-législative nouvelle, que sa demande ait été présentée dans un délai de deux mois à compter de cette publication (CE Sect. 10. 1. 1930 Despujol *GAJA*). Le décret du 28 novembre 1983 s'était bien efforcé d'améliorer la situation en disposant, dans son article 3, que « l'autorité compétente est tenue de faire droit à toute demande tendant à l'abrogation d'un règlement illégal »; mais il était douteux qu'un simple décret puisse ainsi renverser deux jurisprudences; c'est pourquoi le Conseil d'État s'est finalement résolu, pour contourner la difficulté, à ériger l'obligation d'abroger les règlements illégaux en PGD : cette solution a le mérite de consacrer l'évolution libérale inaugurée par le décret de 1983, et voulue par la conscience collective, tout en lui donnant un fondement juridique solide.

2) L'obligation d'abroger les actes non réglementaires illégaux

L'obligation d'abrogation érigée en PGD par l'arrêt Alitalia ne s'applique qu'aux règlements illégaux. C'est ce qui explique que la jurisprudence Despujols, dépassée à l'égard des règlements, ait été transposée aux actes non réglementaires (individuels ou particuliers) illégaux (CE Sect. 10. 1. 1930 Despujol, préc.). En vertu de cette jurisprudence, l'administration est obligée d'abroger un acte non réglementaire non créateur de droits lorsque celui-ci est devenu illégal par suite d'un changement dans les circonstances de fait ou de droit, à condition qu'un administré le demande et, dans l'hypothèse d'un changement dans les circonstances de droit tenant à la publication d'une loi ou d'une règle supra-législative nouvelle, à condition que sa demande ait été présentée dans un délai de deux mois à compter de cette publication (CE Sect. 30. 11. 1990 Assoc. « Les Verts » *AJDA* 1991. 114, chron. Honorat et Schwartz, à propos des actes de délimitation des circonscriptions cantonales; confirmé par CE 30. 6. 2006 Soc. Neuf Télécom, préc., qui ajoute toutefois, de façon curieuse, que l'obligation n'existe que si la décision d'abroger « n'est pas devenue définitive »).

On peut regretter que la jurisprudence Alitalia n'ait pas été étendue aux actes non réglementaires non créateurs de droits, même si la timidité du Conseil d'État s'explique par son souci de ne pas entrer en contradiction avec cette autre jurisprudence, selon laquelle l'exception d'illégalité ne peut être soulevée à leur encontre que dans le délai du recours contentieux (*cf.* CE Ass. 14. 2. 1975 Époux Merlin *Lebon* 110, cité par M. Pochard dans ses conclusions sur l'arrêt Association Les Verts, *RFDA* 1991. 576).

CHAPITRE 6

Le contrat administratif

177 Au procédé autoritaire de l'acte administratif unilatéral, l'administration peut préférer le procédé consensuel du contrat administratif. Après avoir procédé à l'identification de ce dernier par rapport au contrat de droit commun (SECTION 1), on étudiera son régime juridique (SECTION 2).

SECTION 1

IDENTIFICATION DU CONTRAT ADMINISTRATIF PAR RAPPORT AU CONTRAT DE DROIT COMMUN

Lorsque l'administration passe un contrat, il arrive parfois qu'elle n'ait pas le choix de sa qualification. Certains de ses contrats sont en effet, comme on le verra, obligatoirement privés ou administratifs par détermination de la loi ou de la jurisprudence.

Mais le plus souvent, l'administration a le choix entre les deux types de contrats : en vertu d'une jurisprudence classique, elle peut en effet rendre ses contrats administratifs ou privés selon qu'elle y insère ou non des clauses exorbitantes du droit commun (CE 31. 7. 1912 Soc. des granits porphyroïdes des Vosges *GAJA*).

L'existence de ce choix n'a rien de surprenant : elle est la simple transposition en matière de contrats de l'option fondamentale, clairement reconnue à l'administration dès 1903, entre gestion publique et gestion privée (CE 6. 2. 1903 Terrier *GAJA*, et *Lebon* 94 avec les éclairantes conclusions Romieu). Elle est aussi une illustration du « principe de la liberté contractuelle » des personnes publiques (CE Sect. 28. 1. 1998 Soc. Borg Warner *AJDA* 1998. 287; CC 30. 11. 2006 Secteur de l'énergie).

Cet ensemble complexe de qualifications obligatoires et de liberté de choix obéit heureusement à des critères relativement clairs, qui permettent au juriste de déterminer s'il est en présence d'un contrat administratif ou d'un contrat de droit commun. Il s'agit de deux types de critères cumulatifs : au critère organique, tenant à la qualité des cocontractants (**A**), s'ajoutent en effet des critères matériels, prenant en compte le contenu ou le contexte du contrat (**B**).

A. Le critère organique du contrat administratif

1. Le principe : un contrat ne peut être administratif que si un au moins des cocontractants est une personne publique

178 Ce principe résulte d'une jurisprudence constante. Il revient à dire que, sauf exceptions (*cf.* 2), aucun contrat conclu entre des personnes privées ne peut être administratif. Même les contrats passés par des sociétés d'État, des sociétés d'économie mixte, ou des personnes privées gérant un service public sont des contrats de droit commun, dès lors qu'ils sont conclus avec d'autres personnes privées; peu importe qu'ils contiennent des clauses exorbitantes du droit commun, ou qu'ils soient passés en vue de l'exécution d'un service public. C'est ainsi qu'un arrêt célèbre analyse comme un contrat de droit commun le contrat conclu entre deux personnes privées, bien qu'il ait pour objet l'exécution du SPA de régulation des marchés agricoles dont l'une d'elles était chargée (TC 3. 3. 1969 Soc. Interlait *AJDA* 1969. 307, concl. cont. Kahn, note de Laubadère).

Cette application rigoureuse du critère organique aboutit parfois à des solutions curieuses. Les contrats passés par les syndicats de professionnels de la santé sont par exemple, à contenu constant, administratifs lorsqu'ils sont conclus avec une caisse nationale de sécurité sociale (établissement public) (CE 18. 10. 1974 Conf. nat. des auxiliaires médicaux *Lebon* 495), mais de droit commun lorsqu'ils sont conclus avec des caisses primaires (personnes privées) (CE 13. 12. 1963 Synd. des praticiens de l'art dentaire du département du Nord *Lebon* 623). De même, un contrat passé entre personnes privées est de droit commun même s'il reproduit mot pour mot les termes d'un contrat administratif (TC 10. 1. 1983 Centre d'action pharmaceutique *AJDA* 1983. 359, note Moreau).

Un tel attachement au critère organique peut surprendre. La jurisprudence accepte en effet assez facilement qu'une personne privée chargée d'un service public puisse édicter des actes administratifs unilatéraux (*cf.* CE Sect. 13. 1. 1961 Magnier *RDP* 1961. 155, concl. Fournier, et TC 15. 1. 1968 Époux Barbier *GAJA*). Dès lors, pourquoi n'admettrait-elle pas aussi qu'elle puisse passer des contrats administratifs ? Sensible à ce raisonnement par analogie, le commissaire du gouvernement Kahn avait proposé de transposer la jurisprudence Magnier en matière de contrats : un contrat conclu entre deux personnes privées aurait été administratif dès lors qu'il aurait eu pour objet l'exécution du SPA géré par l'une d'elles (concl. sur TC 3. 3. 1969 Soc. Interlait, préc.). Mais le juge a refusé de suivre cette proposition et il a eu, à notre avis, raison de le faire, car son adoption aurait entraîné une multiplication excessive du nombre des contrats administratifs. Plus profondément, on peut de toute façon douter de la validité du raisonnement par analogie utilisé par M. Kahn. D'après la jurisprudence Magnier, un acte unilatéral n'est en effet administratif qu'à deux conditions cumulatives : il faut qu'il vise l'exécution du SPA et qu'il mette en œuvre des prérogatives de puissance publique. Or on ne peut exiger le cumul de ces deux conditions en matière de contrats sans provoquer un séisme, car dans ce domaine l'un des grands principes jurisprudentiels consiste au contraire à affirmer, comme on le verra (*cf.* B), que les conditions d'exécution d'un service public et d'existence de clauses exorbitantes sont alternatives. M. Kahn en avait d'ailleurs bien conscience, et ne proposait finalement de s'inspirer que de la première des deux conditions de la jurisprudence Magnier. Dès lors, il ne s'agissait plus véritablement d'une transposition, et le raisonnement par analogie s'effondrait de lui-même.

2. Les exceptions : un contrat conclu entre personnes privées peut parfois être administratif

a. En vertu d'une loi

179 Le législateur a évidemment le droit de décider que certains contrats sont administratifs, bien qu'ils soient conclus entre des personnes privées. C'est par exemple ce qu'il a fait dans un célèbre décret-loi du 17 juin 1938, devenu l'article L. 2331-1 du CG3P : selon ce texte, sont en effet administratifs les contrats comportant occupation du domaine public, lorsqu'ils sont passés par une personne publique ou, ce qui nous intéresse davantage ici, par une personne privée concessionnaire de service public (en ce sens, *cf.* TC 10. 7. 1956 Soc. des steeple-chases de France *RDP* 1957. 522, note Waline, et TC 12. 12. 2005 Degroote *Lebon* 669).

b. En vertu d'un mandat explicite ou implicite

1) Mandat explicite

Un contrat passé entre deux personnes privées peut être administratif lorsque une d'elles agit pour le compte d'une personne publique, en vertu d'un « mandat » au sens des articles 1984 et suivants du Code civil. Dans cette hypothèse, on considère en effet que la personne publique mandante est juridiquement présente au contrat par l'entremise de son mandataire (*cf.* par ex. TC 16. 5. 1983 Comp. toulousaine de transport *Lebon* 778). On rappellera qu'en vertu du Code civil, le mandat ou procuration est un acte, en principe explicite et écrit, par lequel une personne donne à une autre le pouvoir de faire quelque chose en son nom.

2) Mandat implicite

Depuis 1975, le juge administratif accepte de considérer qu'un contrat passé entre deux personnes privées peut être administratif, lorsque malgré l'absence de mandat explicite plusieurs indices montrent que l'une d'elles a agi pour le compte d'une personne publique (CE Sect. 30. 5. 1975 Soc. d'équipement de la région montpelliéraine *AJDA* 1975. 345, chron. Franc et Boyon; TC 7. 7.

1975 Commune d'Agde *JCP* 1975, n° 18171, note Moderne). Au prix d'une certaine audace, ces indices lui permettent en somme de déceler l'existence d'un mandat implicite. L'intérêt de cette jurisprudence subtile est de tirer les conséquences du caractère fictif de certains « démembrements » de l'administration, dont la personnalité morale de droit privé n'est qu'une façade destinée à soustraire certaines activités publiques à l'application du droit administratif.

Dans l'arrêt fondateur de 1975, le Conseil d'État retient par exemple trois indices pour affirmer l'existence d'un mandat implicite donné par une collectivité locale à une société d'économie mixte : le versement à la société de subventions attribuées à la collectivité; la remise à la collectivité des ouvrages construits par la société dès leur achèvement; et la substitution de plein droit de la collectivité à la société pour toute action en responsabilité décennale intentée contre elle à raison de ses ouvrages. Du coup, la société étant considérée comme le mandataire implicite de la collectivité locale, rien ne s'oppose à ce que le contrat passé entre elle et une entreprise privée soit analysé comme un contrat administratif (CE Sect. 30. 5. 1975, préc.).

La jurisprudence du mandat implicite, qui semblait à ses débuts cantonnée aux contrats de travaux publics, a été étendue dès 1976 à tous les contrats, quel que soit leur objet (CE Sect. 18. 6. 1976 Dame Culard *AJDA* 1976. 579, note Durupty, à propos de contrats de prêt passés par le Crédit foncier de France avec des rapatriés, pour le compte de l'État). La seule exception concerne les contrats portant sur la construction de routes, qui relèvent d'une autre jurisprudence (*cf.* c). Malgré cette extension, les découvertes de mandats implicites demeurent peu fréquentes, car avec une sage prudence le juge n'accepte d'y procéder que lorsque les personnes privées n'ont aucune véritable autonomie d'action vis-à-vis des personnes publiques dont elles sont les démembrements (pour des exemples de découvertes, *cf.* TC 10. 5. 1993 Soc. Nersa *RFDA* 1994. 181, TC 23. 9. 2002 Soc. Sotrame et Metalform *AJDA* 2002. 1437, chron. Donnat et Casas, et CE 21. 3. 2007 Commune de Boulogne-Billancourt *AJDA* 2007. 663, obs. Brondel).

c. En vertu de la jurisprudence Peyrot

180 Depuis 1963, la jurisprudence considère que « la construction de routes... appartient par nature à l'État » (TC 8. 7. 1963 Soc. entreprise Peyrot *GAJA*). En conséquence, elle estime que tous les contrats relatifs à la construction de routes sont administratifs, même s'ils sont conclus par des personnes privées.

Deux interprétations de cette jurisprudence ont été proposées. Selon la première, défendue par le professeur Chapus, l'arrêt Peyrot serait la simple préfiguration de la jurisprudence sur le « mandat implicite » (*cf. supra*, b, *2*); il n'y aurait donc pas lieu de le créditer d'une quelconque originalité par rapport aux arrêts précités de 1975 (R. Chapus, *DAG*, tome 1, n° 740). D'après la seconde, à laquelle se rallie l'immense majorité de la doctrine, et que nous croyons exacte, la jurisprudence Peyrot n'a au contraire rien à voir avec la théorie du mandat implicite : car elle met l'accent sur l'objet du contrat (la construction de routes) et non sur les liens unissant l'un des cocontractants à une personne publique. En réalité, il semble que le professeur Chapus ait été induit en erreur par le commissaire du gouvernement Lasry qui, dans ses conclusions sur l'arrêt Peyrot, proposait effectivement de se référer à la théorie du mandat implicite; mais cette offre fut repoussée par le Tribunal des conflits, et à juste titre pensons-nous : car le critère de la construction de routes, même s'il est intellectuellement simpliste, est beaucoup plus clair pour les justiciables que le labyrinthe du mandat implicite.

Grâce à la jurisprudence Peyrot, tous les contrats relatifs à la construction de routes sont donc administratifs, même s'ils sont conclus par des personnes privées dont aucune ne peut être considérée comme le mandataire d'une personne publique. Il n'est même pas nécessaire, contrairement à ce qu'on avait cru au début, que l'une des personnes privées signataires du contrat soit une société d'économie mixte (CE Sect. 3. 3. 1989 Soc. des autoroutes de la région Rhône-Alpes *AJDA* 1989. 391, note Dufau). Le champ d'application de la jurisprudence Peyrot a même connu une légère extension au fil des années. En effet, il ne recouvre plus seulement la construction des routes et des autoroutes, mais s'étend désormais aussi à la construction de tunnels routiers (CA Paris 2. 12.

1964 Soc. du tunnel routier sous le Mont-Blanc *JCP* 1965, n° 14357, note Auby, et CE 24. 4. 1968 même requérant *Lebon* 256). D'autre part et surtout, il cesse aujourd'hui de se cantonner à la « construction » des ouvrages routiers pour s'étendre aux contrats relatifs à leur exploitation ou à leur entretien (TC 12. 11. 1984 Soc. d'éco. mixte du tunnel de Sainte-Marie-aux-Mines *RFDA* 1985. 353, note Llorens). Mais malgré ces extensions, le juge reste prudent et refuse avec constance de transposer la jurisprudence Peyrot aux autres contrats, notamment à ceux qui portent sur la construction de voies ferrées (TC 17. 1. 1972 SNCF c. Entreprise Solon *AJDA* 1972. 353, note Dufau), ou qui ont pour objet l'exécution de travaux d'urbanisme ou d'aménagement du territoire (TC 25. 6. 1973 Soc. d'éco. mixte d'aménagement du marché d'intérêt national de Paris-La Villette *AJDA* 1973. 543, note Large).

3. Un cas particulier : un contrat conclu entre personnes publiques est présumé administratif

181 Depuis 1983, la jurisprudence affirme qu'un « contrat conclu entre deux personnes publiques revêt en principe un caractère administratif » (TC 21. 3. 1983 UAP *AJDA* 1983. 356, concl. Labetoulle). Elle entend ainsi attacher une présomption d'administrativité à ce type de contrat, qui s'explique par l'idée qu'un contrat entre deux personnes publiques est « normalement à la rencontre de deux gestions publiques » (D. Labetoulle, conclusions préc.). Conformément à cette présomption, sont par exemple administratifs les contrats de Plan entre l'État et les régions (CE Ass. 8. 1. 1988 Min. chargé du Plan c. Communauté urbaine de Strasbourg *AJDA* 1988. 137, chron. Azibert et de Boisdeffre), les contrats passés entre l'État et les collectivités locales pour la mise en œuvre de la décentralisation (CE Sect. 31. 3. 1989 Département de la Moselle *AJDA* 1989. 315, chron. Honorat et Baptiste), un contrat passé entre une commune et un établissement public « dans le but d'organiser leurs services publics de distribution d'eau potable » (CE 24. 11. 2008 Synd. mixte des eaux... du Pic-Saint-Loup *AJDA* 2008. 2254, obs. Brondel), et le contrat par lequel le CNEXO confie à l'État la gestion d'un navire océanographique (TC 21. 3. 1983 UAP, préc.).

Mais il s'agit d'une présomption réfragable, qui est levée lorsque le contrat, « eu égard à son objet... ne fait naître entre les parties que des rapports de droit privé » (TC 21. 3. 1983 UAP, préc.). Est ainsi analysé comme un contrat de droit commun, le contrat de location conclu entre un office public d'HLM et un bureau d'aide sociale, parce qu'en le passant ce dernier se place dans une situation comparable à celle d'un simple particulier (CE 11. 5. 1990 Bureau d'aide sociale de Blénod-lès-Pont-à-Mousson *AJDA* 1990. 614, note Colly).

B. Les critères matériels du contrat administratif

182 Pour qu'un contrat soit administratif, il ne suffit pas qu'il respecte le critère organique (*cf. supra*, n° 178) ou qu'il s'inscrive dans le cadre de l'une des exceptions admises par ce critère (*cf. supra*, n°s 179 et 180). Il faut en outre qu'il respecte l'un des critères matériels dégagés par la loi (**1**) ou par la jurisprudence (**2**).

Ce n'est que lorsque joue la présomption d'administrativité, dans l'hypothèse d'un contrat conclu entre personnes publiques (*cf. supra*, n° 181), que le critère organique suffit. Mais, même dans ce cas, le juge recherche parfois si l'un des critères matériels est respecté, bien qu'en théorie cette recherche soit sans aucun intérêt (*cf.* par ex. TC 7. 10. 1991 CROUS de l'académie de Nancy-Metz *AJDA* 1992. 157, note Richer).

1. Les critères légaux

Les contrats relatifs à certains objets sont administratifs par détermination de la loi. Il s'agit des contrats relatifs à l'exécution de travaux publics (loi du 28 pluviôse an VIII), des contrats relatifs à la vente (mais non à l'achat) d'immeubles par l'État (loi du 28 pluviôse an VIII, par laquelle Bonaparte voulait rassurer les acquéreurs des « biens nationaux »), des contrats comportant occupation du domaine public (décret-loi du 17 juin 1938, art. L. 2331-1 du CG3P), des marchés passés en application du Code des marchés publics (loi MURCEF du 11. 12. 2001), et des contrats de partenariat (ord. du 17. 6. 2004).

Dans tous ces cas, les contrats sont administratifs sans qu'il soit besoin de rechercher s'ils respectent les critères matériels jurisprudentiels (*cf. infra*, 2). En revanche, ils ne le sont que s'ils respectent le critère organique (*cf. supra*, A), auquel le législateur n'a nullement entendu les soustraire : c'est ainsi qu'un contrat relatif à l'exécution de travaux publics ferroviaires est un contrat de droit commun s'il est conclu entre deux personnes privées (TC 17. 1. 1972 SNCF c. Entreprise Solon *AJDA* 1972. 353, note Dufau). Seuls les contrats comportant occupation du domaine public sont, comme on l'a vu (*cf. supra*, n° 179), dispensés par le législateur du critère organique, lorsqu'ils sont conclus entre deux personnes privées dont l'une est concessionnaire de service public.

2. Les critères jurisprudentiels

Avant 1910, l'idée prévaut qu'un contrat est administratif lorsque, en le passant, l'administration n'a pas agi dans les mêmes conditions qu'un particulier (*cf.* concl. Romieu sur CE 6. 2. 1903 Terrier *Lebon* 94); les notions de gestion publique et de clause exorbitante du droit commun sont déjà en germes dans cette analyse. Puis en 1910, l'influence de Duguit et une mauvaise compréhension de l'arrêt Terrier incitent à abandonner le critère de la gestion publique au profit du critère du service public : désormais, un contrat est administratif lorsqu'il a « pour but d'assurer un service public » (CE 4. 3. 1910 Thérond *GAJA*). Mais dès 1912 le conseil d'État revient, à l'invitation du commissaire du gouvernement Léon Blum, au critère de la gestion publique; et cette fois, c'est avec une telle clarté qu'aucune ambiguïté n'est plus possible : un contrat est administratif lorsqu'il comporte des clauses exorbitantes du droit commun (CE 31. 7. 1912 Soc. des granits porphyroïdes des Vosges *GAJA*). De 1912 à 1956 s'ouvre alors une période pendant laquelle le critère de la gestion publique règne sans partage. Marginalisé, le critère du service public ne survit plus guère qu'en matière de contrats de transports maritimes (TC 7. 11. 1922 Manon *Lebon* 795), et de contrats de louage de services (CE Sect. 4. 6. 1954 Affortit et Vingtain *AJDA* 1954. 6, chron. Gazier et Long). Cette guerre des critères ne pouvait toutefois s'éterniser, car elle présentait l'inconvénient, par ses retournements successifs et ses actions de résistance, de laisser les deux camps insatisfaits. Finalement, la paix est signée en 1956 par l'arrêt Bertin (CE Sect.

20. 4. 1956 Époux Bertin *GAJA*) : depuis lors, le contrat administratif possède deux critères alternatifs (rappelés notamment par TC 15. 11. 2004 SA Loxxia bail *AJDA* 2005. 285). qui coexistent sur un pied d'égalité : le critère du service public (**a**) et le critère de la gestion publique ou de l'exorbitance (**b**).

a. Le critère du service public

183 Revenu en grâce en 1956, ce critère s'est immédiatement dédoublé en deux branches.

1) Le critère de la participation du cocontractant à l'exécution même du service public

Selon cette première branche du critère du service public, un contrat est administratif lorsqu'il a pour objet de faire participer le cocontractant de l'administration à l'exécution même d'un service public.

Ce critère permet de qualifier d'administratifs les contrats de délégation de service public, c'est-à-dire les contrats par lesquels l'administration confie à son cocontractant le soin d'assurer, en tout ou en partie, l'exécution d'un SPIC ou d'un SPA. Ont par exemple été jugés administratifs : le contrat verbal par lequel le chef d'un centre de rapatriement confie à des particuliers le soin de nourrir des réfugiés, les faisant ainsi participer à l'exécution même du service public de rapatriement des réfugiés (CE Sect. 20. 4. 1956 Époux Bertin, préc.); le contrat par lequel la ville de Paris charge un groupement de participer à l'exécution du service public de la mise en fourrière des véhicules (TC 14. 5. 1990 GIE Copagau-Copagly-Taxitel *Lebon* 394); et la convention constitutive d'un GIP (CE 14. 1. 1998 Synd. dép. Interco 35 CFDT *AJDA* 1999. 164, note Petit). Pour que le contrat soit administratif, il faut que la participation du cocontractant à l'exécution du service public soit suffisamment directe, qu'elle manifeste son implication personnelle dans la bonne marche de ce service; un concours plus lointain et plus indifférent, consistant par exemple en un simple transport de marchandises destinées au service public, ne suffit pas (CE Sect. 11. 5. 1956 Soc. des transports Gondrand *RDP* 1957. 101, note Waline).

Jusqu'en 1996, ce critère permettait aussi de qualifier d'administratifs les contrats par lesquels l'administration engageait des agents en vue de les faire participer directement à l'exécution d'un SPA (dès les arrêts précurseurs CE Sect. 4. 6. 1954 Affortit et Vingtain, préc.). Cette fois, il fallait obligatoirement que le service public soit un SPA, car les contrats par lesquels les SPIC recrutent leurs agents sont en principe toujours considérés comme des contrats de droit privé (*cf. supra*, n° 112). Là encore, pour que le contrat soit administratif, il était nécessaire que la participation de l'agent à l'exécution du SPA soit suffisamment directe, qu'elle manifeste son implication personnelle dans la bonne marche de ce service. Ainsi, les contrats par lesquels des femmes de ménage étaient chargées de nettoyer les locaux des établissements scolaires n'étaient pas administratifs, car elles ne participaient pas suffisamment directement à l'exécution du service public de l'enseignement (CE Sect. 27. 2. 1987 Dame Lancelot *RFDA* 1987. 213, concl. Stirn, note Douence).

Mais la jurisprudence Affortit et Vingtain donnait parfois naissance à des solutions qui étaient difficilement compréhensibles. C'est ainsi qu'elle aboutissait dans certains cas à partager un seul et même litige entre les deux ordres de juridiction. Dans la célèbre affaire Mazerand, par exemple, une commune avait recruté une contractuelle en 1942 pour assurer le nettoyage de l'école; puis en 1946 elle l'avait chargée d'assurer le service de la garderie d'enfants. Un litige survenant par la suite entre les deux cocontractants, le Tribunal des conflits avait estimé que le contrat, qui était initialement de droit privé, était devenu administratif en 1946 du fait de ce changement d'attributions qui faisait désormais participer directement Mme Mazerand à l'exécution du service public de l'enseignement; en conséquence il contraignait l'intéressée à couper son litige en deux, et à en porter la partie « privée » devant les prud'hommes et la partie « administrative » devant le tribunal administratif (TC 25. 11. 1963 Veuve Mazerand *JCP* 1964 n° 13466 note R. L.).

Ces quelques errements ont amené le Tribunal des conflits à abandonner la jurisprudence Affortit et Vingtain. Désormais, tous les agents contractuels recrutés par une personne publique et travaillant dans le cadre d'un SPA sont des agents contractuels de droit public, quel que soit leur emploi (TC 25. 3. 1996 Berkani

AJDA 1996. 354 chron. Stahl et Chauvaux). Cette solution, qui était préconisée par le professeur Chapus, a certes le mérite d'être simplificatrice. Mais une autre solution, plus respectueuse du choix traditionnel entre la gestion publique et la gestion privée, aurait sans doute été préférable. Elle aurait consisté à assortir la jurisprudence Affortit et Vingtain d'un correctif, d'ailleurs expérimenté en 1990, permettant d'éviter les complexités de la jurisprudence Mazerand en disposant que, lorsqu'un litige met en cause un contrat qui a changé de nature, il faut, pour déterminer le juge compétent pour le tout, « se référer aux fonctions qu'exerçait l'intéressé au cours de la période précédant immédiatement » la mesure litigieuse (TC 26. 1. 1990 D^{lle} Salliège *Lebon* 402); appliquée à l'affaire Mazerand, cette solution aurait permis de confier la totalité du litige au tribunal administratif.

2) Le critère du contrat constituant une modalité d'exécution du service public

184 Selon cette deuxième branche du critère du service public, un contrat est administratif lorsque sa passation est un moyen d'exécuter un service public. Cette fois, c'est l'administration elle-même qui, en passant le contrat, exécute le service public; ce n'est plus son cocontractant qui est chargé, comme dans la première branche, de cette exécution. Alors que tout à l'heure il fallait examiner le contenu du contrat pour déceler la participation du cocontractant à l'exécution même d'un service public, c'est maintenant le contexte du contrat qu'il faut embrasser afin de déduire que sa passation constitue une modalité d'exécution d'un service public.

C'est l'arrêt Grimouard, rendu le même jour que l'arrêt Bertin, qui est à l'origine de cette deuxième branche (CE Sect. 20. 4. 1956 Min. de l'Agriculture c. consorts Grimouard *GAJA*). Elle permet par exemple de qualifier d'administratifs les contrats par lesquels : l'État s'engage à reboiser les terrains de certains particuliers (CE Sect. 20. 4. 1956 consorts Grimouard, préc.); des communes acceptent de vendre à des entreprises des terrains à bas prix, en échange de leur implantation sur leur territoire (CE Sect. 26. 6. 1974 Soc. Maison des isolants de France *RDP* 1974. 1486, note Auby); des usagers accèdent aux prestations d'un SPA (CE 6. 5.

1985 Ricard *AJDA* 1985. 736, note Gauroy, à propos des abonnements téléphoniques antérieurs à la loi du 2. 7. 1990). Dans les deux premiers exemples, les contrats sont en effet respectivement des modalités d'exécution du service public du développement de la forêt française et du service public de l'expansion industrielle de la commune. Et dans le troisième cas, il peut s'agir de n'importe quel SPA dont les usagers sont (contrairement au principe selon lequel ils sont dans une situation légale et réglementaire, *cf. supra*, n° 111) dans une situation contractuelle, à une exception près : elle concerne le SPA du logement géré par les offices publics d'HLM, dont les contrats de location d'appartements sont traditionnellement (et illogiquement) analysés comme des contrats de droit privé dès lors qu'ils ne contiennent pas de clauses exorbitantes du droit commun (TC 22. 4. 1985 Maret *RDP* 1986. 1491).

b. Le critère de l'exorbitance

185 Il s'est lui aussi dédoublé en deux branches.

1) Le critère des clauses exorbitantes

Selon cette première branche du critère de l'exorbitance, un contrat est administratif lorsqu'il comporte une ou plusieurs clauses exorbitantes du droit commun. Peu importe que le contrat ait ou non un quelconque rapport avec un service public, car les critères de l'exorbitance et du service public sont alternatifs, et non cumulatifs.

Pour repérer les clauses exorbitantes, il faut, comme on le fait pour déceler la participation du cocontractant à l'exécution d'un service public, analyser le contenu et non le contexte du contrat. Mais au-delà de cette ressemblance, il faut prendre conscience de l'originalité profonde du critère des clauses exorbitantes par rapport, tant aux deux branches du critère du service public, qu'au critère (étudié ci-après) du régime exorbitant; car c'est le seul des quatre qui laisse à l'administration et à son cocontractant la liberté de choisir si leur contrat sera administratif ou privé, en fonction de leur décision d'y insérer ou non des clauses exorbitantes.

Ébauchée dès 1912 (CE 31. 7. 1912 Soc. des granits porphyroïdes des Vosges *GAJA*), la notion de clause exorbitante a été précisée par la jurisprudence postérieure. On s'accorde aujourd'hui à estimer que les clauses exorbitantes sont les clauses interdites ou simplement inhabituelles dans les contrats de droit privé. Les clauses interdites en droit privé sont principalement celles qui modifient le cours ordinaire de la justice, ou qui touchent à la police ou à l'impôt; c'est par exemple le cas des clauses prévoyant le recouvrement des créances contractuelles par le procédé de l'état exécutoire (TC 27. 7. 1950 Peulabœuf *Lebon* 668), des clauses faisant participer le cocontractant au financement de charges de police (CE 19. 2. 1988 SARL Pore Gestion *Lebon* 77), et des clauses accordant des exonérations fiscales au cocontractant (TC 2. 7. 1962 consorts Cazautets *Lebon* 823). Les clauses inhabituelles en droit privé sont beaucoup plus nombreuses : ce sont celles qui sont gravement inégalitaires; c'est par exemple le cas des clauses permettant à l'administration de contrôler les résultats financiers (CE Ass. 26. 2. 1965 Soc. du vélodrome du Parc des princes *RDP* 1965. 506 et 1175, concl. Bertrand, note Waline), les documents comptables (CE 19. 11. 2010, *ONF c. Girard-Mille*, *RFDA* 2011. 187) ou le personnel, les tarifs et les horaires d'ouverture du cocontractant (TC 7. 7. 1980 Soc. d'exploitation touristique de la Haute-Maurienne *RDP* 1981. 474, note de Soto), des clauses transférant les risques de la livraison d'un ancien porte-avions sur l'acquéreur malgré la réserve de propriété, et obligeant celui-ci à le désamianter sous contrôle de la marine nationale (CA Paris 11. 10. 2005 Ban Asbestos France *AJDA* 2006. 45, note Dreyfus), et des clauses donnant à l'administration le droit de décider la résiliation unilatérale du contrat (TC 16. 1. 1967 Soc. du vélodrome du Parc des princes *D.* 1967. 416, concl. Lindon; Civ. 1re 28. 3. 2006 SNCF *AJDA* 2006. 1460). À l'inverse, la clause instituant des pénalités de retard n'est pas exorbitante parce qu'elle est « usuelle » dans les contrats de droit privé; elle ne confère donc pas le caractère administratif au contrat dans lequel elle est insérée (TC 14. 11. 1960 Soc. agricole d'Ablis *AJDA* 1961. 89, note de Laubadère). De même, n'est pas exorbitante la clause qui confère un caractère précaire à une occupation du domaine privé de l'État, dès lors que le droit privé admet couramment l'occupation précaire de locaux commerciaux

(Civ. 3e 2. 2. 2005 Office nat. des forêts *AJDA* 2005. 1125, note Clamour; TC 20. 2. 2008 Verrière *AJDA* 2008. 436).

Une difficulté surgit à propos des clauses de renvoi à un cahier des charges. La jurisprudence la plus récente tend en effet à considérer qu'elles ne rendent le contrat administratif que si le cahier des charges contient lui-même des clauses exorbitantes, ce qui paraît assez logique (TC 5. 7. 1999 UGAP *AJDA* 1999. 626); mais une autre jurisprudence, qui n'a peut-être pas dit son dernier mot, estime au contraire qu'elles le rendent automatiquement administratif (CE Sect. 17. 11. 1967 Roudier de la Brille *AJDA* 1968. 98, chron. Massot et Dewost).

On est en revanche sûr d'une chose : c'est qu'une clause exorbitante confère le caractère administratif au contrat qui la contient même si elle est illégale (TA Versailles 19. 10. 1984 Blanchard et Monbrun *Lebon* 463), sauf si elle est réputée « non écrite » (TC 11. 10. 1993 Soc. Centrale sidérurgique de Richemond *AJDA* 1994. 246, note Marchessou).

On rappellera enfin que le critère des clauses exorbitantes supporte une exception, concernant les contrats conclus entre les SPIC et leurs usagers. Ces contrats sont en effet toujours considérés par la jurisprudence comme des contrats de droit privé, même s'ils contiennent des clauses exorbitantes du droit commun (CE Sect. 13. 10. 1961 Établissements Campanon-Rey *AJDA* 1962. 98, concl. Heumann, note de Laubadère, et TC 17. 12. 1962 Dame Bertrand *AJDA* 1963. 88, chron. Gentot et Fourré).

Faut-il conclure pour autant au déclin du critère des clauses exorbitantes ? Dans les années soixante-dix, certains auteurs l'ont pensé (notamment Jean Lamarque, *Mélanges Waline*, 1974). Selon eux, le critère des clauses exorbitantes serait devenu un critère subsidiaire, auquel le juge n'aurait plus recours qu'après avoir épuisé les ressources du critère du service public. Mais cette analyse a été démentie par la jurisprudence. Un arrêt de 1980 a en effet clairement montré que le juge ne privilégie aucun des deux critères; il préfère pratiquer « l'économie de moyens », c'est-à-dire utiliser en priorité le critère qui permet avec le moins de difficulté de prouver le caractère administratif du contrat; or, dans l'affaire de 1980, il s'agissait justement du critère de l'exorbitance, car l'existence de clauses exorbitantes était en l'occurrence plus facile à démontrer que le rattachement à un service public, qui semblait pourtant effectif (TC 7. 7. 1980 Soc. d'exploitation de la Haute-Maurienne, préc., à propos d'un restaurant d'altitude).

2) Le critère du régime exorbitant

186 Selon cette deuxième branche du critère de l'exorbitance, un contrat est administratif, même s'il ne contient pas de clauses exorbitantes, lorsqu'il est soumis à un régime juridique prédéterminé exorbitant du droit commun. Comme pour repérer si un contrat constitue une modalité d'exécution d'un service public (*cf. supra*, n° 184), c'est donc le contexte et non le contenu du contrat qu'il faut examiner pour déceler sa soumission à un régime exorbitant. On remarquera au passage que les quatre critères matériels du contrat administratif peuvent ainsi se répartir deux à deux selon deux combinaisons différentes : si l'on privilégie leur parenté, les deux critères du service public doivent être regroupés, comme on l'a fait, face aux deux critères de l'exorbitance; mais si l'on met au contraire l'accent sur la méthode de recherche qu'ils impliquent, ce sont alors les critères de la « participation » et des clauses exorbitantes qu'il faut opposer aux critères de la « modalité » et du régime exorbitant, car les premiers poussent à l'analyse du contenu du contrat alors que les seconds mènent à l'examen de son contexte.

C'est un arrêt de 1973 qui, après quelques arrêts précurseurs, a mis en lumière le critère du régime exorbitant (CE Sect. 19. 1. 1973 Soc. d'exploitation électrique de la rivière du Sant *AJDA* 1973. 358, chron. Léger et Boyon). Dans cette affaire, EDF avait en effet passé des contrats avec des producteurs autonomes d'électricité, dont l'objet était d'acheter leur production. Or ces contrats ne contenaient pas la moindre clause exorbitante. Sans s'arrêter à cet obstacle, le Conseil d'État les a néanmoins qualifiés d'administratifs parce qu'ils étaient soumis par la législation « à un régime exorbitant du droit commun ». En l'occurrence, ce régime exorbitant institué par des textes extérieurs et antérieurs à ces contrats consistait à soumettre EDF et les producteurs autonomes d'électricité à deux obligations réductrices de leur liberté contractuelle : obligation de contracter ensemble d'une part; obligation, en cas de litige, de saisir le ministre chargé de l'électricité avant tout recours juridictionnel d'autre part. Grâce à cet arrêt de 1973, l'architecture des critères jurisprudentiels matériels du contrat administratif est ainsi fort judicieusement améliorée (pour des applications, *cf.* TC 24. 4. 1978 Soc. Boulangerie de Kourou *D.* 1978. 584, note Delvolvé, et Cass. 1re civ. 30. 9. 2003 Synd. mixte pour la production de chaleur à Bondy *AJDA* 2003. 2205).

Section 2
Le régime juridique du contrat administratif

187 Comme on l'a fait pour l'AAU, on étudiera la naissance, la vie, et la mort du contrat administratif, autrement dit sa formation (**A**), son exécution (**B**), et sa disparition (**C**).

A. La formation du contrat administratif

La formation d'un contrat administratif n'est légale que si elle repose sur un accord de volontés (**1**). Mais le choix par l'administration de son cocontractant est entouré de garanties de plus en plus strictes (**2**).

1. L'accord de volontés

Un contrat administratif n'est légal que s'il repose sur le consentement des parties (CE Sect. 11. 2. 1972 Office public HLM du Calvados *AJDA* 1972. 245, concl. Guillaume). Ce consentement doit en outre être libre et éclairé. La jurisprudence administrative a en effet transposé en droit administratif la théorie civiliste des vices du consentement (art. 1109 et suiv. du C. civ.) : ainsi, le fait qu'un consentement ait été donné par erreur, ou extorqué par dol ou par violence, entraîne la nullité du contrat (*cf.* TA Paris 21. 4. 1971 Ville de Paris *AJDA* 1972. 164, note Godfrin, à propos d'un dol) sauf si la victime préfère se contenter d'une indemnisation (CAA Paris 22. 4. 2004 Soc. Bouygues *AJDA* 2004. 1417, concl. Haïm, et CE 19. 12. 2007 Soc. Campenon-Bernard *RFDA* 2008. 109, note

Moderne, à propos d'un dol commis par quatre groupes d'entreprises qui s'étaient entendus pour augmenter le coût réel de travaux commandés par la SNCF).

Les cocontractants doivent en outre avoir le droit de contracter. Pour le contractant privé, cela signifie essentiellement qu'il ne doit pas être incapable, ni faire l'objet d'une interdiction spéciale de contracter : c'est ainsi qu'aucun marché public ne peut être attribué aux entreprises qui sont en état de liquidation ou qui ne sont pas en règle avec le fisc et les organismes sociaux (*cf.* C. marchés). Et pour le contractant public, cela suppose que le contrat soit signé par un représentant compétent de la personne publique : ministre (ou délégataire) pour l'État, président du conseil d'administration ou directeur (selon le statut de chaque établissement) pour les établissements publics, maire ou président du conseil général ou régional sur autorisation de l'assemblée délibérante pour les collectivités locales. Cette dernière exigence pose parfois problème dans les communes : certains maires ont en effet tendance, par ignorance ou par légèreté, à signer des contrats sans autorisation de leur conseil municipal; leurs contrats sont alors entachés d'incompétence.

2. Le choix par l'administration de son cocontractant

Sa liberté de choix est restreinte pour les marchés publics (**a**), plus grande pour les autres contrats administratifs (**b**).

a. Les marchés publics

1) Notion et classification

188 La notion de « marché public » est l'une des plus difficiles à cerner du droit administratif. Selon l'article 1er du décret du 1er août 2006, portant Code des marchés publics, « les marchés publics sont les contrats conclus à titre onéreux entre les pouvoirs adjudicateurs (État, collectivités territoriales, établissements publics) et des opérateurs économiques publics ou privés pour répondre à leurs besoins en matière de travaux, de fournitures ou de services ». Cette définition, qui s'inspire de celle donnée par le Conseil d'État en 2005 (CE Ass. 4. 11. 2005 Soc. J.-C. Decaux *AJDA* 2006. 120, note Ménéménis), est plus large que l'ancienne définition jurisprudentielle qui exigeait, pour qu'il y ait marché public, que le cocontractant soit rémunéré par l'administration (CE Sect. 26. 11. 1971 SIMA *RDP* 1972. 238, concl. Gentot, et CE 15. 4. 1996 Préfet des Bouches-du-Rhône *AJDA* 1996. 729 chron. Chauvaux et Girardot). En affirmant simplement qu'ils sont « conclus à titre onéreux », elle vise en effet à inclure dans les marchés publics non pas seulement les contrats par lesquels l'administration rémunère elle-même ses cocontractants, mais aussi ceux (comme les contrats d'exploitation d'abribus visés par l'arrêt de 2005, préc.) par lesquels elle leur permet de se rémunérer par d'autres moyens, en recourant par exemple à la publicité. Toute rémunération « substantiellement assurée par les résultats de l'exploitation », comme par exemple la perception de redevances sur les usagers, demeure toutefois exclue, car elle caractérise l'autre grand type de contrats administratifs que sont les conventions de délégation de service public (*cf. supra*, chap. 3, n° 91). Il a ainsi été jugé que le contrat prévoyant de faire supporter par le cocontractant 30 % d'un éventuel déficit d'exploitation est une délégation de service public et non un marché public (CE 7. 11. 2008 Département de la Vendée *AJDA* 2008. 2454, note Richer), car un tel risque prouve que la rémunération est substantiellement liée aux résultats de l'exploitation.

La loi MURCEF du 11 décembre 2001 précise que le « marché public » ainsi défini est nécessairement un contrat administratif. Elle met fin à la jurisprudence qui admettait qu'il puisse parfois s'analyser comme un contrat de droit privé (TC 5. 7. 1999 Commune de Sauve *AJDA* 1999. 554 chron. Raynaud et Fombeur).

Le Code de 2006 repartit les marchés publics en catégories selon trois classifications différentes, qui retiennent chacune un critère différent : matériel, fonctionnel, financier.

Le critère matériel permet de les répartir en trois catégories, selon l'objet sur lequel ils portent (art. 1). Les marchés publics sont « de travaux » lorsqu'ils ont pour objet l'exécution d'un ouvrage ou de travaux de bâtiment ou de génie civil; « de fournitures » lorsqu'ils sont relatifs à l'achat ou à la location de produits ou matériels; « de services » lorsqu'ils ont pour objet la réalisation de prestations de services. Un marché qui a deux de ces objets à la fois reçoit la qualification qui correspond à son objet principal.

Le critère fonctionnel permet quant à lui de répartir les marchés publics en deux catégories, en fonction de leur mode d'exécution. Les marchés fixes (les plus nombreux) déterminent les besoins du pouvoir adjudicateur dès leur passation, alors que les marchés évolutifs les précisent en cours d'exécution, au fur et à mesure qu'ils apparaissent. Les deux types les plus significatifs de marchés évolutifs sont les « accords-cadres » (art. 76) et les « marchés à bons de commande » (art. 77). À titre d'exemple, le marché à bons de commande est un marché conclu (sauf exception) pour quatre ans maximum, qui est « exécuté au fur et à mesure de l'émission de bons de commande » écrits, laquelle « s'effectue sans négociation ni remise en concurrence préalable des titulaires, selon des modalités expressément prévues par le marché » (art. 77).

Le critère financier permet enfin de classer les marchés publics en quatre catégories en fonction de leur montant. Chacune de ces quatre catégories est soumise à des modalités différentes de publicité (art. 39). Les très petits marchés sont ceux dont le montant est inférieur à 4 000 euros hors taxes (HT); ils sont dispensés de publicité. (On notera au passage que le décret du 19. 12. 2008, qui relevait non sans audace leur plafond à 20 000 euros HT, a été annulé par CE 10. 2. 2010 Perez *AJDA* 2010. 602). Les petits marchés sont ceux dont le montant est compris entre 4 000 et 90 000 euros HT; le Code les dispense de tout formalisme : il laisse à l'administration le libre choix des modalités de leur publicité. Les grands marchés sont ceux dont le montant est compris entre 90 000 et 193 000 euros HT (chiffre abaissé à 125 000 en ce qui concerne les marchés de fournitures et de services passés par l'État); le Code exige qu'ils soient précédés de la publication, dans le *Bulletin officiel des annonces des marchés publics (BOAMP)* ou dans un journal équivalent (ainsi que par voie informatique depuis 2010, en vertu d'un décret du 17 décembre 2008), d'un « avis d'appel public à la concurrence » qui doit notamment indiquer l'objet du marché et les justifications que les candidats devront produire pour prouver leurs capacités. Les très grands marchés sont ceux dont le montant dépasse ces chiffres; le Code les soumet à publication préalable au *Journal officiel de l'Union européenne* (sauf les marchés de travaux dont le montant est inférieur à 4 845 000 euros HT, pour lesquels le *BOAMP* est jugé suffisant).

Chacune de ces quatre catégories de marchés est également soumise à des procédures différentes de mise en concurrence et de passation (art. 28). Les très petits marchés sont dispensés de mise en concurrence. Les petits et les grands marchés sont librement passés par chaque pouvoir adjudicateur selon les modalités de mise en concurrence que celui-ci juge les mieux « adaptées ». Les très grands marchés doivent au contraire respecter l'une des cinq procédures réglementées par le Code (**2**); cette disposition, s'étant avérée insuffisante pour barrer la route au favoritisme, a été complétée par la création d'une « mission interministérielle d'enquête » (**3**), par l'apport du droit de l'Union européenne (**4**), et par l'ouverture aux concurrents évincés d'un recours direct contre les contrats (**5**).

2) Les procédures de mise en concurrence et de passation des marchés

189 Il s'agit de l'appel d'offres, de la procédure négociée, de la procédure de dialogue compétitif, du concours, et du système d'acquisition dynamique.

• *L'appel d'offres* a deux caractéristiques : il se déroule d'une part sans négociation, d'autre part sur la base de critères objectifs préalablement portés à la connaissance des candidats (art. 33). Il comporte trois phases. La première phase est consacrée à la publication du projet de marché dans le *BOAMP*. S'ouvre alors la phase de la concurrence : tous les candidats intéressés peuvent déposer une offre écrite et cachetée, qu'ils n'auront ensuite plus le droit de retirer. Deux modalités sont toutefois possibles : si l'appel d'offres est « ouvert », toute personne apte à exécuter le marché peut se porter candidate; s'il est au contraire « restreint », seuls peuvent tenter leur chance les candidats agréés par l'administration. Mais quelle que soit la modalité retenue, l'appel d'offres s'achève toujours par la phase d'attribution du marché. Depuis un décret du 19 décembre 2008 (qui supprime malencontreusement les commissions d'appel d'offres pour les marchés de l'État et de ses établissements publics), les offres sont en effet ouvertes par une commission d'appel d'offres en séance non publique (hypothèse des marchés des collectivités territoriales) ou par le pouvoir adjudicateur lui-même (hypothèse des marchés de l'État). Le pouvoir adjudicateur (PA) choisit alors librement, le cas échéant après avis de la commission, le candidat qui lui paraît le plus intéressant, compte tenu des « critères objectifs » qu'il a « préalablement portés à la connaissance des candidats » (art. 33) en précisant leur « pondération » (art. 53) : prix proposé, valeur technique, esthétique, délais d'exécution, etc. Même si le Code impose, dans une formulation ambiguë, le choix de « l'offre économiquement la plus avantageuse » (art. 53), cela ne signifie pas, en effet, que le PA soit obligé d'attribuer le marché au candidat « le moins disant », c'est-à-dire à celui qui propose le prix le plus bas : c'est là une différence majeure avec la vieille procédure de « l'adjudication », florissante au XIXe siècle puis tombée en désuétude avant d'être supprimée en 2001. Par ailleurs, le PA reste libre de renoncer au marché, même après son acceptation de l'offre jugée par lui la plus intéressante. On précisera enfin que l'administration doit respecter l'égalité des candidats. Elle ne peut en particulier se lier ni par une politique de répartition des marchés entre petites, moyennes, et grandes entreprises (CE 13. 5. 1987 Soc. Wanner Isofi Isolation *Lebon* 171), ni par une politique d'attribution systématique des marchés aux entreprises locales (CAA Douai 10. 12. 2002 Cabinet Barbier-Frinault *AJDA* 2003. 1433, note Michel). Pour contourner la première interdiction (et faciliter discrètement le localisme prohibé par la seconde), le Code de 2006 permet toutefois au PA de demander aux candidats d'indiquer dans leur offre la part du marché qu'ils veulent sous-traiter à des tiers, « notamment à des PME » (art. 48). D'autres dispositions lui permettent même de fixer « un nombre minimum de PME » admises à présenter une offre dans le cadre d'un appel d'offres restreint (art. 60; *idem* en cas de procédure négociée restreinte ou de dialogue compétitif restreint : *cf.* art. 65 et 67).

• *La procédure négociée* est plus souple. Elle est définie comme la « procédure dans laquelle le PA négocie les conditions du marché avec un ou plusieurs opérateurs économiques » (art. 34). Dans certains cas, elle est dispensée de publicité préalable et de mise en concurrence (notamment en cas d'« urgence impérieuse » ou encore dans l'hypothèse de « marchés complémentaires » de marchés déjà passés après mise en concurrence) (art. 35).

• Plus marginale, *la procédure de dialogue compétitif* ne peut en principe être utilisée que pour des marchés complexes, lorsque le PA « n'est objectivement pas en mesure d'établir le montage juridique ou financier d'un projet » ou « de définir seul et à l'avance les moyens techniques pouvant répondre à ses besoins » (art. 36). Sa particularité est de permettre à l'administration de discuter avec les entreprises avant (et afin) de mettre au point le cahier des charges du marché.

• *Le concours* est quant à lui « la procédure par laquelle le PA choisit, après mise en concurrence (...), un plan ou un projet », notamment en matière d'aménagement du territoire, d'urbanisme ou d'architecture (art. 38). Comme l'appel d'offres, il peut être ouvert ou restreint. Il a deux particularités majeures : d'abord, le PA ne peut effectuer son choix qu'après avoir pris l'avis du jury de concours, en principe composé d'experts; ensuite, les participants au concours doivent être indemnisés selon les modalités prévues par le règlement du concours.

• *Le « système d'acquisition dynamique »*, dont le nom fleure bon le langage technocratique, est simplement « une procédure entièrement électronique de passation de marché public » (art. 78). Elle est pour l'instant cantonnée à l'acquisition de « fournitures courantes ».

3) La mission interministérielle d'enquête

190 Créée par la loi du 3 janvier 1991 (plusieurs fois modifiée), la « mission interministérielle d'enquête » est chargée d'enquêter sur l'impartialité des marchés publics (qu'ils soient très grands, grands ou petits), ainsi d'ailleurs que sur l'impartialité des marchés (même privés) des sociétés d'économie mixte et des ÉPIC, et sur celle des « conventions de délégation de service public ». Initialement elle ne pouvait être saisie que par des représentants de l'État, ministres et préfets, ce qui n'était guère rassurant, mais cette anomalie a heureusement disparu grâce à la loi du 8 février 1995, qui permet à la Cour des comptes de la saisir elle aussi. Une fois saisie, la mission dispose de larges pouvoirs d'investigations, et peut même

procéder à des perquisitions et à des saisies sur autorisation du président du TGI. Un délit d'obstacle à ses investigations permet de punir ceux qui entravent ses enquêtes. Son activité donne lieu à un rapport annuel, et doit normalement permettre de déférer devant les tribunaux correctionnels les élus ou les administrateurs qui ont commis un « délit de favoritisme » en ayant procuré, ou tenté de procurer, un avantage injustifié à autrui lors de la passation de l'un des contrats sus-énumérés (*cf.* par ex. Crim. 14. 2. 2007 E.M. *AJDA* 2007. 853, note Dreyfus, à propos d'un délit de favoritisme commis par une adjointe au maire de Saint-Brieuc).

Ses premières années d'activité ont confirmé l'efficacité de cette « mission interministérielle d'enquête » qui s'apparente, malgré son nom, à une autorité administrative indépendante. On peut donc d'ores et déjà affirmer, la nature humaine étant ce qu'elle est, que son existence correspond malheureusement à une nécessité.

4) L'apport du droit de l'Union européenne et les référés précontractuel et contractuel

191 Plusieurs directives « communautaires » ont obligé le droit français des marchés publics à évoluer. Parmi les principales figurent celle du 22 mars 1988 sur les marchés publics de fournitures (*AJDA* 1990. 263), celle du 17 juillet 1989 sur les marchés publics de travaux (*AJDA* 1989. 651), et celle du 21 décembre 1989 sur les procédures de recours (*LPA* 10. 12. 1990, p. 13).

Les deux premières ont été transposées en droit français par la loi du 3 janvier 1991 et par des décrets. Elles ont pour but d'obliger l'administration à publier au *Journal officiel de l'Union européenne* un avis avant et après la passation de tout marché excédant un certain montant, variable selon chaque type de marché. Le premier avis permet aux entreprises européennes de prendre connaissance des très grands marchés publics français, et d'entrer ainsi en concurrence avec les entreprises françaises. Quant au second, il a pour intérêt de leur apprendre laquelle a finalement obtenu le marché. En améliorant ainsi la transparence des marchés publics au niveau européen, ces textes développent donc la concurrence transfrontalière, ce qui est méritoire du point de vue de l'idéologie eurolibérale du grand marché unique, à laquelle on est évidemment libre de ne pas se rallier. On déplorera toutefois l'extrême complexité de ces directives, qui semblent prendre un malin plaisir à diversifier les montants des marchés auxquels elles sont applicables, et à prendre le contrepied des conceptions françaises de certaines notions : ainsi la directive du 17 juillet 1989 englobe-t-elle dans les « marchés publics de travaux » non seulement ce qu'on entend par là en droit français, mais aussi les contrats privés de travaux passés par des associations ou sociétés financées majoritairement, ou étroitement contrôlées, par une personne publique, ainsi que les concessions de travaux publics...

La directive « recours » du 21 décembre 1989 a en tout cas eu le mérite indiscutable d'inciter le législateur français à créer au profit des administrés, par la loi du 4 janvier 1992, une garantie nouvelle contre le manque de transparence des marchés publics de fournitures et de travaux, et (conformément à la directive du 17 juillet 1989) des concessions de travaux publics et de certains contrats privés de travaux : le référé précontractuel. Indépendamment du droit de l'UE, la loi du 29 janvier 1993, relative à la prévention de la corruption, a ensuite étendu cette nouvelle garantie à toutes les « conventions de délégation de service public », ainsi qu'à tous les marchés publics. Grâce à ces textes de 1992 et de 1993, toute personne lésée peut, en cas de manquement aux obligations de publicité et de concurrence issues du droit de l'UE ou du droit français, intenter un référé avant la conclusion du contrat; cette action est aussi ouverte aux représentants de l'État lorsque la Commission de Bruxelles allègue une violation des obligations d'origine européenne. Ce référé est intenté devant le président du tribunal administratif s'il s'agit d'un contrat administratif (ce que sont normalement les marchés et les conventions de délégation de service public), devant le président du TGI s'il s'agit d'un contrat privé Dans les deux cas, le président ainsi saisi peut ordonner au responsable du manquement de se conformer à ses obligations, annuler les actes détachables ou les clauses contractuelles contraires à ces obligations, et suspendre la passation du contrat. D'ores et déjà, cet étonnant référé précontractuel fait preuve en pratique d'une redoutable efficacité (*cf.* notamment CE Ass. 10. 6. 1994 Commune de Cabourg *RFDA* 1994. 728, concl.

Lasvignes, et CE 20. 10. 2006 Commune d'Andeville *AJDA* 2006. 2340, concl. Casas). Deux siècles après la prise de la Bastille, l'un des derniers bastions du favoritisme est ainsi conquis.

Dans le droit fil de la nouvelle directive « recours » du 11 décembre 2007, plus accommodante que celle du 21 décembre 1989, une jurisprudence de 2008 a toutefois infligé un « coup d'arrêt au référé précontractuel » (P. Cassia, *AJDA* 2008. 2374) en décidant de ne sanctionner dorénavant que les manquements susceptibles d'avoir lésé les requérants (CE Sect. 3. 10. 2008 Smirgeomes *AJDA* 2008. 2161, chron. Geffray et Liéber).

Sur le fondement de cette même directive, l'ordonnance du 7 mai 2009 complète ce dispositif en créant un second référé, le « référé contractuel », qui permet d'obtenir du même juge, pour les mêmes motifs, des pénalités financières ou la nullité du contrat. Mais alors que le premier référé doit impérativement être formé avant la signature du contrat litigieux, celui-ci peut être formé plus facilement : dans le délai d'un mois à compter de la publicité du contrat signé, ou dans les six mois de la signature de celui-ci en cas d'absence de publicité.

5) Le recours de plein contentieux des concurrents évincés

Depuis 2007, le Conseil d'État reconnaît aux concurrents évincés le droit de former un recours de plein contentieux contre les marchés publics (et les autres contrats administratifs) dans un délai de deux mois à compter de la publicité de leur signature (CE Ass. 16. 7. 2007 Soc. Tropic travaux signalisation *AJDA* 2007. 1577, chron. Lenica et Boucher). C'est une garantie d'autant plus remarquable qu'elle déroge à la règle traditionnelle selon laquelle le recours de plein contentieux contractuel est réservé aux parties contractantes. Elle a le mérite de permettre aux concurrents évincés qui n'auraient pas pu bénéficier d'un référé précontractuel (notamment du fait de la jurisprudence Smirgeomes, précitée) d'avoir une deuxième chance d'obtenir satisfaction.

b. Les contrats administratifs autres que les marchés publics

192 Sans prétendre à l'exhaustivité, on peut les classer en quatre catégories principales : contrats de délégation de service public (notamment concessions, régies intéressées, et affermages, étudiés

supra, n°s 91 et 100 à 104); contrats de louage de services (*cf. supra*, n° 183); contrats économiques ou financiers (contrats de plan, conventions d'aide, emprunts, garanties, cautionnements...); et contrats relatifs à des biens (notamment contrats comportant occupation du domaine public, contrats de vente des immeubles de l'État, étudiés *supra* n° 182, ainsi que certains baux).

Dans tous ces contrats, l'administration dispose d'une liberté de choisir son cocontractant bien plus grande que dans les marchés publics. En effet, ils ne sont pas soumis aux règles contraignantes du Code des marchés publics.

Dans le cas des contrats de délégation de service public, cette liberté de choix doit toutefois s'accommoder, comme on vient de le voir, des obligations de publicité et de concurrence dont le respect leur est imposé par la loi du 29 janvier 1993. En revanche, dans les autres catégories de contrats elle est totale, car il n'existe pas en droit français de principe général imposant à l'administration de mettre en concurrence ses futurs cocontractants (CE Sect. 3. 12. 2010 Ville de Paris *RFDA* 2011. 189).

Il existe cependant un type de contrats dans lequel, par exception à tout ce qui vient d'être dit, l'administration ne dispose d'aucune liberté de choix : il s'agit des contrats conclus entre les SPA et leurs usagers, que les gestionnaires de ces services sont obligés de passer avec tous ceux qui veulent en bénéficier, au nom des principes de liberté et d'égalité d'accès aux SPA (cas des contrats d'abonnement téléphonique jusqu'à l'érection de France Télécom en ÉPIC en 1990). Mais c'est une exception qu'on peut qualifier de marginale, dans la mesure où les usagers des SPA sont normalement dans une situation légale et réglementaire.

B. L'exécution du contrat administratif

193 Selon l'article 1134 du Code civil, « les conventions légalement formées tiennent lieu de loi à ceux qui les ont faites ». Cette affirmation célèbre n'est pas tout à fait vraie pour les contrats administratifs : les obligations qui en découlent ne trouvent pas en effet leurs sources seulement dans la commune intention des parties, mais aussi dans la volonté unilatérale de l'administration.

Car contrairement aux contrats de droit privé, qui reposent sur le dogme (souvent illusoire, car déconnecté des réalités économique et sociale) de l'autonomie de la volonté et de l'égalité des parties, les contrats administratifs ont pour vocation d'être, au nom de l'intérêt général, profondément inégalitaires. Mais à défaut d'égalité, la juriprudence s'est attachée à leur faire respecter une certaine équité. C'est ce qui explique que les prérogatives de l'administration (**1**) soient toujours contrebalancées par le droit de son cocontractant à un équilibre financier (**2**).

1. Les prérogatives de l'administration

194 Elles existent indépendamment des clauses contractuelles ou de tout texte. Le Conseil d'État les qualifie de « règles générales applicables aux contrats administratifs » (CE 27. 10. 2010 Synd. intercom. des transports publics de Cannes *AJDA* 2010. 2076), et le Conseil constitutionnel de « principes » (CC 18. 1. 1985 Loi Chevènement *Lebon* 36). Il s'agit du pouvoir de direction et de contrôle (**a**), du pouvoir de sanction (**b**), du pouvoir de modification unilatérale (**c**), et du pouvoir de résiliation unilatérale (**d**).

a. Le pouvoir de direction et de contrôle

L'administration a toujours le droit de contrôler l'activité de son cocontractant afin de s'assurer de la bonne exécution du contrat (CE 27. 7. 1932 Léonard *Lebon* 799). Elle peut aussi lui donner les ordres nécessaires à cette bonne exécution. Dans le cadre d'un marché de travaux publics, elle peut notamment exiger de son cocontractant, par des « ordres de service » écrits, qu'il assure la réfection de travaux défectueux ou la réalisation de travaux non prévus (CE 22. 2. 1952 Soc. pour l'exploitation des procédés Ingrand *Lebon* 130).

b. Le pouvoir de sanction

195 Lorsque son cocontractant commet une faute, l'administration a le pouvoir de le sanctionner elle-même. Elle peut évidemment le faire en choisissant l'une des sanctions prévues par le contrat. Mais elle peut le faire aussi en lui infligeant une autre sanction de son choix, à condition que ce soit après mise en demeure et dans le respect des droits de la défense (pouvoir trouvant sa source dans l'arrêt CE 31. 5. 1907 Deplanque *Lebon* 513, concl. Romieu).

Concrètement, ces sanctions qui existent de plein droit sont de trois sortes. Les premières sont des sanctions pécuniaires, des « amendes » qui sont particulièrement opportunes lorsque la faute est légère et que le contrat ne prévoit que des sanctions sévères (*cf.* CE 31. 5. 1907 Deplanque, préc.). Les deuxièmes sont des sanctions coercitives, qui visent à obtenir l'exécution du contrat malgré la carence du cocontractant : il s'agit de la « mise sous séquestre » de la concession de service public, de la « mise en régie » du marché de travaux publics, et de l'« exécution par défaut » du marché de fournitures, dont le point commun est de permettre à l'administration de confier l'exécution du contrat à ses propres services ou à un tiers, aux frais et risques du cocontractant défaillant, et dans les deux premiers cas en prenant possession de ses installations (*cf.* par ex. CE 21. 9. 1990 Pernod *RDP* 1992. 1539, à propos d'une mise en régie). Les troisièmes, enfin, sont des sanctions résolutoires, qui mettent fin unilatéralement et sans indemnité au contrat en cas de faute grave du cocontractant : on parle alors de « résiliation-sanction » (CE 30. 9. 1983 SARL Comexp *Lebon* 393). En matière de concession de service public, toutefois, la résiliation-sanction (dite « déchéance ») n'existe pas de plein droit; afin de protéger le concessionnaire, qui a réalisé de lourds investissements, la jurisprudence estime en effet que l'administration ne peut l'infliger que si le contrat la prévoit; dans le cas contraire, c'est au juge qu'il appartient de la prononcer (CE 20. 1. 1905 Comp. départementale des eaux *Lebon* 55, concl. Romieu; CE 25. 3. 1991 Copel *RDP* 1992. 1539).

c. Le pouvoir de modification unilatérale

196 Le pouvoir de modification unilatérale des contrats administratifs a été consacré par un célèbre arrêt de 1910, dans lequel le Conseil d'État a admis qu'un préfet impose à un concessionnaire de tramways d'augmenter le nombre des rames en service (CE 21. 3. 1910 Comp. gén. française des tramways *Lebon* 216, concl. Blum, et *GAJA*). Par la suite, il a été clairement confirmé par la jurisprudence, notamment par un arrêt de 1983 qui montre qu'il existe vis-à-vis de tous les contrats administratifs, indépendamment de toute clause contractuelle ou de tout texte (CE 2. 2. 1983 Union

des transports publics urbains et régionaux, préc.). Ce dernier arrêt infirme nettement la position de certains auteurs qui avaient cru pouvoir affirmer, à la suite d'une analyse originale de l'arrêt de 1910, que le pouvoir de modification unilatérale n'existe que s'il est prévu par un texte ou par une clause contractuelle (*cf.* J. L'Huillier *D.* 1953. C.87, et F.-P. Bénoit *JCP* 1963, n° 1775).

Ce pouvoir a toutefois des limites. La modification doit tout d'abord reposer sur un motif d'intérêt général; cela implique notamment qu'elle ne peut en principe porter sur les clauses financières du contrat (CE 7. 12. 1973 Le Couteur et Sloan *Lebon* 705). Elle doit d'autre part rester raisonnable : si elle provoque un bouleversement du contrat, le cocontractant est en effet en droit de la refuser, et de demander au juge la résiliation du contrat (CE 16. 11. 1928 Ravier *Lebon* 1193). Elle doit enfin être compensée par le versement d'une indemnité (*cf.* 2).

En outre, ce pouvoir cesse d'exister dans une hypothèse. Quand un contrat a un contenu « entièrement défini par voie législative et réglementaire », l'administration perd en effet le droit de le modifier directement, car c'est alors à la modification de ces dispositions législatives ou réglementaires qu'il faut procéder pour obtenir l'évolution du contrat (CE Sect. 6. 5. 1985 Ricard *AJDA* 1985. 736, note Gauroy, à propos des contrats d'abonnement téléphonique antérieurs à la loi du 2. 7. 1990).

d. Le pouvoir de résiliation unilatérale

197 L'administration a toujours le droit de procéder à la résiliation unilatérale des contrats administratifs, indépendamment de toute faute de ses cocontractants. Pour que cette résiliation soit légale, il faut simplement qu'elle intervienne « dans l'intérêt du service », c'est-à-dire pour un motif d'intérêt général (CE Ass 2. 5. 1958 Distillerie de Magnac-Laval *AJDA* 1958. 282, concl. Kahn; *cf.* aussi CE Ass. 2. 2. 1987 Soc. TV6 *AJDA* 1987. 314, chron. Azibert et de Boisdeffre, et CE 21. 12. 2007 Région du Limousin *AJDA* 2008. 481, note Dreyfus, à propos de la résiliation de la concession d'une chaîne de télévision, et de la résiliation de trois contrats relatifs à un projet de desserte ferroviaire). La jurisprudence juge ce pouvoir de résiliation si fondamental qu'elle frappe de nullité

les clauses contractuelles qui ont pour objet de l'exclure (CE 6. 5. 1985 Assoc. Eurolat *AJDA* 1985. 620, note Fatôme et Moreau).

Les droits du cocontractant ne sont pas sacrifiés pour autant, car l'administration est dans l'obligation d'indemniser son préjudice. Il s'agit là d'une différence essentielle par rapport à la « résiliation-sanction » (*cf. supra*, n° 195), différence parfaitement normale dans la mesure où, dans la « résiliation dans l'intérêt du service », le cocontractant n'est pas un coupable, mais une victime de l'intérêt général.

Finalement, si l'on doit formuler une critique, ce n'est pas à ce pouvoir de résiliation qu'il faut l'adresser, mais au principe (heureusement assorti d'exceptions) selon lequel le juge du contrat ne se reconnaît pas le pouvoir d'annuler les « résiliations-sanctions » ou les « résiliations dans l'intérêt du service » entachées d'illégalité (*cf.* chap. 11, n° 300).

2. Le droit du cocontractant à un équilibre financier

198 Face aux prérogatives de l'administration, le cocontractant peut sembler démuni. Il doit en effet toujours s'acquitter de ses obligations, telles qu'elles sont fixées par le contrat écrit ou verbal. Dans l'hypothèse d'une concession de service public, on a vu (*cf. supra*, n° 101) que ces obligations sont fixées dans des « cahiers des charges ». Dans les marchés publics excédant 193 000 euros, qui sont eux aussi obligatoirement écrits, elles le sont dans des « documents particuliers » (« cahier des clauses administratives particulières » et « cahier des clauses techniques particulières ») ainsi éventuellement que dans des « documents généraux » (« cahier des clauses administratives générales » et « cahier des clauses techniques générales »); alors que les premiers sont propres à chaque marché, les seconds sont des documents préexistants, approuvés par décret, qui ont vocation à s'appliquer à des catégories entières de marchés (un CCAG a par exemple vocation à s'appliquer à tous les marchés de travaux); mais dès lors qu'un marché s'y réfère, ce qui n'est nullement obligatoire, on considère que leurs clauses revêtent un caractère contractuel. Ce devoir du cocontractant de s'acquitter de ses obligations contractuelles est très strict : il continue à s'imposer même lorsque l'administration cesse de son côté

de respecter les siennes (CE 7. 1. 1976 Ville d'Amiens *AJDA* 1976. 632). Le cocontractant n'a en effet aucun pouvoir d'action unilatérale. Face à une faute de l'administration, il n'a pas le droit de riposter par une mesure de rétorsion. Il ne peut que saisir le juge administratif de sa réclamation.

Mais il n'est pas à plaindre pour autant, car il a droit à un certain « équilibre financier » (terme utilisé par CE 27. 10. 2010 préc., n° 194) qui se traduit normalement par l'obtention de la rémunération convenue (**a**), à laquelle s'ajoute éventuellement une indemnité sur le fondement de la théorie : de l'équation financière (**b**), du fait du prince (**c**), de l'imprévision (**d**) ou de l'enrichissement sans cause (**e**).

a. Le droit à obtention de la rémunération convenue

S'il exécute correctement ses obligations contractuelles, le cocontractant a le droit de percevoir la rémunération convenue : redevance prélevée sur les usagers du service dans l'hypothèse d'une concession de service public ou d'un affermage, prix versé par l'administration dans le cas d'un autre contrat administratif.

Le cas particulier de la sous-traitance doit cependant être évoqué. Le titulaire d'un contrat administratif est en principe tenu de l'exécuter personnellement. En matière de marché public pourtant, par exception à ce principe le cocontractant a le droit de confier à un sous-traitant, par un contrat de droit privé, le soin d'exécuter une partie de ses obligations contractuelles (généralement des travaux publics). La loi du 31 décembre 1975 permet alors à l'administration de payer directement au sous-traitant, à condition que celui-ci ait été préalablement accepté par elle, la part de marché dont il a assuré l'exécution, bien qu'il n'y ait aucun lien contractuel entre eux; ce « paiement direct » relève alors, en cas de litige, de la compétence du juge administratif (CE Sect. 17. 3. 1982 Soc. périgourdine d'étanchéité *AJDA* 1982. 727, concl. Boyon).

b. La théorie de l'équation financière

Lorsque l'administration a utilisé son pouvoir de modification unilatérale du contrat pour accroître les obligations de son cocontractant, ce dernier a droit à une indemnité compensatrice sur le fondement de la « théorie de l'équation financière » (Georges Vedel). Ce droit, mis en lumière par Léon Blum dès 1910, est d'autant plus précieux qu'il doit permettre de couvrir l'intégralité des charges nouvelles (*cf.* concl. Blum sur CE 21. 3. 1910 Comp. gén. française des tramways *Lebon* 216).

c. La théorie du fait du prince

199 Lorsque l'administration contractante a modifié unilatéralement et indirectement les conditions d'exécution du contrat, son cocontractant a droit à une indemnité compensatrice sur le fondement de la « théorie du fait du prince » (CE 29. 12. 1905 Bardy *Lebon* 1014 concl. Romieu; CE 8. 11. 1957 Soc. chimique *AJDA* 1957. 406, concl. Gazier). Là encore, l'indemnisation doit en principe couvrir l'intégralité du préjudice.

Pour que la théorie du fait du prince puisse être mise en œuvre, il faut obligatoirement que la modification unilatérale émane de l'administration contractante. Contrairement à ce que suggère René Chapus, on ne saurait en effet admettre l'existence d'un « fait du prince extérieur aux parties contractantes » (*DAG* n° 1383), car les modifications unilatérales qui émanent d'autres personnes publiques que la personne publique contractante relèvent d'une autre théorie : la théorie de l'imprévision (*cf.* d).

La théorie du fait du prince exige d'autre part que la modification unilatérale soit indirecte. Cela signifie que l'administration ne doit pas directement modifier le contrat lui-même, ce qui est logique puisque cette hypothèse est déjà prise en charge par la théorie de l'équation financière (*cf.* b). Elle doit au contraire intervenir en une autre qualité que celle de partie au contrat, en prenant une mesure qui n'a pas pour objet de toucher à celui-ci mais qui a néanmoins des répercussions sur lui. Sont par exemple des « faits du prince » : la décision d'un maire, agissant en qualité d'autorité de police, d'instituer des sens interdits allongeant le parcours du service de transports en commun concédé par la commune; ou l'augmentation du taux de certaines impositions par l'État, rendant plus onéreuse l'exécution d'un marché public passé avec lui. La théorie du fait du prince ne vise que ce genre de modifications indirectes; contrairement à ce qu'affirme André de

Laubadère (*Traité de DA*, n° 1070), elle n'englobe pas les modifications directes du contrat, qui relèvent comme on l'a vu d'une théorie distincte dite de l'équation financière.

La théorie du fait du prince exige enfin que la modification indirecte atteigne le cocontractant à un titre spécial, qu'elle le frappe plus particulièrement que les autres administrés. C'est ainsi, pour reprendre notre deuxième exemple, que l'augmentation du taux de certaines impositions ne sera prise en compte que si elle le touche en sa qualité particulière de cocontractant (en pesant par exemple sur des matières premières essentielles à l'exécution du contrat), et non pas seulement en sa qualité de contribuable.

d. La théorie de l'imprévision

200 Il arrive que, par suite d'un aléa extérieur aux parties, le cocontractant de l'administration ne tire pas de son contrat tout le bénéfice qu'il en attendait. S'il s'agit d'un aléa normal, c'est-à-dire d'un aléa lié à l'évolution de facteurs, tels que la conjoncture économique, dont il connaissait l'éventualité, il n'a droit à aucune indemnité compensatrice, car on considère qu'il en a accepté le risque. Mais s'il s'agit au contraire d'un aléa anormal, dû à la survenance d'un événement imprévisible, on lui reconnaît le droit d'être indemnisé sur le fondement de la « théorie de l'imprévision » (CE 30. 3. 1916 Comp. gén. d'éclairage de Bordeaux *GAJA*, arrêt dit du « gaz de Bordeaux »).

Encore faut-il que certaines conditions soient remplies. Pour que la théorie de l'imprévision puisse jouer, il faut en effet que l'événement à l'origine du dommage soit extérieur aux parties, imprévisible, et difficilement résistible. La première condition marque sa différence fondamentale par rapport aux théories de l'équation financière et du fait du prince; la deuxième lui a donné son nom; et la troisième signifie que l'événement ne doit pas occasionner une simple gêne, mais doit provoquer un véritable bouleversement dans l'équilibre financier du contrat. Ce bouleversement, toutefois, ne doit pas être irrésistible, on veut dire par là qu'il ne doit pas rendre l'exécution du contrat radicalement impossible; car, dans une telle hypothèse, c'est la théorie de la force majeure et non la théorie de l'imprévision qui s'applique. La force majeure est en effet classiquement définie comme l'événement extérieur, imprévisible, et irrésistible qui permet, selon les cas, d'exonérer une personne de sa responsabilité (*cf.* n° 264) ou (ce qui nous intéresse davantage ici) de demander au juge la résiliation d'un contrat. Un arrêt célèbre a précisé à cet égard que la théorie de l'imprévision ne s'applique « que si le bouleversement du contrat présente un caractère temporaire »; s'il crée au contraire « une situation définitive qui ne permet plus au concessionnaire (ou à tout autre cocontractant de l'administration) d'équilibrer ses dépenses avec les ressources dont il dispose, ... la situation nouvelle ainsi créée constitue un cas de force majeure » (CE Ass. 9. 12. 1932 Comp. des tramways de Cherbourg *RDP* 1933. 117, concl. Josse, note Jèze. Cf. aussi CE 14. 6. 2000 Commune de Staffelfelden *RFDA* 2000. 881).

Cet arrêt est fondamental, car il permet de comprendre la différence de philosophie qui oppose les deux théories. La théorie de la force majeure prend acte d'un bouleversement définitif et entérine la fin du contrat : elle est en quelque sorte l'enregistrement d'un échec. La théorie de l'imprévision assure au contraire la survie du contrat en aidant le cocontractant de l'administration, grâce à une indemnité, à surmonter un bouleversement provisoire : elle transforme ainsi ce qui aurait pu être un échec en victoire de l'intérêt général (présent dans tout contrat administratif), voire de la continuité du service public (notamment dans le cas d'une concession).

Concrètement, le bouleversement temporaire qui ouvre droit à l'indemnité d'imprévision peut avoir deux causes différentes. Il peut être dû à des circonstances économiques : dans l'affaire du gaz de Bordeaux, par exemple, la Première Guerre mondiale provoque une augmentation provisoire du prix du charbon qui plonge la compagnie concessionnaire d'éclairage au gaz dans une situation gravement déficitaire (CE 30. 3. 1916, préc.). Mais il peut résulter aussi d'une décision émanant d'une personne publique autre que la personne publique contractante, par exemple d'un blocage des prix décide par l'État (CE 15. 7. 1949 Ville d'Elbeuf *S.* 1950. 61, note Mestre) ou d'une réquisition effectuée par les autorités d'occupation allemandes (CE 20. 10. 1971 Comp. du chemin de fer de Bayonne à Biarritz) ayant de graves incidences sur la rentabilité de l'exploitation d'un service public concédé par une collectivité locale.

Même dans ce second cas de figure, l'indemnité d'imprévision est toujours à la charge de la personne publique contractante. Elle a pour particularité de ne pas couvrir l'intégralité du préjudice. La jurisprudence estime en effet qu'une partie de celui-ci, représentant l'équivalent d'un aléa normal, doit rester à la charge du cocontractant; comme elle a pris l'habitude de la fixer forfaitairement à 10 % du montant total du préjudice, on en déduit que l'indemnité d'imprévision ne couvre généralement que 90 % de ce dernier. Une exception traditionnelle existe toutefois pour les marchés de travaux publics, domaine dans lequel l'indemnité d'imprévision couvre l'intégralité du préjudice causé par la survenance de certaines difficultés matérielles d'exécution (roches dures, nappes d'eau souterraines...), en vertu de la théorie dite « des sujétions imprévues », laquelle n'est qu'une variante généreuse de la théorie de l'imprévision (*cf.* par ex. CE 3. 11. 1982 Soc. d'exploitation Louis Gros *RDP* 1983. 1420).

La théorie de l'imprévision a été forgée en 1916 pour assurer la continuité des services publics concédés, et non par sollicitude envers les concessionnaires (*cf.* CE 30. 3. 1916. préc.). Ce souci de sauvegarder l'intérêt général continue à l'animer aujourd'hui. C'est ce qui explique que le cocontractant ne puisse obtenir l'indemnité d'imprévision que s'il a poursuivi sans interruption l'exécution du contrat, malgré les difficultés rencontrées (CE Sect. 5. 11. 1982 Soc. Propétrol *AJDA* 1983. 259, concl. Labetoulle). Jusqu'en 1976, ce souci de l'intérêt général paraissait même, à certains égards, exclusif de toute considération d'équité, car la jurisprudence refusait d'accorder l'indemnité d'imprévision lorsque celle-ci était demandée après l'expiration du contrat (CE 28. 11. 1952 Soc. coop. des ouvriers et techniciens du bâtiment *Lebon* 542); fort heureusement, elle l'accepte aujourd'hui (CE Sect. 12. 3. 1976 Département des Hautes-Pyrénées *AJDA* 1976. 552, concl. Labetoulle) : démonstration est ainsi faite que l'équité peut constituer à l'occasion le fondement de rechange de la théorie de l'imprévision.

Malgré ce progrès, la théorie de l'imprévision ne s'applique plus aussi souvent qu'autrefois, car les contrats comportent de plus en plus fréquemment des clauses de « variation » ou de « révision » des prix, par lesquelles ils assurent leur adaptation aux fluctuations de l'économie. Néanmoins, elle n'est pas morte pour autant, car ces clauses ne peuvent évidemment pas tout prévoir (*cf.* motifs de CE 10. 2. 2010 Soc. Prest'Action, req. n° 301116).

e. La théorie de l'enrichissement sans cause

201 L'enrichissement sans cause est une théorie civiliste forgée par la Cour de cassation à la fin du XIXe siècle. S'analysant comme un quasi-contrat, il permet à un demandeur d'obtenir d'un défendeur une indemnité à cinq conditions cumulatives : il faut qu'il y ait : *1)* un appauvrissement du demandeur, *2)* un enrichissement du défendeur, *3)* un lien de causalité entre les deux phénomènes, *4)* une absence de juste cause à ce transfert de richesse, *5)* et une absence de toute autre action en réparation à la disposition du demandeur.

Le Conseil d'État a accepté de transposer cette théorie de l'enrichissement sans cause, qu'il qualifie de « principe général applicable, même sans texte », au droit administratif (CE Sect. 14. 4. 1961 Soc. Sud-Aviation *AJDA* 1961. 326, chron. Galabert et Gentot). Ce « principe général » est susceptible de s'appliquer indépendamment de tout contrat (*cf.* par ex. CE Sect. 14. 4. 1961, préc.; et TA Dijon 7. 4. 2005 EDF *AJDA* 2005. 1962, concl. Dorion : jugement qui montre en outre que la condition n° 5 ne semble plus exigée en droit administratif). Mais en pratique, il intervient le plus souvent en marge d'un marché de travaux publics, pour indemniser les « travaux utiles », non prévus contractuellement, que l'entrepreneur a exécutés spontanément (CE 3. 10. 1979 Soc. Entrasudo *AJDA* 1980. 434 : utilité des murs de soutènement, mais non des clôtures, construits en supplément des logements commandés) ou à la suite d'un ordre verbal irrégulier (CE Sect. 17. 10. 1975 Commune de Canari *AJDA* 1975. 562, chron. Boyon et Nauwelaers).

C. La disparition du contrat administratif

202 Le contrat administratif expire normalement avec la réalisation de son objet (par exemple avec la livraison d'un bien dans le cas d'un marché de fournitures), ou à la survenance de son terme (qui peut être fixé à plusieurs dizaines d'années dans le cas d'une concession de service public).

Mais il peut aussi disparaître prématurément de multiples façons : par accord des parties; par « rachat contractuel » de l'administration, prévu par le contrat; par résiliation unilatérale de l'administration, dans l'intérêt du service (*cf.* n° 197) ou à titre de sanction (*cf.* n° 195); sur décision du juge du référé contractuel (*cf.* n° 191) ; sur décision du juge du plein contentieux (communément appelé « juge du contrat »), à la demande d'un concurrent évincé (*cf.* n° 191), ou du cocontractant en cas de modification excessive de l'objet du contrat (*cf.* n° 196), de faute grave de l'administration (*cf.* n° 198), ou de force majeure (*cf.* n° 200), ou bien à la demande de l'administration lorsqu'il s'agit de prononcer la déchéance d'une concession de service public et qu'aucune clause contractuelle ne lui permet de l'infliger elle-même (*cf.* n° 195); ou enfin sur décision du juge de l'excès de pouvoir, soit à la suite d'un déféré préfectoral exercé contre un contrat passé par une collectivité territoriale (loi du 2. 3. 1982), soit à la suite d'un recours pour excès de pouvoir formé par un tiers contre le contrat de recrutement d'un agent territorial (CE Sect. 30. 10. 1998 Ville de Lisieux, *cf. infra*, chap. 11, n° 304).

S'agissant toutefois du juge du contrat, un important arrêt de 2009 précise qu'il doit s'efforcer d'éviter d'annuler le contrat, compte tenu de « l'objectif de stabilité des relations contractuelles » qui s'impose à lui ; il doit donc privilégier « la poursuite de l'exécution du contrat » lorsqu'elle est possible, « éventuellement sous réserve de mesures de régularisation prises par la personne publique », aux deux autres solutions qui s'offrent à lui et qui sont, d'une part la résiliation du contrat « le cas échéant avec un effet différé », d'autre part l'annulation du contrat en cas de « vice d'une particulière gravité » (CE Ass. 28. 12. 2009 Commune de Béziers *AJDA* 2010. 142, chron. Liéber et Botteghi).

Deuxième partie

Le contrôle de l'action administrative

203 On a vu dans la première partie de cet ouvrage que l'administration exerce des missions d'intérêt général (*cf.* TITRE 2) qui lui permettent d'utiliser des procédés exorbitants du droit commun (*cf.* TITRE 3). En contrepartie de ces privilèges, son action doit se conformer aux trois exigences constitutives de l'État de droit : respect de l'idéologie des droits de l'Homme, soumission au principe de légalité, contrôle par des juges indépendants. Les deux premières ayant déjà été examinées (respectivement dans l'Introduction générale et dans le TITRE 1), il est maintenant temps d'étudier comment la troisième est prise en compte par le droit français.

Le contrôle de l'action administrative est essentiellement assuré par des juridictions administratives (TITRE 4), devant lesquelles on peut soulever la responsabilité de l'administration (TITRE 5), et exercer divers recours contentieux (TITRE 6).

TITRE 4

LES JURIDICTIONS ADMINISTRATIVES

204 Bien que les juridictions administratives soient nées du principe de séparation des autorités administratives et judiciaires (*cf.* Introduction générale), le contrôle de l'action administrative ne leur appartient pas totalement. Il fait en effet l'objet d'un partage entre les deux ordres de juridictions (CHAPITRE 7), partage qu'il faut examiner avant d'étudier la répartition des compétences à l'intérieur de l'ordre juridictionnel administratif (CHAPITRE 8).

CHAPITRE 7

Le partage du contrôle de l'administration entre les deux ordres de juridictions

205 Après avoir analysé les critères de répartition des compétences entre les deux ordres de juridiction (SECTION 1), on étudiera le règlement des conflits de compétence (SECTION 2) puis le rôle du juge judiciaire comme juge de l'action administrative (SECTION 3).

SECTION 1

LES CRITÈRES DE RÉPARTITION DES COMPÉTENCES

Ainsi qu'on l'a vu dans l'introduction générale, le critère principal est celui de la gestion publique (**A**). Mais il laisse place à une multitude de critères secondaires (**B**).

A. Le critère principal : la gestion publique

Mis en avant par les arrêts Blanco et Terrier, le critère de la gestion publique confie au juge administratif le contrôle des activités à l'occasion desquelles l'administration met en œuvre des prérogatives ou des obligations exorbitantes du droit commun, manifestant l'emploi de la puissance publique (*cf.* Introduction générale). Concrètement, ce critère subordonne la compétence du juge administratif à la réunion de trois conditions. Il exige en effet des activités imputables à une personne morale française de droit public (condition organique) (**1**), portant sur la fonction administrative (condition matérielle) (**2**), et s'exerçant sous un régime de puissance publique (condition fonctionnelle) (**3**).

1. Des activités imputables à une personne morale française de droit public

206 Pour que le juge administratif soit compétent, le critère de la gestion publique exige avant tout que l'activité en cause soit imputable à une personne morale française de droit public, c'est-à-dire à l'État, à une collectivité locale, à un établissement public, ou à un GIP (sur cette dernière notion, *cf.* chap. 3, n° 98).

Cette exigence exclut du champ de compétence du juge administratif les activités imputables à des personnes publiques étrangères (**a**), ainsi que les activités imputables à des personnes privées (**b**).

a. L'exclusion des activités imputables à des personnes publiques étrangères

Le critère de l'imputabilité consiste à rechercher pour le compte de qui l'activité en cause est exercée. Il n'a donc aucun rapport avec le lieu de l'activité ou avec la nationalité de l'exécutant. Cette précision permet de comprendre pourquoi le juge administratif est compétent pour connaître d'un marché conclu au Cambodge pour le compte de l'ambassade de France (CE 7. 10. 1970 Lavigne *Lebon* 979), ou pour engager la responsabilité sans faute de l'État français du fait de ses traités (CE Ass. 30. 3. 1966 Comp. gén. d'énergie radio-électrique *GAJA*), mais non pour réparer un dommage de travaux publics causé par une entreprise française travaillant à l'étranger pour le compte d'un État étranger (CE 27. 4. 1987 Boulard *AJDA* 1987. 776 note Auby), ou en France pour le compte d'une ambassade étrangère (TC 20. 1. 1945 Suchet *D.* 1948. 396). De façon comparable, en vertu de la convention de Rome du

19 juin 1980, ratifiée par la France, le juge administratif français est en principe incompétent pour apprécier la légalité d'un contrat conclu par une personne publique française avec un cocontractant étranger, lorsque les parties ont stipulé que ce contrat serait exclusivement régi par le droit de l'État étranger concerné (CE Sect. 19. 11. 1999 Tegos *RFDA* 2000. 833, concl. Arrighi de Casanova; concl. Chauvaux sur TC 24. 4. 2006 SCP de médecins Reichheld et Sturtzer *AJDA* 2006. 2456).

On observera au passage que le juge judiciaire français n'est en principe pas plus compétent que le juge administratif pour connaître des activités imputables à des personnes publiques étrangères : en vertu du principe d'immunité de juridiction des États étrangers, la compétence en revient en effet normalement aux tribunaux des États concernés.

b. L'exclusion des activités imputables à des personnes privées

Le contentieux des activités imputables à des personnes privées relève en principe du juge judiciaire. Cela se vérifie même à l'égard des actions en responsabilité exercées par des personnes publiques contre des personnes privées (CE Sect. 30. 10. 1964 Commune d'Ussel *AJDA* 1964. 689 et 706, chron. Puybasset et Puissochet et concl. Fournier).

Un problème délicat est posé par les fautes commises par les agents publics. Subtilement, mais de façon tout à fait logique, le critère de l'imputabilité aboutit à répartir leur contentieux entre les deux ordres de juridiction. Une vénérable jurisprudence confie en effet les « fautes de service », imputables à l'administration, au juge administratif, et les « fautes personnelles », imputables aux agents eux-mêmes, au juge judiciaire (TC 30. 7. 1873 Pelletier *GAJA*; pour une analyse plus fouillée, *cf. infra*, chap. 10).

Il existe d'autres hypothèses dans lesquelles le contentieux d'activités exercées par des personnes privées relève du juge administratif, parce qu'elles sont imputables à des personnes publiques. C'est notamment le cas : des contrats relatifs à la construction de routes, activité qui « appartient par nature à l'État » et qui lui est par conséquent imputable (TC 8. 7. 1963 Soc. entreprise Peyrot *GAJA*); des contrats conclus par une personne privée « pour le compte » d'une personne publique, au sens de la jurisprudence sur le mandat implicite (*cf.* chap. 6, n° 179); et des actes pris par les personnes privées gérant un service public pour réglementer l'organisation de leur SPIC (TC 15. 1. 1968 Époux Barbier *GAJA*), ou pour exercer avec des prérogatives de puissance publique leur mission de SPA (CE Sect. 13. 1. 1961 Magnier *RDP* 1961. 155 concl. Fournier pour le REP, et CE 23. 3. 1983 Soc. Bureau Véritas *CJEG* 1983, 313 note Dupielet pour l'action en responsabilité), l'idée de la jurisprudence étant à notre avis que des actes aussi imprégnés de puissance publique sont en réalité imputables à la personne publique chargée de contrôler la bonne marche du service public.

Cette prééminence du critère de l'imputabilité ne doit pas être idéalisée pour autant. Il existe en effet d'autres chefs de compétence du juge administratif qui y dérogent indiscutablement. C'est par exemple l'attractivité des notions de domaine public (défini par l'art. L. 2111-1 CG3P comme l'ensemble des biens immobiliers ou mobiliers des personnes publiques « affectés à l'usage direct du public » ou « à un service public pourvu qu'en ce cas ils fassent l'objet d'un aménagement indispensable à l'exécution des missions de ce service public »), de travaux publics (définis comme les travaux immobiliers exécutés pour une personne publique dans un but d'intérêt général, ou pour une personne privée par une personne publique dans le cadre d'une mission de service public), et d'ouvrage public (défini comme l'immeuble affecté à l'intérêt général et résultant du travail de l'homme), qui explique que le juge administratif soit compétent : pour sanctionner, à la place du juge pénal, les atteintes au domaine public constitutives de « contraventions de grande voirie » (art. L. 774-1 et suiv. CJA); pour ordonner, à la place du juge civil, l'expulsion des occupants sans titre du domaine public (CE Sect. 13. 7. 1961 Comp. fermière du casino de Constantine *AJDA* 1961. 469 chron. Galabert et Gentot); et pour connaître, encore à la place du juge civil, des litiges relatifs aux contrats comportant occupation du domaine public passés par des concessionnaires de service public (décret-loi du 17 juin 1938 et art. L. 2331-1 CG3P), ainsi que des « dommages de travaux publics » causés par des entrepreneurs privés (loi du

28 pluviôse an VIII) ou résultant de l'exploitation d'un ouvrage public par une personne privée (CE Sect. 24. 11. 1967 D[lle] Labat *RDP* 1968. 648 et 659, note Waline et concl. Baudouin, à propos de l'effondrement d'une marquise appartenant à la SNCF, lors d'un spectacle organisé dans une gare). De même, c'est parce qu'elles mettent en cause des « rapports de droit public » que les réclamations pécuniaires des personnes publiques contre les usagers des SPA doivent être portées devant le juge administratif (TC 12. 1. 1987 Launay *RDSS* 1987, 417, concl. Massot : hôpital public réclamant à un usager le paiement de ses frais de séjour). Dans tous ces cas, il est bien évident que le critère de l'imputabilité à une personne publique est écarté.

2. Des activités portant sur la fonction administrative

207 Pour que le contrôle d'une activité relève du juge administratif, il ne suffit pas que cette activité soit imputable à une personne morale française de droit public : il faut en outre qu'elle porte sur la « fonction administrative », c'est-à-dire sur la fonction qui consiste, selon l'analyse classique de Maurice Hauriou, à satisfaire les besoins du public.

Toute activité portant sur l'une des quatre autres fonctions assumées par l'État (ou, pour la quatrième, par une autre personne publique) échappe en effet à son contrôle. Il s'agit des fonctions législative (**a**), gouvernementale (**b**), judiciaire (**c**), et institutionnelle (**d**).

a. L'exclusion des activités relatives à la fonction législative ou parlementaire

Comme on l'a vu, tout acte émanant d'une assemblée parlementaire échappe en principe au contrôle du juge administratif (ainsi d'ailleurs qu'au contrôle du juge judiciaire). L'ordonnance du 17 novembre 1958 et un arrêt de 1999 apportent toutefois deux exceptions à cette règle en assimilant à des actes administratifs unilatéraux les actes individuels relatifs aux agents publics employés par les assemblées parlementaires, ainsi que les décisions du président de l'Assemblée nationale de passer des contrats administratifs (sur tous ces points, *cf.* chap. 5, n° 138). Et la jurisprudence y a ajouté deux autres exceptions en permettant au juge administratif de refuser d'appliquer les lois contraires à un traité, même lorsqu'elles sont postérieures à celui-ci (CE Ass. 20. 10. 1989 Nicolo *GAJA*, *cf.* chap. 1, n° 32), et d'engager la responsabilité sans faute de l'État du fait des lois (CE Ass. 14. 1. 1938 Soc. anonyme des produits laitiers « La Fleurette » *GAJA*, *cf. infra*, n° 298).

b. L'exclusion des activités relatives à la fonction gouvernementale

Distincte de la fonction administrative, la fonction gouvernementale a pour objet de faire participer l'exécutif à l'exercice de la souveraineté (sur cette analyse, *cf.* chap. 2, n° 67). C'est ce qui explique que les « actes de gouvernement », par l'édiction desquels elle se traduit, échappent au contrôle du juge administratif (comme du reste au contrôle du juge judiciaire).

c. L'exclusion des activités relatives à la fonction judiciaire

La « fonction judiciaire » désigne la fonction régalienne de l'État en vertu de laquelle les magistrats de l'ordre judiciaire sont chargés de rendre la justice. L'idée que le juge administratif ne doit pas en connaître, au nom du principe de séparation des autorités administratives et judiciaires, a inspiré deux jurisprudences.

Selon la première, les actes portant sur l'organisation du service public de la justice judiciaire sont des actes administratifs unilatéraux, alors que les actes portant sur son exécution sont des actes juridictionnels constituant l'essence même de la fonction judiciaire (TC 27. 11. 1952 Préfet de la Guyane *GAJA*, *cf.* chap. 5, n° 139). Seuls les premiers relèvent donc du contrôle du juge administratif.

Et selon la seconde, l'activité de police est administrative lorsqu'elle a pour but de maintenir la paix sociale, alors qu'elle est judiciaire quand elle vise à rechercher les auteurs d'une infraction afin de les livrer à la justice pénale (CE Sect. 11. 5. 1951 consorts Baud *S.* 1952, 3, 13 concl. Delvolvé note Drago, *cf.* chap. 4, n° 114). Là encore, seule la première relève en conséquence du contrôle du juge administratif.

d. L'exclusion des activités relatives à la fonction institutionnelle

Contrairement à la fonction administrative, qui est tournée vers le public, la « fonction institutionnelle » est orientée vers l'administration elle-même. Elle désigne en effet l'activité d'autorégulation de l'administration (sur cette analyse, *cf.* chap. 2, n° 76). En raison de leur innocuité supposée, et de plus en plus souvent réelle, les « mesures d'ordre intérieur » par l'édiction desquelles elle se traduit échappent au contrôle du juge administratif (comme du reste au contrôle du juge judiciaire).

3. Des activités s'exerçant sous un régime de puissance publique

208 Pour que le contrôle d'une activité relève du juge administratif, il ne suffit pas que cette activité soit imputable à une personne morale française de droit public et qu'elle porte sur la fonction administrative : il faut en outre qu'elle s'exerce sous un régime de puissance publique.

Répondent à cette condition fonctionnelle l'activité de police administrative (*cf.* chap. 4) et d'une façon générale l'activité des SPA (*cf.* chap. 3, n° 111). Les actes administratifs unilatéraux, quelle que soit l'activité dans laquelle ils s'insèrent, y répondent aussi, car ils sont par nature l'expression la plus typique de la puissance publique (*cf.* chap. 5).

En revanche, l'activité des SPIC (**a**), la gestion du domaine privé des personnes publiques (**b**) et certains contrats de l'administration (**c**) ne remplissent pas cette condition : représentatifs de ce que peut être une « gestion privée », ils relèvent du juge judiciaire au même titre que les activités et contrats comparables réalisés par les simples particuliers, et échappent en conséquence au contrôle du juge administratif.

a. L'exclusion de l'activité des SPIC

Les SPIC sont des services publics à gestion privée, dont l'activité s'exerce normalement sans mise en œuvre de prérogatives de puissance publique. Il est donc logique que leur contentieux appartienne au juge judiciaire. Le juge administratif redevient toutefois compétent lorsque des litiges découlent de leur recours à la puissance publique. C'est notamment le cas des litiges provoqués par les règlements édictés pour l'organisation du SPIC (TC 15. 1. 1968 Époux Barbier *GAJA*), des litiges se rapportant à la situation individuelle du directeur et du chef de la comptabilité du SPIC (CE 26. 1. 1923 de Robert Lafrégeyre *GAJA*), du contentieux des dommages de travaux publics causés par le SPIC lorsque la victime est un tiers, du contentieux des dommages causés dans l'exercice par le SPIC de prérogatives de puissance publique (comme par ex. l'expropriation), et des litiges relatifs aux contrats passés par le SPIC avec des tiers lorsque ces contrats remplissent les conditions organique (présence d'une personne publique) et matérielle (exorbitance ou exécution du service public) nécessaires pour être qualifiés d'administratifs (sur tous ces points, *cf.* chap. 3, n° 112).

b. L'exclusion de la gestion du domaine privé des personnes publiques

Les biens des personnes publiques sont traditionnellement répartis en deux catégories, selon qu'ils appartiennent à leur « domaine public » ou à leur « domaine privé ».

Le domaine public recouvre l'ensemble des biens immobiliers ou mobiliers des personnes publiques affectés soit à l'usage direct du public (plages, routes, promenades publiques...), soit à un service public (écoles, gares, palais de justice...), à condition, dans cette deuxième hypothèse, de faire l'objet d'un aménagement indispensable à l'exécution des missions de celui-ci (voir les manuels de droit administratif des biens). Parce qu'il bénéficie d'un régime juridique profondément exorbitant du droit commun, consacrant notamment son inaliénabilité et son imprescriptibilité, son contentieux relève tout naturellement du juge administratif.

Par opposition, le domaine privé regroupe l'ensemble des biens immobiliers ou mobiliers des personnes publiques qui ne sont affectés ni à l'usage direct du public ni à un service public, ou qui, y étant affectés, ne remplissent pas la condition d'aménagement dans une hypothèse où l'appartenance au domaine public la nécessite (terrains vagues, bâtiments inemployés, forêts non aménagées...). Contrairement au domaine public, il est aliénable, prescriptible, et soumis pour l'essentiel au droit privé. Très logiquement, son contentieux appartient donc au juge judiciaire. C'est notamment devant lui que doivent être exercées les actions en responsabilité intentées contre les personnes publiques en raison des dommages dus à la mauvaise gestion de leur domaine privé

(CE Sect. 28. 11. 1975 ONF c. Abamonte *D.* 1976. 355 note Auby, à propos de la chute d'une personne dans une carrière désaffectée; TC 22. 10. 2007 Préfet des Bouches-du-Rhône *AJDA* 2008. 1145, note Canedo-Paris, à propos de l'effondrement d'une grotte sur une personne dans une forêt).

Là encore, la compétence du juge administratif réapparaît toutefois lorsque la personne publique gère son domaine privé en utilisant des prérogatives de puissance publique, par exemple en effectuant des travaux publics (TC 8. 2. 1965 Martin *Lebon* 811, à propos de dommages de TP), ou en passant des contrats comportant des clauses exorbitantes du droit commun (CE 19. 11. 2010 ONF c. Girard-Mille *RFDA* 2011. 187). Le juge administratif est également compétent pour connaître des litiges relatifs à « un acte administratif détachable des opérations de gestion du domaine privé » (CE 3. 3. 1975 Courrière *AJDA* 1975. 233, chron. Franc et Boyon, à propos de la décision autorisant des coupes de bois dans une forêt du domaine privé).

En revanche, les contrats ayant pour objet la gestion même du domaine privé (et qui ne contiennent pas de clauses exorbitantes) ne sont pas administratifs, et relèvent du contrôle du juge judiciaire. Le critère de l'exécution du service public, consacré par l'arrêt Bertin, leur est en effet inapplicable, car la jurisprudence refuse avec constance d'assimiler la gestion du domaine privé à une activité de service public (*cf.* par ex. TC 22. 11. 2010 Brasserie du Théâtre *AJDA* 2010. 2423, chron. Botteghi et Lallet).

c. L'exclusion de certains contrats de l'administration

Les contrats que l'administration passe sans recourir à la puissance publique sont normalement des contrats de droit privé qui relèvent du contrôle du juge judiciaire. Il s'agit des contrats qui ne contiennent pas de clauses exorbitantes du droit commun (CE 31. 7. 1912 Soc. des granits porphyroïdes des Vosges *GAJA*, à propos d'un marché de fourniture de pavés passé « selon les règles et conditions des contrats intervenus entre particuliers »), et qui ne sont pas soumis à un régime juridique prédéterminé exorbitant du droit commun (CE Sect. 19. 1. 1973 Soc. d'exploitation électrique de la rivière du Sant *AJDA* 1973. 358 chron. Léger et Boyon). (Sur tous ces points, *cf.* chap. 6, n°s 185 et 186)

Ces contrats deviennent toutefois administratifs, bien qu'ils soient dépourvus de puissance publique, lorsqu'ils satisfont au critère du service public dégagé par les arrêts Bertin et Grimouard (*cf.* ci-après).

B. Les critères secondaires

Très nombreux, ces critères secondaires sont jurisprudentiels (**1**) ou textuels (**2**).

1. Les critères jurisprudentiels

a. Le critère du service public

209 Du point de vue du positivisme sociologique, qu'on a adopté dans ce manuel, le droit n'est légitime que s'il répond loyalement aux aspirations de la conscience collective. C'est dire que les services publics sont la raison d'être de l'administration et de son droit. Ils ne sont en effet rien d'autre qu'un ensemble d'activités exercées par l'administration, ou sous son contrôle, dont la conscience collective a exigé la création en vue de satisfaire ses besoins.

Mais si les services publics sont la raison d'être de l'administration et de son droit, le service public ne constitue pas pour autant le « critère principal » de compétence du juge administratif, contrairement à ce qu'affirment, en disciples de Duguit, André de Laubadère et MM. Vénezia et Gaudemet (*Traité de droit administratif*, n°s 528 à 534).

Le service public, dont nous avons donné les définitions juridiques dans le chap. 3, s'accommode en effet aussi bien du droit privé (*cf.* notamment les SPIC) que du droit administratif. Car la conscience collective ne s'intéresse guère au choix technique des régimes juridiques, et se borne à exiger des services publics qu'ils fonctionnent correctement, exigence que suffisent à satisfaire les trois « lois » de continuité, d'adaptation, et d'égalité (analysées dans le chap. 3, n°s 107 à 109).

En réalité, le service public n'est qu'un critère secondaire de compétence du juge administratif. Il intervient surtout pour lui confier le contentieux des contrats dont l'objet est de faire participer le cocontractant de l'administration à l'exécution même d'un service public (CE Sect. 20. 4. 1956 Époux Bertin *GAJA*), ou dont la passation par l'administration constitue une modalité d'exécution d'un service public (CE Sect. 20. 4. 1956 Min. de l'Agriculture c. consorts Grimouard *GAJA*). (Sur tous ces points, *cf.* chap. 6, n°s 183 et 184). Plus modestement, il contribue aussi à définir les travaux publics (TC 28. 3. 1955 Effimieff *GAJA*) et le domaine public (CE Sect. 19. 10. 1956 Soc. « Le Béton » *GAJA*), dont le contentieux relève en principe du juge administratif (*cf. supra*, n° 206).

b. Le critère du juge judiciaire, gardien de la propriété privée

210 La jurisprudence considère traditionnellement que « la protection de la propriété privée rentre essentiellement dans les attributions de l'autorité judiciaire » (TC 17. 3. 1949 Soc. « Hôtel du Vieux-Beffroi » *Lebon* 592). Le Conseil constitutionnel assimile pour sa part à un « principe fondamental reconnu par les lois de la République » le principe selon lequel le juge judiciaire est le gardien de la propriété immobilière privée (CC 25. 7. 1989 TGV Nord *RFDA* 1989. 1009, note Bon), solution qui paraît transposable à la propriété mobilière privée. La tradition législative (d'ailleurs non spécifiquement républicaine) à laquelle il se réfère est incontestable : elle remonte à la loi du 8 mars 1810 qui donnait au juge judiciaire la compétence (qui existe toujours) de prononcer l'expropriation et d'évaluer les indemnités à payer aux expropriés.

C'est donc en vertu d'un principe général du droit à valeur constitutionnelle, et non d'un texte, que les atteintes à la propriété privée relèvent du juge judiciaire, même lorsqu'elles sont commises par l'administration (sur l'assimilation des PFR à des PGD, *cf.* chap. 1, n° 24). Aucun article de la Constitution, ni aucune loi à portée générale, ne consacre cette compétence privilégiée. On aurait pu songer à la faire découler de l'article 66 de la Constitution; mais le Conseil constitutionnel a clairement indiqué « que celui-ci concerne la liberté individuelle et non le droit de propriété » (CC 17. 7. 1985 Principes d'aménagement *Lebon* 49).

Plusieurs lois mettent en œuvre ce principe. Les principales chargent le juge judiciaire de prononcer et d'indemniser l'expropriation (C. expr.) et d'indemniser divers types de réquisitions (militaires, loi du 3. 7. 1877; civiles « pour les besoins de la nation », loi du 11. 7. 1938 et ord. du 6. 1. 1959; de logement, art. L. 641 et suiv. du CCH), et de servitudes (notamment de celles instituées afin de permettre la distribution d'énergie : loi du 15. 6. 1906 : implantation de supports, pose de lignes aériennes ou de canalisations, élagage des arbres gênants...). Contrairement à ce qu'on pourrait penser, le juge administratif conserve toutefois une marge de compétence non négligeable. Le Code de l'expropriation lui confie ainsi le contentieux des déclarations d'utilité publique et des arrêtés de cessibilité, qui forment la première phase de la procédure d'expropriation. Quant aux autres lois précitées, elles sont d'interprétation stricte; la jurisprudence le reconnaît donc compétent pour connaître des réquisitions qu'elles ne mentionnent pas, notamment de celles décidées par les préfets ou par les maires dans l'exercice de leurs pouvoirs de police administrative (CE Sect. 15. 2. 1961 Werquin *RDP* 1961. 321 et 1523, concl. Braibant note Waline), ainsi que des dommages de travaux publics causés accidentellement aux propriétés à l'occasion des servitudes sus-indiquées (TC 15. 6. 1970 Dame Audebert c. EDF *AJDA* 1970. 573, note Valter). Enfin, c'est lui que la loi du 29 décembre 1892, qui permet à l'administration d'imposer pendant cinq ans l'occupation des terrains privés pour les besoins des travaux publics, désigne pour trancher les litiges relatifs à son indemnisation. En matière d'atteinte à la propriété privée, le critère de la gestion publique parvient ainsi à concurrencer le critère du juge judiciaire gardien de la propriété privée.

Mais le principe selon lequel le juge judiciaire est le gardien de la propriété privée n'est pas mis en œuvre que par des lois; il a aussi suscité deux théories jurisprudentielles : la théorie de la voie de fait (*cf. infra*, n°s 230 à 235), dont il est l'un des pères, et surtout la théorie de l'emprise irrégulière, qu'il a totalement inspirée. Selon cette dernière théorie, seul le juge judiciaire est compétent pour réparer l'« emprise » commise par l'administration ou par un entrepreneur de travaux publics, c'est-à-dire la dépossession (et non une simple dégradation accidentelle) d'une propriété immobilière ou d'un droit réel fortement protégé (hypothèse de la concession funéraire : CE 22. 4. 1983 Lasporte *AJDA* 1983. 673, chron. Lasserre et Delarue). Sa compétence est toutefois subordonnée à une condition : l'emprise doit être « irrégulière », elle ne doit pas constituer « l'exercice des droits attribués à l'administration par les textes législatifs » (TC 17. 3. 1949 Soc. « Hôtel du Vieux-Beffroi » *Lebon* 592). Il en résulte que, lorsque l'emprise est régulière, c'est-à-dire lorsqu'elle est effectuée dans un cadre légal, c'est le juge administratif qui est compétent pour la réparer, sauf si une loi en dispose autrement (CE Sect. 15. 2. 1961 Werquin, préc.). En cas de doute sur le caractère régulier ou irrégulier d'une emprise, le Tribunal des conflits impose même au juge judiciaire de surseoir à statuer et de saisir le juge administratif d'une question préjudicielle; car seul le juge administratif est compétent pour décider du caractère régulier ou irrégulier d'une emprise (TC 30. 6. 1949 Nogier *D.* 1949. 394, concl. J. Delvolvé). Là encore, le critère de la gestion publique parvient ainsi à concurrencer le critère du juge judiciaire gardien de la propriété privée.

On aboutit finalement à un partage de compétence juridictionnelle assez complexe. Il n'est pas sûr qu'il soit conforme à la jurisprudence du Conseil constitutionnel, dont la tendance paraît consister à réserver au juge judiciaire au moins le contentieux de toutes les « dépossessions », même régulières, des propriétés immobilières privées (*cf.* CC 13. 12. 1985 Amendement Tour Eiffel § 15 *AJDA* 1986. 171, note Boulouis, et CC 25. 7. 1989 TGV Nord § 23, préc.). Et il est tout à fait certain qu'il suscite l'hostilité d'une partie de la doctrine, qui voudrait l'« abandon pur et simple de la jurisprudence sur l'emprise » afin de renforcer (à contre-courant de la jurisprudence constitutionnelle) la compétence du juge administratif en matière de propriété privée (*cf.* R. Chapus, *DAG* tome 1, n° 1086). Mais nous l'approuvons, malgré tout, pour deux raisons : d'abord parce qu'en dépit de sa complexité, il est relativement clair et cohérent; ensuite et surtout parce qu'il parvient à concilier la liaison entre compétence judiciaire et protection de la propriété privée, à laquelle la conscience collective est très attachée, avec la nécessaire sauvegarde du principe de séparation des autorités administratives et judiciaires, dont le critère de la gestion publique est l'instrument privilégié.

2. Les critères textuels

a. Le critère du juge judiciaire, gardien de la liberté individuelle

211 La jurisprudence considère traditionnellement qu'« il appartient à l'autorité judiciaire gardienne de la liberté individuelle de statuer sur les conséquences de tous ordres des atteintes arbitraires à cette liberté » (TC 27. 3. 1952 Dame de la Murette *RDP* 1952. 757, note Waline). D'origine jurisprudentielle, ce critère du juge judiciaire gardien de la liberté individuelle a par la suite été consacré par deux textes de portée générale. Il s'agit de l'article 66 de la Constitution, qui confie à « l'autorité judiciaire, gardienne de la liberté individuelle », le respect du principe selon lequel « nul ne peut être arbitrairement détenu »; et de l'article 136 du Code de procédure pénale, aux termes duquel « dans tous les cas d'atteinte à la liberté individuelle, le conflit ne peut jamais être élevé par l'autorité administrative, et les tribunaux de l'ordre judiciaire sont toujours exclusivement compétents » pour statuer sur toute action « civile », c'est-à-dire en dommages-intérêts, « qu'elle soit dirigée contre la collectivité publique ou contre ses agents ». Malgré leur clarté apparente, ces deux textes ont posé des problèmes d'interprétation.

• *La notion de « liberté individuelle », utilisée par l'article 66*, a en effet été interprétée de façon de plus en plus extensive par le Conseil constitutionnel. On aurait pu penser, compte tenu de l'interdiction expresse de toute détention arbitraire, qu'elle recouvrait simplement le droit à la sûreté et la liberté d'aller et venir; en ce sens, plusieurs décisions ont d'ailleurs censuré des lois qui permettaient à l'administration d'incarcérer pendant plusieurs jours, sans intervention de l'autorité judiciaire, les étrangers en instance d'expulsion ou de refoulement (CC 9. 1. 1980 Prévention de l'immigration clandestine *AJDA* 1980. 356, note Franck : sept jours; CC 25. 2. 1992 Zones de transit *RFDA* 1992. 187, note Genevois : vingt jours). Mais le Conseil constitutionnel y a en outre progressivement inclus l'inviolabilité du domicile et de la correspondance, la liberté du mariage et la protection contre les informations nominatives informatisées (sur ces deux dernières extensions, *cf.* CC 13. 8. 1993 Maîtrise de l'immigration *RFDA*

1993. 871, note Genevois). La compétence de l'autorité judiciaire s'en est donc trouvée élargie, jusqu'à ce que par un spectaculaire revirement de jurisprudence, opéré en 1999, le Conseil constitutionnel décide de revenir à une conception restrictive de la liberté individuelle (CC 16. 6. 1999 Sécurité routière, *JO* du 19).

En sens inverse, le Conseil constitutionnel choisit de laisser au juge administratif le contentieux de l'annulation des actes administratifs unilatéraux relatifs à l'entrée, au séjour, et à l'éloignement des étrangers (refus ou octroi de titres de séjour, reconduite à la frontière ou expulsion, etc.), bien qu'il s'agisse d'actes mettant en jeu leur liberté individuelle (CC 28. 7. 1989 Loi Joxe *AJDA* 1989. 619, note Chevallier). Opérant une subtile conciliation entre le critère du juge judiciaire gardien de la liberté individuelle et le critère de la gestion publique (auquel il s'est rallié dans sa décision CC 23. 1. 1987 Conseil de la concurrence *GDCC*, *cf.* Introduction générale), il privilégie ainsi le premier lorsque la sûreté de l'étranger est en péril, et le second quand sa liberté d'aller et venir est seule en cause. Dans la même optique, le juge administratif a scindé en deux le contentieux de l'hospitalisation d'office des malades mentaux; il se reconnaît en effet compétent pour apprécier la « régularité » formelle des arrêtés préfectoraux d'hospitalisation (*cf.* par ex. CE Sect. 1er. 4. 2005 Mme L. *AJDA* 2005. 1231, chron. Landais et Lenica, et TC 26. 6. 2006 Président du Conseil de Paris *AJDA* 2006. 1916), alors que la législation réserve au juge judiciaire le soin d'apprécier leur « nécessité », c'est-à-dire leur bien-fondé (art. L. 3213-1 et suiv. du CSP, issus de la loi modifiée du 30 juin 1838 sur les aliénés). Là encore, une conciliation est ainsi opérée entre les deux critères, mais elle intervient cette fois au cœur même de la sûreté, noyau dur de la liberté individuelle.

• *Quant à l'article 136 du Code de procédure pénale*, le bloc de compétence qu'il entendait instituer au profit du juge judiciaire a été considérablement amoindri par l'interprétation qu'en a donnée le Tribunal des conflits. Selon ce dernier, le juge civil est en effet incompétent (sauf voie de fait) pour apprécier la légalité de l'acte administratif qui est à l'origine de l'atteinte à la liberté individuelle, ainsi d'ailleurs que pour en opérer l'interprétation s'il s'agit d'un acte individuel (sur ces questions, *cf. infra*, n° 229) :

en cas de difficultés d'interprétation, ou d'appréciation de légalité, il doit donc surseoir à statuer et en renvoyer la résolution au juge administratif par le biais de « questions préjudicielles »; s'il s'y refuse, le préfet peut, malgré les termes pourtant très explicites de l'article 136, utiliser la procédure du conflit positif (analysée *infra*, n° 223) pour l'y contraindre (TC 16. 11. 1964 Clément *AJDA* 1965. 221, chron. Puybasset et Puissochet; TC 2. 5. 1988 Kaçar *Lebon* 486).

La jurisprudence Clément fait donc dépendre du juge administratif le sort de l'action en dommages-intérêts, car ce n'est que s'il déclare l'acte illégal que le juge judiciaire pourra indemniser la victime. Paradoxalement, elle transfère ainsi en quelque sorte au premier le rôle de gardien de la liberté individuelle que la Constitution confie pourtant au second.

b. Les compétences attribuées au juge judiciaire en matière de responsabilité de la puissance publique

Par dérogation au critère de la gestion publique, plusieurs lois rendent le juge judiciaire compétent pour statuer, à la place du juge administratif, sur certaines actions mettant en jeu la responsabilité de la puissance publique.

Cela a été le cas, jusqu'en 1986, des actions soulevant la responsabilité des communes (puis de l'État à partir de 1983) en raison des dommages causés par les attroupements (loi du 16. 4. 1914). Mais la loi du 9 janvier 1986 en a restitué la compétence au juge administratif (cf. *infra*, n° 292).

À l'heure actuelle, on relève cinq principaux chefs de compétence du juge judiciaire.

1) La responsabilité de l'État pour les fautes commises par les membres de l'enseignement public ou de l'enseignement privé sous contrat d'association (loi du 5. 4. 1937)

212 Cette responsabilité couvre les dommages causés ou subis par des élèves en raison d'une faute commise par un enseignant (selon l'interprétation extensive de la loi retenue par TC 31. 3. 1950 D^lle^ Gavillet *JCP* 1950, n° 5579 note Vedel). Le plus souvent, il s'agit d'une faute de surveillance (CE Sect. 27. 5. 1983 Soulard *AJDA* 1983. 409, chron. Lasserre et Delarue : élève blessé à l'œil

par une boulette de papier lancée par un camarade; Civ. 2e 14. 12. 1987 *D.* 1988. IR 14 : élève victime d'un accident de la circulation en sortant de l'école). Mais il peut s'agir aussi d'une faute de comportement (Civ. 2e 28. 3. 1966 *JCP* 1966, n° 14835, note Bigot : propos outrageants de l'enseignant). Peu importe qu'il s'agisse d'une « faute personnelle » ou d'une « faute de service » (sur ces notions, *cf. infra*, nos 269 à 271).

La loi du 5 avril 1937 substitue la responsabilité de l'État à celle de l'enseignant fautif, en réponse à une revendication des enseignants, inquiets pour leurs patrimoines. Les victimes de la faute d'un enseignant doivent donc attaquer l'État, et non l'enseignant lui-même. En contrepartie, la loi s'efforce de rassurer l'opinion publique, alors méfiante envers les juridictions administratives, en donnant compétence aux tribunaux judiciaires (civils, ou répressifs lorsque l'action civile est jointe à l'action publique dans l'hypothèse d'une faute pénalement répréhensible). En outre, elle permet à l'État d'exercer une action récursoire contre l'enseignant fautif, afin de dissuader les enseignants d'adopter des comportements irresponsables.

La plupart de ces dispositions avaient déjà été prises par la loi du 20 juillet 1899. Mais cette loi présentait le défaut d'avantager excessivement les victimes en les faisant bénéficier d'un régime de responsabilité pour faute présumée. C'est pourquoi la loi de 1937, qui lui a succédé, a innové en instaurant un système plus classique de responsabilité pour faute prouvée.

En application du critère de la gestion publique, le juge administratif redevient enfin compétent lorsque le dommage « trouve sa cause dans un défaut d'organisation du service de l'enseignement » (tel qu'une absence de surveillance dans la cour de récréation), ou « lorsqu'il est afférent à un travail public » ou au mauvais état d'un ouvrage public (TC 31. 3. 1950 Dlle Gavillet, préc.).

2) La responsabilité des personnes publiques pour les dommages causés par leurs véhicules (loi du 31. 12. 1957)

213 Jusqu'en 1957, les dommages causés par les véhicules publics étaient en principe réparés par le juge administratif alors que ceux causés par les véhicules privés l'étaient par le juge judiciaire (*cf.* par ex. CE Ass. 18. 11. 1949 Dlle Mimeur *RDP* 1950. 183, note

Waline). Cette solution étonnait l'opinion publique, qui comprenait mal que les accidents de la route, qui se ressemblent tous, soient ainsi répartis entre les deux ordres de juridictions. C'est pourquoi la loi de 31 décembre 1957 a institué en la matière un bloc de compétence au profit du juge judiciaire.

La notion de « véhicule », utilisée sans plus de précision par la loi, a été interprétée de façon très large par la jurisprudence, qui la définit comme tout engin conçu pour se déplacer. Sont ainsi considérés comme des véhicules, au sens de la loi de 1957 : les « véhicules terrestres à moteur » visés par la loi Badinter du 5 juillet 1985 (camions, tracteurs, pelleteuses, automobiles, motocyclettes...), mais aussi les trains et les tramways, les véhicules terrestres sans moteur (bicyclettes, charrettes...) et les véhicules marins ou aériens, motorisés ou non (bateaux, bacs, radeaux, avions, planeurs, téléphériques...) (Cf. notamment TC 15. 10. 1973 Barbou *AJDA* 1974. 94, concl. Braibant pour les bacs, et CE 25. 6. 1986 Dame Curtol *AJDA* 1986. 653, note Moreau pour les charrettes). En revanche, ne sont pas considérés comme des véhicules : un ponton emporté par une crue (CE 16. 6. 1976 Soc. des entreprises Zublin-Perrière *Lebon* 802), les animaux (CE 16. 10. 1987 De Viguerie *Lebon* 637, à propos d'un cheval), les ascenseurs (car ils sont incorporés dans des immeubles) et (de façon contestable si on compare avec le sort réservé aux charrettes à bras) les tondeuses à gazon (CE 14. 3. 1969 Ville de Perpignan *AJDA* 1969. 711).

La notion de dommage « causé par » un véhicule a elle aussi été interprétée très largement. Peu importe, en effet, que le dommage soit causé par un véhicule en mouvement ou à l'arrêt (hypothèse de l'accident provoqué par une automobile mal garée). Peu importe également qu'il y ait collision ou non avec le véhicule : les dommages qui proviennent des boues, des poussières ou des vibrations résultant du passage d'un véhicule sont considérés sans problème comme causés par lui. Cette extension rencontre toutefois des limites : c'est ainsi que les dommages causés aux cultures par l'épandage de produits chimiques réalisé au moyen d'avions ne sont pas considérés comme causés par des véhicules, car ils proviennent davantage de la nature de ces produits que de leur mode d'épandage (TC 4. 2. 1974 Alban et Trouche *RDP* 1974. 918, note de Soto). Mais, malgré ces limites, cette interprétation extensive provoque parfois des complications regrettables, notamment lorsque les poussières ou les vibrations à l'origine du dommage proviennent à la fois de véhicules et d'installations fixes de chantier : car, dans cette hypothèse, on aboutit à une scission du contentieux, la partie du dommage imputable aux véhicules relevant de la compétence du juge judiciaire, tandis que celle imputable aux installations fixes de chantier est réservée au juge administratif en application de la théorie des dommages de travaux publics (CE 25. 6. 1975 Soc. l'Entreprise industrielle *Lebon* 386 pour les poussières; CE 16. 11. 1992 S.A. Entreprise Razel frères *RDP* 1993. 818, note Auby, pour les vibrations).

Pour résoudre ce problème, le Tribunal des conflits juge depuis 2001 que la loi de 1957 n'est applicable « que pour autant que le dommage invoqué trouve sa cause déterminante dans l'action d'un véhicule » (TC 12. 2. 2001 Commune de Courdimanche *RFDA* 2001. 1120). Mais l'idéal serait à notre avis de modifier la loi de 1957, afin de restituer au juge administratif le contentieux des dommages provoqués par les véhicules de travaux publics. Cette réforme ne constituerait d'ailleurs pas une révolution, car la loi de 1957 admet déjà une exception à la compétence du juge judiciaire : elle concerne les dommages causés par les véhicules aux dépendances du domaine public autres que la voirie routière, qui continuent à relever du juge administratif. Mais, contrairement à René Chapus, il ne nous paraît pas opportun d'aller plus loin, en limitant son application « aux seuls dommages causés par les véhicules visés par la loi du 5 juillet 1985 » (*DAG* tome 1, n° 1107); car la jurisprudence issue de la loi de 1957 est beaucoup moins embrouillée qu'on ne le dit parfois, et ne nécessite aucunement un tel électrochoc.

On ajoutera enfin que le juge administratif redevient compétent lorsque l'action en réparation n'est pas exercée sur le fondement de la loi de 1957, mais sur un autre fondement mettant en œuvre le critère de la gestion publique. C'est notamment le cas lorsqu'elle est fondée sur la mauvaise organisation d'un SPA (CE 24. 3. 1978 Laporta *AJDA* 1979, n° 10, p. 36, note Tercinet : action en responsabilité du SPA de transport scolaire, intentée par les parents d'un élève renversé par le car de ramassage scolaire qu'il attendait; CE 18. 11. 1994 Sauvi *AJDA* 1995. 253, note Prétot : action en responsabilité du SPA de la protection civile, intentée par les victimes de l'épandage par voie aérienne d'un produit antifeu).

3) La responsabilité de l'État et de ses établissements publics pour les dommages causés par les accidents nucléaires (lois modifiées du 12. 11. 1965 et du 30. 10. 1968)

214 La loi du 12 novembre 1965 confie au juge judiciaire le contentieux des accidents nucléaires causés par des navires nucléaires. La loi du 30 octobre 1968 en fait autant pour le contentieux des accidents nucléaires causés par des installations nucléaires terrestres, qu'elles soient civiles ou militaires; mais la loi du 16 juin 1990, qui la modifie, précise que seul le TGI de Paris est compétent.

En unifiant ainsi le contentieux au profit du juge judiciaire, ces lois ont le mérite d'empêcher un partage de compétences juridictionnelles que l'opinion publique ne comprendrait pas, car rien ne ressemble plus à un accident nucléaire causé par un exploitant privé (EDF, Areva...), qu'un accident nucléaire causé par un exploitant public (État, CEA...).

En revanche, la loi du 5 janvier 2010 confie l'indemnisation des victimes des essais nucléaires français au ministre de la Défense, dont les décisions (prises sur « recommandation » d'un comité spécial) relèvent en cas de litige du contentieux administratif.

4) La responsabilité de la collectivité nationale pour les dommages causés par les actes de terrorisme et par certaines infractions pénales (lois modifiées du 9. 9. 1986 et du 3. 1. 1977)

215 La délinquance et le terrorisme traduisent l'existence d'un « risque social » dont le législateur a décidé de couvrir les conséquences les plus graves. La loi du 3 janvier 1977, incorporée dans les articles 706-3 et suivants du Code de procédure pénale, et améliorée à plusieurs reprises, organise en effet la réparation intégrale des « dommages qui résultent des atteintes à la personne », quand ils ont pour cause une infraction pénale ayant entraîné la mort

ou une incapacité de travail égale ou supérieure à un mois, ou ayant consisté en une agression sexuelle. Elle prévoit aussi la réparation partielle (et notoirement insuffisante) des dommages résultant d'un vol, d'une escroquerie, d'un abus de confiance, d'une extorsion de fonds ou de la détérioration d'un bien, lorsque la victime se trouve « dans une situation matérielle ou psychologique grave ». De son côté, la loi du 9 septembre 1986 organise la réparation intégrale des dommages aux personnes et aux biens causés par des actes de terrorisme.

Concrètement, la réparation des dommages aux biens causés par les actes de terrorisme incombe aux compagnies d'assurances, qui sont obligées par la loi de 1986 de les garantir. Les autres dommages sus-énumérés sont réparés par le « fonds de garantie des victimes des actes de terrorisme et d'autres infractions ». Créé en 1986, il est alimenté par un prélèvement sur les contrats d'assurances de biens, et subrogé dans les droits des victimes contre les responsables du dommage. Tous les litiges avec le fonds relèvent de la compétence des TGI, sauf l'action subrogatoire du fonds contre une personne publique, qui relève des TA (*cf.* CAA Bordeaux 2. 10. 2007 Centre hospitalier de Cadillac *AJDA* 2007. 2392, concl. Vié). On notera au passage que jusqu'à la loi du 6 juillet 1990, la réparation des dommages causés par les infractions pénales incombait à l'État, et non au fonds qui n'indemnisait alors que les dommages aux personnes causés par les actes de terrorisme.

5) La responsabilité de la collectivité nationale pour les dommages causés par la transfusion du virus du SIDA (loi modifiée du 31. 12. 1991)

216 Au cours des années 1980, plusieurs milliers de personnes ont été transfusées avec du sang contaminé par le virus du SIDA. C'est à la suite de ce drame, qui a profondément ému l'opinion publique, que la loi du 31 décembre 1991 a été votée. Cette loi crée un fonds de garantie (financé par l'État et par une contribution des compagnies d'assurances), que la loi du 9 août 2004 a remplacé par un office national d'indemnisation, qu'elle charge d'assurer la réparation intégrale des dommages causés par la transfusion du virus du SIDA (art. L. 3122-1 et suiv. CSP).

Elle respecte toutefois la liberté des victimes, qui peuvent à leur convenance saisir l'office, ou attaquer la personne responsable de la transfusion devant le TGI (s'il s'agit d'une personne privée comme une clinique ou comme un centre départemental de transfusion sanguine) ou devant le tribunal administratif (s'il s'agit d'une personne publique comme l'État ou comme un hôpital : *cf.* notamment CE Ass. 9. 4. 1993 G. *AJDA* 1993. 344, chron. Maugüe et Touvet, retenant la responsabilité de l'État pour faute simple dans son activité de réglementation et de contrôle de la transfusion sanguine; et CAA Paris 12. 11. 1999 Consorts X *AJDA* 2000. 277, retenant la responsabilité des hôpitaux de Paris pour faute simple consistant à avoir transfusé du sang contaminé). Elles peuvent aussi cumuler ces diverses possibilités, la loi prévoyant alors des mécanismes pour éviter les cumuls d'indemnisation (voir à ce sujet les précisions données par l'avis contentieux CE 15. 10. 1993 Consorts Jézéquel et Vallée *RFDA* 1994. 553, concl. Frydman).

Lorsque les victimes ont saisi l'office, elles peuvent attaquer les décisions prises par sa commission d'indemnisation directement devant la cour d'appel de Paris (art. L. 3122-3 CSP).

Un système voisin a été institué par la loi du 23 décembre 2000 au profit des victimes de l'amiante (sur la compétence du juge judiciaire, *cf.* CAA Paris 22. 2. 2006 Auger *AJDA* 2006. 949).

Cette prise en charge par la collectivité nationale, au moyen de fonds de garantie, des dommages causés par la transfusion du virus du SIDA, par des actes de terrorisme ou par certaines infractions pénales, est classiquement analysée comme un système d'« indemnisation » et non comme un régime de responsabilité (*cf.* G. Viney et P. Jourdain, *Les conditions de la responsabilité*, LGDJ, 1998, n° 374). Elle repose pourtant sur l'idée que la collectivité nationale n'est pas parvenue à empêcher, par une organisation adéquate de sa police ou de son système de santé, de tels dommages, dont la survenance lui est en quelque sorte imputable. Rien n'interdit donc de l'analyser comme un régime original de responsabilité, si on accepte de définir la « responsabilité » comme le système selon lequel la réparation d'un dommage incombe à la personne à laquelle il est imputable.

c. Les compétences attribuées au juge judiciaire dans les autres domaines

Par dérogation au critère de la gestion publique, plusieurs lois rendent le juge judiciaire compétent pour statuer, à la place du juge administratif, sur certains litiges qui ne mettent pas en jeu la responsabilité de la puissance publique. Sans chercher à être exhaustif, on mentionnera ses quatre principaux chefs de compétence.

1) Le contentieux des actes administratifs relatifs à l'état des personnes, à la nationalité et à l'électorat

217 Plusieurs dispositions législatives confient traditionnellement au juge judiciaire le contentieux de l'état des personnes. Relèvent notamment de sa compétence : le contentieux du SPA de l'état civil (TC 17. 6. 1991 Dame Maadjel *Lebon* 465, à propos du contentieux des décisions relatives au livret de famille); le contentieux du SPA de l'assistance éducative (TC 5. 4. 1993 Époux Demoulin *Lebon* 397); et le contentieux du SPA de la tutelle préfectorale sur les pupilles de l'État (TC 7. 10. 1991 D^{lle} Remadnia *RFDA* 1992. 907, note Bernigaud, à propos des décisions d'un préfet de déclarer un enfant pupille de l'État, et de le placer dans une famille en vue de son adoption). En revanche, les litiges relatifs aux décrets autorisant des changements de nom appartiennent au juge administratif (art. 61-1 du C. civ.).

En matière de nationalité, l'article 29 du Code civil confie au juge judiciaire le soin de trancher les « contestations sur la nationalité française ou étrangère des personnes physiques » (principe rappelé par CE 27. 7. 2005 Mme Ghenim *AJDA* 2005. 2355, note Thiellay). Le juge administratif doit donc le saisir d'une question préjudicielle lorsque l'issue de son procès dépend du point de savoir si l'une des parties est ou non de nationalité française (CE 4. 7. 1980 Zemma *Lebon* 300, concl. Bacquet). Il est en revanche compétent pour juger les recours contre les actes administratifs attribuant, refusant d'attribuer ou retirant la nationalité française (CE Sect. 28. 2. 1986 Akhras *AJDA* 1986. 320, concl. Denoix de Saint-Marc, à propos d'un refus de naturalisation); car, dans ce genre d'hypothèses, aucun doute n'existe sur l'absence de nationalité française des intéressés.

Quant au contentieux de l'électorat, il est attribué aux tribunaux d'instance par l'article L. 25 du Code électoral, qui leur donne notamment compétence pour juger les réclamations portées contre les décisions des commissions administratives chargées de la révision annuelle des listes électorales. Mais il ne faut pas le confondre avec le contentieux des élections, qui relève au contraire tantôt du juge administratif tantôt du Conseil constitutionnel.

2) Le contentieux des impôts indirects

218 Les impôts sont des prérogatives de puissance publique. Leur contentieux devrait donc normalement relever du juge administratif. Pourtant, une distinction est traditionnellement opérée entre impôts directs et impôts indirects.

Le contentieux des impôts directs est laissé au juge administratif. Le contentieux des impôts indirects est au contraire confié au juge judiciaire (art. L. 199, al. 2, du Livre des procédures fiscales, et art. 357 *bis* du C. douanes), à l'exception des taxes sur le chiffre d'affaires (art. L. 199, al. 1, du Livre des procédures fiscales).

Cette curieuse répartition de compétences a des raisons purement historiques. C'est en effet en 1790 que le contentieux des impôts indirects a été attribué au juge judiciaire, afin d'atténuer leur impopularité. Et bien que des juridictions administratives aient été créées en l'an VIII, on n'a plus osé par la suite remettre en question le *modus vivendi* ainsi instauré.

3) Le contentieux de la sécurité sociale

219 L'article L. 142-1 du Code de la sécurité sociale confie le contentieux de la gestion des régimes de sécurité sociale à des tribunaux judiciaires spécialisés, les « tribunaux des affaires de la sécurité sociale ». Ces tribunaux sont notamment compétents pour trancher les litiges individuels opposant les caisses de sécurité sociale aux assurés (CE Sect. 5. 2. 1954 Assoc. El Hamidia *JCP* 1954, n° 8136, concl. Mosset) ou aux praticiens (CE 25. 6. 1986 Sacaze *AJDA* 1986. 597, note Moreau, à propos du retrait par une caisse primaire de l'autorisation donnée à un médecin de dépasser les horaires conventionnels).

Le juge administratif redevient toutefois compétent dans certaines hypothèses, notamment pour connaître des litiges concernant : les règlements pris par les caisses pour organiser le SPA de la sécurité sociale, qui sont des actes administratifs unilatéraux (TC 22. 4. 1974 Blanchet *D.* 1975. 107, note Lachaume, à propos d'une circulaire réglementaire prise par une caisse nationale pour réduire la participation des assurés en cas de traitements prolongés et coûteux; TC 9. 6. 1986 Mazuoli *AJDA* 1986. 596, note Moreau, à propos d'une circulaire comparable prise par une caisse primaire); et les contrats passés par les caisses nationales (établissements publics) avec les syndicats de praticiens, qui sont des contrats administratifs (CE 18. 10. 1974 Conf. nat. des auxiliaires médicaux *Lebon* 495).

4) Le contentieux des décisions de l'Autorité de la concurrence

220 Créée par la loi du 4 août 2008, l'Autorité de la concurrence s'est substituée au Conseil de la concurrence, qui avait lui-même été créé par l'ordonnance du 1er décembre 1986. Comme son devancier, elle est une autorité administrative indépendante, qui prend des décisions dont le contentieux relève directement, en vertu de l'ordonnance précitée et de la loi du 6 juillet 1987, de la cour d'appel de Paris (pour un ex., *cf.* CA Paris 27. 1. 1998 EDF *AJDA* 1998. 435 note Adam et Blazy, arrêt par lequel la Cour confirme une décision du Conseil condamnant EDF pour des pratiques anticoncurrentielles dont ont été victimes des producteurs autonomes d'électricité).

Cet étonnant transfert de compétence a été avalisé par le Conseil constitutionnel. Dans sa célèbre décision du 23 janvier 1987, la haute juridiction s'est certes ralliée au critère de la gestion publique en réservant au juge administratif, comme on l'a vu dans l'Introduction générale de cet ouvrage, le contentieux de « l'annulation ou la réformation des décisions prises, dans l'exercice des prérogatives de puissance publique », par les autorités administratives. Mais par dérogation à ce critère, elle a prévu deux cas dans lesquels le législateur peut confier ce contentieux au juge judiciaire : lorsqu'il porte sur « des matières réservées par nature à l'autorité judiciaire » (hypothèse de la plupart des compétences judiciaires sus-énumérées aux a) et b), dans la mesure où elles correspondent à une tradition); ou lorsqu'il est utile, « dans l'intérêt d'une bonne administration de la justice, d'unifier les règles de compétence juridictionnelle » à son profit. Or, c'est à ce second cas que s'est référé le Conseil constitutionnel pour admettre que le contentieux des décisions du Conseil (aujourd'hui de l'Autorité) de la concurrence soit confié à la cour d'appel de Paris, cette unification de compétence étant justifiée selon lui par le souci d'éviter « des divergences qui pourraient apparaître dans l'application et dans l'interprétation du droit de la concurrence » si on laissait jouer le critère habituel de répartition des compétences (CC 23. 1. 1987 Conseil de la concurrence *GDCC*).

Il n'en reste pas moins que la jurisprudence a quelque peu atténué la portée de cette jurisprudence en interprétant de façon restrictive (et, à notre avis, justifiée) les dispositions de l'ordonnance de 1986 qui délimitent les compétences de l'Autorité de la concurrence, entraînant du même coup la réduction du champ d'intervention de la cour d'appel de Paris (*cf.* TC 6. 6. 1989 SAEDE, et CE Sect. 3. 11. 1997 Soc. Million et Marais, analysés n° 91).

Le législateur s'est néanmoins inspiré du précédent créé par l'ordonnance de 1986 pour transférer également à la cour d'appel de Paris le contentieux des décisions individuelles de la Commission des opérations de bourse (loi du 2. 8. 1989), de l'Autorité de régulation des télécommunications (loi du 26. 7. 1996), et (dans une moindre mesure) de l'Autorité des marchés financiers (remplaçant la COB et le Conseil des marchés financiers en vertu de la loi du 1er. 8. 2003), à l'exception de certaines décisions disciplinaires dans les trois cas. Mais, restant partiels, ces transferts ne réalisent pas d'unification du contentieux. Dès lors, il est assez difficile de comprendre en quoi ils respectent l'objectif d'une « bonne administration de la justice »...

d. Les compétences attribuées au juge administratif

221 Bien que cela demeure très rare, il arrive que le législateur attribue au juge administratif des compétences qui relèveraient du juge judiciaire si on appliquait le critère de la gestion publique-gestion privée. C'est ainsi que la loi du 28 pluviôse an VIII (art. L. 3211-1 CG3P) lui attribue le contentieux des ventes d'immeubles de l'État. À l'époque, en effet, Bonaparte voulait rassurer les acquéreurs de « biens nationaux » en écartant la compétence des tribunaux

judiciaires, réputés favorables aux anciens propriétaires. C'est également pour des motifs politiques que la loi du 22 avril 1806 lui a attribué le contentieux des litiges opposant la Banque de France – pourtant société anonyme – à son personnel, solution perpétuée aujourd'hui par la loi du 4 août 1993.

Mais les transferts législatifs de compétences ne bénéficient qu'exceptionnellement au juge administratif. Dans la quasi-totalité des cas, on l'a vu, ils profitent en effet au juge judiciaire, à tel point qu'ils paraissent voués à intervenir à sens unique.

Ce phénomène n'est pas l'effet du hasard : il répond, conformément aux vues du positivisme sociologique, à une aspiration des justiciables, qui se sentent rassurés par la proximité des tribunaux judiciaires et par leur pugnacité face à l'administration. Pour l'inverser, il faut donc avant tout restaurer leur confiance en multipliant le nombre des tribunaux administratifs (ce que la loi du 31 décembre 1987 n'a malheureusement pas fait), et en donnant à toutes les juridictions administratives les moyens (qu'elles n'ont pas osé se donner elles-mêmes) de soumettre l'administration au droit (*cf.* en ce sens les lois du 8 février 1995 et du 30 juin 2000, analysées aux n°s 352 à 361 et 368 à 370).

SECTION 2
LE RÈGLEMENT DES CONFLITS DE COMPÉTENCE

222 Le système français de dualité de juridictions pose inévitablement des problèmes de frontières dans la répartition des compétences entre le juge administratif et le juge judiciaire.

Ils sont faciles à résoudre lorsque la juridiction saisie est certaine de son incompétence. Dans ce cas, il suffit en effet à celle-ci de se déclarer incompétente, ce qu'elle peut faire même d'office, c'est-à-dire même si les parties n'ont pas soulevé son incompétence. Il ne reste plus alors à ces dernières qu'à se porter devant l'autre ordre de juridiction.

Mais ce « règlement spontané » des conflits de compétence est impossible dans trois hypothèses : lorsque les deux ordres de juridiction s'estiment compétents; lorsqu'à l'inverse ils s'estiment incompétents; ou tout simplement lorsque la juridiction saisie ne sait pas quel est l'ordre compétent. Dans ces trois hypothèses, il faut qu'une troisième autorité tranche le problème de compétence, qui s'apparente clairement, au moins dans les deux premiers cas, à un conflit.

Jusqu'en 1872, c'est le Conseil d'État qui était compétent pour trancher le conflit. La solution était évidemment critiquable, car le Conseil d'État se retrouvait ainsi en quelque sorte juge et partie.

Aussi ce mauvais système a-t-il été abandonné par la loi du 24 mai 1872. Cette loi ressuscite en effet le « Tribunal des conflits », juridiction spécialisée dans la résolution des conflits de compétence que la Seconde République avait expérimentée de 1848 à 1851. On étudiera successivement sa composition (**A**) et son rôle (**B**).

A. La composition du Tribunal des conflits

Le Tribunal des conflits comprend neuf membres : trois conseillers d'État élus par leurs pairs; trois conseillers à la Cour de cassation, également élus par leurs pairs; un quatrième conseiller d'État et un quatrième conseiller à la Cour de cassation, élus par les six premiers; et le ministre de la Justice, qui représente à la fois (par ses fonctions) le pouvoir judiciaire et (par son appartenance au gouvernement) le pouvoir exécutif, auquel la conception française classique de la séparation des pouvoirs rattache (bien à tort) les juridictions administratives.

C'est le ministre de la Justice qui assure la présidence du Tribunal des conflits. Mais, en pratique, il n'intervient qu'en cas de partage des voix par moitiés, afin de débloquer la situation. Cela n'est arrivé que dix fois depuis 1872. Dans les trois cas les plus anciens, le ministre a tranché en faveur de la compétence administrative (*cf.* notamment TC 8. 2. 1873 Blanco *GAJA*, et TC 29. 2. 1908 Feutry *RDP* 1908. 206, note Jèze). Il a fait de même dans le cas le plus récent (TC 12. 5. 1997 Préfet de police c. TGI de

Paris *AJDA* 1997. 575 chron. Chauvaux et Girardot, pour écarter de façon contestable une voie de fait). Dans quatre autres cas, il a au contraire tranché en faveur de la compétence judiciaire. Dans un neuvième cas, il a reconnu, au profit des victimes d'un entrepreneur de travaux publics faisant l'objet de poursuites pénales, une option entre les deux compétences, en leur permettant à leur convenance de porter leur action en dommages-intérêts devant le juge administratif, ou de la joindre à l'action publique devant le juge pénal (TC 13. 6. 1960 Douieb *D.* 1960. 576, concl. Chardeau, note Josse). Dans le dixième cas, enfin, il ne s'agissait pas de choisir une juridiction compétente mais de décider si le conflit positif (*cf.* n° 223) peut être élevé, sur l'action civile, devant une juridiction d'instruction (TC 6. 10. 1989 Dame Laplace *AJDA* 1989. 768, chron. Honorat et Baptiste : réponse négative).

En dehors de ces rares cas de partage des voix, le ministre de la Justice demeure absent, en vertu d'une tradition dont on ne peut que se réjouir, car elle permet de ne pas ternir l'image d'indépendance du Tribunal. Il est alors remplacé par un vice-président, élu par le Tribunal parmi ses huit autres membres. Mais on doit quand même souligner que c'est grâce à l'intervention du ministre de la Justice en 1873, favorable à la compétence administrative dans l'affaire Blanco, que le droit administratif a pris son essor.

On ajoutera enfin que le Tribunal ne peut siéger que si au moins cinq de ses membres sont présents. Les séances sont publiques, le ministère d'avocats aux Conseils obligatoire, et chaque décision doit être précédée de la lecture des conclusions d'un « rapporteur public ».

En moyenne, le Tribunal des conflits rend une quarantaine d'arrêts par an (*cf.* le compte-rendu d'activité d'Y. Robineau, *RFDA* 2004. 1167).

B. Le rôle du Tribunal des conflits

Le Tribunal des conflits s'est vu confier cinq attributions, qu'on examinera en suivant l'ordre chronologique de leur émergence.

1. Le règlement des conflits positifs (ordonnance modifiée du 1er. 6. 1828)

223 Le conflit positif est la procédure par laquelle un préfet s'oppose à ce qu'une affaire soit jugée par une juridiction judiciaire, parce qu'il estime que c'est une juridiction administrative qui est compétente (hypothèse la plus courante) ou qu'aucune juridiction n'est compétente (hypothèse des actes de gouvernement, illustrée par TC 2. 2. 1950 Radiodiffusion française *GAJA*) pour la juger.

En dehors des préfets, le préfet de police de Paris, les préfets maritimes, et les hauts-commissaires des collectivités d'outre-mer sont également compétents pour le mettre en œuvre (mais non le ministre de l'Intérieur : TC 22. 3. 2004 Le Sourd *AJDA* 2004. 685, obs. Brondel).

Le problème s'est posé de savoir si le conflit positif peut être utilisé pour protéger la compétence du Conseil constitutionnel. Pour l'instant, la jurisprudence estime que non (CA Reims 19. 3. 1993 Bénoit *D.* 1994. 368, note Pugeault, à propos du contentieux des élections législatives). Mais, pour améliorer la cohérence du système juridique français, il serait souhaitable d'adopter la solution inverse, au prix d'une interprétation constructive de l'ordonnance de 1828.

La procédure du conflit positif se déroule en quatre phases :

1) Tout commence avec un mémoire motivé, dénommé « déclinatoire de compétence », par lequel le préfet demande à la juridiction judiciaire concernée de reconnaître son incompétence. Ce déclinatoire ne lui est pas adressé directement, mais lui est transmis par l'intermédiaire du ministère public (procureur de la République).

2) La juridiction est alors tenue de lui répondre par un jugement tranchant la question de compétence. Deux possibilités s'offrent à elle : ou bien elle admet son incompétence, auquel cas le problème est réglé et il n'est pas nécessaire de passer à la troisième phase; ou bien elle résiste en rejetant le déclinatoire. Dans cette deuxième hypothèse, elle doit surseoir à statuer sur l'affaire à l'origine du conflit pendant quinze jours.

3) Le préfet, dûment averti du rejet de son déclinatoire par le ministère public, dispose alors de ce délai de quinze jours pour réagir : ou bien il renonce à poursuivre le combat, ce qu'il peut manifester très simplement en laissant le délai s'écouler, auquel cas il n'est pas nécessaire de passer à la quatrième phase; ou bien il persévère en « élevant le conflit » par un « arrêté de conflit » motivé, qu'il fait parvenir à la juridiction par l'intermédiaire du ministère public. Dans cette deuxième hypothèse, le sursis à statuer est prolongé jusqu'à la décision du Tribunal des conflits.

4) Saisi par le ministre de la Justice, suite à l'arrêté de conflit, le Tribunal des conflits dispose d'un délai de trois mois pour rendre sa décision. Pour se prononcer, il procède normalement en deux temps. Il vérifie tout d'abord la régularité de l'arrêté de conflit : si celui-ci est irrégulier, il l'annule sans trancher le problème de compétence. S'il est régulier, ce qui est généralement le cas, il passe alors au point essentiel de son examen, qui porte sur la question de savoir si la juridiction judiciaire est ou non compétente : au terme de cet examen, il « annule » l'arrêté de conflit s'il l'estime compétente, ou le « confirme » s'il la juge incompétente. Dans la première hypothèse, la juridiction judiciaire pourra reprendre le fil de son affaire; et dans la seconde, il appartiendra au justiciable de saisir la juridiction administrative.

Cette procédure n'est pas toujours respectée par les tribunaux judiciaires, qui statuent parfois sur le fond de l'affaire sans répondre au déclinatoire, ou avant que le préfet soit informé de leur réponse. Leurs jugements sont alors considérés par le Tribunal des conflits comme « nuls et non avenus » (TC 15. 4. 1991 Préfet de la région Lorraine *AJDA* 1991. 736, note Hecquard-Théron).

Le conflit positif est utilisable devant toutes les juridictions judiciaires, sauf devant la Cour de cassation. Il l'est même devant les tribunaux statuant en référé. Et il est utilisable en toute matière sauf en matière criminelle (ord. 1828, art. 1), en matière correctionnelle (ord. 1828, art. 2, réserve faite du cas où la répression d'une contravention de grande voirie serait poursuivie devant un tribunal correctionnel, dans lequel il redevient possible), et à l'encontre des actions civiles engagées contre les personnes publiques ou leurs agents en raison d'« atteinte à la liberté individuelle » (art. 136 CPP; *cf.* toutefois la jurisprudence TC 16. 11. 1964 Clément, préc. *supra*, n° 211). Cette immensité de son champ d'application est à coup sûr l'une des raisons du succès rencontré par le conflit positif. On compte en effet chaque année plus d'une dizaine d'arrêts rendus par le Tribunal des conflits à la suite d'arrêtés de conflit. Il y en aurait encore davantage si le juge administratif acceptait de se reconnaître compétent pour contrôler les refus des préfets de prendre des déclinatoires de compétence, ce qu'il refuse (CE 20. 4. 2005 Régie dép. des transports de l'Ain *AJDA* 2005. 1509, concl. Aguila et note critique Pontier). On notera enfin que depuis 2011, le Tribunal des conflits refuse d'appliquer les lois qui tentent, en violation de l'article 6 de la Convention européenne de sauvegarde des droits de l'Homme, de lui dicter des solutions pour des affaires en cours (TC 13. 12. 2010 Soc. Green Yellow *AJDA* 2011. 439, concl. Guyomar et note Richer).

Le système du conflit positif encourt toutefois un reproche grave : celui d'être totalement dissymétrique. Il ne joue en effet que dans le sens du dessaisissement des tribunaux judiciaires. C'est pourquoi nous pensons qu'il faudrait modifier l'ordonnance de 1828 afin de rétablir l'équilibre entre les deux ordres de juridiction, en permettant aux procureurs de la République d'élever le conflit devant n'importe quelle juridiction administrative, sauf devant le Conseil d'État statuant en cassation, lorsqu'ils estiment qu'une affaire portée devant elle relève de la compétence d'une juridiction judiciaire. Ainsi serait dissipé le sentiment d'impuissance qu'éprouvent à l'heure actuelle les magistrats judiciaires quand le juge administratif affirme sa compétence dans des cas controversés (*cf.* leurs protestations face à CE Ass. 17. 4. 1953 Falco et Vidaillac *Lebon* 175, et à CE Ass. 12. 7. 1969 L'Étang *RDP* 1970. 387, note Waline, préc. chap. 5, n° 139).

2. Le règlement des conflits négatifs (décret modifié du 26. 10. 1849)

224 Alors que le conflit positif naît d'une double déclaration de compétence (sauf hypothèse d'acte de gouvernement, *cf.* ci-dessus), le conflit négatif naît au contraire d'une double déclaration d'incompétence. En outre, le préfet n'y joue aucun rôle.

Pour qu'il y ait conflit négatif, il faut qu'une juridiction judiciaire et une juridiction administrative se déclarent incompétentes pour juger la même affaire. Il n'est nullement besoin que ces décisions d'incompétence émanent du Conseil d'État et de la Cour de cassation : des jugements émanant de juridictions de première instance suffisent. Une deuxième condition est toutefois nécessaire : il faut que les deux déclarations d'incompétence soient fondées sur l'idée, forcément erronée dans l'un des deux cas, que c'est l'autre ordre de juridiction qui est compétent. Ainsi, il n'y a pas conflit négatif lorsqu'elles sont justifiées par la présence d'un acte de gouvernement, ou quand l'une d'elles repose sur l'idée que c'est un autre tribunal du même ordre de juridiction qui est compétent (ex. du TI se déclarant incompétent au motif que c'est le TGI qui est compétent).

Un excellent exemple de conflit négatif est fourni par l'affaire Bunelier. Ayant été victime d'un dommage causé par une opération chirurgicale, M. Bunelier avait engagé la responsabilité de l'établissement de soins devant le TGI puis devant le Tribunal administratif. Mais à sa grande surprise, les deux juridictions se déclarèrent incompétentes, la première parce que l'établissement lui sembla être un hôpital public, la seconde parce qu'il lui parut être une clinique privée (TC 25. 1. 1988 Bunelier *AJDA* 1988. 408, note Prétot).

Dans ce genre d'hypothèses, le décret de 1849 permet à la victime du conflit négatif de former un recours devant le Tribunal des conflits, avec l'assistance obligatoire d'un avocat au Conseil d'État et à la Cour de cassation, afin de faire trancher le problème de compétence; le recours peut également être formé par le ministre concerné lorsque l'affaire intéresse l'État, ou par le ministre de la Justice quand une des deux décisions d'incompétence émane d'une juridiction pénale. Le Tribunal rend alors un arrêt par lequel il indique quel est l'ordre de juridiction compétent, déclare nul et non avenu celui des deux jugements d'incompétence qui a été rendu à tort, et renvoie l'affaire devant le tribunal compétent (le TGI dans l'affaire Bunelier, après que le TC ait estimé que « le centre chirurgical est un organisme de droit privé »; *cf.* TC 25. 1. 1988, préc.).

Le règlement des conflits négatifs présente, on le voit, une grande utilité, car il permet au justiciable rejeté d'un ordre de juridiction à l'autre de trouver un juge. Mais il ne saurait être qu'un pis-aller, car l'ideal est évidemment d'empêcher les conflits négatifs de survenir. C'est à cette tâche de prévention que s'est attelé avec succès le décret du 25 juillet 1960 (*cf. infra*, n° 227), grâce auquel les conflits négatifs sont devenus rarissimes (pour un ex. récent de conflit négatif, *cf.* TC 26. 6. 2006 Président du Conseil de Paris *RFDA* 2006. 1079, à propos d'un arrêté préfectoral mettant fin à une hospitalisation d'office : compétence du TA).

3. Le règlement des « revendications » ministérielles (loi du 24. 5. 1872)

225 D'après l'article 26 de la loi du 24 mai 1872, « les ministres ont le droit de revendiquer devant le Tribunal des conflits les affaires portées à la section du contentieux et qui n'appartiendraient pas au contentieux administratif ».

Il semble que le but de ce vieux texte ait été de permettre aux ministres de défendre l'immunité juridictionnelle des actes de gouvernement. Mais il est difficile d'en être certain car il n'a jamais été utilisé.

Rien n'empêche en tout cas les ministres, et notamment le ministre de la Justice, de s'en servir pour dessaisir le Conseil d'État (et lui seul car les autres juridictions administratives ne sont pas mentionnées) des affaires dont le règlement relève du juge judiciaire ou du Conseil constitutionnel. Cela permettrait de renforcer le rôle d'arbitre du Tribunal des conflits, en donnant vie à une nouvelle procédure de conflit qui ferait partiellement contrepoids, au profit des juridictions judiciaires, à la procédure sus-analysée du conflit positif.

4. Le règlement des contrariétés de jugements aboutissant à un déni de justice (loi du 20. 4. 1932)

226 Pour qu'il y ait « contrariété de jugements aboutissant à un déni de justice », au sens de la loi du 20 avril 1932, il est nécessaire que deux conditions soient réunies. Il faut d'une part que deux jugements définitifs de rejet au fond aient été rendus dans une même affaire, l'un par un tribunal judiciaire, l'autre par une juridiction administrative; l'exigence de rejets au fond permet de démarquer l'hypothèse visée par la loi de 1932 du conflit négatif, dont on a vu qu'il suppose deux rejets pour incompétence. Il faut d'autre part que ces deux jugements soient tellement contradictoires l'un par rapport à l'autre que leur rapprochement équivaut à un déni de justice.

L'affaire Rosay, qui est à l'origine de la loi de 1932, fournit un excellent exemple de contrariété de jugements aboutissant à un déni de justice. M. Rosay fut blessé dans une collision entre un véhicule militaire et le véhicule privé dont il était le passager. Il intenta alors une action en dommages-intérêts, successivement devant les tribunaux judiciaires, contre le conducteur du véhicule privé, puis devant le Conseil d'État, contre l'État. Les deux ordres de juridiction se reconnurent compétents, mais rejetèrent tous deux son action après examen au fond : le premier estima en effet que le conducteur du véhicule privé n'avait commis aucune faute, et que l'accident était uniquement dû à la maladresse du conducteur du véhicule militaire; à l'inverse, le second jugea ce dernier irréprochable, et mit l'accident au compte du conducteur privé. M. Rosay se retrouvait finalement sans un franc d'indemnité alors que personne ne contestait son droit à réparation.

C'est pour éviter que se renouvelle ce genre de mésaventure que la loi de 1932 a été votée. Désormais, lorsque les deux conditions sus-indiquées sont réunies, la victime de la contrariété a le droit de saisir le Tribunal des conflits, avec l'assistance obligatoire d'un avocat au Conseil d'État et à la Cour de cassation, dans les deux mois suivant la date à laquelle le dernier jugement rendu est devenu définitif. Chose remarquable, le Tribunal des conflits juge alors lui-même l'affaire au fond. Par comparaison, il n'est, dans l'exercice de ses quatre autres attributions (*cf.* 1, 2, 3 et 5), qu'un simple répartiteur de compétences.

La première application de la loi de 1932 a porté, à titre rétroactif, sur l'affaire Rosay. Le Tribunal des conflits a jugé que les conducteurs avaient tous les deux commis une faute, et a condamné l'État et le conducteur du véhicule privé à réparer chacun la moitié du dommage (TC 8. 5. 1933 Rosay *D.* 1933. 336). Depuis, la loi est appliquée en moyenne une fois tous les dix ans (*cf.* par ex. TC 14. 2. 2000 Ratinet *RFDA* 2000. 1232, note Pouyaud; pour un exemple d'inapplicabilité de la loi, *cf.* TC 26. 6. 2006 Mme Guedon *RFDA* 2006. 1080).

5. La prévention des conflits de compétence (décret du 25. 7. 1960)

227 Les quatre premières attributions du Tribunal des conflits ont un point commun : elles le font toutes intervenir tardivement, après qu'un conflit de compétence ait éclaté. C'est pourquoi le décret du 25 juillet 1960 les a complétées par une cinquième attribution, grâce à laquelle le Tribunal des conflits peut désormais intervenir beaucoup plus tôt que par le passé, avant même que le conflit de compétence ait pu véritablement se nouer.

Quantitativement, ce rôle préventif est devenu le rôle le plus important du Tribunal des conflits. Il faut s'en réjouir, car ce succès est le signe de la bonne santé de notre système de dualité de juridictions. Il n'a en effet été rendu possible que grâce à la coopération des juridictions administratives et judiciaires, auxquelles le décret de 1960 a donné le pouvoir de « renvoyer » au Tribunal des conflits les questions de compétence dans deux cas : lorsqu'il s'agit de prévenir des conflits négatifs (**a**), ou d'éviter qu'elles soient réglées unilatéralement par l'un des deux ordres de juridiction (**b**).

a. La prévention des conflits négatifs

Le premier cas de renvoi prévu par le décret de 1960 vise l'hypothèse dans laquelle deux conditions sont remplies : il faut d'une part qu'un tribunal ait décliné sa compétence par un jugement définitif, au motif que le litige ne relève pas de son ordre de juridiction; d'autre part qu'un tribunal de l'autre ordre, saisi à son tour, estime que ce litige appartient à l'ordre de juridiction primitivement saisi.

Au lieu de rendre à son tour un jugement d'incompétence, qui provoquerait le conflit négatif, ce second tribunal doit alors, par un jugement motivé qui n'est susceptible d'aucun recours, renvoyer au Tribunal des conflits le soin de déterminer la juridiction compétente (pour un ex. d'arrêt de renvoi, *cf.* CAA Bordeaux 23. 11. 1993 Commune d'Encourtiech *AJDA* 1994. 158. Et pour un exemple d'arrêt rendu sur renvoi, *cf.* TC 19. 2. 1990 Hervé *AJDA* 1990. 556, note Moreau, à propos d'un accident d'anesthésie survenu dans le service privé d'un médecin hospitalier.)

Grâce à ce mécanisme de renvoi, les conflits négatifs sont devenus rarissimes. Ils n'ont cependant pas complètement disparu, car le renvoi n'est possible que si le jugement d'incompétence initial est devenu définitif (c'est-à-dire insusceptible de recours) à la date à laquelle statue le tribunal de l'autre ordre de juridiction; en outre, il arrive malheureusement aux tribunaux de ne pas respecter leur obligation de renvoi (*cf.* par ex. TC 16. 6. 1997 Époux Muet *RFDA* 1997. 823 concl. Arrighi de Casanova, illustrant une négligence du TGI de Paris).

b. La prévention des réglements unilatéraux des questions de compétence

Le second cas de renvoi prévu par le décret de 1960 est réservé au Conseil d'État et à la Cour de cassation, contrairement au premier qui est ouvert à n'importe quelle juridiction administrative ou judiciaire. Il leur permet, par un arrêt motivé qui n'est susceptible d'aucun recours, de saisir le Tribunal des conflits de toute question de compétence « soulevant une difficulté sérieuse ». Contrairement à ce qu'on a observé à propos du premier cas de renvoi, il s'agit là d'une faculté et non d'une obligation.

C'est plus l'intérêt d'une bonne administration de la justice que l'intérêt du justiciable que le décret recherche ici. Le but ultime, en effet, n'est pas comme dans le premier cas de renvoi d'accélérer la résolution d'une affaire concrète, mais d'éviter que le Conseil d'État et la Cour de cassation tranchent les problèmes de compétence chacun de leur côté, au risque d'entrer en contradiction l'un avec l'autre. L'ambition est en d'autres termes d'instituer entre les deux hautes juridictions des rapports de collaboration et non de concurrence.

Cet objectif a été atteint : aujourd'hui, presque tous les arrêts les plus importants du Tribunal des conflits sont rendus à la suite de renvois émanant du Conseil d'État ou de la Cour de cassation (*cf.* par ex. TC 15. 1. 1968 Époux Barbier *GAJA*, et TC 14. 2. 2000 GIP « Habitat et interventions sociales pour les mal-logés et les sans-abris » *GAJA*, rendus sur renvoi de la Cour de cassation).

SECTION 3

LE JUGE JUDICIAIRE, JUGE DE L'ACTION ADMINISTRATIVE

228 L'action administrative se manifeste aussi bien sous la forme d'une « gestion privée » que d'une « gestion publique ». Il est dès lors assez logique que le juge judiciaire soit le juge des activités de gestion privée, puisque l'administration prétend les exercer dans les mêmes conditions qu'un simple particulier. C'est pour lui une première façon d'être juge de l'action administrative. L'ayant déjà longuement étudiée, on n'y reviendra pas (*cf.* Introduction générale, ainsi que n°s 112 et 208).

Mais il arrive aussi que le juge judiciaire soit amené à connaître de la gestion publique. C'est le cas, de façon certes indirecte, lorsque le déroulement de son procès l'oblige accessoirement à apprécier la légalité ou à procéder à l'interprétation d'un acte administratif unilatéral (**A**). C'est également le cas, de façon beaucoup plus directe, lorsque des textes ou des jurisprudences le rendent compétent pour contrôler, à la place du juge administratif, certaines activités de gestion publique. En la matière, sa compétence la plus remarquable découle de la théorie jurisprudentielle de la voie de fait (**B**), dont la portée est beaucoup plus générale que celle des critères textuels et jurisprudentiels déjà analysés (*supra*, n°s 210 à 220). Lorsqu'il est ainsi amené à connaître de la gestion publique, le juge judiciaire applique normalement le droit privé; mais, dans certains cas, il se trouve contraint d'appliquer les règles du droit administratif (**C**) : à la substitution de compétence juridictionnelle s'ajoute alors, dans un étonnant phénomène de métamorphose, une substitution du droit applicable.

A. L'appréciation de la légalité et l'interprétation des actes administratifs

229 Il arrive parfois que l'issue d'un litige relevant de la compétence d'un tribunal judiciaire dépende de la légalité ou de la signification d'un acte administratif. On se heurte alors au problème, qualifié de « question accessoire », de savoir quel est l'ordre de juridiction compétent pour procéder à cette appréciation de légalité ou à cette interprétation. Deux solutions sont possibles.

La première consiste à nier la compétence du juge judiciaire. Il doit alors surseoir à statuer et inviter les parties à saisir le juge administratif de la question accessoire, ce qu'elles doivent faire en exerçant un « recours en interprétation » ou un « recours en appréciation de légalité ». On parle dans ce cas de « question préjudicielle ». Bien entendu, le juge judiciaire reprendra le cours de son procès lorsque le juge administratif l'aura éclairé sur la légalité ou sur la signification de l'acte administratif concerné.

La deuxième solution consiste au contraire à permettre au juge judiciaire de procéder lui-même à l'examen de la question accessoire. On parle alors de « question préalable ».

Chacune des deux solutions présente un avantage et un inconvénient. Le procédé de la question préalable a le mérite d'éviter de ralentir le cours du procès, mais déroge au principe de séparation des autorités administratives et judiciaires. À l'inverse, le procédé de la question préjudicielle respecte ce vénérable principe, mais ralentit le procès en provoquant un sursis à statuer.

Le droit français retient deux principes pour trancher ce dilemme. Afin de lutter contre la tendance de certains plaideurs à soulever des questions dilatoires, dont l'unique objet est de gagner du temps, la jurisprudence estime tout d'abord qu'une question accessoire doit remplir deux conditions pour être préjudicielle : elle doit être sérieuse, c'est-à-dire difficile à résoudre, et pertinente, c'est-à-dire propre à influer sur la solution du litige. Lorsqu'une de ces deux conditions manque, la question est considérée comme préalable, ce qui signifie que le juge judiciaire doit la trancher lui-même. En second lieu, depuis l'entrée en vigueur, en 1994, du Nouveau Code pénal, les questions préjudicielles ne sont plus admises qu'en matière civile (**1**), et cessent de l'être en matière pénale (**2**).

1. Solution pour les tribunaux judiciaires statuant en matière civile

La jurisprudence Septfonds donne compétence aux tribunaux judiciaires statuant en matière civile pour interpréter les règlements. La solution est logique, car elle repose sur l'idée que qui peut le plus peut le moins : ces tribunaux étant compétents pour interpréter les lois, il serait en effet paradoxal de leur refuser le pouvoir d'interpréter les règlements, dans la mesure où ces derniers possèdent le même caractère général et impersonnel qu'elles (TC 16. 6. 1923 Septfonds *GAJA* : compétence d'un tribunal de commerce, saisi d'une action en dommages-intérêts contre une compagnie de chemin de fer ayant égaré des sacs de sucre, pour interpréter le règlement de 1915 régissant les transports ferroviaires).

En revanche, elle leur interdit d'interpréter les actes administratifs individuels ou « particuliers ». Et elle leur défend d'apprécier la légalité de quelque acte administratif que ce soit, même réglementaire, sauf s'il s'agit d'un acte constitutif d'une voie de fait (exception posée par TC 30. 10. 1947 Barinstein *RDP* 1948. 86, note Waline). À cette dernière exception près, toute difficulté d'interprétation ou d'appréciation de légalité surgissant dans ces domaines débouche donc, à condition évidemment d'être sérieuse et pertinente, sur une question préjudicielle.

Le juge civil dispose ainsi, à l'égard des actes administratifs, d'une marge de manœuvre plus grande en matière d'interprétation qu'en matière d'appréciation de légalité. Cette solution peut paraître étonnante, mais elle est en réalité profondément respectueuse du principe de séparation des autorités administratives et judiciaires. Car comme l'expliquait le commissaire du gouvernement Matter, « l'interprétation ne trouble pas, car elle suit, se conforme, applique. La déclaration d'illégalité refuse cette application, elle écarte [l'acte administratif], elle trouble l'opération du corps administratif » (concl. sur TC 16. 6. 1923 Septfonds, préc., *D.* 1924. 41).

2. Solution pour les tribunaux judiciaires statuant en matière pénale

L'article L. 111-5 du Nouveau Code pénal dispose que « les juridictions pénales sont compétentes pour interpréter les actes administratifs, réglementaires ou individuels, et pour en apprécier la légalité lorsque, de cet examen, dépend la solution du procès pénal qui leur est soumis ». Malgré sa maladresse de rédaction, notamment illustrée par l'oubli des actes administratifs particuliers, cet article entend ainsi exclure toute question préjudicielle en matière pénale. On ne peut qu'approuver cette solution simplificatrice, qui évite au juge pénal de retarder l'issue de ses procès, et à l'innocent d'attendre trop longtemps sa relaxe ou son acquittement. Sur le plan des principes, elle revient à écarter le principe de séparation des autorités administratives et judiciaires au profit de la règle de « plénitude de juridiction » du juge pénal (selon l'expression utilisée par TC 5. 7. 1951 avranches et Desmarets *Lebon* 638).

L'entrée en vigueur du Nouveau Code pénal, le 1er mars 1994, met ainsi fin au système complexe qui existait auparavant, et dont le défaut majeur était de susciter une opposition entre le Tribunal des conflits et la chambre criminelle de la Cour de cassation. Le Tribunal des conflits admettait en effet que le juge pénal pût apprécier la légalité ou procéder à l'interprétation des règlements; en revanche, il considérait comme des questions préjudicielles les difficultés relatives à la légalité ou à la signification des actes administratifs individuels ou particuliers (arrêt de principe : TC 5. 7. 1951 avranches et Desmarets *Lebon* 638, malgré l'hommage rendu à la « plénitude de juridiction » du juge pénal). Pour sa part, la chambre criminelle de la Cour de cassation préférait s'intéresser au rôle des actes administratifs dans la procédure pénale plutôt qu'à leur portée réglementaire ou individuelle; en conséquence, elle analysait les difficultés relatives à leur signification ou à leur légalité comme des questions préalables lorsqu'ils servaient de fondements aux poursuites, mais comme des questions préjudicielles lorsqu'ils étaient invoqués comme moyens de défense (Crim. 21. 12. 1961 Dame Le Roux *JCP* 1962, n° 12680, note Lamarque; Crim. 21. 10. 1987 Montorio *AJDA* 1988. 405, note Prétot).

B. La théorie jurisprudentielle de la voie de fait

1. Identification de la voie de fait

a. Définition, fondements et conditions

230 La voie de fait est l'acte de l'administration qui porte au droit de propriété ou à une liberté fondamentale une atteinte si grave qu'il

perd son caractère administratif et relève du contrôle exclusif du juge judiciaire.

On voit par là même qu'il s'agit d'une notion complexe, qui repose sur deux fondements. L'un est la dénaturation : l'action de l'administration est en effet si arbitraire, si ouvertement hors la loi, qu'elle est déchue de sa dignité d'activité administrative et du privilège de juridiction qui s'y attache; son caractère dégradant lui vaut en quelque sorte d'être dégradée. L'autre est le principe du juge judiciaire gardien de la propriété privée et de la liberté individuelle (*cf. supra*, n°s 210 et 211), cette dernière étant étendue pour la circonstance à l'ensemble des « libertés fondamentales », catégorie qui comprend les libertés publiques [1] ainsi, depuis 2007, que la « liberté d'administration des collectivités territoriales » (TC 19. 11. 2007 Préfet du Val-de-Marne *AJDA* 2008. 885, note Verpeaux).

Ce double fondement explique que deux conditions soient exigées pour qu'un acte de l'administration soit constitutif d'une voie de fait.

Il faut tout d'abord qu'il porte atteinte à une propriété immobilière (TC 12. 1. 1987 Veuve Caille *AJDA* 1987. 424, note Prétot, à propos de la démolition d'un mur) ou mobilière (TC 4. 7. 1991 Assoc. MJC Boris Vian *AJDA* 1991. 697, chron. Maugüe et Schwartz, à propos de la destruction du mobilier d'une association), ou à une liberté fondamentale comme par exemple la liberté de la presse (TC 8. 4. 1935 Action française *GAJA*, à propos de la saisie d'un journal), la liberté du domicile (CE 13. 7. 1966 Guigon *D.* 1966. 669, note Bertrand, à propos de l'apposition de scellés sur la porte du logement privé d'un officier), la liberté d'association (Civ. 1re 24. 10. 1977 Commune de Bouguenais *JCP* 1979, n° 19157, note Pacteau, à propos de la dépossession d'une association par une commune de la gestion d'une maison de retraite), ou la liberté d'aller et venir (TC 9. 6. 1986 Eucat *AJDA* 1986. 428, chron. Azibert et de Boisdeffre, à propos d'un retrait de passeport). La jurisprudence est à cet égard sans aucune ambiguïté : aucun

1. Sur cette notion, *cf.* notre ouvrage *Libertés publiques et droits de l'homme*, 8e éd., Sirey, 2008.

agissement de l'administration ne peut être constitutif d'une voie de fait s'il ne porte atteinte ni au droit de propriété ni à une liberté fondamentale (principe consacré par CE Sect. 8. 4. 1961 Dame Klein *AJDA* 1961. 332, chron. Galabert et Gentot, à propos du simple déplacement d'une clôture privée qui empiétait sur un chemin rural).

Il faut ensuite que l'atteinte illégale au droit de propriété ou à la liberté fondamentale soit suffisamment grave pour entraîner la dénaturation de l'acte. Cette condition de gravité s'apprécie à un double point de vue : d'abord en fonction des conséquences de l'acte, car une atteinte trop légère ne doit jamais être considérée comme une voie de fait (*cf.* Civ. 1re 16. 4. 1991 Guez *D.* 1991. IR 155 : l'ordre donné à un bateleur de se déplacer de quelques mètres est certes une atteinte à sa liberté professionnelle, mais c'est une atteinte trop légère pour constituer une voie de fait); d'autre part en fonction de l'illégalité de l'acte car une voie de fait suppose en principe une illégalité criante, que la jurisprudence analyse selon les cas comme un « manque de procédure », un « manque de droit » ou un « manque de motif adéquat » (*cf. infra*, nos 232 à 234).

b. Distinction par rapport à l'emprise irrégulière et à l'inexistence

231 L'« emprise » désigne, comme on l'a vu, la dépossession d'une propriété immobilière effectuée par l'administration (*cf. supra*, no 210). On en déduit qu'elle constitue nécessairement une voie de fait lorsqu'elle est gravement irrégulière (*cf.* par ex. TC 24. 6. 1954 Soc. Trystram *Lebon* 716, à propos de la dépossession d'un terrain effectuée sans titre juridique). Les effets de la théorie de l'emprise irrégulière s'effacent alors au profit de ceux de la théorie de la voie de fait.

Il faut malgré tout se garder de confondre les deux théories. Trois différences essentielles les séparent en effet. La voie de fait a tout d'abord un champ d'application beaucoup plus vaste que l'emprise irrégulière, car elle touche aussi bien aux libertés fondamentales ou à la propriété mobilière qu'à la propriété immobilière; en outre, elle concerne aussi bien la dégradation de cette dernière que sa dépossession. En second lieu, la voie de fait est plus facile à constater que sa rivale, car n'importe quel juge, tant administratif que judiciaire, est compétent pour la repérer, alors que le juge administratif est seul compétent pour décider du caractère irrégulier de l'emprise. Enfin, l'emprise irrégulière ignore complètement l'idée de dénaturation sur laquelle repose la voie de fait; c'est ce qui explique qu'elle soit constituée par n'importe quelle irrégularité, même très légère : la dépossession d'un immeuble fondée sur un ordre de réquisition entaché d'un vice de forme, par exemple, est une emprise irrégulière mais non une voie de fait.

De la même façon, il faut éviter de confondre la théorie de la voie de fait avec la théorie de l'inexistence. Selon cette dernière théorie, à la vérité un peu vague, tout acte administratif entaché d'une irrégularité grave et flagrante est réputé « inexistant » ou « nul et non avenu ». Ont par exemple été déclarés inexistants : l'arrêté par lequel un préfet se substitue au tribunal administratif pour annuler des élections municipales (CE Ass. 31. 5. 1957 Rosan Girard *GAJA*); les « nominations pour ordre », c'est-à-dire fictives, dont l'unique objet est de permettre à leurs bénéficiaires de s'en prévaloir pour obtenir un avantage (CE Sect. 30. 6. 1950 Massonnaud *Lebon* 400, concl. J. Delvolvé; CE Ass. 15. 5. 1981 Maurice *AJDA* 1982. 86, concl. Bacquet); et la décision prise par des autorités militaires d'apposer des scellés sur la porte du logement privé d'un officier (CE 13. 7. 1966 Guigon, préc.).

Certes, il arrive que les deux théories se recoupent. Tout acte juridique manifestement insusceptible de se rattacher à l'exercice d'un pouvoir légal de l'administration, et néanmoins pris par elle, constitue en effet, en principe, à la fois un acte inexistant et une voie de fait (c'est le cas de la décision d'apposer des scellés dans l'arrêt CE 13. 7. 1966 Guigon, préc.).

Mais les deux théories se différencient malgré tout tant par leurs champs d'application que par leurs effets.

L'inexistence porte en effet uniquement sur des actes juridiques, alors que la voie de fait naît indifféremment d'actes juridiques ou de purs agissements matériels (notamment des exécutions forcées irrégulières, *cf. infra*, n° 232); inversement, la première n'exige pas pour s'appliquer, contrairement à la seconde, que les actes portent atteinte au droit de propriété ou à une liberté fondamentale (comme le prouve l'exemple précité des « nominations pour ordre »).

Quant aux effets des deux théories, ils sont profondément différents. L'acte inexistant ne crée pas de droits et peut donc être retiré par l'administration à tout moment, ou attaqué sans condition de délai par un « recours en déclaration d'inexistence » (ou par un recours pour excès de pouvoir que le juge requalifiera comme tel); ainsi saisi, le juge administratif est compétent (au même titre que le juge judiciaire) pour constater l'inexistence de l'acte, ce qui revient (si l'on ne se paye pas de mots) à l'annuler rétroactivement. La voie de fait est au contraire la chasse gardée du juge judiciaire. Le juge administratif n'est en effet compétent que pour constater la voie de fait, et non pour la réparer. Saisi d'un recours quelconque contre elle, il doit donc, après l'avoir repérée, se déclarer incompétent pour la juger, et inviter le requérant à saisir le juge judiciaire. Bien entendu, le requérant peut s'épargner ce détour en saisissant directement ce dernier, qui est lui aussi compétent pour constater la voie de fait. Mais quelle que soit l'option choisie, c'est toujours au juge judiciaire qu'il appartient en définitive de réparer la voie de fait, ce qu'il peut faire par tout moyen approprié : annulation, condamnation à des dommages-intérêts, ou même injonction, éventuellement assortie d'astreinte. On mesure par là tout l'intérêt pratique présenté par la théorie de la voie de fait, qui constitue ainsi un remède original à la timidité congénitale des juridictions administratives, dont on sait qu'elles ont obstinément refusé de se reconnaître le pouvoir d'adresser des injonctions à l'administration, jusqu'à ce que la loi du 8 février 1995 le leur donne enfin, et qui d'autre part ne disposaient pas, jusqu'à la loi du 30 juin 2000, de pouvoirs de référé efficaces. Cette plénitude de juridiction du juge judiciaire admettait toutefois jusqu'en 2002 une limite, d'ailleurs regrettable : en vertu du principe d'intangibilité des ouvrages publics, il n'avait pas le droit d'ordonner la démolition d'un ouvrage public, ni aucune mesure portant atteinte à son intégrité ou à son fonctionnement, même quand son implantation sur une propriété privée constituait une voie de fait (Civ. 1re 17. 2. 1993 SCI de construction *D.* 1993. IR 66). Mais cette limite a été abandonnée en 2002 (par TC 6. 5. 2002 Binet *AJDA* 2002. 1229, note Sablière; et Civ. 3e 30. 4. 2003 Consorts Mourareau *RFDA* 2003. 490, note Lavialle).

2. Classification des voies de fait

Il existe traditionnellement deux variétés de voie de fait, qu'on a pris l'habitude de qualifier, depuis Maurice Hauriou, de « voie de fait par manque de procédure » (**a**) et de « voie de fait par manque de droit » (**b**). Puis, en 1984, est apparu un troisième type de voie de fait, qu'on propose d'appeler « voie de fait par manque de motif adéquat » (**c**). Bien que les tribunaux judiciaires tentent parfois d'étendre encore davantage la notion, aucune autre sorte de voie de fait n'existe pour l'instant (**d**).

a. La voie de fait par manque de procédure

232 Ce premier type de voie de fait résulte de l'exécution forcée irrégulière d'une décision même régulière. Comme on a vu (*cf.* n° 171) que l'exécution forcée n'est possible que lorsqu'une loi l'autorise, ou en cas d'urgence, ou lorsqu'aucune autre voie de droit n'existe pour exécuter l'acte administratif, on en déduit que toute exécution forcée effectuée en dehors de ces trois hypothèses constitue une voie de fait, à condition bien entendu de porter gravement atteinte à la propriété privée ou à une liberté fondamentale.

Sont par exemple des voies de fait par manque de procédure : la saisie injustifiée d'un journal (TC 8. 4. 1935 Action française *GAJA*), la dépossession arbitraire d'un terrain (TC 24. 6. 1954 Soc. Trystram, préc.), l'exhumation de corps enterrés dans un cimetière alors que la contravention alléguée par l'administration était passible de sanctions pénales (TC 25. 11. 1963 Commune de Saint-Just-Chaleyssin *Lebon* 793, concl. Chardeau), la démolition d'un mur ordonnée par un maire sans « arrêté de péril » préalable (TC 12. 1. 1987 Veuve Caille, préc.) et la destruction du mobilier d'une association effectuée « en dehors de toute urgence » (TC 4. 7. 1991 Assoc. MJC Boris Vian, préc.).

Cette conception extensive de la voie de fait par manque de procédure est toutefois remise en cause par un arrêt du Tribunal des conflits de 1997, rendu sur voix décisive du ministre de la Justice (TC 12. 5. 1997 Préfet de police c. TGI de Paris *AJDA* 1997. 575 chron. Chauvaux et Girardot). Cet arrêt introduit en effet l'idée nouvelle selon laquelle une exécution forcée irrégulière n'est une voie de fait que si elle est manifestement insusceptible de se rattacher à un pouvoir appartenant à l'administration. Cette exigence lui permet d'affirmer dans cette affaire que la « consignation » forcée d'un étranger à bord d'un bateau en escale dans un port français n'est pas une voie de fait, cette consignation, si irrégulière qu'elle soit, étant susceptible de se rattacher à la fameuse ordonnance du 2 novembre 1945 (remplacée en 2005 par le CESEDA) relative aux étrangers. À la date à laquelle il a été rendu, cet arrêt était très contestable, car en subordonnant l'existence de la voie de fait par manque de procédure à la réalisation d'une condition nouvelle (d'ailleurs inspirée d'une condition de la voie de fait par manque de droit), il confiait la défense de libertés essentielles à un juge impuissant : contrairement au juge judiciaire, le juge administratif ne disposait pas, en effet, de référé réellement efficace pour faire cesser un agissement illégal (*cf.* art. R. 130 Code TA-CAA, à l'époque en vigueur). Mais depuis que la loi du 30 juin 2000 (analysée n°s 355, 358 et 360) a remédié à cette lacune, la conception restrictive de la voie de fait par manque de procédure proposée par l'arrêt ne pose plus de problèmes. On peut donc l'approuver, d'autant qu'elle présente l'avantage de rapprocher ce premier type de voie de fait de la voie de fait par manque de droit... Dans ses arrêts les plus récents, le Tribunal des conflits semble toutefois l'abandonner, et revenir à la conception extensive de la voie de fait par manque de procédure (*cf.* notamment TC 19. 11. 2001 Mlle Mohamed *AJDA* 2002. 234, note Petit, à propos d'une confiscation de passeport; *cf.* aussi TC 19. 11. 2007 Préfet du Val-de-Marne, préc. n° 230). On peut le regretter, car cela paraît de nature à brouiller la frontière, pourtant délimitée par la loi du 30 juin 2000, entre les domaines respectifs de la voie de fait et du référé-liberté (en ce sens, *cf.* Mme Lombard, *Mélanges Cohen-Jonathan* 2004, p. 1139).

b. La voie de fait par manque de droit

233 Ce deuxième type de voie de fait résulte d'un acte « manifestement insusceptible de se rattacher à l'application d'un texte législatif ou réglementaire » (selon la formulation retenue par TC 17. 3.

1949 Soc. Rivoli-Sébastopol *Lebon* 294), ou (ce qui revient au même) à l'exercice d'un pouvoir « appartenant à l'administration » (selon les termes utilisés par CE Ass. 18. 11. 1949 Carlier *RDP* 1950. 172, concl. Gazier, note Waline). Ici, la voie de fait ne découle donc pas d'une mauvaise utilisation de la procédure d'exécution forcée, mais de l'édiction d'un acte juridique dont l'absence de base légale est manifeste. Elle recouvre en quelque sorte l'arbitraire administratif le plus flagrant, le plus caricatural. C'est ce qui explique que cette deuxième variété de voie de fait soit la plus rare des trois.

Sont par exemple des voies de fait par manque de droit : la décision d'un préfet de saisir les plaques photographiques utilisées par le visiteur d'une cathédrale (CE Ass. 18. 11. 1949 Carlier, préc.), la décision prise par des autorités militaires d'apposer des scellés sur la porte du logement privé d'un officier (CE 13. 7. 1966 Guigon, préc.), la décision d'une commune de déposséder une association de la gestion d'une maison de retraite (Civ. 1re 24. 10. 1977 Commune de Bouguenais, préc.), et la décision d'un directeur de centre pénitentiaire d'abattre les arbres d'une propriété privée afin de lui permettre de voir la mer depuis son logement de fonction (TC 15. 2. 2010 Mme Tarahu *AJDA* 2010. 372, chron. Liéber et Botteghi). Car dans chacun de ces quatre cas, il est évident qu'aucun texte ni aucun principe jurisprudentiel n'habilitait ces autorités à édicter ce genre d'actes.

En revanche, les décisions d'un préfet de retirer une autorisation d'exploiter un taxi (TC 12. 1. 1987 Lhoste *AJDA* 1987. 426, note Prétot) et de placer en rétention administrative un étranger en instance d'éloignement (TC 25. 4. 1994 Dulangi *AJDA* 1994. 496, chron. Maugüe et Touvet) ne sont pas des voies de fait, car même si elles sont irrégulières elles se rattachent à l'application de textes précis (le décret du 2 mars 1973 dans le premier cas, l'ordonnance du 2 novembre 1945 dans le second cas).

c. La voie de fait par manque de motif adéquat

234 Ce troisième type de voie de fait a été dégagé en 1984 par la Cour de cassation, avant d'être consacré en 1986 par le Tribunal des conflits (Civ. 1re 28. 11. 1984 Bonnet, Buisson, et Listzman, trois arrêts, *Rev. crit. DIP* 1985. 506, note Peiser; TC 9. 6. 1986 Eucat *AJDA* 1986. 428, chron. Azibert et de Boisdeffre). Il réalise une extension considérable de la notion de voie de fait. Cette fois, en effet, la voie de fait cesse de s'analyser comme une irrégularité flagrante trouvant sa source dans le comportement scandaleux d'une autorité administrative. Finie l'exigence d'une exécution forcée irrégulière ou d'un acte manifestement insusceptible de se rattacher à l'application d'un texte ! Désormais, la voie de fait résulte aussi d'un acte qui se rattache à l'application d'un texte, et dont le seul tort est de reposer sur un motif radicalement différent de celui prévu par ce texte.

C'est ainsi qu'en vertu des arrêts de 1984 et de 1986, le refus ou retrait de passeport pratiqué à l'égard du débiteur d'un arriéré d'impôts est une voie de fait, parce qu'il est pris sur le fondement d'un texte (le vieux décret de la Convention du 7 décembre 1792, alors en vigueur) qui ne permet de tels refus ou retraits que pour des motifs de « sûreté publique » et non pour assurer le recouvrement d'impôts impayés (en ce sens, confirmant les arrêts de 1984 et de 1986, *cf.* CE 4. 5. 1988 Plante *RFDA* 1989. 194, note Pacteau). En revanche, le refus ou retrait de passeport motivé par le souci d'exécuter une décision de justice (TC 12. 1. 1987 Grizivatz *AJDA* 1987. 425, note Prétot) ou par la volonté d'empêcher un trafic de passeports (CE 15. 4. 1988 Michelix *RDP* 1989. 922, note éclairante Auby) n'est pas une voie de fait, car de tels motifs s'apparentent à des motifs de « sûreté publique ».

Tout repose donc ici sur l'appréciation, nécessairement délicate, de l'adéquation du motif invoqué par l'administration par rapport au motif exigé par la réglementation juridique. On a par conséquent bel et bien affaire à une voie de fait d'un nouveau genre, dont la particularité est de procéder d'une simple illégalité et non d'un comportement manifestement arbitraire. On voit dès lors tout le danger d'une telle « voie de fait par manque de motif adéquat », qui brouille singulièrement la ligne de démarcation des justices administrative et judiciaire et pourrait même, à terme, signifier la fin du contentieux administratif.

Mieux vaudrait finalement la supprimer, et s'en tenir aux deux premières variétés de voie de fait qui sont beaucoup plus faciles à cerner. C'est ce que semble résolu à faire le Tribunal des conflits (*cf.* TC 19. 11. 2001 Mlle Mohamed, préc., et TC 19. 11. 2007 Préfet du Val-de-Marne, préc.).

d. L'attitude des juridictions judiciaires face à la voie de fait

235 Le juge judiciaire a traditionnellement deux avantages sur le juge administratif : il rend plus rapidement la justice et a plus de pouvoirs que lui face à l'administration (même si c'est devenu moins net depuis les lois du 8 février 1995 et du 30 juin 2000). C'est pourquoi il a entrepris en 1984, fort de sa supériorité, de voler au secours des administrés en dégageant une troisième variété de voie de fait (*cf. supra*, n° 234).

Ce premier succès, initié par la Cour de cassation elle-même, a donné des idées à certaines juridictions inférieures. Des juges audacieux analysent ainsi comme des voies de faits tous les actes illégaux (ou qu'ils croient tels) par lesquels l'administration porte atteinte au droit de propriété ou à une liberté fondamentale, comme par exemple l'ordre d'abattre des arbres (TC 25. 1. 1993 SCI Oasis *Lebon* 389) ou l'arrêté d'expulsion d'un étranger (TC 20. 6. 1994 Madaci et Youbi *AJDA* 1994. 496, chron. Maugüe et Touvet), alors même que ces actes reposent sur des motifs qui sont ceux prévus par les textes (la prévention des incendies de forêts dans le premier exemple, la sécurité publique dans le second). D'autres versent même dans la témérité en assimilant à des voies de faits des actes illégaux qui ne portent même pas atteinte au droit de propriété ou à une liberté fondamentale, comme par exemple la révocation ou la mutation d'un fonctionnaire (*cf.* respectivement CA Aix 1er. 12. 1987 Piselli *AJDA* 1988. 550, et TC 4. 7. 1991 Gaudino *AJDA* 1991. 697, chron. Maugüe et Schwartz). Lorsqu'il est saisi, le Tribunal des conflits s'oppose fort heureusement à ces entreprises hasardeuses, dont on voit très bien qu'elles frapperaient à mort la justice administrative si on les laissait se généraliser.

Malgré cette résistance, le temps n'est plus où certains auteurs se risquaient, en s'appuyant sur un arrêt resté sans postérité, à pronostiquer la disparition de la voie de fait (*cf.* CE Sect. 4. 11. 1966 Soc. Le Témoignage chrétien *AJDA* 1967. 32, chron. Lecat et Massot : arrêt refusant d'analyser la saisie illégale d'un journal comme une voie de fait, contrairement à la jurisprudence Action française). Aujourd'hui, la voie de fait apparaît plutôt comme la « folle du logis » (René Chapus), surgissant là où on l'attend le moins, et fait irrésistiblement penser à la grenouille de la célèbre fable, qui se prenait pour un bœuf...

C. Le juge judiciaire et l'application du droit administratif

236 Lorsque le juge judiciaire est amené à connaître de la gestion publique, il applique normalement le droit privé, en vertu du principe de liaison de la compétence et du fond (*cf.* Introduction générale). C'est notamment le cas en matière d'emprise irrégulière et de voie de fait. Mais parfois il se trouve contraint, par exception à ce principe, d'appliquer les règles du droit administratif. Cela s'observe principalement dans deux cas.

Le juge judiciaire doit tout d'abord appliquer les règles du droit administratif lorsqu'un texte le prévoit. La loi du 6 juillet 1987 (préc. n° 220) invite par exemple la cour d'appel de Paris à utiliser, vis-à-vis des décisions du Conseil (devenu Autorité en 2008) de la concurrence, certaines procédures (le sursis à exécution) et certaines techniques de contrôle (notamment le contrôle de l'erreur manifeste d'appréciation : CA Paris 20. 11. 1991 SA Maison Baud *Bull. Joly* 1992. 69) qui sont caractéristiques du droit administratif. De son côté, l'article L. 111-5 du Nouveau Code pénal (préc. n° 229) impose aux juridictions pénales d'apprécier la légalité des actes administratifs selon les mêmes techniques que celles dont userait le juge administratif à l'occasion d'un recours pour excès de pouvoir (par ex. en recherchant d'éventuels détournements de pouvoir ou erreurs manifestes d'appréciation : *cf.* respectivement Crim. 21. 12. 1961 Dame Le Roux, et Crim. 21. 10. 1987 Montorio, préc. n° 229 et toujours d'actualité sur ce point).

Indépendamment de tout texte, le juge judiciaire doit également appliquer les règles du droit administratif lorsqu'il statue sur les litiges relatifs au fonctionnement du service public judiciaire. Les jurisprudences Baud et Préfet de la Guyane ne lui donnent en effet compétence en la matière que pour respecter le principe de séparation des autorités administratives et judiciaires (CE Sect. 11. 5. 1951 Baud, et TC 27. 11. 1952 Préfet de la Guyane, préc. n° 207); mais elles n'entendent pas pour autant lui permettre d'appliquer le droit privé, dont l'utilisation serait particulièrement étrange à l'égard d'un service public qui prend en charge l'une des plus importantes fonctions régaliennes de l'État. La Cour de cassation l'a bien compris. C'est pourquoi elle impose à toutes les juridictions judiciaires « le devoir de se référer, en l'espèce, aux règles du droit public » (Civ. 23. 11. 1956 Trésor public c. Giry *GAJA*; affirmation reprise presque mot pour mot par Civ. 1re 6. 2. 2007 Mme de Panafieu *AJDA* 2008. 530, note Van Lang, à propos du SPA de l'état civil). Dans l'affaire Giry, par exemple, un médecin avait été blessé par une explosion, alors qu'il portait secours, à la demande d'un commissaire de police agissant dans le cadre d'une opération de police judiciaire, à des personnes asphyxiées par le gaz. La Cour d'appel de Paris avait alors engagé la responsabilité de l'État sur le fondement de l'article 1384 du Code civil, la police judiciaire étant considérée comme gardienne de l'immeuble au moment de l'accident. Censurant ce raisonnement « privatiste », la Cour de cassation retint une solution voisine – la responsabilité sans faute de l'État – mais sur le fondement « publiciste » de la théorie jurisprudentielle des collaborateurs occasionnels (Civ. 23. 11. 1956, préc., appliquant la jurisprudence CE Ass. 22. 11. 1946 Commune de Saint-Priest-la-Plaine *GAJA*, analysée *infra*, n° 294). En l'occurrence parfaitement justifiée, cette dissociation de la compétence et du fond a toutefois l'inconvénient d'entraîner quelques surprises, dans la mesure où les tribunaux judiciaires ne maîtrisent pas toujours parfaitement les règles du droit public [1].

1. *Cf.* P. Weil, « Les surprises de la jurisprudence Giry », *Mélanges Eisenmann* 1975, p. 379.

CHAPITRE 8

La répartition des compétences à l'intérieur de l'ordre juridictionnel administratif

237 Les juridictions administratives les plus importantes sont celles qui ont une compétence générale : il s'agit des tribunaux administratifs (SECTION 1), des cours administratives d'appel (SECTION 2) et du Conseil d'État (SECTION 3). Dans leur ombre existent aussi de nombreuses juridictions administratives à compétence spéciale, dont certaines jouent un rôle qui est loin d'être négligeable (SECTION 4). L'organisation de l'ordre juridictionnel administratif apparaît ainsi relativement complexe, suffisamment en tout cas pour susciter parfois des doutes quant aux compétences respectives des diverses juridictions administratives. C'est pourquoi il s'est avéré nécessaire de prévoir des procédures de règlement interne des questions de compétence (SECTION 5).

SECTION 1
LES TRIBUNAUX ADMINISTRATIFS

A. Organisation

238 Les tribunaux administratifs ont été créés par le décret du 30 septembre 1953, en remplacement des « conseils de préfecture » institués en l'an VIII, qui avaient survécu jusque-là. Malgré ce lien de succession, ils sont néanmoins très différents de leurs prédécesseurs. Les conseils de préfecture n'avaient en effet qu'une compétence d'attribution, limitée par les textes à des domaines précis : travaux publics, contributions directes et, à partir de 1934 et 1938, contentieux des collectivités locales et des contrats comportant occupation du domaine public. Au contraire, les tribunaux administratifs se voient reconnaître dès leur création la qualité de juges de droit commun en premier ressort (*cf. infra*, B).

En 1953, les tribunaux administratifs étaient au nombre de 28 : 24 en métropole et 4 en outre-mer (Guadeloupe, Guyane, Martinique, Réunion). Aujourd'hui il y en a 42 : 31 en métropole et 11 en outre-mer. Les nouveaux sont ceux d'Amiens (1967), Saint-Pierre-et-Miquelon (1977), Bastia (1982), Nouméa (Nouvelle-Calédonie, 1984), Papeete (Polynésie, 1984), Mamoudzou (Mayotte, 1994), Melun (1996), Cergy-Pontoise (2000), Mata-Utu (Wallis-et-Futuna, 2004), Nîmes (2006), Saint-Barthélémy (2008), Saint-Martin (2008), Toulon (2008) et Montreuil (2009). Si la situation de l'outre-mer est satisfaisante, en revanche le nombre de tribunaux est notoirement insuffisant en métropole. Même si des progrès récents ont été réalisés, leur engorgement est en effet tel qu'il leur arrive parfois de mettre quatre ans à juger une affaire sans difficulté particulière. Cette affligeante lenteur de la justice administrative a d'ailleurs valu à la France d'être condamnée à plusieurs reprises par la Cour européenne des droits de l'Homme (CEDH 24. 10. 1989 H. *RFDA* 1990. 203, note Dugrip et Sudre; CEDH 26. 3. 2002 Lutz) et par le Conseil d'État (CE Ass. 28. 6. 2002 Magiera *AJDA* 2002. 596, chron. Donnat et Casas, à propos d'un jugement du TA de Versailles rendu après sept ans et demi d'attente, dans une affaire « qui ne présentait pas de difficulté particulière »). Plutôt que d'user d'expédients pour dissimuler la gravité de la situation, comme le fait par exemple la loi du 8 février 1995 en substituant dans certains cas un juge unique à la formation collégiale (*cf. infra*), la véritable solution aurait consisté à créer un tribunal administratif dans chaque département. Faute d'avoir osé le faire, la loi du 31 décembre 1987, dite de réforme du contentieux administratif, a déçu l'espoir de ceux qui rêvaient de voir l'organisation juridictionnelle administrative parvenir à l'âge adulte.

L'organisation interne des tribunaux administratifs varie selon leur taille. Le nombre de « chambres », c'est-à-dire de formations de jugement de chaque TA, est fixé par arrêté du vice-président du Conseil d'État. Le plus grand, le TA de Paris, en comprend dix-sept. Les autres TA en comptent entre un (la plupart des TA d'outre-mer) et dix. Chaque chambre comprend trois juges, plus un rapporteur public. Toutefois, les affaires les plus importantes peuvent être jugées par plusieurs chambres réunies, voire en « formation plénière », c'est-à-dire toutes chambres réunies.

Ces précisions sont importantes, car elles permettent de comprendre que toute affaire doit en principe être jugée par au moins trois juges (art. R. 222-18 CJA). Ce principe de collégialité constitue évidemment une garantie précieuse pour le justiciable, qu'elle préserve des éventuels caprices d'un magistrat statuant seul. La loi du 8 février 1995 lui apporte malheureusement d'importantes exceptions (*cf.* art. R. 222-13 CJA). Elle permet en effet à chaque président de TA, ou au magistrat qu'il désigne, de statuer seul sur les litiges qu'elle énumère. Il s'agit pour l'essentiel : des litiges relatifs à la situation individuelle des agents publics, à l'exception de ceux concernant l'entrée au service, la discipline et la sortie de service; des litiges en matière de pensions, d'aide personnalisée au logement, de communication de documents administratifs, de service national; des litiges relatifs à la redevance audiovisuelle et aux impôts locaux autres que la taxe professionnelle; de la mise en œuvre de la responsabilité de l'État pour refus opposé à une demande de concours de la force publique pour exécuter une décision de justice (jurisprudence Couitéas); des actions indemnitaires lorsque le montant des indemnités demandées est inférieur à 10 000 euros ; des litiges relatifs aux bâtiments menaçant ruine; et (nouveauté instituée par un décret du 23 décembre 2006) du contentieux du permis de conduire. La jurisprudence aggrave encore les choses en estimant qu'une demande indemnitaire non chiffrée doit être considérée comme inférieure à 10 000 euros, sauf si elle sollicite une expertise (CE Sect. 5. 5. 2006 Mme Bisson *AJDA* 2006. 1368, chron. Landais et Lenica).

Plusieurs garanties sont prévues pour empêcher autant que possible ce juge unique de verser dans l'arbitraire : l'audience est publique; il statue après audition d'un rapporteur public; à tout moment de l'instruction, il peut renvoyer le jugement de l'affaire à une formation collégiale (par transposition de la jurisprudence CE Sect. 13. 7. 1956 Consorts Piéton-Guibout *AJDA* 1956. 321 et 399, concl. Chardeau, chron. Fournier et Braibant). Mais cette extension du système du juge unique est malgré tout condamnable. Jusqu'en 1995, en effet, le recours au juge unique était toujours justifié par l'urgence (*cf.* notamment référé précontractuel, n° 191; référé administratif, n° 352). Rien de tel cette fois : le législateur de 1995 ne justifie pas le recours au juge unique par l'urgence, mais par le simple souci d'améliorer la rapidité de traitement du contentieux. On passe ainsi de la volonté légitime d'assurer l'efficacité de la justice administrative, à la préoccupation mercantile d'assurer des gains de productivité quels qu'en soient les inconvénients humains (pour un exemple de juge unique « exaspéré par la série de demandes dont il était saisi et qui a prononcé un lot d'amendes pour recours abusif » de façon injustifiée, *cf.* concl. Olson sur CE Sect. 9. 11. 2007 Mme Pollart *RFDA* 2008. 144).

Circonstance aggravante : la logique quantitative et productiviste du *new public management* s'impose ouvertement à la justice administrative depuis 2009, instituant entre les juridictions, et entre les juges au sein de chaque juridiction, une sorte de course au rendement (en ce sens, *cf.* E. Costa, *AJDA* 2010. 1623).

B. Compétence

239 Les tribunaux administratifs sont les juges de droit commun du contentieux administratif en première instance. Ils constituent à ce titre les véritables piliers de la justice administrative. C'est pourquoi la loi du 6 janvier 1986 a doté leurs magistrats des garanties propres à assurer leur indépendance, en leur accordant l'inamovibilité et en créant un « conseil supérieur des tribunaux administratifs et des cours administratives d'appel », chargé de proposer au président de la République (qui ne peut donc pas décider sans son accord) leur avancement et leur répression disciplinaire. Quant à leur recrutement, il est conçu pour assurer la sélection de candidats de valeur puisqu'il est assuré par le concours de l'ENA, par des concours complémentaires, par le détachement (éventuellement suivi d'intégration) de fonctionnaires de catégorie A et de magistrats judiciaires, et par un « tour extérieur », c'est-à-dire un accès direct, réservé aux fonctionnaires de catégorie A et à certains candidats de niveau comparable.

Tous les jugements des tribunaux administratifs peuvent en principe être frappés d'appel. De façon contestable, le décret du 24 juin 2003 apporte toutefois une importante exception à ce principe en excluant l'appel contre les décisions précitées (*cf.* art. R. 222-13 CJA) rendues par un juge unique (art. R. 811-1 CJA). Selon les cas, l'appel est formé soit devant une cour administrative d'appel, soit devant le Conseil d'État (*cf. infra*, n°s 241 et 246). En pratique, la qualité du travail fourni par les tribunaux administratifs semble largement reconnue, car à peine plus de 15 % de leurs jugements sont frappés d'appel.

Un dernier problème concerne la répartition territoriale des compétences entre les tribunaux administratifs. En principe, le tribunal compétent est celui dans le ressort duquel se trouve le siège de l'autorité qui a pris la décision litigieuse. Mais de nombreuses exceptions sont prévues afin de désencombrer le TA de Paris (*cf.* art. R. 312-6 et suiv. CJA). Les litiges relatifs aux DUP, au domaine public ou aux permis de construire relèvent par exemple du TA dans le ressort duquel se trouvent les immeubles en cause; les litiges d'ordre individuel intéressant les agents publics, du TA dans le ressort duquel se trouve le lieu d'affectation de l'agent concerné; les litiges contractuels, du TA dans le ressort duquel le contrat est exécuté, ou bien du TA éventuellement choisi d'un commun accord par les parties antérieurement à la naissance du litige; et les actions en responsabilité extracontractuelle fondées sur un dommage de travaux publics ou sur un dommage imputable à un agissement matériel de l'administration, du TA dans le ressort duquel se trouve le lieu de réalisation du fait générateur du dommage.

En dehors de ces compétences contentieuses, les TA ont deux autres rôles : un rôle traditionnel de conseillers des préfets, tombé en désuétude (art. R. 212-1 CJA); et un rôle beaucoup plus récent de « conciliation », à dire vrai assez mal défini, dont on ne peut pas dire qu'il ait connu beaucoup de succès jusqu'à présent (loi du 6. 1. 1986 devenue l'art. L. 211-4 CJA; pour un exemple d'arrêt illustrant son échec, *cf.* CE Ass. 23. 6. 1989 Veriter *AJDA* 1989. 424, chron. Honorat et Baptiste; et pour des exemples de succès du TA de Nantes, *cf.* dossier *RFDA* 1999. 611).

La coexistence de leurs rôles de juridictions et de conseillers des préfets pose parfois problème. Suite à un arrêt de la Cour européenne des droits de l'homme, condamnant la dualité fonctionnelle du Conseil d'État luxembourgeois (CEDH 28. 9. 1995 Procola *RFDA* 1996. 777 note Autin et Sudre), le Conseil d'État a précisé que la dualité fonctionnelle des juridictions administratives françaises est licite si elle s'accompagne à la charge des juges (ce qui n'était pas le cas jusqu'à son arrêt de 1996) d'un principe de non-cumul des deux fonctions vis-à-vis des mêmes affaires (CE Sect. 5. 4. 1996 Synd. des avocats de France *RFDA* 1996. 1195 concl. Bonichot). Malgré cette mise en garde, le TA de Nouméa a laissé certains de ses membres juger l'affaire sur laquelle ils avaient conseillé l'administration, et a donc manqué à son obligation d'impartialité (CAA Paris 23. 3. 1999 Sarran *AJDA* 1999. 623 note Chauchat). Et chose encore plus grave, le Conseil d'État en a fait autant, ce qui a valu à la France d'être condamnée par la Cour européenne (CEDH 9. 11. 2006 Soc. Sacilor-Lormines *RFDA* 2007. 342, note Autin et Sudre; sur les conséquences de cette condamnation, *cf.* n° 244).

SECTION 2

LES COURS ADMINISTRATIVES D'APPEL

A. Organisation

240 C'est la loi du 31 décembre 1987, relative à la réforme du contentieux administratif, qui a créé les cours administratives d'appel. Le Conseil d'État, qui faisait auparavant office de juge administratif d'appel de droit commun, était en effet menacé d'asphyxie. Il convenait donc, pour sortir la justice administrative de l'impasse, de le faire reculer d'un cran en le transformant pour l'essentiel en juge de cassation.

La loi de 1987 s'est convenablement acquittée de cette tâche. Pour le reste, elle renvoie à un décret le soin de préciser le nombre des cours administratives d'appel qu'elle intercale ainsi entre les tribunaux administratifs et le Conseil d'État. Et c'est à ce stade qu'on peut éprouver une certaine déception, car le décret du 15 février 1988 se contente d'en créer cinq, à Paris, Lyon, Bordeaux, Nantes et Nancy. C'est évidemment un nombre notoirement insuffisant. Aussi d'autres cours ont-elles finalement été implantées à Marseille (décret du 9 mai 1997) et à Douai (décret du 28 mai 1999), afin de réparer l'oubli criant dont ont été victimes le sud et le nord de la France. Une huitième a ensuite été créée à Versailles (décret du 22 juin 2004), pour alléger celle de Paris.

En ce qui concerne leur organisation interne, les cours comprennent chacune plusieurs chambres, dont le nombre est fixé par arrêté du vice-président du Conseil d'État. Chaque chambre comporte normalement cinq magistrats, mais peut siéger avec seulement trois membres présents. Pour rendre ses arrêts les plus importants, chaque cour peut toutefois siéger en chambres réunies, ou en « formation plénière » réunissant son président et ses présidents de chambre.

Il y a peu à dire du personnel des cours, dans la mesure où les magistrats affectés aux CAA appartiennent au même « corps » que ceux affectés aux TA (*cf. supra*, n° 239). Les magistrats des CAA sont donc tout simplement choisis parmi les magistrats des TA;

assez curieusement, aucune condition d'ancienneté dans ce corps n'est plus exigée depuis la loi du 9 septembre 2002. Une particularité est toutefois à noter : la présidence de chaque cour doit obligatoirement être assurée par un conseiller d'État. Il en découle cette conséquence que toute personne issue du corps des magistrats de TA-CAA qui accède à cette fonction acquiert automatiquement la qualité de conseiller d'État. Sans doute faut-il voir dans ce petit miracle une version juridique de la transformation des chrysalides en papillons...

B. Compétence

241 Les cours administratives d'appel sont les juges d'appel de droit commun du contentieux administratif. Leur compétence est si générale qu'elle s'étend aux quatre branches de celui-ci, telles qu'elles ont été distinguées par Laferrière à la fin du XIXe siècle : contentieux de l'annulation, contentieux de pleine juridiction, contentieux de l'interprétation et de l'appréciation de légalité, contentieux de la répression.

Le contentieux de l'annulation, que les auteurs contemporains préfèrent appeler le contentieux de l'excès de pouvoir, est le domaine du recours pour excès de pouvoir (*cf. infra*, chap. 11). Depuis le 1er octobre 1995, la compétence des CAA recouvre la totalité de ce contentieux. La loi du 31 décembre 1987 et le décret du 17 mars 1992 ont en effet assuré le transfert progressif, au profit des cours, de l'appel des jugements rendus sur recours pour excès de pouvoir contre les actes non réglementaires. Ces textes prévoyaient de laisser au Conseil d'État l'appel des jugements rendus sur recours pour excès de pouvoir contre les actes réglementaires, mais la loi du 8 février 1995 l'a finalement transféré lui aussi aux CAA.

Le contentieux de pleine juridiction, ou plein contentieux, englobe des recours très divers. Sa particularité majeure est d'ouvrir au juge administratif d'autres possibilités que la simple annulation : notamment octroi de dommages-intérêts, ou remplacement des décisions contestées par ses propres décisions. Le contentieux contractuel, le contentieux de la responsabilité extracontractuel, le contentieux électoral sont des exemples de plein contentieux. Là aussi, la loi du 31 décembre 1987 a transféré aux CAA l'appel des jugements rendus en matière de plein contentieux. Elle assortit toutefois ce transfert d'une exception, en laissant au Conseil d'État les appels des jugements prononcés « sur les litiges relatifs aux élections municipales et cantonales » (*cf. infra*, n° 246). D'autre part, l'appel des décisions par lesquelles le juge des référés a ordonné « toutes mesures nécessaires à la sauvegarde d'une liberté fondamentale » face à l'administration, relève du président de la section du contentieux du Conseil d'État (art. L. 523-1 CJA).

Le contentieux de l'interprétation et de l'appréciation de légalité n'ouvre au juge qu'une seule possibilité, bien modeste : celle de faire une déclaration portant soit sur le sens, soit sur la légalité de l'acte en cause. Il recouvre d'une part le « recours direct en interprétation », d'autre part les recours incidents en interprétation ou en appréciation de légalité. Le recours direct en interprétation est un recours par lequel un justiciable demande au juge administratif, indépendamment de toute question préjudicielle, de tout recours pour excès de pouvoir et de tout recours de plein contentieux, d'interpréter un acte ou un contrat administratif dont l'obscurité a suscité un « litige né et actuel » (parmi les arrêts fondateurs, *cf.* CE 26. 7. 1912 Comp. d'Orléans et du Midi *Lebon* 889, concl. Riboulet, et CE Sect. 3. 7. 1959 Min. des TP et SNCF *RDP* 1960. 665, note Waline). La loi du 31 décembre 1987 a transféré aux CAA l'appel des jugements rendus sur recours direct en interprétation. Les recours incidents en interprétation ou en appréciation de légalité, qui correspondent aux recours effectués sur renvoi du juge judiciaire, dans le cadre de questions préjudicielles (*cf. supra*, n° 229), connaissent un sort différent : leur appel relève en effet du Conseil d'État (art. R. 321-1 CJA).

Le contentieux de la répression, qui a essentiellement pour objet de réprimer les « contraventions de grande voirie », c'est-à-dire les atteintes portées au domaine public, a pour particularité de permettre au juge administratif d'infliger des sanctions. En cette matière aussi, l'appel des jugements des TA a été transféré aux CAA par la loi du 31 décembre 1987.

En dehors de ces compétences contentieuses, les CAA ont également un rôle consultatif. Elles doivent en effet donner leur avis sur les questions qui leur sont soumises par les préfets de région (art. R. 212-1 CJA). Mais en pratique, il s'agit d'un rôle qui demeure marginal.

Enfin, en ce qui concerne la répartition territoriale des compétences entre les CAA, elle est effectuée de la façon la plus simple qui soit, dans la mesure où le ressort de chaque cour correspond aux ressorts des différents tribunaux administratifs expressément placés sous son contrôle. À titre d'exemple, le ressort de la CAA de Paris couvre les ressorts des TA de Paris, Melun, Mata-Utu, Nouvelle-Calédonie et Papeete; celui de la CAA de Douai, ceux des TA d'Amiens, Lille et Rouen.

SECTION 3
LE CONSEIL D'ÉTAT

A. Organisation

242 Créé en l'an VIII (*cf.* Introduction générale), le Conseil d'État est aujourd'hui régi par le Code de justice administrative. Selon ce texte, il comprend des formations administratives (**1**) et des formations contentieuses (**2**). Le même texte fixe en outre le statut de ses membres, qui peuvent indifféremment exercer leurs fonctions dans les unes ou dans les autres (**3**).

1. Formations administratives

Les formations administratives du Conseil d'État sont conçues pour exercer une fonction consultative. C'est en effet à travers elles que le Conseil d'État exerce son rôle de conseiller du gouvernement. Il s'agit d'un rôle particulièrement important, dans la mesure où la consultation du Conseil d'État est souvent une obligation pour le gouvernement : c'est notamment le cas pour les projets de lois et d'ordonnances, qui doivent toujours lui être soumis avant d'être délibérés en Conseil des ministres (art. 38 et 39 Const.); c'est également le cas pour les projets de décrets qui doivent lui être soumis dans deux hypothèses, lorsqu'ils visent à abroger ou à modifier des lois antérieures à l'entrée en vigueur de la Constitution et portant sur des matières désormais réglementaires (art. 37, al. 2, Const.), ou lorsqu'une loi le prévoit, ce qui est très fréquent.

Depuis la révision constitutionnelle du 23 juillet 2008, le Conseil d'État a également un rôle de conseiller du parlement. Désormais, en effet, « le président d'une Assemblée peut (lui) soumettre pour avis (...), avant son examen en commission, une proposition de loi (...) » (art. 39 Const.).

Six « sections » jouent le rôle de formations administratives de base du Conseil d'État. Chacune est spécialisée dans un domaine précis : intérieur, finances, travaux publics, social, rapport et études, administration. Contrairement aux quatre premières, qui sont traditionnelles, les deux dernières sont récentes, puisqu'elles ont été respectivement créées par les décrets des 24 janvier 1985 et 6 mars 2008. La section du rapport et des études est particulièrement importante. Son rôle consiste à aplanir les difficultés d'exécution des décisions rendues par les juridictions administratives, et à rédiger le rapport annuel du Conseil d'État, ainsi que des études portant, à la demande du gouvernement, sur des thèmes précis : l'étude intitulée *De l'éthique au droit*, publiée en 1988, a ainsi largement inspiré les lois sur la bioéthique votées en 1994.

Au-dessus des sections, l'« assemblée générale » du Conseil d'État est compétente pour rendre les avis concernant les problèmes et les textes les plus importants, notamment les projets de lois et d'ordonnances ainsi que les projets de décrets pris en vertu de l'article 37, alinéa 2 de la Constitution. L'assemblée générale siège en principe en « formation ordinaire » : elle compte alors une trentaine de membres (dont le vice-président du CE et les sept présidents de section). Mais elle peut aussi siéger en « formation plénière », comportant la totalité des membres du Conseil d'État, lorsque l'importance exceptionnelle d'une affaire le justifie. On notera enfin qu'en cas d'urgence, une « commission permanente » peut rendre des avis à la place de l'assemblée générale.

2. Formations contentieuses

243 Comme leur nom l'indique, les formations contentieuses du Conseil d'État sont chargées de rendre la justice administrative.

C'est la septième section du Conseil d'État, la « section du contentieux », qui a vocation à juger toutes les affaires juridictionnelles qui relèvent du Conseil d'État. Elle est divisée en dix sous-sections, qui instruisent les affaires, et en une « section du contentieux en formation de jugement », qui comprend quinze membres (le président et les trois présidents adjoints de la section, les dix présidents de sous-section et le rapporteur), dont neuf au moins doivent être présents pour qu'elle puisse valablement juger. En pratique, seules les affaires présentant un certain intérêt juridique sont jugées par la « section » au sens restreint. Les affaires de moindre importance sont jugées quant à elles par deux (ou plusieurs) sous-sections réunies, voire même (depuis un décret du 10 janvier 1980) par une seule sous-section; cinq juges doivent être présents dans le premier cas, trois dans le second.

Les affaires les plus importantes échappent toutefois à la section du contentieux. Elles sont en effet jugées par l'« assemblée du contentieux », qui est une formation contentieuse plus élevée. Depuis le décret du 6 mars 2008, elle comprend dix-sept membres (le vice-président du CE, les sept présidents de section, les trois présidents adjoints de la section du contentieux, le président de la sous-section chargée de l'instruction, quatre autres présidents de sous-section et le rapporteur de l'affaire). Au moins neuf de ces dix-sept membres doivent être présents pour qu'une affaire puisse être valablement jugée.

En pratique, on constate que la moitié des quelque dix mille arrêts rendus chaque année par le Conseil d'État émane aujourd'hui de juges uniques statuant par ordonnances. L'autre moitié émane pour l'essentiel des sous-sections, statuant seules ou réunies. Une trentaine seulement émane de la section, et une dizaine de l'assemblée; mais il est vrai qu'il s'agit des arrêts les plus importants, de ceux qui « font jurisprudence »...

3. Personnel

244 Le personnel du Conseil d'État comprend des membres « ordinaires » et des membres « extraordinaires ».

Contrairement à ce que l'on pourrait penser, ce sont les premiers qui sont les plus importants, en nombre et en influence. Les membres ordinaires jouissent en effet du privilège d'exercer indifféremment des fonctions contentieuses et des fonctions administratives. Il est d'ailleurs courant de les affecter simultanément à la section du contentieux et à l'une des six sections administratives. Ce principe de double appartenance a le mérite d'en faire des juges expérimentés, ayant une bonne connaissance des réalités de l'action administrative. Mais il présente aussi l'inconvénient de les lier à l'administration par une sorte de complicité, susceptible de les inciter à adopter, dans leurs fonctions juridictionnelles aussi bien que dans leurs fonctions consultatives, une vision plus technocratique que démocratique de l'intérêt général. Sous la pression de la Cour européenne des droits de l'homme (*cf. supra*, n° 239), les décrets du 6 mars 2008 et du 22 février 2010 ont limité, sans le supprimer, le principe de double appartenance (*cf.* art. R. 121-3, R. 122-21 et R. 122-21-1 CJA).

Bien qu'ils aient la qualité de magistrats, les membres ordinaires ne se voient conférer par aucun texte la garantie de l'inamovibilité. Mais cela n'est pas très grave, car une tradition solidement établie pousse le gouvernement à respecter leur indépendance. En outre, leur avancement s'opère à l'ancienneté, en vertu d'une pratique qui s'est développée, là encore, en marge des textes (*cf.* auj. art. R. 134-1 à 8 CJA). Si quelque inquiétude doit percer, c'est finalement plutôt à propos de leur mode de recrutement, qui laisse la part trop belle à un « tour extérieur » mal contrôlé.

En bas de la hiérarchie, les « auditeurs » sont certes recrutés exclusivement par le concours de l'ENA. Mais les choses se gâtent au niveau des « maîtres des requêtes », dont les trois quarts sont recrutés à l'ancienneté parmi les auditeurs, mais dont le quart restant est librement recruté au tour extérieur par le gouvernement, parmi les personnes ayant au moins trente ans d'âge et dix ans de service public, sans autre condition d'aptitude. La situation est encore plus préoccupante pour les « conseillers d'État » recrutés pour les deux tiers à l'ancienneté, parmi les maîtres des requêtes, et dont le tiers restant est librement choisi par le gouvernement, au tour extérieur, parmi les personnes âgées d'au moins quarante-cinq ans, sans aucune condition particulière d'aptitude ni d'expérience du service public. La voie est ainsi largement ouverte au favoritisme, faute de réelle volonté politique de lui barrer la route. Il est vrai que les bénéficiaires du système sont souvent d'anciens membres des cabinets ministériels...

Certes, le Conseil d'État fait ce qu'il peut pour s'opposer à l'arbitraire le plus criant. Depuis 1988, il accepte en effet d'opérer un contrôle minimum, étendu à l'erreur manifeste d'appréciation, sur le choix des candidats nommés au tour extérieur, en se fondant sur les dispositions de l'article 6 de la Déclaration de 1789 qui exigent que le choix des candidats soit effectué en fonction des capacités nécessaires à l'exercice des attributions qui leur sont confiées (CE Ass. 16. 12. 1988 Bleton *AJDA* 1989. 102, chron. Azibert et de Boisdeffre). Mais il s'agit d'une barrière bien fragile, et qui n'est d'ailleurs pratiquement jamais mise en œuvre. Quant à la garantie subordonnant chaque nomination au tour extérieur à l'avis préalable du vice-président du Conseil d'État, dont « le sens » est ensuite publié au *JO* en même temps que la nomination, elle paraît elle aussi très insuffisante (art. L. 133-7 CJA). La véritable solution consisterait à exiger des candidats au tour extérieur des conditions précises d'aptitude (diplôme, expérience professionnelle...) et à obliger le gouvernement à effectuer son choix parmi ceux ayant obtenu l'agrément d'une commission indépendante de sélection. Ce n'est qu'à ce prix qu'on sauverait le tour extérieur du discrédit dans lequel il est tombé, et qui est regrettable car il s'agit d'un mode de recrutement qui peut contribuer à éviter la sclérose et le corporatisme. (Pour un premier pas dans la bonne direction, *cf.* décret du 29. 11. 1985 réservant aux juges des TA et des CAA une faible proportion des postes à pourvoir au tour extérieur : art. R. 133-4 et R. 133-5 CJA).

En 2006, on comptait 302 membres ordinaires du Conseil d'État, parmi lesquels 18 auditeurs, 127 maîtres des requêtes, 150 conseillers d'État et, au sommet de la hiérarchie, six présidents de section et un vice-président du Conseil d'État. Mais, traditionnellement, un tiers de l'effectif est placé en « détachement » ou en « disponibilité » hors du Conseil d'État, souvent pour occuper, en vertu de la pratique dite « du pantouflage », des fonctions lucratives à la tête d'une entreprise publique.

Face à eux, les membres « extraordinaires » du Conseil d'État sont beaucoup moins nombreux, car ils ne sont traditionnellement que douze. Ils sont aussi beaucoup moins influents, dans la mesure où ils ne sont nommés par le gouvernement que pour quatre ans, parmi des « personnalités qualifiées » au nombre desquelles figurent des professeurs de droit. En outre, ils ne bénéficient pas du système de double appartenance, car il est interdit de les affecter à des fonctions contentieuses : ce ne sont donc pas des juges.

Au-dessus des membres ordinaires et extraordinaires, le président du Conseil d'État apparaît enfin comme un personnage à part, car il n'est autre que le Premier ministre. Mais sa fonction est essentiellement honorifique. En pratique, la présidence effective est assurée par le vice-président du Conseil d'État, qui est un magistrat choisi parmi les présidents de section et les conseillers d'État en service ordinaire, et dont la nomination est décidée par décret en Conseil des ministres.

B. Compétence

En dehors de son rôle de conseiller du gouvernement (étudié *supra*, n° 242), le Conseil d'État a une compétence contentieuse très diversifiée. Il est en effet à la fois un juge de cassation (**1**), un juge d'appel (**2**), un juge de premier et dernier ressort (**3**), et un juge de renvoi (**4**).

1. Le Conseil d'État, juge de cassation

245 Depuis la loi de réforme du contentieux du 31 décembre 1987, le Conseil d'État est devenu principalement un juge de cassation. Tous les arrêts rendus par les cours administratives d'appel sont en effet susceptibles de faire l'objet d'un pourvoi en cassation devant lui.

De façon plus traditionnelle, il lui revient également de statuer sur les pourvois en cassation que les justiciables ont le droit de former, en vertu d'un principe général du droit, contre les jugements rendus en dernier ressort par les juridictions administratives spéciales (CE Ass. 7. 2. 1947 d'Aillières *GAJA*) (sur ses pouvoirs en tant que juge de cassation, *cf. infra*, n° 363).

En vertu du décret du 24 juin 2003, il est enfin juge de cassation des jugements rendus en dernier ressort par les tribunaux administratifs (art. R. 811-1 CJA; *cf.* par ex. CE 21. 7. 2006 Gastinel *AJDA* 2006. 1970, concl. Glaser).

2. Le Conseil d'État, juge d'appel

246 Avant la réforme de 1987, le Conseil d'État était principalement un juge d'appel. Avec la création des CAA, les choses ont évidemment changé. Il conserve néanmoins un champ de compétence non négligeable en tant que juge d'appel.

Il continue en effet à connaître des appels interjetés contre les jugements des tribunaux administratifs dans deux domaines : en matière d'élections municipales et cantonales (compétence d'appel audacieusement étendue au contentieux de la révision annuelle des listes électorales par CE Ass. 3. 2. 1989 Maire de Paris *AJDA* 1989. 312, chron. Honcrat et Baptiste), et en matière de recours en interprétation ou en appréciation de légalité formés dans le cadre de questions préjudicielles (*cf. supra*, n° 241). Dans chacun de ces deux cas, la compétence du Conseil d'État s'explique par le souci d'assurer le règlement rapide de contentieux particulièrement urgents. On ne peut en effet prolonger indéfiniment l'attente d'une juridiction judiciaire, ni laisser trop longtemps dans l'incertitude un conseil municipal ou général issu d'élections contestées.

Pour les mêmes raisons d'urgence, le président de la section du contentieux du Conseil d'État est juge d'appel en matière de référé-liberté, une liberté fondamentale étant menacée (*cf.* art. L. 523-1 CJA).

On notera pour terminer que, lorsque le Conseil d'État statue comme juge d'appel, l'affaire dont il connaît ne peut jamais donner lieu à cassation.

3. Le Conseil d'État, juge de premier et dernier ressort

247 Avant la création des tribunaux administratifs en 1953, le Conseil d'État était principalement un juge de premier et dernier ressort. Bien qu'il soit devenu pour l'essentiel un juge d'appel après 1953, puis un juge de cassation à partir de 1987, de nombreuses traces

subsistent de son passé. Le Conseil d'État demeure en effet aujourd'hui encore un juge de premier et dernier ressort dans un grand nombre d'hypothèses. Cette particularité le différencie donc considérablement de son homologue judiciaire, la Cour de cassation.

D'une façon générale, le Conseil d'État connaît en premier et dernier ressort des litiges particulièrement importants, dont la liste est fixée par les articles L. 311-1 et suivants et R. 311-1 du Code de justice administrative. Il s'agit notamment : des recours pour excès de pouvoir contre les décrets, et contre les ordonnances avant leur ratification (*cf.* par ex. CE Ass. 8. 12. 1978 GISTI *GAJA*, à propos d'un REP contre un décret de 1977 limitant le regroupement familial); des recours pour excès de pouvoir contre les règlements des ministres et des autres autorités à compétence nationale, ou contre leurs circulaires (*cf.* par ex. CE 23. 5. 1969 Soc. distillerie Brabant *AJDA* 1969. 640, concl. Questiaux, note Tournié, à propos d'un REP contre une circulaire du ministre des Finances réglementant l'octroi des agréments fiscaux); des recours pour excès de pouvoir contre les actes administratifs de certains organismes à compétence nationale (comme le CSA ou la CNIL) ; des litiges concernant le recrutement et la discipline des agents publics nommés par décret du président de la République (ambassadeurs, préfets...) quelle que soit la nature du recours exercé ; et du contentieux des élections aux conseils régionaux (loi du 10. 7. 1985) et au Parlement européen (loi du 7. 7. 1977; *cf.* par ex. CE Ass. 20. 10. 1989 Nicolo *GAJA*).

En dehors de ces litiges particulièrement importants, le Conseil d'État connaissait également en premier et dernier ressort, des litiges administratifs nés hors du ressort des tribunaux administratifs (CE Sect. 4. 12. 1970 Starr *AJDA* 1971. 113, note Moderne, à propos d'un dommage de travaux publics survenu en haute mer; CE Sect. 10. 4. 1992 Aykan *RFDA* 1993. 541, concl. Denis-Linton, à propos des décisions des consuls de France à l'Étranger en matière de visas d'entrée en France). Mais le décret du 22 février 2010 en a transféré la compétence au TA de Nantes en ce qui concerne les refus de visas d'entrée en France décidés par les consuls de France à l'Étranger, et au TA de Paris en ce qui concerne les autres litiges (art. R. 312-18 et 19 CJA).

Le Conseil d'État est enfin compétent, de façon logique, pour connaître en premier et dernier ressort des recours en interprétation ou en appréciation de légalité qui se rapportent à un acte dont l'annulation pourrait (ou aurait pu) lui être demandée directement.

4. Le Conseil d'État, juge de renvoi

248 La réforme de 1987 a eu pour objet essentiel, ainsi qu'on l'a vu, de transformer le Conseil d'État en juge de cassation des arrêts rendus par les nouvelles cours administratives d'appel. Un inconvénient risquait d'en résulter : celui de retarder exagérément le règlement définitif des questions de droit nouvelles. C'est justement pour pallier cet inconvénient que la loi du 31 décembre 1987 a mis en place la procédure du renvoi, donnant ainsi au Conseil d'État une quatrième compétence contentieuse en l'érigeant en juge de renvoi.

La possibilité du renvoi est soumise par l'article 12 de la loi (devenu art. L. 113-1 CJA) au respect de trois conditions cumulatives. Il faut en effet qu'une requête soulève : *1)* « une question de droit nouvelle », *2)* « présentant une difficulté sérieuse » *3)* et « se posant dans de nombreux litiges », pour que la juridiction administrative qui en est saisie ait le droit de transmettre le dossier de l'affaire au Conseil d'État. La sévérité de ces conditions s'explique par le souci du législateur de faire du renvoi un procédé dont l'utilisation demeure exceptionnelle. Mais en pratique, le Conseil d'État fait preuve d'un certain laxisme en acceptant parfois de statuer sur des questions de droit qui ne sont pas véritablement nouvelles, mais dont il est utile, dans l'intérêt d'une bonne administration de la justice, de rappeler les solutions (*cf.* par ex. CE Ass. 7. 7. 1989 Soc. Cofiroute et D^{lle} Cale *AJDA* 1989. 606, chron. Honorat et Baptiste). On ne peut guère l'en blâmer.

Quant à la décision du renvoi, elle est prise en toute liberté par le tribunal administratif ou par la cour administrative d'appel confronté(e) à la question de droit. Le renvoi n'est en effet jamais une obligation. La décision d'y recourir prend la forme d'un jugement ou d'un arrêt qui n'est susceptible d'aucun recours. C'est donc une prérogative. Mais on notera qu'elle n'appartient qu'aux tribunaux administratifs et aux cours administratives d'appel, car la loi n'a pas étendu aux autres juridictions administratives le pouvoir de décider le renvoi.

Lorsqu'il est saisi d'un renvoi, le Conseil d'État dispose d'un délai maximum de trois mois pour répondre à la question posée. Sa réponse est donnée sous la forme d'un « avis » et non d'un arrêt. Le terme est trompeur, car il pourrait faire croire que la réponse émane d'une formation administrative de la haute assemblée, alors qu'elle est l'œuvre de l'une de ses formations contentieuses (section du contentieux, voire assemblée du contentieux pour les questions les plus importantes). Mieux vaut donc dire, pour écarter tout risque de confusion, qu'on a affaire ici à un « avis contentieux ». Sous cette réserve, il s'agit bien d'un simple avis et non d'un arrêt, car il ne s'impose nullement à la juridiction qui l'a sollicité, laquelle demeure libre de ne pas le suivre. En pratique, toutefois, on constate que les avis contentieux sont toujours respectés. Concrètement, la juridiction à l'origine du renvoi surseoit à toute décision sur le fond de l'affaire jusqu'à l'avis du Conseil d'État, puis, dûment éclairée, juge finalement celle-ci comme elle l'entend.

Il n'est pas exagéré d'affirmer que cette procédure du renvoi a connu un grand succès, qui lui a d'ailleurs valu d'être transposée, en matière civile, au profit de la Cour de cassation par la loi du 15 mai 1991. Assez régulièrement utilisée (en moyenne près de 20 fois par an), elle a en effet permis de répondre rapidement à bon nombre de questions de droit nouvelles, et de préserver ainsi l'unité de la jurisprudence. C'est par des avis contentieux que le Conseil d'État a par exemple incité la jurisprudence à étendre la responsabilité de l'État du fait des attroupements à la réparation du préjudice commercial (CE Ass. 6. 4. 1990 Cofiroute *GAJA*), à contraindre les autorités de police administrative à « prendre en compte… les règles de concurrence » (CE Sect. 22. 11. 2000 Soc. L et P Publicité *AJDA* 2001. 198, note Rouault), et à estimer que les dommages occasionnés par la déportation des Juifs ont déjà été suffisamment réparés par l'État français, qui en a assumé la responsabilité à juste titre (CE Ass. 16. 2. 2009 Mme H. *AJDA* 2009. 589, chron. Liéber et Botteghi).

On notera pour terminer que les lois organiques du 27 février 2004 et du 19 mars 1999, respectivement relatives à la Polynésie et à la Nouvelle-Calédonie, ont institué une procédure d'avis contentieux qui s'inspire de celle de la loi du 31 décembre 1987. Elles imposent en effet aux tribunaux administratifs de Papeete et de Nouvelle-Calédonie de demander l'avis du Conseil d'État, lorsqu'ils sont saisis de recours pour excès de pouvoir soulevant « l'inexacte application de la répartition des compétences » entre l'État et le territoire concerné (art. L. 224-3 et L. 225-2 CJA).

SECTION 4
LES JURIDICTIONS ADMINISTRATIVES À COMPÉTENCE SPÉCIALE

A. Liste des principales juridictions administratives à compétence spéciale

249 Afin d'alléger la charge des juridictions administratives à compétence générale, il est de tradition de confier certains contentieux spécifiques, dont le domaine d'application est clairement délimité, à des juridictions administratives spécialement conçues pour les juger.

La plus prestigieuse est la Cour des comptes. Créée en 1807, elle a pour rôle essentiel de juger les comptes des comptables publics. Cette compétence s'exerce en premier ressort en ce qui concerne les comptes des comptables publics de l'État, et en appel des décisions rendues par les chambres régionales des comptes (créées par la loi du 10. 7. 1982) en ce qui concerne les comptes des comptables publics des collectivités territoriales. Dans tous les cas, ses arrêts peuvent faire l'objet d'un pourvoi en cassation devant le Conseil d'État (*cf.* par ex. CE Ass. 23. 2. 2000 Soc. Labor Métal *AJDA* 2000. 404 chron. Guyomar et Collin, cassant pour méconnaissance des principes d'« impartialité » et des « droits de la défense » un arrêt par lequel la Cour des comptes a déclaré des personnes « comptables de fait de l'État » après les en avoir accusées dans son rapport public).

Les commissions départementales d'aide sociale et, en appel, la Commission centrale d'aide sociale sont pour leur part compétentes pour juger les litiges relatifs à l'aide sociale et à l'allocation du revenu de solidarité active (*cf.* par ex. CE 28. 5. 2010 Département de Paris *RFDA* 2010. 865). Quant à la Cour nationale du droit d'asile (nouveau nom, depuis 2007, de la Commission des recours des réfugiés), elle est compétente pour juger les décisions prises par l'OFPRA, Office français de protection des réfugiés et des apatrides, notamment les décisions par lesquelles il refuse d'accorder à certains étrangers le statut de réfugié politique (*cf.* par ex. CE 23. 7. 2010 Assfour *AJDA* 2010. 1513, obs. Grand).

Il existe également beaucoup de juridictions administratives à caractère disciplinaire. Parmi les principales, figurent notamment : la Cour de discipline budgétaire et financière, composée paritairement de membres du Conseil d'État et de la Cour des comptes, et dont le rôle est d'infliger des amendes aux agents publics qui se sont rendus coupables d'infractions financières; le Conseil supérieur de la magistrature siégeant en conseil de discipline, compétent pour juger les fautes disciplinaires commises par les magistrats de l'ordre judiciaire; les conseils régionaux et nationaux des ordres professionnels statuant en formations disciplinaires, compétents pour juger les fautes commises par les membres de leur profession dans l'exercice de celle-ci; et les sections disciplinaires des conseils d'administration des universités (et en appel du CNESER, Conseil national de l'enseignement supérieur et de la recherche), compétentes pour juger les étudiants et les enseignants des universités concernées.

Dans tous les cas, les décisions rendues en dernier ressort par ces juridictions administratives spéciales peuvent, en vertu d'un principe général du droit, faire l'objet d'un pourvoi en cassation devant le Conseil d'État (CE Ass. 7. 2. 1947 d'Aillères *GAJA*). Ce principe s'applique même aux jugements rendus par le Conseil supérieur de la magistrature siégeant en conseil de discipline (CE Ass. 12. 7. 1969 L'Étang *AJDA* 1969. 559, chron. Dewost et Denoix de Saint-Marc).

Reste enfin à mentionner les « conseils du contentieux administratif », qui ont existé de 1881 à 2004 dans les territoires d'outre-mer. Ces curieux tribunaux avaient pour particularité majeure d'être composés avec les « moyens du bord ». Chacun d'eux comportait en effet deux fonctionnaires en poste dans les TOM, et le président du tribunal administratif le plus proche. Ne correspondant plus à la conception que l'opinion publique se fait aujourd'hui de la justice, ils ont tous été progressivement remplacés par des tribunaux administratifs.

B. La notion de juridiction administrative

250 Contrairement aux juridictions administratives à compétence générale, qui sont clairement identifiées, les juridictions administratives spéciales, nombreuses et fort diverses, sont parfois difficiles à repérer. Il arrive en effet qu'on s'interroge sur le caractère juridictionnel ou non juridictionnel d'un organisme administratif. Pour résoudre ce problème d'identification, la jurisprudence a donc été amenée à dégager des critères permettant d'éclairer la notion de juridiction administrative.

Le premier critère réside dans l'intention du législateur. Un organisme administratif est en effet considéré comme juridictionnel si la loi qui l'a créé l'a qualifié expressément ou implicitement (en assimilant par exemple ses décisions à des « jugements »), de « juridiction » (*cf.* par ex. art. L. 712-4 C. éduc. issu de la loi du 26. 1. 1984, sur les sections disciplinaires des conseils d'administration des universités, lesquelles jugent « au nom de l'État » selon la précision apportée par CE Sect. 27. 2. 2004 Mme Popin *GAJA*). Inversement, un organisme administratif sera considéré comme non juridictionnel si le législateur lui a clairement refusé la qualité de juridiction, en énonçant par exemple que ses décisions sont susceptibles de « recours pour excès de pouvoir » ou de « recours de pleine juridiction » (*cf.* par ex. loi du 17. 1. 1989 sur le CSA).

Lorsque le silence ou l'ambiguïté de la loi empêche les tribunaux de découvrir l'intention du législateur, la jurisprudence recourt à un critère impressionniste, proche de la méthode du faisceau d'indices. Ce critère semble en effet privilégier des considérations matérielles (la « nature de la matière » dans laquelle intervient l'organisme, selon les propres termes de l'arrêt de principe CE Ass. 12. 12. 1953 de Bayo *AJDA* 1954. 138, note de Soto). Ce choix conduit le Conseil d'État à reconnaître un caractère juridictionnel aux organismes collégiaux qui exercent une mission de répression disciplinaire, et à le refuser aux autres. C'est ainsi que la qualité de juridiction a été reconnue au Conseil supérieur de la magistrature siégeant en conseil de discipline (CE Ass. 12. 7. 1969 L'Étang *AJDA* 1969. 559, chron. Dewost et Denoix de Saint Marc), mais non à la Commission chargée de se prononcer sur les demandes de cartes d'identité de journaliste professionnel (CE Sect. 14. 4. 1972 Marion de Procé *Lebon* 287). En agissant ainsi, la jurisprudence cherche probablement à limiter le nombre des juridictions administratives spéciales, en réservant le caractère juridictionnel, et les garanties qui s'y attachent, aux organismes les plus dangereux pour les administrés. Ces considérations matérielles ne sont cependant pas exclusives, et laissent parfois place à des considérations organiques (tenant à la nature ou à la composition de l'organisme) et formelles (tenant à l'aspect de ses décisions et à la procédure suivie devant lui). C'est ainsi en se fondant sur sa composition (caractérisée par la présence de magistrats professionnels) et sur la forme de ses décisions (comportant des considérants), que le Conseil d'État a, certes antérieurement à l'arrêt de Bayo, qualifié de juridiction le « jury d'honneur » compétent pour relever les parlementaires de leur inéligibilité (CE Ass. 7. 2. 1947 d'Aillières *GAJA*). Et plus récemment, c'est parce que les fédérations sportives sont de simples associations de la loi de 1901 qu'il a refusé de reconnaître la qualité de juridiction à leurs instances disciplinaires (CE Sect. 19. 12. 1980 Hechter *D.* 1981. 296 et 431, notes Plouvin et Simon).

La mise en œuvre de ces critères produit parfois des conséquences singulières. Ainsi, il se peut qu'une juridiction administrative agisse parfois en qualité d'autorité administrative non juridictionnelle : c'est ce que font par exemple les tribunaux administratifs lorsqu'ils délivrent des autorisations de plaider aux contribuables communaux qui veulent intenter, pour défendre à leurs frais et risques les intérêts de leur commune, une action en justice que ses représentants légaux refusent d'engager (art. L. 2132-5 du CGCT); ces autorisations (ou refus d'autorisations) de plaider sont en effet des actes administratifs unilatéraux qui peuvent faire l'objet d'un recours de plein contentieux devant le Conseil d'État (*cf.* par ex. CE Ass. 26. 6. 1992 Lepage-Huglo *AJDA* 1992. 521 concl. Le Chatelier). Inversement, il se peut aussi qu'une autorité administrative non juridictionnelle agisse parfois en qualité de juridiction administrative : c'est ce que fait le président de la République lorsqu'il statue en appel sur les jugements rendus par le Conseil des prises, juridiction compétente pour juger en temps de guerre la validité des prises maritimes (décret du 9. 5. 1859); les décrets par lesquels il se prononce sont en effet assimilés, en vertu d'une étrange survivance de la justice retenue, à de véritables actes juridictionnels (CE 14. 3. 1924 Soc. Navig. Lloyd de Trieste *RDP* 1924. 224, note Jèze).

Section 5

Les procédures de règlement interne des questions de compétence

251 Les juridictions administratives sont très nombreuses, et les justiciables ignorent souvent les règles qui gouvernent la répartition de leurs compétences. Aussi, il n'est pas rare qu'une juridiction administrative soit saisie par erreur à la place d'une autre. Pour réparer le plus rapidement possible ce genre d'erreur d'aiguillage, le décret du 22 février 1972 a interdit d'y répondre par des jugements d'incompétence, qui font perdre inutilement du temps aux juges et aux plaideurs, et organisé le règlement préventif des questions de compétence (**A**). Lorsque, malgré ce système, un conflit de compétence surgit entre deux juridictions administratives, la vieille construction jurisprudentielle du « règlement de juges » permet de sortir de l'impasse (**B**).

A. Le règlement préventif des questions de compétence

Jusqu'en 1972, le requérant qui se trompait de juridiction administrative ne se rendait compte de son erreur que plusieurs mois plus tard, lorsque la juridiction saisie à tort finissait par rendre un jugement d'incompétence. Le décret du 22 février 1972 (codifié aux articles R. 351-1 et suiv. CJA) a mis fin à cette situation absurde. Désormais, la juridiction administrative saisie à tort doit immédiatement informer le requérant de son erreur, et renvoyer d'office son affaire à la juridiction administrative réellement compétente. Pour le reste, deux hypothèses sont à distinguer.

• *Lorsque c'est le Conseil d'État qui est saisi à tort*, le président de la section du contentieux renvoie directement l'affaire à la juridiction administrative réellement compétente, par une ordonnance non motivée et insusceptible de recours. Cette solution, prévue par le décret de 1972, est demeurée inchangée depuis lors.

• *Lorsque c'est un tribunal administratif ou une cour administrative d'appel qui est saisi à tort*, le mécanisme institué par le décret de 1972 est plus complexe : son président devait en effet toujours, par une ordonnance non motivée et insusceptible d'appel, renvoyer l'affaire au Conseil d'État, même s'il estimait que c'était une troisième juridiction administrative qui était compétente. Le président de la section du contentieux faisait alors office de chef de poste d'aiguillage en transmettant l'affaire à la juridiction administrative qui lui semblait réellement compétente. Cet étrange système ne faisait pas assez confiance à la sagacité des présidents de TA et de CAA. Après trente ans d'attente, le décret du 19 avril 2002 y a logiquement mis fin. Désormais, le président du TA ou de la CAA saisi(e) à tort peut directement transmettre le dossier à la juridiction qu'il estime compétente. Le président de la section du contentieux du Conseil d'État n'a donc plus à être saisi, sauf en cas de « difficultés particulières » dans la détermination de la juridiction réellement compétente.

Malgré ce léger défaut corrigé en 2002, le règlement préventif des questions de compétence imaginé par le décret de 1972 a donné de bons résultats. Plusieurs centaines d'ordonnances de renvoi sont rendues chaque année.

B. Le règlement de juges

En dépit de son grand intérêt, le décret du 22 février 1972 n'a pas totalement tari les conflits de compétence à l'intérieur de l'ordre juridictionnel administratif. La jurisprudence parvient heureusement à les résoudre grâce à la technique du « règlement de juges ».

Cette technique permet à la juridiction administrative qui est le supérieur de celles dont émanent des jugements inconciliables, et passés en force de chose jugée, de dénouer la contradiction en déclarant l'un d'eux nul et non avenu. Concrètement, elle est mise en œuvre par une cour administrative d'appel quand le conflit oppose deux tribunaux administratifs de son ressort, et par le Conseil d'État dans les autres cas. Par extension, elle peut également permettre à la juridiction concernée de résoudre une contrariété entre un de ses propres arrêts et le jugement d'une juridiction inférieure, en déclarant ce dernier nul et non avenu. Le Conseil d'État l'a dégagée en dehors de tout texte en la rattachant à ses « pouvoirs généraux » (CE Sect. 15. 1. 1932 Veuve Reynes *D.* 1932. 11, concl. Rouchon-Mazerat).

Le règlement de juges a une portée très générale. Il peut en effet servir à trancher aussi bien une contrariété sur une question de fond qu'un conflit de compétence (*cf.* par ex. CE 14. 3. 1986 consorts Lornet *Lebon* 72). Mais en pratique, il est surtout utilisé dans le second cas de figure, afin de résoudre les contradictions engendrées par deux jugements d'incompétence inconciliables entre eux (*cf.* par ex. CE 21. 6. 1991 Centre hospitalier d'Auxerre *Lebon* 1163). La survenance de telles contradictions peut surprendre, dans la mesure où le décret de 1972 avait l'ambition de mettre fin aux jugements d'incompétence. Si ces derniers existent encore, c'est tout simplement parce que ce texte a omis d'étendre leur interdiction aux juridictions administratives spéciales, et aussi, il faut bien l'avouer, parce que les tribunaux administratifs et les cours administratives d'appel ne le respectent pas toujours. Le règlement de juges a encore de beaux jours devant lui...

TITRE 5

La responsabilité de l'administration

252 L'administration est tenue de réparer les préjudices qu'elle cause. Elle peut évidemment accepter de le faire sans que ses victimes aient besoin de saisir le juge, auquel cas sa responsabilité sera mise en œuvre de façon amiable, indépendamment de tout contrôle juridictionnel. Mais, le plus souvent, un tel accord amiable s'avère impossible; force est alors de recourir au juge; c'est pourquoi la responsabilité de l'administration doit être étudiée dans le cadre de cette deuxième partie consacrée au contrôle de l'action administrative.

Cette responsabilité n'obéit pas toujours à des règles spéciales. Les personnes publiques sont en effet parfois passibles de la responsabilité de droit commun, régie par le droit civil (notamment par les articles 1382 et suiv. du Code civil), dont le contentieux relève du juge judiciaire. C'est le cas lorsqu'elles causent un dommage dans le cadre d'une activité de gestion privée, imputable par exemple au fonctionnement d'un SPIC. C'est également le cas lorsqu'elles causent un dommage dont une loi attribue le contentieux au juge judiciaire statuant selon les règles du droit civil, comme le fait par exemple la loi du 31 décembre 1957 relative aux accidents causés par des véhicules.

Mais le plus souvent, la responsabilité de l'administration est gouvernée par des « règles spéciales », conformément à l'affirmation de l'arrêt Blanco qui ajoute qu'elle « ne peut être régie par les principes qui sont établis dans le Code civil, pour les rapports de particulier à particulier » (TC 8. 2. 1873 Blanco *GAJA*). Cela signifie qu'elle est régie par des règles de droit administratif, fixées tantôt par la jurisprudence (selon le principe établi par l'arrêt Blanco) tantôt par la loi (par exemple par la législation relative aux dommages causés par les attroupements, *cf. infra*, n° 292), dont le contentieux relève du juge administratif.

Cette double spécificité de la responsabilité administrative, portant sur le fond du droit et sur la compétence juridictionnelle, s'étend aussi bien à la responsabilité contractuelle de l'administration qu'à sa responsabilité extra-contractuelle. Toutefois, la responsabilité contractuelle de l'administration ayant déjà été étudiée (*cf.* n°s 187 à 202), on se bornera ici à analyser sa responsabilité extra-contractuelle.

L'existence de cette double spécificité n'a évidemment pas pour finalité ultime de conférer des privilèges à l'administration : elle s'explique par « la nécessité de concilier les droits de l'État avec les droits privés » (arrêt Blanco), autrement dit par le souci d'assurer un équilibre acceptable entre la préservation de l'intérêt général et la sauvegarde des intérêts particuliers. C'est d'ailleurs ce qui explique que la responsabilité administrative ne soit pas seulement applicable aux personnes publiques, mais qu'elle le soit aussi aux personnes privées gérant un service public lorsqu'elles causent un dommage dans l'exercice de prérogatives de puissance publique (CE 23. 3. 1983 S.A. Bureau Véritas *CJEG* 1983. 313, note Dupiellet).

On notera toutefois qu'un des deux pans de la spécificité de la responsabilité administrative disparaît parfois. Il arrive en effet qu'une responsabilité mette en œuvre des règles de droit administratif et relève pourtant du juge judiciaire. C'est par exemple le cas, en vertu de la célèbre jurisprudence Giry, de la responsabilité de l'État pour les dommages causés par l'activité du service public judiciaire (Civ. 23. 11. 1956 Trésor public c. Giry *GAJA*, analysé *supra*, n° 236). C'est également le cas, en vertu de la loi du

17 juillet 1970, de la responsabilité de l'État du fait des détentions provisoires injustifiées.

L'ensemble de ces remarques peut être résumé sous forme d'un tableau récapitulatif de la responsabilité extra-contractuelle de l'administration :

Responsabilité privée (droit civil)	– Juge judiciaire	– Soit en vertu d'une loi (ex. : loi du 31. 12. 1957)
		– Soit en vertu de la jurisprudence (ex. : SPIC)
Responsabilité publique (droit administratif)	– Soit juge judiciaire	– En vertu d'une loi (ex. : loi du 17. 7. 1970)
		– En vertu de la jurisprudence (ex. : Giry)
	– Soit juge administratif	*– En vertu d'une loi (ex. : attroupements)*
		– En vertu de la jurisprudence (Blanco)

Ce tableau permet de comprendre qu'on n'étudiera dans le cadre des chapitres 9 et 10 que le cœur de la responsabilité extra-contractuelle de l'administration (indiqué en *italique*), qui correspond à sa partie doublement spécifique. On examinera successivement l'étendue (CHAPITRE 9) et les fondements (CHAPITRE 10) de cette responsabilité doublement spécifique.

CHAPITRE 9

L'étendue de la responsabilité de l'administration

Pour apprécier l'étendue de cette responsabilité, il faut procéder à la détermination du préjudice indemnisable (SECTION 1) et à celle de sa réparation (SECTION 2).

SECTION 1

LE PRÉJUDICE INDEMNISABLE

253 Pour être indemnisable, le préjudice invoqué par la victime de l'administration doit être certain, et non pas seulement éventuel. Toutefois, la simple « perte d'une chance » est assimilée à un préjudice certain s'il s'agissait d'une chance suffisamment sérieuse. Ont ainsi été indemnisées la « perte d'une chance de se soustraire au risque » d'un acte médical dommageable, consécutive à la négligence de l'hôpital qui a omis d'informer le patient des dangers de l'intervention (CE Sect. 5. 1. 2000 Consorts Telle *AJDA* 2000. 137, chron. Guyomar et Collin), et « la perte d'une chance sérieuse d'obtenir satisfaction devant la juridiction administrative en raison de la faute professionnelle d'un avocat au Conseil d'État et à la Cour de cassation » (CE 5. 7. 2006 Mme Hudelot *AJDA* 2006. 1418, obs. Brondel).

Tous les problèmes ne sont pas résolus pour autant. La théorie de la causalité adéquate (**A**) et le système de datation de l'évaluation du préjudice (**B**) défavorisent en effet les victimes de l'administration, en réduisant à l'excès leur préjudice indemnisable. Quant à la décision de ranger le préjudice moral parmi les préjudices indemnisables, qui semble à l'inverse leur donner satisfaction, elle soulève la redoutable question de savoir à quelle conception de la personne humaine se rallie notre droit (**C**).

A. La théorie de la causalité adéquate

1. Principe

254 Pour être indemnisable, il ne suffit pas qu'un préjudice soit certain. Il faut en outre qu'il soit le résultat direct d'un fait imputable à l'administration. On appelle « théorie de la causalité adéquate » cette exigence jurisprudentielle d'un lien suffisamment direct de cause à effet entre le préjudice et un fait dommageable imputable à l'administration (CE 23. 7. 2003 David B. *AJDA* 2003. 2274, concl. éclairantes De Silva).

Cette exigence ne pose aucun problème quand la causalité du dommage est évidente, ce qui est souvent le cas. Peuvent ainsi se prévaloir, sans grande difficulté, d'une causalité adéquate : le riverain d'une voie publique dont le mur s'effondre du fait de travaux de creusement d'un fossé sur le bas-côté de la route (CE 18. 5. 1973 Djian *Lebon* 361); et les personnes contaminées par le virus du SIDA à l'occasion d'une intervention chirurgicale, à cause de la mauvaise qualité du sang fourni par les centres publics de transfusion sanguine (CE Ass. 26. 5. 1995 Consorts N'Guyen, Jouan et consorts Pavan *RFDA* 1995. 748, concl. Daël).

Mais lorsque au contraire, le lien entre le dommage et le fait de l'administration paraît distendu, voire douteux, la théorie de la causalité adéquate permet la plupart du temps à l'administration de se dégager de toute responsabilité. C'est ainsi que l'État est responsable des agressions commises par un détenu à l'occasion d'une permission de sortie, lorsqu'elles commencent à être perpétrées « quelques jours seulement » après sa délivrance (CE Sect. 29. 4. 1987 Banque populaire de la région économique de Strasbourg *AJDA* 1987. 454, chron. Azibert et de Boisdeffre); en revanche, il ne l'est plus lorsqu'elles débutent plusieurs mois après celle-ci (CE 27. 3. 1985 Dame Henry *RFDA* 1985. 575, concl. Cazin). On voit, à travers cet exemple, à quel point la notion de lien suffisamment direct est subjective.

Certes, la théorie de la causalité adéquate ne doit pas pour autant être contestée dans son principe, car l'administration ne saurait être tenue pour responsable de n'importe quoi. Mais l'usage qu'en fait le juge est critiquable, dans la mesure où il paraît privilégier systématiquement l'intérêt de l'administration par rapport à l'intérêt des victimes. Dans notre exemple, ce parti-pris aboutit d'ailleurs à un résultat absurde, puisque les victimes des détenus permissionnaires obtiennent réparation dans un cas et pas dans l'autre, alors qu'elles sont objectivement dans la même situation. C'est pourquoi nous souhaitons que le juge adopte une conception plus généreuse de la causalité adéquate (pour un progrès significatif dans cette direction, *cf.* CE 9. 3. 2007 Mme S. *AJDA* 2007. 861, concl. Olson, admettant le lien de causalité entre une sclérose en plaques et une vaccination contre l'hépatite B « dès lors que les rapports d'expertise, s'ils ne l'ont pas affirmé, n'ont pas exclu l'existence d'un tel lien de causalité »).

2. Exceptions

255 La jurisprudence considère traditionnellement que certains préjudices ne sont jamais indemnisables, même lorsque existe un lien de causalité suffisamment direct entre eux et un fait imputable à l'administration. Sont ainsi insusceptibles de réparation : les dommages (notamment dépréciation d'immeuble et perte de clientèle) liés aux « modifications apportées à la circulation générale » et résultant « soit de changements effectués dans l'assiette ou dans la direction des voies publiques, soit de la création de voies nouvelles » (CE Sect. 2. 6. 1972 Soc. Les Vedettes blanches *AJDA* 1972. 347, chron. Labetoulle et Cabanes); et la naissance d'un enfant à la suite de l'échec d'un avortement ou d'une stérilisation (CE Ass. 2. 7. 1982 D^lle^ R. *AJDA* 1983. 206, note J. C., et TA

Strasbourg 21. 4. 1994 Hospices civils de Colmar *AJDA* 1994. 916, note Martinez), sauf si l'enfant est atteint d'une infirmité imputable à l'intervention manquée (CE 27. 9. 1989 Dame Karl *AJDA* 1989. 776, chron. Honorat et Baptiste). La première solution s'explique par de simples considérations économiques (limiter le coût des travaux concernés) et paraît critiquable, alors que la seconde repose sur des raisons éthiques (le refus de considérer la naissance d'un enfant comme un véritable préjudice) qu'on peut comprendre.

Dans la même optique, l'article L. 160-5 du Code de l'urbanisme interdit l'indemnisation des servitudes d'urbanisme (CE Sect. 15. 12. 1989 Époux Mazin *AJDA* 1990. 97, chron. Honorat et Baptiste), sauf si elles portent atteinte à des droits acquis (*cf.* par ex. CAA Marseille 3. 3. 2005 Malfatto *AJDA* 2005. 1417, à propos d'une décision plaçant en zone inconstructible des terrains pour lesquels une autorisation de lotir avait été délivrée) ou si elles font peser sur un propriétaire « une charge spéciale et exorbitante, hors de proportion avec l'objectif d'intérêt général poursuivi » (CE Sect. 3. 7. 1998 Bitouzet *AJDA* 1998. 570, chron. Raynaud et Fombeur).

B. La date d'évaluation du préjudice

1. Pour les dommages aux biens

256 Selon la jurisprudence du Conseil d'État, les dommages causés aux biens doivent être évalués à leur date de réalisation, et non à la date du jugement. C'est ce qu'exprime en ces termes l'arrêt de principe en la matière : « L'évaluation des dégâts... [doit] être faite à la date où, leur cause ayant pris fin et leur étendue étant connue, il pouvait être procédé aux travaux destinés à les réparer » (CE Ass. 21. 3. 1947 Comp. gén. des eaux c. Veuve Pascal *GAJA*).

La solution est critiquable, car elle traite les victimes avec trop de sévérité. Elle refuse en effet de prendre en compte l'aggravation des dégâts susceptible d'intervenir dans le laps de temps, long de plusieurs mois voire de quelques années, qui sépare la date de réalisation des dommages et la date du jugement. Dans l'affaire CGE, par exemple, la veuve Pascal est victime d'un dégât des eaux en 1942; elle décide de ne pas le réparer et d'attendre le jugement de son affaire, qui intervient en 1947; mal lui en prend, car bien que son immeuble se soit dégradé au cours de ces cinq années d'attente, le Conseil d'État n'accepte finalement de réparer que les dégâts survenus en 1942, à l'exclusion de ceux qui sont apparus ensuite (CE Ass. 21. 3. 1947, préc.).

Seul le préjudice direct est donc indemnisable. Le préjudice indirect, né de l'aggravation du préjudice direct pendant la période d'attente du jugement, ne l'est pas. Si elle veut éviter une issue défavorable, la victime est par conséquent obligée de faire l'avance des frais de réparation de son bien, sans attendre l'octroi de son indemnité par le juge. Elle est ainsi en quelque sorte deux fois victime : d'abord d'un dégât matériel; ensuite d'une obligation d'y consacrer immédiatement les fonds nécessaires à sa réparation.

Pour atténuer cette sévérité, la jurisprudence accepte de repousser la date d'évaluation du préjudice dans une hypothèse : lorsque, par manque de ressources ou pour toute autre cause indépendante de sa volonté, la victime n'a pas été en mesure de procéder immédiatement aux travaux de réparation, l'évaluation est reportée à la date où l'exécution de ces travaux lui est devenue possible (CE 13. 4. 1951 Ouzeneau *Lebon* 188).

Mais, malgré cet utile correctif, la solution actuelle demeure condamnable. Mieux vaudrait changer la jurisprudence de 1947, et évaluer les dommages aux biens à la date du jugement.

2. Pour les dommages aux personnes

257 Jusqu'en 1947, les dommages causés aux personnes devaient être évalués à leur date de réalisation, exactement comme les dommages causés aux biens. Là encore les victimes étaient donc systématiquement défavorisées.

Mais cette sévérité, déjà incompréhensible vis-à-vis des dommages causés aux biens, apparut franchement hors de saison, à une conscience collective marquée par les atrocités de la Seconde Guerre mondiale, en ce qui concerne les dommages causés aux personnes. C'est pourquoi la jurisprudence y a renoncé à partir de 1947.

Désormais, les dommages causés aux personnes doivent être évalués à la date du jugement de premier ressort, et même à la date de l'arrêt d'appel si le juge d'appel estime que l'indemnité allouée par le premier juge n'était pas suffisante (CE Ass. 21. 3. 1947 Veuve Aubry *GAJA*). Cette nouvelle règle doit être approuvée, car elle permet de réparer non seulement les préjudices corporels, mais aussi les préjudices qui en découlent, notamment les pertes de revenu éprouvées par les victimes du fait de leur accident.

Trois précisions doivent toutefois être données pour compléter le panorama des solutions jurisprudentielles. Tout d'abord, les dommages doivent être évalués à la date de la décision préalable de l'administration, et non à la date du jugement, lorsque dans cette décision l'administration a correctement évalué le préjudice (CE Sect. 3. 12. 1948 Bucciero *Lebon* 457). En second lieu, lorsqu'une victime presente sa demande de dommages-intérêts avec un retard anormal, l'évaluation n'est pas faite au jour du jugement, mais à la date à laquelle ce jugement serait intervenu si la demande avait été déposée dans un délai raisonnable; ce correctif s'explique par l'idée, parfaitement justifiée, qu'« il doit être tenu compte, dans cette évaluation, de la responsabilité qui peut incomber à l'intéressé dans le retard apporté à la réparation du dommage » (CE Ass 21. 3. 1947 Veuve Aubry *GAJA*). Enfin, le souci d'assurer la réparation intégrale des dommages causés aux personnes a conduit la jurisprudence à admettre l'indexation des rentes allouées aux victimes (CE Sect. 12. 6. 1981 Centre hospitalier de Lisieux *AJDA* 1981. 470, chron. Tiberghien et Lasserre) : cette solution permet ainsi fort judicieusement de réévaluer ces rentes après la date du jugement, pour tenir compte de la dépréciation monétaire.

C. Le problème de l'indemnisation du préjudice moral

258 On distingue habituellement deux types de préjudices : les préjudices matériels et les préjudices moraux. La jurisprudence administrative accepte de les réparer tous les deux.

• *Les préjudices matériels posent peu de problèmes* car ils sont facilement mesurables en argent. Ils consistent essentiellement en des dommages causés aux biens (dégradation d'un meuble ou d'un immeuble, perte de revenus, diminution de valeur d'une propriété...), et en des dommages corporels causés aux personnes (blessures, contaminations, etc.). La jurisprudence administrative accepte depuis longtemps de les réparer. Elle a toutefois marqué une certaine réticence à indemniser les souffrances physiques qui accompagnent les dommages corporels, réticence dont elle ne s'est totalement délivrée qu'en 1958 (CE Sect. 6. 6. 1958 Commune de Grigny *D.* 1958, 551, concl. Chardeau).

• *Les préjudices moraux posent plus de problèmes* car, étant de l'ordre des sentiments, ils sont extrêmement difficiles à évaluer financièrement. La jurisprudence administrative les classe en trois catégories : les « troubles dans les conditions d'existence » (**1**), les atteintes à la « partie sociale du patrimoine moral » (**2**) et les atteintes à la « partie affective du patrimoine moral » (**3**). Or, si les deux premières sont indemnisées depuis longtemps, la troisième ne l'est en revanche que depuis 1961; et son indemnisation continue à susciter bien des interrogations.

1. Les « troubles dans les conditions d'existence »

259 Par cette expression, le Conseil d'État, qui en est l'auteur, entend désigner les sentiments liés aux divers désagréments matériels susceptibles de résulter du fait dommageable. Il s'agit notamment des souffrances morales provoquées par une « gêne physique » consécutive à un accident (CE 12. 6. 1963 Min. des Travaux publics c. Dame Féraud *Lebon* 361), ou subies, dans l'hypothèse d'un accident mortel, par le conjoint survivant du fait de la privation de l'aide matérielle que lui apportait le défunt dans l'éducation de ses enfants (CE 9. 12. 1988 Bazin *Lebon* 1018). D'une façon générale, ce chef d'indemnisation permet de réparer toutes les souffrances nées d'une obligation de changer son mode de vie, ou de renoncer à certains projets (en ce sens, *cf.* CE 18. 7. 2008 Stilinovic *AJDA* 2008. 1906, concl. Aguila, à propos d'une éviction illégale). Il s'agit donc d'une notion « hybride » puisqu'elle associe étroitement une souffrance morale à un désagrément matériel (selon l'analyse de M. Rougevin-Baville, concl. sur CE Ass. 14. 2. 1975 Vimart *Lebon* 113).

2. Les atteintes à la « partie sociale du patrimoine moral »

260 Certaines souffrances morales sont liées davantage à la vie en société qu'à un quelconque désagrément matériel. On dit, pour les distinguer des troubles dans les conditions d'existence, qu'elles sont des atteintes à la « partie sociale du patrimoine moral », selon l'expression du commissaire du gouvernement Fougère (concl. sur CE Ass. 29. 10. 1954 Bondurand *D.* 1954. 767). Constituent par exemple de telles atteintes : un préjudice esthétique (CE Ass. 11. 7. 1947 Salgues *Lebon* 315); une atteinte à l'honneur (CE 8. 12. 1948 Époux Brusteau *RDP* 1949. 228, concl. Chardeau, note Jèze, à propos de mentions diffamatoires contenues dans une décision administrative); ou une atteinte à la réputation (CE 3. 4. 1936 Sudre *Lebon* 452, et CE 11. 9. 2006 Agopyan *AJDA* 2006. 2189, note Dreyfus, à propos du préjudice subi par des sculpteurs ou des architectes dont les œuvres sont exposées au public après avoir été défigurées par les communes qui en ont acquis la propriété). Ce chef d'indemnisation permet en somme de réparer la souffrance de devoir supporter que son apparence physique, son honneur ou sa réputation soit dégradé aux yeux d'autrui. L'enfer, c'est bien connu, est le regard des autres.

3. Les atteintes à la « partie affective du patrimoine moral »

261 Les souffrances morales les plus profondes ne sont liées ni au regard des autres ni à un désagrément matériel. Elles tiennent au chagrin que l'on ressent à la mort d'un être cher, ou au spectacle de ses souffrances. Le commissaire du gouvernement Fougère les qualifie, dans son langage matérialiste, d'atteintes à la « partie affective du patrimoine moral ».

Faut-il indemniser ce type de souffrances ? Jusqu'en 1961, le Conseil d'État ne le pensait pas (*cf.* notamment CE Ass. 29. 10. 1954 Bondurand *D.* 1954. 767, concl. cont. Fougère). Se ralliant à l'adage selon lequel « les larmes ne se monnaient pas », il jugeait en effet ces souffrances trop respectables, trop intimement liées au mystère de la sensibilité humaine, pour se risquer à les évaluer en argent. Leur caractère proprement transcendant les mettait en quelque sorte au-dessus de toute réparation matérielle.

Tout a changé en 1961. Reniant ses convictions passées, le Conseil d'État entreprend en effet depuis cette date d'indemniser ces souffrances (CE Ass. 24. 11. 1961 Letisserand *GAJA*). Deux raisons ont été avancées par le commissaire du gouvernement Heumann, dans ses conclusions sur l'arrêt Letisserand, pour justifier ce changement de jurisprudence. La première repose sur l'idée, typiquement matérialiste, qu'on peut parfaitement réparer un chagrin par le versement d'une indemnité : « L'octroi d'une somme d'argent, affirme-t-il en effet, tend... à procurer une satisfaction, un plaisir, qui peut atténuer, voire même effacer, le sentiment de peine » (*D.* 1962. 34). La deuxième consiste à invoquer, dans un raisonnement qui illustre l'influence du positivisme sociologique sur notre droit, les aspirations de la conscience collective : « En répudiant cette théorie surannée, explique-t-il en effet à propos du refus d'indemniser le chagrin, vous répondrez, après une longue attente, aux aspirations de la conscience juridique et remplirez ainsi, avec exactitude, la mission du juge qui est de dégager, le moment venu, la règle de droit destinée à donner à un besoin d'ordre social son expression juridique. »

Que penser de ces deux raisons ? La première est une pure question d'idéologie personnelle, et ne saurait emporter la conviction. La deuxième est en revanche beaucoup plus convaincante, car dans une démocratie il paraît assez normal que le droit reflète les aspirations de la conscience collective. Cette obligation de respecter les aspirations de la conscience collective est en tout cas au cœur de la doctrine du positivisme sociologique, dont nous sommes l'un des théoriciens.

Or, en l'espèce, il est exact que l'opinion publique attendait ce changement de jurisprudence. La Cour de cassation acceptait d'ailleurs pour sa part depuis longtemps d'indemniser le préjudice moral. Du point de vue du positivisme sociologique, le Conseil d'État a donc eu parfaitement raison d'accepter à son tour l'indemnisation du préjudice moral.

Mais on ne saurait être forcé de renoncer à la liberté d'opinion pour autant. S'il faut respecter la conscience collective, on peut en revanche critiquer ses aspirations, afin de les faire évoluer. Personnellement, nous pensons qu'il est extrêmement dangereux d'admettre la commercialisation des sentiments. La conscience collective devrait comprendre que l'indemnisation du chagrin marque la victoire d'un matérialisme sordide, qui estime que tout a un prix, sur la croyance en la transcendance de l'âme humaine. Par là, elle s'engage dans une voie effrayante, qui pourrait bien l'amener à se détourner des valeurs humanistes, inspirées par le respect de la dignité de la personne humaine, dont elle se réclame pourtant.

Reste, puisque l'indemnisation du chagrin est admise, à en examiner les tarifs. La douleur causée par la disparition d'un proche « rapporte » aujourd'hui environ 15 000 euros s'il s'agit d'un fils ou d'une fille, d'un père ou d'une mère, ou du conjoint, et trois fois moins s'il s'agit d'un frère ou d'une sœur (*cf.* CE Sect. 12. 10. 2009 Mme Chevillard *AJDA* 2009. 2170, chron. Liéber et Botteghi). D'aucuns estimeront que c'est trop peu. Nous nous refusons quant à nous à entrer dans ce genre de débat. Ce n'est pas le montant de la tarification qui est critiquable, mais le principe même de l'indemnisation. La vie humaine n'a pas de prix, le chagrin non plus.

Section 2
La réparation du préjudice

Trois facteurs déterminent l'étendue de la réparation du préjudice : la présence ou l'absence de causes d'exonération (**A**), et les règles de calcul de l'indemnité principale (**B**) et des indemnités accessoires (**C**).

A. Les causes d'exonération

262 Les causes d'exonération sont des moyens de défense grâce auxquels l'administration peut se décharger totalement ou partiellement de sa responsabilité. Il s'agit du fait de la victime (**1**), des causes étrangères (**2**) et du cas fortuit (**3**).

1. Le fait de la victime

a. La faute de la victime

La faute de la victime exonère l'administration de sa responsabilité, soit totalement lorsqu'elle est la cause exclusive du dommage, soit partiellement dans les autres cas. C'est ainsi, par exemple, que l'Office national de la chasse a causé à un de ses agents un préjudice évalué à 10 000 euros en lui faisant subir un harcèlement moral systématique; mais la victime a commis des « agissements » fautifs qui ont « largement contribué... à la dégradation » de ses rapports avec son employeur; du coup, le juge exonère l'Office de la moitié de sa responsabilité et ne le condamne qu'à lui verser 5 000 euros (CE 24. 11. 2006 Mme Baillet *RFDA* 2007. 212; pour un autre exemple; *cf.* CE 14. 5. 1986, analysé *infra*, n° 263).

b. La situation de la victime

1) L'exception d'illégitimité

L'administration est totalement exonérée de sa responsabilité lorsque la victime n'a subi un dommage que parce qu'elle se trouvait dans une situation illégitime. N'ouvrent ainsi droit à aucune réparation : le dommage subi par un occupant sans titre du domaine public lors de son éviction forcée (CE Sect. 20. 6. 1980 Commune d'Ax-les-Thermes *AJDA* 1980. 527, chron. Feffer et Pinault); et le préjudice causé par la pollution d'une rivière à une société qui y exploitait sans autorisation un établissement de pisciculture (CAA Nantes 9. 12. 1993 Soc. morlaisienne des eaux *AJDA* 1994. 124, note Cadenat). L'exception d'illégitimité est en principe toujours une cause d'exonération totale, même lorsqu'une faute lourde de l'administration a concouru au dommage (CE Sect. 7. 3. 1980 Sarl Cinq-Sept *AJDA* 1980. 423, note Albertini, à propos de l'incendie d'un dancing dû à la violation des règles de sécurité par l'exploitant et à la carence de l'administration dans sa mission de surveillance). Cette sévérité trouve sa justification dans l'adage *nemo auditur suam propriam turpitudinem allegans* (« nul n'est fondé à se prévaloir de sa propre turpitude »).

2) L'exception de risque accepté

L'administration est totalement exonérée de sa responsabilité lorsqu'une personne a accepté en toute connaissance de cause un risque dont elle a finalement été victime. Ne peuvent ainsi obtenir réparation : des promeneurs victimes d'une avalanche, celle-ci étant la « réalisation d'un risque qu'ils avaient accepté » en s'engageant sur un chemin signalé comme exposé aux avalanches (CE Sect. 11. 4. 1975 Département de la Haute-Savoie *AJDA* 1975. 528, concl. Labetoulle); ou des acquéreurs de logements qui « ne pouvaient pas ignorer » qu'ils risquaient d'être à proximité de voies de circulation bruyantes (CAA Paris 9. 7. 1991 Synd. des coprop. de la résidence de la Défense Exprodef *RDP* 1991. 1433, concl. Dacre-Wright). La liberté de la personne humaine, à laquelle la conscience collective est très attachée, implique en effet que chacun est responsable de ses choix.

2. Les causes étrangères au défendeur et à la victime

a. La faute d'un tiers

263 La faute d'un tiers exonère l'administration de sa responsabilité, soit totalement lorsqu'elle est la cause exclusive du dommage, soit partiellement dans les autres cas. En pratique, les cas d'exonération partielle sont les plus nombreux. Dans une affaire de 1986, par exemple, des enfants s'étaient noyés, à la sortie de leur école, dans une rivière qui avait débordé de son lit; la commune fut jugée responsable, le maire ayant commis une faute lourde en ne prenant aucune disposition pour empêcher les enfants de quitter seuls leur école; mais elle parvint à s'exonérer des deux tiers de sa responsabilité, en invoquant d'une part une faute d'imprudence des victimes (les enfants s'étant approchés de la rivière malgré l'évidence du danger), d'autre part la faute d'un tiers : en l'occurrence, la faute de surveillance du directeur de l'école, dont on sait qu'elle engage la responsabilité de l'État en vertu de la loi du 5 avril 1937 (CE 14. 5. 1986 Commune de Cilaos *AJDA* 1986. 466, note Richer).

Une particularité est à noter. En droit civil, quand le défendeur et un tiers ont été coauteurs du dommage, ils sont responsables *in solidum* de celui-ci. Cette solution permet à la victime de demander réparation de l'intégralité du dommage au défendeur, à charge évidemment pour lui d'exercer ensuite une action récursoire contre le tiers coauteur afin de récupérer une partie de l'indemnité. Rien de tel en droit administratif : en principe, le défendeur et le tiers ne sont tenus de réparer que la part du dommage qui leur incombe personnellement (*cf.* par ex. CE 14. 5. 1986 Commune de Cilaos, préc.). Il n'en va autrement que dans trois cas, dans lesquels la responsabilité *in solidum* est admise : en matière de responsabilité pour dommage de travaux publics, qu'elle soit sans faute ou pour faute (CE Sect. 26. 4. 1968 Ville de Cannes *AJDA* 1968. 652, note Moreau); en matière de responsabilité sans faute (CE Sect. 19. 1. 1962 Barcons *Lebon* 52); et en matière de responsabilité pour faute, lorsque le défendeur et le tiers sont deux personnes publiques collaborant à l'exécution d'un même service public (*cf.* CE 24. 3. 1978 Laporta *AJDA* 1979. n° 10, p. 36, note Tercinet : condamnation solidaire de la commune et du syndicat intercommunal de transport scolaire, tous deux compétents pour assurer la sécurité des écoliers, à la suite d'un accident survenu sur l'aire de stationnement aménagée pour les besoins du service de ramassage scolaire). Malgré ces trois hypothèses, on peut légitimement regretter que la jurisprudence administrative fasse preuve en la matière d'une certaine timidité. L'intérêt des victimes commanderait en effet une solution autrement plus énergique : la généralisation de la responsabilité *in solidum*. Sans aller jusque-là, le Conseil d'État accepte aujourd'hui d'élargir la troisième hypothèse à certains cas où les deux personnes publiques n'ont pas collaboré au même service public (CE 2. 7. 2010 Madranges *AJDA* 2011. 116, note Belrhali-Bernard, à propos de l'absence de détection d'une tuberculose due aux fautes séparées d'un hôpital et du service de médecine préventive d'une université).

b. La force majeure

264 La force majeure est un événement irrésistible, imprévisible et extérieur au défendeur, dont l'effet est d'exonérer ce dernier de sa responsabilité.

Elle résulte parfois d'un fait de la victime irrésistible et imprévisible, auquel cas elle est extérieure au défendeur mais non à la victime. Mais, le plus souvent, elle résulte d'un événement naturel ou du fait d'un tiers irrésistible et imprévisible, et apparaît alors extérieure tant à la victime qu'au défendeur. Constituent par exemple des cas de force majeure les pluies « d'une violence et d'une intensité exceptionnelles et imprévisibles par rapport à tous les précédents connus » (CE 27. 7. 1988 Comp. marseillaise de Madagascar *RDP* 1989. 546). En revanche, n'en constituent pas les pluies dont la violence, quoique exceptionnelle, est comparable à celle d'autres précipitations qui se sont déjà produites dans le même lieu dans un passé suffisamment proche pour qu'on en ait gardé le souvenir (CE 22. 2. 1967 Ville de Royan *Lebon* 951 : un précédent en 1935; *cf.* aussi, à propos d'une avalanche, CE 14. 3. 1986 Commune de Val d'Isère *AJDA* 1986. 300, chron. Azibert et Fornacciari : trois précédents depuis 1917). De même, la SNCF n'est pas fondée à qualifier d'événements de force majeure des grèves de son personnel, malgré leur ampleur imprévisible, dès lors qu'elle aurait pu « avoir recours à des transports routiers de substitution » (CAA Douai 30. 10. 2008 SNCF *AJDA* 2009. 771, note Lepers). Comme on le voit à travers ces exemples, la force majeure est rarement admise. Par cette sévérité, la jurisprudence manifeste le louable souci d'empêcher l'administration de s'exonérer trop facilement de sa responsabilité.

Car, lorsqu'elle est admise, la force majeure entraîne l'exonération totale du défendeur. Il n'en va autrement que lorsque les conséquences dommageables de l'événement constitutif de la force majeure « ont été aggravées par un ouvrage public » ou par « des fautes lourdes » de l'administration (CE 25. 5. 1990 Abadie *AJDA* 1990. 824, note Darcy) : dans une telle hypothèse, l'exonération n'est en effet que partielle.

3. Le cas fortuit

265 Contrairement aux juridictions judiciaires, qui assimilent la force majeure au cas fortuit, la jurisprudence administrative distingue les deux notions. En droit administratif, le cas fortuit joue en effet un rôle exonératoire plus faible que la force majeure, dans la mesure où il n'est exonératoire que dans les régimes de responsabilité pour faute, alors que la force majeure l'est aussi dans les régimes de responsabilité sans faute.

Comme la force majeure, le cas fortuit est un événement irrésistible et imprévisible. Mais, contrairement à elle, il n'est pas extérieur au défendeur. C'est ce qui explique qu'il ne soit pas exonératoire dans les régimes de responsabilité sans faute : recouvrant un fait du défendeur, il ne permet pas de supprimer l'imputabilité du dommage à celui-ci.

La rupture du barrage de Malpasset fournit l'exemple le plus célèbre de cas fortuit. Dans cette affaire, le barrage s'était rompu suite « à l'expulsion de la roche à l'aval immédiat de l'ouvrage sous la pression de l'eau retenue par ce dernier ». Le Conseil d'État fut dès lors amené à estimer que « dans ces conditions, la cause de la rupture ne peut être regardée comme extérieure au barrage ». Ayant constaté par ailleurs les caractères irrésistible et imprévisible de la rupture, il attribua donc sa cause à un cas fortuit, et indemnisa en conséquence les victimes de l'inondation atteintes en qualité de tiers par rapport à l'ouvrage public (car elles bénéficient d'un régime de responsabilité sans faute : *cf. infra*, n° 291), mais non celles atteintes en qualité d'usagers (car elles sont placées sous un régime de responsabilité pour faute présumée : *cf. infra*, n° 287) (CE Ass. 28. 5. 1971 Département du Var *AJDA* 1972. 359 et 316, note Lamarque et Moderne).

Non extérieur au défendeur, et pourtant irrésistible et imprévisible, le cas fortuit fait donc figure d'événement mystérieux, dont l'origine est plus ou moins inconnue. C'est pourquoi certains auteurs le définissent comme l'événement irrésistible et imprévisible dont la cause est inconnue (*cf.* par ex. P. Ségur *AJDA* 1994. 171). Mais, en dépit des apparences, il n'y a pas de divergence réelle entre cette définition et celle que nous avons proposée, mais seulement une différence d'éclairage, l'une mettant l'accent sur l'origine inconnue de l'événement, l'autre sur la non-extériorité de celui-ci.

B. Le calcul de l'indemnité principale

1. Le principe : la réparation intégrale du préjudice

266 En droit administratif, le préjudice subi doit faire l'objet d'une « réparation par équivalent », c'est-à-dire pécuniaire, et non d'une « réparation en nature ». Cela étant, cette réparation pécuniaire doit normalement couvrir l'intégralité du préjudice. Ce principe

emporte deux conséquences en ce qui concerne le calcul de l'indemnité principale :

• *La première conséquence est que la victime d'un dommage ne doit pas se retrouver appauvrie par celui-ci.* Il faut donc tenir compte tant de son gain manqué que de sa perte subie. En pratique, toutefois, le montant exact du préjudice est souvent difficile à calculer : force est de s'en remettre à l'évaluation « souveraine », fatalement subjective et contestable, des juges du fond (CE 14. 9. 2007 Min. Intérieur c. Commune de Villeurbanne *AJDA* 2007. 2377).

• *La seconde conséquence est que la victime du dommage ne doit pas non plus se retrouver enrichie par celui-ci.* Le juge a donc l'obligation de déduire des dommages-intérêts qu'il va calculer les indemnisations préalables qui ont déjà été versées à la victime, notamment par des caisses de sécurité sociale ou des compagnies d'assurances (CE 5. 3. 2008 CPAM de Seine-Saint-Denis *AJDA* 2008. 941, concl. Thiellay). De même, il doit en déduire les plus-values éventuellement engendrées par le fait dommageable : si la construction d'un parking près d'un hôtel provoque par exemple une perte de clientèle evaluée à 17 000 euros, et une plus-value estimée à 7 000 euros, l'indemnité finalement allouée devra donc être fixée à 10 000 euros (CE Sect. 28. 2. 1986 Entreprise Blondet *AJDA* 1986. 399, note Richer).

2. L'exception : les régimes spéciaux de réparation

267 Certains régimes spéciaux de réparation dérogent au principe de réparation intégrale du préjudice. Le plus célèbre est le régime du « forfait de la pension », dégagé par la jurisprudence au début du XXe siècle (CE 12. 1. 1906 Paillotin *D.* 1906. 81), qui est resté en vigueur jusqu'en 2003. Selon ce système, très critiqué par la doctrine, les agents publics qui étaient victimes, en service, d'un dommage corporel imputable à la personne publique qui les employaient, n'avaient droit qu'à une pension forfaitaire. En conséquence, la jurisprudence refusait avec obstination de leur allouer l'indemnité complémentaire qu'ils réclamaient pour couvrir l'intégralité de leur préjudice, même lorsque leur accident avait été causé par une faute lourde de leur administration (*cf.* par ex. CE 16. 11. 1988 Veuve Fratani *RFDA* 1990. 63, note Bon).

Cette règle du forfait de la pension est apparue si contraire à l'équité, telle que la conçoit l'opinion publique, que la jurisprudence a fini par y renoncer (CE Ass. 4. 7. 2003 Mme Moya-Caville *AJDA* 2003. 1598, chron. Donnat et Casas, admettant l'indemnité complémentaire « en l'absence même d'une faute » de l'administration).

C. Le calcul des indemnités accessoires

268 La victime d'un préjudice peut obtenir, en sus de l'indemnité principale, l'allocation d'un certain nombre d'indemnités accessoires. Les plus importantes sont l'indemnité compensatoire des frais de justice (**1**), les intérêts moratoires (**2**) et les intérêts des intérêts (**3**).

1. L'indemnité compensatoire des frais de justice

Instituée par un décret du 2 septembre 1988, cette indemnité est régie à l'heure actuelle par l'article L. 761-1 du Code de justice administrative. De portée très générale, puisqu'elle s'étend à toutes les branches du contentieux administratif, elle a pour objet de compenser les frais de justice exposés par la victime, notamment les honoraires de son avocat (CE 16. 11. 1988 Époux Deviller *AJDA* 1989. 94, chron. Azibert et de Boisdeffre).

Le principe de cette indemnité est évidemment excellent. Il n'est d'ailleurs pas nouveau, car le texte de 1988 et ses successeurs se sont inspirés de l'article 700 du Code de procédure civile, qui ouvre depuis 1975 aux juges judiciaires le pouvoir d'allouer une indemnité analogue.

Trois remarques doivent toutefois être faites pour tempérer cette appréciation flatteuse. D'abord, la victime ne peut obtenir cette indemnité que si elle la demande. Ensuite, le juge administratif n'est nullement obligé de l'accorder : les textes précisent à cet égard qu'il peut tenir compte « de l'équité ou de la situation économique de la partie condamnée » pour en refuser l'allocation, ou en diminuer le montant. Enfin, on observe en pratique qu'il arrive parfois aux avocats des victimes de s'approprier l'indemnité à l'insu de leurs clients.

2. Les intérêts moratoires

Les intérêts moratoires sont les intérêts qu'aurait rapportés l'indemnité principale, jusqu'au jour de son versement effectif, si elle avait fait l'objet d'un placement rémunéré au taux légal du loyer de l'argent (0,38 % en 2011). Ils sont prévus par les articles 1153 et 1153-1 du Code civil, dont le Conseil d'État accepte de s'inspirer.

Lorsque les intérêts moratoires ont été demandés par la victime, ils courent à compter du jour où la demande d'indemnité principale a été reçue par l'administration, saisie en vue d'une décision préalable. Ils ne courent toutefois qu'à compter de la date d'enregistrement de la requête au greffe de la juridiction, quand la victime se passe de décision préalable de l'administration dans une hypothèse où elle a le droit de le faire (par ex. en matière de dommages de travaux publics).

Lorsque les intérêts moratoires n'ont pas été demandés par la victime, ils courent quand même de plein droit, mais seulement à compter du jugement accordant l'indemnité principale.

Dans tous les cas, le taux des intérêts moratoires est majoré de cinq points à l'expiration d'un délai de deux mois à compter de la date à laquelle le jugement de condamnation est devenu exécutoire, afin d'inciter le débiteur récalcitrant à procéder au plus vite au versement de l'indemnité principale.

3. Les intérêts des intérêts

Les « intérêts des intérêts » sont une indemnité que le créancier de l'indemnité principale peut obtenir au titre de la capitalisation des intérêts moratoires, pour la période pendant laquelle ceux-ci n'ont pas été payés.

Régis par l'article 1154 du Code civil, dont le Conseil d'État accepte de s'inspirer, ils ne sont accordés que sur demande de capitalisation. Cette demande ne doit intervenir que lorsque les intérêts moratoires sont dus pour une période d'au moins douze mois. Traditionnellement, elle devait ensuite être répétée à l'expiration de chaque nouvelle période de douze mois; mais cette exigence dont nous critiquions la sévérité excessive (*cf.* 2e éd. du présent manuel, A. Colin, 2000, p. 334-335) a finalement été abandonnée : désormais, une seule demande de capitalisation suffit donc (CE 13. 10. 2003 Mlle Vinot *RFDA* 2003. 1268).

CHAPITRE 10

Les fondements de la responsabilité de l'administration

La responsabilité de l'administration est fondée tantôt sur la faute, tantôt sur le principe d'égalité devant les charges publiques ou sur l'existence d'un risque supporté par les administrés ou encore sur la garde. Le premier fondement donne naissance à la responsabilité pour faute (SECTION 1), le second à la responsabilité sans faute (SECTION 2).

SECTION 1

LA RESPONSABILITÉ POUR FAUTE

269 La faute est classiquement définie comme « un manquement à une obligation préexistante » (Planiol). Il ne faut pas la confondre avec la notion d'illégalité, qui est plus restrictive. Alors que toute illégalité constitue une faute, toute faute, en effet, ne constitue pas forcément une illégalite : pour ne prendre qu'un exemple, la maladresse d'un chirurgien est une faute mais non une illégalité. Les deux notions n'ont d'ailleurs pas la même fonction : la faute s'inscrit en effet dans le cadre du plein contentieux ou du contentieux de la répression, et débouche sur une réparation pécuniaire ou sur une sanction, alors que l'illégalité prend place dans le contentieux de l'annulation ou dans le contentieux de l'appréciation de légalité, et entraîne l'annulation ou l'inapplication de l'acte juridique illégal.

Cela étant précisé, la responsabilité pour faute s'organise autour de trois distinctions fondamentales : celle entre faute personnelle et faute de service (**A**), celle entre faute simple et faute lourde (**B**), et celle entre faute prouvée et faute présumée (**C**).

A. Faute personnelle et faute de service

1. Distinction

Lorsqu'une personne est victime d'une faute commise par un agent de l'administration, deux possibilités s'offrent à elle : elle peut en effet engager la responsabilité de l'agent devant les tribunaux judiciaires lorsqu'il s'agit d'une faute « personnelle », ou bien engager la responsabilité de l'administration dont relève cet agent devant le juge administratif lorsqu'il s'agit d'une faute « de service ».

Cette distinction trouve son origine dans l'arrêt Pelletier de 1873 (TC 30. 7. 1873 Pelletier *GAJA*). À l'origine de cet arrêt, un décret-loi de 1870 avait mis fin au système de la « garantie des fonctionnaires », issu de la Constitution de l'an VIII, qui protégeait les agents publics en subordonnant à une autorisation du Conseil d'État (rarement accordée) la possibilité de mettre en jeu leur responsabilité devant les tribunaux judiciaires. Soucieux de ne pas laisser les agents publics sans protection, le Tribunal des conflits a adopté une interprétation audacieuse de ces deux textes. Il a en effet estimé :

- *que le système de la « garantie des fonctionnaires » établissait une double protection :* une protection des agents contre l'animosité des administrés, et une protection de l'administration contre l'ingérence des tribunaux judiciaires;
- *que le décret-loi avait entendu supprimer uniquement la première,* relative aux fautes personnelles des agents, mais non la

seconde, relative aux fautes de service imputables à l'administration. Grâce à cette interprétation audacieuse, la distinction entre faute personnelle (**a**) et faute de service (**b**) était née.

a. La faute personnelle

270 La faute personnelle est la faute qui, selon la célèbre expression de Laferrière, « révèle... l'homme avec ses faiblesses, ses passions, ses imprudences ». Il en existe trois types.

1) La faute commise en dehors du service et dépourvue de tout lien avec lui

C'est le type de faute personnelle le plus facile à repérer. Il regroupe les fautes qui n'ont aucune relation avec le service, qu'elles soient graves ou légères, intentionnelles ou involontaires.

Constituent des exemples de ce premier type de faute personnelle : l'accident causé par un militaire en permission avec son véhicule personnel (CE 28. 7. 1951 Soc. Standard des pétroles *Lebon* 470); l'assassinat commis par un douanier avec son arme en dehors du service (CE 23. 6. 1954 Veuve Litzler *Lebon* 376); et l'incendie volontaire allumé par un pompier en dehors du service (CE 13. 5. 1991 Soc. d'assurances Les Mutuelles unies *RDP* 1991. 1462).

2) La faute commise en dehors du service mais « non dépourvue de tout lien avec lui »

Plus difficile à repérer, ce second type de faute personnelle regroupe les fautes involontaires dont la réalisation, bien que survenant en dehors du service, n'a été rendue possible que par l'utilisation de moyens mis à la disposition de l'agent par le service, ou par l'exploitation à des fins personnelles d'une mission confiée par le service.

La première hypothèse est illustrée par l'affaire Sadoudi, dans laquelle un policier tue accidentellement une personne chez lui, avec son arme de service que le règlement l'obligeait à conserver en dehors du service (CE Ass. 26. 10. 1973 Sadoudi *AJDA* 1973. 582, chron. Franc et Boyon; pour une affaire similaire, *cf.* aussi CE 23. 12. 1987 Époux Bachelier *AJDA* 1988. 364, note Prétot).

Un exemple de la seconde hypothèse est donné par l'attitude désinvolte d'un pompier qui, s'écartant de l'itinéraire prescrit par sa mission, provoque un incendie en jetant un mégot dans une grange (CE 27. 2. 1981 Commune de Chonville-Malaumont *Lebon* 116).

Les deux hypothèses tendent parfois à se rejoindre. C'est ainsi que les accidents provoqués par des chauffeurs militaires, au cours d'escapades accomplies au volant de leurs véhicules de service et en dehors de l'itinéraire prescrit par leur mission, sont dus à des fautes personnelles qui ont été rendues possibles à la fois par l'utilisation des véhicules mis à leur disposition par le service, et par l'exploitation à des fins personnelles de leur mission (CE Ass. 18. 11. 1949 D^{lle} Mimeur *RDP* 1950. 183, note Waline).

On notera enfin qu'il arrive parfois, dans des cas tout à fait exceptionnels, que ce second type de faute personnelle accueille des fautes intentionnelles. Est ainsi considéré comme une faute personnelle « non dépourvue de tout lien avec le service », l'assassinat commis par un gendarme en dehors du service, grâce aux informations qu'il avait recueillies dans le cadre de l'enquête, à laquelle il participait, sur de précédents meurtres déjà commis par lui (CE 18. 11. 1988 Époux Raszewski *JCP* 1989, n° 21211, note Pacteau).

3) La faute commise dans le cadre du service mais détachable de celui-ci

La faute commise dans le cadre du service est en principe considérée comme une faute de service. Par exception à ce principe, elle est toutefois analysée comme une faute « détachable » du service, c'est-à-dire comme une faute personnelle, dans deux hypothèses : lorsqu'elle est intentionnelle ou lorsqu'elle est d'une gravité inadmissible.

La faute intentionnelle commise dans le cadre du service mais détachable de celui-ci peut consister par exemple en un détournement de fonds (CE 21. 4. 1937 D^{lle} Quesnel *Lebon* 423, à propos d'une receveuse des Postes), en un vol organisé par un gardien de prison avec l'aide de détenus qu'il était chargé de surveiller (CE 11. 11. 1953 Oumar Samba *Lebon* 218), en la diffamation d'un directeur d'hôpital à l'égard d'un médecin de son établissement (TC 12. 6. 1961 Picot *RDP* 1961. 1075, note Waline), en l'injure adressée par un fonctionnaire à l'un de ses collègues (TC 26. 10.

1981 Préfet des Bouches-du-Rhône *Lebon* 657), ou en des violences, même légères, exercées par un agent du service public sur une employée (TC 14. 1. 1980 Dame Techer *RDP* 1981. 253) ou sur un usager du service (Crim. 14. 6. 2005 H. et L. *AJDA* 2006. 1058, note Deffigier, à propos de violences policières). De façon plus tragique, elle peut aussi consister en un « concours actif » à la déportation de soixante-seize personnes vers le camp d'Auschwitz (CE Ass. 12. 4. 2002 Papon *GAJA*). L'idée qui guide la jurisprudence est que toute faute qui révèle une intention de nuire doit être considérée comme détachable du service.

La faute non intentionnelle mais d'une gravité inadmissible, commise dans le cadre du service et détachable de celui-ci, a des frontières moins précises. Elle consiste par exemple en la négligence d'un commissaire de police omettant de protéger une personne dont il savait la vie menacée (TC 9. 7. 1953 Veuve Bernadas *JCP* 1953, n° 7797, note Rivero), en l'obstination d'un médecin de garde refusant de se rendre au chevet d'un malade malgré des appels répétés (CE 4. 7. 1990 Soc. d'assurance Le Sou médical *D.* 1991. SC, 291, note Bon et Terneyre), en l'erreur grossière d'un archéologue provoquant l'effondrement d'une tour (Civ. 1re 21. 10. 1997 Corrocher *DA* 1998 n° 31), ou dans le fait de conduire en état d'ivresse (TC 9. 10. 1974 Commune de Lusignan *Lebon* 477). En revanche, assez curieusement, ne sont pas considérées comme des fautes détachables l'imprudence de soldats qui ont fumé en manipulant des explosifs (CE 8. 11. 1957 Adolphe *AJDA* 1958. 29), et l'obstination d'un inspecteur du travail refusant, en violation de l'autorité de chose jugée, d'autoriser le licenciement d'un salarié protégé (CE Sect. 6. 1. 1989 Soc. des automobiles Citroën *RFDA* 1989. 871, concl. Tuot).

b. La faute de service

271 Contrairement à la faute personnelle, la faute de service est la faute qui, toujours selon la célèbre analyse de Laferrière, « révèle un administrateur… plus ou moins sujet à erreur, et non l'homme avec ses faiblesses, ses passions, ses imprudences ». En d'autres termes, elle est la faute banale qu'on reconnaît à ce que tout agent public est susceptible de la commettre un jour.

Concrètement, il s'agit en effet nécessairement d'une faute commise dans le cadre du service et qui, n'étant ni intentionnelle ni d'une gravité inadmissible, n'est pas détachable de celui-ci. La fermeture anticipée d'un bureau, la communication de renseignements erronés, la perte d'un dossier ou la faute de conduite d'un chauffeur militaire, sont des exemples typiques de faute de service.

Étant imputable au service, et non à l'agent en tant qu'être doté d'une personnalité propre, la faute de service interdit aux victimes d'engager la responsabilité personnelle de l'agent devant les tribunaux judiciaires; elle leur permet simplement d'engager la responsabilité de la personne publique-employeur devant le juge administratif.

Cet état de choses offre deux avantages : un pour les agents publics, dont il protège le patrimoine; un pour les victimes, qu'il oriente vers des responsables solvables. Mais il présente aussi un inconvénient, qui est d'encourager les agents publics à la négligence en les assurant d'une relative impunité.

La jurisprudence a choisi, à notre avis sagement, de tenir compte des avantages plus que de l'inconvénient, et d'adopter une conception extensive de la faute de service. On a déjà vu qu'elle s'efforce de cantonner la notion de faute détachable dans d'étroites limites (*cf. supra*, a, *3*, notamment les arrêts Adolphe et Citroën). Dans la même optique, elle estime qu'une voie de fait ou une infraction pénale commise par un agent public n'est pas nécessairement, contrairement à ce qu'on pourrait penser, une faute personnelle, mais qu'on peut l'analyser parfois comme une faute de service (TC 14. 1. 1935 Thépaz *GAJA* : la faute de conduite d'un chauffeur militaire est une infraction pénale et une faute de service; TC 8. 4. 1935 Action française *GAJA* : la saisie d'un journal décidé par un préfet est une voie de fait et une faute de service).

2. Cumul

L'inconvénient majeur de la jurisprudence Pelletier est d'empêcher la victime d'une faute personnelle d'engager la responsabilité de l'administration. Elle la contraint en effet, si elle veut obtenir réparation de son préjudice, à engager la responsabilité personnelle de l'agent fautif, avec tous les risques d'insolvabilité que cela comporte.

Pour y remédier, trois solutions ont donc été successivement explorées afin d'admettre de plus en plus facilement la possibilité d'engager la responsabilité de l'administration en cas de faute personnelle d'un agent public.

a. Le cumul de fautes

272 Le « cumul de fautes » désigne l'hypothèse dans laquelle deux fautes (une faute personnelle et une faute de service), résultant de deux faits distincts, coexistent à l'origine d'un dommage. La jurisprudence ouvre alors un choix au profit de la victime. Celle-ci peut en effet, à sa convenance, demander réparation de la totalité du dommage soit à l'administration, devant le juge administratif, soit à l'agent fautif, devant le juge judiciaire. En pratique, bien entendu, c'est généralement la première branche de l'alternative qui sera choisie, pour d'évidentes raisons de solvabilité des personnes publiques.

C'est l'arrêt Anguet qui a inauguré cette théorie du cumul de fautes (CE 3. 2. 1911 Anguet *GAJA*). Dans cette affaire, un usager des P et T avait été expulsé si violemment d'un bureau de poste qu'il s'était cassé la jambe. Deux fautes étaient en réalité à l'origine du dommage : la fermeture prématurée du bureau de poste (faute de service) qui avait contraint M. Anguet à tenter de sortir par une pièce interdite au public; et la violence de deux agents qui, le prenant pour un voleur, l'avaient jeté dehors (faute personnelle). M. Anguet ayant choisi d'attaquer l'État plutôt que les agents fautifs, le Conseil d'État accepta, au nom de la théorie du cumul des fautes, de le condamner à réparer l'intégralité du dommage.

Malgré le développement ultérieur d'une autre théorie encore plus audacieuse, dite du « cumul de responsabilités » (*cf. infra*, b et c), la théorie du cumul de fautes existe toujours. Elle joue par exemple dans l'hypothèse d'un accident dû au défaut d'entretien des freins d'un véhicule militaire (faute de service) et à l'état d'ébriété de son conducteur (faute personnelle) (CE Ass. 28. 7.

1951 Delville *GAJA*). Elle joue aussi dans l'hypothèse d'un meurtre ou d'un vol commis par des militaires (faute personnelle) ayant profité d'un défaut de surveillance (faute de service) pour quitter irrégulièrement leur caserne en vue de le commettre (CE Sect. 13. 12. 1963 Consorts Occelli *AJDA* 1964. 29, chron. Fourré et Puybasset; CE 9. 12. 1966 Mouton *RDP* 1967. 360, note de Soto), ainsi que dans celle, plus tragique, d'une déportation vers les camps de la mort rendue possible par le zèle d'un fonctionnaire (faute personnelle) et par la collaboration du régime de Vichy avec l'Occupant (faute de service) (CE Ass. 12. 4. 2002 Papon *GAJA*).

b. Le cumul de responsabilités en cas de faute personnelle commise dans le cadre du service (sur ce type de faute, cf. supra, 1, a, 3)

273 Lorsqu'un dommage résulte d'une faute personnelle commise dans le cadre du service, la jurisprudence accepte depuis 1918, par dérogation à la jurisprudence Pelletier, que la victime puisse engager la responsabilité de l'administration plutôt que celle de l'agent. On dit alors qu'il y a « cumul de responsabilités », puisqu'une seule et même faute est susceptible d'engager, au choix de la victime, la responsabilité de l'agent devant le juge judiciaire ou celle de l'administration devant le juge administratif.

On voit toute l'audace de cette théorie du cumul de responsabilités : le juge admet que l'administration n'a commis aucune faute de service, mais fait « comme si » elle en avait commis une, afin de permettre à la victime d'engager sa responsabilité. L'administration garantit ainsi la victime des conséquences dommageables de la faute personnelle commise par son agent dans le cadre du service. Ce système de responsabilité du fait d'autrui n'est évidemment pas sans rappeler l'article 1384 alinéa 5 du Code civil, qui rend les commettants responsables « du dommage causé par leurs... préposés dans les fonctions auxquelles ils les ont employés ».

C'est l'arrêt Lemonnier qui est à l'origine de cette théorie du cumul de responsabilités (CE 26. 7. 1918 Époux Lemonnier *GAJA*). Dans cette affaire, un promeneur avait été blessé par un coup de feu, tiré à l'occasion d'une épreuve de tir organisée dans le cadre d'une fête foraine communale. Cet accident était dû uniquement à la grave négligence du maire (faute personnelle), qui n'avait pris aucune mesure de sécurité bien qu'il eût été averti du danger présenté par l'attraction. Mais la victime ayant préféré attaquer la commune, le Conseil d'État accepta, au nom de la théorie du cumul de responsabilités, de condamner celle-ci à réparer le dommage.

La jurisprudence Lemonnier est toujours bien vivante. Elle a par exemple été appliquée à propos d'un détournement, par une receveuse des Postes, de fonds qui lui étaient confiés (CE 21. 4. 1937 D^lle^ Quesnel *Lebon* 423), et à propos de brutalités commises en service par des agents de police (CE 25. 11. 1955 Veuve Paumier *Lebon* 564), ainsi qu'à l'occasion de faux certificats signés par un maire (CE 2. 3. 2007 Soc. Banque française commerciale de l'océan indien *AJDA* 2007. 503, obs. Aubert), et d'une « prise illégale d'intérêt » commise par un commissaire de police (CE 2. 6. 2010 Mme Fauchère *AJDA* 2010. 2165, note Deffigier).

c. Le cumul de responsabilités en cas de faute personnelle commise en dehors du service mais non dépourvue de tout lien avec celui-ci (sur ce type de faute, cf. supra, 1, a, 2)

274 Lorsqu'un dommage résulte d'une faute personnelle commise en dehors du service mais non dépourvue de tout lien avec lui, la jurisprudence accepte depuis 1949, par extension de la jurisprudence Lemonnier à ce second type de faute personnelle, que la victime puisse engager la responsabilité de l'administration plutôt que celle de l'agent.

C'est l'arrêt Mimeur qui a marqué cette extension (CE Ass. 18. 11. 1949 D^lle^ Mimeur *RDP* 1950. 183, note Waline). Dans cette affaire, un mur avait été endommagé par un camion militaire, à cause d'une maladresse de son conducteur. Or cet accident s'était produit alors que celui-ci s'était écarté de l'itinéraire de sa mission pour rendre visite à sa famille. On se trouvait donc en présence d'une faute personnelle commise en dehors du service, et non dans le cadre du service. Dès lors, la jurisprudence Lemonnier ne pouvait pas jouer. Pourtant, le Conseil d'État a accepté de condamner l'État à indemniser la victime, compte tenu de ce que la faute personnelle, ayant été commise avec un camion confié à l'agent par l'administration militaire, ne pouvait être regardée comme dépourvue de tout lien avec le service.

La jurisprudence Mimeur transpose donc clairement la jurisprudence Lemonnier à l'hypothèse de la faute personnelle commise en dehors du service mais non dépourvue de tout lien avec lui. Désormais, une telle faute est, comme la faute personnelle commise dans le cadre du service, susceptible d'engager, au choix de la victime, la responsabilité de l'agent devant le juge judiciaire ou celle de l'administration devant le juge administratif (ou devant le juge judiciaire lorsqu'on a affaire à un accident causé par un véhicule, par application de la loi du 31 décembre 1957, analysée *supra*, chap. 7, n° 213).

Cette jurisprudence a notamment permis d'engager la responsabilité de l'administration du fait d'un meurtre accidentel, commis par un policier à son domicile avec son arme de service (CE Ass. 26. 10. 1973 Sadoudi, et CE 23. 12. 1987 Époux Bachelier, préc. en 1, a, *2*), ou du fait d'un incendie involontaire provoqué par un pompier qui s'était écarté de l'itinéraire prescrit par sa mission (CE 27. 2. 1981 Commune de Chonville-Malaumont *Lebon* 116).

Le Conseil d'État fait preuve ainsi de plus d'audace que la Cour de cassation, qui se refuse pour sa part à engager la responsabilité du commettant « en cas de dommages causés par le préposé qui, agissant sans autorisation à des fins étrangères à ses attributions, s'est placé hors des fonctions auxquelles il était employé » (Cass. Ass. plén. 17. 11. 1985 SA Eurorga *GAJ Civ.*, tome 2). Mais il refuse d'aller plus loin, et persiste à écarter le cumul de responsabilités en cas de faute personnelle commise en dehors du service et dépourvue de tout lien avec lui (sur ce type de faute, *cf. supra*, 1, a, *1*), même si le dommage est causé avec un instrument du service (*cf.* par ex. CE 23. 6. 1954 Veuve Litzler *Lebon* 376; comparer avec les propositions du commissaire du gouvernement Léon Blum, *RDP* 1919. 41).

3. Action récursoire

a. De l'administration contre son agent

275 Jusqu'en 1951, l'administration condamnée à réparer un dommage causé par une faute personnelle, en application des jurisprudences Anguet-Lemonnier-Mimeur, ne pouvait pas intenter ensuite une action récursoire contre l'agent fautif, afin de récupérer tout ou partie de l'indemnité versée. Le Conseil d'État refusait en effet de lui reconnaître ce droit (CE 28. 3. 1924 Poursines *RDP* 1924. 601, note Jèze). La seule exception portait sur les dommages causés par les fautes personnelles commises par les membres de l'enseignement, en vertu de la loi du 5 avril 1937 (analysée *supra*, chap. 7, n° 212).

Cet état du droit était critiquable, car il consacrait une irresponsabilité choquante des agents publics du fait de leurs fautes personnelles. La seule possibilité qu'avait l'administration de récupérer les sommes versées était de bénéficier du mécanisme bien connu de la « subrogation »; mais elle ne pouvait jouer que lorsque la victime avait eu le bon goût d'exercer avec succès, parallèlement à son action contre l'administration, une action contre l'agent devant les tribunaux judiciaires; le but de la subrogation est en effet d'empêcher une victime d'être indemnisée deux fois, et non d'organiser la responsabilité des agents publics à l'égard de l'administration.

C'est pourquoi le Conseil d'État a opéré un renversement de jurisprudence en 1951 (CE Ass. 28. 7. 1951 Laruelle *GAJA*). Depuis cette date, l'administration condamnée à réparer un dommage causé par une faute personnelle, en application des jurisprudences Anguet-Lemonnier-Mimeur, peut exercer ensuite une action récursoire contre l'agent fautif, afin de récupérer tout ou partie de l'indemnité versée. Concrètement, elle l'exerce en utilisant la technique de l'« état exécutoire » (analysée *infra*, n° 277). Bien qu'elle soit dirigée contre une personne privée en raison de sa faute personnelle, cette action récursoire relève toujours du juge administratif (TC 26. 5. 1954 Moritz *D.* 1955, 385, note Chapus). En pratique, elle permet généralement à l'administration de récupérer la moitié de la somme versée lorsqu'elle a été condamnée au titre de la théorie du cumul de fautes (jurisprudence Anguet), ou sa totalité lorsqu'elle a été condamnée au titre de la théorie du cumul de responsabilités (jurisprudences Lemonnier et Mimeur).

Paradoxalement, le revirement jurisprudentiel de 1951 a suscité, malgré son caractère très positif, un problème nouveau : celui du pouvoir discriminatoire reconnu à l'administration d'exercer, selon son bon plaisir, son action récursoire contre tel agent fautif et non contre tel autre. Il est notamment à craindre « que cette responsabilité ne soit d'autant plus aisément recherchée que l'agent est éloigné du sommet de la hiérarchie » (concl. Kahn sur CE Sect. 22. 3. 1957 Jeannier *Lebon* 196. Pour une illustration, *cf.* CAA Paris 26. 6. 2006 Min. de la Défense c. M. *AJDA* 2006, 1794, concl. cont. Helmlinger, à propos d'un appelé effectuant son service militaire en qualité de gendarme, auquel l'État réclame avec succès le remboursement intégral des sommes versées aux victimes de l'accident de la circulation qu'il a provoqué alors qu'il s'était écarté de son itinéraire de mission. Cf aussi CE 12. 12. 2008 Min. Éd. nat. *AJDA* 2009. 895, à propos d'un instituteur ayant giflé plusieurs enfants dans son école). Pour éviter qu'un tel risque se réalise, une amélioration de l'état du droit est souhaitable. Suggérée par M. Maestre, elle pourrait consister à donner compétence au juge administratif, par une loi, pour appeler l'agent fautif au procès opposant la victime à l'administration, de façon à répartir immédiatement la contribution de chacun (*cf.* J.-C. Maestre, *Mélanges Waline*, 1974, p. 575).

b. De l'agent contre son administration

276 L'action récursoire de l'agent public contre son administration est possible dans deux hypothèses très différentes.

Elle est tout d'abord possible lorsque le dommage que le juge judiciaire l'a condamné à réparer provenait uniquement d'une faute de service. Dans un tel cas, en effet, deux erreurs ont forcément été commises : l'une par le juge judiciaire, qui s'est trompé en prenant la faute de service pour une faute personnelle; l'autre par le préfet, qui n'a pas élevé le conflit en temps utile. Il est donc normal de reconnaître à l'agent victime de ces erreurs un véritable droit d'obtenir de son administration le remboursement intégral des sommes qu'il a été à tort condamné à verser. À l'heure actuelle, ce droit est consacré par un principe général du droit (CE Sect. 26. 4. 1963 Centre hosp. rég. de Besançon *Lebon* 242, concl. Chardeau) et par l'article 11 de la loi du 13 juillet 1983 constituant le titre 1 du statut général des fonctionnaires. Auparavant, il était déjà consacré par les statuts généraux de 1946 et de 1959.

L'action récursoire est également possible lorsque le dommage que l'agent a été condamné à réparer par le juge judiciaire provenait à la fois d'une faute personnelle et d'une faute de service (CE Ass. 28. 7. 1951 Delville *GAJA*, CE Ass. 12. 4. 2002 Papon *GAJA*). Dans cette hypothèse, qui correspond au « cumul de fautes » de la jurisprudence Anguet, il est en effet normal que l'agent puisse demander à son administration, responsable d'une faute de service, le remboursement partiel de l'indemnité versée. En règle générale, le juge administratif lui accordera, comme dans les affaires Delville et Papon, le remboursement de la moitié de celle-ci.

En dehors de ces deux hypothèses, rien n'interdit évidemment à l'agent, condamné à réparer un dommage provenant uniquement d'une faute personnelle, de tenter une action récursoire contre son administration. Mais, en l'absence de toute faute de service, cette action récursoire n'aura en principe aucune chance d'aboutir.

4. Action directe

277 L'arrêt Laruelle (étudié *supra*, n° 275) n'ouvre pas seulement à l'administration la possibilité d'exercer une action récursoire contre son agent. Il lui permet aussi, en dehors de toute action récursoire, d'engager directement la responsabilité pécuniaire de celui-ci, lorsque c'est elle, et non un tiers, qui est victime de sa faute personnelle.

Dans le cadre de cette action directe, l'administration agit donc de sa propre initiative, sans avoir été condamnée auparavant à indemniser un tiers. Concrètement, elle engage la responsabilité de l'agent en émettant à son encontre un « état exécutoire » (ou « titre de perception »), c'est-à-dire un acte unilatéral le constituant débiteur d'une somme d'argent, et non en saisissant un juge.

Si l'agent refuse de reconnaître sa responsabilité, c'est à lui de saisir le juge administratif afin de faire opposition à l'état exécutoire.

La jurisprudence a par exemple admis l'action directe d'un hôpital contre son radiologue pour détérioration de matériel (TC 25. 3. 1957 Hospices du Puy *Lebon* 817), celle d'un cercle de sous-officiers (établissement public) contre son agent comptable pour dissimulation de fonds (CE 15. 5. 1981 Kessler *Lebon* 222), et celle d'une commune contre son ancien maire pour acquisition illégale de terrains destinés à l'hospice communal (TC 21. 1. 1985 Hospice de Châteauneuf-du-Pape *RDP* 1985. 1356, note Drago).

Là encore, on retrouve le problème du pouvoir discriminatoire reconnu à l'administration d'exercer, selon son bon plaisir, son action directe contre tel agent présumé fautif et non contre tel autre (comparer avec le problème relevé au n° 275). Cette fois, la solution consiste à notre avis :

- *à substituer par une loi* l'action contentieuse à l'état exécutoire, car à l'heure actuelle beaucoup d'agents, lorsqu'ils reçoivent l'état exécutoire, renoncent à saisir le juge par crainte de représailles;
- *à ne rendre, par un changement de jurisprudence,* cette action possible que lorsque la faute personnelle est intentionnelle, la responsabilité disciplinaire suffisant selon nous dans les autres cas à sanctionner l'agent.

B. Faute simple et faute lourde

278 En droit civil, une faute légère suffit en principe à engager la responsabilité personnelle (art. 1382 et 1383 du C. civ.). En droit administratif, les choses sont différentes : si une faute simple suffit en effet à engager la responsabilité de l'administration pour les dommages causés dans l'exercice d'une activité facile à mettre en œuvre, comme l'est par exemple l'activité de réglementation, en revanche une faute lourde est exigée pour engager sa responsabilité dès lors que le dommage trouve sa source dans l'accomplissement d'une activité difficile à exercer.

Contrairement au droit civil, qui cherche en toutes circonstances à protéger les victimes, le juge administratif s'efforce en effet d'établir un compromis entre le souci d'indemniser les administrés et le désir de manifester une certaine solidarité à l'égard de l'administration. Or, dans le cadre de ce compromis, il lui semble équitable et opportun d'excuser les fautes simples commises dans l'exercice d'activités difficiles : équitable, car la réalisation, au service de l'intérêt général, de missions particulièrement ingrates mérite bien un peu de reconnaissance et de compréhension; opportun, car il ne faut pas qu'une sévérité excessive pousse l'administration au découragement ou à l'inertie.

Depuis 1990, le modèle civiliste incite toutefois la jurisprudence administrative à abandonner cette recherche de compromis au profit de la seule considération de l'intérêt des victimes. Il en résulte que l'exigence d'une faute lourde est remise en cause dans tous les secteurs d'activité de l'administration : si dans certains elle résiste encore, dans d'autres elle a déjà disparu.

1. Domaines de résistance de la faute lourde

a. L'activité fiscale

279 Jusqu'en 1990, la jurisprudence exigeait toujours une faute lourde pour engager la responsabilité de l'État du fait de ses opérations d'établissement et de recouvrement de l'impôt (CE Sect. 27. 1. 1989 Chrun *RFDA* 1989, 751, concl. Moreau). C'était critiquable, car ces opérations ne presentent la plupart du temps aucune difficulté particulière d'intervention. En réalité, cette solution révélait la survivance, sous une forme atténuée, de l'ancienne irresponsabilité de la puissance publique.

On ne peut donc qu'approuver le revirement jurisprudentiel intervenu en 1990. Désormais, le principe est qu'une faute simple suffit à engager la responsabilité de l'État du fait de ses opérations d'établissement et de recouvrement de l'impôt (CE Sect. 27. 7. 1990 Bourgeois *AJDA* 1991, 53, note Richer, et CE Sect. 29. 12. 1997 Commune d'Arcueil *AJDA* 1998, 112 chron. Girardot et Raynaud). Jusqu'en 2011, la faute lourde continuait toutefois à être exigée dans les cas où ces opérations comportaient des « difficultés particulières tenant à l'appréciation de la situation des contribuables » (*cf.* par ex. CE 13. 5. 1991 Commune de Garges-les-Gonesse *AJDA* 1991, 750, note Julien-Laferrière). Mais depuis 2011 cette exception semble avoir disparu (CE Sect. 21. 3. 2011 K. *AJDA* 2011. 589, obs. de Montecler).

b. L'activité de contrôle

280 Sauf rare exception (*cf. infra*, n° 285), la jurisprudence exige toujours une faute lourde pour engager la responsabilité de l'administration du fait d'une activité de contrôle. Cette exigence a une portée très générale. Elle s'applique en effet aux activités de contrôle les plus diverses, et notamment : aux contrôles de tutelle sur les établissements publics (CE Ass. 29. 3. 1946 Caisse départementale d'assurances sociales de Meurthe-et-Moselle *GAJA*); aux contrôles de tutelle sur les collectivités locales (CE Sect. 18. 11. 2005 Soc. fermière de Campoloro *RFDA* 2006, 341, note Bon); aux contrôles exercés sur les personnes morales de droit privé (CAA Paris 14. 6. 2010 Mlle Auzias *AJDA* 2010. 2390, à propos d'une mutuelle); ou encore au contrôle des frontières (CAA Paris 17. 10. 1991 SA Hellot *AJDA* 1992, 127, chron. Jouguelet et Gipoulon).

Trois arrêts récents se contentent toutefois d'une faute simple pour engager la responsabilité de l'État dans ses activités de contrôle technique des navires (CE 13. 3. 1998 Améon *D.* 1998, 535 avec notre note), de contrôle de la navigation aérienne (CE 2. 4. 2010 Consorts Cyrot *AJDA* 2010. 1380, note Pontier), et de contrôle technique des camions (CE 31. 3. 2008 Soc. Capraro *AJDA* 2008, 1780, note Toulemonde). Ce faisant, ils semblaient annoncer l'abandon de l'exigence de la faute lourde en matière d'activité de contrôle. Mais dans une quatrième affaire, le Conseil d'État a infirmé la solution de la cour d'appel, et réaffirmé l'exigence de la faute lourde en ce qui concerne le contrôle de tutelle sur les établissements publics (CE 6. 10. 2000 Commune de Saint-Florent *AJDA* 2001, 201, note Cliquennois. Cf. aussi CE 29. 10. 2010 Soc. Sofunag *AJDA* 2010. 2077, obs. de Montecler).

c. L'activité des juridictions administratives

281 Le Conseil d'État estime que seule une faute lourde peut engager la responsabilité de l'État du fait de l'activité des juridictions

administratives, et uniquement à condition qu'elle ne résulte pas du contenu même d'un jugement devenu définitif (CE Ass. 29. 12. 1978 Darmont *RDP* 1979. 1742, note Auby; confirmé par CE 18. 6. 2008 Gestas *AJDA* 2008, 1237, obs. de Montecler, qui admet toutefois aussi la responsabilité pour faute lourde « dans le cas où le contenu de la décision juridictionnelle est entaché d'une violation manifeste du droit communautaire »).

Cette solution semble s'inspirer de la loi du 5 juillet 1972, qui dispose expressément que la responsabilité de l'État « n'est engagée que par une faute lourde » du service public de la justice judiciaire. Elle est néanmoins critiquable, car on ne voit pas en quoi l'activité juridictionnelle est particulièrement difficile à exercer. Contrairement aux policiers ou aux « contrôleurs » (*cf.* b), les juges sont en effet rarement obligés de réagir instantanément à des situations imprévues; ils ont au contraire le temps de mûrir leurs décisions. Dans ces conditions, il serait logique de se contenter d'une faute simple pour engager la responsabilité de l'État du fait de l'activité des juridictions administratives ou judiciaires. La Cour européenne des droits de l'Homme a d'ailleurs condamné la jurisprudence Darmont (CEDH 26. 3. 2002 Lutz c. France). Mais plutôt que d'abandonner totalement celle-ci, le Conseil d'État s'est contenté d'y apporter une dérogation en admettant la responsabilité pour faute simple de l'État dans la seule hypothèse d'un retard excessif à rendre un jugement administratif (CE Ass. 28. 6. 2002 Magiera *AJDA* 2002, 595, chron. Donnat et Casas) ou à en assurer l'exécution (CE 26. 5. 2010 Mafille *AJDA* 2010. 1784, note Théron).

d. L'activité de police administrative

282 Il a fallu attendre 1905 pour que le Conseil d'État abandonne le vieux principe d'irresponsabilité de la puissance publique en matière de police administrative (CE 10. 2. 1905 Tomaso Grecco *GAJA*). Mais depuis il s'est largement rattrapé, car la police administrative suscite aujourd'hui une étonnante diversité de responsabilités : sans faute, pour faute simple, pour faute lourde.

La responsabilité sans faute est retenue en cas de dommages causés par un attroupement (loi du 16. 4. 1914) ou par l'utilisation d'une arme à feu quand la victime n'est pas la personne visée par l'opération de police (CE Ass. 24. 6. 1949 Consorts Lecomte *GAJA*) (sur ces deux points, *cf. infra*, n°s 289 et 292).

La responsabilité pour faute simple est retenue quant à elle en cas de dommages causés par l'utilisation d'une arme à feu, quand la victime est la personne visée par l'opération de police (CE 5. 10. 1960 Époux Rigollet *AJDA* 1960, 157, chron. Combarnous et Galabert). Elle l'est aussi en matière de police des édifices menaçant ruine (CE 27. 12. 2006 Commune de Baalon *AJDA* 2007, 385, note Lemaire) et de police phytosanitaire (CE 7. 8. 2008 Min. de l'Agriculture *AJDA* 2008, 1572, obs. de Montecler). De façon plus générale, elle est également retenue en cas de dommages causés par un acte juridique ou matériel dont l'intervention ne présentait pas de difficultés particulières (CE 25. 3. 1966 Soc. « Les films Marceau » *Lebon* 240, et CE Sect. 13. 5. 1983 Dame Lefebvre *AJDA* 1983, 476, concl. Boyon : responsabilité d'une commune pour faute simple résultant, dans la première affaire, de l'illégalité d'un arrêté municipal ayant interdit un film, et, dans la deuxième affaire, d'un oubli de placer une cabine téléphonique à proximité d'un lieu de baignade).

Malgré tout, c'est la responsabilité pour faute lourde qui occupe la place la plus importante en matière de police administrative. Depuis 1925, la jurisprudence exige en effet une faute lourde pour engager la responsabilité de l'administration du fait d'une activité de police administrative, lorsque celle-ci présente des difficultés particulières d'intervention (CE 13. 3. 1925 Clef *RDP* 1925. 274, concl. Rivet). Or, presque toutes les opérations matérielles de police sont considérées par le juge comme difficiles. C'est par exemple le cas : pour l'activité de l'agent qui, placé à un carrefour, règle la circulation automobile (CE Sect. 4. 3. 1932 Ville de Versailles *Lebon* 274, et CE 3. 4. 1981 Ville de Bayonne *Lebon* 905); pour les missions de surveillance nocturne (CE 28. 5. 1984 Soc. française de production *Lebon* 736); et pour l'activité de lutte « sur le terrain » contre le racolage et la prostitution (CE 8. 4. 1987 Dame Virmaux *Lebon* 140). Le plus souvent, la faute lourde commise à l'occasion d'opérations matérielles de police consiste en des brutalités (CE 10. 12. 1986 Robert *Lebon* 701) ou en des négligences graves (CE 22. 6. 1987 Ville de Rennes *AJDA* 1988, 65, note Moreau : omission de signaler une crue imminente). Par comparaison, l'activité juridique de la police administrative relève en principe d'une responsabilité pour faute simple, car l'édiction d'actes juridiques, par laquelle elle se manifeste, ne présente généralement aucune difficulté particulière d'intervention. Il y a toutefois quelques exceptions. C'est ainsi qu'en raison des « difficultés que la police de la circulation rencontre à Paris », seule une faute lourde engage la responsabilité de la ville de Paris du fait de la réglementation de la circulation automobile (CE Ass. 20. 12. 1972 Marabout *AJDA* 1972, 581, chron. Cabanes et Léger).

Depuis 2003, le Conseil d'État se contente d'une faute simple pour engager la responsabilité de l'administration en cas de carence des autorités de police générale ou spéciale pour lutter contre le bruit (CE 28. 11. 2003 Commune de Moissy-Cramayel *AJDA* 2004, 988, note Deffigier; CE 5. 7. 2004 Lescure *AJDA* 2005, 610, note Trébulle). Certains auteurs voient dans cette évolution le signe précurseur d'un possible abandon total de l'exigence d'une faute lourde en matière de police (*cf.* G. Eveillard, *RFDA* 2006, 733). Mais cette analyse est pour l'instant démentie par la jurisprudence, qui a au contraire consacré en 2005 un nouveau cas d'exigence de faute lourde en ce domaine, en cas de refus des préfets de se substituer aux maires défaillants (CAA Versailles 19. 5. 2005 Min. de l'Intérieur c. France Télécom *AJDA* 2005, 1565, note Pellissier, confirmé par CE 25. 7. 2007 France Télécom *AJDA* 2007, 1557, obs. de Montecler).

2. Domaines de disparition de la faute lourde

a. L'activité du service pénitentiaire

283 Jusqu'en 2003, une faute lourde était toujours requise pour engager la responsabilité de l'État du fait du service pénitentiaire (CE Sect. 5. 1. 1971 Veuve Picard *AJDA* 1971, 147, chron. Labetoulle et Cabanes, à propos du meurtre d'un détenu par un autre, qui ne révèle aucune faute lourde de surveillance; CE 16. 11. 1988 Époux Deviller *Lebon* 408 : faute lourde de surveillants qui ne donnent pas l'alerte après avoir découvert un détenu inanimé). Depuis 2003, au contraire, une faute simple suffit (CE 23. 5. 2003

Mme Chabba *AJDA* 2004, 157, note Albert, à propos de surveillants qui n'ont rien fait pour empêcher le suicide prévisible d'un détenu; CE 9. 7. 2008 Boussouar *AJDA* 2008, 2294, note Brondel, étendant la faute simple aux atteintes aux biens des détenus; CE 17. 12. 2008 Garde des Sceaux c. Zaouiya *AJDA* 2009, 432, concl. De Silva, illustrant un retard fautif à ouvrir la porte d'une cellule en flammes). L'évolution est d'autant plus significative qu'elle intervient dans un domaine d'activité très difficile, qu'on croyait définitivement voué à la faute lourde.

b. L'activité hospitalière

284 La responsabilité des hôpitaux publics avait jusqu'en 1992 des fondements différents selon que les dommages qu'ils provoquaient résultaient de leurs « conditions d'organisation ou de fonctionnement » ou d'un « acte médical ».

Lorsqu'un dommage résulte des « conditions d'organisation ou de fonctionnement » du service hospitalier, une faute simple suffit traditionnellement à engager la responsabilité de l'hôpital. Constituent par exemple de telles fautes simples : le fait pour un hôpital de ne compter aucun médecin anesthésiste parmi son personnel (CE 8. 10. 1986 Langlet *AJDA* 1986, 691, chron. Azibert et de Boisdeffre : décès d'une accouchée); le manque de surveillance dans un service psychiatrique (CE 17. 2. 1988 Dame Bois *RDP* 1989. 538 : suicide d'un patient par défenestration; CAA Bordeaux 8. 7. 2008 Mme B. *AJDA* 2008, 2246 : agression sexuelle); ou l'oubli de recueillir le consentement de l'hospitalisé au traitement envisagé (TA Lyon 19. 5. 1993 Consorts de Sousa *Lebon* 511 : prélèvement d'organes non consenti).

Lorsqu'un dommage résulte au contraire d'un « acte médical », c'est-à-dire d'un diagnostic ou d'un traitement qui ne peut être exécuté que par un médecin ou un chirurgien (selon la définition donnée par CE Sect. 26. 6. 1959 Rouzet *Lebon* 405), l'exigence jurisprudentielle varie selon qu'on se place avant ou après 1992. Jusqu'en 1992, seule une faute lourde pouvait engager la responsabilité d'un hôpital du fait d'un acte médical (*cf.* par ex. CE 1er. 6. 1988 Centre hosp. de Cognac *RDP* 1989. 534). Cette sévérité était critiquée par la doctrine, dans la mesure où les tribunaux judiciaires retenaient quant à eux depuis longtemps la responsabilité pour faute simple des cliniques privées du fait d'un acte médical. C'est pourquoi le Conseil d'État a finalement opéré un spectaculaire revirement de jurisprudence en 1992. Désormais, bien que les actes médicaux présentent indiscutablement des difficultés particulières d'intervention, n'importe quelle faute simple commise dans leur exécution suffit à engager la responsabilité des hôpitaux (CE Ass. 10. 4 1992 Époux V. *GAJA*, *AJDA* 1992, 355, concl. Legal, à propos d'une erreur d'anesthésie et d'une perfusion de plasma mal décongelé). Ce principe s'applique même aux services d'aide médicale d'urgence (CE Sect. 20. 6. 1997 Theux *RFDA* 1998, 82 concl. Stahl). Signe des temps, le souci d'indemniser les victimes d'erreurs médicales l'emporte donc sur toute autre considération.

Dans une hypothèse très précise, ce souci a d'ailleurs amené le Conseil d'État à retenir la responsabilité sans faute des hôpitaux : lorsqu'un dommage d'une « extrême gravité » résulte d'un acte médical présentant un risque « dont l'existence est connue mais dont la réalisation est exceptionnelle » (CE Ass. 9. 4. 1993 Bianchi *AJDA* 1993, 349, chron. Maugüe et Touvet, analysé *infra*, n° 290).

On peut toutefois se demander si la disparition de la faute lourde, en matière de responsabilité hospitalière, n'est pas une illusion. Le juge utilise en effet depuis 1992 une nouvelle distinction « faute »/ »erreur non fautive » qui ressemble étrangement à l'ancienne distinction « faute lourde »/ »faute simple », dans la mesure où il définit la « faute » comme l'erreur qui a « un degré de gravité suffisant » pour engager la responsabilité des hôpitaux (*cf.* concl. Legal et Stahl, préc.). Le prétendu abandon de la faute lourde ne semble donc rien d'autre qu'une opération de marketing destinée à « vendre » à l'opinion publique une responsabilité hospitalière en réalité pratiquement inchangée (sur cette analyse, *cf.* notre note au *D.* 1998, 535, et l'étude d'A. Toublanc, *AJDA* 2004, 1173).

De son côté, la loi du 4 mars 2002, relative aux droits des malades, exige une « faute caractérisée » pour indemniser les parents d'un enfant né avec un handicap non décelé pendant la grossesse. Elle semble ainsi ressusciter ouvertement l'exigence d'une faute lourde dans ce cas précis (en ce sens, *cf.* deux arrêts de CAA *AJDA* 2005, 1691, note Boussard).

c. L'activité de réglementation et de contrôle du service public de la transfusion sanguine

285 Le drame de la transmission du SIDA par voie de transfusion sanguine a engagé plusieurs types de responsabilités. Ont notamment été reconnues : la responsabilité pénale de certains médecins (Trib. corr. Paris 23. 10. 1992 *D.* 1993, 222, note Prothais, et CA Paris 13. 7. 1993 *D.* 1994, 118, note Prothais : affaire Garretta); la responsabilité civile contractuelle des centres de transfusion privés (Civ. 1re 12. 4. 1995 Martial : obligation de sécurité-résultat); la responsabilité sans faute des centres publics de transfusion (CE Ass. 26. 5. 1995 Jouan et consorts N'Guyen *AJDA* 1995, 508, chron. Stahl et Chauvaux); et la responsabilité de l'État pour « toute faute » commise dans ses activités de réglementation et de contrôle du service public de la transfusion sanguine (CE Ass. 9. 4. 1993 G. *AJDA* 1993, 344, chron. Maugüe et Touvet).

C'est cette dernière responsabilité qui nous intéresse ici. L'activité en cause étant, au moins partiellement, une activité de contrôle, on aurait pu s'attendre à l'exigence d'une faute lourde pour engager la responsabilité de l'État, par application de la jurisprudence Caisse départementale d'assurances sociales de Meurthe-et-Moselle (analysée *supra*, n° 280). C'est d'ailleurs bel et bien une responsabilité pour faute lourde que la cour administrative d'appel de Paris avait retenue en la matière (CAA Paris 16. 6. 1992 Y. *AJDA* 1992, 678, note Richer). Mais le Conseil d'État a préféré innover. Soucieux de tenir compte de « l'étendue des pouvoirs » conférés à l'époque à l'État par les articles L. 666 et suivants du CSP vis-à-vis du service public de la transfusion sanguine, il s'est contenté d'une faute simple pour engager sa responsabilité.

d. Les activités de secours

286 Jusqu'en 1998, les activités de lutte contre l'incendie et de secours en mer n'engageaient la responsabilité de l'administration que pour faute lourde, en raison de leur extrême difficulté (*cf.* respectivement CE 21. 2. 1964 Ville de Wattrelos *Lebon* 118 concl. Braibant, et CE Sect. 2. 10. 1970 Mme Simon *Lebon* 554). Désormais, bien que leur difficulté ne se soit pas amoindrie, une faute simple suffit (CE 13. 3. 1998 Améon, préc., n° 280, pour le secours en mer; CE 29. 4. 1998 Commune de Hannapes *D.* 1998, 535 avec notre note, et CE 29. 12. 1999 Communauté urbaine de Lille *RFDA* 2000, 222, pour la lutte contre l'incendie).

C. Faute prouvée et faute présumée

287 La responsabilité pour faute est en principe une responsabilité pour faute prouvée. Cela signifie que la preuve de la faute incombe à la victime, conformément aux règles générales de la procédure administrative contentieuse qui font peser la charge de la preuve sur le demandeur (*cf. infra*, chap. 12, n° 349).

Mais, par exception à ce principe, il arrive que des présomptions de faute soient instituées par la jurisprudence. Dans ce cas, la charge de la preuve est renversée : ce n'est plus au demandeur de prouver la faute, mais au défendeur de prouver qu'il n'a pas commis de faute.

Ce système a pour but de faciliter l'indemnisation des victimes dans des hypothèses où elles auraient du mal à prouver la faute de l'administration, mais dans lesquelles on veut toutefois laisser à cette dernière la possibilité de s'innocenter. Il constitue ainsi une utile alternative au choix manichéen de la responsabilité pour faute prouvée ou de la responsabilité sans faute.

La jurisprudence l'utilise essentiellement dans deux grandes hypothèses :

• *La première concerne les usagers des ouvrages publics*, qui bénéficient d'une responsabilité pour faute présumée dès lors que le dommage qu'ils invoquent trouve sa source dans l'utilisation desdits ouvrages; pour s'exonérer, le défendeur, qui en principe est la personne publique « maître de l'ouvrage », doit prouver qu'il a normalement entretenu celui-ci; s'il n'y parvient pas, il est condamné pour défaut d'entretien normal de l'ouvrage (jurisprudence abondante; *cf.* par ex. CE 28. 10. 1992 Soc. Sud-Ouest canalisations *RDP* 1993. 258 : accident de vélomoteur dû à la déformation de la chaussée; CAA Paris 22. 3. 1994 Navutu *DA*

1994, n° 372 : blessure d'un promeneur provoquée par la chute d'une noix de coco sèche qu'on avait laissée au sommet d'un cocotier ornant une place publique).

• *La seconde hypothèse concerne les usagers des hôpitaux publics*, qui bénéficient eux aussi d'une responsabilité pour faute présumée lorsque les soins courants ou les actes médicaux qu'ils y ont reçus ont produit des conséquences dommageables anormales, dont le caractère inattendu « révèle une faute dans l'organisation ou le fonctionnement du service hospitalier » (*cf.* par ex. CE 23. 2. 1962 Meier *Lebon* 122 : injection intra-veineuse ayant provoqué la paralysie d'un membre; CE 1er. 3. 1989 Époux Peyres *Lebon* 65 : intervention chirurgicale ayant provoqué des brûlures sur le corps du patient). Depuis 1993, toutefois, le développement de la responsabilité sans faute en matière hospitalière tend à marginaliser cette seconde hypothèse (*cf.* par ex. CE 9. 7. 2003 Mme Marzouk *AJDA* 2003, 1946, note Deguergue) sans la faire disparaître (*cf.* par ex. CE 2. 2. 2011 Leverne *AJDA* 2011. 250, obs. Biget).

En dehors de ces deux grandes hypothèses, le système de la présomption de faute est rarement mis en œuvre. On notera toutefois que, depuis 1990, la responsabilité des départements est engagée pour faute présumée des familles d'accueil des pupilles de l'État, vis-à-vis des victimes de ceux-ci (CE Sect. 19. 10. 1990 Ingremeau *AJDA* 1990, 869, chron. Honorat et Schwartz).

SECTION 2
LA RESPONSABILITÉ SANS FAUTE

288 La responsabilité sans faute est une responsabilité de plein droit. Cette particularité emporte trois conséquences :

• *la victime n'a pas à prouver de faute de l'administration* pour être indemnisée; la simple démonstration d'un lien de causalité entre le dommage et une activité imputable à l'administration suffit;

• *l'administration ne peut pas s'exonérer* en prouvant qu'elle n'a pas commis de faute, ni en invoquant le fait d'un tiers ou un cas fortuit; les seules causes d'exonération admises en la matière sont la faute de la victime et la force majeure;

- *la responsabilité sans faute est d'ordre public*; lors d'un procès, le juge peut donc la soulever d'office.

Beaucoup plus répandue en droit administratif qu'en droit privé, la responsabilité sans faute est apparue en 1895, à une époque où elle n'existait pas encore en droit privé (CE 21. 6. 1895 Cames *GAJA*). Le succès qu'elle rencontre en droit administratif a deux raisons. D'abord, elle ne présente pas de caractère infamant pour l'administration, puisqu'elle est engagée indépendamment de toute faute de celle-ci; elle offre donc l'immense avantage de ne pas froisser les susceptibilités, en fondant l'indemnisation sur des impératifs de solidarité plutôt que sur le dysfonctionnement de telle ou telle administration; ce caractère « diplomatique » de la responsabilité sans faute a sans aucun doute facilité son émergence à la fin du XIXe siècle, époque à laquelle la sacralisation de la puissance publique était encore forte. Ensuite et surtout, la responsabilité sans faute apparaît plus nécessaire en droit administratif qu'en droit privé, car elle lui apporte une certaine légitimité en offrant aux administrés une juste contrepartie aux prérogatives de l'administration qu'il consacre; en un mot, elle est l'expression d'un contrat social par lequel la collectivité s'engage à couvrir les préjudices subis au nom de l'intérêt général.

C'est en définitive l'idée de solidarité que met en œuvre la responsabilité sans faute, au profit des victimes du risque (**A**) ou de la rupture d'égalité (**B**) imputable à l'administration. Importée du droit civil en 2005, la garde constitue en revanche un troisième fondement de la responsabilité sans faute qui semble s'écarter de cette idée de solidarité (**C**).

A. La responsabilité sans faute fondée sur le risque

1. Le risque subi par les administrés

a. Du fait de choses dangereuses

289 La jurisprudence admet la responsabilité sans faute de l'administration du fait des dommages causés aux administrés par l'utilisation ou par la mise en service, dans l'intérêt général, de choses dangereuses.

Sont considérées comme des choses dangereuses : les explosifs (CE 28. 3. 1919 Regnault-Desroziers *GAJA* : explosion d'un stock de munitions entreposées dans un fort; *cf.* aussi CE Ass. 21. 10. 1966 SNCF *AJDA* 1967. 37, chron. Lecat et Massot : explosion de wagons de munitions dans une gare); les armes à feu (CE Ass. 24. 6. 1949 Consorts Lecomte *GAJA*, à propos d'un patron de café tué accidentellement par un coup de feu tiré par un policier; *cf.* aussi Civ. 1re 10. 6. 1986 Consorts Pourcel *RFDA* 1987, 92, note Buisson, arrêt rendu à propos d'une opération de police judiciaire en application de la jurisprudence Giry : peu importe que le coup de feu soit tiré par la police ou par la personne recherchée); les ouvrages publics « exceptionnellement dangereux » (CE Ass. 6. 7. 1973 Dalleau *AJDA* 1973. 588, chron. Franc et Boyon : route exposée aux éboulements constants d'une falaise); les produits sanguins, en raison des risques de contamination par le virus du SIDA qu'ils présentent (CE Ass. 26. 5. 1995 Jouan et consorts N'Guyen *AJDA* 1995. 508, chron. Stahl et Chauvaux : responsabilité sans faute des centres publics de transfusion); les appareils de santé défectueux (CE 9. 7. 2003 Mme Marzouk *AJDA* 2003. 1946, note Deguergue, à propos d'un décès causé par le respirateur artificiel d'un hôpital; *cf.* toutefois CAA Lyon 23. 3. 2010 Falempin *AJDA* 2010. 1485, chron. Vinet, qui juge cet arrêt contraire à la directive communautaire du 25. 7. 1985 faisant peser la responsabilité des produits défectueux sur leurs « producteurs » et non sur leurs « fournisseurs »); et les produits de santé issus du corps humain (CAA Lyon 20. 12. 2007 Mme Poussardin *AJDA* 2008, 826, note Marginean-Faure, à propos d'un cœur transplanté contaminé par le virus de l'hépatite C).

En revanche, les matraques, les grenades lacrymogènes et les fusées de feux d'artifice ne sont pas considérées comme des choses dangereuses; car le risque auquel leur utilisation expose le public est trop faible pour engager la responsabilité sans faute de l'administration.

b. Du fait de méthodes dangereuses

290 Depuis la Seconde Guerre mondiale, la volonté de réinsérer dans la société les mineurs délinquants, les malades mentaux et les détenus pousse l'administration à leur accorder des permissions de sortie. Des individus présentant un certain danger sont ainsi mis en mesure de commettre divers forfaits. C'est ce qui explique que la jurisprudence admette la responsabilité sans faute de l'administration vis-à-vis des victimes de ces méthodes libérales.

L'administration (en principe l'État) encourt ainsi une responsabilité sans faute pour les dommages causés : par les mineurs délinquants placés dans des institutions publiques ou privées d'éducation surveillée, car il s'agit d'établissements dont il est facile de s'échapper (CE Sect. 3. 2. 1956 Thouzellier *RDP* 1956. 854, note Waline; CE Sect. 19. 12. 1969 Établ. Delannoy *RDP* 1970. 787 et 1220, concl. Grévisse, note Waline); par les malades mentaux lors d'une « sortie d'essai » hors de l'hôpital psychiatrique ou lors d'un « placement familial surveillé » (CE Sect. 13. 7. 1967 Département de la Moselle *RDP* 1968. 391, note Waline; CE 13. 5. 1987 Dame Piollet *AJDA* 1987, 459, chron. Azibert et de Boisdeffre); et par les détenus à l'occasion de « permissions de sortir » ou de mesures de semi-liberté ou de libération conditionnelle (CE Sect. 29. 4. 1987 Banque populaire de la région éco. de Strasbourg *AJDA* 1987, 454, chron. Azibert et de Boisdeffre).

Par la suite, cette responsabilité sans faute du fait de méthodes dangereuses, loin de rester cantonnée au problème de la réinsertion sociale, a été appliquée en matière de santé publique. En bénéficient notamment : les victimes de dommages causés par la vaccination obligatoire (loi du 1er juill. 1964, art. L. 3111-9 CSP), et les victimes d'infections nosocomiales (loi du 4 mars 2002, art. L. 1142-1 CSP). Depuis 1993, la jurisprudence en fait également bénéficier certaines victimes des hôpitaux : celles qui subissent un dommage d'une « extrême gravité » et « sans rapport avec [leur] état initial », en raison d'un « acte médical nécessaire au diagnostic ou au traitement » et présentant un « risque dont l'existence est connue mais dont la réalisation est exceptionnelle » (CE Ass. 9. 4. 1993 Bianchi *AJDA* 1993, 349, chron. Maugüe et Touvet, à propos d'une tétraplégie consécutive à une artériographie vertébrale; CE Sect. 3. 11. 1997 Hôpital Joseph-Imbert d'Arles *AJDA* 1997, 959 chron. Girardot et Raynaud, à propos d'un décès consécutif à une anesthésie générale; et CE 19. 3. 2010 Consorts Ancey *AJDA* 2010. 586, obs. Royer, à propos d'une hémiplégie consécutive à un traitement anticancéreux). À terme, cette jurisprudence devrait toutefois céder la place au système d'indemnisation instauré par la loi du 4 mars 2002, qui répare les préjudices graves « lorsqu'ils sont directement imputables à des actes de prévention, de diagnostic ou de soins et qu'ils ont eu pour le patient des conséquences anormales au regard de son état de santé » (art. L. 1142-1 CSP).

c. Du fait de travaux publics ou d'ouvrages publics

291 Lorsque la victime d'un accident causé par un ouvrage public est un usager de celui-ci, elle ne bénéficie comme on l'a vu que d'une responsabilité pour faute présumée (*cf. supra*, n° 287). Elle n'accède à la responsabilité sans faute que dans l'hypothèse rarissime où l'ouvrage à l'origine de son dommage est considéré comme « exceptionnellement dangereux » (*cf. supra*, n° 289).

Lorsque au contraire, la victime de l'accident est un tiers par rapport à l'ouvrage public ou aux travaux publics à l'origine de son dommage, la responsabilité sans faute lui est ouverte sans restriction. La jurisprudence estime en effet que les travaux publics et les ouvrages publics font courir aux tiers un risque auquel ils n'ont pas consenti, à la différence des usagers qui en acceptent certains inconvénients en contrepartie de l'avantage qu'ils tirent de leur utilisation (*cf.* par ex. CE Sect. 13. 7. 1965 Consorts Arbez-Gindre *D.* 1966, 88, concl. Braibant : propriété privée dévastée par un incendie ayant pris naissance dans une école; CE 23. 5. 1986 Brenot *RDP* 1987. 469 : électrocution d'une personne par la chute d'un câble à haute tension ; CE 13. 11. 2009 Commune des Bordes *AJDA* 2010. 1440, note Fuchs-Cessot : inondation d'une propriété privée à cause de l'inadaptation d'un réseau d'évacuation des eaux pluviales). Depuis 2006, elle tend toutefois à substituer la garde au risque dans ce genre de cas (*cf.* n° 299).

d. Du fait d'attroupements

292 Les attroupements présentent toujours le risque de provoquer des dommages, dont les auteurs sont très difficiles à identifier. C'est pourquoi le législateur est intervenu pour permettre d'en indemniser les victimes.

Au départ, la loi du 16 avril 1914 faisait peser sur les communes une responsabilité sans faute du fait des attroupements, et confiait assez curieusement son contentieux au juge judiciaire.

Si la responsabilité sans faute existe toujours, deux lois du 7 janvier 1983 et du 9 janvier 1986 sont venues en modifier les conditions d'application, la première en la faisant désormais peser sur l'État, et non plus sur les communes, la seconde en en restituant le contentieux au juge administratif.

Il s'agit d'une responsabilité très facile à mettre en œuvre. Deux conditions seulement sont en effet exigées pour la faire jouer (*cf.* Avis CE Ass. 20. 2. 1998 Soc. ECSA *AJDA* 1998, 1029 note Poirot-Mazères). Il faut tout d'abord que le dommage soit causé par des actes de violence constitutifs de crimes ou de délits, et non par une simple bousculade. Il faut ensuite que le dommage soit en relation suffisamment directe avec un attroupement ou un rassemblement; cette seconde condition exclut les dommages causés par des individus isolés, ainsi que ceux qui, étant le résultat d'actions concertées et préméditées, se rattachent davantage à des opérations de commando qu'à de véritables attroupements (en ce sens, *cf.* CE 25. 3. 1992 Comp. d'assurances Mercator *D.* 1993, SC.145, obs. Bon et Terneyre : interception d'un camion et destruction de son chargement de viande de porc).

Aucune autre condition n'est exigée. Peu importe que l'attroupement ait ou non un but protestataire (CE 13. 12. 2002 Comp. d'assurances Les Lloyd's de Londres *AJDA* 2003, 398, concl. Olson, à propos d'un groupe de jeunes massés devant une discothèque), qu'il soit une émeute ou un défilé traditionnel, ou qu'il se produise sur la voie publique ou dans des lieux privés; rien n'interdit d'ailleurs d'analyser une mutinerie de détenus comme un attroupement (en ce sens, *cf.* CAA Bordeaux 10. 7. 2007 Dornbusch *AJDA* 2008, 367, note Arbousset). Peu importe également que le dommage soit causé par les manifestants ou par les policiers qui leur font face, ou qu'il soit subi par des manifestants ou par des personnes étrangères à l'attroupement. Peu importe enfin la nature du dommage, car tous les préjudices sont indemnisables, même, depuis 1990, le « préjudice commercial consistant notamment en un accroissement de dépenses d'exploitation ou en une perte de recettes d'exploitation » (avis CE Ass. 6. 4. 1990 Cofiroute *GAJA*).

Bien entendu, l'État peut, après avoir indemnisé les victimes, exercer une action récursoire contre les auteurs des actes de violence s'ils sont identifiés, voire contre la commune dans laquelle l'attroupement s'est produit lorsque le maire a négligé de prendre les mesures de police nécessaires.

2. Le risque subi par les collaborateurs de l'administration

a. Le risque subi par les collaborateurs permanents de l'administration

293 Les agents publics sont parfois tenus de s'exposer, dans l'exercice de leur profession, à certaines situations dangereuses. Les conséquences dommageables du risque qu'ils assument ainsi doivent être réparées par leur administration.

La jurisprudence retient par exemple la responsabilité sans faute de l'État : à l'égard du diplomate dont les biens ont été pillés par les troupes nord-coréennes, parce que le gouvernement français lui avait ordonné de rester à son poste à Séoul, malgré la chute imminente de la ville (CE Sect. 19. 10. 1962 Perruche *AJDA* 1962, 668, chron. Gentot et Fourré); à l'égard du médecin militaire maintenu en coopération en Centrafrique malgré des troubles graves, et dont les biens ont été pillés par l'armée centrafricaine (CE 17. 12. 2008 Ginoux *AJDA* 2009, 390); et à l'égard de l'institutrice dont l'enfant naît malformé à cause d'une rubéole contractée dans l'exercice de ses fonctions, alors qu'elle enseignait en état de grossesse dans un établissement frappé par une épidémie de cette maladie (CE Ass. 6. 11. 1968 Dame Saulze *AJDA* 1969, 287, chron. Dewost et Denoix de Saint-Marc).

Et plus généralement, elle la retient aussi, depuis 1895, pour couvrir les accidents du travail dont sont victimes ses agents (CE 21. 6. 1895 Cames *GAJA*). Car, comme l'expliquait Romieu, « l'État doit garantir ses ouvriers contre le risque résultant des travaux qu'il leur fait exécuter» (concl., *D.* 1896, 65). Certes, la jurisprudence Cames a perdu aujourd'hui beaucoup de son intérêt pratique, car tous les agents des services publics sont en principe couverts par la législation des pensions de la fonction publique ou par celle des accidents du travail. Mais elle leur permet néanmoins d'obtenir de leur administration, « même en l'absence de faute de celle-ci, une indemnité complémentaire » réparant les préjudices qui, comme par exemple les préjudices esthétiques ou d'agrément, ne sont pas couverts par cette législation (CE Ass. 4. 7. 2003 Mme Moya-Caville *AJDA* 2003, 1598, chron. Donnat et Casas).

b. Le risque subi par les collaborateurs occasionnels de l'administration

294 D'abord prévue pour s'appliquer uniquement aux collaborateurs permanents de l'administration que sont ses agents, la jurisprudence Cames a connu un regain de jeunesse en 1946, lorsque le Conseil d'État l'a transposée en faveur des collaborateurs occasionnels des services publics (CE Ass. 22. 11. 1946 Commune de Saint-Priest-la-Plaine *GAJA*, à propos de deux bénévoles blessés en tirant un feu d'artifice).

Pour qu'une personne publique soit responsable sans faute des dommages subis par ses collaborateurs occasionnels, trois conditions doivent être réunies : la collaboration doit être réelle, elle doit sauf urgence être sollicitée ou acceptée, et elle doit concerner un véritable service public.

• *La collaboration doit tout d'abord être réelle.* Cela signifie qu'une personne n'est considérée comme le collaborateur d'un service public que si elle lui apporte un concours actif. En conséquence, ne se voit pas reconnaître cette qualité le spectateur qui se blesse en assistant passivement à l'interpellation d'un individu par la police, même s'il avait l'intention d'aider les policiers en cas de besoin (CE 3. 10. 1980 Gambini *Lebon* 355). Il faut en outre que ce concours actif soit inspiré par un souci de servir l'intérêt général, et non par la seule intention d'apporter une contribution au fonctionnement du service public dont on bénéficie en qualité d'usager (CE 27. 10. 1961 Kormann *Lebon* 601 : n'est pas un collaborateur l'élève qui se blesse lors d'une épreuve de sport en ramassant, à la demande du professeur, les balles lancées par ses camarades); les usagers des services publics ne sont en effet assimilés à des collaborateurs que si leur concours excède « la contribution qui peut normalement être attendue » d'un usager « en contrepartie des avantages que lui apporte le service public » (même arrêt). En revanche, l'existence d'un lien familial entre un sauveteur bénévole et la personne secourue n'ôte pas au sauvetage son caractère d'intérêt général : le sauveteur est donc bien considéré comme un collaborateur occasionnel du service public (CE Sect. 1er. 7. 1977 Commune de Coggia *RDP* 1978. 1141, note Waline).

• *En second lieu, la collaboration doit être sollicitée ou acceptée par la personne publique.* La sollicitation peut revêtir les formes les plus diverses : réquisition (CAA Lyon 27. 1. 2005 Commune de Choranche *AJDA* 2005, 889, note Kolbert), demande écrite ou même verbale, ou encore sonnerie du tocsin (que l'arrêt CE Ass. 30. 11. 1945 Faure *Lebon* 245 assimile à un appel à participer à la lutte contre un incendie). L'acceptation d'une offre spontanée de collaboration peut elle aussi intervenir de diverses façons, explicites ou implicites : est par exemple un collaborateur occasionnel le maire qui subit un accident alors qu'il aménageait bénévolement un terrain de sport pour sa commune, dans la mesure où le conseil municipal, qui était au courant de son activité, n'a rien fait pour s'y opposer (CE Ass. 27. 11. 1970 Consorts Appert-Collin *AJDA* 1971, 37, chron. Labetoulle et Cabanes). Est également une collaboratrice bénévole la personne qui tombe dans le couloir d'un hôpital alors qu'elle allait aider, avec l'accord du service, des patients à manger (CE 31. 3. 1999 Hospices civils de Lyon *AJDA* 1999, 528 note R. K.).

Il n'y a toutefois besoin d'aucune sollicitation ni d'aucune acceptation en cas d'urgence. Ainsi, sont des collaborateurs occasionnels, compte tenu de l'urgence à intervenir et malgré l'absence de toute sollicitation ou acceptation : le passant blessé par un malfaiteur à la poursuite duquel il s'est lancé (CE Sect. 17. 4. 1953 Pinguet *D.* 1954, 7, note Morange); le baigneur qui s'est noyé en tentant de porter secours à un enfant (CE Sect. 25. 9. 1970

Commune de Batz-sur-Mer *AJDA* 1971, 37, chron. Labetoulle et Cabanes); l'automobiliste qui tente de secourir la victime d'un accident de la route (CE 30. 4. 1990 Commune de Couëron *LPA* du 30. 7. 1990, p. 4, concl. de Guillenchmidt) ; et le pilote d'hélicoptère d'une société qui trouve la mort en portant secours à un bateau en perdition (CE Sect. 12. 10. 2009 Mme Chevillard *AJDA* 2009. 2170, chron. Liéber et Botteghi). En revanche, n'est pas un collaborateur occasionnel le malade blessé en aidant spontanément six infirmiers à faire monter un autre malade dans un véhicule, car vu le nombre d'infirmiers présents « aucune urgence » ne requérait son intervention (CE 14. 12. 1981 Guinard *RDP* 1982. 1447).

• *Enfin, troisième et dernière condition, la collaboration doit concerner un véritable service public.* Dans un souci d'équité, la jurisprudence admet très facilement sa réalisation. Les services publics visés par la collaboration sont en effet souvent classiques, comme ceux de lutte contre l'incendie (arrêt Faure), de police judiciaire (arrêt Pinguet) ou de secours aux personnes en danger (arrêts Commune de Batz-sur-Mer, Commune de Coggia et Commune de Couëron), mais sont aussi parfois plus inattendus, comme ceux d'organisation d'une fête locale (CE 24. 1. 2007 Suva *AJDA* 2007, 607 : bûcher de la Saint-Jean) ou de diffusion de la langue et de la culture française à l'étranger (CE Sect. 13. 1. 1993 Dame Galtié *RFDA* 1994, 91, note Bon). De même, un lien ténu suffit, entre l'acte bénévole et le service public, pour qu'il y ait collaboration à celui-ci : est ainsi considéré comme un collaborateur du service public des douanes l'automobiliste qui reconduit des douaniers à la gare, après qu'ils ont procédé à une perquisition chez lui (CE 24. 6. 1966 Lemaire *AJDA* 1966, 637, concl. Bertrand). Malgré cette générosité, il arrive toutefois que la troisième condition ne soit pas remplie : ainsi, n'est pas un service public l'organisation d'une fête purement privée, à laquelle la commune ne prend aucune part; en conséquence, le bénévole qui s'est blessé en tirant le feu d'artifice n'est pas un collaborateur occasionnel de service public (CE 1[illegible]. 7. 1966 Leygues *Lebon* 475).

On le voit, la jurisprudence Commune de Saint-Priest-la-Plaine est très protectrice des collaborateurs occasionnels de l'administration. Il faut s'en réjouir, car elle rend un hommage mérité au dévouement et au courage de ceux dont la bonne volonté permet aux services publics de fonctionner de manière plus efficace et plus humaine.

B. La responsabilité sans faute fondée sur l'égalité devant les charges publiques

295 La responsabilité sans faute fondée sur l'égalité devant les charges publiques fait jouer un autre aspect de la solidarité que celui mis en œuvre par la responsabilité sans faute fondée sur le risque. Contrairement à celle-ci, en effet, elle ne cherche pas à protéger les personnes que l'intérêt général expose à un danger particulier, mais vise plus modestement à indemniser celles auxquelles ce même intérêt général a imposé un sacrifice financier suffisamment important pour les transformer en victimes d'une inégalité devant les charges publiques (sur le PGD d'égalité des citoyens devant les charges publiques, *cf.* n° 38).

Cette différence de fondements explique que ces deux responsabilités ne soient pas soumises aux mêmes conditions. Alors que le dommage doit simplement être certain pour engager la responsabilité sans faute fondée sur le risque, il doit en effet être de surcroît anormal et spécial pour engager la responsabilité sans faute fondée sur l'égalité devant les charges publiques : « anormal », c'est-à-dire excédant les inconvénients ordinaires de la vie en société; « spécial », c'est-à-dire n'atteignant que quelques personnes seulement. On peut discerner trois cas dans lesquels cette responsabilité est mise en œuvre.

1. La responsabilité pour dommages permanents de travaux publics

296 Les dommages causés par les travaux publics ou par les ouvrages publics relèvent selon les cas de trois principaux types de responsabilité. Les dommages accidentels subis par les usagers d'un ouvrage public relèvent en principe d'une responsabilité pour faute présumée (*cf. supra*, n° 287; *cf.* toutefois n° 289); les mêmes, subis par des tiers, sont passibles d'une responsabilité sans faute fondée sur le risque (*cf. supra*, n° 291); les dommages permanents, qu'on aborde maintenant, mettent quant à eux en œuvre une res-

ponsabilité sans faute fondée sur l'égalité des citoyens devant les charges publiques.

Les dommages qu'on qualifie de « permanents » sont ceux qui ont une certaine durée, et dont l'administration a accepté l'éventualité. Ils ne sont donc jamais accidentels. Ce sont essentiellement des inconvénients de voisinage (bruit, odeurs, fumées, difficultés d'accès, perte de clientèle, diminution de valeur d'une propriété...) dus à la proximité de travaux publics ou d'un ouvrage public. Ils ouvrent droit à réparation dès lors qu'ils sont anormaux et spéciaux.

Ce type de responsabilité sans faute est par exemple engagé en raison du bruit supporté par un hôtel pendant les deux années qu'a duré la construction d'un parc souterrain de stationnement public (CE 22. 6. 1992 Soc. « Bac Montalembert et Saint-Martin » *RDP* 1993. 249), ou du bruit incessant d'un aéroport contraignant une commune riveraine à faire insonoriser ses bâtiments publics (CE Sect. 20. 11. 1992 Commune de Saint-Victoret *RDP* 1993. 248). En revanche, le dommage provoqué par l'accumulation sur un toit des feuilles mortes tombant des arbres ornant une place publique n'excède pas les sujétions normales d'un riverain d'un lieu public, et n'ouvre donc pas droit à la responsabilité sans faute (CE Sect. 24. 7. 1931 Commune de Vic-Fezensac *D.* 1931, 51). Un arrêt contesté estime enfin que le bruit d'une centrale nucléaire constitue un préjudice anormal pour ses voisins, à la différence de son éclairage permanent et de ses rejets de vapeur; en conséquence, seul le premier de ces trois préjudices est indemnisé (CE 2. 10. 1987 EDF c. Dame Spire *AJDA* 1988, 239, note Prétot).

2. La responsabilité du fait d'actes administratifs réguliers

297 Les actes administratifs unilatéraux n'engagent la responsabilité pour faute de l'administration que lorsqu'ils sont irréguliers. Lorsqu'ils sont réguliers, la réparation des dommages qu'ils ont causés doit être recherchée sur le fondement de la responsabilité sans faute de l'administration, pour rupture de l'égalité des citoyens devant les charges publiques. Là encore, cette responsabilité n'est toutefois admise par le juge que si le préjudice invoqué est anormal et spécial.

Ce préjudice anormal et spécial est parfois engendré par un acte administratif individuel. Engage ainsi la responsabilité sans faute de l'État, le refus de l'administration, légal car justifié par le souci de préserver la paix sociale, d'apporter le concours de la force publique pour assurer l'exécution d'un jugement judiciaire ordonnant : l'expulsion de tribus tunisiennes indûment installées sur une propriété privée (CE 30. 11. 1923 Couitéas *GAJA*); l'expulsion de grévistes occupant une usine (CE Ass. 3. 6. 1938 Soc. « La Cartonnerie et Imprimerie Saint-Charles » *RDP* 1938. 375, note Jèze); ou l'expulsion d'occupants sans titre d'un logement (CE 10. 10. 2005 Soc. Transimmeubles *AJDA* 2005. 2311). Dans ce genre de cas, les propriétaires concernés subissent en effet un préjudice spécial, car ils sont peu nombreux à être touchés, et anormal, car ils sont privés de la jouissance de leur propriété; il est donc logique de les indemniser afin de compenser la rupture de l'égalité des citoyens devant les charges publiques dont ils sont victimes. On notera toutefois que de tels refus ne sont légaux que s'ils sont réellement justifiés par de sérieuses menaces de troubles pour l'ordre public (ce qui est le cas dans les trois arrêts précités); en l'absence de telles menaces, ils deviennent illégaux et engagent alors la responsabilité pour faute lourde de l'administration (CE 6. 4. 1992 Époux Baumann *RDP* 1993. 256). Le Conseil constitutionnel a reconnu la constitutionnalité de cette jurisprudence *Couitéas* en affirmant que « dans des circonstances exceptionnelles tenant à la sauvegarde de l'ordre public, l'autorité administrative peut... ne pas prêter son concours » à l'exécution d'une décision de justice (CC 29. 7. 1998 *AJDA* 1998, 705, chron. Schœttl).

D'autres actes administratifs individuels sont bien entendu susceptibles d'engager la responsabilité sans faute de l'administration. C'est par exemple le cas : de la décision par laquelle EDF renonce à exproprier un terrain après en avoir envisagé publiquement l'expropriation pendant plusieurs années (CE Sect. 23. 12. 1970 EDF c. Farsat *AJDA* 1971, 96, concl. Kahn); de l'abstention de l'État de s'opposer à l'occupation d'installations portuaires par des grévistes (CE 11. 5. 1984 Port autonome de Marseille *AJDA* 1984, 706, note Moreau); de la décision d'un office public d'HLM de fermer les dix tours d'habitation qui constituaient l'essentiel de la clientèle d'un pharmacien (CE Sect. 31. 3. 1995 Lavaud *AJDA* 1995, 384, chron. Touvet et Stahl); et de la décision d'un maire ou d'un préfet de fermer un camping exposé à des risques d'inondation (CE Sect. 25. 7. 2007 Leberger et Cortie *AJDA* 2007, 1559, obs. Pastor). En condamnant la France pour irrespect de son obligation de moyens d'assurer le respect de la libre circulation des marchandises, la CJCE incite toutefois le juge administratif à faire une application moins laxiste de la jurisprudence *Couitéas* (CJCE 9. 12. 1997 Commission c. Rép. française *RFDA* 1998, 120 note Dubouis, à propos de barrages « sauvages » empêchant la circulation de fraises espagnoles en France, sans que le gouvernement fasse quoi que ce soit pour s'y opposer).

Enfin, des actes administratifs réglementaires peuvent eux aussi causer un préjudice anormal et spécial, et engager de ce fait la responsabilité sans faute de l'administration. En offrent des exemples : le règlement qui tarit la clientèle d'un magasin de souvenirs en réservant le chemin qui le longe aux cavaliers, à l'exclusion des piétons (CE Sect. 22. 2. 1963 Commune de Gavarnie *AJDA* 1963, 208, chron. Gentot et Fourré); et celui qui tarit la clientèle d'un relais routier en interdisant aux poids lourds d'emprunter la route qui y mène (CE 13. 5. 1987 Aldebert *RFDA* 1988, 950, note Rihal).

3. La responsabilité du fait des lois, des traités et des dispositions constitutionnelles

298 Dans la hiérarchie des normes, les lois, les traités et les dispositions constitutionnelles sont placés trop haut pour que le juge administratif ose convenir qu'ils sont parfois fautifs. La responsabilité pour faute de l'État, du fait de ces textes, est donc à l'heure actuelle un spectre qu'il repousse avec prudence.

En revanche, il admet sans grande difficulté qu'une loi, un traité ou une disposition constitutionnelle puisse créer, au même titre qu'un acte administratif régulier, un préjudice anormal et spécial, dont l'État doit endosser la responsabilité sans faute. Il l'a admis dès 1938 pour les lois, puis en 1966 pour les traités (CE Ass. 14. 1. 1938 Soc. des Produits laitiers La Fleurette *GAJA*; CE

Ass. 30. 3. 1966 Comp. gén. d'énergie radio-électrique *GAJA*), et enfin en 2003 pour les dispositions constitutionnelles (CAA Paris 8. 10. 2003 Mme Demaret *AJDA* 2004, 277, concl. Folscheid).

Toutefois, cette solution n'est pas une transposition pure et simple de la jurisprudence Couitéas. Le Conseil d'État l'assortit en effet d'une restriction : pour engager la responsabilité sans faute de l'État, le préjudice ne doit pas seulement être anormal et spécial; il faut aussi que la loi, le traité ou la disposition constitutionnelle qui l'a causé n'ait pas entendu exclure son indemnisation (éclairant cette dernière condition, *cf.* CE 2. 11. 2005 Soc. coopérative agricole Ax'ion *AJDA* 2006, 142, chron. Landais et Lenica). La place éminente de ces trois normes confère ainsi à leurs auteurs le pouvoir exorbitant d'exonérer l'État de toute responsabilité.

C'est ce qui explique que cette responsabilité sans faute de l'État soit rarement retenue. Elle l'a été six fois dans le cas des lois, trois fois dans le cas des traités, et jamais encore dans le cas des dispositions constitutionnelles. Parmi les six lois en cause : l'une interdisait la fabrication de crème synthétique, portant ainsi un grave préjudice à l'unique société qui se livrait à cette activité (CE Ass. 14. 1. 1938, préc.); l'autre interdisait la fabrication de bière sans houblon, portant là aussi un grave préjudice à l'unique fabricant concerné (CE 21. 1. 1944 Caucheteux et Desmonts *S.* 1945, 13); la troisième interdisait l'exécution de certains jugements d'expulsion (CE Sect. 25. 1. 1963 Bovero *AJDA* 1963, 94, chron. Gentot et Fourré); la quatrième protégeait les cormorans, au grand dam de certains pisciculteurs (CE Sect. 30. 7. 2003 Assoc. pour le développement de l'aquaculture *RFDA* 2004, 144, concl. Lamy et note Bon); la cinquième impliquait la suppression des silos de stockage de céréales exploités par une coopérative (CE 2. 11. 2005 Soc. coopérative agricole Ax'ion, préc.) ; et la sixième prévoyait un délai de dix ans, préjudiciable à une avocate handicapée, pour rendre les palais de justice accessibles aux handicapés (CE Ass. 22. 10. 2010 Mme Bleitrach *AJDA* 2010. 2207, chron. Botteghi et Lallet). Quant aux trois traités ayant débouché sur une responsabilité sans faute de l'État, le premier accordait l'immunité diplomatique à un locataire mauvais payeur, empêchant ainsi le malheureux propriétaire d'obtenir son expulsion (CE Sect. 29. 10.

1976 Dame Burgat *RDP* 1977. 213, concl. Massot) ; le deuxième privait les victimes d'une rupture abusive de leurs contrats de travail, d'une action en indemnisation devant les juridictions prud'homales (CE 29. 12. 2004 Almayrac *AJDA* 2005, 427, chron. Landais et Lenica) ; et le troisième accordait l'immunité diplomatique à un employeur, empêchant ainsi sa salariée de faire exécuter la condamnation judiciaire prononcée contre lui (CE 11. 2. 2011 Mlle Susilawati *AJDA* 2011. 306, obs. de Montecler).

Le reste du temps, les tentatives d'engager la responsabilité de l'État ont échoué, et cela pour deux raisons principales : soit parce que la condition de specialité n'était pas remplie (CE 10. 2. 1961 Chauche *Lebon* 108, à propos de la loi interdisant l'expulsion des locataires pendant l'hiver; *cf.* aussi, à propos de traités, CE Ass. 30. 3. 1966 préc., et CAA Paris 16. 7. 1992 D[lle] Aga Kahn *RFDA* 1993. 156, note Godfrin); soit parce que la loi, le traité ou la disposition constitutionnelle avait entendu exclure toute indemnisation (CE 3. 4. 1987 Consorts Heugel *AJDA* 1987, 700, chron. Azibert et de Boisdeffre, et CAA Douai 1er. 7. 2003 SA Sogetra *AJDA* 2004. 91, note Michel, à propos de lois facilitant l'acquisition d'œuvres d'art par l'État et abolissant les barrières douanières; CAA Paris 8. 10. 2003 Mme Demaret, préc., à propos de la révision constitutionnelle de 1998 privant certains citoyens français de Nouvelle-Calédonie du droit de vote).

En matière de responsabilité sans faute de l'État du fait des lois, des traités et des dispositions constitutionnelles, le paysage jurisprudentiel paraît donc relativement calme.

Si une nouveauté doit surgir prochainement, c'est paradoxalement plutôt du côté de la reconnaissance d'une responsabilité pour faute de l'État du fait des lois qu'il faut l'attendre (pour un plaidoyer en faveur de cette reconnaissance, *cf.* G. Alberton *AJDA* 2005. 2155). Un arrêt de la CJCE semble en effet avoir orienté le juge administratif en ce sens, en dégageant un principe général du droit communautaire selon lequel « les États membres sont obligés de réparer les dommages causés aux particuliers par les violations du droit communautaire qui leur sont imputables » (CJCE 19. 11. 1991 Francovich *AJDA* 1992. 143, note Le Mire). Saisi de la violation d'une directive communautaire par une loi, le Conseil d'État s'est cependant dérobé à cette invitation, et a préféré localiser la faute de l'État français au niveau du règlement d'application de la loi plutôt que de la loi elle-même (CE Ass. 28. 2. 1992 Soc. Arizona Tobacco Products *AJDA* 1992. 210, concl. Laroque). Mais, saisie à son tour d'un défaut de transposition d'une directive communautaire par le législateur français, la cour administrative d'appel de Paris a manifesté plus d'audace, en retenant la responsabilité de l'État du fait de la « situation illicite » créée par la non-transposition (CAA Paris 1er. 7. 1992 Soc. Jacques Danville *AJDA* 1992. 768, note Prétot). Ce n'est pas encore la responsabilité pour faute du fait des lois, mais ça y ressemble déjà un peu... L'évolution est d'autant plus troublante que certains tribunaux administratifs sont allés encore plus loin en admettant, de façon générale et non plus limitée à la violation du droit communautaire, la possibilité d'une responsabilité pour faute de l'État du fait d'une loi inconventionnelle (TA Paris 11. 10. 2002 Soc. Fipp *AJDA* 2003. 955, note Deffigier, à propos d'une loi finalement jugée conforme à la Convention EDH de 1950), et en affirmant que « l'État est susceptible d'engager sa responsabilité sur le fondement d'une faute du pouvoir législatif du fait de l'adoption de lois qui ne seraient pas compatibles avec les stipulations d'un traité » (TA Clermont-Ferrand 23. 9. 2004 SA Fontanille *AJDA* 2005. 385, note Weisse-Marchal). Plutôt que de consacrer la responsabilité pour faute du fait des lois, le Conseil d'État a toutefois finalement préféré reconnaître un nouveau type de responsabilité de l'État, à la vérité assez étrange, consistant à « réparer l'ensemble des préjudices qui résultent de l'intervention d'une loi adoptée en méconnaissance des engagements internationaux de la France » (CE Ass. 8. 2. 2007 Gardedieu *AJDA* 2007. 585, chron. Lenica et Boucher, à propos d'une validation législative « incompatible » avec l'art. 6 de la Conv. EDH).

C. La responsabilité sans faute fondée sur la garde

299 Depuis 2005, le Conseil d'État accepte d'engager la responsabilité sans faute de l'administration sur le fondement de la garde. Même si certains auteurs en ont douté (par ex. P. Bon, *RFDA* 2005. 602,

qui en fait une modalité du « risque », ou D. Meillon, *RDP* 2006. 1221, qui la rattache à l'égalité devant les charges publiques), la garde constitue un troisième fondement de la responsabilité sans faute, qui n'est pas réductible aux deux autres (en ce sens, *cf.* C. Guettier *AJDA* 2005. 1499).

Jusqu'en 2005, la garde était une notion de droit civil à laquelle le droit administratif recourait peu. Mentionnée par l'article 1384 alinéa 1er du Code civil à propos de la responsabilité du fait des choses, elle avait été spectaculairement étendue à la responsabilité du fait d'autrui par la Cour de cassation (Cass. ass. plén. 29. 3. 1991 Blieck *JCP* 1991, n° 21673, concl. Dontenwille et note Ghestin).

Séduit par son succès sur l'autre rive du contentieux, le Conseil d'État lui a donc fait passer le Rubicon. Désormais, il fait de la garde, qu'il définit (à l imitation de la Cour de cassation) comme la « responsabilité d'organiser, diriger et contrôler la vie du mineur », le fondement de la responsabilité sans faute de l'administration pour les dommages commis par deux catégories de mineurs : les « mineurs en danger » visés par les articles 375 et suivants du Code civil (CE Sect. 11. 2. 2005 GIE Axa Courtage *AJDA* 2005. 663, chron. Landais et Lenica; CE 13. 2. 2009 Département de Meurthe-et-Moselle *AJDA* 2009. 286, obs. Pastor), et les « mineurs délinquants » régis par l'ordonnance du 2 février 1945 (CE 1er. 2. 2006 Garde des Sceaux c. MAIF *AJDA* 2006. 586, chron. Landais et Lenica).

Dans le premier cas, c'est un progrès, car les victimes des mineurs en danger ne bénéficiaient jusque-là que d'un régime de responsabilité pour faute (CE 11. 4. 1973 Dép. de la Marne *Lebon* 1101). Mais dans le second, c'est un facteur de complication, car la garde y coexiste avec l'ancien fondement, le risque (*cf.* CE Sect. 3. 2. 1956 Thouzellier, préc. n° 290), les victimes des mineurs délinquants étant désormais libres de choisir l'un ou l'autre (CE 1er. 2. 2006, préc.) ; et c'est aussi un outil de déresponsabilisation de l'État, le risque pesant presque toujours sur l'État alors que la garde pèse sur le « gardien » qui est généralement une autre personne publique ou privée (même si une action récursoire du gardien condamné contre l'État est possible, comme le montre l'arrêt de 2006).

Ce bilan mitigé laisse penser que le Conseil d'État n'étendra la responsabilité sans faute fondée sur la garde qu'à un seul cas supplémentaire : celui des dommages causés par les pupilles de l'État (en ce sens, *cf.* déjà CAA Douai 18. 12. 2003 Fusillier), où elle remplacera avantageusement la responsabilité pour faute présumée actuellement en vigueur (*cf.* CE Sect. 19. 10. 1990 Ingremeau, préc. n° 287) [1].

Mais plus profondément, on peut en définitive se demander s'il n'aurait pas mieux valu utiliser le risque plutôt que la garde pour étendre le bénéfice de la responsabilité sans faute aux victimes des mineurs en danger et des pupilles de l'État. Car au-delà des complications qu'elle entraîne à propos des mineurs délinquants, la garde est fondamentalement étrangère à l'esprit du droit public. Contrairement au risque et à l'égalité devant les charges publiques, qui sont l'expression d'un contrat social par lequel la collectivité nationale s'engage à couvrir les préjudices subis au nom de l'intérêt général, la garde se polarise en effet sur le rapport de proximité qui relie le gardien au gardé. Bref, elle manque d'ampleur et contribue ainsi, à sa manière, à encourager une certaine « privatisation » du droit administratif. [2]

1. Il l'a étendue en 2006 à un cas de responsabilité du fait des choses (et non plus d'autrui) : celui des dommages accidentels causés par des ouvrages publics à des tiers. *Cf.* CE 3. 5. 2006 Commune de Bollène (deux arrêts) *AJDA* 2007. 204, note Deguergue : « le maître d'ouvrage est responsable, même en l'absence de faute, des dommages que les ouvrages publics dont il a la garde peuvent causer aux tiers en raison tant de leur existence que de leur fonctionnement ». La garde tend ici à se substituer au fondement du risque qui prévalait jusque-là (*cf.* n° 291).

2. *Cf.* notre article, « Mise en garde contre l'irruption de la garde dans le droit de la responsabilité administrative », *D.* 2007. 2817.

TITRE 6

LES RECOURS CONTENTIEUX

On distingue traditionnellement quatre types de recours contentieux. Il s'agit des recours en annulation, des recours de pleine juridiction, des recours en interprétation ou en appréciation de légalité, et des recours s'inscrivant dans le cadre du contentieux de la répression (tous présentés *supra*, n° 241).

Les deux derniers sont marginaux : le troisième parce qu'il est généralement effectué à l'initiative d'un juge judiciaire, et non d'un administré; le quatrième parce qu'il est exercé par les préfets, seuls compétents pour saisir le juge administratif des contraventions de grande voirie.

Les deux premiers sont beaucoup plus démocratiques, dans la mesure où ils sont principalement exercés par les administrés eux-mêmes. Le deuxième ayant déjà été évoqué à travers l'étude du contentieux contractuel et du contentieux de la responsabilité extracontractuelle (*cf.* chap. 6, sect. 2, et chap. 9 et 10), qui en constituent les domaines privilégiés, on centrera l'analyse sur le premier, dont le recours pour excès de pouvoir constitue l'incarnation (CHAPITRE 11), avant d'étudier les règles de la procédure administrative contentieuse qui s'appliquent en principe à tous les recours portés devant le juge administratif (CHAPITRE 12).

Chapitre 11

Le recours pour excès de pouvoir

Après avoir expliqué la spécificité du recours pour excès de pouvoir (section 1), on étudiera ses conditions de recevabilité (section°2) et ses cas d'ouverture (section 3).

Section 1

La spécificité du recours pour excès de pouvoir

A. C'est un recours en annulation

300 Le REP (recours pour excès de pouvoir) est un recours par lequel on demande au juge d'annuler un acte administratif, en principe unilatéral, qu'on accuse d'être illégal.

C'est donc un recours en annulation et ce n'est que cela. On ne peut l'utiliser ni pour demander l'allocation d'une indemnité, ni pour solliciter du juge la modification de l'acte attaqué. C'est en quelque sorte un « recours-guillotine », par lequel on requiert la mort de l'acte et rien d'autre.

Cette simplicité s'explique par des raisons historiques. Le REP est en effet une création jurisprudentielle qui remonte au début du XIXe siècle. Le Conseil d'État, qui en est l'inventeur, l'a d'abord fondé sur la loi des 7 et 14 octobre 1790, selon laquelle « les réclamations d'incompétence à l'égard des corps administratifs... sont portées au roi, chef de l'administration générale ». Il a donc tout naturellement tiré, de cette stricte limitation de l'objet des requêtes à l'« incompétence » des autorités administratives, l'idée que le REP ne devait être qu'un simple recours en annulation. Plus tard, lorsque la loi du 24 mai 1872 a consacré le passage à la justice déléguée, cette idée était devenue tellement ancrée dans les esprits qu'on l'a officialisée : son article 9 dispose en effet que « le Conseil d'État statue souverainement sur les demandes d'annulation pour excès de pouvoir formées contre les actes des diverses autorités administratives ». Cette phrase a par la suite été reprise, presque mot pour mot, par l'article 32 de l'ordonnance du 31 juillet 1945, remplacée depuis 2000 par le Code de justice administrative. Bien évidemment, depuis la création des tribunaux administratifs en 1953 ce n'est plus le Conseil d'État qui est le juge de droit commun des REP.

Ainsi, puisque la première particularité du REP est d'être un recours en annulation, on doit en déduire que le « déféré préfectoral » institué par la loi de décentralisation du 2 mars 1982 n'est rien d'autre qu'une variété de REP, ce qu'a d'ailleurs expressément confirmé le Conseil d'État (CE Ass. 26. 7. 1991 Commune de Sainte-Marie *AJDA* 1991, 693, chron. Maugüe et Schwartz). Ce « déféré » est en effet un recours dont la principale particularité est d'être réservé aux préfets; pour le reste, c'est un recours en annulation assez classique ouvert contre les actes des collectivités locales.

On doit également considérer le « recours en déclaration d'inexistence » comme une autre variété de REP. Il s'agit en effet d'un recours visant à faire déclarer par le juge qu'un acte administratif est « nul et non avenu », c'est-à-dire juridiquement inexistant, en raison de la gravité de l'illégalité qui l'entache. D'origine jurisprudentielle, c'est un recours assez rare (CE Ass. 31. 5. 1957 Rosan Girard *GAJA*; TC 27. 6. 1966 Guigon *AJDA* 1966. 547, note de Laubadère; CE 21. 7. 2006 Gastinel *AJDA* 2006. 1970, concl. Glaser). Sa principale originalité est d'être ouvert à tout moment, sans condition de délai; pour le reste, il n'y a pas de différence sensible entre une déclaration d'inexistence et une annulation pour excès de pouvoir.

Par comparaison, le recours de pleine juridiction, ou de « plein contentieux », ouvre plus de possibilités que le REP. Il permet en effet au juge administratif non seulement d'annuler l'acte attaqué, mais aussi de lui substituer éventuellement un autre acte (par exemple en inversant les résultats d'une élection locale, ou en modifiant le montant d'une amende administrative), et/ou de condamner le défendeur à verser une indemnité au demandeur. C'est d'ailleurs ce large éventail de possibilités qui lui vaut son appellation de recours de « pleine juridiction ».

L'opposition entre REP et recours de pleine juridiction n'est cependant pas aussi tranchée qu'on pourrait le croire. Aucun de ces deux recours n'est en effet aujourd'hui totalement fidèle à sa définition.

En matière de pleine juridiction, le juge administratif refuse traditionnellement, en effet, de se reconnaître le pouvoir d'annuler les mesures contractuelles (sanctions ou résiliation du contrat dans l'intérêt du service) prises par l'administration à l'encontre de ses cocontractants (*cf.* par ex. CE Sect. 6. 11. 1970 Soc. de la vallée du Lautaret *AJDA* 1971, 105, concl. Baudouin). Cette curieuse autolimitation est critiquable, car elle ne repose sur aucun fondement juridique solide, et contredit par sa frilosité la prétendue plénitude du « plein » contentieux (*cf.* à ce sujet, P. Terneyre et M. Fornacciari, *EDCE* 1988, 69 et 93). Par exception à ce principe, le juge accepte heureusement d'annuler certaines mesures contractuelles particulièrement choquantes : il s'agit des résiliations des concessions de service public ou de travaux publics (CE 20. 1. 1905 Comp. dép. des Eaux *Lebon* 54, concl. Romieu), des résiliations des contrats d'occupation du domaine public (CE Sect. 13. 7. 1968 Soc. des Établ. Serfati *RDP* 1969. 123, note Waline), des résiliations des marchés d'entreprise de travaux publics (CE Sect. 26. 11. 1971 Soc. des Fertilisants humiques *RDP* 1972. 239 et 1245, note Waline) et des mesures prises en méconnaissance des stipulations contractuelles dans le cadre « d'un contrat passé entre deux personnes publiques et ayant pour objet l'organisation d'un service public » (CE 13. 5. 1992 Commune d'Ivry-sur-Seine *AJDA* 1992, 480, chron. Maugüe et Schwartz). Depuis 2011, le juge accepte aussi d'ordonner la « reprise des relations contractuelles » face aux résiliations les plus choquantes, lorsqu' une telle reprise « n'est pas de nature à porter une atteinte excessive à l'intérêt général » ou « aux droits du titulaire d'un nouveau contrat » (CE Sect. 21. 3. 2011 Commune de Béziers *AJDA* 2011. 670, chron. Lallet et Domino).

Quant au REP, il a cessé d'être un pur recours en annulation depuis la loi du 8 février 1995. Cette loi permet en effet aux juridictions administratives d'adresser des injonctions (éventuellement assorties d'astreinte) à l'administration en vue d'assurer l'exécution de leurs décisions juridictionnelles, à condition d'avoir été saisies de conclusions en ce sens (art. L. 911-1 à 3 CJA). Or elle leur confère ce nouveau pouvoir aussi bien en matière d'excès de pouvoir qu'en matière de plein contentieux. Le REP cesse ainsi d'être un pur recours en annulation pour devenir un recours en annulation et en injonction. Un rapprochement, certes limité, est donc opéré entre le recours de pleine juridiction et le REP.

B. C'est un recours objectif

301 Conformément à l'analyse classique de Laferrière, le REP apparaît comme « un procès fait à un acte » et non à une personne. En poursuivant l'annulation d'un acte illégal, il vise en effet à défendre la légalité méconnue, et non à faire reconnaître un droit subjectif. C'est en ce sens qu'on le qualifie de recours « objectif ».

Il en résulte deux series de conséquences, concernant ses effets et sa recevabilité :

• *En ce qui concerne ses effets*, le REP débouche, lorsqu'il est couronné de succès, sur l'annulation *erga omnes* de l'acte attaqué. Cela signifie que l'acte est annulé à l'égard de tous les administrés, et non pas seulement à l'égard du requérant. C'est une particularité que d'aucuns considèrent comme la « caractéristique essentielle du REP » (Jean-Marie Auby et Roland Drago). Mais elle n'est nullement surprenante, car il est logique qu'un recours qui transcende la simple défense des intérêts particuliers ait un effet général et absolu : il faut bien comprendre que le REP serait impuissant à rétablir la légalité bafouée s'il ne provoquait pas l'annulation universelle et rétroactive de l'acte illégal.

• *Dans la même optique*, un recours objectif ne peut être efficace que si sa recevabilité est largement admise. L'intérêt de l'ordre légal est en effet de pouvoir être défendu par toutes les bonnes volontés qui se manifestent. Il faut donc encourager les administrés à voler au secours de la légalité, et non leur barrer le prétoire en soumettant leurs requêtes à des exigences tatillonnes. Le droit français a procédé à cet encouragement en trois étapes. Un décret du 2 novembre 1864 a d'abord fait du REP un recours quasi gratuit en le dispensant du ministère d'avocat. Au début du XXe siècle, le Conseil d'État l'a ensuite démocratisé en exigeant des requérants qu'ils justifient d'un simple « intérêt à agir » et non plus de la violation d'un droit subjectif (CE 29. 3. 1901 Casanova *GAJA*); il les a ainsi transformés en quelque sorte en « procureurs du droit » ou, dans une perspective plus démocratique, en tribuns du peuple. Enfin, en 1950, il en a fait un instrument quasi inexpugnable du contrôle de la légalité, que seule une loi expresse peut ôter aux administrés, en dégageant le PGD selon lequel c'est un « recours qui est ouvert même sans texte contre tout acte administratif » (CE Ass. 17. 2. 1950 Min. de l'Ag. c. Dame Lamotte *GAJA*).

Par comparaison, le recours de pleine juridiction est plus difficile à caractériser. C'est un recours qui est généralement subjectif. Dans ses deux domaines d'application privilégiés que sont le contentieux contractuel et le contentieux de la responsabilité extracontractuelle, les requérants l'exercent en effet pour faire reconnaître leurs droits subjectifs, tels qu'ils résultent d'un contrat ou de la réalisation d'un préjudice. Mais dans d'autres hypothèses, qui tendent à se multiplier, c'est un recours qui est objectif au même titre que le REP. Parmi ces « recours objectifs de plein contentieux » (ROPC) figurent notamment : les recours des électeurs contre les élections locales (art. L. 222 et L. 248 du C. élect.; *cf.* par ex. CE Sect. 10. 7. 2002 Él. municipales de Piré-sur-Seiche *RFDA* 2002. 899, concl. Chauvaux); les recours des sociétés privées ou nationales de communication audiovisuelle contre les sanctions qui leur sont infligées par le CSA (loi du 17. 1. 1989, art. 18 et loi du 1er.2.1994, art. 4; *cf.* par ex. CE Ass. 11. 3. 1994 SA La Cinq *AJDA* 1994, 370, chron. Maugüe et Touvet); les recours des contribuables contre les refus des TA de leur accorder « l'autorisation de plaider » pour le compte de leur commune (art. L. 2132-5 du CGCT; *cf.* par ex. CE Ass. 26. 6. 1992 Lepage-Huglo *AJDA* 1992, 477 et 506, chron. Maugüe et Schwartz, concl. Le Chatelier), de leur département (art. L. 3133-1), de leur région (art. L. 4143-1), ou de leur établissement public de coopération intercommunale (art. L 5211-58); et les recours des entreprises de transport contre les amendes administratives qui leur sont infligées par le ministre de l'Intérieur, pour les punir d'avoir introduit en France des étrangers en situation irrégulière (art. L. 625-1 CESEDA, résultant de la loi du 26. 2. 1992; *cf.* par ex. CE Sect. 23. 11. 2001 Comp. nat. Air France *RFDA* 2002. 188). Ces divers recours sont bien en effet des recours « objectifs », parce que comme le REP ils ne posent rien d'autre qu'une question de légalité; mais ils restent néanmoins des recours de plein contentieux, dans la mesure où ils permettent au juge administratif d'aller au-delà de la simple annulation de l'acte attaqué, par exemple en inversant les résultats d'une élection, en modifiant une sanction ou le montant d'une amende, ou en accordant l'autorisation refusée par l'administration.

Si le REP demeure à l'heure actuelle l'instrument privilégié du contrôle de légalité, il est donc confronté à la concurrence de plus en plus vive de ces recours objectifs de plein contentieux, qui offrent au juge plus de possibilités que lui (*cf.* par ex. CE 16. 2. 2009 Soc. Atom, préc. nº 170, substituant un tel ROPC au REP à l'encontre de la plupart des sanctions administratives). Il en résulte une remise en cause du REP qui est l'un des phénomènes juridiques les plus marquants de la dernière décennie du XXe siècle (en ce sens, *cf.* R. Chapus, *EDCE* 1992. 268). Certains auteurs en tirent la conclusion qu'il faudrait cantonner le REP au contentieux des actes réglementaires, et lui substituer le recours objectif de plein contentieux en ce qui concerne les actes individuels (en ce sens, *cf.* D. Bailleul, *L'efficacité comparée des recours pour excès de pouvoir et de plein contentieux objectif en droit public français*, thèse Le Havre, LGDJ, 2002, avec notre préface).

Sans aller jusque-là, le Conseil d'État tente de sauver le REP en s'efforçant d'en atténuer la rigidité. C'est ainsi qu'il accepte, depuis 2004, de déroger à l'effet rétroactif de l'annulation pour excès de pouvoir lorsque celui-ci aurait « des conséquences manifestement excessives » pour des situations acquises ou pour l'intérêt général. Concrètement, cela permet désormais au juge de l'excès de pouvoir de moduler de deux façons différentes les effets de l'annulation d'un acte. Il peut en effet décider que « tout ou partie des effets de cet acte antérieurs à son annulation devront être regardés comme définitifs » (modulation pour le passé); et/ou que « l'annulation ne prendra effet qu'à une date ultérieure qu'il détermine » (modulation pour l'avenir) (CE Ass. 11. 5. 2004 Assoc. AC ! *GAJA*). Dans l'affaire de 2004, par exemple, le Conseil d'État utilise le premier pouvoir pour décider que les arrêtés de 2003 qu'il annule ont produit des effets qui « doivent être regardés comme définitifs » pour respecter les situations acquises des chômeurs qui ont perçu les allocations qu'ils instituaient; et il utilise le second pour décider que l'annulation de ces arrêtés ne produira ses effets « qu'à compter du 1er juillet 2004 », c'est-à-dire 51 jours après la date de l'arrêt, « pour permettre au ministre... de prendre les dispositions nécessaires à cette continuité » du versement des allocations de chômage (CE Ass. 11. 5. 2004 Assoc. AC !, préc.).

La jurisprudence AC a connu un succès immédiat (*cf.* par ex. CE Sect. 25. 2. 2005 France Télécom *AJDA* 2005, 997, chron. Landais et Lenica, CE 12. 12. 2007 Sire et CE 16. 5. 2008 Département du Val-de-Marne *RDP* 2009. 1517, note Bottini). Il ne faut pas s'en étonner, car en ouvrant au juge de l'excès de pouvoir un pouvoir de modulation qui s'ajoute à ses pouvoirs d'annulation et d'injonction, elle accroît les potentialités du REP et contribue ainsi à le relégitimer.

SECTION 2
LES CONDITIONS DE RECEVABILITÉ DU RECOURS POUR EXCÈS DE POUVOIR

302 Avant d'être jugée au fond, une requête doit être appréciée du point de vue de sa recevabilité. L'examen de la recevabilité d'une requête ne consiste pas à se demander comment il faut juger l'affaire, car c'est là l'objet du jugement au fond, mais s'il faut la juger. En cas de réponse négative à cette question préalable, le juge rejettera la requête pour irrecevabilité, sans l'examiner au fond.

Cette distinction de la recevabilité et du fond inspire l'ensemble du contentieux administratif français. Le REP n'y échappe donc pas. En ce qui le concerne, les conditions de recevabilité se définissent par rapport à trois éléments : l'acte attaqué (**A**), le requérant (**B**), la requête (**C**).

A. Les conditions de recevabilité relatives à l'acte attaqué

1. Le principe : l'acte attaqué doit être un acte administratif unilatéral

303 Le REP n'est en principe recevable que si l'acte contre lequel il est dirigé est un acte administratif unilatéral. Cela signifie notamment que les REP formés contre une mesure d'ordre intérieur, un acte préparatoire, un acte confirmatif, ou un contrat administratif sont irrecevables (sur ces quatre notions, *cf.* n°s 68, 141 et 177).

Le cas des contrats administratifs est cependant plus subtil qu'on pourrait le penser. La jurisprudence réaffirme certes avec constance l'irrecevabilité des REP formés à leur encontre (*cf.* par ex. CE 19. 5. 1899 Levieux *Lebon* 401; CE Ass. 16. 4. 1986 Comp. luxembourgeoise de télédiffusion *RFDA* 1987. 21, note Moderne; CE 18. 2. 2009 Assoc. Comité CSG *AJDA* 2009. 343). Mais elle est consciente des difficultés que cela engendre pour les tiers lésés par un contrat administratif, lesquels ne peuvent pas non plus l'attaquer par le recours de plein contentieux, qui est (sauf exception des « concurrents évincés », *cf.* n° 191) réservé aux parties contractantes. C'est pourquoi elle admet qu'à défaut de pouvoir être formé contre le contrat proprement dit, le REP puisse être dirigé d'une part contre les « clauses réglementaires » (depuis CE Ass. 10. 7. 1996 Cayzeele *AJDA* 1996. 732, chron. Chauvaux et Girardot; confirmé par CE 17. 12. 2008 Appel *AJDA* 2009. 542, note Dreyfus), d'autre part contre les actes administratifs unilatéraux « détachables » du contrat (depuis CE 4. 8. 1905 Martin *GAJA*).

Ces actes détachables sont tantôt relatifs à la formation du contrat tantôt postérieurs à celle-ci. Ceux qui sont relatifs à la formation du contrat ont pour particularité de pouvoir être attaqués par la voie du REP aussi bien par les parties contractantes que par les tiers (CE Sect. 5. 12. 1958 Union des pêcheurs à la ligne de Grenoble *AJDA* 1959, 57, concl. Kahn). Ils consistent par exemple en une délibération autorisant une autorité administrative à passer le contrat (CE 4. 8. 1905 Martin, préc.), ou en la décision même de passer le contrat, dont le juge déduit souvent l'existence du seul fait que le contrat a été signé (CE Sect. 20. 1. 1978 Synd. nat. de l'ens. technique agricole public *AJDA* 1979, n° 1, p. 37, concl. Denoix de Saint-Marc). Cette dernière solution est évidemment audacieuse, mais elle n'équivaut tout de même pas à accepter le REP contre le contrat proprement dit, car l'annulation de la décision de passer le contrat n'entraîne nullement l'annulation corrélative du contrat (*cf.* par ex. CE 10. 12. 2003 Institut de recherche pour le développement *AJDA* 2004. 394, note Dreyfus : une telle annulation « n'implique pas nécessairement la nullité dudit contrat » dont l'intérêt général commande au contraire parfois la survie). L'annulation d'un acte détachable relatif à la formation du contrat laisse en effet survivre le contrat. Elle ouvre simplement trois possibilités pour obtenir la disparition de celui-ci : la première est classique et permet à l'une des parties contractantes de saisir le juge du plein contentieux d'une action en déclaration de nullité du contrat; la deuxième n'existe que depuis 1994, et permet aux tiers de demander au juge administratif de prononcer une astreinte contre l'administration contractante, afin qu'elle prenne les « mesures propres à assurer » la disparition du contrat (CE Sect. 7. 10. 1994 Lopez *AJDA* 1994. 867, chron. Touvet et Stahl); la troisième, encore plus efficace, résulte de la loi du 8 février 1995 et permet aux tiers de demander au juge administratif de prononcer à l'encontre de l'administration contractante, dans le même arrêt que celui qui annule la décision de passer le contrat, une injonction de solliciter du juge du contrat la résolution de celui-ci (CE Sect 26. 3. 1999 Soc. Hertz-France *RFDA* 1999. 977 note Pouyaud).

Les actes détachables postérieurs à la formation du contrat ne peuvent quant à eux être attaqués par la voie du REP que par des tiers. Les REP formés contre eux par les parties contractantes sont en effet jugés irrecevables, car elles disposent à travers le recours de plein contentieux d'une autre voie de droit que le Conseil d'État estime tout aussi efficace pour défendre leurs intérêts (CE Ass. 2. 2. 1987 Soc. TV6 *AJDA* 1987, 315, chron. Azibert et de Boisdeffre; *cf.* toutefois CE Sect. 25. 5. 1979 Dame Rabut *Lebon* 231, concl. Genevois, et CE 25. 11. 1998 Comp. luxembourgeoise de télédiffusion *AJDA* 1999, 54 concl. Chauvaux : recevabilité du REP formé par certains cocontractants de l'administration qui sont en réalité dans une situation plus réglementaire que contractuelle, ou dont la « convention » s'analyse en réalité comme une autorisation); hélas pour elles, cette équivalence est loin d'être réelle, car on a vu que le juge du plein contentieux répugne à se reconnaître le pouvoir d'annuler les mesures prises par l'administration à l'encontre de ses cocontractants (*cf. supra*, n° 300). Constituent notamment de tels actes détachables : la décision de modifier ou de refuser de modifier le contrat (CE 29. 4. 1987 Commune d'Élancourt *AJDA* 1987, 543, note Prétot); les décisions prises pour assurer l'exécution du contrat (CE Sect. 9. 12. 1983 Ville de Paris *Lebon* 499, concl. Genevois, à propos du choix du lieu d'implantation d'éléments de « mobilier urbain »); et la décision de résilier ou de refuser de résilier le contrat (CE Ass. 2. 2. 1987 Soc. TV6, préc., CE 17. 12. 2008 Appel *AJDA* 2009, 542 note Dreyfus). En revanche, les décisions intéressant les rapports financiers des parties contractantes sont en principe considérées comme non détachables (CE 18. 3. 1991 Le Chaton *RDP* 1992. 1565, à propos d'un mandat émis par l'administration au profit de son cocontractant) :

participant de la substance même du contrat, elles échappent en effet au champ d'action du REP. De même, n'est pas détachable le refus de l'administration contractante de saisir le juge du contrat d'une action en nullité (CE 17. 12. 2008 Appel, préc.).

Tout cela est finalement bien compliqué. On peut se demander s'il ne serait pas plus simple de faire l'économie de la théorie des actes détachables, en admettant la recevabilité des REP exercés contre les contrats administratifs (en ce sens, *cf.* J.-M. Auby, *RDP* 1985. 1687, et R. Chapus, *Droit du contentieux administratif*, 13e éd., 2008, n° 240). Cette solution est d'autant plus envisageable que la loi du 2 mars 1982 a déjà fait un pas dans sa direction...

2. L'exception : l'acte attaqué est un contrat administratif

a. La loi du 2 mars 1982

304 La loi de décentralisation du 2 mars 1982 permet aux préfets d'attaquer devant les tribunaux administratifs les actes des collectivités locales qui doivent leur être transmis (art. L. 2131-6, L. 3132-1 et L. 4142-1 du CGCT). Or, parmi ces actes figurent certains contrats administratifs. Le « déféré préfectoral » présente donc cette particularité, par rapport au REP classique, de pouvoir être dirigé non seulement contre un acte administratif unilatéral, mais aussi contre un contrat administratif. Dès lors, le Conseil d'État aurait pu être tenté de le considérer comme un recours *sui generis* plutôt que comme une variété nouvelle de REP.

Avec une certaine audace, la haute juridiction a pourtant choisi de l'analyser comme un REP, même lorsqu'il est dirigé contre un contrat administratif soumis à transmission (CE Sect. 26. 7. 1991 Commune de Sainte-Marie *AJDA* 1991, 693, chron. Maugüe et Schwartz). La jurisprudence ayant admis, au prix d'une interprétation extensive de la loi, que le préfet puisse également attaquer les actes des collectivités locales non soumis à transmission, le Conseil d'État a par la suite transposé cette analyse aux déférés dirigés contre les contrats administratifs non soumis à transmission (CE 4. 11. 1994 Département de la Sarthe *AJDA* 1994, 898, concl. Maugüe).

À l'heure actuelle, les préfets jouissent donc du privilège de pouvoir attaquer par la voie du REP n'importe quel contrat administratif passé par une collectivité locale. Cette constatation ouvre une brèche dans le mur de l'irrecevabilité du REP dirigé contre un contrat, et constitue ainsi une raison d'espérer pour ceux qui, comme nous, rêvent de le mettre bas.

b. La jurisprudence Ville de Lisieux

Depuis 1998, le Conseil d'État admet la recevabilité du REP formé par un tiers contre un contrat de recrutement d'un agent territorial non titulaire (CE Sect. 30. 10. 1998 Ville de Lisieux *AJDA* 1998, 969 chron. Raynaud et Fombeur). Certes, cette étonnante solution est prudemment motivée par le caractère très particulier de ce type de contrats, qui se borne à renvoyer à un statut réglementaire prédéterminé. Mais il est tentant de penser qu'elle annonce la généralisation de la recevabilité du REP contre les contrats administratifs, que nous appelons de nos vœux.

B. Les conditions de recevabilité relatives au requérant

305 Pour être recevable, il ne suffit pas que le REP soit dirigé contre un acte attaquable : il faut aussi que le requérant ait la capacité d'agir et un intérêt à agir.

La capacité d'agir est une exigence très générale du droit français, et pose peu de problèmes spécifiques au REP. Ses implications sont bien connues. Si le requérant est une personne physique, celle-ci ne doit être ni mineure ni sous tutelle; et si elle agit pour le compte d'une autre personne, elle doit produire un mandat (*cf. infra*, n° 344); en revanche, peu importe sa nationalité. Si le requérant est un groupement, celui-ci doit en principe avoir la personnalité morale (*cf.* par ex. CE 6. 10. 1976 Faculté de droit de l'université Jean-Moulin *JCP* 1977, n° 18564, note Chevallier : irrecevabilité du recours formé par la Faculté, seule l'université ayant la personnalité morale); la jurisprudence admet toutefois très logiquement qu'une personne morale dissoute puisse intenter un REP contre la décision prononçant sa dissolution (CE 26. 6. 1987 FANE *AJDA* 1987, 679); et, de façon plus inattendue, elle estime que l'« existence légale » des associations non déclarées relevant de la loi du 1er juillet 1901, leur confère la capacité à exercer un REP contre les actes qui portent atteinte aux intérêts collectifs qu'elles défendent (CE Ass. 31. 10. 1969 Synd. de défense des canaux de la Durance *AJDA* 1970, 252, note Landon). Quant à la représentation des groupements, elle est réglée par la législation s'il s'agit de sociétés, par leurs statuts s'il s'agit d'associations ou de syndicats (CE 30. 1. 2008 Assoc. FCI *AJDA* 2008, 895 : ou par l'assemblée générale de l'association en cas de silence des statuts), ou par des textes s'il s'agit de personnes publiques; les collectivités locales et les établissements publics sont ainsi représentés par leur organe exécutif (maire, président ou directeur) qui ne peut normalement agir en justice qu'en vertu d'une délibération préalable du conseil concerné (*cf.* par ex. art. L. 2132-2 du CGCT); tandis que l'État n'est généralement représenté que par un ministre ou par un préfet (*cf.* CE 10. 1. 1986 Ch. rég. des comptes d'Ile-de-France *RFDA* 1986, 396, concl. Roux, constatant qu'aucun texte ne permet à cette chambre d'agir au nom de l'État devant le CE).

L'intérêt à agir est une condition de recevabilité plus originale. Certes, son exigence n'est pas spécifique au REP : on la retrouve ailleurs, notamment en matière de recours de plein contentieux. Mais, dans le cadre du recours de plein contentieux, l'intérêt à agir se confond généralement avec la revendication d'un droit subjectif, et ne présente donc guère de difficultés d'appréciation. Alors que dans le cadre d'un recours objectif comme le REP, il s'en distingue nécessairement, laissant ainsi libre cours à la politique jurisprudentielle du Conseil d'État.

Pour justifier d'un « intérêt à agir » au sens du Conseil d'État, l'auteur d'un REP doit montrer que l'acte attaqué lui fait grief (**1**), et doit en outre appartenir à une catégorie limitée d'administrés (**2**). C'est ce qu'explique par exemple le commissaire du gouvernement Mosset quand il affirme que la décision attaquée doit avoir des « conséquences fâcheuses » pour le requérant, lesquelles doivent d'autre part l'atteindre « à un titre particulier, en tant qu'appartenant à une catégorie définie et limitée » (concl. sur CE Ass. 26. 10. 1956 Assoc. gén. des administrateurs civils *RDP* 1956. 1309). Un tel luxe de précautions, qui n'a d'autre finalité que d'empêcher l'encombrement des tribunaux en limitant le nombre des requêtes recevables, est-il réellement justifié ? La question revient à se demander s'il ne faudrait pas supprimer l'intérêt à agir afin de transformer le REP en une véritable « action populaire » (**3**).

1. L'acte attaqué doit faire grief au requérant

306 Ce grief doit être existant (**a**) et certain (**b**), et doit porter atteinte à un intérêt légitime (**c**), personnel (**d**) et suffisamment direct (**e**).

a. Le grief doit exister

Peu importe que le grief invoqué par le requérant soit matériel ou moral (pour un grief matériel, *cf.* CE 29. 3. 1901 Casanova *GAJA* : alourdissement des impôts locaux; pour un grief moral, *cf.* CE 13. 7. 1948 Assoc. des anciens élèves de l'École polytechnique *S.* 1949, 36 : atteinte au prestige de l'école). L'essentiel est qu'il existe. Ainsi, n'a par exemple pas d'intérêt à agir, faute de grief, le requérant qui se croit lésé par une décision qui lui est en réalité favorable (CE 12. 1. 1972 Soc. Éditions du Square *Lebon* 35 ; CE 24. 9. 2010 T *AJDA* 2011. 112).

b. Le grief doit être certain

Un grief, sans être à proprement parler inexistant, peut n'être qu'éventuel. Dans ce cas, le juge prononce en principe l'irrecevabilité du REP, pour défaut de grief certain. Ce triste sort est par exemple promis au particulier qui attaque une nomination alors qu'il ne possède pas de chances raisonnables d'être nommé au poste en cause (CE Sect. 7. 1. 1944 Robert *RDP* 1944. 353, concl. Léonard, note Jèze : à propos d'un capitaine de vaisseau attaquant la nomination au tour extérieur d'un conseiller-maître à la Cour des comptes), ou au requérant qui attaque le permis de construire un magasin en invoquant la qualité de « client éventuel du magasin » (CE 8. 4. 1987 Fourel *AJDA* 1987. 332, chron. Azibert et de Boisdeffre).

En revanche, le grief éventuel mais vraisemblable est assimilé au grief certain. Grâce à cette assimilation, se voient reconnaître un intérêt à agir : le diplômé qui attaque la nomination d'un concurrent à un emploi auquel son diplôme lui donnait vocation à accéder (CE 11. 12. 1903 Lot *GAJA* : à propos d'un archiviste diplômé attaquant une nomination aux Archives nationales); et le travailleur portugais qui attaque une circulaire relative aux travailleurs immigrés, « susceptible de lui être opposée » lors du renouvellement de sa carte de séjour (CE 13. 1. 1975 Da Silva et CFDT *AJDA* 1975. 258, note André). À travers ces solutions jurisprudentielles, le calcul des probabilités investit en somme le champ du contentieux administratif.

c. Le grief doit porter atteinte à un intérêt légitime

Pour donner intérêt à agir, le grief ne doit pas seulement être existant et certain : il faut en outre qu'il porte atteinte à un intérêt légitime. Ainsi, n'ont pas d'intérêt à agir, par suite du caractère illégitime de leur intérêt lésé : l'occupant sans titre d'un hôtel qui attaque le permis de construire autorisant sa transformation en appartements (CE Sect. 27. 2. 1985 SA Grands travaux et constructions immobilières *AJDA* 1985. 235, note Moreau); le professeur malhonnête qui attaque la décision d'organiser des épreuves de remplacement « destinées à pallier les conséquences de ses propres agissements » (CE 22. 9. 1993 Université de Nancy 2 *RDP* 1994. 1888); et l'association qui agit « dans un but autre que celui qu'elle est censée poursuivre à travers son objet social » (CAA Douai 30. 3. 2006 Soc. Caudis *AJDA* 2006. 1342, concl. Lepers, à propos d'une assoc. prétendant défendre le « commerce local » alors qu'elle n'a été créée que pour servir les intérêts d'un hypermarché). On l'aura deviné, cette jurisprudence est une nouvelle illustration du fameux principe selon lequel nul n'est fondé à se prévaloir de sa propre turpitude (*nemo auditur...*).

d. Le grief doit porter atteinte à l'intérêt personnel du requérant

L'exigence qu'un intérêt personnel soit en jeu s'exprime par l'adage « nul ne plaide par procureur ». Cette interdiction signifie qu'aucune personne ne peut agir sans mandat pour le compte d'une autre, tant en matière d'excès de pouvoir qu'en matière de plein contentieux (CE 18. 7. 2008 Mme Boutiche *AJDA* 2008. 1465, à propos d'une mère tentant d'agir sans mandat pour le compte de sa fille majeure). Le contentieux administratif ne reconnaît pas d'intérêt à agir aux Bayard désireux de défendre la veuve et l'orphelin.

Pour comprendre ce qu'est l'intérêt personnel selon la jurisprudence, il est nécessaire de distinguer celui des individus (**1**) de celui des groupements (**2**), puis d'examiner le cas particulier de « l'intérêt à agir partiel » (**3**).

1) L'intérêt personnel des individus

307 Il correspond en principe, sans surprise, à leur intérêt individuel. C'est ainsi que des candidats au baccalauréat se voient reconnaître un intérêt à agir contre les épreuves de leur centre d'examen, mais non contre celles des autres centres (CE Ass. 26. 2. 1965 Romani et D^lle Fraggi *AJDA* 1965. 237); ou qu'un fonctionnaire n'est recevable à attaquer que les actes individuels ou d'organisation de son service qui lui portent personnellement préjudice, et non ceux qui n'ont aucune incidence sur sa carrière ou sur son statut (CE 26. 12. 1925 Rodière *GAJA* pour les actes individuels; CE Ass. 26. 10. 1956 Assoc. gén. des administrateurs civils *RDP* 1956. 1309, concl. Mosset, pour les actes d'organisation du service).

Le critère des « prérogatives attachées à l'exercice de certaines fonctions » permet toutefois à quelques privilégiés de bénéficier d'un intérêt personnel beaucoup plus largement entendu. C'est ainsi qu'un professeur d'université est recevable à attaquer le décret qui modifie les structures de son université, compte tenu des garanties d'indépendance attachées à ses fonctions d'enseignant-chercheur (CE Sect. 10. 11. 1978 Chevallier *AJDA* 1979, n° 2, p. 33, concl. Massot).

2) L'intérêt personnel des groupements

308 Il correspond en principe à l'intérêt collectif qu'ils défendent. Un syndicat n'a par exemple pas d'intérêt à agir contre le refus préfectoral d'accorder à l'un de ses membres une autorisation de travailler le dimanche, car son recours vise davantage à défendre l'intérêt individuel de cet adhérent que l'intérêt collectif de l'ensemble de la profession (CE 28. 12. 1906 Synd. des patrons coiffeurs de Limoges *GAJA*). C'est Romieu qui, dans ses conclusions sur cette affaire, a le mieux défini ce qu'il faut entendre par cette notion d'« intérêt collectif ».

L'intérêt collectif n'est d'abord en jeu que si l'acte attaqué par le groupement correspond à l'objet que ses statuts le chargent de défendre. Pour le reste, il faut distinguer selon que l'acte attaqué est réglementaire (ou particulier) ou individuel.

S'il est réglementaire (ou particulier), l'intérêt collectif du groupement est facilement reconnu. C'est ainsi qu'un syndicat ouvrier est recevable à attaquer les circulaires (actes réglementaires) qui modifient la situation en France des travailleurs étrangers (CE 13. 1. 1975 Da Silva et CFDT *AJDA* 1975. 258, note André), et qu'une association de protection de la nature a intérêt à agir contre les déclarations d'utilité publique (actes particuliers) qui portent atteinte à l'environnement (CE Ass. 29. 4. 1994 Assoc. Unimate 65 *AJDA* 1994. 400). Les groupements de fonctionnaires sont toutefois un peu moins bien lotis car, au nom du respect du principe hiérarchique, la jurisprudence juge irrecevables leurs recours contre les règlements relatifs à l'organisation de leur service (CE Ass. 26. 10. 1956 Assoc. gén. des administrateurs civils, préc., à propos d'un décret organisant le travail des corps d'inspection d'un ministère; CE 23. 7. 2003 Synd. Sud-Travail *RFDA* 2004. 139, concl. Stahl); il n'en va autrement que lorsque ces règlements d'organisation du service sont préjudiciables aux avantages statutaires ou pécuniaires des fonctionnaires représentés (CE Ass. 12. 12. 1952 Narbonne *Lebon* 574; CE 28. 12. 2005 Union synd. des magistrats adm. *AJDA* 2006. 940, note Pontier), ou à leurs « prérogatives » éventuelles (*cf.* n° 307; CE Ass. 25. 6. 1969 Synd. aut. des Facultés de droit *RDP* 1969. 965, concl. Braibant).

Si l'acte attaqué est individuel, il faut distinguer selon qu'il est positif ou négatif. S'il est positif, c'est-à-dire favorable à son destinataire, le groupement est recevable à l'attaquer, car en accordant à un individu un avantage, cet acte est susceptible de léser collectivement ses membres qui avaient vocation à en bénéficier à sa place (CE 11. 12. 1908 Assoc. des employés civils du ministère des Colonies *Lebon* 1016, concl. Tardieu, à propos des nominations et des avancements de fonctionnaires). S'il est négatif, c'est-à-dire défavorable à son destinataire, le groupement est au contraire irrecevable à l'attaquer, car l'acte porte alors davantage atteinte à l'intérêt individuel de sa victime qu'à l'intérêt collectif du groupement (CE 28. 12. 1906 préc., à propos d'un refus d'autorisation; *cf.* aussi CE 22. 12. 1976 Synd. nat. CFTC des Affaires sociales *Lebon* 1050, à propos d'une sanction disciplinaire); par exception à cette règle, le Conseil d'État admet toutefois l'intérêt à agir des syndicats contre les autorisations de licenciement des « salariés protégés », probablement parce que ces derniers sont les représentants dans l'entreprise de l'intérêt collectif des salariés (CE Ass. 10. 4. 1992 Soc. Montalev *AJDA* 1992. 482, chron. Maugüe et Schwartz).

3) L'intérêt à agir partiel

309 Cette exigence qu'un intérêt personnel soit lésé débouche parfois sur la reconnaissance d'un « intérêt à agir partiel » (*cf.* notre article, « L'intérêt à agir partiel », *RFDA* 1988. 923). Il en existe deux types :

• *Le premier type d'intérêt à agir partiel se rencontre lorsque l'acte attaqué est hétérogène,* c'est-à-dire lorsqu'il regroupe des dispositions au contenu et aux destinataires très divers, présentant ainsi une unité quelque peu artificielle. Dans ce cas, le requérant n'est en effet recevable à attaquer que les dispositions qui concernent la catégorie de destinataires à laquelle il appartient. C'est ainsi que des loueurs en meublés, attaquant un règlement qui contient des dispositions relatives aux loueurs en meublés et des dispositions distinctes relatives aux hôteliers, ne sont recevables à attaquer que les premières (CE 2. 11. 1951 Dame Lorentz *Lebon* 514). Ce premier type d'intérêt à agir partiel n'est pas intrinsèquement critiquable, car en cas de succès du recours il aboutit à un résultat clair, consistant à annuler *erga omnes* une partie de l'acte attaqué et à laisser subsister l'autre.

• *Le second type d'intérêt à agir partiel n'a pas les mêmes vertus.* Il se rencontre lorsque l'acte attaqué est homogène dans son contenu et hétérogène quant à ses destinataires. Comme dans le cas précédent, l'acte concerne au moins deux catégories différentes de destinataires, mais cette fois il applique les mêmes dispositions à chacune d'elles. Le requérant est alors recevable à attaquer toutes les dispositions de l'acte, mais seulement « en tant qu' » elles concernent la catégorie de destinataires à laquelle il appartient. C'est ainsi qu'un syndicat de fonctionnaires civils de l'État n'est recevable à attaquer un règlement qui bloque les rémunérations des fonctionnaires civils de l'État, des fonctionnaires militaires de l'État, et des fonctionnaires des collectivités locales, qu'« en tant qu' » il concerne la première catégorie de destinataires (CE Ass. 11. 7. 1984 Union des groupements des cadres sup. de la fonction publique *AJDA* 1984. 627, concl. contraires Labetoulle). Ce second type d'intérêt à agir partiel est donc profondément critiquable, car en cas de succès du recours il aboutit à un résultat confus, consistant à annuler l'acte dans sa totalité « en tant qu' » il concerne la catégorie de destinataires à laquelle appartient le requérant (les fonctionnaires civils de l'État dans notre exemple), et à le laisser en vigueur « en tant qu' » il concerne les autres catégories de destinataires (les fonctionnaires militaires de l'État et les fonctionnaires des collectivités locales dans notre exemple). La caractéristique essentielle du REP, qui est de déboucher sur l'annulation *erga omnes* de l'acte attaqué (*cf. supra*, n° 301), est ainsi dangereusement battue en brèche.

e. Le grief doit porter atteinte à un intérêt suffisamment direct

310 Pour qu'un requérant se voit reconnaître un intérêt à agir, il ne suffit pas que l'acte attaqué lui cause un grief réel et certain, portant atteinte à son intérêt légitime et personnel : il faut en outre que personne ne soit atteint par l'acte plus directement que lui. Cette cinquième condition, qui peut surprendre, montre à l'évidence que l'exigence d'un intérêt à agir repose sur le souci du juge de restreindre l'accès au prétoire, au risque de commettre quelques dénis de justice.

C'est ainsi que des entrepreneurs sont irrecevables à attaquer un décret modifiant le régime fiscal de l'épargne-logement, car bien que cet acte ait d'indéniables répercussions sur leur activité professionnelle, il ne lèse pas leurs intérêts « d'une façon suffisamment directe » (CE 7. 3. 1962 Synd. prof. du bâtiment et des TP du Loiret *Lebon* 1059); ou qu'un permis de construire ne peut être attaqué que par les voisins géographiquement les plus proches de la future construction (CE 30. 9. 1988 Soc. nat. « Antenne 2 », deux arrêts *AJDA* 1989. 131, concl. Lévis : oui au voisin habitant « un immeuble situé vis-à-vis » de la construction; non à celui demeurant « à environ 200 mètres » de celle-ci). Si le juge barre ainsi l'accès au prétoire de ces requérants, c'est parce qu'il entend réserver la possibilité d'agir à d'autres victimes (les souscripteurs d'épargne-logement dans la première hypothèse, des voisins plus proches de la construction dans la deuxième hypothèse), dont l'intérêt est plus directement atteint que le leur.

Cette exigence d'un intérêt suffisamment direct admet toutefois une exception depuis 2003 : désormais, une fédération de syndicats est en effet recevable à attaquer les actes qui ne concernent qu'un seul des syndicats qu'elle regroupe (CE Ass. 12. 12. 2003 Union des synd. CGT des personnels des affaires culturelles *RFDA* 2004. 322, concl. Le Chatelier), alors qu'auparavant elle n'avait intérêt à agir qu'à l'encontre des actes concernant « plusieurs des syndicats qui la composent » (CE Ass. 21. 7. 1972 Union interfédérale des synd. de la préfecture de police et de la sûreté nat. *Lebon* 584).

2. Le requérant doit appartenir à une catégorie limitée d'administrés

311 Contrairement à ce qu'on pourrait penser, l'existence d'un grief certain portant atteinte à un intérêt personnel, direct et légitime, n'implique pas nécessairement la reconnaissance d'un intérêt à agir. Il faut en outre, nonobstant le grief, que le requérant agisse en qualité de membre d'une catégorie d'administrés suffisamment limitée pour éloigner le spectre de l'action populaire.

Le juge n'est pas très sévère dans son appréciation. Il admet par exemple que des requérants puissent agir en qualité de contribuables d'une collectivité locale (CE 29. 3. 1901 Casanova *GAJA*), d'usagers d'un service public (CE 21. 12. 1906 Synd. des prop. et contribuables du quartier Croix-de-Seguey-Tivoli *GAJA*), de sinistrés (CE 10. 2. 1950 Gicquel *Lebon* 100 concl. Chenot) ou de commerçants (CE Ass. 5. 6. 1959 Naud *Lebon* 343).

En revanche, un requérant aura beau justifier d'un grief existant et certain portant atteinte à un intérêt personnel, direct et légitime, il ne se verra pas reconnaître d'intérêt à agir s'il n'excipe que de sa qualité d'habitant d'une collectivité supra-communale (CE Sect. 2. 4. 1954 Gaebelé *Penant* 1954, 262, concl. Laurent, note de Soto, à propos d'un TOM; *cf.* toutefois, à propos de la Corse : CE 14. 1. 1994 Coll. territ. de Corse *Lebon* 16), de citoyen (CE 23. 9. 1983 Lepetit *Lebon* 372), de téléspectateur (CE 16. 1. 2002 Stiegler *RFDA* 2002. 435), d'étranger (CE 26. 4. 2006 Mme

Ouattara *AJDA* 2006. 1519), ou de contribuable de l'État (CE 23. 11. 1988 Dumont *Lebon* 418). Les catégories des habitants des collectivités supra-communales, des citoyens, des téléspectateurs, des étrangers et des contribuables de l'État sont en effet si vastes que l'admission de la simple appartenance à l'une d'elles équivaudrait à permettre l'action populaire.

Pour les mêmes raisons, le Conseil d'État est réticent à admettre qu'un parlementaire puisse former un REP en invoquant sa seule qualité de député ou de sénateur (CE 27. 2. 1987 Noir *AJDA* 1987. 332, chron. Azibert et de Boisdeffre). Les parlementaires sont en effet les représentants de la nation tout entière : les assimiler à une catégorie suffisamment limitée reviendrait donc indirectement à permettre l'action populaire. La réticence du Conseil d'État est si forte qu'elle subsiste même lorsque le REP est formé par soixante parlementaires (*cf.* CE Ass. 9. 7. 2010 Féd. nat. de la libre pensée *AJDA* 2010. 1639, chron. Liéber et Botteghi); étrangement, il est ainsi plus facile pour les parlementaires d'attaquer une loi devant le Conseil constitutionnel que d'attaquer un acte administratif devant une juridiction administrative.

3. Intérêt à agir et action populaire

312 L'intérêt à agir, on vient de le voir, est une construction jurisprudentielle particulièrement subtile. Il s'apparente à un parcours d'obstacles savamment étudié, que le requérant doit franchir pour obtenir du juge qu'il veuille bien remplir sa fonction, qui est de rendre la justice. Stimulant pour le juriste initié à ses traquenards, il déroute le justiciable.

Dès lors, faut-il le conserver ? Nous ne le pensons pas. L'intérêt à agir est en effet une condition subjective de recevabilité, puisqu'il suppose un grief personnel. Il est donc assez paradoxal de l'imposer au recours objectif qu'est le REP.

En outre, l'exigence d'un intérêt à agir ne repose généralement sur aucun fondement sérieux. On peut certes la justifier par la nécessité de respecter le principe hiérarchique lorsqu'on l'applique aux REP formés pas les fonctionnaires contre les actes de pure organisation du service (*cf. supra*, n°s 307 et 308); ce constat nous amène d'ailleurs à estimer que les fonctionnaires doivent continuer à justifier d'un intérêt à agir pour être recevables à attaquer ce type d'actes. Mais dans les autres cas, le seul fondement qu'on invoque est le souci du juge d'éviter l'encombrement des tribunaux. Or, il est impossible d'admettre une telle argumentation, car dans un État de droit il faut adapter l'offre de justice à la demande des justiciables en donnant aux tribunaux les moyens nécessaires pour accomplir leur tâche, plutôt que de réduire arbitrairement la demande au niveau de l'offre en guillotinant un certain nombre de requêtes. La suppression de l'intérêt à agir serait d'ailleurs moins coûteuse qu'on ne croit, car peu de justiciables en profiteraient pour jouer les procureurs du droit, la nature humaine étant ainsi faite qu'elle incite chacun à défendre ses propres intérêts avant tout.

Si ces raisons ne suffisaient pas, il faudrait ajouter que l'intérêt à agir présente le grave inconvénient de bouleverser les règles les plus fondamentales du droit administratif, notamment en écartant dans certains cas le principe de l'effet *erga omnes* de l'annulation pour excès de pouvoir (*cf. supra*, n° 309).

Enfin l'exigence d'un intérêt à agir encourt le grave reproche d'ouvrir des brèches dans l'État de droit. Car lorsque la victime la plus directe d'un acte administratif omet de l'attaquer, par crainte, par négligence ou par intérêt (l'inaction peut s'acheter), et que personne d'autre n'a « intérêt à agir », l'arbitraire triomphe en toute impunité. Sont par exemple restés impunis, à cause du filtre de l'intérêt à agir : l'éviction irrégulière du PDG de l'ORTF, acceptée par l'intéressé moyennant compensation, et placée hors de portée contentieuse des syndicats de journalistes (CE Ass. 4. 11. 1977 Synd. nat. des journalistes section ORTF *AJDA* 1978. 111, concl. contraires Massot); et le permis illégal de construire un cinéma, accueilli avec satisfaction par les voisins géographiquement les plus proches du futur établissement, et soustrait par le juge à la contestation du propriétaire d'un cinéma concurrent (CE Sect. 13. 3. 1987 Soc. albigeoise de spectacles *AJDA* 1987. 334, chron. Azibert et de Boisdeffre).

La conclusion s'impose : il faut supprimer l'intérêt à agir et admettre l'action populaire, seule compatible avec les exigences démocratiques du positivisme sociologique.

C. Les conditions de recevabilité relatives à la requête

313 Le REP n'est recevable que s'il respecte certaines règles de présentation, notamment de forme et de délai, communes à toutes les requêtes. N'étant pas spécifiques au REP, elles seront étudiées au chap. 12. On se bornera à souligner ici que le REP est, depuis 1864, dispensé de l'obligation du ministère d'avocat, qui s'impose (sauf exception) au recours de plein contentieux.

Mais le REP est soumis à une condition de recevabilité plus originale, qu'on désigne habituellement sous le nom d'« exception de recours parallèle », et qu'il convient d'étudier (**1**) avant d'en exposer les limites tracées par la théorie de l'acte détachable et par la jurisprudence Lafage (**2**).

1. L'exception de recours parallèle

314 L'« exception de recours parallèle » signifie que le REP n'est recevable que si le requérant ne dispose pas d'un autre recours juridictionnel lui permettant d'obtenir une satisfaction équivalente à celle qu'il cherche à se procurer. Cette condition de recevabilité a été dégagée par la jurisprudence en 1868, afin de freiner l'essor que connaissait le REP après qu'il eût été dispensé de ministère d'avocat (CE 20. 2. 1868 Bouchers de Paris *Lebon* 193, concl. Aucoc).

Elle a une portée très générale. Peu importe en effet que le recours parallèle relève de la compétence du juge administratif ou du juge judiciaire. C'est ainsi que le REP est irrecevable lorsque le requérant dispose, pour parvenir à un résultat équivalent à celui qu'il recherche, du recours de plein contentieux (CE Ass. 2. 2. 1987 Soc. France 5 *RFDA* 1987. 29, concl. Fornacciari, à propos d'un REP formé par une partie contractante contre la résiliation de son contrat) ou d'un recours judiciaire (CE Sect. 6. 1. 1995 Soc. Manufacture française des chaussures Eram *AJDA* 1995. 347, note Prétot, à propos d'un REP formé contre une décision modifiant le montant d'une cotisation de sécurité sociale, alors que le requérant disposait d'une « voie de recours... devant les juridictions du contentieux général de la sécurité sociale »).

L'exception de recours parallèle empêche donc le REP de pénétrer dans des domaines où son intervention n'est pas réellement nécessaire (*cf.* toutefois nos critiques à propos du plein contentieux contractuel, *supra*, n° 300, et notre proposition d'admettre la recevabilité des REP exercés contre les contrats administratifs, *supra*, n° 303). En cela elle apporte une utile contribution à la réalisation d'une bonne administration de la justice.

2. Les limites de l'exception de recours parallèle

a. La théorie de l'acte détachable

315 Le REP redevient recevable, bien qu'un autre recours soit possible et équivalent, lorsqu'il est dirigé contre un acte administratif unilatéral « détachable » de l'opération relevant de cet autre recours.

On a déjà rencontré de tels actes détachables en matière de contrats (*cf. supra*, n° 303). Mais il en existe dans bien d'autres domaines, par exemple en matière de contentieux électoral (CE 28. 1. 1994 Élections mun. de Saint-Tropez *AJDA* 1994. 193, chron. Maugüe et Touvet : recevabilité du REP contre les décisions portant convocation des électeurs, considérées comme détachables de l'opération électorale relevant du juge de plein contentieux). En réalité, la théorie de l'acte détachable ne connaît pratiquement pas de frontières. Le juge y recourt sans plan d'ensemble, à chaque fois qu'il lui semble opportun de rendre le REP recevable.

b. La jurisprudence Lafage

316 Depuis l'arrêt Lafage de 1912, le Conseil d'État admet qu'un requérant puisse demander par la voie du REP l'annulation d'une décision pécuniaire le concernant (CE 8. 3. 1912 Lafage *GAJA*). La solution est audacieuse car, le but du requérant étant d'obtenir le versement d'une somme d'argent, on aurait pu penser que la possibilité d'emprunter la voie du recours de plein contentieux lui aurait fermé celle du REP. Mais l'arrêt Lafage a préféré écarter l'exception de recours parallèle, et ouvrir un choix entre les deux recours : grâce à lui, le requérant peut en effet, à sa convenance, soit utiliser le recours de plein contentieux pour demander au juge de condamner l'administration à lui verser la somme d'argent convoitée, soit attaquer par la voie du REP l'acte administratif unilatéral le privant de ladite somme d'argent; dans cette seconde hypothèse, l'annulation de l'acte reviendra alors à un résultat voisin de celui qu'aurait eu le recours de plein contentieux,

puisqu'elle entraînera en principe pour l'administration l'obligation implicite de verser la somme d'argent.

C'est pour des raisons d'équité qu'un tel choix a été ouvert aux victimes de décisions administratives pécuniaires. Souvent, en effet, ces décisions portent « sur des sommes minimes », ainsi que le remarquait le commissaire du gouvernement Pichat dans l'affaire Lafage. Or, les recours de plein contentieux ne peuvent être formés que par l'intermédiaire d'un avocat. Dès lors, si on forçait les victimes à ne saisir le juge que par un tel recours, les frais d'honoraires dépasseraient dans bien des cas le montant de l'allocation réclamée, constatation qui en pousserait beaucoup à renoncer à l'instance. Au contraire, le REP n'est pas soumis à l'obligation du ministère d'avocat : en admettant sa recevabilité contre de tels actes, on rend donc à l'action contentieuse tout son intérêt, et on cesse ainsi d'encourager les dénis de justice.

La jurisprudence Lafage trouve son domaine d'élection dans le contentieux pécuniaire de la fonction publique. Elle s'applique par exemple aux refus de verser des primes ou des indemnités de fonction (CE 8. 3. 1912 Lafage, préc.), aux refus de verser le supplément familial de traitement (CE 12. 2. 1954 Bierge *AJDA* 1954. 8, chron. Gazier et Long), et aux refus de rembourser des frais de logement (CE 7. 11. 1990 Dame Slosse *AJDA* 1991. 142, concl. de Montgolfier). Mais elle a une portée très générale qui lui permet de s'appliquer à bien d'autres matières, telles que le refus de verser une subvention à une personne privée (CE Ass. 7. 7. 1950 Œuvre de Saint-Nicolas *Lebon* 422).

Depuis 1988, la jurisprudence Lafage a toutefois subi un recul, car le Conseil d'État estime que le REP n'est plus recevable vis-à-vis des « états exécutoires » (titres permettant à l'administration de pratiquer des saisies à l'encontre des personnes qu'elle a constituées débitrices) et des « ordres de versement » (invitations amiables à payer une somme d'argent due à l'administration) (*cf.* respectivement CE Sect. 27. 4. 1988 Mbakam *AJDA* 1988. 438, chron. Azibert et de Boisdeffre, et CE Sect. 23. 12. 1988 Cadilhac *AJDA* 1989. 254, concl. Fornacciari). Désormais, ces deux types d'actes relèvent donc exclusivement du plein contentieux, ce qui est regrettable. Mais il ne faut pas accorder trop d'importance à ce revirement jurisprudentiel, qui traduit simplement le souci du juge d'unifier le contentieux des états exécutoires et des ordres de versement avec celui des « arrêtés de débet » (ordres de recettes rendus exécutoires par le ministre des Finances et délivrés à l'encontre des détenteurs de deniers publics), qui relève traditionnellement du recours de pleine juridiction (CE 4. 1. 1954 Melot *AJDA* 1954. 95). Il ne semble donc pas qu'il faille interpréter les arrêts de 1988 comme des signes avant-coureurs d'un abandon total de la jurisprudence Lafage.

SECTION 3
LES CAS D'OUVERTURE DU RECOURS POUR EXCÈS DE POUVOIR

317 Les « cas d'ouverture » du REP sont les moyens qu'un requérant peut invoquer pour obtenir l'annulation de l'acte attaqué. Il en existe quatre : l'incompétence (mentionnée dans la loi des 7 et 14 octobre 1790, et contrôlée par le Conseil d'État dès sa création), le vice de forme (contrôlé dès les années 1840), le détournement de pouvoir (qui n'est admis qu'à partir du début des années 1860) et la violation de la loi (qui n'est identifiée comme moyen d'annulation du REP qu'à partir de 1864). Le Conseil d'État ne les a pas véritablement créés, car ils avaient déjà commencé à apparaître au XVIIIe siècle, dans les remontrances des Parlements [1]. S'il a fait preuve d'originalité en les mettant en œuvre, ce n'est donc pas parce qu'il les aurait créés, mais parce qu'il a su les inscrire dans l'élaboration plus vaste de la théorie du REP, que l'Ancien Régime ne connaissait évidemment pas.

Cela étant, on regroupe depuis 1953 ces quatre cas d'ouverture en deux catégories, ou plutôt en deux « causes juridiques » distinctes. L'incompétence et le vice de forme (auquel on rattache le vice de procédure) constituent des moyens de « légalité externe »,

1. *Cf.* notre article « L'origine des cas d'ouverture du REP d'après les remontrances des Parlements au XVIIIe siècle », *RDP* 1986. 1599.

c'est-à-dire des moyens qui tendent à contester la façon dont l'acte attaqué a été pris, alors que le détournement de pouvoir et la violation de la loi sont analysés comme des moyens de « légalité interne », c'est-à-dire comme des moyens qui critiquent le contenu subjectif (but) ou objectif de l'acte. Cette distinction est importante en raison de ses effets sur la recevabilité des moyens soulevés. Si le requérant ne soulève, dans le délai du REP (qui est en principe de deux mois à compter de la publication ou de la notification de l'acte attaqué), que des moyens relevant de l'une des deux « causes juridiques », il ne pourra en effet plus faire valoir, après l'expiration de ce délai, aucun des moyens se rattachant à l'autre cause juridique (CE Sect. 20. 2. 1953 Soc. Intercopie *S.* 1953, 77, note M. L.), sauf s'il s'agit de moyens « d'ordre public » (dont les deux principaux sont l'incompétence et la « méconnaissance du champ d'application de la loi »). Ainsi, un requérant qui ne soulève par exemple que l'incompétence de l'auteur de l'acte dans sa requête sommaire ne pourra plus développer, dans son mémoire complémentaire déposé après l'expiration du délai de recours (et *a fortiori* en appel), que des moyens de légalité externe (incompétence et vice de forme) : il ne sera plus recevable à invoquer des moyens de légalité interne (détournement de pouvoir et violation de la loi). Pour déjouer les chausse-trapes de la jurisprudence Intercopie, la prudence commande donc de soulever dès le stade de la requête sommaire au moins un moyen de légalité externe et un moyen de légalité interne. On ne voit pas très bien en quoi la justice administrative en sort grandie. Mieux vaudrait supprimer ces complications byzantines, et abandonner la jurisprudence Intercopie.

L'incompétence et le vice de forme ayant déjà été évoqués lors de l'étude de la formation de l'acte administratif unilatéral (*cf.* chap. 5, nos 146 à 163), on se bornera ici à analyser le détournement de pouvoir (**A**) et la violation de la loi (**B**).

A. Le détournement de pouvoir

1. Le « détournement de pouvoir » proprement dit

318 Un acte est entaché de détournement de pouvoir lorsque son auteur l'a pris dans un but psychologique qui n'était pas celui prévu par les textes. Deux hypothèses doivent être distinguées.

a. Première hypothèse : en prenant l'acte, l'autorité administrative n'a poursuivi aucun but d'intérêt général

Elle a obéi à des préoccupations d'ordre privé, par exemple : en poursuivant son intérêt propre (CE 14. 3. 1934 Dlle Rault *Lebon* 337 : un maire interdit à un dancing d'ouvrir en semaine, afin de l'empêcher de concurrencer son débit de boissons); en recherchant l'intérêt d'un tiers (CE 5. 3. 1954 Dlle Soulier *Lebon* 139 : création, par une autorité qui avait apparemment trouvé chaussure à son pied, d'une école de tapis, afin d'en confier la direction à une amie); ou en cherchant à assouvir une vengeance ou une animosité (CE 16. 11. 1900 Maugras *S.* 1901, 57, note Hauriou : un maire révoque un agent de police pour le punir d'avoir dressé procès-verbal à une de ses relations; CE 25. 5. 1998 Féd. française d'haltérophilie *JCP* 1999, n° 10001, note Lapouble : une fédération refuse de sélectionner un athlète pour le punir d'avoir critiqué un de ses dirigeants). En pratique, on constate que le favoritisme et l'animosité sont fréquemment inspirés par un mobile politique (*cf.* par ex. CE 8. 7. 1991 Amato *Lebon* 686, à propos du licenciement d'un agent communal destiné à sanctionner les opinions politiques de celui-ci).

Contrairement à ce qu'on pourrait penser, ce type de détournement de pouvoir est loin d'être mort. La jurisprudence montre en effet que la fin du XXe siècle aura été particulièrement propice au favoritisme. Parmi les cas les plus édifiants, ont notamment été annulés : la nomination d'un fonctionnaire territorial à la suite d'un concours truqué, dont l'organisation avait été dictée par le seul souci de violer la chose jugée par le TA, qui avait déjà annulé sa nomination précédente (CE 27. 4. 1994 CNFPT c. Dame Coppolani *D.* 1995. 309, note Pastorel); et le décret modifiant le statut d'un corps de fonctionnaires de l'État à seule fin d'y permettre la nomination du chef de cabinet d'un ministre (CE 13. 1. 1995 Synd. aut. des inspecteurs gén. de l'adm. *AJDA* 1995. 167).

b. Deuxième hypothèse : en prenant l'acte, l'autorité administrative a poursuivi un but d'intérêt général différent de celui qu'elle aurait dû viser

Cette fois, elle n'a pas obéi à des préoccupations d'ordre privé. Son détournement de pouvoir consiste simplement (si l'on ose dire) à avoir poursuivi un but d'intérêt général qui n'était pas celui prévu par les textes.

L'exemple le plus typique en est fourni par l'arrêt Pariset (CE 26. 11. 1875 Pariset *GAJA*). Dans cette affaire, un préfet avait décidé la fermeture d'une fabrique d'allumettes en utilisant son pouvoir de police administrative spéciale sur les établissements dangereux. Mais en réalité, son but n'était pas d'assurer, comme il le prétendait, l'intérêt général de la sécurité prévu par les textes pour mettre en œuvre ce pouvoir, mais de servir l'intérêt général des finances de l'État : sa décision avait en effet pour but d'éviter à l'État de débourser l'indemnisation consécutive à la nationalisation, par une loi de 1872, des fabriques d'allumettes; fort logiquement, elle fut donc annulée.

Dans la même optique, ont par la suite été annulées : l'interdiction municipale de se déshabiller sur la plage, dont le but n'était pas de préserver la moralité publique, mais de contraindre les baigneurs à louer des cabines afin de procurer des revenus à la commune (CE 4. 7. 1924 Beaugé *Lebon* 641); et la décision d'une commune de modifier le POS à seule fin de diminuer la valeur d'un terrain qu'elle voulait acquérir (CE 12. 1. 1994 Esvan). De même, mais cette fois indépendamment de tout mobile financier, est annulée pour détournement de pouvoir la décision d'un maire d'utiliser ses pouvoirs de police en matière d'édifices menaçant ruine, pour provoquer l'évacuation d'une association avec laquelle la commune était en litige (CE 19. 1. 1979 Ville de Viry-Châtillon *RDP* 1979. 1776).

c. L'avenir du détournement de pouvoir

On dit parfois du détournement de pouvoir qu'il est en voie de marginalisation, voire de disparition. C'est en réalité inexact : il suffit de parcourir la liste des arrêts récents, sus-mentionnés, pour s'en apercevoir. Certes, force est d'admettre qu'il est celui des quatre cas d'ouverture qui est le plus rarement admis par la jurisprudence. Mais ce phénomène s'explique par des causes techniques plus que par une volonté supposée de le marginaliser. Ces causes sont au nombre de quatre.

• *Tout d'abord, en cas de pluralité de buts, il suffit qu'un seul soit légitime pour écarter le détournement de pouvoir.* Il n'en va autrement que si le but illégitime était « déterminant » (CE 13. 1. 1971 Geismar *Lebon* 31 : légalité de la dissolution d'un groupement par le gouvernement, dont le mobile déterminant est de rétablir l'ordre public, nonobstant l'autre mobile qui consiste à assouvir une vive animosité). D'une façon plus générale, on notera au passage que la recherche de l'intérêt général se confond souvent légitimement avec la satisfaction d'un intérêt privé (*cf.* par ex. CE 23. 3. 1992 Martin et Fraboulet *AJDA* 1992, 334, chron. Maugüe et Schwartz, à propos de la création d'Eurodisneyland).

• *En second lieu, le juge préfère constater l'inexistence juridique des « nominations pour ordre »*, en les déclarant « nulles et non avenues », plutôt que de les annuler pour détournement de pouvoir (CE Sect. 30. 6. 1950 Massonaud *Lebon* 400, concl. J. Delvolvé). Tout un pan du contentieux administratif est ainsi soustrait à ce cas d'ouverture (sur le recours en déclaration d'inexistence, *cf. supra*, n° 300).

• *Ensuite, le juge préfère souvent annuler un acte pour « erreur de droit »* (*cf. infra*, n° 321) plutôt que pour détournement de pouvoir. Cela lui permet en effet de remplir son office tout en épargnant à l'administration le caractère infamant que revêt nécessairement une annulation pour détournement de pouvoir. Dans le célèbre arrêt Barel, par exemple, le Conseil d'État annule les refus d'admettre à concourir des candidats à l'ENA parce qu'ils « reposent sur un motif entaché d'erreur de droit », le PGD d'égalité d'accès aux emplois publics ne permettant pas d'écarter un candidat « en se fondant exclusivement sur ses opinions politiques » (CE Ass. 28. 5. 1954 Barel *GAJA*); grâce à ce subterfuge, il passe ainsi sous silence le détournement de pouvoir commis dans cette affaire, l'auteur des refus ayant obéi à un pur mobile politique, exclusif de toute préoccupation d'intérêt général, en ayant donné libre cours à son hostilité envers les candidats partageant des opinions communistes. Ici, l'erreur de droit est en somme un voile décent et aseptisé dont le juge couvre pudiquement le visage effrayant du détournement de pouvoir.

• *La preuve du détournement de pouvoir est enfin difficile à apporter*, dans la mesure où ce que le requérant doit prouver est l'intention psychologique de l'auteur de l'acte. Aussi, il arrive malheureusement souvent que le juge ne puisse sanctionner un détournement de pouvoir, faute de preuve. La jurisprudence facilite toutefois la tâche du requérant autant qu'elle le peut. Le temps n'est plus, en effet, où elle exigeait une « preuve » au sens strict, par exemple une lettre d'aveu émanant de l'auteur de l'acte, comme dans l'affaire Maugras (préc.). Depuis 1926, elle se contente de simples « présomptions » (CE 18. 6. 1926 Rodière *Lebon* 624; CE 7.2.2001 Adam *RFDA* 2001, 531) : c'est ainsi qu'un détournement de pouvoir est decelé dans la nomination d'un magistrat à la présidence d'une cour d'appel, à partir de la seule constatation que cette cour d'appel, qui n'a jamais fonctionné, n'a manifestement été créée qu'en vue de permettre la promotion dudit magistrat (CE 25. 7. 1952 Sammacerli et Ollier *Lebon* 333). Et depuis 1957, elle va même encore plus loin en acceptant que la preuve d'un détournement de pouvoir puisse résulter de simples allégations du requérant non contredites par l'administration (CE 23. 10. 1957 Chailloux *Lebon* 548) : un licenciement a par exemple été jugé entaché de détournement de pouvoir, tout simplement parce que l'administration n'avait pas contredit les allégations du requérant, selon lesquelles le véritable motif de son licenciement aurait été la volonté de punir son activité syndicale (CE 26. 10. 1960 Rioux *Lebon* 558, concl. Chardeau). Mais on ne saurait guère aller plus loin sans renverser la charge de la preuve.

Malgré ces obstacles, le détournement de pouvoir n'est pas voué à la disparition. Car, comme le soulignent Long, Weil et Braibant, « la censure du détournement de pouvoir reste l'arme ultime du juge administratif lorsqu'il veut sanctionner des attitudes particulièrement scandaleuses de l'administration et qu'il n'existe pas d'autre titre de sanction » (*GAJA*, note sous l'arrêt Pariset).

2. Le « détournement de procédure »

319 Ce que la jurisprudence appelle le détournement de procédure est une forme particulière de détournement de pouvoir, qui consiste à utiliser une procédure administrative dans un but autre que celui pour lequel elle a été instituée. Repéré dès le début du XXe siècle par Hauriou, il trouve sa manifestation la plus célèbre dans une affaire de 1960, dans laquelle un préfet, qui souhaitait empêcher un journal de nuire à l'ordre public, en avait saisi tous les exemplaires dans son département en utilisant la procédure de saisie judiciaire, normalement destinée à constater des infractions contre la sûreté de l'État, au lieu de ses pouvoirs de police administrative (CE Ass. 24. 6. 1960 Soc. Frampar *GAJA*). Un autre exemple, hélas banal, de détournement de procédure consiste à utiliser la procédure du licenciement pour insuffisance professionnelle à l'égard d'un fonctionnaire malade, au lieu d'emprunter la procédure de mise en congé de longue durée (CE Sect. 25. 2. 1972 Farrugia *Lebon* 167).

B. La violation de la loi

320 La « violation de la loi » est le dernier né des cas d'ouverture. c'est ce qui explique sa dénomination vague, « attrape-tout » : par « violation de la loi », on entend en effet désigner toute illégalité qui ne s'analyse pas en une incompétence, en un vice de forme, ou en un détournement de pouvoir. Mais c'est ce qui explique aussi sa richesse, car elle englobe une grande diversité d'illégalités, qu'on peut regrouper sous les bannières de « l'erreur de droit » (**1**) et de « l'erreur de fait » (**2**). Et selon que le juge refuse ou accepte de contrôler telle ou telle de ses composantes, on aura affaire à un contrôle minimum, normal, ou maximum (**3**).

1. L'erreur de droit

321 Au sens large, « l'erreur de droit » regroupe l'illégalité relative à l'objet de l'acte (**a**) et l'erreur dans les motifs de droit (**b**).

a. L'illégalité relative à l'objet de l'acte

Elle correspond à ce que les tables du *Recueil Lebon* appellent la « violation directe des règles de droit ». On la rencontre lorsque le dispositif de l'acte attaqué porte atteinte à la hiérarchie des normes. C'est dire à quel point elle est courante, et facile à repérer. Tout acte administratif dont le contenu est incompatible avec une norme qui lui est supérieure en donne une illustration. Ainsi, constituent des exemples de violation directe des règles de droit les violations d'une disposition à valeur constitutionnelle (sauf écran législatif, *cf.* chap. 1, n° 26), d'un traité, d'une loi (*cf.* par ex. CE Ass. 6. 12. 1996 Soc. Lambda *GAJA*, à propos de la violation par un décret de l'art. L. 432-13 du Code pénal), d'un PGD, d'une décision juridictionnelle, d'une règle jurisprudentielle, ou d'un acte administratif unilatéral (*cf.* par ex. TA Nice 26. 6. 2003 Préfet des Alpes-Maritimes *AJDA* 2004. 939, note Chauvin, à propos de la violation par un arrêté municipal de l'art. R. 111-2 du C. urb.).

b. L'erreur dans les motifs de droit (ou « erreur de droit » au sens restreint)

Elle est réalisée quand l'autorité administrative fonde son acte sur des règles juridiques qu'elle a mal interprétées (**1**) ou qui sont inapplicables (**2**). Cette fois, ce n'est donc pas le contenu, le dispositif de l'acte qui pose problème, mais ses motifs de droit.

1) La mauvaise interprétation des règles de droit

322 Dans cette première hypothèse, l'autorité administrative a fondé son acte sur une règle juridique applicable, mais elle s'est trompée sur ce que celle-ci permettait ou imposait de faire. C'est ainsi qu'elle a pensé à tort : que le principe d'égalité d'accès aux emplois publics permettait de traiter différemment les candidats à un concours en fonction de leurs opinions politiques (CE Ass. 28. 5. 1954 Barel *GAJA*, analysé *supra*, n° 318); que les textes régissant les universités permettaient de subordonner l'inscription en premier ou en second cycle des étudiants à leur réussite à des épreuves de sélection (CE 27. 7. 1990 Université de Paris-Dauphine *Lebon* 238, et CE 27. 6. 1994 Université Claude Bernard *Lebon* 337); ou, s'agissant du Conseil supérieur de l'audiovisuel, que la Constitution lui imposait d'exclure « toute forme de prise en compte » des interventions du président de la République dans l'appréciation du respect du pluralisme politique par les médias audiovisuels (CE Ass. 8. 4. 2009 Hollande et Mathus *AJDA* 2009. 1096, chron. Liéber et Botteghi).

2) Le défaut de base légale

323 Dans cette seconde hypothèse, l'autorité administrative a fondé son acte sur une règle juridique inapplicable. La règle juridique (généralement un texte) peut être inapplicable pour quatre raisons : parce qu'elle n'est pas encore en vigueur (CE Ass. 2. 2. 1987 Soc. TV6 *AJDA* 1987. 314, chron. Azibert et de Boisdeffre : projet de loi dont l'aboutissement est incertain à la date de l'acte); parce qu'elle n'est plus en vigueur; parce qu'elle n'existe pas (CE 19. 1. 1994 Dame Obrégo *Lebon* 24 : inexistence de la disposition statutaire subordonnant la promotion des magistrats à une condition de mobilité, sur laquelle un refus de promotion était fondé); ou parce qu'elle est illégale (CE 25. 4. 1979 Ciaudo *RDP* 1980. 1595 : acte fondé sur une circulaire ministérielle entachée d'incompétence).

Ainsi défini, le défaut de base légale recoupe parfois, notamment dans ses deux premières branches, le moyen d'ordre public qualifié de « méconnaissance du champ d'application de la loi », que le juge soulève d'office (*cf.* par ex. CE Sect. 15. 7. 1964 Soc. Papeteries Metenett *RDP* 1965. 91, concl. Bernard, à propos de l'application de dispositions ayant cessé d'être en vigueur). Mais la « méconnaissance du champ d'application de la loi » regroupe deux hypothèses distinctes, selon qu'elle intervient dans le temps ou dans l'espace; or, seule la première recoupe le défaut de base légale (*cf.* arrêt préc. de 1964); la seconde est plus spécifique, et vise le cas où une règle juridique applicable est invoquée pour fonder un acte dont l'objet ou le destinataire est en réalité en dehors de son champ d'application (CE 29. 10. 1980 Sassi *Lebon* 845 : arrêté d'expulsion pris à l'encontre d'un Français, alors que l'ordonnance de 1945 qui lui sert de fondement n'est applicable qu'aux étrangers).

On notera enfin qu'un acte entaché de défaut de base légale n'est pas forcément annulé. Le juge peut en effet le régulariser en le rattachant à un autre fondement légal, s'il en existe un; on dit alors qu'il procède à une « substitution de base légale » (*cf.* par ex. CE Ass. 8. 4. 1987 Procopio *AJDA* 1987. 472, concl. Schrameck : substitution de la convention européenne d'extradition à la convention franco-italienne d'extradition, devenue caduque, pour régulariser un décret d'extradition).

2. L'erreur de fait

324 L'erreur de fait regroupe l'erreur dans les motifs de fait (**a**) et la disproportion de l'objet de l'acte par rapport à ses motifs de fait (**b**).

a. L'erreur dans les motifs de fait

Elle peut consister en l'inexactitude matérielle des motifs de fait (**1**), en l'erreur dans la qualification juridique des motifs de fait (**2**), et en l'erreur manifeste d'appréciation de premier type (**3**).

1) L'inexactitude matérielle des motifs de fait

On la rencontre lorsque l'autorité administrative fonde son acte sur des faits qui ne se sont pas réellement produits. Sont par exemple entachés d'inexactitude matérielle des motifs de fait : la révocation d'un maire, décidée pour le punir d'avoir fait passer un cercueil par une brèche du mur d'enceinte d'un cimetière, alors qu'après vérification du juge il s'avère qu'il l'avait fait passer par le portail (CE 14. 1. 1916 Camino *GAJA* : arrêt fondateur); la mise en congé d'un préfet décidée « sur sa demande », alors qu'il n'avait rien demandé du tout (CE 20. 1. 1922 Trépont *RDP* 1922. 81, concl. Rivet, note Jèze); et l'expulsion d'un étranger fondée sur les violences qu'il aurait commises, et dont aucun élément du dossier ne confirme la réalité (CE 4. 2. 1981 Konaté *D.* 1981. 353, note Pacteau).

2) L'erreur dans la qualification juridique des motifs de fait

325 Elle consiste à penser à tort qu'une situation de fait mérite le label créé par une règle juridique. Dans le célèbre arrêt Gomel, qui consacre son contrôle par le juge, une loi de 1911 permettait par exemple aux préfets de refuser les permis de construire lorsque les constructions projetées portaient atteinte à une « perspective monumentale ». Le préfet de la Seine avait donc invoqué ce texte pour refuser le permis de construire un bâtiment sur la

place Beauvau. Pour apprécier la légalité de son refus, le Conseil d'État entreprit alors de vérifier si la place Beauvau méritait réellement d'être qualifiée (ou, si l'on préfère, de recevoir le label) de « perspective monumentale » au sens de la loi de 1911 : la réponse étant négative, il annula le refus pour erreur dans la qualification juridique de ses motifs de fait (CE 4. 4. 1914 Gomel *GAJA*).

Le contrôle de l'erreur dans la qualification juridique des motifs de fait amène ainsi le juge à substituer sa propre appréciation subjective du caractère « labélisable » de la situation de fait à celle de l'auteur de l'acte. Lorsqu'il est exercé, il place donc en principe l'administration dans une situation de compétence liée. Concrètement, l'utilisation dans un arrêt de l'expression « de nature à » est généralement révélatrice de la mise en œuvre de ce contrôle.

Constituent des exemples de qualification juridique, déterminée par l'administration et contrôlée par le juge, les problèmes de savoir : si une réunion est « de nature à troubler l'ordre public » au sens défini par l'article 97 de la loi du 5 avril 1884 (aujourd'hui article L. 2212-2 du CGCT) (CE 19. 5. 1933 Benjamin *GAJA*, dont l'analyse est complétée *infra*, n° 327); si un fait reproché à un agent public est de nature à constituer une faute disciplinaire (CE Ass. 13. 3. 1953 Teissier *GAJA*); et si un film doit être considéré comme « pornographique » au sens de la loi du 30 décembre 1975 (CE 14. 6. 2002 Assoc. Promouvoir *RFDA* 2002. 859).

3) Le premier type d'erreur manifeste d'appréciation

326 Nonobstant quelques arrêts précurseurs, il n'a été pleinement repéré par la jurisprudence qu'en 1961 (CE Sect. 15. 2. 1961 Lagrange *AJDA* 1961. 200, chron. Galabert et Gentot). Il s'agit en réalité de l'erreur manifeste dans la qualification juridique des motifs de fait. Le juge la contrôle dans les cas où il estime nécessaire ou souhaitable de laisser à l'auteur de l'acte un pouvoir discrétionnaire. Contrairement à la jurisprudence Gomel, qui sanctionne comme on l'a vu toute erreur de qualification juridique commise par l'administration, même la plus légère, la jurisprudence Lagrange n'annule en effet que les actes entachés d'une erreur de qualification « manifeste », c'est-à-dire si déraisonnable que la conscience collective des Français, dont les juges sont une émanation, ne saurait l'admettre. Est par exemple annulée, pour erreur manifeste d'appréciation, la nomination au tour extérieur d'un capitaine de la marine marchande dans le corps de l'inspection générale des bibliothèques; car cet estimable marin n'a manifestement pas les « capacités » requises par l'article 6 de la Déclaration de 1789 pour inspecter les bibliothèques (CE Ass. 16. 12. 1988 Bléton *RFDA* 1989. 522, concl. Vigouroux, notes Baldous, Négrin et Dietsch).

En revanche, la jurisprudence Lagrange fait grâce à l'administration de ses erreurs bénignes, non manifestes, parce qu'elles sont au fond moins de véritables erreurs que de simples appréciations contestables, consubstantielles à l'exercice de tout pouvoir discrétionnaire digne de ce nom. Ainsi, ne sont pas entachés d'erreur manifeste d'appréciation, si contestables qu'ils puissent être : la décision estimant qu'un emploi de cantonnier est « équivalent » à un emploi de garde-champêtre (CE Sect. 15. 2. 1961 Lagrange, préc.); le refus du ministre de la Justice d'autoriser un changement de nom, malgré les « motifs d'ordre personnel » invoqués par le demandeur (CE 10. 12. 1993 Raimbaud *RFDA* 1994. 203); et le refus d'une commission d'avancement de donner son accord à la nomination d'une greffière en chef au grade de magistrat (CE Sect. 30. 12. 2003 Mme M. *AJDA* 2004. 206, chron. Donnat et Casas).

Le contrôle de ce premier type d'erreur manifeste d'appréciation a marqué un progrès considérable dans l'édification de l'État de droit, car il permet d'empêcher le pouvoir discrétionnaire de l'administration de verser dans l'arbitraire, sans pour autant le transformer en compétence liée.

b. La disproportion de l'objet de l'acte par rapport à ses motifs de fait

Elle est repérée grâce au contrôle de proportionnalité que le juge accepte d'opérer depuis 1933. Selon les cas, le juge exerce un contrôle de proportionnalité intégral (**1**), un contrôle de proportionnalité partiel (**2**), ou, à mi-chemin de ces deux possibilités, un contrôle du « bilan coût-avantages » (**3**).

1) Le contrôle de proportionnalité intégral

327 Inauguré par le célèbre arrêt Benjamin, de 1933, il consiste à vérifier si les actes de police administrative générale qui portent

atteinte à une liberté publique sont strictement proportionnés à la gravité du trouble à l'ordre public que leurs auteurs cherchent à prévenir. C'est donc un contrôle extrêmement rigoureux, puisqu'il sanctionne toute disproportion, même la plus légère, par l'annulation de l'acte attaqué. C'est pourquoi on le qualifie de « contrôle maximum » : on veut en effet signifier par cette expression qu'il place l'autorité de police administrative générale dans une situation de compétence étroitement liée, ou « ligotée ».

Dans l'affaire Benjamin, par exemple, le Conseil d'État reconnaît que la réunion envisagée par M. Benjamin était « de nature à troubler l'ordre public »; mais il annule quand même, en raison de son caractère disproportionné, l'arrêté municipal qui l'avait interdite, dans la mesure où le maire disposait d'une autre solution, plus respectueuse de la liberté de réunion, pour faire face au risque de trouble de l'ordre public : elle consistait à faire surveiller la réunion par les forces de police disponibles (CE 19. 5. 1933 Benjamin *GAJA*). Dans le même ordre d'idées, le juge a annulé par la suite, en raison de leur caractère disproportionné par rapport au degré de gravité des troubles à éviter : l'interdiction d'un bal public, décidée pour assurer la tranquillité du voisinage (CE 26. 6. 1987 Guyot *AJDA* 1987. 689, note Prétot); et l'interdiction faite à certains riverains d'une voie piétonne d'y circuler en voiture (CE 3. 6. 1994 Commune de Coulommiers *Lebon* 287).

Initialement cantonné aux mesures de police administrative générale, le contrôle de proportionnalité intégral a ensuite été exercé sur d'autres actes, notamment : sur les règlements intérieurs des entreprises qui, d'après le Code du travail, ne doivent pas apporter « aux libertés individuelles et collectives des restrictions qui ne seraient pas... proportionnées au but recherché » (CE 12. 6. 1987 Soc. Gantois *AJDA* 1987. 462, chron. Azibert et de Boisdeffre); et sur certaines mesures de police administrative spéciale, comme par exemple les autorisations préfectorales de sports nautiques sur les retenues d'eau douce (CE 19. 2. 1988 Assoc. des riverains et plaisanciers du Cingle de Trémolat *AJDA* 1988. 418, note Moreau : en l'espèce, annulation de l'autorisation en raison de sa « durée excessive », ne prenant pas suffisamment en compte la tranquillité du voisinage et le droit des usagers du plan d'eau d'y faire autre chose que du ski nautique), ou comme les décisions d'expulsion ou de reconduite à la frontière, auxquelles l'article 8 de la CEDH interdit de porter une « atteinte disproportionnée », par rapport aux motifs qui les fondent, au droit à une vie familiale normale des étrangers concernés (selon l'expression utilisée par CE Ass. 19. 4. 1991 Belgacem et Babas *AJDA* 1991. 551, note Julien-Laferrière).

2) Le contrôle de proportionnalité partiel

328 Plus léger que le précédent, il vise uniquement à censurer les « erreurs manifestes d'appréciation » de deuxième type, qui s'analysent en réalité comme des erreurs manifestes de proportion, ou si l'on préfère comme des disproportions manifestes. Contrairement au contrôle inauguré par la jurisprudence Benjamin, qui « ligote » l'administration, il respecte donc le pouvoir discrétionnaire, et s'inscrit comme son homologue, le contrôle de l'erreur manifeste d'appréciation de premier type, dans le cadre du contrôle minimum. Comme la jurisprudence Lagrange, la jurisprudence Lebon, qui l'incarne, fait en effet grâce à l'administration de ses erreurs bénignes, non manifestes, parce qu'elles sont au fond moins de véritables erreurs que de simples appréciations contestables, consubstantielles à l'exercice de tout pouvoir discrétionnaire digne de ce nom. La seule différence, par rapport à sa sœur jumelle, tient à son domaine d'intervention, qui ne porte pas sur la qualification juridique des motifs de fait mais sur la proportionnalité de l'objet de l'acte par rapport à ses motifs de fait.

Inauguré en 1974, le contrôle de proportionnalité partiel a connu un développement rapide. Il a notamment permis de censurer les disproportions manifestes : entre le nombre de sièges accordé à un syndicat au sein d'un comité technique paritaire, et la représentativité de ce syndicat (CE Sect. 15. 2. 1974 Féd. nat. des synd. de fonctionnaires de l'agriculture CFDT *Lebon* 113 : arrêt fondateur, dépassé sur le fond car les CTP sont aujourd'hui composés d'élus); entre le nombre d'emplois affectés à une université et les besoins de celle-ci (CE Sect. 30. 3. 1979 Université de Paris X *Lebon* 144); entre la note chiffrée attribuée à un fonctionnaire et l'appréciation littérale qui l'accompagne (CE Sect. 26. 10. 1979 Leca *AJDA* 1979, n° 12, p. 44, concl. Massot); et entre la sanction infligée à un fonctionnaire et la faute disciplinaire qui la motive (CE Sect. 9. 6. 1978 Lebon *AJDA* 1978. 573, concl. Genevois).

Ce dernier exemple est particulièrement important, car il donne lieu à une jurisprudence abondante. Depuis l'arrêt Lebon, les sanctions disciplinaires sont en effet annulées lorsque leur sévérité est manifestement disproportionnée par rapport au faible degré de gravité des fautes commises par les fonctionnaires concernés. Ainsi, sont annulées, en raison de leur sévérité déraisonnable, les révocations motivées par une simple « négligence » (CE 26. 7. 1978 Vinolay *JCP* 1980, n° 19265, note Thouroude), par une insulte proférée en privé (CE 10. 11. 1982 Rigaud *RDP* 1983. 1116), ou par un manquement à l'obligation de réserve formulé « en termes mesurés » (CE 12. 1. 2011 Matelly *AJDA* 2011. 623, note Aubin). En revanche, ne sont pas annulées les sanctions qui, quoique sévères et parfois contestables, ne paraissent pas déraisonnables pour autant, comme par exemple : la mise à la retraite d'office d'un instituteur s'étant livré à des attouchements sur ses élèves (CE Sect. 9. 6. 1978 Lebon, préc.); la révocation motivée par une insulte proférée en public et ayant jeté un grave discrédit sur le service (CE 4. 12. 1981 Office national de la chasse *Lebon* 462); la révocation d'un gardien de la paix pour un vol commis dans un supermarché (CE 27. 9. 1991 Félix *AJDA* 1992. 529, note Lorthe); la mise à la retraite d'office d'un magistrat du parquet motivée par la publication d'un mauvais jeu de mots à caractère antisémite (CE 18. 10. 2000 Terrail *AJDA* 2001. 288, note Rouault); ou la revocation d'un commissaire de police ayant pris part à une rixe en état d'ivresse (CE Sect. 1er. 2. 2006 Touzard *RFDA* 2006. 427).

Plus nettement encore que la jurisprudence Lagrange, la jurisprudence Lebon manifeste donc la prégnance de ce que Chaïm Perelman nomme « l'idée du déraisonnable », c'est-à-dire l'idée, que ce philosophe du droit place à juste titre « au-delà du positivisme juridique », selon laquelle il faut censurer toute appréciation ressentie comme inacceptable par la conscience collective, le déraisonnable constituant ainsi, conformément aux vues du positivisme sociologique, « une borne à tout formalisme en matière de droit » (*Le raisonnable et le déraisonnable en Droit. Au-delà du positivisme juridique*, LGDJ, 1984, p. 19).

3) Le contrôle du bilan coût-avantages

329 Apparu en 1971, il consiste à comparer les avantages et les inconvénients (dont le « coût ») d'une opération induite par un acte administratif unilatéral. Il est donc plus poussé que le contrôle de l'erreur manifeste d'appréciation, car il débouche sur l'annulation de l'acte dès lors que celui-ci présente plus d'inconvénients que d'avantages, même si la négativité de ce « bilan » n'est pas manifeste. Mais il est moins poussé que le contrôle de proportionnalité intégral de la jurisprudence Benjamin, car il reconnaît la légalité de l'acte lorsque celui-ci présente simplement plus d'avantages que d'inconvénients, sans rechercher si un autre acte, mieux proportionné aux motifs de fait, aurait été possible. En matière d'expropriation, qui est son domaine d'intervention privilégié, il reconnaît par exemple la légalité d'une déclaration d'utilité publique lorsque les avantages de l'opération projetée (l'intérêt général de la circulation dans le cas de la construction d'une autoroute) sont supérieurs à ses inconvénients (coût de la construction, destruction d'immeubles à usage d'habitation, etc.), sans rechercher si un autre projet (un autre tracé d'autoroute), présentant moins d'inconvénients (par exemple moins de destruction d'immeubles) pour des avantages comparables, était possible. En réalité, le contrôle du bilan coût-avantages est un type particulier de contrôle de proportionnalité partiel, dont la vocation est d'affiner le contrôle de la qualification juridique des motifs de fait, autrement dit le contrôle « normal », dans certains domaines sensibles.

Initialement, le contrôle du bilan coût-avantages a été expérimenté sur les déclarations d'utilité publique (arrêt fondateur : CE Ass. 28. 5. 1971 Ville nouvelle Est *GAJA*). Mais il s'est également appliqué ensuite à d'autres actes, notamment : aux dérogations aux règles d'urbanisme (CE Ass. 19. 7. 1973 Ville de Limoges *AJDA* 1973. 480, chron. Cabanes et Léger); aux refus d'autorisation de licenciement des salariés protégés (CE Ass. 5. 5. 1976 SAFER d'Auvergne c. Bernette *GAJA*); et aux « projets d'intérêt général » au sens de l'article R. 121-3 du Code de l'urbanisme

(CE 23. 3. 1992 Martin et Fraboulet *AJDA* 1992. 334, chron. Maugüe et Schwartz, à propos de la création d'Eurodisneyland).

Pourtant, malgré son succès apparent ce nouveau type de contrôle a déçu. Parce qu'il porte souvent sur des domaines politiquement sensibles, les juges ne l'exercent en effet qu'avec une grande timidité. En matière d'expropriation, par exemple, ils n'annulent les déclarations d'utilité publique que lorsqu'elles concernent des projets de faible importance (*cf.* par ex. CE 27. 7. 1979 D[lle] Drexel-Dahlgren *AJDA* 1980. 97, note J. L., à propos de l'acquisition d'un hôtel particulier) ou de moyenne importance (CE 22. 10. 2003 SOS rivières et environnement *AJDA* 2004. 1193, note Hostiou : barrage départemental; CE 10. 7. 2006 Assoc. pour la protection du lac de Sainte-Croix *AJDA* 2006. 1413, obs. de Montecler : ligne à très haute tension dans les gorges du Verdon). En revanche, ils n'annulent jamais celles qui se rapportent à de grands travaux d'importance nationale, comme par exemple à la création d'une autoroute (CE Ass. 22. 2. 1974 Adam *RDP* 1975. 486, concl. Gentot), d'un camp militaire (CE Ass. 5. 3. 1976 Tarlier *JCP* 1977, n° 18650, note Truchet, à propos du camp du Larzac), d'une centrale nucléaire (CE 4. 5. 1979 Département de la Savoie *AJDA* 1979, n° 12, p. 38, à propos de la centrale de Creys-Malville) ou d'une ligne de TGV (CE 23. 1. 1985 Comité opposé à toutes les lignes de TGV *Lebon* 16, à propos du TGV Atlantique). Certes, un arrêt d'assemblée de 1997 a annulé pour la première fois une déclaration d'utilité publique portant sur un projet d'autoroute; mais il ne s'inscrivait pas dans le cadre du contrôle du bilan coût-avantages, mais dans le cadre d'une jurisprudence plus classique qui annule les projets ne présentant aucun avantage (CE Ass. 28. 3. 1997 Assoc. c. le projet d'autoroute transchablaisienne *RFDA* 1997. 740 note éclairante Rouvillois).

Le contrôle du bilan coût-avantages apparaît finalement assez factice. C'est un épouvantail qu'on agite à grands cris pour chasser les moineaux, et qu'on tient prudemment au repos, au mépris des exigences de l'État de droit, quand plane l'ombre de la politique gouvernementale.

3. Contrôles minimum, normal, maximum

330 Les développements qui précèdent permettent de comprendre les trois degrés du contrôle juridictionnel, dont la différenciation naît de l'étendue du contrôle exercé sur la « violation de la loi », et plus particulièrement, à l'intérieur de ce cas d'ouverture, sur l'erreur de fait.

Cinq éléments sont en principe toujours contrôlés par le juge de l'excès de pouvoir, quel que soit le type de contrôle– minimum (**a**), normal (**b**) ou maximum (**c**)– qu'il exerce. Il s'agit de l'incompétence, du vice de forme et de procédure, du détournement de pouvoir, de l'erreur de droit et de l'inexactitude matérielle des motifs de fait. Ces cinq éléments forment en quelque sorte la ligne de flottaison du contrôle de l'excès de pouvoir, en deçà de laquelle l'acte attaqué risquerait de sombrer impunément dans l'arbitraire.

a. Le contrôle minimum

331 Le juge se borne à exercer un « contrôle minimum » lorsqu'il se trouve face à un pouvoir discrétionnaire de l'administration dont le respect lui est imposé par les textes, ou qu'il veut spontanément ménager. Il contrôle alors en principe six éléments : les cinq précités, plus l'erreur manifeste d'appréciation (des deux types). Dans certains cas, toutefois, il ne contrôle que les cinq premiers éléments, à l'exclusion de l'erreur manifeste d'appréciation; c'est notamment le cas vis-à-vis : des appréciations portées par les jurys d'examens ou de concours sur la valeur des copies des candidats (CE 20. 3. 1987 Gambus *AJDA* 1987. 550, note Prétot); des choix gouvernementaux relatifs à l'aménagement du territoire (CE 3. 12. 1990 Ville d'Amiens *Lebon* 344, à propos du choix du tracé d'une voie ferrée); des choix de l'administration entre les divers modes de gestion des services publics (CE 28. 6. 1989 Synd. du personnel des ind. électriques et gazières du centre de Grenoble CFDT *RFDA* 1989. 929, concl. Guillaume, note Lachaume, à propos de la substitution d'une société d'économie mixte à une régie); et des appréciations du chef de l'État en matière d'amnistie individuelle ou d'octroi de décoration (CE 31. 1. 1986 Legrand, et CE 10. 12. 1986 Loredon *AJDA* 1987. 91, chron. Azibert et de Boisdeffre). Pour justifier ces exceptions, on invoque tantôt le carac-

tère « technique » de certaines appréciations, tantôt leur caractère « régalien » ou « de pure opportunité ». Mais aucune de ces raisons n'est en réalité convaincante, car le contrôle de l'erreur manifeste d'appréciation a justement été conçu pour s'appliquer à ce genre d'appréciations. Cette étrange autolimitation du juge doit donc être condamnée avec fermeté.

b. Le contrôle normal

332 Le juge exerce un « contrôle normal » lorsque les décisions de l'administration dont il a à connaître sont prises dans le cadre d'une compétence liée par les textes ou par lui-même. Il contrôle alors six éléments : les cinq précités, plus l'erreur dans la qualification juridique des motifs de fait. Parfois, le contrôle de l'erreur dans la qualification juridique des motifs de fait intègre le contrôle de proportionnalité partiel qu'est le contrôle du bilan coût-avantages : le juge met alors en balance les avantages et les inconvénients de l'acte attaqué pour déterminer si celui-ci mérite bien le label créé par la règle juridique de référence, par exemple si une DUP mérite bien d'être qualifiée d'« utilité publique » au sens du Code de l'expropriation. Trois remarques doivent être faites pour compléter cette analyse du contrôle normal.

Il faut d'abord souligner que le contrôle normal peut coexister avec le contrôle minimum. C'est le cas lorsqu'une même opération administrative se décompose en deux appréciations distinctes effectuées par l'administration, dont l'une est discrétionnaire et l'autre pas. La poursuite disciplinaire diligentée contre un fonctionnaire suppose par exemple deux appréciations, l'une sur l'existence d'une faute, l'autre sur le choix de la sanction. Le juge exerce un contrôle normal sur la première, en recherchant si le fait reproché au fonctionnaire mérite ou non d'être qualifié de faute disciplinaire au sens du droit de la fonction publique (CE Ass. 13. 3. 1953 Teissier *GAJA*), et un contrôle minimum sur la seconde, en examinant si la sanction choisie est manifestement disproportionnée par rapport à la faute (CE Sect. 9. 6. 1978 Lebon, préc.).

On doit ensuite signaler qu'il arrive au contrôle juridictionnel d'être dissymétrique, selon que l'acte attaqué est un refus ou une acceptation. En matière de permis de construire, par exemple, le refus de l'accorder fait l'objet d'un contrôle normal (CE 4. 4. 1914 Gomel *GAJA*), alors que la décision de l'accorder n'est soumise qu'à un contrôle minimum (CE Ass. 29. 3. 1968 Soc. du lotissement de la plage de Pampelonne *AJDA* 1968. 335, Massot et Dewost). Cette curiosité s'explique par le fait que le permis de construire ne peut être refusé que pour les motifs énumérés par les textes, alors que sa délivrance peut être accordée même si l'un des motifs de refus est invocable.

Il faut enfin prendre conscience que le contrôle juridictionnel évolue. On peut ainsi noter que, dans plusieurs domaines, le juge est passé du contrôle minimum à un contrôle normal. C'est notamment le cas en matière de refus d'admettre à concourir (CE 18. 3. 1983 Mulsant, et CE Sect. 10. 6. 1983 Raoult *RDP* 1983. 1404, note J. Waline, renversant CE Ass. 28. 5. 1954 Barel *GAJA*), en matière d'équivalence d'emplois (CE 29. 4. 1994 Cougrand *DA* 1994, n° 382, renversant CE Sect. 15. 2. 1961 Lagrange, préc.), et en ce qui concerne les sanctions de révocation infligées aux maires (CE 2. 3. 2010 Dalongeville *AJDA* 2010. 664, chron. Liéber et Botteghi, renversant CE Ass. 27. 2. 1981 Wahnapo *Lebon* 111).

c. Le contrôle maximum

333 Le juge exerce un « contrôle maximum » lorsque les décisions de l'administration dont il a à connaître lui paraissent si menaçantes pour l'exercice d'une liberté publique, qu'il estime nécessaire de les placer dans le cadre d'une compétence ligotée. Il contrôle alors six éléments : les cinq précités, plus la moindre disproportion de l'objet de l'acte par rapport à ses motifs de fait (*cf. supra*, n° 327).

Le contrôle maximum coexiste presque toujours avec le contrôle normal, du moins lorsqu'il porte sur la police administrative générale. La jurisprudence Benjamin oblige en effet le juge à rechercher d'abord si un agissement est « de nature à troubler l'ordre public », avant d'examiner si la mesure prise par l'administration pour y faire face est strictement proportionnée au trouble en question (CE 19. 5. 1933 Benjamin *GAJA*).

Mais il coexiste parfois aussi avec le contrôle minimum. Dans l'affaire Babas, par exemple, le juge opère un contrôle de proportionnalité intégral sur l'atteinte portée par une mesure de reconduite à la frontière au droit de l'étrangère concernée de mener une vie familiale normale; en revanche, il exerce un simple contrôle de l'erreur manifeste d'appréciation sur l'atteinte portée par cette même mesure à la santé de l'intéressée, qui invoquait (en vain) son état de grossesse pour rester en France (CE Ass. 19. 4. 1991 Babas *AJDA* 1991, 551, note Julien-Laferrière).

CHAPITRE 12

La procédure administrative contentieuse

334 La « procédure administrative contentieuse » est l'ensemble des règles de procédure qui régissent la marche du procès administratif. Après avoir examiné la procédure normale (SECTION 2) et les procédures d'urgence (SECTION 3), on étudiera les voies de recours (SECTION 4) et l'exécution des décisions de justice (SECTION 5). Mais avant toute chose, il convient de se pencher sur la prévention du contentieux (SECTION 1).

SECTION 1

LA PRÉVENTION DU CONTENTIEUX

A. Présentation générale

335 Il existe plusieurs moyens d'assurer la prévention du contentieux. L'obligation de susciter une « décision préalable » (*cf. infra*, n° 338) est le plus classique; mais le dialogue qu'elle tente de faire naître entre l'administration et l'administré mécontent s'avère rarement fructueux, et ne permet généralement pas de faire l'économie du recours au juge. La même remarque s'applique aux

recours facultatifs que l'administré peut adresser à l'auteur de l'acte contesté (« recours gracieux ») ou à son supérieur hiérarchique (« recours hiérarchique »), qui n'accouchent souvent que d'un dialogue de sourds.

En droit administratif français, la prévention du contentieux marche donc mal. Des efforts récents tendent pourtant à la revitaliser. Un décret du 25 février 1991, remplacé aujourd'hui par un décret du 8 décembre 2010, crée par exemple un comité consultatif national et des comités consultatifs régionaux, spécialisés dans le règlement amiable des marchés publics; saisis facultativement par l'une des parties concernées en cas de litige, ces organismes ont pour mission de rechercher « des éléments de droit ou de fait en vue d'une solution amiable et équitable »; bien entendu, leur saisine suspend le délai du recours contentieux (C. marchés, art. 127).

La loi du 4 mars 2002, relative aux droits des malades, a quant à elle créé des « commissions régionales de conciliation et d'indemnisation des accidents médicaux » (CRCI), dont le bilan semble encourageant (*cf.* l'étude de L. Helmlinger *AJDA* 2005, 1875) bien que leur saisine soit facultative. Leur rôle consiste en effet à émettre des avis sur les causes, l'étendue et l'indemnisation des dommages subis (art. L. 1142-8 CSP), à la suite desquels les assureurs des personnes désignées responsables doivent, sous peine d'encourir des pénalités civiles, adresser une offre d'indemnisation aux victimes (art. L. 1142-14).

De son côté, la loi du 31 décembre 1987 annonce la généralisation (non encore mise en œuvre) d'une « procédure préalable, soit de recours administratif, soit de conciliation », devant obligatoirement être utilisée avant tout recours contentieux dans deux domaines : en matière de litiges contractuels concernant les personnes publiques, et en matière de responsabilité extracontractuelle de l'administration. Mais dans une étude publiée en 1993, et intitulée « régler autrement les conflits », le Conseil d'État se montre défavorable à cette généralisation de l'obligation d'une procédure préalable, dont on peut donc penser qu'elle n'interviendra probablement jamais; avec sagesse, il préfère préconiser une solution plus souple, qui consiste à développer les procédures facultatives (recours administratifs et conciliation) de règlement alternatif des litiges.

Malgré ce coup d'arrêt à sa généralisation, l'obligation du recours administratif préalable (dit « RAPO ») est déjà largement répandue. On la rencontre notamment : en matière d'élections universitaires, qu'on ne peut attaquer devant le juge administratif qu'après avoir formé un recours administratif devant la « Commission de contrôle » prévue à cet effet (décret du 18 janv. 1985, art. 39); en matière fiscale, dans la mesure où les contribuables doivent saisir le trésorier-payeur général de leurs réclamations avant de contester devant le juge administratif les actes relatifs à l'établissement ou au recouvrement de leurs impôts (LPF, art. R. 190-1 et R. 281-1); et pour la plupart des litiges relatifs à la « situation personnelle » des militaires (que le décret du 7 mai 2001 soumet à la saisine préalable d'une commission dont le rôle est salué comme une « expérience réussie » par J.-L. Pissaloux *AJDA* 2005. 1042; *cf.* aussi CE Sect. 18. 11. 2005 Houlbreque *AJDA* 2005. 2453, chron. Landais et Lenica). Prenant acte de ce dernier succès, la loi du 17 mai 2011 a décidé de confier à un décret en Conseil d'État le soin de transposer « à titre expérimental » le RAPO aux litiges relatifs à la « situation personnelle » de certains fonctionnaires civils.

L'arbitrage, c'est-à-dire la possibilité de faire trancher un litige par un arbitre, choisi par les parties d'un commun accord, tend lui aussi à se répandre. Certes, il est en principe interdit aux personnes publiques d'y recourir, tant en vertu de l'article 2060 du Code civil que d'un principe général du droit (dégagé par l'avis du CE du 6. 3. 1986, *EDCE* 1987. 178). Mais de plus en plus de textes dérogent à cette interdiction, et ouvrent le recours à l'arbitrage : à l'État et aux collectivités locales, pour les litiges relatifs à la liquidation de leurs dépenses contractuelles de travaux publics ou de fournitures (C. marchés, art. 128); à la SNCF (loi du 30. 12. 1982, art. 25); aux universités (décret du 1er. 8. 2000); ainsi qu'à toutes les personnes publiques, pour les litiges relatifs à des contrats de partenariat (ord. du 17. 6. 2004, art. 11) ou à des contrats conclus par elles avec des sociétés étrangères en vue de la « réalisation d'opérations d'intérêt national » (loi du 19. 8. 1986, art. 9, appliquée pour la réalisation d'Eurodisneyland par CE 23. 3. 1992 Martin et autres *AJDA* 1992. 376).

Les personnes publiques peuvent enfin recourir, en vertu d'une jurisprudence ancienne, à la « transaction », que l'article 2044 du Code civil définit comme « un contrat par lequel les parties terminent une contestation née ou préviennent une contestation à naître » (CE 23. 12. 1887 Évêque de Moulins *Lebon* 842). Bien qu'elle ait, en vertu de l'article 2052 du Code civil, autorité de chose jugée, le Conseil d'État admet dans certains cas, pour des motifs d'intérêt général, que les parties puissent en demander l'« homologation » au juge administratif (avis CE Ass. 6. 12. 2002 Synd. intercom. des étab. du district de l'Haÿ-les-Roses *RFDA* 2003. 301, note Pacteau; et avis CE 4. 4. 2005 Soc. Cabinet JPR Ingénierie *AJDA* 2005. 1403 note Cassia, précisant que l'appel est possible contre un jugement rendu en matière d'homologation). Tout est ainsi fait pour encourager le recours à la transaction, qui revient à la mode.

Depuis 2005, la transaction est également admise en matière pénale, notamment pour les infractions commises dans le domaine de l'eau et des milieux aquatiques (art. L. 216-14 C. envir.). Mais pour respecter le principe de séparation des pouvoirs, la « transaction pénale » conclue entre l'autorité administrative compétente et l'auteur de l'infraction doit impérativement faire l'objet, contrairement à la transaction civile, d'une homologation par un magistrat judiciaire : il doit s'agir d'un magistrat du siège quand la transaction vient éteindre une action publique déjà mise en mouvement, alors qu'un magistrat du parquet suffit lorsque la transaction est conclue avant le déclenchement de l'action publique (CE Ass. 7. 7. 2006 Assoc. France nature environnement *AJDA* 2006. 2053, chron. Landais et Lenica).

B. Du médiateur de la République au Défenseur des droits

336 C'est pour remédier aux nombreux cas de « maladministration » recensés en France que la loi du 3 janvier 1973 a créé le « médiateur », en s'inspirant de la vieille institution scandinave de l'« om-

budsman ». On espérait par là offrir une planche de salut aux nombreux administrés que la perspective d'un recours juridictionnel effraie, ou dont le problème appelle davantage une solution d'équité qu'un traitement purement juridique.

Ces espoirs n'ont pas été déçus. Le médiateur a en effet rencontré un succès immédiat, tant et si bien qu'une loi du 13 janvier 1989 lui a conféré la dénomination plus prestigieuse de « médiateur de la République », et que la révision constitutionnelle du 23 juillet 2008 l'a transformé en « Défenseur des droits » (Constitution, art. 71-1).

Le Défenseur des droits a hérité de l'indépendance de son prédécesseur. Certes, comme lui, il est choisi par le président de la République, sans que ce choix soit restreint par des conditions d'expérience ou de capacité professionnelle ; tout au plus le candidat choisi doit-il se présenter devant deux commissions parlementaires (l'une composée de députés et l'autre de sénateurs) qui ne peuvent formuler un veto contre lui qu'à la majorité globale des trois cinquièmes des suffrages exprimés ; le chef de l'État a ainsi toute latitude pour nommer, par décret en Conseil des ministres, un de ses fidèles. Mais, malgré cet inconvénient, deux garanties confèrent au Défenseur des droits une véritable indépendance : le caractère non renouvelable de son mandat de six ans, qui empêche d'acheter sa complaisance avec une promesse de renouvellement; et le fait qu'il ne puisse être démis de ses fonctions avant le terme de son mandat qu'en cas d'empêchement constaté par un collège composé du vice-président du Conseil d'État, du premier président de la Cour de cassation et du premier président de la Cour des comptes.

Le Défenseur des droits a également hérité des quatre rôles du médiateur. Deux sont marginaux et peuvent n'être que rapidement mentionnés : il s'agit d'une part de son pouvoir d'engager des poursuites disciplinaires contre un agent fautif, et de saisir la juridiction répressive d'une plainte contre lui; d'autre part de la possibilité qui lui est reconnue (et qui est étudiée ci-après, n° 369) d'enjoindre à une administration qui refuse d'exécuter un jugement définitif de s'y conformer dans un délai qu'il fixe. Les deux autres rôles, plus importants, se rapportent à ses fonctions d'intercesseur et d'interlocuteur de l'opinion publique.

• *En tant qu'intercesseur, il est chargé de résoudre à l'amiable les différends* qui opposent l'administration, ou tout organisme investi d'une mission de service public, aux administrés, qu'il s'agisse de simples particuliers ou de personnes morales. En revanche, les différends qui opposent l'administration à ses agents échappent à sa compétence. Alors que la saisine du médiateur n'était possible que par l'intermédiaire d'un député ou d'un sénateur, la saisine du Défenseur des droits est désormais possible d'office, ou « par toute personne s'estimant lésée par le fonctionnement d'un service public », ce qui constitue un grand progrès. Comme son prédécesseur, il est aidé dans sa tâche par environ trois cents « délégués départementaux ». On notera au passage qu'un inconvénient vient de ce que la saisine du Défenseur des droits n'interrompt pas le délai du recours contentieux.

Doté de larges pouvoirs d'investigation, le Défenseur des droits a les moyens de vérifier la réalité des griefs formulés contre l'administration. Lorsqu'il repère un cas de « maladministration », il peut adresser au service concerné des « recommandations » qui lui semblent susceptibles de le résoudre. Il peut même suggérer à l'administration de ne pas respecter les textes lorsque leur application aboutirait à une iniquité. Cette dernière possibilité, incompréhensible du point de vue du positivisme juridique, entre parfaitement dans la logique du positivisme sociologique. Elle correspond à l'idée qu'il faut faire prévaloir la représentation que la conscience collective se fait de l'équité, sur le strict respect des normes juridiques. En pratique, les recommandations du Défenseur des droits sont fréquemment suivies par l'administration, et permettent ainsi de résoudre à l'amiable de nombreux conflits.

Le Défenseur des droits dispose enfin du pouvoir de proposer des « transactions », dont ne disposait pas le médiateur.

• *En dehors de ce rôle d'intercesseur, le Défenseur des droits joue également un important rôle d'interlocuteur de l'opinion publique.* En cette qualité, il est chargé d'adresser chaque année un rapport public d'activité au président de la République et au Parlement. Il peut notamment y dénoncer les cas de « maladministration » qu'il a rencontrés, ainsi que les résistances éventuelles de certains services à les résoudre. De façon plus constructive, il peut aussi y proposer les réformes législatives ou réglementaires qu'il juge souhaitables. Plusieurs réformes de première importance ont ainsi trouvé leur source dans de telles propositions. C'est le cas de la loi du 17 juillet 1978, instituant le droit d'accès aux documents administratifs, et de la loi du 11 juillet 1979, imposant la motivation de certains actes administratifs individuels.

• *Mais le Défenseur des droits n'a pas seulement succédé au médiateur ;* il a aussi remplacé trois autres autorités administratives indépendantes : le Défenseur des enfants (créé en 2000), la Commission nationale de déontologie de la sécurité (créée en 2000), et la HALDE (Haute autorité de lutte contre les discriminations et pour l'égalité, créée en 2004). À ce titre, il est chargé de protéger les enfants, de veiller à ce que les vigiles privés et les forces publiques de sécurité respectent leurs règles de déontologie, et de lutter contre toutes les formes de discriminations (fondées sur la race, le sexe, l'âge, etc.). Pour exercer ces trois fonctions supplémentaires, qui le font intervenir au-delà du champ de l'administration, il est assisté par trois adjoints spécialisés ainsi que par trois collèges composés chacun de six à huit personnalités.

On le voit, le Défenseur des droits est une autorité administrative indépendante ; mais il s'agit d'une « autorité » un peu spéciale dans la mesure où il est pratiquement dépourvu de tout pouvoir décisionnel. Cette impuissance peut choquer. Du point de vue du positivisme sociologique, pourtant, il est bon qu'existe une autorité comme le Défenseur des droits, dont la seule force réside en sa puissance de persuasion et en l'appui de l'opinion publique.

SECTION 2
LA PROCÉDURE CONTENTIEUSE NORMALE

A. La saisine de la juridiction administrative

337 Cette saisine doit respecter quatre exigences, sous peine d'irrecevabilité de la requête : la règle de la décision préalable (**1**), un délai (**2**), le ministère d avocat (**3**), et certaines règles de forme (**4**). Mais la jurisprudence fait preuve d'une certaine indulgence en faisant peser sur le juge, dans des cas de plus en plus nombreux, une obligation d'inviter le requérant à régulariser sa requête quand il a oublié l'une de ces exigences (**5**).

1. La règle de la décision préalable

a. Le principe

338 D'origine jurisprudentielle, la règle de la décision préalable est actuellement consacrée par l'article R. 421-1 du Code de justice administrative. Elle oblige le requérant à diriger sa requête, sous peine d'irrecevabilité, contre une « décision » explicite ou implicite de l'administration.

En matière de contentieux d'excès de pouvoir, cette exigence ne pose aucun problème, car un REP est en principe nécessairement dirigé contre un acte administratif unilatéral.

Mais en matière de plein contentieux, elle peut soulever des difficultés, car il n'y a pas toujours une « décision » de l'administration à l'origine du litige. Dans cette hypothèse, la règle oblige donc l'administré à susciter une telle décision avant de saisir le juge. C'est ainsi, par exemple, que la victime d'une faute médicale commise dans un hôpital doit demander une indemnité à l'hôpital, afin de susciter une décision de sa part (généralement un refus explicite ou implicite), avant de l'attaquer en responsabilité devant le juge administratif.

Ultime souvenir de la théorie du ministre-juge, en vigueur jusqu'en 1889 (*cf.* Introduction générale), la règle de la décision préalable doit sa survie à l'idée qu'elle permet d'instaurer un dialogue entre l'administration et l'administré, pouvant déboucher sur un règlement amiable du litige. Mais en réalité ce dialogue, à supposer qu'il existe, s'avère rarement fructueux.

Malgré cet échec, le juge persiste à donner une large portée à la règle de la décision préalable. Il l'impose en effet aussi bien aux requêtes dirigées contre une personne publique qu'à celles formées contre une personne privée chargée d'un service public (CE Sect. 13. 6. 1984 Assoc. Club athlétique Mantes-la-Ville *AJDA* 1984. 572, à propos d'une fédération sportive).

Mais, conscient des inconvénients suscités par cette situation, il s'efforce d'interpréter largement la notion de « décision » préalable afin d'éviter de rejeter les requêtes pour irrecevabilité (*cf.* concl. Schwartz sur CE Ass. 26. 2. 1993 Comité central d'entreprise de la SEITA *AJDA* 1993. 199, à propos de la décision informelle du Premier ministre de transférer le siège social de la SEITA, dont l'existence est déduite des termes d'un « communiqué » de presse et de divers autres indices). Dans le même but, il permet également au requérant de réparer son oubli en suscitant la décision préalable après le dépôt de sa requête (CE 11. 4. 2008 Établissement français du sang *AJDA* 2008. 1215, note Clamour), et considère d'autre part que le fait pour l'administration, en cas d'oubli définitif du requérant de susciter la décision préalable, de conclure au rejet au fond de sa requête au lieu de soulever son irrecevabilité, vaut décision préalable et spontanée de rejet (CE 10. 6. 1988 Département de l'Orne *AJDA* 1988. 687, note Prétot).

b. Les exceptions

339 Sont dispensés de décision préalable : les déférés préfectoraux contre des contrats (loi du 2. 3. 1982, *cf. supra*, n° 304); les recours formés par des personnes publiques contre des administrés (CE 4. 2. 1976 Elissonde *Lebon* 1047, à propos d'une demande d'expulsion du domaine public); les demandes présentées en matière de « référé administratif », compte tenu de l'urgence à statuer (*cf. infra*, n° 352); et les recours formés « en matière de travaux publics » (art. R. 421-1 CJA).

Cette dernière exception est la plus critiquée de toutes. Elle s'explique en effet par des raisons purement historiques : les travaux publics relevaient, de l'an VIII à 1953, des conseils de préfecture; or la règle de la décision préalable n'a jamais eu cours devant eux; c'est donc par simple fidélité à la tradition que le Code de justice administrative a prolongé leur particularisme sur ce point. C'est pourquoi le Conseil d'État propose de mettre fin à la dispense de décision préalable en matière de dommages de travaux publics (*EDCE* 1988. 52, et l'étude *Régler autrement les conflits*, La documentation française, 1993, p. 35).

On peut pourtant se demander, en s'inspirant de cette vénérable exception, si la réforme à entreprendre ne devrait pas consister au contraire à supprimer totalement la règle de la décision préalable, dont les inconvénients sont certains et les avantages hypothétiques.

2. Le délai du recours contentieux

a. Durée

340 Le délai du recours contentieux est de deux mois à compter de la notification ou de la publication de l'acte attaqué. Ce principe traditionnel, actuellement posé par l'article R. 421-1 du Code de justice administrative, a une portée très générale. Il s'applique en effet aussi bien au REP qu'au recours de plein contentieux.

Des délais différents, plus courts ou plus longs selon les cas, sont toutefois prévus par certains textes pour tenir compte de la spécificité de certains contentieux. Ils sont par exemple de 48 heures à l'encontre des arrêtés préfectoraux de reconduite à la frontière (art. L. 512-2 CESEDA), de cinq jours pour les recours des électeurs contre les résultats des élections municipales et cantonales (art. R. 119 et R. 113 du C. élect.), de dix jours contre les résultats des élections régionales et européennes (art. L. 361 du C. élect. et art. 25 de la loi du 7. 7. 1977), d'un mois pour attaquer les décisions de l'OFPRA devant la Cour nationale de l'asile (art. L. 731-2 CESEDA), de trois mois pour saisir certains TA d'outre-mer (art. R. 421-6 CJA), et de quatre ans pour les recours des tiers contre les autorisations préfectorales d'exploiter des « installations classées » présentant de graves dangers pour l'environnement (art. L. 514-6 C. envir.). Exactement comme en matière de procédure civile, des « délais de distance » supplémentaires sont en outre prévus au profit des justiciables qui habitent loin des juridictions qu'ils veulent saisir : ils sont de deux mois pour les requérants qui demeurent à l'étranger, et d'un mois pour ceux qui, vivant en outre-mer, veulent saisir une juridiction métropolitaine, ou qui, demeurant en métropole, veulent saisir une juridiction d'outre-mer (art. 643 et 644 C. pr. civ. et R. 421-7 CJA).

Il existe enfin cinq cas dans lesquels le recours contentieux peut être exercé à tout moment, sans condition de délai. Ils concernent :

• *les recours formés en matière de travaux publics* (art. R. 421-1 CJA), qu'il s'agisse de recours de plein contentieux ou de REP (CE 15. 2. 1989 Mignot *AJDA* 1989. 403, note Dufau, à propos d'un REP contre une autorisation de construire une canalisation);

• *les recours de plein contentieux dirigés contre des décisions implicites de rejet* (art. R. 421-3 CJA; même règle pour les REP, mais uniquement si la mesure sollicitée ne peut être prise que par décision ou sur avis des assemblées locales ou de tous autres organismes collégiaux);

• *les recours dirigés contre les actes réputés juridiquement inexistants* (CE Ass. 31. 5. 1957 Rosan Girard *GAJA*);

• *les recours dirigés contre des actes individuels par leurs destinataires*, lorsque les délais et voies de recours n'ont pas été mentionnés dans la notification de ces actes (art. R. 421-5 CJA);

• *les recours dirigés contre les actes de l'État*, des collectivités territoriales, des établissements publics administratifs, ou des organismes privés chargés de la gestion d'un SPA, lorsque ces actes ont été pris en réponse à une demande d'un administré sans qu'ait été transmis à celui-ci un « accusé de réception » de sa demande mentionnant trois éléments d'information : le service chargé du dossier, le délai à l'expiration duquel la demande sera réputée rejetée ou acceptée, et les délais et voies de recours contre l'éventuelle décision implicite de rejet (art. 19 de la loi du 12. 4. 2000).

Cette possibilité de former certains recours contentieux sans condition de délai rencontre toutefois une limite, qui tient à l'existence de la « prescription quadriennale » (loi du 31. 12. 1968). Il s'agit d'une règle de comptabilité publique, dont l'origine est très ancienne, et selon laquelle le créancier d'une personne publique ne dispose que d'un délai de quatre ans, à compter du 1er janvier suivant la naissance de sa créance, pour en réclamer le paiement à la personne publique débitrice. Pour en atténuer la sévérité, la jurisprudence estime heureusement que la prescription quadriennale n'est opposable au requérant que si l'autorité administrative compétente (et non son avocat !) l'invoque avant que la juridiction de première instance se soit prononcée sur le fond (CE Sect. 29. 7. 1983 Ville de Toulouse c. Tomps *AJDA* 1984, 41, concl. Denoix de Saint-Marc, à propos d'une indemnité pour dommages de travaux publics demandée neuf ans après l'accident).

b. Computation

341 Le délai du recours contentieux se calcule de quantième à quantième, ce qui signifie qu'il est de deux mois et non de soixante jours. Février compte donc pour un mois entier, au même titre qu'un mois de 30 ou 31 jours.

On ne prend d'autre part en compte ni le *dies a quo* (c'est-à-dire le premier jour du délai) ni le *dies ad quem* (c'est-à-dire le dernier jour). Prenons l'exemple d'une décision notifiée un 1er janvier : on ne tient pas compte de cette journée du 1er janvier, qui est le *dies a quo*; le délai de recours contre cette décision part donc du 2 janvier à zéro heure; le délai de deux mois devrait dès lors expirer le 1er mars à minuit; mais, comme cette journée du 1er mars est le *dies ad quem*, on ne doit pas s'y arrêter; le délai expire donc finalement le 2 mars à minuit.

Comme en procédure civile, le délai du recours contentieux est enfin prolongé jusqu'au premier jour ouvrable à minuit lorsque son dernier jour tombe un samedi, un dimanche ou un jour férié. Si, dans notre exemple, le 2 mars tombe un samedi, le délai expirera ainsi le lundi 4 mars à minuit.

On terminera en soulignant que le plus important, en matière de délai, est de ne pas se tromper sur son point de départ. En principe, c'est, comme on l'a vu, à zéro heure le lendemain du jour de la notification ou de la publication de l'acte que démarre le délai. La jurisprudence en déduit fort logiquement que le délai du recours contentieux est illimité à l'encontre des actes qui n'ont fait l'objet d'aucune mesure de notification ou de publication; en ce qui concerne le cas particulier des actes individuels notifiés mais non publiés, elle en tire la conséquence qu'ils peuvent être attaqués à tout moment par les tiers, faute de publication faisant courir le délai à leur égard, alors qu'ils ne peuvent être attaqués que dans les deux mois de leur notification par leurs destinataires (CE Ass. 6. 5. 1966 Ville de Bagneux *RDP* 1967. 339, concl. Braibant).

Ces principes reçoivent toutefois trois exceptions :

• *En vertu de la loi du 2 mars 1982*, le délai du déféré préfectoral contre les actes des collectivités locales soumis à l'obligation de transmission court à compter de cette transmission, et non de leur publicité.

• *En ce qui concerne les décisions implicites de rejet*, qui ne font évidemment l'objet d'aucune mesure de publicité, on considère que le délai du REP (et de lui seul, puisqu'on a vu que le délai du recours de plein contentieux est illimité à leur égard) commence à courir le lendemain du jour où elles sont réputées intervenues par suite du silence de deux mois de l'administration; mais les règles de calcul de ce silence de deux mois valant rejet ne sont pas les mêmes que celles du délai de recours contentieux, car elles le font expirer en toute circonstance au *dies ad quem*, sans jamais rien lui ajouter même s'il s'agit d'un samedi, d'un dimanche ou d'un jour férié; face à une demande d'un administré formée par exemple un 1er janvier, le délai du silence de l'administration commence ainsi à courir le 2 janvier à zéro heure, et vaut décision implicite de rejet le 1er mars à minuit, contre laquelle le délai du REP commence lui-même à courir le 2 mars à zéro heure pour s'éteindre le 2 mai à minuit.

• *Enfin, en vertu de la (trop) subtile théorie jurisprudentielle de la « connaissance acquise »*, le délai du recours contentieux contre un acte autre qu'un règlement peut parfois courir à compter, non de sa publicité, mais de la date à laquelle il est prouvé que l'intéressé était au courant de son existence (*cf.* par ex. CE 1er. 4. 1992 Clinique des Maussins *AJDA* 1992, 676, concl. Abraham : connaissance acquise prouvée par l'exercice d'un recours hiérarchique). Cette théorie a toutefois subi depuis 1998 des reculs qui annoncent peut-être sa disparition (CE Sect. 13. 3. 1998 Mme Mauline *AJDA* 1998, 613 concl. Combrexelle; CE 8. 7. 2002 Hôpital local de Valence-d'Agen *AJDA* 2003, 42, note Claeys).

c. Prorogation

342 La « prorogation » désigne la renaissance du délai du recours contentieux. Elle consiste à l'interrompre, puis à le faire repartir à zéro pour une nouvelle durée pleine (généralement de deux mois). Afin d'éviter tout abus de ce généreux procédé, un requérant n'est en principe susceptible de bénéficier que d'une seule prorogation par acte attaqué.

C'est presque toujours une initiative du futur requérant qui proroge le délai du recours contentieux. Il peut notamment s'agir : d'un recours gracieux ou hiérarchique (CE Sect. 10. 7. 1964 Centre médico-pédagogique de Beaulieu *D.* 1965, 84, concl. Rigaud); d'un recours exercé devant une juridiction incompétente (CE Sect. 24. 1. 1958 Meallet *AJDA* 1958, 90, chron. Fournier et Braibant, arrêt admettant, par exception au principe sus-exposé, le cumul de deux prorogations, dues l'une à un recours gracieux ou hiérarchique, l'autre à la saisine d'une juridiction incompétente); d'une demande, adressée au préfet, tendant à ce qu'il défère au TA un acte d'une collectivité locale (CE Sect. 25. 1. 1991 Brasseur *AJDA* 1991, 351, chron. Schwartz et Maugüe); ou d'une demande d'aide juridictionnelle (art. 38 et 39 du décret du 19. 12. 1991).

Le recours ou la demande ainsi formé doit toujours intervenir avant l'expiration du délai de recours contentieux pour pouvoir emporter prorogation de celui-ci. Lorsque cette condition est remplie, le délai court à nouveau à compter de la décision implicite de rejet ou de la notification de la décision expresse provoquée par la demande. Lorsque au contraire elle ne l'est pas, la prorogation n'a pas lieu, et le recours contentieux éventuellement formé par la suite connaîtra alors le sort de tous les recours déposés hors délai : l'irrecevabilité.

3. Le ministère d'avocat

343 Le ministère d'avocat est en principe obligatoire. Cela signifie que les recours contentieux et les observations en défense ne sont recevables que s'ils sont présentés par des avocats ou, s'agissant

du cas particulier des litiges portés devant le Conseil d'État, par des « avocats au Conseil d'État et à la Cour de cassation », officiers ministériels propriétaires de leur charge et jouissant du monopole de la représentation des parties devant le Conseil d'État (art. R. 431-2 et R. 432-1 CJA).

Ce principe supporte toutefois beaucoup d'exceptions. Sont ainsi notamment dispensés du ministère d'avocat : les REP, depuis le décret du 2 novembre 1864; les recours formés au nom de l'État (art. R. 431-7 et R. 432-4 CJA); et les recours de plein contentieux en matière d'élections, d'impôts, et de pensions (art. R. 431-3 et R. 432-2 CJA).

Depuis un décret du 24 juin 2003, le ministère d'avocat est hélas redevenu obligatoire dans ces domaines, même en matière de REP, au stade de l'appel (art. R. 811-7 CJA; décret jugé légal par CE 17. 12. 2003 Meyet *AJDA* 2004, 712, note Markus).

4. Les formes de la requête

344 Pour être recevable, la requête, obligatoirement écrite, doit être rédigée en langue française, et non dans une langue étrangère ou régionale (comme le breton : CE Sect. 22. 11. 1985 Quillevère *AJDA* 1985, 716, chron. Hubac et Azibert). Cette exigence, initialement posée par la jurisprudence, a par la suite été renforcée par la révision constitutionnelle du 25 juin 1992, insérant dans l'article 2 de la Constitution l'affirmation selon laquelle « la langue de la République est le français », puis par la loi Toubon du 4 août 1994, qualifiant le français de « langue des services publics ».

La requête doit d'autre part contenir certaines indications de nature à permettre d'identifier son auteur : notamment son nom, son adresse et sa signature. Lorsque le requérant agit en qualité de mandataire, il doit en outre produire le mandat qui lui donne qualité à agir (CE 10. 3. 1967 Élections municipales d'Ambleville *Lebon* 887); mais cette exigence ne s'applique pas aux avocats, qui sont traditionnellement présumés agir au nom de leurs clients (tradition rappelée par avis CE Sect. 29. 11. 1991 Synd. des commerçants non sédentaires de la Savoie *AJDA* 1992, 237, note Chabanol). Lorsque la requête est « collective », c'est-à-dire (en simplifiant) lorsqu'elle émane de plusieurs requérants agissant contre la même décision, elle n'est recevable que si ses diverses conclusions « présentent entre elles un lien suffisant » (CE Sect. 30. 3. 1973 David *RDP* 1973. 1323, note Waline); afin de simplifier la tâche du greffe, elle doit en outre désigner celui des requérants qui sera leur mandataire commun (art. R. 411-5 CJA), faute de quoi le premier dénommé sera considéré comme tel.

Par dérogation au principe de gratuité des actes de justice, posé par la loi du 30 décembre 1977, l'article 44 de la loi de finances du 30 décembre 1993 obligeait également les justiciables à acquitter un « droit de timbre » de 100 francs (15 euros) par requête déposée devant un TA, une CAA ou le Conseil d'État. Cette disposition était critiquable, car elle transformait la juridiction administrative en une « juridiction à péage » (René Chapus), à seule fin de restreindre l'accès au prétoire par une dissuasion financière, et au mépris des aspirations de la conscience collective. Elle n'aura pas tenu dix ans : l'ordonnance du 22 décembre 2003 l'a finalement abrogée.

La requête doit d'autre part et surtout contenir l'exposé sommaire des « conclusions » du requérant, c'est-à-dire des décisions qu'il demande au juge de prendre, et de ses « moyens », autrement dit des raisons de fait et de droit qu'il invoque pour justifier ses conclusions (art. R. 411-1 CJA). Concrètement, cette exigence conduit presque toujours le requérant à procéder en deux temps, comme il en a le droit : d'abord en déposant une « requête introductive d'instance » (ou « requête sommaire ») dans le délai du recours contentieux, dans laquelle il se borne à indiquer ses conclusions et ses moyens, sans argumenter; ensuite en y ajoutant un « mémoire complémentaire », recevable même après l'expiration de ce délai, par lequel il explique sa position et développe son argumentation. Mais rien n'interdit aux requérants concis ou négligents de se contenter de la requête introductive, car le mémoire complémentaire n'est nullement une obligation.

Enfin, la requête doit être accompagnée, sous peine d'irrecevabilité, de la décision attaquée, du moins lorsqu'il en existe une (*cf. supra*, n° 339, sur les exceptions à la règle de la décision préalable), ainsi que de plusieurs copies du recours pour faciliter l'instruction (art. R. 411-3 et R. 412-1 CJA).

On soulignera pour terminer qu'un tiers peut s'associer aux conclusions du requérant ou à celles du défendeur, en formant une « intervention » par requête distincte déposée avant la date de clôture de l'instruction (art. R. 632-1 CJA). La jurisprudence exige simplement de l'intervenant qu'il justifie tantôt d'un intérêt à agir largement entendu (hypothèse du REP et de certains recours objectifs de plein contentieux), tantôt d'un droit lésé (hypothèse de la plupart des recours de plein contentieux). Mais l'intervention n'a qu'un caractère accessoire par rapport au recours principal sur lequel elle se greffe : elle ne peut donc pas soulever d'autres moyens que ceux déjà invoqués par celui-ci; en outre, leurs sorts étant liés, s'il est irrecevable elle le sera aussi.

5. L'obligation du juge d'inviter le requérant à régulariser sa requête

345 Les quatre séries d'exigences qui s'imposent aux requêtes, et qu'on vient d'étudier, ne sont pas toujours connues des requérants. Aussi, il arrive souvent que leurs requêtes omettent de respecter une ou plusieurs d'entre elles. En toute logique, le juge devrait alors les rejeter pour irrecevabilité. Mais dans le louable souci d'éviter de transformer la justice administrative en un monument d'ésotérisme, ouvert aux seuls initiés, la jurisprudence préfère l'obliger, dans des cas de plus en plus nombreux, à inviter les requérants à régulariser leurs requêtes.

C'est ainsi que le juge a notamment l'obligation d'inviter le requérant pris en défaut : à prendre un avocat, lorsqu'il a cru à tort pouvoir s'en passer (CE Sect. 27. 1. 1989 Chrun *AJDA* 1989, 318, chron. Honorat et Baptiste); à signer son recours (CAA Lyon 3. 11. 1992 Assoc. Adiprovar *Lebon* 584); à produire le mandat qui lui donne qualité à agir, lorsqu'il se prétend mandataire (CE Sect. 26. 6. 1959 Synd. algérien de l'éducation surveillée *AJDA* 1959, 157, chron. Combarnous et Galabert); à présenter une requête individuelle, quand il est l'un des auteurs d'une requête collective qui s'avère irrecevable faute de « lien suffisant » entre ses diverses conclusions (CE Sect. 30. 3. 1973 David *RDP* 1973. 1323, note Waline); à produire la décision attaquée (CE Sect. 11.

2. 1956 Denis *Lebon* 104); à traduire sa requête en langue française (CE 18. 10. 2000 Soc. Max-Planck-Gesellschaft *Lebon* 432); et à fournir des copies de son recours (art. R. 612-2 CJA). De façon assez voisine, quoique différente car il s'agit cette fois d'éviter un désistement d'office et non une irrecevabilité, les TA et les CAA sont également obligés d'inviter le requérant à fournir un mémoire complémentaire, lorsque après en avoir lui-même expressément annoncé l'envoi, il ne l'a toujours pas fourni (art. R. 612-5 CJA); le Conseil d'État n'est quant à lui pas obligé d'en faire autant; du coup, il « pratique » le désistement d'office avec une sévérité si excessive qu'elle a valu à la France d'être condamnée par la CEDH (CEDH 15. 1. 2009 Guillard c. France *AJDA* 2009, 547, note Pacteau).

En revanche, la jurisprudence refuse pour l'instant d'étendre cette obligation au cas dans lequel la requête ne contient pas d'exposé des conclusions et des moyens, ce qu'on peut regretter (CE 21. 3. 2003 Gaillardin *Lebon* 957). L'invitation à régulariser une requête déposée hors délai est pour sa part logiquement impossible (art. R. 421-1 CJA).

Lorsqu'elle existe, l'obligation d'inviter à régulariser est efficacement protégée. Quand le juge ne la respecte pas, la juridiction perd en effet le droit de soulever l'irrecevabilité de la requête (*cf.* CE 21. 9. 1990 Soc. de concours techniques *Lebon* 249, à propos d'une absence d'invitation à prendre un avocat). L'obligation d'inviter à régulariser atteint donc bien son but, qui est de purger la procédure administrative contentieuse de tout malentendu initial : grâce à elle, l'irrecevabilité n'est opposée qu'aux requérants de mauvaise foi ou d'une négligence impénitente, qui omettent de régulariser leurs requêtes malgré l'invitation du juge.

B. L'instruction

346 L'« instruction » est l'enquête menée par le juge en vue de permettre à la juridiction administrative de statuer sur la requête en toute connaissance de cause. Elle est obligatoire, sauf « lorsqu'il apparaît, au vu de la requête, que la solution de l'affaire est d'ores et déjà certaine » (art. R. 611-8 CJA).

Elle débute immédiatement après l'enregistrement de la requête introductive d'instance au greffe de la juridiction saisie, grâce à la désignation d'un « rapporteur » (art. R. 611-9, R. 611-16, et R. 611-20 CJA). Et elle se termine soit à la date fixée par une « ordonnance de clôture », émanant du président de la formation de jugement (art. R. 613-1, CJA), soit trois jours francs avant la date de l'audience ou bien, lorsque les délais de convocation sont réduits pour des motifs d'urgence, le jour de l'audience, juste après les observations orales des parties (ou à défaut dès l'appel de l'affaire), lorsque aucune ordonnance de clôture n'a été prise (art. R. 613-2 CJA) ou ne peut être prise (c'est curieusement le cas devant le Conseil d'État, les textes ayant oublié de lui permettre de recourir à la technique de l'ordonnance de clôture).

L'instruction a trois principaux caractères : elle est contradictoire, comme en matière civile (**1**), mais aussi écrite (**2**) et inquisitoriale (**3**), ce qui est beaucoup plus original.

1. L'instruction est contradictoire

347 En vertu du « principe du contradictoire », que la jurisprudence analyse comme un principe général du droit, toute pièce ou tout moyen présenté par une partie doit pouvoir être discuté par l'autre (CE Ass. 12. 10. 1979 Rassemblement des nouveaux avocats de France *AJDA* 1980. 248, note Debouy). De même, sous l'influence de l'article 6 de la Convention européenne de sauvegarde des droits de l'Homme, consacrant le « droit à un procès équitable », tout moyen que le juge envisage de relever d'office doit préalablement être communiqué aux parties, afin qu'elles puissent présenter leurs observations (décret du 22. 1. 1992, devenu l'art. R. 611-7 CJA). Enfin, les mesures d'instruction prescrites par le juge doivent être consignées dans un rapport communiqué aux parties; en cas de visite des lieux ou d'expertise, les parties doivent en outre être informées du lieu et du jour de l'opération, afin qu'elles puissent y assister avec droit de présenter leurs observations (art. R. 621-7 et R. 622-1 CJA; sur le cas particulier des expertises médicales, *cf.* CE 17. 4. 1985 Département de la Moselle *RDSS* 1985, 480, concl. Stirn).

Lorsqu'un jugement est rendu à la suite d'une instruction non contradictoire, il est annulé pour vice de procédure (*cf.* par ex. CE

4. 12. 1985 Wurmser *RDP* 1986. 1181, à propos d'un jugement fondé sur une expertise non contradictoire).

2. L'instruction est écrite

348 Le Conseil d'État aime à souligner que la procédure suivie devant les juridictions administratives est « essentiellement écrite » (CE 7. 10. 1991 Tchouli *AJDA* 1992. 169, note Prétot). Il veut signifier par là que les observations orales présentées par les parties ou par leurs avocats n'offrent juridiquement que très peu d'intérêt. Elles doivent en effet se borner à commenter les moyens déjà soulevés dans les mémoires écrits, sans développer de nouveaux moyens; car les juridictions administratives ne tiennent pas compte des moyens nouveaux qui, développés oralement, ne sont pas « confirmés dans un mémoire écrit » (CE 5. 1. 1962 Rietsch *Lebon* 11; *cf.* aussi CE 7. 10. 1991 Tchouli, préc.).

C'est dire qu'en contentieux administratif, contrairement à l'opinion répandue en matière civile et plus encore en matière pénale, un bon avocat est un avocat qui se tait.

3. L'instruction est inquisitoriale

349 Si la procédure administrative contentieuse est traditionnellement qualifiée d'« inquisitoriale », c'est parce que le juge administratif dirige seul l'instruction. Par comparaison, la procédure civile demeure principalement « accusatoire », dans la mesure où les parties y conservent un rôle déterminant dans la conduite du procès. L'article 2 du Code de procédure civile affirme d'ailleurs que « les parties conduisent l'instance ».

Le rôle de direction du juge administratif transparaît dès le début de l'instance, à travers la technique de sa saisine. Saisi par une « requête », c'est en effet à lui qu'incombe la charge d'avertir le défendeur. Dans la procédure accusatoire civile, le demandeur adresse au contraire directement une « assignation » au défendeur, par laquelle il l'invite lui-même à comparaître en justice; le juge y a donc un rôle beaucoup plus passif.

Mais c'est surtout dans la recherche de la preuve que se manifeste le pouvoir de direction du juge administratif. Comme en procédure civile, la charge de la preuve incombe certes au demandeur, qui peut s'en acquitter par tous moyens. Mais contrairement au juge civil, qui ne participe guère à la recherche de la preuve (dans la mesure où l'article 146 du C. pr. civ. lui interdit « de suppléer la carence de la partie dans l'administration de la preuve »), le juge administratif vole fréquemment au secours du demandeur, compte tenu de ce que celui-ci est souvent un administré qui s'oppose, dans un combat nécessairement inégal, à une administration.

C'est ainsi qu'à défaut de preuve véritable, il n'hésite pas à se contenter de « présomptions sérieuses », dès lors que l'administration ne parvient pas à les contredire (CE 7. 2. 2001 Adam *RFDA* 2001. 531, à propos d'une mutation décidée juste après une altercation, et analysée de ce fait comme une sanction déguisée). De façon encore plus audacieuse, il se reconnaît le pouvoir « d'exiger de l'administration » : soit « la production de tous documents susceptibles d'établir sa conviction et de permettre la vérification des allégations du requérant » (CE Sect. 1er. 5. 1936 Couespel du Mesnil *Lebon* 485, et CE Ass. 28. 5. 1954 Barel *GAJA*); soit les « raisons de fait et de droit » pour lesquelles elle a pris la décision contestée (CE Sect. 26. 1. 1968 Soc. Maison Genestal *AJDA* 1968. 102, chron. Massot et Dewost). L'éventuel refus de l'administration de satisfaire ces exigences l'amène alors à considérer les allégations du requérant comme fondées (CE Ass. 28. 5. 1954 Barel, préc.). Une disposition textuelle vise enfin à dissuader la « partie défenderesse » (généralement l'administration) de se désintéresser totalement du procès; lorsque, malgré une mise en demeure, celle-ci n'a produit aucun mémoire dans le délai imparti par le juge, elle est réputée avoir acquiescé aux faits exposés dans la requête, et perd donc la possibilité d'en contester la réalité (art. R. 612-6 CJA).

Au-delà de ce problème de la preuve, le juge administratif manifeste enfin son pouvoir de direction par la variété des mesures d'instruction qu'il peut ordonner spontanément ou à la demande d'une partie (alors que le juge civil ne peut souvent agir qu'« à la requête de l'une des parties » : art. 11 C. pr. civ.) : demandes d'explications ou de documents, audition de témoins, interrogatoires, vérifications de documents administratifs, visite des lieux, expertises, etc. Il peut même procéder au visionnage d'un film dont le classement X est contesté, ou dont un maire a interdit la projection dans sa commune en raison de son « caractère immoral » !

C. Le jugement

1. L'audience

350 Le juge doit en principe convoquer les parties à l'audience au rôle de laquelle leur affaire a été inscrite. Aucun principe général du droit n'impose la publicité des audiences devant les juridictions administratives, alors qu'un tel principe existe, par comparaison, pour la publicité des débats judiciaires (CE Ass. 4. 10. 1974 Dame David *AJDA* 1974, 525, chron. Franc et Boyon); mais cette lacune, qui peut surprendre, n'est pas très grave car les textes imposent la publicité des audiences devant de très nombreuses juridictions administratives, et notamment devant les TA, les CAA et le Conseil d'État (art. L. 6 CJA). D'autre part, le Conseil d'État estime qu'en vertu de l'article 6 de la Convention européenne de sauvegarde des droits de l'homme, les juridictions disciplinaires doivent siéger en audience publique (CE Ass. 14. 2. 1996 Maubleu *AJDA* 1996, 358 chron. Stahl et Chauvaux; CE 23. 2. 2000 L'Hermite *AJDA* 2000, 363).

C'est donc généralement devant un public, et non devant les seules parties, que l'affaire est examinée par la formation de jugement (sur la composition de celle-ci, et sur l'institution du juge unique, *cf. supra*, n° 238). Lorsque l'affaire est appelée, les parties ou leurs avocats peuvent présenter des observations orales (art. R. 732-1 CJA), mais en ce qui concerne les parties ce n'est un droit que si un texte le prévoit (CE 11. 2. 1953 Soc. Bozel Malétra *Lebon* 62), solution qui s'explique par le caractère essentiellement écrit de la procédure (art. R. 733-1 CJA : seuls les avocats peuvent s'exprimer devant le CE). Le rapporteur public (nouvelle dénomination du commissaire du gouvernement en vertu du décret du 7 janvier 2009) doit ensuite prononcer ses conclusions, sauf (depuis la loi du 17 mai 2011) en cas de « dispense » décidée par le président de la formation de jugement dans certaines matières lorsque la solution de l'affaire paraît évidente. Il y expose « en toute indépendance », comme le rappelle la loi du 6 janvier 1986, son opinion sur les solutions qu'appelle le litige; il lui est interdit de renoncer à prendre position, en s'en remettant par exemple « à la sagesse » de la juridiction (CE 13. 6. 1975 Adrassé *AJDA* 1975, 456, chron. Franc et Boyon). Selon le Conseil d'État, il « participe à la fonction de juger »; dès lors, puisque le principe du contradictoire n'est « applicable qu'à l'instruction », ses conclusions « n'ont pas à faire l'objet d'une communication préalable aux parties, lesquelles n'ont pas davantage à y répondre » (CE 29. 7. 1998 Esclatine *AJDA* 1999, 69, note Rolin). Cette analyse n'a pas été totalement partagée par la Cour européenne des droits de l'Homme, qui n'accepte la situation que parce qu'en raison d'un usage, « les parties peuvent répliquer, par une note en délibéré, aux conclusions du commissaire du gouvernement, ce qui permet... de contribuer au respect du principe du contradictoire » (CEDH 7. 6. 2001 Kress c. France *GAJA*). Suite à cette décision, l'usage de la note en délibéré a été officialisé par un arrêt du Conseil d'État (CE 12. 7. 2002 Leniau *RFDA* 2003, 307, concl. Piveteau) et par le décret du 19 décembre 2005 (art. R. 731-3 CJA). Et depuis le décret du 7 janvier 2009, les parties doivent être informées du « sens » des conclusions avant l'audience, afin d'être en mesure d'y répondre (soit elles-mêmes devant les TA et CAA, soit par l'intermédiaire de leurs avocats devant le CE), immédiatement après leur prononcé, par de « brèves observations orales ».

2. La décision juridictionnelle

351 Après la lecture des conclusions du rapporteur public, l'affaire est mise en délibéré. Contrairement à l'audience, qui est comme on l'a vu généralement publique, le délibéré est toujours secret. Le principe du secret du délibéré est en effet considéré comme fondamental, car il a « pour objet d'assurer l'indépendance des juges et l'autorité morale de leurs décisions », en soustrayant leurs discussions à la curiosité et aux éventuelles pressions du public (CE 17. 11. 1922 Légillon *Lebon* 849). C'est pourquoi il est analysé comme un principe général du droit (CE 15. 10. 1965 Mazel *JCP* 1966, n° 14487).

Le rapporteur public ne prend évidemment pas part au vote qui décide finalement du contenu de la décision juridictionnelle. Mais peut-il assister au délibéré et s'y exprimer ? On a beaucoup hésité avant de donner une réponse définitive à cette question. Jusqu'en 2001, sa qualité de magistrat indépendant incitait à répondre par l'affirmative, afin de faire bénéficier les juges de ses conseils avisés. Puis entre 2001 et 2006 une solution plus nuancée a été retenue, pour tenir compte d'un arrêt de la Cour européenne des droits de l'Homme qui semblait admettre sa « présence » passive mais non sa « participation » active au délibéré (CEDH 7. 6. 2001 Kress, préc.) : désormais il pouvait y assister mais non s'y exprimer. Mais aujourd'hui, c'est une réponse plutôt négative qui est retenue par le décret du 1er août 2006, suite à de nouveaux arrêts de la Cour hostiles à sa simple « présence » au délibéré (CEDH 5. 7. 2005 Mme Loyen c. France; CEDH 12. 4. 2006 Martinie c. France *AJDA* 2006. 986, note Rolin) : dorénavant, la décision est délibérée hors de la présence du rapporteur public en ce qui concerne les TA et CAA (art. R. 732-2 CJA), alors qu'au Conseil d'État, « sauf demande contraire d'une partie, le rapporteur public assiste au délibéré » (art. R. 733-3 CJA). On voit à travers cette dernière disposition qu'une farouche résistance s'oppose à l'intransigeance de la Cour européenne, laquelle a finalement eu la sagesse d'accepter cet ultime compromis (CEDH 15. 9. 2009 Mme Etienne *AJDA* 2009. 2468, note El Boudouhi). Comme la Garde de l'Empereur, en somme, le rapporteur public meurt mais ne se rend pas.

Le jugement est « lu », c'est-à-dire rendu public, lors d'une séance publique ultérieure, qui intervient généralement une quinzaine de jours après le délibéré. C'est à compter de la date de cette lecture qu'il acquiert l'autorité de la chose jugée, laquelle pourra toutefois être suspendue par l'exercice d'une voie de recours. Il est en outre notifié aux parties, afin de déclencher à leur égard le délai des voies de recours dont elles disposent.

Du point de vue formel, le jugement doit être authentifié par plusieurs signatures (art. R. 741-7 à R. 741-9 CJA), et doit comporter des visas (« vu... »), des motifs (« considérant... »), un dispositif

(« décide... »), et des indications destinées à prouver la régularité de la procédure contentieuse (noms des juges, par ex.).

Du point de vue matériel, il doit se borner à statuer dans les limites des conclusions des parties. Il ne peut en effet : ni statuer *infra petita,* en omettant ou en refusant de statuer sur certaines des conclusions, car il y aurait alors méconnaissance de l'obligation de juger (CE 17. 11. 1982 Kairenga *RDP*1983. 856); ni statuer *ultra petita,* en statuant au-delà de ce qui était demandé dans les conclusions, car on ne saurait admettre l'auto-saisine du juge (CE Sect. 14. 2. 1958 Soc. Thorrand *AJDA* 1958. 13, concl. Long, à propos d'une condamnation pécuniaire qui n'était pas demandée). Cette interdiction de statuer *ultra petita* est très rigoureuse : elle contraint notamment le juge à rejeter pour irrecevabilité les recours qui demandent l'annulation partielle d'une décision dont les dispositions attaquées et non attaquées sont indivisibles (CE 5. 11. 1975 Soc. Pavita *Lebon* 544). Mais elle admet pourtant une exception de taille : l'« amende pour recours abusif », que les textes permettent au juge d'infliger d'office aux requérants importuns, et que les défendeurs n'ont du reste pas le droit de demander (art. R. 741-12 CJA : 3 000 e maximum; pour un ex., *cf.* CE Sect. 9. 11. 2007 Mme Pollart *RFDA* 2008. 137, concl. Olson). On peut malheureusement douter de la légalité de cette amende, qui paraît directement contraire au « droit d'agir en justice » et au « droit au recours » dégagés par le Conseil constitutionnel (CC 2. 12. 1980 Taxation fiscale *RDP* 1981. 628 commentaire Favoreu, et CC 9. 4. 1996 Autonomie de la Polynésie française *AJDA* 1996. 371 note Schrameck), et au « droit à un procès équitable » consacré par l'article 6 de la CEDH (malgré le satisfecit décerné par CEDH 6. 12. 2005 Maillard c. France).

On notera enfin qu'il existe deux grandes hypothèses dans lesquelles le juge est, par exception à ce qui vient d'être dit, dispensé de statuer sur les conclusions des parties. La première est le « non-lieu à statuer »; elle intervient essentiellement lorsque le recours a perdu toute raison d'être, par suite de la disparition de son objet ou de la validation législative de l'acte attaqué (*cf.* respectivement : CE Ass. 12. 12. 1953 Union nat. des assoc. familiales *DS* 1954, 241, concl. Mosset, à propos de l'abrogation du règlement attaqué par le REP; et CE Sect. 7. 3. 1980 Assoc. des étudiants de l'Université Paris 13 *Lebon* 128); le jugement se borne alors à constater le non-lieu à statuer. La deuxième hypothèse est le « désistement » du requérant, c'est-à-dire l'annonce faite par celui-ci de sa volonté d'abandonner son action contentieuse; il lui en est alors « donné acte » par le jugement.

Lorsque le non-lieu à statuer ou le désistement est connu suffisamment tôt, il peut toutefois en être fait constatation, ou donné acte, par une simple ordonnance rendue par un seul juge sans audience publique ni audition d'un rapporteur public. Cette procédure expéditive, peu dangereuse dans ces deux cas, a malheureusement été étendue par des lois récentes (dont la loi du 8 février 1995) à d'autres hypothèses qui paraissent beaucoup plus menaçantes pour les requérants. C'est ainsi par simple ordonnance qu'on peut notamment désormais : rejeter les recours qui ne relèvent « manifestement » pas de la compétence des juridictions administratives, ou qui sont entachés d'une irrecevabilité « manifeste » et insusceptible d'être couverte en cours d'instance; et statuer sur les recours qui relèvent d'une « série » de requêtes présentant des « questions identiques » à celles que la juridiction saisie a déjà tranchées (art. R. 122-12 et R. 222-1 CJA). Comme il fallait s'y attendre, des erreurs ont été commises, notamment à propos de recours dont l'irrecevabilité était susceptible d'être régularisée (*cf.* par ex. CE 9. 2. 1994 Dame Lejeune). L'efficacité est un Moloch insatiable, dont le culte peut rapidement mener au sacrifice de la justice elle-même.

SECTION 3
LES PROCÉDURES D'URGENCE

352 Les procédures d'urgence ne sont pas en principe destinées à remplacer la procédure contentieuse normale. Plus modestement, elles permettent simplement d'obtenir du juge qu'il prenne certaines mesures, sans attendre la solution de fond du litige. Mais c'est déjà beaucoup, quand on sait qu'il n'est pas rare qu'un tribunal administratif mette quatre ans à juger une affaire au fond; cette

affligeante lenteur de la justice administrative, qui est l'un des problèmes les plus graves auxquels se heurte aujourd'hui le droit administratif, a d'ailleurs valu à la France d'être condamnée à plusieurs reprises par la Cour européenne des droits de l'Homme (*cf. supra*, chap. 8, n° 238).

Cela étant, les procédures d'urgence peuvent être classées en deux catégories : les unes peuvent être qualifiées de « positives », en ce qu'elles permettent d'obtenir, en général indépendamment de tout recours au fond, des provisions ou des mesures de constatation, de conservation, d'instruction ou d'injonction (**A**); alors que les autres peuvent être qualifiées de « négatives », parce qu'elles tendent uniquement, à l'appui d'un recours au fond, à suspendre l'application d'un acte administratif (**B**).

A. Les procédures d'urgence positives

353 Elles sont incarnées par cinq grands types de référés. Il s'agit du référé-constat (**1**), du référé conservatoire (**2**), du référé-instruction (**3**), du référé-provision (**4**), et du référé-liberté (**5**). Les mesures qu'ils permettent de prendre sont diverses mais dans chacun des cinq cas elles sont prises par un juge unique : président de TA ou de CAA (ou magistrat délégué par lui), ou président de la section du contentieux du Conseil d'État.

Il existe d'autres procédures d'urgence qui ressemblent à ces référés, mais qui s'en distinguent dans la mesure où les lois qui les ont créées les ont cantonnées dans des domaines précis. Étant très spécifiques, il suffit de les mentionner. Il s'agit principalement : du référé précontractuel (étudié dans le chap. 6, n° 191); du référé audiovisuel grâce auquel le président du CSA peut demander au président de la section du contentieux du Conseil d'État de prononcer des injonctions, assorties d'astreinte, à l'encontre des sociétés privées ou nationales de communication audiovisuelle (art. 42-10 de la loi du 30. 9. 1986 et art. L. 553-1 CJA); du référé « Dalo » permettant au président du TA d'enjoindre à l'État, éventuellement sous astreinte, de loger d'urgence un demandeur reconnu prioritaire par une commission de médiation (loi du 5. 3. 2007 et art. R. 778-7 CJA; *cf.* par ex. TA Paris 5. 2.

2009 Rougier *AJDA* 2009. 519); et de la procédure par laquelle les étrangers peuvent attaquer par un recours suspensif en annulation devant le président du TA, les arrêtés préfectoraux de reconduite à la frontière pris à leur encontre, dans le délai de 48 heures à compter de la notification de ceux-ci (art. L. 512-2 CESEDA).

1. Le référé-constat (art. R. 531-1 CJA)

354 Créé par la loi du 22 juillet 1889 sous le nom de « constat d'urgence », le référé-constat connaît un regain de jeunesse depuis qu'un décret du 22 novembre 2000 a supprimé la condition d'urgence pour y recourir (*cf.* l'étude de B. Daugeron *AJDA* 2004. 17).

Il permet simplement au président de la section du contentieux du Conseil d'État ou au président du TA ou de la CAA (ou au magistrat qu'il délègue), uniquement sur requête, de désigner un expert pour constater sans délai des faits susceptibles de donner lieu à un litige devant une juridiction administrative. Il ne débouche donc que sur de simples constatations matérielles, mais est néanmoins très utile en ce qu'il permet de sauvegarder la preuve de faits litigieux appelés à disparaître rapidement (*cf.* par ex. CE Sect. 7. 2. 1969 M'Barek *AJDA* 1969. 163, chron. Dewost et Denoix de Saint-Marc : constat des conditions d'hospitalisation et de l'état d'un malade; CAA Marseille 11. 6. 2002 SNCF : constat d'une pollution sur le domaine public ferroviaire).

2. Le référé conservatoire (art. L. 521-3 CJA)

355 C'est le plus ancien des quatre autres grands types de référés. Il permet au juge unique d'ordonner « toutes mesures utiles », sur simple requête, à trois conditions cumulatives (récapitulées par CE 29. 4. 2002 Capellari *Lebon* 876) :

- *Il faut qu'il y ait urgence à intervenir.*
- *Les mesures demandées doivent être conservatoires*, c'est-à-dire de nature à préserver l'avenir, *et provisoires.*
- *Les mesures prononcées ne doivent « faire obstacle à l'exécution d'aucune décision administrative »*, afin de respecter le « privilège du préalable », c'est-à-dire la force obligatoire qui s'attache aux actes administratifs unilatéraux (*cf.* par ex. CE 30. 12. 2002 Commune de Pont-Audemer *Lebon* 876 : impossibilité d'ordonner

à un maire d'interrompre des travaux de démolition d'un bien du domaine public communal, car un tel ordre ferait obstacle à l'exécution de la décision administrative d'engager les travaux).

Ainsi conçu, le référé conservatoire apparaît comme le fidèle héritier du tout premier référé administratif, créé par la loi du 28 novembre 1955 et illustré par un célèbre arrêt de 1956 (CE Sect. 13. 7. 1956 Office public d'HLM de la Seine *AJDA* 1956. 312 et 398, concl. Chardeau, chron. Fournier et Braibant). Il permet notamment au juge de mettre fin à des situations dommageables en adressant des injonctions diverses : à l'administration (CE 26. 5. 1982 Aboudou Mzé *AJDA* 1982. 375, chron. Tiberghien et Lasserre : ordre de donner son dossier à un étranger confronté à un refus de carte de séjour); à un entrepreneur de travaux publics (CE Sect. 13. 7. 1956, préc. : ordre de ramener le matériel nécessaire à la poursuite des travaux par une autre entreprise); à un ex-concessionnaire de service public (CE 9. 12. 1988 Soc. Les Téléphériques du massif du Mont Blanc *AJDA* 1989. 272, note Prétot : ordre, sous astreinte, de ramener le matériel nécessaire au fonctionnement du service public); ou encore à un occupant sans titre du domaine public (CE Sect. 16. 5. 2003 Soc. Icomatex *AJDA* 2003. 1156 chron. Donnat et Casas : ordre, sous astreinte, d'évacuer le domaine public).

Depuis 2004, le référé conservatoire connaît même un regain de jeunesse. Jusque-là, il n'avait en effet été que « timidement mis en œuvre par le Conseil d'État » (J.-H. Stahl, concl. sur CE Sect. 6. 2. 2004 Masier *RFDA* 2004. 1170). Mais depuis lors, deux verrous ont sauté : la troisième condition de sa mise en œuvre n'empêche plus son utilisation pour surmonter une décision de refus de l'administration (CE Sect. 18. 7. 2006 Mme Elissondo Labat *AJDA* 2006. 1839, chron. Landais et Lenica : ordre d'exécuter des travaux provisoires aux frais d'un département, malgré le refus de ce dernier de les assumer); et il permet désormais d'ordonner à l'administration de faire autre chose que de communiquer des documents ou des dossiers (CE Sect. 6. 2. 2004 Masier, préc. : ordre à un maire d'édicter un arrêté interruptif de travaux; TA Rouen 6. 4. 2006 Lebreton *D.* 2006. 2224, avec notre note : ordre à un président d'université « de prendre les mesures nécessaires pour faire libérer les bâtiments universitaires et, si besoin est, pour organiser des cours en dehors de ceux-ci »).

3. Le référé-instruction (art. R. 532-1 CJA)

356 Il n'est clairement identifié que depuis sa consécration par le décret du 2 septembre 1988. Auparavant, on tendait à le confondre avec le référé conservatoire.

Alors que ce dernier permet au juge de prononcer des injonctions, le référé-instruction lui permet de prescrire, sur simple requête, « toutes mesures utiles d'expertise ou d'instruction », c'est-à-dire essentiellement des expertises, des enquêtes et des vérifications administratives. Ces mesures sont d'autant plus faciles à décider que le décret de 1988 a exempté le référé-instruction de la condition d'urgence. Depuis cette date, seules les deux dernières des trois conditions sus-énumérées (*cf.* n° 355) s'appliquent donc à ce type de référé.

C'est ainsi indépendamment de toute considération d'urgence que le juge a pu charger un expert de rechercher les causes des difficultés rencontrées par le chantier du pont de Normandie (CAA Nantes 2. 7. 1992 Soc. Bilfinger-Berger *AJDA* 1993, 99, chron. Cadenat), ou d'effectuer des tests sanguins sur une vache atteinte de l'ESB afin de vérifier si elle provenait d'un groupement agricole suspect (CAA Nantes 18. 6. 2002 Min. de l'Agriculture *AJDA* 2002. 1246).

Depuis 2005, le Conseil d'État accepte aussi que le juge confie à un expert le soin de concilier les parties, « si faire se peut » (CE Sect. 11. 2. 2005 Organisme de gestion du cours du Sacré-Cœur *RDP* 2006. 532, note Guettier).

4. Le référé-provision (art. R. 541-1 CJA)

357 Ce quatrième type de référé est relativement nouveau en droit français. Il n'a en effet été introduit en procédure administrative contentieuse que par le décret du 2 septembre 1988. La procédure civile elle-même ne l'a consacré qu'en 1973, alors qu'elle connaissait pourtant les référés conservatoire et instruction depuis 1806.

Le référé-provision permet au juge unique d'accorder, « même en l'absence d'une demande au fond, ... une provision au créancier qui l'a saisi lorsque l'existence de l'obligation n'est pas sérieusement contestable ». Il offre donc l'immense mérite de sauver les créanciers de l'étranglement financier, en leur permettant d'obtenir une avance sur les sommes qui leur sont dues (voire même l'intégralité de celles-ci), sans attendre la date généralement très éloignée à laquelle interviendra (ou serait intervenu) le jugement au fond déterminant le montant précis de leur créance.

Par rapport au modèle classique du référé conservatoire, le référé-provision est soumis à des conditions profondément originales, et c'est d'ailleurs ce qui explique qu'on ait tant hésité à le consacrer. Des trois conditions sus-énumérées (*cf.* n° 355), aucune ne lui est en effet véritablement adaptée. L'une est même clairement écartée, puisque le référé-provision peut intervenir en dehors de toute urgence.

À leur place, une condition spécifique s'impose à lui : la provision ne peut être accordée que lorsque l'existence de la créance n'est pas « sérieusement contestable »; mais le juge se montre d'autant plus laxiste dans l'appréciation de cette condition, que les textes lui donnent la possibilité, en cas de doute sur l'existence de la créance, de subordonner l'allocation de la provision « à la constitution d'une garantie »; il n'est toutefois jamais obligé d'accorder une provision lorsque la condition est remplie.

En pratique, le référé-provision connaît un grand succès. Il permet notamment d'accorder des provisions : aux victimes du refus de l'État d'apporter le concours de la force publique à l'exécution d'un jugement d'expulsion (TA Strasbourg ord. 2. 3. 1989 Office public d'HLM du Bas-Rhin *AJDA* 1989, 640, note Prétot; on reconnaît au passage la jurisprudence Couitéas); aux victimes de dommages imputables à un hôpital (CAA Lyon 13. 6. 1989 Centre hospitalier gén. d'Hyères *AJDA* 1989, 779, chron. Jouguelet et Loloum, et CE Sect. 10. 4. 1992 Centre hospitalier gén. d'Hyères *RFDA* 1993, 88, concl. Tabuteau); aux victimes de dommages de travaux publics (CAA Paris 30. 1. 1990 RATP *Lebon* 923); ou encore aux détenus qui ont été incarcérés « dans des conditions n'assurant pas le respect de la dignité inhérente à la personne humaine » (CAA Douai 12. 11. 2009 Garde des Sceaux *AJDA* 2010. 42, chron. Lepers).

5. Le référé-liberté (art. L 521-2 CJA)

358 Il s'agit du plus récent des cinq types de référé, puisqu'il a été créé par la loi du 30 juin 2000. Il permet au juge unique, saisi d'une demande en ce sens justifiée par l'urgence, d'« ordonner toutes mesures nécessaires à la sauvegarde d'une liberté fondamentale à laquelle une personne morale de droit public ou un organisme de droit privé chargé de la gestion d'un service public aurait porté, dans l'exercice d'un de ses pouvoirs, une atteinte grave et manifestement illégale ». Beaucoup plus efficace que le référé conservatoire, puisqu'il peut faire obstacle à l'exécution d'une décision administrative, il donne enfin au juge administratif statuant en référé des pouvoirs comparables à ceux du juge judiciaire. Il est ainsi parvenu à sortir la justice administrative du discrédit dans lequel elle était tombée.

En pratique, la jurisprudence s'est en effet attachée à adopter une conception suffisamment large de la notion de « liberté fondamentale » pour donner a ce nouveau type de référé sa pleine efficacité. Sont en effet des libertés fondamentales : l'ensemble des libertés publiques, y compris la liberté de réunion (CE 19. 8. 2002 Front national *AJDA* 2002, 1017, note Braud), la liberté du culte (CE 25. 8. 2005 Commune de Massat *AJDA* 2006, 91, note Subra de Bieusses), la liberté d'aller et venir (CE 21. 9. 2007 Mlles Mayela et Iloki *AJDA* 2008, 763, note Guéguen), le droit de propriété (CE 2. 7. 2003 Soc. Outremer Finance Limited *AJDA* 2003, 1780, concl. Bachelier), le droit d'asile (CE 12. 1. 2001 Mme Hyacinthe *AJDA* 2001, 589, note Morri et Slama), le droit de mener une vie familiale normale (CE Sect. 30. 10. 2001 Mme Tliba *AJDA* 2001, 1054, chron. Guyomar et Collin), le droit au respect de la vie privée (CE 25. 10. 2007 Mme Y. *RFDA* 2008, 328, note Le Bot), et même les « libertés reconnues aux étrangers en situation régulière » (CE 11. 6. 2002 Aït Oubba *AJDA* 2002, 746, note Tavernier); les libertés politiques, comme par exemple la « libre expression du suffrage » (CE 7. 2. 2001 Commune de Pointe-à-Pitre) ou la « liberté d'exercice de leur mandat par les élus locaux » (CE 9. 4. 2004 Vast *RFDA* 2004, 778, concl. Boissard); et enfin certains principes d'organisation sociale, comme le principe de libre administration des collectivités locales (CE Sect. 18. 1. 2001 Commune de

Venelles *GAJA*) ou le principe du pluralisme de l'expression des courants de pensée (CE 24. 2. 2001 Tibéri *RFDA* 2001, 629, note Malignier). Ne manquent finalement à cette liste impressionnante que les droits-créances, que le Conseil d'État refuse d'assimiler à des libertés fondamentales (*cf.* par ex. CE 3. 5. 2002 Assoc. de réinsertion sociale du Limousin *AJDA* 2002, 818, note Deschamps, à propos du droit au logement; et CE 8. 9. 2005 Min. de la Justice *AJDA* 2006, 376, note Laudijois, à propos du droit à la santé), sauf dans les rares cas où leur violation compromet le respect de principes essentiels comme la séparation des pouvoirs (CE 4. 3. 2010 Mme Soignet *AJDA* 2010. 1206, note Le Bot, à propos du droit au recours effectif devant un juge) ou comme le principe d'égalité (CE 15. 12. 2010 Peyrilhe *RFDA* 2011. 210, à propos de l'égal accès à l'instruction).

Pour compléter l'efficacité du référé-liberté, la loi de 2000 apporte deux précisions destinées à favoriser sa rapidité : le juge « se prononce dans un délai de quarante-huit heures »; la jurisprudence en déduit que l'urgence à statuer doit être telle qu'elle rend nécessaire l'intervention d'une mesure de sauvegarde dans ce délai (*cf.* par ex. S. Boissard, concl. préc., qui la qualifie d'« extrême urgence » par opposition à l'urgence simple des autres référés). Et ses décisions sont susceptibles d'appel devant le président de la section du contentieux du Conseil d'État, alors que par comparaison les décisions prises en matière de référé conservatoire sont insusceptibles d'appel et ne peuvent donner lieu qu'à un pourvoi en cassation, et que celles prises en matière de référé-constat, de référé-instruction et de référé-provision sont susceptibles d'appel devant le président de la Cour administrative d'appel compétente.

B. Les procédures d'urgence négatives

Jusqu'à la loi du 30 juin 2000, les procédures d'urgence négatives étaient relativement lourdes, et reposaient sur le modèle du « sursis à exécution » (**1**). Depuis cette loi, elles sont plus efficaces grâce à la substitution de la « suspension » au sursis à exécution (**2**).

1. Le sursis à exécution

359 Dans sa forme classique, le sursis à exécution trouve son origine dans la loi du 22 juillet 1806, qui l'institue devant le Conseil d'État. Par comparaison, il n'a commencé à apparaître en droit privé que 181 ans plus tard, grâce à la loi du 6 juillet 1987 qui instaure devant la Cour d'appel de Paris une procédure de sursis à exécution des décisions du Conseil de la concurrence. À la traîne en matière de référé, le contentieux administratif prend donc ici une belle revanche.

Si le sursis à exécution est ainsi intimement lié à l'histoire du droit administratif, c'est parce qu'il permet de remédier aux inconvénients qui peuvent résulter du principe de l'effet non suspensif du recours juridictionnel. Il est en effet spécialement conçu pour suspendre l'exécution de l'acte attaqué par voie de recours en annulation, dans l'attente du jugement au fond. Il apparaît en somme comme le garde-fou du « privilège du préalable », c'est-à-dire du caractère immédiatement exécutoire des actes unilatéraux de l'administration. C'est pourquoi il a été qualifié de « règle fondamentale du droit public » par le Conseil d'État, et de « garantie essentielle des droits de la défense » par le Conseil constitutionnel (*cf.* respectivement CE Ass. 2. 7. 1982 Huglo *AJDA* 1982. 657, concl. Biancarelli, et CC 27. 1. 1987 Conseil de la concurrence *GAJA*). C'est également pourquoi la CJCE lui a rendu un hommage remarqué en en prescrivant l'utilisation lorsqu'une mesure nationale viole le droit communautaire (CJCE 19. 6. 1990 Factortame *AJDA* 1990. 832, note Le Mire), ou applique un règlement communautaire dont la validité est contestée (CJCE 21. 2. 1991 Zuckerfabrik *AJDA* 1991. 237, note Le Mire).

Le sursis à exécution présentait pourtant trois graves inconvénients. En premier lieu, il n'était souvent pas prononcé assez rapidement pour être pleinement efficace, car c'était la juridiction dans sa formation collégiale, et non un juge unique, qui était compétente pour le décider.

En deuxième lieu, ses conditions de recevabilité étaient trop sévères, car pour être recevable la demande de sursis à exécution devait satisfaire à deux conditions :

• *Elle devait être formulée*, en principe par requête distincte, *à l'appui d'un recours en annulation* lui-même recevable.

• *Elle devait concerner une décision « exécutoire » au sens de la jurisprudence Amoros*, c'est-à-dire un acte administratif unilatéral qui entraîne « une modification dans une situation de fait ou de droit » (CE Ass. 23. 1. 1970 Amoros *AJDA* 1970. 174, note Delcros).

Or cette deuxième condition avait pour effet de rendre irrecevables la plupart des demandes de sursis à exécution dirigées contre des décisions de refus ou de rejet, car de telles décisions ne modifient généralement pas la situation des personnes auxquelles elles s'adressent (*cf.* par ex. CE Sect. 13. 11. 1987 Min. de l'Intérieur c. Tang Kam Keung *RFDA* 1988. 45, concl. Schrameck, à propos d'un refus de délivrer une carte de séjour).

Enfin, troisième inconvénient, les conditions de fond du sursis à exécution étaient elles aussi trop sévères. Il ne pouvait en effet être accordé que lorsque deux conditions de fond, clairement identifiées dès 1938, étaient réunies (CE Ass. 12. 11. 1938 Ch. synd. des constructeurs de moteurs d'avions *D.* 1939. 12, concl. Dayras). Il fallait d'une part qu'au moins un des moyens énoncés dans la requête paraisse « sérieux et de nature à justifier l'annulation de la décision attaquée », d'autre part que l'exécution de la décision attaquée soit susceptible « d'entraîner des conséquences difficilement réparables ». Or si la première condition paraissait normale, la seconde était très critiquable, car elle exigeait que l'exécution de l'acte attaqué, si on la laisse se poursuivre, soit à l'origine d'un préjudice si grave pour le demandeur qu'il devienne difficile à réparer au moment du jugement au fond. C'était faire preuve de trop de sévérité à l'égard du requérant, car on ne voyait pas pourquoi, lorsqu'il parvenait à invoquer un moyen sérieux, on le forçait ainsi à subir un préjudice qui, certes, serait facile à réparer, mais dont il aurait été beaucoup plus efficace, et plus conforme aux exigences de l'État de droit, d'empêcher la survenance. Cette remarque était d'autant plus grave que la jurisprudence adoptait une conception singulièrement étriquée du « préjudice difficilement réparable »; c'est ainsi qu'elle ne qualifiait jamais ainsi un préjudice exclusivement pécuniaire (CE Sect. 18.

6. 1954 Préfet du Var *S.* 1954, 93, note Braibant, à propos de retenues sur le traitement d'agents publics).

Comme on l'espérait, ces trois graves inconvénients ont finalement incité la loi du 30 juin 2000 à remplacer le sursis à exécution par le référé-suspension.

2. Le référé-suspension

a. Le régime normal (art. L. 521-1 CJA)

360 Comme son prédécesseur le sursis à exécution, le référé-suspension est conçu pour suspendre, sur demande d'un justiciable formulée par requête distincte, l'exécution d'un acte attaqué par voie de recours en annulation ou en réformation, dans l'attente du jugement au fond. Mais la loi du 30 juin 2000 a pris soin de lui épargner les trois défauts qui avaient paralysé son ancêtre.

Tout d'abord, c'est un juge unique, le «juge des référés», et non une juridiction en formation collégiale, qui est compétent pour prononcer la suspension. Cette disposition doit être approuvée, car elle est de nature à accélérer la procédure. Rien n'interdit toutefois, lorsque le besoin s'en fait sentir, le renvoi à une formation collégiale (art. L. 522-1 CJA).

Ensuite, la loi met fin à la jurisprudence Amoros (analysée *supra*, n° 359) en précisant qu'«une décision administrative, même de rejet», peut faire l'objet d'une suspension (art. L. 521-1 CJA; première application par CE Sect. 20. 12. 2000 Ouatah *AJDA* 2001. 146, chron. Guyomar et Collin).

Enfin, elle soumet l'octroi de la suspension à des conditions de fond beaucoup plus souples que celles qui s'imposaient au sursis à exécution. Elle substitue en effet à l'exigence d'un «moyen sérieux» la simple présentation d'un «moyen propre à créer, en l'état de l'instruction, un doute sérieux quant à la légalité de la décision»; le doute, quand il est sérieux, doit donc désormais bénéficier au requérant. D'autre part et surtout, elle remplace l'exigence du «préjudice difficilement réparable» par une simple condition d'«urgence», beaucoup plus facile à remplir; il s'agit d'un bouleversement dont l'ampleur a été confirmée par la jurisprudence, qui retient l'urgence dès lors que l'acte attaqué «préjudicie de manière suffisamment grave et immédiate » à un intérêt public ou privé, et qui déduit de cette analyse la possibilité nouvelle de suspendre un acte dont l'objet ou les répercussions sont « purement financiers » (CE Sect. 19. 1. 2001 Conf. nat. des radios libres *AJDA* 2001. 150, chron. Guyomar et Collin).

Grâce à ces trois innovations, le référé-suspension s'est avéré, comme on l'espérait, beaucoup plus efficace que son prédécesseur. Il a par exemple permis de suspendre le refus d'un maire de convoquer son conseil municipal (CE 5. 3. 2001 Saez *GAJA*), ou l'autorisation d'exporter l'ex-porte-avions Clemenceau (CE 13. 2. 2006 Assoc. Ban Asbestos France *AJDA* 2006. 761, note Pontier). Et depuis 2007, il permet à un « concurrent évincé » qui n'a pas utilisé le référé précontractuel, de demander la suspension du contrat administratif convoité (CE Ass. 16. 7. 2007 Soc. Tropic travaux signalisation *AJDA* 2007. 1577, chron. Lenica et Boucher). On remarquera au passage que contrairement à l'ordonnance de référé-liberté, l'ordonnance de référé-suspension n'est pas susceptible d'appel, mais uniquement de recours en cassation devant le Conseil d'État.

Restent deux regrets : d'une part le juge fait preuve d'une trop grande sévérité à l'égard des demandes de suspension dirigées contre les mesures carcérales, qu'il rejette presque toujours (*cf.* par ex. CE 9. 4. 2008 Section française de l'Observatoire international des prisons *AJDA* 2008. 1447, note Birnbaum, à propos d'une décision de continuer à utiliser des cellules insalubres; CE Ass. 14. 12. 2007 Payet *RFDA* 2008. 104, concl. cont. Landais, à propos de la décision de soumettre un détenu à d'incessantes « rotations de sécurité »). D'autre part, le Conseil d'État a maintenu une jurisprudence de 1976 qui permet au juge de rejeter une demande de suspension même lorsque les deux conditions de fond (doute sérieux et urgence) sont réunies (CE Ass. 13. 2. 1976 Assoc. de sauvegarde du quartier Notre-Dame *RA* 1976, 380, concl. Morisot; CE 15. 6. 2001 Soc. Robert Nioche *Lebon* 1120). Or cette liberté du juge aurait été acceptable si elle n'avait pu être utilisée, comme le suggérait le commissaire du gouvernement Morisot, que pour des motifs juridiques, tenant par exemple à la régularisation en cours de l'acte attaqué. Mais elle est contestable dès lors qu'elle peut être utilisée pour de purs motifs d'opportunité, comme la jurisprudence de 1976 en fait hélas le choix : car le juge risque alors de s'en servir pour s'incliner devant la raison d'État (comme il l'a fait en 1986 en refusant de suspendre la décision du gouvernement d'autoriser une centrale nucléaire, au mépris des règles de sécurité nationales et internationales, à rejeter des effluents radioactifs : TA Strasbourg 8. 9. 1986 Assoc. de sauvegarde de la vallée de la Moselle *AJDA* 1987, 122, note C.-A. G.).

b. Les régimes spéciaux

361 On peut (en simplifiant) en distinguer trois, qui ont tous en commun d'écarter expressément la jurisprudence de 1976 en obligeant le juge à prononcer la suspension lorsque la condition du doute sérieux est remplie. La loi du 30 juin 2000 a reconnu leur mérite puisqu'elle les a conservés, en substituant toutefois la nouvelle appellation « suspension » à leur ancienne dénomination « sursis à exécution ».

1) La suspension instituée par la loi du 10 juillet 1976 sur la protection de la nature

En vertu de cette loi, le juge est obligé de prononcer la suspension d'une autorisation de travaux susceptible de porter atteinte à l'environnement, lorsqu'un requérant le demande en suscitant chez lui un doute sérieux tiré de l'absence d'« étude d'impact » de ces travaux sur le milieu naturel (art. L. 554-11 CJA; pour une application, *cf.* CE Sect. 29. 7. 1983 Commune de Roquevaire *AJDA* 1983, 537, chron. Lasserre et Delarue).

2) La suspension instituée par la loi du 12 juillet 1983 sur la démocratisation des enquêtes publiques

En vertu de cette loi, qui s'inspire de la précédente, le juge est obligé de prononcer la suspension d'une déclaration d'utilité publique prise malgré des conclusions défavorables du commissaire-enquêteur, lorsqu'un requérant le demande en invoquant un moyen propre à créer un doute sérieux sur sa légalité (art. L. 554-12 CJA).

En pratique, on observe hélas une certaine timidité du juge qui le pousse parfois à nier le caractère sérieux du moyen invoqué lorsqu'il ne veut pas prononcer la suspension.

3) La suspension instituée par la loi de décentralisation du 2 mars 1982

Cette loi institue une nouvelle forme de suspension dont la demande est réservée aux préfets, et uniquement à l'encontre des actes des collectivités locales.

Elle oblige le juge à prononcer la suspension d'un acte d'une autorité décentralisée lorsque le préfet la demande en invoquant un moyen propre à créer un doute sérieux sur sa légalité (art. L. 554-1 CJA). Bien entendu, cette demande n'est recevable que si elle est l'accessoire d'un recours en annulation. Depuis les lois du 4 et du 8 février 1995, la demande de suspension formée par le préfet provoque automatiquement, lorsqu'elle est présentée dans les dix jours de la réception de l'acte, la suspension provisoire pour un mois de l'acte attaqué; mais cette disposition révolutionnaire – puisqu'elle donne un caractère suspensif à la demande elle-même – ne joue que lorsque l'acte attaqué est une décision d'urbanisme, un permis de construire, un marché public, un contrat de partenariat ou une délégation de service public (art. L. 554-2 CJA).

La loi de 1982 institue d'autre part, toujours au profit des préfets, une « suspension d'extrême urgence » qu'ils peuvent demander contre les actes des collectivités locales qui portent atteinte à une liberté publique. Le président du TA est alors obligé d'accorder le sursis dans les 48 heures de la demande, à condition bien évidemment que le préfet ait invoqué un moyen propre à créer un doute sérieux sur la légalité de l'acte attaqué (*cf.* par ex. TA Orléans ord. 3. 10. 1985 Préfet d'Eure-et-Loir *RFDA* 1987, 201, note Melleray, à propos d'une interdiction de tout stand politique pendant la durée d'une foire). En cas de refus, un appel est possible devant le président de la section du contentieux du Conseil d'État, qui devra statuer dans les 48 heures de sa saisine (art. L. 554-3 CJA).

SECTION 4
LES VOIES DE RECOURS

Les voies de recours contre les décisions juridictionnelles sont nombreuses. Parmi les principales, certaines sont usuelles (**A**), comme l'appel et le recours en cassation, alors que d'autres le sont moins (**B**), comme l'opposition et la tierce opposition.

A. Les voies de recours usuelles

1. L'appel

362 Les CAA et le Conseil d'État sont, comme on l'a vu (*cf. supra*, n°s 241 et 246), les principales juridictions administratives d'appel.

L'appel peut être interjeté devant elles contre la plupart des jugements rendus en première instance par les TA, en vue d'en obtenir l'annulation ou la « réformation », c'est-à-dire la modification de la solution du litige grâce à un nouvel examen de celui-ci. Seules les parties à la première instance peuvent en principe l'interjeter, sauf en matière de contentieux électoral, où toute personne intéressée par l'élection peut faire appel lorsque le jugement en a annulé ou modifié les résultats. Pour être recevable, l'appel doit être interjeté dans le délai de deux mois à compter de la réception de la notification du jugement, ou dans le délai de quinze jours s'il est dirigé contre une ordonnance de référé-liberté (art. L. 523-1 CJA). Les autres conditions de recevabilité diffèrent très peu de celles qui s'imposent aux recours de première instance (*cf. supra*, n°s 343 à 345).

Les moyens qui peuvent être invoqués en appel sont très divers. Il peut évidemment s'agir des moyens déjà invoqués en première instance. Mais il peut également s'agir de moyens nouveaux. Ceux-ci peuvent être relatifs à la régularité du jugement, et soulever par exemple l'insuffisance de sa motivation. Mais ils peuvent aussi concerner le fond du litige, avec cette restriction que lorsque c'est le demandeur en première instance qui fait appel, il ne peut les invoquer que s'ils se rattachent à la « cause juridique » dont procédaient ses moyens de première instance (à moins qu'ils ne soient d'ordre public) : en matière d'excès de pouvoir, par exemple, il ne peut pas invoquer de moyens de légalité interne s'il n'avait soulevé que des moyens de légalité externe, ou inversement (CE 24. 10. 1990 Onyemba *RDP* 1991. 871; *cf.* jurisprudence Intercopie, analysée *supra*, n° 317); et, en matière de plein contentieux, il ne peut pas fonder sa demande d'indemnisation sur un régime de responsabilité pour faute s'il n'avait invoqué qu'un régime de responsabilité sans faute (CAA Douai 1er. 7. 2003 Soc. Sogetra *AJDA* 2003, 2055).

L'appel, enfin, n'est pas suspensif, sauf dans quelques cas précis, notamment en matière de contentieux des élections municipales, cantonales et régionales (art. L. 223, L. 250 et L. 362 du C. élect.). Par comparaison, l'appel est suspensif en procédure civile. Pour compenser les inconvénients pouvant résulter de ce caractère non suspensif, les textes permettent aux juridictions administratives d'appel de prononcer le sursis à exécution des jugements lorsque les requérants le demandent. Mais elles ne peuvent en principe l'accorder que lorsque les deux conditions de fond sus-analysées, moyen sérieux et préjudice difficilement réparable, sont remplies (*cf. supra*, n° 359), par transposition de ce qui s'imposait au sursis à exécution des actes administratifs (art. R. 811-15 à R. 811-17 CJA). Toutefois, en vertu des mêmes textes, la condition du moyen sérieux suffit en cas d'appel d'un jugement ayant annulé une décision pour excès de pouvoir; et, inversement, la condition du préjudice difficilement réparable suffit en matière de plein contentieux, lorsque l'appel émane d'une « personne autre que le demandeur en première instance », et que le préjudice consiste à l'exposer « à la perte définitive d'une somme qui ne devrait pas rester à sa charge » (*cf.* par ex. CE 13. 2. 1987 Dame Bozonet *RDP* 1987. 1385, à propos d'un jugement condamnant l'État à verser une indemnité).

2. Le recours en cassation

363 Le recours en cassation est ouvert, en vertu d'un principe général du droit, contre tous les jugements ou arrêts rendus en dernier ressort par une juridiction administrative (CE Ass. 7. 2. 1947 d'Aillères *GAJA*). Il ne peut en principe être exercé que devant le Conseil d'État, dont on sait qu'il est devenu principalement un

juge de cassation depuis la loi du 31 décembre 1987 (*cf. supra*, n° 245).

Seules les parties dans l'instance qui a donné lieu à l'arrêt attaqué peuvent se pourvoir en cassation. Pour être recevable, leur recours doit être exercé dans le délai de deux mois à compter de la notification de la décision juridictionnelle attaquée, ou dans le délai de quinze jours quand celle-ci a été rendue en matière de référé ou de suspension (art. R. 821-1 CJA). Sauf rare exception, le ministère d'un avocat au Conseil d'État et à la Cour de cassation est obligatoire (art. R. 821-3 CJA).

Le souci de filtrer les recours en cassation, afin d'éviter l'engorgement du Conseil d'État, a conduit le Parlement à les soumettre à une « procédure préalable d'admission » (art. 11 de la loi du 31. 12. 1987). Une « commission d'admission des pourvois en cassation », composée de trois membres du Conseil d'État, avait été instituée en 1988 pour mettre en œuvre cette procédure. Mais elle a été supprimée en 1997. Désormais, la procédure préalable d'admission est confiée au président de la sous-section à laquelle le pourvoi est attribué. Celui-ci peut en effet soit décider « qu'il sera procédé à l'instruction du pourvoi », soit transmettre « le dossier au rapporteur public en vue de son inscription au rôle ». Dans cette deuxième hypothèse, le Conseil d'État rend, après que le requérant ou son mandataire en ait été avisé, une « décision juridictionnelle de refus d'admission » (art. R. 822-2 et R. 823-3 CJA).

Le recours en cassation a pour fonction d'assurer la conformité des arrêts au droit, et non de permettre au Conseil d'État d'effectuer un nouvel examen au fond des litiges. Fondamentalement, la juridiction de cassation juge en effet les arrêts, non les litiges qui les ont suscités. Cette particularité explique que les moyens de cassation soient moins diversifiés que les moyens d'annulation qu'on peut invoquer à l'appui d'un REP.

Ils peuvent tout d'abord porter sur la régularité externe de l'arrêt attaqué; ils consistent alors à invoquer la violation des règles de compétence, de forme et de procédure qui s'imposaient à la juridiction : composition irrégulière, insuffisance de motivation, irrespect du caractère contradictoire de la procédure, etc.

(*cf.* par ex. CE Sect. 14. 3. 1975 Rousseau *AJDA* 1975, 350, chron. Franc et Boyon).

Ils peuvent également porter sur le bien-fondé de l'arrêt, et amener le Conseil d'État à contrôler si la solution donnée au litige par la juridiction a respecté le droit. Peuvent être soulevés : l'inexactitude matérielle des faits retenus par la juridiction (CE Ass. 5. 7. 1929 Commune de Relizane *Lebon* 679 concl. Josse); son erreur dans la qualification juridique des faits (CE Sect. 2. 2. 1945 Moineau *GAJA*); sa dénaturation des faits (CE Ass. 4. 1. 1952 Simon *Lebon 13*, concl. Letourneur); et son erreur de droit au sens large, comprenant aussi bien la violation directe des règles de droit (CE 8. 7. 1904 Botta *GAJA*), que l'erreur dans les motifs de droit (*cf.* par ex. : CE Ass. 2. 7. 1993 Milhaud *AJDA* 1993, 530, chron. Maugüe et Touvet, à propos d'un arrêt appliquant à un mort un texte destiné aux vivants).

Même ainsi délimitée, la diversité des moyens de cassation est impressionnante, car par comparaison la Cour de cassation ne se reconnaît pas le pouvoir de contrôler l'inexactitude matérielle des faits ni la dénaturation des faits. Mais elle n'égale quand même pas la richesse des moyens d'annulation du REP, et cela pour deux raisons. D'abord parce que le moyen tiré du détournement de pouvoir ne peut pas être invoqué en cassation, afin de ne pas jeter la suspicion sur les juges du fond (CE Sect. 6. 3. 1953 Abbé Giloteaux *D.* 1954, 148, note Morange). Ensuite et surtout, parce que l'appréciation des faits par les juges du fond est « insusceptible de discussion » devant le juge de cassation, car elle relève de leur « appréciation souveraine », qu'il ne pourrait contrôler sans sortir de son rôle et se transformer lui-même en juge du fond. Ce principe est si puissant qu'il conduit même le juge de cassation à refuser d'examiner la réalité de l'« erreur manifeste d'appréciation » retenue ou repoussée par les juges du fond (CE Sect. 18. 11. 1994 Soc. Clichy Dépannage *AJDA* 1995, 109, chron. Touvet et Stahl). C'est ainsi en vertu de leur appréciation souveraine que les juges du fond déterminent la valeur d'une méthode médicale (CE Sect. 2. 2. 1945 Moineau, préc.), le choix d'une sanction (CE Ass. 11. 7. 1984 Docteur Subrini *AJDA* 1984, 557), la valeur pécuniaire d'un préjudice (CE Sect. 26. 6. 1992 Commune de Béthoncourt

AJDA 1992, 650, chron. Maugüe et Schwartz), ou l'urgence en matière de référé-suspension (CE Sect. 29. 11. 2002 Communauté d'agglomération Saint-Étienne Métropole *AJDA* 2003, 278, chron. Donnat et Casas). On notera toutefois que le moyen de cassation tiré de la « dénaturation des faits » permet au juge de cassation de censurer les appréciations qui reposent sur une interprétation manifestement inexacte des faits (*cf.* par ex. CE Sect. 22. 2. 2002 Soc. Shell *RDP* 2003. 467, note Guettier, à propos de la mise en balance opérée par le juge des référés entre l'urgence à suspendre la décision et l'urgence à l'exécuter).

Après examen des moyens de cassation, le Conseil d'État peut soit rejeter le recours, soit annuler l'arrêt.

• *Lorsqu'il rejette le recours*, c'est généralement parce qu'il estime que l'arrêt n'encourt aucun reproche, tant du point de vue de sa régularité externe que de son bien-fondé; mais c'est parfois aussi parce qu'il procède à une « substitution de motif », voire même à une « substitution de base légale », pour sauver l'arrêt de l'annulation qu'aurait pu lui valoir son choix d'un motif erroné ou d'une base légale inadéquate (*cf.* CE Ass. 2. 7. 1993 Milhaud, préc. : substitution d'un principe jurisprudentiel à un texte, pour donner une base légale à un jugement disciplinaire sanctionnant un médecin qui se livrait sans autorisation à des expérimentations sur un mort).

• *Lorsque au contraire il annule l'arrêt*, parce qu'un des moyens de cassation lui apparaît fondé, il a le choix entre deux solutions : la cassation avec ou sans renvoi.

– La cassation avec renvoi est la solution normale, parce qu'elle évite au juge de cassation de statuer sur le fond du litige. Depuis la loi du 31 décembre 1987, le Conseil d'État peut choisir entre le renvoi devant la même juridiction (solution classique) et le renvoi devant une juridiction de même niveau (solution nouvelle). La juridiction désignée rejuge alors l'affaire au fond en toute liberté, avec pour seule limite l'obligation de respecter la chose jugée (CE 8. 7. 1904 Botta *GAJA*).

– La cassation sans renvoi est plus surprenante. Elle intervient d'abord lorsque l'annulation suffit à mettre fin au contentieux; c'est par exemple le cas lorsque les juges du fond auraient dû prononcer un non-lieu à statuer (CE Sect. 26. 3. 1993 Moritz *RFDA* 1993, 750, concl. Lasvignes). Mais elle peut aussi intervenir, en vertu de l'article 11 de la loi du 31 décembre 1987, afin de permettre au Conseil d'État de juger lui-même l'affaire au fond. Cette étrange possibilité de juger après avoir cassé est tantôt une obligation, tantôt une faculté discrétionnaire. C'est une obligation quand deux cassations sont prononcées dans la même affaire, afin d'éviter d'éterniser un regrettable ping-pong contentieux entre le Conseil d'État et la juridiction de renvoi. C'est une faculté quand le Conseil d'État estime que « l'intérêt d'une bonne administration de la justice » justifie qu'il juge lui-même l'affaire au fond. Comme on pouvait s'y attendre, la haute juridiction, un peu à l'étroit dans ses habits neufs de juge de cassation, ne se prive pas d'y recourir (*cf.* par ex. CE Ass. 9. 4. 1993 G.D. et B., trois arrêts, *AJDA* 1993, 334, chron. Maugüe et Touvet : condamnent l'État à indemniser des victimes du SIDA, sur le fondement de sa responsabilité pour faute simple dans le contrôle du service public de la transfusion sanguine; et CE Ass. 26. 10. 2001 Ternon *GAJA* : refond le régime du retrait des actes administratifs).

On soulignera pour terminer qu'en règle générale les arrêts de cassation n'ont qu'une autorité « relative » de chose jugée, c'est-à-dire une autorité qui ne s'impose qu'aux parties au litige; mais par exception à ce principe, ils ont une autorité « absolue » de chose jugée, valant *erga omnes*, « lorsque le juge de cassation annule une décision juridictionnelle elle-même revêtue de l'autorité absolue de la chose jugée (c'est le cas d'une annulation en matière de REP) ou la confirme par d'autres motifs » (CE Sect. 30. 9. 2005 Commune de Beausoleil *AJDA* 2005, 2450, chron. Landais et Lenica).

B. Les voies de recours spéciales

1. L'opposition

364 L'opposition est une voie de recours contre les jugements rendus par défaut. Elle est ouverte, devant la juridiction qui a statué, et dans les deux mois de la notification du jugement, à la partie qui n'avait pas produit d'observations écrites lors de l'instruction. En

cas de succès, elle permet d'obtenir qu'un nouveau jugement se substitue à l'ancien, déclaré nul et non avenu (*cf.* par ex. CE 29. 12. 1993 Soldaini *JCP* 1994, n° 22322, note Haïm).

Ouverte contre les arrêts des CAA et du Conseil d'État, l'opposition est interdite contre les jugements des TA, ce qui est logique car ces derniers peuvent être contestés par une voie de recours équivalente, celle de l'appel (art. R. 831-1 à R. 831-6 CJA).

2. La tierce opposition

365 La tierce opposition est une voie de recours qui permet à un tiers de contester un jugement qui lui porte préjudice alors qu'il n'y était pas présent ni représenté. Elle est ouverte devant la juridiction qui a statué, dans le délai de deux mois si le tiers a reçu une notification du jugement (art. R. 832-1 et R. 832-2 CJA), ou sinon sans condition de délai. Le Conseil d'État l'estime possible même sans texte devant toutes les juridictions administratives, et à propos de n'importe quel type de contentieux (*cf.* CE 29. 11. 1912 Boussuge *GAJA*, l'admettant même à l'encontre des jugements ayant statué sur un REP; confirmé par ex. par CE 5. 12. 2008 Albrecht *AJDA* 2009, 664).

Afin de limiter l'utilisation de la tierce opposition, les textes et la jurisprudence n'admettent officiellement sa recevabilité que si le jugement attaqué porte préjudice à un « droit », et non à un simple intérêt, du tiers. Mais en réalité, cette notion de « droit » est si largement entendue par la jurisprudence qu'elle ne se distingue guère du simple intérêt (*cf.* par ex. CE Ass. 9. 10. 1965 Veuve Béry *RDP* 1966. 151, note Waline, et CE 10. 5. 1985 Chambre de commerce d'Annecy *RFDA* 1986, 60, note Pacteau : deux jugements qui annulent respectivement l'immatriculation d'un enfant comme pupille de la nation et une déclaration d'utilité publique portent préjudice, l'un au « droit » de la mère nourricière de garder l'enfant, l'autre au « droit » de la personne publique de bénéficier de la DUP). Depuis 2005, la jurisprudence s'efforce toutefois de revenir à une conception un peu plus stricte du « droit » atteint (CE Sect. 16. 12. 2005 Mme Kostiuk *AJDA* 2006, 365, chron. Landais et Lenica).

La tierce opposition est donc une voie de recours assez facile à exercer. En cas de rejet, appel peut être fait devant la juridiction supérieure, s'il en existe une. Et en cas de succès, un nouveau jugement se substitue à l'ancien (*cf.* par ex. CE 10. 5. 1985, préc.).

SECTION 5

L'EXÉCUTION DES DÉCISIONS DE JUSTICE

366 Il n'est pas rare que la partie qui perd un procès refuse d'exécuter la chose jugée. Cette obstination n'est pas grave quand elle est le fait d'un administré, car la force publique est normalement en mesure de la vaincre; et en cas d'impossibilité, la victime de l'inexécution peut du moins se consoler en engageant la responsabilité sans faute de l'État (CE 30. 11. 1923 Couitéas *GAJA*). Le refus d'exécuter la chose jugée est beaucoup plus embarrassant quand il émane de l'administration elle-même, car on comprend sans mal qu'il est en pratique assez difficile d'utiliser la force publique contre elle.

Or, les administrations font souvent figure de mauvais perdants. On estime en effet à près de 2 % le pourcentage des ordonnances, jugements et arrêts rendus par les juridictions administratives générales qu'elles refusent d'exécuter parce qu'ils leur sont défavorables (pour un exemple de résistance acharnée d'un ministre, *cf.* CE Sect. 5. 11. 2003 Assoc. convention vie et nature pour une écologie radicale *AJDA* 2003, 2253, chron. Donnat et Casas; et pour une condamnation de la France en raison de l'inexécution d'un jugement de TA par une commune, *cf.* CEDH 26. 9. 2006 Soc. de gestion du port de Campoloro *AJDA* 2006, 1752, obs. Aubert).

Cette situation est évidemment inadmissible dans un État de droit. Plusieurs circulaires ont été prises pour rappeler aux administrations territoriales et étatiques qu'elles doivent respecter les décisions du juge administratif (*cf.* notamment les circulaires du ministre de l'Intérieur du 23. 6. 1987 et du Premier ministre du 13. 10. 1988 *D.* 1987, 462 et *RFDA* 1988, 932). Et un rapport du

Conseil d'État a spécialement été consacré au problème en 1989 (*RFDA* 1990, 481).

Bien que cette situation soit connue depuis longtemps (*cf.* Hauriou, *S.* 1911, 121), le droit a tardé à réagir. Jusqu'en 1963, le juge était en effet impuissant à surmonter le refus de l'administration de se conformer à une décision juridictionnelle. Il n'avait guère le choix qu'entre deux solutions aussi inefficaces l'une que l'autre : soit annuler le refus d'exécuter l'arrêt, soit accorder une indemnité à la victime de l'inexécution sur le fondement de la responsabilité pour faute de l'administration récalcitrante. La première était un leurre, la deuxième une capitulation. Encore ces piètres solutions n'étaient-elles possibles que si la victime de l'inexécution voulait bien braver le ridicule d'un nouveau recours juridictionnel, d'excès de pouvoir dans le premier cas, de plein contentieux dans le second.

Depuis 1963, des textes ont heureusement institué des solutions plus efficaces, quoique encore insuffisantes, en donnant au juge davantage de moyens pour vaincre la résistance de l'administration : il s'agit pour l'essentiel de moyens de persuasion (**A**) et des pouvoirs d'astreinte (**B**) et d'injonction (**C**).

A. La persuasion

367 C'est le décret modifié du 30 juillet 1963 qui, dans ses articles 58 et 59 (devenus art. R. 931-1 et R. 931-2 CJA), a donné au juge administratif les moyens de persuader l'administration d'exécuter ses décisions juridictionnelles.

Il charge en effet expressément le Conseil d'État, en cas de demande d'un ministre, « d'éclairer l'administration sur les modalités d'exécution de la décision de justice » qui lui est défavorable (art. R. 931-1 CJA). Bien que les demandes d'éclaircissement puissent porter sur les décisions rendues par n'importe quelle juridiction administrative, on constate hélas, en pratique, qu'elles ne sont guère fréquentes.

Un autre mécanisme de persuasion, plus efficace, est heureusement mis en place par le décret. Il permet aux requérants, après l'expiration d'un délai de trois mois à compter de la notification de la décision rendue par le Conseil d'État ou par une juridiction administrative spéciale leur accordant satisfaction (ou sans délai s'il s'agit d'une décision ordonnant une mesure d'urgence), de « signaler à la section du rapport et des études du Conseil d'État les difficultés qu'ils rencontrent pour en obtenir l'exécution » (art. R. 931-2 CJA). Le président de cette section charge alors un magistrat administratif de prendre contact avec l'administration récalcitrante afin de la persuader d'exécuter la décision juridictionnelle : il s'agit d'un membre du Conseil d'État, qualifié de « rapporteur ». En cas d'échec, la mauvaise volonté de l'administration est mentionnée dans le rapport annuel du Conseil d'État.

Ce système très pragmatique de réclamation correspondait très certainement à une attente de la société, car il a connu un vif succès. On compte en effet environ un millier de réclamations par an. Et, dans la majeure partie des cas, l'intervention de la section du rapport et des études permet d'obtenir l'exécution des décisions de justice.

Suite à ce succès, ce système a été transposé aux TA et aux CAA (art. L. 911-4 et R. 921-5 CJA). Désormais, la victime de l'inexécution d'un jugement ou d'un arrêt peut, dans les mêmes conditions, saisir de leurs difficultés le TA ou la CAA qui a rendu la décision concernée. La juridiction saisie peut alors régler le problème elle-même, ou le renvoyer au Conseil d'État.

On notera enfin qu'une instruction du 28 décembre 1973 (*RDP* 1974. 1027, note Waline) prescrit de publier au *Journal Officiel* les décisions du Conseil d'État qui annulent des règlements qui avaient eux-mêmes été publiés au *JO*. Elle empêche ainsi les administrations de prétexter leur manque d'information pour justifier leur inertie.

B. L'astreinte

368 Dans les cas de mauvaise volonté les plus manifestes, la persuasion ne suffit pas à obtenir l'exécution des décisions de justice. Force est alors de recourir à des mécanismes de contrainte pour briser la résistance de l'administration. La loi du 16 juillet 1980 (modifiée par la loi du 12 avril 2000) en a institué trois.

• *Selon le premier,* une personne publique condamnée à payer une somme d'argent doit l'ordonnancer dans un délai de deux mois à compter de la notification de la décision juridictionnelle. À défaut d'ordonnancement dans ce délai, de deux choses l'une : si la personne publique condamnée est une collectivité locale ou un établissement public, l'autorité de tutelle doit procéder au mandatement d'office (pour un exemple d'inapplication par un préfet de cette disposition, *cf.* CE Sect. 18. 11. 2005 Soc. fermière de Campoloro *RFDA* 2006, 341, note Bon); si c'est l'État, le comptable assignataire de la dépense doit, sur présentation par le créancier de la décision de justice, procéder au paiement. On remarquera que ce mécanisme, efficace mais peu utilisé, n'est applicable qu'aux décisions juridictionnelles passées en force de chose jugée; mais un autre mécanisme, institué par la loi du 2 mars 1982 (art. 11, 12, 52, 53 et 83), peut permettre d'obtenir de la chambre régionale des comptes l'inscription d'office de la dépense, pour assurer l'exécution des autres décisions juridictionnelles lorsqu'elles condamnent une collectivité locale (en ce sens, avis CE 5. 1. 1989 *RFDA* 1990, 513).

• *Le deuxième mécanisme institué par la loi de 1980* permet à diverses personnes ou autorités, notamment au créancier ou à la Cour des comptes, de déférer devant la Cour de discipline budgétaire et financière les agents publics responsables de la condamnation à une astreinte d'une personne publique (ou d'une personne privée chargée d'un service public) en raison de leur inexécution d'une décision de justice. La loi du 29 janvier 1993 ouvre la même possibilité à l'encontre des élus locaux, mais non des membres du gouvernement. La Cour de discipline peut condamner les fautifs à de lourdes amendes. Malgré son efficacité, ce mécanisme est lui aussi rarement utilisé.

• *Mais c'est surtout au troisième mécanisme de contrainte* qu'elle institue que la loi de 1980 doit sa célébrité. Elle donne en effet au Conseil d'État, et à lui seul, le pouvoir de prononcer des astreintes contre l'administration pour briser ses refus d'exécuter des décisions rendues par une juridiction administrative, qu'elles soient passées en force de chose jugée ou non. Après quinze ans de tergiversations, la loi du 8 février 1995 ouvre la même possibilité aux TA et aux CAA (art. L. 911-4 CJA).

L'astreinte est une condamnation à payer une somme d'argent par jour de retard. Elle peut être prononcée contre les personnes publiques ou, depuis la loi du 30 juillet 1987, contre les organismes privés chargés de la gestion d'un service public. Sauf si le juge décide qu'elle est « définitive », elle n'est en principe que « provisoire » : cela signifie que, lors de sa liquidation, il pourra la supprimer ou en diminuer le montant, notamment pour tenir compte du changement d'attitude de l'administration, mais aussi, précise curieusement la loi, « même en cas d'inexécution constatée ». Le juge décide enfin si les sommes récupérées au titre de l'astreinte sont versées à la victime de l'inexécution ou au Fonds de compensation pour la TVA.

L'astreinte peut être prononcée d'office par le président de la section du contentieux du Conseil d'État, éventuellement alerté par le président de la section du rapport et des études (comme le précise le décret modifié du 30. 7. 1963, *cf. supra*, n° 367). Elle peut aussi être prononcée par la même autorité, ou par la CAA ou le TA concerné, à la demande de la victime de l'inexécution ou de n'importe quelle personne « directement concernée par l'acte » à l'origine de l'instance (sur cette dernière notion, *cf.* CE Sect. 27. 1. 1995 Melot *AJDA* 1995, 104, chron. Touvet et Stahl, à propos d'un agent public concerné par le refus de prendre le règlement d'application d'une loi, nécessaire pour permettre sa titularisation). Mais cette demande, qui n'est pas soumise à l'obligation du ministère d'avocat, n'est recevable que si elle est présentée après l'expiration d'un délai d'attente de six mois (trois mois devant un TA ou une CAA) à compter de la notification du jugement, sauf si ce dernier a ordonné une mesure d'urgence, auquel cas elle peut être faite sans délai. Ce délai d'attente est destiné à permettre à l'administration d'exécuter le jugement sans précipitation excessive. Il a d'autre part le mérite d'être suffisamment long pour inciter le requérant à saisir d'abord la section du rapport et des études du Conseil d'État, puisque le délai d'attente pour s'adresser à elle n'est, quant à lui, que de trois mois (*cf. supra*, n° 367). Tout est ainsi fait pour donner la priorité à la persuasion.

Ce dispositif régissant l'astreinte est excellent, surtout depuis qu'il a été complété par la loi du 8 février 1995. Il donne en effet au juge les moyens de gagner son bras de fer contre l'administration. En pratique, hélas, le Conseil d'État a manifesté une grande répugnance à prononcer des astreintes. Il a en effet fallu attendre 1985 pour qu'il prononce la première, et encore n'était-ce qu'à l'encontre d'une petite commune, à propos d'une ridicule affaire de refus d'inscription d'un nom sur un monument aux morts (CE Sect. 17. 5. 1985 Dame Menneret *GAJA*, « petit » arrêt à tous points de vue). Puis il y a eu à peine une dizaine d'astreintes entre 1986 et 1993, soit une moyenne d'une par an. Ce n'est finalement qu'à partir de 1994 que le Conseil d'État s'est décidé à sortir de sa réserve, fouetté par l'imminence de la loi de 1995, en infligeant dix astreintes cette année-là (dont la liste figure à l'*AJDA* 1995, 104, note 5).

On peut trouver plusieurs causes à cette timidité. La première vient de ce que le Conseil d'État refuse de prononcer l'astreinte lorsque l'exécution du jugement est « en cours », ce qu'on pourrait admettre si le dépassement par l'administration du délai de six mois était justifié par des difficultés particulières d'exécution et restait raisonnable; mais la haute juridiction admet sans sourciller l'excuse d'une exécution « en cours » depuis... quatre ans ! (CE 15. 11. 1985 Proust *RDP* 1986. 1185). Une administration voulant opposer une résistance intelligente à une décision de justice peut donc éviter l'astreinte en prenant les mesures strictement suffisantes pour faire croire à sa volonté d'obtempérer. Une deuxième jurisprudence, tout aussi critiquable, interdit au juge de prononcer l'astreinte lorsque la victime a eu la mauvaise idée de demander à l'administration elle-même l'exécution du jugement, et s'est heurtée à un refus devenu définitif faute d'avoir été attaqué pour excès de pouvoir dans le délai de recours (CE Sect. 5. 5. 1986 David *AJDA* 1986. 686, chron. Azibert et de Boisdeffre); le décret du 15 mai 1990 en a heureusement atténué la portée en disposant que le refus d'exécuter ne fait pas courir le délai de recours, et ne peut donc devenir définitif, lorsqu'il est implicite (art. R. 921-2 et R. 931-2 CJA); mais il faudrait à notre avis aller encore plus loin, et adopter la même solution lorsque le refus est explicite, afin de supprimer totalement la jurisprudence David, dont le tort fondamental est de faire prévaloir les droits des tiers, découlant de ce type de refus, sur l'exécution des décisions de justice. Il reste qu'au-delà de ces jurisprudences malheureuses, la cause profonde de la répugnance du Conseil d'État à prononcer des astreintes est à rechercher dans l'étroitesse de ses liens avec l'administration active, dans son comportement de « super-administration » (*cf.* Introduction générale). À cet égard, il ne fait aucun doute que la loi du 8 février 1995 sonne le glas de cette complaisance en ouvrant l'astreinte aux CAA et aux TA, par nature plus indépendants (*cf.* par ex. CE Sect. 29. 1. 2003 Synd. dép. de l'électricité et du gaz des Alpes-Maritimes RFDA 2003. 477, concl. Maugüe : confirme la déc. de la CAA de Marseille d'ordonner la dépose d'une ligne électrique sous astreinte de 150 euros par jour de retard).

C. L'injonction

369 Contrairement au juge judiciaire, le juge administratif ne s'est jamais reconnu le pouvoir d'adresser des injonctions à l'administration, sauf en matière de référé (*cf. supra*, n° 355) et d'instruction (*cf. supra*, n° 349). Le Conseil d'État estime en effet qu'un tel pouvoir irait à l'encontre du principe de séparation de la juridiction administrative et de l'administration active. Cette autolimitation est tellement sévère qu'il la considère comme étant d'ordre public, ce qui lui permet de soulever d'office l'irrecevabilité des conclusions à fin d'injonction (CE 17. 4. 1963 Faderne *D.* 1963. 688, note Di Qual). En outre, il l'applique tant vis-à-vis des organismes privés chargés d'un service public qu'à l'égard des personnes publiques (CE 11. 5. 1984 Pebeyre *AJDA* 1984. 559, à propos d'une fédération sportive).

Le fondement invoqué par le Conseil d'État est acceptable lorsqu'il est invoqué pour refuser de prononcer des injonctions « à titre principal », c'est-à-dire indépendamment du souci d'assurer l'exécution d'une décision juridictionnelle. Car ordonner par exemple à l'administration de modifier un règlement dans un sens déterminé (CE 23. 4. 1980 Camlong *AJDA* 1981. 51, concl. Hagelsteen) reviendrait effectivement à se comporter en administrateur plutôt qu'en juge.

Mais il est au contraire contestable quand il est invoqué pour refuser de prononcer des injonctions destinées à assurer l'exécution d'une décision juridictionnelle, car ordonner à l'administration de prendre les mesures nécessaires à l'exécution d'un jugement, c'est encore juger, ce n'est pas administrer. Dans la tradition héritée du droit romain, à laquelle la procédure civile est restée fidèle (*cf.* art. 1405 suiv. et 1425-1 suiv. C. pr. civ.), le juge n'a en effet pas seulement le pouvoir de « dire le droit » (*jurisdictio*), mais aussi celui d'ordonner toutes les mesures indispensables à la bonne administration de la justice (*imperium*). Plusieurs lois ont d'ailleurs nettement suggéré au juge administratif de s'engager sur la voie de l'*imperium*, notamment la loi du 24 décembre 1976, permettant au médiateur de la République (remplacé en 2011 par le Défenseur des droits) de suppléer à sa carence en enjoignant à l'administration, « en cas d'inexécution d'une décision de justice passée en force jugée, [...] de s'y conformer », et la loi susanalysée du 16 juillet 1980, ouvrant au Conseil d'État le pouvoir de prononcer cette sorte d'injonction implicite qu'est l'astreinte. Mais, malgré leur invitation, la haute juridiction se cramponnait à son autolimitation, et s'interdisait par exemple d'ordonner à l'administration de délivrer le permis de construire dont le refus de délivrance avait pourtant été annulé (CE 8. 6. 1988 Soc. ABC Engineering *AJDA* 1988. 473, concl. Schrameck).

Devant un tel manque d'audace, c'est finalement le législateur qui s'est décidé à sauter le pas. La loi du 8 février 1995 permet en effet aux TA, aux CAA et au Conseil d'État d'adresser des injonctions aux personnes publiques ou aux organismes privés chargés de la gestion d'un service public, lorsque les justiciables le demandent et que ces injonctions sont nécessaires pour assurer l'exécution d'une décision juridictionnelle (même de référé). Ces injonctions sont d'autant plus remarquables qu'elles peuvent être insérées dans le dispositif même du jugement (ou de l'ordonnance) dont elles visent à assurer l'exécution, et que le juge peut les assortir d'astreintes préventives, qu'il ne faut pas confondre avec l'astreinte répressive régie par la loi du 16 juillet 1980 (*cf. supra*, n° 368). Cela étant, la loi distingue deux hypothèses : l'injonction peut en effet consister à prescrire l'accomplissement, dans le délai fixé par le juge, soit d'« une mesure d'exécution dans un sens déterminé », lorsque le jugement place l'administration dans une situation de compétence liée (art. L. 911-1 CJA), soit d'une mesure quelconque après une nouvelle instruction, lorsqu'il lui laisse un pouvoir discrétionnaire (art. L. 911-2 CJA). Ces dispositions novatrices ont connu un succès immédiat (*cf.* par ex. CE 4. 7. 1997 Époux Bourezak *AJDA* 1997, 584, chron. Chauvaux et Girardot : injonction de délivrer à un étranger un visa d'entrée en France; CE 14. 3. 2003 Migaud *RFDA* 2003, 520, note Gaudemet : injonction au ministre du Budget de modifier rétroactivement les tarifs de la « taxe intérieure de consommation sur les produits pétroliers »; CE 12. 1. 2011 Matelly *AJDA* 2011. 623, note Aubin : injonction au ministre de la Défense de réintégrer un gendarme illégalement révoqué).

370 Grâce à cette évolution, un pas supplémentaire a été franchi dans la protection des administrés contre l'administration. Cela confirme ce que nous annoncions dans l'Introduction générale de cet ouvrage, à savoir que l'époque de l'omnipotence de l'administration est définitivement révolue. L'avenir du droit administratif passe par une réconciliation de l'idéologie de l'intérêt général avec l'idéologie démocratique, afin que soit enfin respecté l'un des fondements du contrat social, défini par l'article 15 de la Déclaration de 1789, selon lequel « la société a le droit de demander compte à tout agent public de son administration ».

Bibliographie générale

1. Traités et manuels

J.-L. Autin et C. Ribot, *Droit administratif général*, 4e éd., Litec, 2005.

G. Braibant et B. Stirn, *Le droit administratif français*, 7e éd., PFNSP-Dalloz, 2005.

J.-F. Brisson et A. Rouyère, *Droit administratif*, Montchrestien, 2004.

O. Carton et H. DescLodures, *Droit administratif*, Gualino, 2009.

R. Chapus, *Droit administratif général*, Tome 1, 15e éd., Montchrestien, 2001 (ouvrage fondamental).

C. Debbasch, *Droit administratif*, 8e éd., Economica, 2007.

P. Delvolvé, *Le droit administratif*, 5e éd., Dalloz, 2010.

G. Dupuis, M.-J. Guédon et P. Chrétien, *Droit administratif*, 12e éd., Sirey, 2010.

P. Foillard, *Droit administratif*, CPU, 2003.

P.-L. Frier et J. Petit, *Précis de droit administratif*, 6e éd., Montchrestien, 2010.

Y. Gaudemet, *Droit administratif*, 18e éd., LGDJ, 2010.

M. Lombard et G. Dumont, *Droit administratif*, 9e éd., Dalloz, Hypercours, 2011.

J. Morand-Deviller, *Cours de droit administratif*, 10e éd., Montchrestien, 2007.

J. Moreau, *Droit administratif*, PUF, 1989.

G. Peiser, *Droit administratif*, 25e éd., Dalloz, Mémento, 2010.

X. Philippe, *Droit administratif*, PUAM, 1994.

J.-C. RICCI, *Droit administratif général*, Hachette, 2005.

J. RIVERO et J. WALINE, *Droit administratif*, 23e éd., Dalloz, Précis, 2010.

M. ROUSSET, *Droit administratif*, 2 tomes, PUG, 1994.

B. SEILLER, *Droit administratif*, 2 tomes, 2e éd., Flammarion, 2005.

D. TRUCHET, *Droit administratif*, 3e éd., PUF, Thémis, 2010.

G. VEDEL, P. DELVOLVÉ, *Droit administratif*, 2 tomes, 12e éd., PUF, 1992.

G. VLACHOS, *Droit administratif*, Ellipses, 1995.

P. WEIL et D. POUYAUD, *Le droit administratif*, 21e éd., PUF, Que sais-je ?, 2007.

2. Recueils d'arrêts et d'avis commentés

Y. GAUDEMET (et autres), *Les grands avis du Conseil d'État*, 3e éd., Dalloz, 2008.

J.-F. LACHAUME, *Les grandes décisions de la jurisprudence, droit administratif*, 14e éd., PUF, 2007.

M. LONG, P. WEIL, G. BRAIBANT, P. DELVOLVÉ, B. GENEVOIS, *Les grands arrêts de la jurisprudence administrative*, 18e éd., Dalloz, 2011 (ouvrage fondamental).

3. Dictionnaires

C. GUETTIER, *Droit administratif*, Montchrestien, 2e éd., 2000.

A. VAN LANG (et autres), *Dictionnaire de droit administratif*, 5e éd., Sirey, 2008.

4. Pour réfléchir sur l'évolution du droit administratif français

J.-B. AUBY, « La bataille de San Romano », *AJDA* 2001. 912.

F. BÉROUJON, « Évolution du droit administratif : avancée vers la modernité ou retour aux Temps modernes ? », *RFDA* 2008. 449.

O. CAYLA, « Le coup d'État de droit ? », *Le Débat*, n° 100, Gallimard, 1998, p. 108.

B. FERRARI, « Le déclin du droit administratif français : entre chimère et réalité », *AJDA* 2006. 1021.

G. LEBRETON, « L'idéal républicain contre l'État de droit ? », dans *Regards critiques sur l'évolution des droits fondamentaux de la personne humaine en 1999 et 2000* (dir. G. Lebreton), L'Harmattan, 2002.

G. LEBRETON, « Le droit administratif français est-il toujours un droit républicain ? », dans *Interrogations sur l'évolution des droits fondamentaux de la personne humaine en 2001 et 2002* (dir. G. Lebreton), L'Harmattan, 2004.

G. Lebreton, « Le droit administratif français en quête d'efficacité et de légitimité », dans *Valeurs républicaines et droits fondamentaux de la personne humaine en 2003 et 2004* (dir. G. Lebreton), L'Harmattan, 2006.

G. Lebreton, « Le droit administratif face aux crises de la société française », dans *Crises sociales et droits fondamentaux de la personne humaine en 2005 et 2006* (dir. G. Lebreton), L'Harmattan, 2009.

G. Lebreton, « Le Conseil d'État est-il souverainiste ? », *Mélanges Jean Foyer*, Litec, 2010.

G. Lebreton, « Sarkozysme et droit administratif », dans *Sarkozysme et droits fondamentaux de la personne humaine* (dir. G. Lebreton), L'Harmattan, 2011.

Index alphabétique

Les chiffres renvoient aux numéros de paragraphes.

B

C

I

J

K

L

M

TABLE DES MATIÈRES

PHOTOCOMPOSITION NORD COMPO
59650 VILLENEUVE D'ASCQ

710979 (I) (:) OSB - T 60 g – NC - HCH
Achevé d'imprimer en août 2011
Dépôt légal : septembre 2011
Imprimé en France par l'imprimerie Jouve